Perspektiven gewerblich-technischer
Erstausbildung

Jörg-Peter Pahl (Hrsg.)

Perspektiven gewerblich-technischer Erstausbildung

Ansichten - Bedingungen - Probleme

Kallmeyer'sche Verlagsbuchhandlung

Herausgeber: Jörg-Peter Pahl

Grafik und Layout: Sabine Schmidt, Johann Ryll
Typoskripterstellung: Rosemarie Uhlich

Der KÖRBER-Stiftung wird für die Unterstützung bei der Durchführung der gleichnamigen Fachtagung (17.5. bis 18.5.1995) und für das Erscheinen dieses Buches gedankt.

CIP Titelaufnahme der Deutschen Bibliothek:

Perspektiven gewerblich-technischer Erstausbildung
Ansichten - Bedingungen - Probleme
Jörg-Peter Pahl (Hrsg.). Seelze-Velber: Kallmeyer, 1996

Die Verantwortung für den Inhalt der Beiträge liegt bei den Autoren.

Impressum

Jörg-Peter Pahl (Hrsg.): Perspektiven gewerblich-technischer Erstausbildung
Ansichten - Bedingungen - Probleme
© Kallmeyer'sche Verlagsbuchhandlung GmbH, Seelze-Velber, 1996
Alle Rechte vorbehalten. Kein Teil dieses Werkes darf ohne vorherige schriftliche Einverständniserklärung des Verlages nachgedruckt oder in elektronischen Medien verbreitet werden.

ISBN 3-7800-4184-7

Inhaltsverzeichnis

Inhaltsverzeichnis   3

Berufliche Erstausbildung   7
Beschreibung - Bewertung - Perspektive

I. Gewerblich-technische Erstausbildung und Fragen des   13
Überganges in die Arbeitswelt

Wolf-Dieter Greinert
Organisationsmodelle der beruflichen Erstausbildung   15
- Versuch einer Typologie

Felix Rauner
Die Bedeutung der Berufsbildung beim Übergang von der Schule in die   25
Arbeitswelt

Ute Clement/Antonius Lipsmeier
Der Wandel der Facharbeit und seine Implikationen für die Zukunft   41
des dualen Berufsbildungssystems

Dieter Grottker
"Bildung hat ein Erstes, aber kein Letztes" - Bildungstheoretische und   59
historische Betrachtungen zum Konzept der beruflichen Erstausbildung
in Geschichte und Gegenwart

Peter Kuklinski/Frank Wehrmeister
Der Stellenwert der berufsbildenden Schulen in der Berufsausbildung   75

Susanne Eichler
Profilentwicklung an beruflichen Schulen: Ein Beitrag zur Umsetzung   85
veränderter Anforderungen in der gewerblich-technischen
Erstausbildung

Ulrich Degen/Günter Walden
Zur Situation der Berufsausbildung in den gewerblich-technischen   93
Berufen der neuen Länder und weitere Perspektiven der betrieblichen
Berufsausbildung

Klaus Hahne
Ansätze zur Verbesserung der betrieblichen Erstausbildung im Handwerk   109

Peter Dehnbostel
Dezentralisierung und berufliche Erstausbildung   123

II. Gewerblich-technische Erstausbildung unter didaktischer Sicht - Berufliche Fachrichtungen und Berufsfelder   139

Jörg-Peter Pahl/Bernd Vermehr
Gewerblich-technische Erstausbildung im didaktischen   141
Problemzusammenhang

Werner Bloy
Erstausbildung in den bau-, holz- und farbtechnischen Berufen   165
- Kompetenzentwicklung zum Mitgestalten der Facharbeit

Peter Storz/Wolfgang Hübel
Berufliche Bildung im Chemiebereich unter den Bedingungen klein- und   179
mittelständischer Wirtschaftsstrukturen

Willi Petersen
Berufs- und fachdidaktische Aspekte einer arbeitsorientierten   199
Erstausbildung im Berufsfeld 'Elektrotechnik'

Jörg Biber/Helmut Grimm/Reinhard Malek/Joachim Moyé
Berufsfeld "Metall" - Ordnungsfragen und Gestaltungsaspekte   225
in der gewerblich-technischen Erstausbildung

Jörn Hass
Die Lernfabrik als Gegenstand für komplexe Lehr- und Lernsituationen   257
- Ein Beitrag zur Erstausbildung im Lernbereich Produktionstechnik

III. Erstausbildung, Allgemeinbildung und Weiterbildung   281

Josef Rützel
Jugendliche als Subjekte und Adressaten beruflicher Erstausbildung   283

Horst Biermann
Das Subsystem der Benachteiligtenförderung   301

Jörg-Peter Pahl
Erweiterung der Allgemeinbildung durch berufliche Erstausbildung   323
- eine Perspektive

Walter Tenfelde
Berufsbildung, Allgemeinbildung und das Problem einer   339
Verallgemeinerung beruflicher Bildung

Inhaltsverzeichnis

Gerald Heidegger
Doppelqualifizierung als eine Zielperspektive beruflicher — 351
Erstausbildung

Andrä Wolter
Berufliche Erstausbildung, Weiterbildung und Studierfähigkeit — 373
- Was leistet die Öffnung des Hochschulzugangs für die Gleichwertigkeit
der beruflichen Bildung

Hans-Dieter Höpfner
Zur Integration von beruflicher Erstausbildung und Weiterbildung — 395

Gisela Wiesner/Heidi Häßler/Andreas Franke
Weiterbildung als permanente Aufgabe nach der Erstausbildung — 405
- Ausbilder auch als Weiterbildner?

Sachwortverzeichnis — 423

Autoren-/Autorinnenverzeichnis — 428

Einleitung 7

Berufliche Erstausbildung
Beschreibung - Bewertung - Perspektive

Mit den Diskussionen um ein ausreichendes Angebot von Ausbildungsplätzen ist die berufliche Erstausbildung als ein wesentlicher Bestandteil der beruflichen Bildung in der Bundesrepublik in jüngerer Zeit verstärkt in den Blick der Öffentlichkeit geraten. Fragen der beruflichen Erstausbildung haben zu kontroversen politischen Auseinandersetzungen der Parteien und Interessenverbände geführt. Selten zuvor äußerten sich die Politiker so emotionsgeladen zu dieser Thematik, und lange nicht mehr stand die berufliche Erstausbildung so häufig im Mittelpunkt kritischer Kommentare in den Medien der Bundesrepublik. Die alljährlich im Frühjahr einsetzende Auseinandersetzung über die Situation am Ausbildungsstellenmarkt hat sich nach der Vereinigung der beiden deutschen Staaten verschärft und inzwischen einen Höhepunkt erreicht, wobei die unterschiedlichen Standpunkte von Regierung und Opposition, von Industrieverbänden und Gewerkschaften in den Streit um Zahlen und Daten mündeten, die sich zu widersprechen scheinen. Jeder ausbildungswillige Jugendliche habe auch einen Ausbildungsplatz erhalten, behaupten jeweils zum Beginn eines neuen Ausbildungsjahres bilanzierend und sichtlich erleichtert die einen. Die Bundesregierung habe versagt und die Wirtschaft ihr Versprechen nicht erfüllt, eine ausreichende Anzahl an Ausbildungsplätzen zur Verfügung zu stellen, entgegnen empört die anderen. In den neuen Bundesländern würden bereits gut 60 Prozent der Ausbildungsstellen vom Steuerzahler finanziert, die Ausbildung in außerbetrieblichen Institutionen nehme zu, warnt "Der Spiegel" in seiner Lehrstellenanalyse 1995, deren Titel "Das stille Sterben" ein düsteres Bild von der beruflichen Erstausbildung zeichnet. Oder droht tatsächlich das Ende der in ihrem Kern noch immer weltweit geachteten deutschen Facharbeiterausbildung?

Eine angemessene, umfassende und emotionskontrollierte Beschreibung des Zustandes beruflicher Erstausbildung durch eine Darstellung, die sich fast ausschließlich an den fehlenden Ausbildungsplätzen orientiert, kann auf diese Weise nicht geleistet werden. Das große öffentliche Interesse stellt aber einen erneuten Anlaß für eine berufspädagogische Diskussion sowie den Versuch zur ausgewogenen Beschreibung dar. Erst dann kann eine begründete Bewertung und eventuell eine optimistische Perspektivgebung erfolgen. Worin ist die Beschreibung der momentanen Situation nicht zutreffend? Positive Momente der beruflichen Erstausbildung im dualen System scheinen zuwenig gewürdigt. Dabei werden bei fast jeder Diskussion zum System der beruflichen Erstausbildung von Berufsbildungsexperten u. a. folgende Punkte genannt:

- Das duale System der Berufsausbildung garantiert eine große Praxisnähe mit Ernstcharakter, da betriebsspezifische Inhalte und Aufgaben in die Ausbildung einfließen können.
- Es besteht nur eine geringe Gefahr der Vermittlung veralteter Ausbildungsinhalte, denn der Auszubildende erfährt neueste technische und organisatorische Entwicklungen unmittelbar im Betrieb.
- Im dualen System wird nicht nur Wissen vermittelt, sondern auch zum Können geführt. Der Auszubildende ist vom ersten Tage seiner Ausbildung in den Betrieb eingegliedert und sammelt so Erfahrungen mit Vorgesetzten, Kollegen, Kunden und Zulieferern.

- Der Ausbildungsbetrieb versorgt sich vorzugsweise mit Arbeitskräften, die ihm bereits vertraut sind. So verringert sich u. a. die Einarbeitungszeit nach Abschluß der Ausbildung.
- Einer nach vielen Schuljahren häufig aufkommenden "Lernmüdigkeit" der Jugendlichen wird durch die praktische Tätigkeit im Betrieb vorgebeugt.
- In der Berufsschule haben die Auszubildenden die Möglichkeit, vergleichend zu lernen, da in den Klassen Jugendliche mehrerer Ausbildungsbetriebe zusammenkommen.

Diese Argumente werden jedoch in der gegenwärtigen Diskussion zur beruflichen Erstausbildung häufig nicht hinreichend berücksichtigt.

Richtig dagegen an der bisherigen Debatte ist: Das Problem fehlender oder unzumutbarer Lehrstellen hat weitreichende Auswirkungen. So ist die Anzahl der Lehrstellenabbrecher noch immer sehr groß, was in entscheidendem Maße darauf zurückzuführen sein dürfte, daß sich der angebotene Ausbildungsplatz mit den Vorstellungen des Auszubildenden wenig deckt. Unabhängig davon, ob sich diese Unzufriedenheit erst im Verlauf der ersten Ausbildungsmonate entwickelt, wenn der Jugendliche erkennt, daß seine Vorstellungen vom Beruf anscheinend nicht dem tatsächlichen Berufsprofil entsprechen, oder aber der Ausbildungswillige nolens volens einen Ausbildungsberuf wählen mußte, der kaum seinen Interessen und Neigungen nahekommt, so bleibt die Frage, wie der großen Zahl von Abbrechern zu begegnen ist.

Nicht nur im Verlauf der Ausbildung verlassen Jugendliche den Weg zu einem berufsqualifizierenden Abschluß. Viele durchlaufen die Ausbildung, scheitern aber an der Abschlußprüfung. Der Statistik zufolge handelt es sich bei den Prüfungsversagern um etwas mehr als zehn Prozent derjenigen, die sich zu einer Abschlußprüfung melden. Für mehr als 50.000 junge Menschen pro Jahr ist also noch keine zufriedenstellende Lösung gefunden worden.
Als mögliche Ursache für die hohe Zahl nichtbestandener Prüfungen wird häufig genannt, daß die erhöhten inhaltlichen Ansprüche nach der Neuordnung vieler gewerblich-technischer Berufe und der Drang von immer mehr Abiturienten in die berufliche Erstausbildung auch zu einem Anstieg des Anforderungsniveaus geführt hat, so daß die eigentlich vorzugsweise für Absolventen der Hauptschule gedachte berufliche Bildung von diesen immer seltener erfolgreich absolviert werden kann. Es wird darauf verwiesen, daß bei solchem Vorgehen die traditionelle Zielgruppe beruflicher Erstausbildung der Verlierer ist. Schon heute bleiben rund zehn Prozent eines Altersjahrganges ohne berufliche Qualifikation. Diese jungen Menschen müssen daher zu der Gruppe der benachteiligten Jugendlichen gezählt werden.
Doch selbst Jugendliche, die eine Lehrstelle gefunden haben und eine Ausbildung beginnen, können nicht davon ausgehen, mit dieser Voraussetzung auch einer gesicherten Erwerbstätigkeit nachgehen zu können. Ob jemand nach einer erfolgreich abgeschlossenen Berufsausbildung in ein festes Beschäftigungsverhältnis übernommen wird, ist mit dem Abschluß eines Ausbildungsvertrages noch nicht gesagt.

Von der aktuellen Diskussion bislang weitgehend unberührt bleibt die Frage nach einer möglichen Reform des Systems der beruflichen Bildung. Das duale System als vorherrschende Form der Berufsausbildung in der Bundesrepublik wurde nicht ernsthaft in Zweifel gezogen, obwohl sich in den neuen Bundesländern bemerkenswerte Veränderungen und Trends andeuten. Weniger die Dualität der Lernorte, die von Kritikern und

Einleitung

Befürwortern der derzeit praktizierten Berufsbildungspolitik fast gleichermaßen gelobt wird, als vielmehr das konjunkturabhängige Bemühen der Wirtschaft, ausreichend und qualitativ brauchbare Ausbildungsplätze zur Verfügung zu stellen, war es, das zu heftigen Diskussionen und kontroversen Auseinandersetzungen in der Öffentlichkeit Anlaß gab. Das Prinzip der völligen Freiwilligkeit, nach der die Unternehmen selbst entscheiden, wen, wieviel und wofür sie ausbilden, scheint in Zeiten der allgemeinen Rationalisierungsmaßnahmen keine Garantie mehr dafür zu bieten, daß den ausbildungswilligen Jugendlichen genügend und attraktive Ausbildungsplätze zur Verfügung stehen. Zu beklagen ist: Die Industrie bildet nicht mehr genügend Lehrlinge aus, und viele Firmen haben die Lehre aus Kostengründen sogar ganz eingestellt. Als ein möglicher Ausweg aus dieser Kostenmisere werden inzwischen verschiedene Modelle von Verbundlösungen getestet, bei denen mehrere kleine Betriebe gemeinsam oder in Kooperation mit den Kammern der Wirtschaft ausbilden. Doch eine zufriedenstellende Lösung des Problems kann dieses nicht sein. Auch bei Arbeitgeberverbänden gibt es daher mittlerweile Überlegungen, die Finanzierung der Berufsausbildung grundlegend anders zu gestalten und regulierend einzugreifen. Eine Abgabe von nichtausbildenden Betrieben und die Finanzierung der Ausbildung aus einem überbetrieblichen Fond oder die Freistellung der ausbildenden Betriebe von unnötigen Lasten stehen verstärkt zur Diskussion, um wieder mehr Betriebe zur Ausbildung zu bewegen. Das häufig gebrauchte Argument, Unternehmen, die nicht ausbilden, würden an ihrer eigenen Zukunft sparen, scheint allein nicht zur Ausbildung von Facharbeitern zu animieren. Inzwischen haben Untersuchungen des Bundesinstituts für Berufsbildung zwar gezeigt, daß sich die Investitionen in die Ausbildung aus betriebswirtschaftlicher Sicht rechnen würden, doch ist auch nach der Veröffentlichung dieser Untersuchungsergebnisse kein Umdenken der Unternehmen zu erkennen. Nach wie vor werden Ausbildungsplätze stärker abgebaut als die anderen Jobs, so daß der Anteil der Auszubildenden inzwischen unter drei Prozent der Beschäftigten in den Unternehmen gesunken ist.

Trotz der nun schon fast drei Jahrzehnte nahezu unveränderten rechtlichen Rahmensetzung durch das Berufsbildungsgesetz (BBiG) haben sich in der beruflichen Bildung zudem mehrfach überlagernde Entwicklungen vollzogen. Diese sind sowohl durch die demographischen Veränderungen, die Verschiebungen im allgemeinbildenden Schulwesen und das sich ändernde Verhältnis der allgemeinen zur beruflichen Bildung, als auch durch wirtschaftliche und berufspädagogische Entwicklungen ausgelöst worden. Gewandelte Bedingungen ließen zum Beispiel neue Lernorte entstehen, so daß eine Beschränkung auf die traditionelle Dualität von Betrieb und Berufsschule mit einer eindeutigen Aufgabenzuweisung bezüglich der Praxis und Theorie beruflicher Bildung längst nicht mehr der Realität entspricht. Zudem besteht die Notwendigkeit einer ständigen Aktualisierung der Ausbildungsinhalte, wobei zum Beispiel nicht nur neue Techniken und leistungsfähigere Maschinen eine Revision der Inhalte bewirken, sondern ganz neue Technologien, ein verändertes Leistungsprofil der Wirtschaft und andersgeartete sowie übergreifende Sichtweise der Mitarbeiter im Beschäftigungssystem einen veränderten Blickwinkel zur Folge haben. So hat im zurückliegenden Vierteljahrhundert nicht nur die Computertechnik die Facharbeit und damit auch die Facharbeiterausbildung wesentlich verändert, sondern gleichzeitig bewirkten gesellschaftlich bedingte Wandlungen, wie die Entwicklung der Umwelttechnologie, oder - in jüngster Zeit - der Trend zu einem gemeinsamen europäischen Ausbildungs- und Arbeitsmarkt eine kritische Bewertung des deutschen Ausbildungs- und Beschäftigungssystem. Mit den Planungsüberlegungen zur Neuordnung der Elektro- und Metallberufe ist seinerzeit zum Beispiel auch versucht worden, solchen Tendenzen zu entsprechen, doch es steht außer Frage, daß die Berufsbilder und Anforderungsprofile an Facharbeiter einem raschen Wandel unterliegen und keine jahrzehntelang festschreibende Stagnation ertragen können.

Mit diesen Entwicklungen hat heute die berufliche Bildung wohl insgesamt und die berufliche Erstausbildung im besonderen einen anderen Stellenwert erhalten, der auch nach einer Neubestimmung des Ranges im Bildungs- und Wirtschaftsleben der Bundesrepublik und in der individuellen Berufsbiographie des einzelnen verlangt. Ist die berufliche Erstausbildung nun tatsächlich nur noch eine Vorstufe der beruflichen Weiterbildung und damit lediglich eine Form der materiellen Absicherung für den späteren Einstieg in eine angelernte oder höherqualifizierte Tätigkeit, oder muß ihr nicht gerade aus denselben Gründen sogar ein höherer Stellenwert als bisher zugemessen werden, weil der Mensch, der über keinen ersten berufsqualifizierenden Abschluß verfügt, in der heutigen Gesellschaft nur geringe Chancen im Berufsleben und weniger Möglichkeiten der Selbstverwirklichung besitzt? Der zunehmende Anteil an Abiturienten, die zunächst eine duale Berufsausbildung dem Studium an einer Hochschule vorziehen, scheint eher ein Argument für den gestiegenen Stellenwert der beruflichen Erstausbildung zu sein. Mit dieser Tendenz zum höheren Schulabschluß als Voraussetzung für den Einstieg in eine Berufsausbildung sind jedoch Konsequenzen für die traditionellen Zielgruppen der Facharbeiterrekrutierung verbunden, weil damit auch die soziale Struktur in der Bundesrepublik stark beeinflußt wird und die Auswirkungen auf das gesamte soziale Leben gravierend sein können.

Aufgrund der weitreichenden Folgen ist die berufliche Bildung - besonders der Bereich der Erstausbildung - so zu einem Thema mit hoher Priorität für die gesamte Gesellschaft geworden. Dabei haben wir das Phänomen zu verzeichnen, daß die in der Bundesrepublik vorwiegend praktizierte Form der Berufsausbildung im dualen System weltweit eine hohe Anerkennung genießt und häufig als Vorbild in anderen Ländern herangezogen wird, jedoch gleichzeitig einzelne Erscheinungen dieser Berufsbildung im eigenen Land immer häufiger in Frage gestellt werden.

Doch nicht nur die Struktur, die Organisation und der Inhalt der beruflichen Bildung haben sich im Laufe der Zeit geändert, obwohl der gesetzliche Rahmen auch heute noch im wesentlichen dem von 1969 entspricht. Im Zuge der öffentlichen Thematisierung einer "Ausbildungsmisere" für die berufliche Bildung hat auch der Begriff der beruflichen Erstausbildung eine verstärkte Verwendung, eine nahezu unbemerkte Entwicklung im Sprachgebrauch erfahren.

Interessanterweise wird in der gesetzlichen Rahmensetzung zur beruflichen Bildung nie von beruflicher Erstausbildung, sondern von Berufsausbildung gesprochen. Dabei wurde der Begriff "Erstausbildung" bereits 1964 durch den Ausschuß für das Erziehungs- und Bildungswesen gebraucht. Der neue Begriff konnte sich jedoch zunächst nicht durchsetzen. Stattdessen hat das Berufsbildungsgesetz von 1969 in seinem ersten Paragraphen bei der Klärung des Begriffes "Berufsbildung" den gängigeren Begriff "Berufsausbildung" benutzt und diesen auch zu erklären versucht.

Das Bundesarbeitsgericht hat in einem Urteil aus dem Jahre 1987 (5 AZR 285/86) den Begriff der "Zweitausbildung" verwendet und dabei in den Entscheidungsgründen auf den Terminus "Erstausbildung" zurückgegriffen. Es scheint so zu sein, daß dadurch der Begriff im Sprachgebrauch etabliert wurde. Heute findet man bereits präzisere Definitionen des Begriffes, die eine scharfe Abgrenzung zu anderen ersten Qualifizierungsmaßnahmen zur Folge haben. So sind Qualifikationen, die auf Fachhochschulen und Hochschulen erworben werden, ebenso ausgeschlossen wie Anlern- und Einarbeitungsprozesse im Vollzug

Einleitung

der Arbeit. Trotz dieser zunehmenden Präzisierung des Begriffsinhaltes hat der Terminus "Erstausbildung" noch keinen durchgängigen Einzug in den allgemeinen und offiziellen Sprachgebrauch erfahren. Dabei soll der Erstausbildungsbegriff nicht nur charakterisieren, daß eine erste berufliche Qualifikation angestrebt wird, sondern mit Hilfe einer (ersten) beruflichen Basisbildung auch eine erste Sozialisation im Arbeitsleben erfolgt.

Dennoch wird nach wie vor der Begriff der Berufsausbildung verwendet. Wenn hier trotzdem der Terminus "berufliche Erstausbildung" bevorzugt wird, so soll damit dem Trend in der wissenschaftlichen und der öffentlichen Diskussion entsprochen werden, zumal mit dieser Bezeichnung stärker zum Ausdruck kommt, daß auf eine Phase der Erstausbildung Zeiten einer Weiter- oder Fortbildung folgen müssen, um den stets sich ändernden Anforderungen der Berufs- und Arbeitswelt künftig zu entsprechen. Dabei ist ein weiterer terminologischer Wandel interessant: Der Fortbildungsbegriff wurde noch am Anfang dieses Jahrhunderts für Qualifizierungen genutzt, die der allgemeinbildenden Schule folgten, wobei zwei Entwicklungslinien festgestellt werden können: Zum einen dienten Fortbildungsschulen zunächst lediglich der Erhaltung und Erweiterung der Kenntnisse aus den Volksschulen, also der Allgemeinbildung, zum anderen können sie als Vorläufer der heutigen Berufsschulen angesehen werden, wobei bereits vor 1900 berufliche Inhalte in das Lehrprogramm einbezogen und später diese Fortbildungsschulen - beginnend nach dem ersten Weltkrieg in Preußen - in Berufsschulen umbenannt wurden. Heute wird Fortbildung dagegen als eine spätere Stufe beruflicher Qualifizierung angesehen, die somit die berufliche Erstausbildung zur Grundlage hat.
Es ist trotz gegenteiliger Auffassungen nicht auszuschließen, daß der Begriff "berufliche Erstausbildung" in Zukunft noch eine weitere Aufwertung erfahren und sich in Gesetzen und in der Rechtssprechung manifestieren wird.

Unabhängig von diesen Entwicklungen im Sprachgebrauch steht die berufliche Bildung als Ganzes vor vielen zur Zeit noch ungelösten Problemen. Angesichts ihrer Bedeutung wäre es aber töricht oder larmoyant, das Ende der beruflichen Erstausbildung herbeizureden. Eine solche vorschnelle und negative Bewertung stimmt nicht. Dennoch zeigt sich: Diejenigen, die nach einer Reform des gesamten Systems der beruflichen Bildung rufen, erhalten aufgrund immer deutlicher werdender Krisensymptome Auftrieb für ihre Argumentation. Doch auch diejenigen, die das Grundsätzliche der praktizierten Formen der Berufsbildung positiv bewerten und nicht in Zweifel stellen wollen, sind gezwungen, zunehmend Schwierigkeiten zu erkennen und einzugestehen, die Veränderungen der beruflichen Bildung zur Folge haben müssen. Mag es derzeit auf den ersten Blick auch nicht so aussehen, so enthält die Frage nach der Zukunft der beruflichen Erstausbildung auch sozialen Zündstoff. Wenn der Jugend Chancen auf einen Einstieg in die berufliche Karriere zunehmend verwehrt werden, dann könnte bald ein Konfliktherd entstehen, dem mit Beschwichtigungen nicht mehr beizukommen ist. Wenn andererseits bei den Firmen in Fragen der eigenen Nachwuchsgewinnung keine Kehrtwende erfolgt, dann geht nach Ansicht von Experten einer der deutschen Standortvorteile, die Qualifikation der Facharbeiter, verloren.
So bleibt als wesentliche Erkenntnis ein eher ernüchterndes Fazit: Einfache Konzepte zur Lösung der Probleme der beruflichen Bildung sind noch nicht gefunden. Es scheint jedoch in diesen Fragen die gesamte Gesellschaft - und nicht nur die Arbeitgeber- und Gewerkschaftsverbände - gefordert. Wie sagte doch der stellvertretende Generalsekretär des Bundesinstitutes für Berufsbildung, Helmut Pütz, in einem Interview für das Wochenblatt "Die Zeit" am 18. August 1995 abschließend: "Wir müssen uns jedenfalls etwas einfallen

lassen, damit das immer wieder gelobte deutsche System der dualen Ausbildung nicht zur bloßen Handwerksausbildung wird."
Offensichtlich ist also: Aktivitäten sind gefordert, um die berufliche Bildung den neuen Gegebenheiten anzupassen. Der rasante Wandel der gesellschaftlichen, technischen und wirtschaftlichen Bedingungsfaktoren macht Veränderungen im System der Aus- und Weiterbildung notwendig.

Mit Beschreibungen und Bewertungen des Zustandes gewerblich-technischer Erstausbildung aus den verschiedenen Blickwinkeln der Autoren soll dieser Sammelband dazu beitragen, die Diskussionen zu versachlichen und weiterzuführen, um sowohl unzureichende als auch einseitige Einschätzungen sowie eine Stagnation in der beruflichen Bildung zu verhindern.

Es ist ein Ziel dieses Buches, das System der Erstausbildung aus verschiedenen Perspektiven auszuleuchten und zu verdeutlichen sowie das Gewordensein dieser Form der Qualifizierung des Facharbeiternachwuchses zu erhellen, die Probleme aufzuzeigen und die Stärken herauszustellen. Es sollen aber auch - der anderen Deutung des Begriffes Perspektive entsprechend - zukunftsorientierte und neue Sichtweisen, Möglichkeiten und Horizonte aufgezeigt werden.

Dresden, im Juli 1996   Jörg-Peter Pahl

I. Gewerblich-technische Erstausbildung und Fragen des Überganges in die Arbeitswelt

Wolf-Dietrich Greinert

Organisationsmodelle der beruflichen Erstausbildung
- Versuch einer Typologie

Felix Rauner

Die Bedeutung der Berufsbildung beim Übergang
von der Schule in die Arbeitswelt

Ute Clement/Antonius Lipsmeier

Der Wandel der Facharbeit und seine Implikationen
für die Zukunft des dualen Berufsbildungssystems

Dieter Grottker

"Bildung hat ein Erstes, aber kein Letztes"
- Bildungstheoretische und historische Betrachtungen zum Konzept der beruflichen Erstausbildung in Geschichte und Gegenwart

Peter Kuklinski/Frank Wehrmeister

Der Stellenwert der berufsbildenden Schulen in der Berufsausbildung

Susanne Eichler

Profilentwicklung an beruflichen Schulen:
Ein Beitrag zur Umsetzung veränderter Anforderungen in der gewerblich-technischen Erstausbildung

Ulrich Degen/Günter Walden

Zur Situation der Berufsausbildung in den gewerblich-technischen Berufen der neuen Länder und weitere Perspektiven der betrieblichen Berufsausbildung

Klaus Hahne

Ansätze zur Verbesserung der betrieblichen Erstausbildung im Handwerk

Peter Dehnbostel

Dezentralisierung und berufliche Erstausbildung

Wolf-Dietrich Greinert

Organisationsmodelle der beruflichen Erstausbildung - Versuch einer Typologie

1 Vorbemerkung

Berufliche "Erstausbildung" setzt ein Bildungs- und Beschäftigungskonzept voraus, in dem es üblich ist, daß diejenigen, die eine Berufskarriere anstreben, zusätzlich zu einem allgemeinen Bildungsabschluß vor **Beschäftigungsbeginn** den Erwerb berufsfachlicher Kompetenzen nachzuweisen haben.

Daß dies keineswegs als selbstverständlich gelten kann, zeigt das japanische Beispiel: Dort werden Karrieren im Beschäftigungssystem wesentlich vom Erfolg im allgemeinen Bildungssystem geprägt. Da es "Berufe" in unserem Sinne nicht gibt, ist die fachliche Qualifizierung weitgehend in den Arbeitsprozeß hineinverlagert und abhängig von dem in japanischen Betrieben üblichen häufigen Tätigkeitswechsel der Arbeitskräfte (vgl. Georg 1993).

Berufliche Erstausbildung als Qualifizierungskonzept ist also an das Prinzip berufsförmig organisierter Arbeit gebunden. Hinzu kommt das traditionell vermittelte Modell eines gestuften beruflichen Qualifikationsprozesses. Ursprünglich markiert dies der Dreischritt Lehrling - Geselle - Meister, die aktuelle Variante unterscheidet zwischen Berufsvorbereitung, Berufsgrundbildung, Berufsfachbildung und beruflicher Weiterbildung, wobei Berufsgrund- und Fachbildung als Stufe der "Erstausbildung" definiert werden (Gesprächskreis beim Bundesminister ...., 1967-1970).

Die berufliche Erstausbildung galt lange als die entscheidende Phase der Berufsbildung und garantierte in der Regel für die Mehrheit der Arbeitskräfte eine lebenslange Ausstattung mit den notwendigen Berufsqualifikationen. Erst die Beschleunigung des technischen Wandels, verbunden mit einer schnelleren Entwertung berufsfachlicher Fertigkeiten und Kenntnisse hat dazu geführt, daß heute die berufliche Weiterbildung vorzugsweise die Berufskarrieren bestimmt (vgl. z. B. Geißler/Wittwer 1989, S. 93-102).

Nichtsdestoweniger markiert die ungleich längere Tradition der beruflichen Erstausbildung bis heute die systemische Verfassung der Berufsbildung in den verschiedenen Ländern. Sie dürfte wohl eine relative Bedeutung auch in Zukunft behalten, in dem Sinne, daß sie zwar keine hinreichende, aber doch eine notwendige Qualifizierungsphase darstellt (vgl. z. B. Lenhardt 1974).

2 Grundtypen beruflicher Erstausbildung

Die Frage optimaler Organisation von Berufsbildungssystemen ist erst in neuerer Zeit aufgekommen, und zwar einmal im Zusammenhang mit der Praxis der Berufsbildungszusammenarbeit mit Entwicklungsländern (vgl. Biermann u. a., 1994), zum anderen im Zusammenhang mit der Diskussion um die Qualität des Wirtschaftsstandortes Deutschland (vgl. Lenske 1988). Angesichts der gegenwärtig zu beobachtenden Internationalisierung des berufspädagogischen Diskurses stellt sich von neuem das Problem, wie die zahlreichen Berufsausbildungssysteme mit Hilfe einer plausiblen Kategorie in eine überschaubare Typologie einzuordnen sind.

In Anlehnung an **Max Webers** Herrschaftssoziologie können m. E. drei grundsätzliche Regelungsmuster im Bereich der beruflichen Bildung ausgemacht werden: Tradition, Markt und bürokratische Rationalität auf legaler Grundlage (vgl. Weber 1956). Diesen Regelungsmustern lassen sich **Grundtypen** von beruflichen Ausbildungssystemen zuordnen.

Wir können danach unterscheiden:

Grundtyp 1: Die berufliche Bildung wird von überliefertem, gewohnheitsrechtlich legitimiertem Handeln bestimmt. Kollegial organisierte, private Vereinigungen beschließen Regelungen traditionsstiftenden Charakters, die als "Gewohnheit" auch die Nachwachsenden verpflichten.

Das klassische Beispiel der Regelung von Berufsausbildung über Tradition bietet die **ständische Handwerkererziehung**, die z. B. in Deutschland vom 11. bis zum 18. Jahrhundert - also über etwa 800 Jahre - ihre typische Struktur weitgehend stabil erhalten konnte. Dieses Berufserziehungsmodell war bzw. ist noch weit verbreitet: Wir finden es nicht nur in der Vergangenheit nahezu aller Staaten Europas, sondern auch noch heute in zahlreichen Staaten der sogenannten "Dritten Welt".

Tradition bedeutet die Fortschreibung bzw. Sicherung der bewährten, überlieferten Bestände. Diese umfaßten im Falle des Handwerks sowohl die Bedingungen von **Berufsausbildung** wie **Berufsausübung**; d. h. im Kern ging es um ein Konzept der verläßlichen Reproduktion des Berufsstandes über einen umfassenden Sozialisationsprozeß. Davon bildete die technische Berufsqualifikation nur einen Teil; traditionelle berufsständische Erziehung umfaßte darüber hinaus auch allgemein-sittliche, politisch-soziale, kirchlich-religiöse wie kulturelle Erziehung. Absolute Erziehungsautorität hat dabei der Meister inne (vgl. Stratmann 1993).

Welche typischen Regelungsmechanismen und Instrumente charakterisieren das **traditionale Modell** der Berufserziehung?

1. Abgrenzung nach außen und Wahrung der Geschlossenheit nach innen bestimmen das Rekrutierungsmuster des Berufsstandes. Das wichtigste Instrument in diesem Zusammenhang bilden strenge Aufnahmebedingungen für die Ausbildung, die letztlich auch ihre quantitativen Dimensionen bestimmen.

2. Die Art der technischen Berufsausbildung bestimmen traditionelle Berufsabgrenzung und die Überlieferung von spezifischem Erfahrungswissen. Die technische Ausbildung ist indes nur Teil eines umfassenden - häuslich-familiären - Erziehungsprozesses.

3. Regelung und Kontrolle der Berufsausbildung sind einer autonomen - kollegial orientierten - Korporation, der Zunft, übertragen, die die gesamten Lebensverhältnisse des Berufsstandes verbindlich regelt.

Organisationsmodelle der beruflichen Erstausbildung 17

4. Für die Ausbildung muß in der Regel ein **Lehrgeld** an den Meister entrichtet werden. Kann dieses nicht bezahlt werden, so verlängert sich die Ausbildungszeit entsprechend, d. h. die Lehre muß dann "abverdient" werden.

5. Der berufsständische Erziehungsprozeß umfaßt die Stufen Lehrling - Geselle - Meister. Nur wer diese letzte Qualifikationsstufe erreicht hat, darf ausbilden und ein Handwerksgeschäft führen. Das eigentliche Lernmodell bildet das Imitatio-Prinzip, wobei die Person und das Können des Meisters den primären Orientierungspunkt abgeben (vgl. Richter 1970, S. 14).

Grundtyp 2: Die berufliche Bildung wird unmittelbar vom Produktionsfaktor Arbeit und von den Qualifikationssignalen des Arbeitsmarktes bestimmt. Ihre Entfaltung und Gestaltung bleibt einerseits der Eigeninitiative des einzelnen Staatsbürgers überlassen, andererseits dem Engagement von (privaten) Betrieben, intermediären und sonstigen Ausbildungsträgern, die faktisch unbehelligt von staatlichen Vorschriften eine an unmittelbaren Verwendungssituationen orientierte Ausbildung anbieten und betreiben.

Derartig **markt-regulierte Ausbildungssysteme** finden sich z. B. in Großbritannien, in den USA und in Japan. - In Struktur und sozio-ökonomischen Entstehungsbedingungen unterscheiden sie sich zwar in nicht unerheblichem Maße, gemeinsam ist diesen Ländern jedoch, daß die Berufsbildung weder mit dem allgemeinen Bildungswesen - z. B. in Form beruflicher Schulen - verknüpft ist, noch ein separat geregeltes Berufsausbildungssystem besteht, das für die Mehrheit der Jugendlichen eine fixierte berufliche Mindestqualifikation garantiert. In den genannten Ländern findet sich ein umfassend ausgebautes allgemeinbildendes Pflichtschulwesen von in der Regel elf oder zwölf Jahren Dauer, auf das der Staat einen relativ hohen Einfluß nimmt. Im Prinzip besuchen alle Jugendlichen diese High Schools, der Übergang zum Hochschulsektor ist in diesen Ländern im Vergleich zur Bundesrepublik sehr hoch (vgl. Deißinger 1992; Münch 1989 ; Georg 1993).

Die berufliche Bildung ist dagegen von öffentlichem Einfluß weitgehend frei. Betriebe spielen als Ausbildungsträger auf diesem Markt naturgemäß eine wichtige Rolle. Vor allem Großbetriebe erreichen aufgrund ihrer ökonomischen Überlegenheit in der Regel eine überragende Marktposition - wie z. B. in Japan.
Aufgrund welcher Mechanismen funktionieren diese Ausbildungssysteme mit Marktcharakter? Ohne Anspruch auf Vollständigkeit seien die wichtigsten aufgezählt:

1. Die quantitativen Relationen zwischen Bedarf und Ausbildung sind über das Marktmodell vermittelt. Berufliche Qualifikationen werden in dem Maße produziert, in dem sie nachgefragt werden. Über den Bedarf entscheiden die Abnehmer der Qualifikationen (Betriebe).

2. Die Art der beruflichen Qualifikation (qualitativer Aspekt) richtet sich ausschließlich nach den mutmaßlichen Verwendungssituationen in den Betrieben. Der zwischenbetriebliche Transfer der erworbenen Qualifikationen ist (marktabhängig) variabel, in der Regel aber gering.

3. Der Marktmechanismus beruflicher Qualifikationen funktioniert am besten, wenn die potentiellen Abnehmer der Qualifikationen selbst Träger der Ausbildung sind und die Ergebnisse der Ausbildung selbst kontrollieren.

4. Die Ausbildung wird in diesem Fall von den Qualifikationsabnehmern finanziert, d. h., sie unterliegt dem Prinzip der Kostenminimierung. Sie ist im Normalfall produktionsgebunden und wenig pädagogisiert (On-The-Job-Training).

5. Die Ausbildungsträger selektieren die Auszubildenden ohne Rücksicht auf übergeordnete gesellschaftspolitisch vermittelte Prinzipien (z. B. Chancengerechtigkeit); die Rechtsstellung der Auszubildenden unterscheidet sich im Prinzip nicht von der eines normalen Arbeitnehmers.

Grundtyp 3: Die berufliche Bildung wird auf der Grundlage gesetzlicher Regelungen vom Staat bzw. von der staatlichen Bürokratie allein geregelt. - Institutionell betrachtet, handelt es sich um **schulisch geprägte Ausbildungssysteme**, die wohl die verbreiteste Art von Berufsausbildung in allen Regionen der Welt darstellen.

Die klassischen Modelle schulischer Berufsausbildung in Europa finden sich in Frankreich, Italien und Schweden (vgl. Schriewer 1982; ISFOL 1988, Lauglo 1993).

Schulische Berufsausbildungssysteme weisen ein hohes Maß von Vergleichbarkeit auf, sowohl hinsichtlich ihrer Struktur als auch hinsichtlich ihrer Entstehungsbedingungen. Ihre spezifische Ausprägung erhalten sie dadurch, daß ein abgestuftes System beruflicher Schulen mit dem allgemeinen Bildungswesen eng verknüpft ist, in entwickelten Ländern stets im Funktionsbereich der Sekundarstufe II. Der Zugang zu den im Qualifikationsanspruch meist sorgfältig abgestuften Ausbildungsgängen hängt entscheidend ab von den davorliegenden Schulabschlüssen im Sekundarbereich I. Diese Verbindung von schulischer mit beruflicher Bildung wird noch an einer anderen Eigenheit dieses Systems deutlich: die unmittelbare Verknüpfung von schulischen Abschlüssen mit (oft tariffähigen) beruflichen Qualifikationen, ein Element, das bis zur Verleihung echter doppeltqualifizierender Abschlüsse ausgebaut sein kann (z. B. Hochschulreife und Facharbeiterqualifikation). Schulische Berufsausbildungssysteme sind prinzipiell hierarchisch organisierte Elitesysteme, meist in Staaten mit starker Zentralverwaltung anzutreffen. Wegen dieser Eliteposition markieren sie auch in der Regel ein Bildungsmonopol im Bereich der Berufsausbildung, gegen das konkurrierende Ausbildungsformen - z. B. "dual" organisierte - kaum bestehen können (vgl. Koch 1995, S. 262-272).

Private Betriebe haben in diesen Ausbildungssystemen keine Funktion, allenfalls die als Anbieter von Praktikumsplätzen. Je stärker der Anspruch des Staates auf die alleinige Verantwortung in der Berufsbildung, desto geschlossener ist das bürokratische System der Planung, Durchführung und Kontrolle. Dennoch gibt es Beispiele einer eher indirekten Mitwirkung der Betriebe in derartigen Systemen: In Frankreich z. B. unterhalten die großen Wirtschaftskammern berufliche Schulen, die vom Staat subventioniert werden, indes auch nach den staatlichen Ausbildungsnormen arbeiten müssen.

Aufgrund welcher Mechanismen funktionieren nun diese Schulsysteme? Einige wichtige seien aufgezählt:

1. Die quantitativen Relationen zwischen Bedarf und Berufsausbildung sind über staatliche Planungsinstanzen vermittelt. Die Rationalität solcher Bedarfsplanung funktioniert am besten, wenn sie sich auf ein begrenztes System fixierter Grundberufe bezieht.

2. Die Art der beruflichen Qualifikationen (qualitativer Aspekt) richtet sich nicht primär nach den unmittelbaren beruflichen Verwendungssituationen, sondern berücksichtigt in der Regel auch individuelle und gesellschaftliche Anforderungen. Je stärker die beruflichen Schulen an das allgemeine Bildungswesen und die dort gültigen Leistungs- und Selektionskriterien angebunden sind, desto stärker werden ihre fachlich-technischen Qualifikationsleistungen von Systemproblemen der allgemeinen Schulen überformt und mit- bzw. umdefiniert.

3. Planung, Organisation und Kontrolle der Berufsausbildungsprozesse sind in hohem Maße bürokratisch bestimmt; die Durchsetzung der an bürokratisches Handeln gebundenen universalistischen Prinzipien garantiert tendenziell eine systematisierte, stark pädagogisierte Ausbildung.

4. Die schulische Berufsausbildung wird aus öffentlichen Haushalten finanziert. Deren prinzipielle Begrenztheit erlaubt in der Regel keine flächendeckenden Ausbildungsmodelle zur beruflichen Qualifizierung der Gesamtheit eines Altersjahrganges.

5. Schulmodelle funktionieren am ehesten bei Berufsfeldern und Berufen, in denen sich ohne größere psychomotorische Fertigkeitsschulung ausbilden läßt, also z. B. in kaufmännischen Berufen.

3 Mischtypen beruflicher Erstausbildung

Diesen Grundtypen beruflicher Qualifikation, die nur von **einem** Regelungsmuster gesteuert werden, lassen sich eine Reihe von - zum Teil sehr verbreiteten - Mischtypen gegenüberstellen, die mindestens **zwei** Regelungsmuster integrieren.

Eine Kombination von Marktregulung mit mehr oder weniger staatlicher (bzw. bürokratischer) Flankierung stellen die sog. "kooperativen" Ausbildungssysteme dar. Man kann bei diesen m.E. drei bewährte Varianten unterscheiden:

1. **Das Modell "Formation en alternance"**. Es findet sich vielfach in Ländern mit traditionellen **Technischen Sekundarschulen**, also beispielsweise in Frankreich und im früheren kolonialen Einflußbereich dieses Landes. Die Erkenntnis, daß eine zukunftsorientierte Ausbildung ohne ergänzende betriebliche Qualifizierungsphasen nur schwerlich zu erreichen ist, führten in diesen Staaten öfter zu Partnerschaftsvereinbarungen zwischen Technischen Sekundarschulen und Betrieben oder zur Einführung umfangreicherer systematischer Praktika. In Frankreich wurde z. B. mit dem Berufsabitur ("Baccalauréat Professionel") die Form einer zwischen Schule und Betrieb alternierenden Ausbildung als verbindliches Prinzip der Ausbildungsorganisation festgeschrieben (vgl. Koch 1995, S. 269 f.).

2. **Überbetriebliche Ausbildungsmodelle lateinamerikanischer Prägung**. Die Bezeichnung dieses Modells leitet sich weniger von seiner unmittelbaren Ausbildungsorganisation ab als von seiner Finanzierungsform. Die Betriebe eines Wirtschaftsbereichs - Industrie, Handel, Landwirtschaft z. B. - werden gesetzlich verpflichtet, eine Berufsbildungsabgabe - bemessen an ihrer Brutto-Lohn-/Gehaltssumme - in einen zentralen Fonds einzuzahlen, aus dem der Aufbau einer

(nationalen) Berufsbildungsorganisation einschließlich zentraler Ausbildungsinstitutionen finanziert wird.

Die "nationalen Berufsbildungsdienste" Latein- und Mittelamerikas sind in der Regel Einrichtungen des privaten Rechts, deren normsetzende und verwaltende Instanzen (= Steuerungsgremien) von Vertretern der Arbeitgeberorganisationen, der Ministerien (Erziehung und Arbeit) und auch der Gewerkschaften besetzt werden. In den überbetrieblichen Lehrwerkstätten, Technologiezentren und mobilen Ausbildungseinrichtungen werden sowohl Lehrgänge zur beruflichen Grund- und Fachbildung, Teilqualifizierung wie jegliche Form beruflicher Weiterbildung angeboten. Die Ausbildungs- und Prüfungsrichtlinien, Hilfs- und Lehrmittel werden in unmittelbarer Zusammenarbeit mit den Betrieben nach vorgeschriebenen Methoden und Verfahren erarbeitet (Arnold 1986; Schleich 1985).

3. Beim dritten "kooperativen" Ausbildungsmodell handelt es sich um das sogenannte "duale" Berufsausbildungssystem deutscher Prägung: der Staat setzt für private Betriebe bzw. sonstige private Ausbildungsträger mehr oder weniger umfangreiche Rahmenbedingungen in der beruflichen Bildung.

Man könnte folglich dieses System ein staatlich flankiertes Marktmodell nennen. Es kommt ausschließlich im deutsch-sprachigen Raum vor, also neben der Bundesrepublik noch in der Schweiz und in Österreich (vgl. Greinert 1995; Schermaier 1970; Wettstein/Bossy u.a. 1985). In diesen Ländern findet sich eine ausgeprägte traditionelle Handwerkskultur, die mit ihrem ständischen Berufserziehungsmodell Anknüpfungs- und Ausgangspunkt des "dualen" Berufsausbildungssystems markiert. Das duale System der Berufsausbildung im deutschen Kulturraum entstand mittels eines staatlich inszenierten Modernisierungsaktes, der vor allem die Reorganisation des handwerklichen Berufsstandes zum Ziele hatte. An die Stelle des autonomen Zunftrechtes traten Gesetze und bürokratische Regelungsformen. Traditionale Momente ragen indes noch heute in das dual organisierte Ausbildungswesen hinein, so vor allem das Prinzip **berufsförmig organisierter Arbeit**.

Dual heißen diese Systeme gemeinhin, weil hier zwei Lernorte - Betrieb und (öffentliche) Berufsschule - unter dem gemeinsamen Ziel der beruflichen Qualifizierung von Auszubildenden kooperieren. Die Art dieser Dualität ist indes variabel, duale Systeme sind auch mit nur einem Lernort oder mit mehr als zwei Lernorten denkbar.

Charakteristisch für dual organisierte Modelle der Berufsausbildung ist die relativ scharfe Abgrenzung eines Berufsbildungssystems gegenüber dem allgemeinen öffentlichen Schulsystem. Diese Abgrenzung wird vor allem sichtbar an der Existenz eines mehr oder weniger umfassenden spezifischen Berufsbildungsrechts, das sich nicht der Kategorie des Schulrechts zuordnen läßt. Die rechtliche Verantwortung für die Berufsausbildung ressortiert in solchen Systemen daher auch eher bei der Wirtschafts- oder Arbeitsverwaltung.

Das duale System läßt sich also nur im Hinblick auf seine institutionelle Ausprägung als "berufspädagogische Figur" (Münch, 1989), d. h. als ein Lernsystem mit zwei Lernorten, definieren; seine funktionale Dualität gründet sich dagegen auf die Integration zweier unterschiedlicher Regelungsmuster im Hinblick auf die Berufsbildung: Als unumgängliche Voraussetzung muß ein nach privatwirtschaftlichen (d. h. Markt-)Regeln strukturierter

Organisationsmodelle der beruflichen Erstausbildung

Ausbildungssektor gegeben sein, den der Staat mit rechtlichen Normen überformen kann. Diese Integration spiegelt sich am klarsten im Berufsbildungsrecht - also z. B. auch im Berufsbildungsgesetz der Bundesrepublik von 1969 (BBiG) - wider, wo die Privatrechtssphäre des Marktes mit der öffentlich-rechtlichen Sphäre des Staates zielorientiert verschränkt ist (vgl. Greinert 1995, S. 61 ff.).

Welche Funktionskriterien lassen sich von diesem Grundmuster ableiten? Wichtig sind sicherlich die folgenden:

1. Die quantitative Relation von Bedarf und Berufsausbildung ist zwar marktvermittelt (Angebotsmarkt!); wenn die Betriebe jedoch als Qualifikationsanbieter auftreten, unterwerfen sie sich den gesetzten staatlichen Normen.

2. Die Art der beruflichen Qualifikationen (qualitativer Aspekt) richtet sich primär nach den beruflichen Verwendungssituationen im Betrieb. An der Definition von Qualifikationszielen wirken jedoch außer den Betrieben noch der Staat und Interessengruppen (z. B. Gewerkschaften, berufliche Fachverbände) mit.

3. Die Betriebe sind Träger der Ausbildung. Die Berufsausbildungsprozesse müssen jedoch nach staatlich gesetzten Normen organisiert werden und unterliegen einer direkten oder indirekten staatlichen Kontrolle.

4. Die Kosten für die Ausbildung tragen prinzipiell die Betriebe. Charakteristisch für duale Ausbildungsmodelle sind jedoch reglementierte Finanzierungsmodelle (vgl. Hegelheimer 1986) (z. B. Fondsfinanzierung) und/oder eine mehr oder weniger umfangreiche staatliche Teilfinanzierung der Berufsausbildung wie z. B. in der Bundesrepublik die Finanzierung der Berufsschule.

5. Der Grad der Systematisierung der Berufsausbildung und der Grad der Pädagogisierung lassen sich in dualen Ausbildungssystemen im Prinzip je nach Bedarf steuern. Den stärksten Hebel für eine derartige Steuerung bietet die Variation von Finanzierungsmodalitäten.

Man darf nun nicht in den Fehler verfallen, die entwickelten Typen formalisierter Berufsbildung als direkte Abbilder von Realformen nationaler Berufsausbildungssysteme mißzuverstehen. Alle vorhandenen Berufsausbildungssysteme in den verschiedenen Staaten sind vielmehr nach unserem Verständnis Varianten und/oder Kombinationen der drei Grundformen oder von Grundformen mit Mischtypen. Die entwickelten Typen haben also Modellcharakter; es dürfte kaum ein Land geben, in dem ein Typ sozusagen in Reinform als solitäres Ausbildungssystem existiert.

Wie alle entwickelten Berufsbildungssysteme ist auch das der Bundesrepublik eine komplizierte Kombination von speziellen Ausbildungstypen. Eine Organisationsform herrscht jedoch vor, und das ist das duale System mit seinem Kern einer berufsförmig strukturierten Ausbildungsordnung[1].

---

[1] Auf diesen Aspekt hat mich nochmals Th. Deißinger im Zusammenhang mit einer Buchbesprechung hingewiesen; vgl. Pädagogische Rundschau 49(1995) S. 87-90.

4 Schlußbetrachtung

Ich möchte abschließend nochmals betonen, daß es sich bei der entwickelten Typologie um ein **analytisches Instrumentarium** von begrenzter Reichweite handelt. Die genaue Charakterisierung eines Berufsbildungssystems kann sich weder in einer Typologie noch in scheinbar neutralen Verweisen auf die Funktionstüchtigkeit isolierter institutioneller Arrangements von beruflicher Qualifizierung erschöpfen.

Wesentliche Determinanten beruflicher Bildungssysteme, wie die historischen und kulturellen Entwicklungsbedingungen solcher Arrangements, die Einbindung in vor- und nebengelagerte Instanzen wie familiäre Sozialisation, allgemeines Schulwesen, gesellschaftliche Wertvorstellungen etc. dürfen nicht ausgeblendet werden.

Insofern ist es auch schwierig, Berufsausbildungssysteme im Hinblick auf Modernität, Effektivität etc. miteinander vergleichen zu wollen. Es kann nicht übersehen werden, daß trotz ähnlich verlaufener technischer und ökonomischer Veränderungsprozesse in den verschiedensten Ländern sich im Zuge der Industrialisierung kein einheitliches industrietypisches Berufsausbildungsmodell herausgebildet hat. Selbst ein erfolgreiches Industrieland kann von sich nicht behaupten, sein Berufsausbildungssystem systematisch aus den Erfordernissen industrieller Entwicklung abgeleitet und nach sachlogischen Gesichtspunkten optimiert zu haben. Gerade das deutsche Beispiel zeigt, daß ganz andere Gesichtspunkte als technisch-qualifikatorische die Grundstruktur des dualen Ausbildungssystems um die Jahrhundertwende geprägt haben. Und der Blick auf andere Länder, z. B. auf Japan, macht deutlich, daß viele für uns festgefügte Vorstellungen über Beruf und berufliche Qualifizierungsprozesse keine Allgemeingültigkeit beanspruchen können (Georg/Sattel 1992, S. 65 ff).

Literatur

ARNOLD, R. u. a.: Duale Berufsbildung in Lateinamerika. Baden-Baden 1986

BIERMANN, H. u. a. (Hrsg.): Systementwicklung in der Berufsbildung. Baden-Baden 1994

DEIßINGER, Th.: Die englische Berufserziehung im Zeitalter der industriellen Revolution. Würzburg 1992

GEIßLER, K. A./WITTWER, W.: Sechs Thesen zur Entwicklung von beruflicher Aus- und Weiterbildung. In: Arnold, A./Lipsmeier, A. (Hrsg.): Betriebspädagogik in nationaler und internationaler Perspektive. Baden-Baden 1989, S. 93-102

GEORG, W.: Berufliche Bildung des Auslands: Japan. Baden-Baden 1993

GEORG, W./SATTEL, U. (Hrsg.): Von Japan lernen? Aspekte von Bildung und Beschäftigung in Japan. Weinheim 1992, S. 65 ff.

GESPRÄCHSKREIS beim Bundesminister für Wirtschaft und dem Bundesminister für Arbeit und Sozialordnung (1967-1970)

GREINERT, W.-D.: Das "deutsche System" der Berufsausbildung. Geschichte, Organisation, Perspektiven. 2. Auflage. Baden-Baden 1995

HEGELHEIMER, A.: Finanzierung der beruflichen Ausbildung (= Schriften der Deutschen Stiftung für internationale Entwicklung). Mannheim 1986

ISFOL: Das berufliche Bildungswesen in Italien, hrsg. vom Europäischem Zentrum für die Förderung der Berufsbildung (CEDEFOP), Luxemburg 1988

KOCH, R.: Die Berufsausbildungssysteme in Deutschland und Frankreich. In: Heitmann, W./Greinert W.-D. (Hrsg.): Analyseinstrumente in der Berufsbildungszusammenarbeit. Berlin-Schöneberg 1995, S. 262-272

LAUGLO, J.: Vocational training: analysis of policy and modes. Case studies of Sweden, Germany and Japan. Paris 1993

LENHARDT, G.: Berufliche Weiterbildung und Arbeitsteilung in der Industrieproduktion. Frankfurt a. M. 1974

LENSKE, W. (Hrsg.): Qualified in Germany. Ein Standortvorteil für die Bundesrepublik Deutschland. Köln 1988

MÜNCH, J.: Berufsbildung und Bildung in den USA. Berlin 1989

RICHTER, I.: Öffentliche Verantwortung für die berufliche Bildung. Stuttgart 1970, S. 14

SCHERMAIER, J.: Die Formen der gewerblichen Berufserziehung bis zum Facharbeiterniveau in Österreich. Unter besonderer Berücksichtigung des Duo-Systems. Wien 1970

SCHLEICH, B.: Förderung der beruflichen Bildung in Lateinamerika. Berlin/Mannheim 1985

SCHRIEWER, J.: Alternativen in Europa: Frankreich. Lehrlingsausbildung unter dem Anspruch von Theorie und Systematik: In: Enzyklopädie Erziehungswissenschaft, Bd. 9: Sekundarstufe II, Teil 1: Handbuch, hrsg. von H. Blankertz u. a. Stuttgart 1982, S. 250-285

STRATMANN, K.: Die gewerbliche Lehrlingserziehung in Deutschland. Bd. 1: Berufserziehung in der ständischen Gesellschaft. Frankfurt a. M. 1993

WEBER, M.: Wirtschaft und Gesellschaft. 4. Aufl. Tübingen 1956

WETTSTEIN, E./BOSSY, R. u. a.: Die Berufsbildung der Schweiz. Eine Einführung. Luzern 1985

Felix Rauner

Die Bedeutung der Berufsbildung beim Übergang von der Schule in die Arbeitswelt[1]

1 Übergänge von der Schule in die Arbeitswelt

Die Untersuchung der 'School-to-work-transition'-Probleme im internationalen Vergleich hat an Aktualität zugenommen, seit sich mit der Globalisierung der Märkte und der Entstehung supranationaler Strukturen wie z. B. der EU übernationale Arbeitsmärkte herausbilden. So hat etwa die EU die Instrumente für eine präventive Arbeitsmarktpolitik über zahlreiche Programme und Fonds in den letzten Jahren deutlich verstärkt (BMBW 1993, Kap. 6.15 und 6.16). Trotzdem zeigt sich, daß die Situation der Jugendlichen im Übergang von der Schule in die Arbeitswelt nach wie vor durch die nationalen Traditionen und die verschiedenen *Industriekulturen* geprägt wird (Dybowski/Pütz/Rauner 1995). Ein internationaler Vergleich der 'School-to-work' Problematik in den OECD-Ländern setzt daher einerseits eine Darstellung der Analyse der jeweiligen nationalen Situation voraus und legt andererseits nahe, diese Situations- und Probleminventur zu systematisieren. Einleitend soll daher ein Rahmen skizziert werden, in den der Bericht über die deutsche Situation eingeordnet werden kann.

Mit 'School-to-work-transition' wird hier bezeichnet

- der Lebensabschnitt zwischen dem Abschluß einer allgemeinbildenden Schule und der Aufnahme einer Erwerbstätigkeit - der subjektive Aspekt;
- Qualifizierungssysteme, -institutionen und -programme, die die Jugendlichen nach dem allgemeinbildenden Schulabschluß auf eine Erwerbstätigkeit vorbereiten - der institutionelle Aspekt;
- der Übergang von der Schule in die berufliche Qualifizierung (erste Schwelle) - der Ausbildungsmarkt-Aspekt sowie
- der Übergang von der Berufsausbildung in die Erwerbsarbeit (zweite Schwelle) - der Arbeitsmarkt-Aspekt (vgl. Abb. 1)

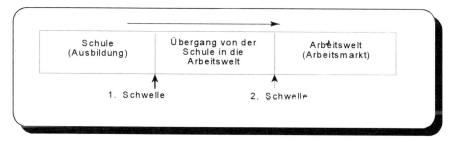

Abb. 1: Schwellen beim Übergang von der Schule in die Arbeitswelt

---

[1] Gekürzte und veränderte Fassung, die bei OECD unter "School to Work Transition: the Example of Germany" bei Hampton Press 1996 erscheint

In einem internationalen Ländervergleich des 'School-to-work-transition' lassen sich vier Modelle unterscheiden, bei denen der Übergang von der (allgemeinbildenden) Schule in die Berufsbildung (1. Schwelle) sowie der Übergang von der Berufsbildung in die Arbeitswelt (2. Schwelle) zeitlich, institutionell und inhaltlich höchst unterschiedlich ausgeprägt ist.

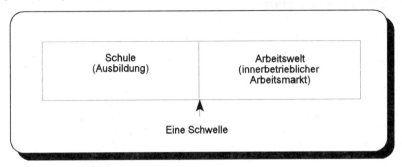

Abb. 2: Modell 1: Unmittelbarer Übergang

Im ersten Modell fallen die erste und zweite Schwelle des Übergangs von der Schule in die Arbeitswelt zu *einer* Schwelle zusammen, da auf der einen Seite innerbetriebliche Arbeitsmärkte dominieren, in denen die Berufsform der Arbeit keine oder eine untergeordnete Rolle spielen und daher auf der anderen Seite eine darauf bezogene berufliche Qualifizierung als eigenständiger Karriereabschnitt zwischen Schule und Beschäftigungssystemen entfallen kann. *Qualifizierung erfolgt in diesem Modell als eine Dimension betrieblicher Organisationsentwicklung.* In der Kombination von hoher Allgemeinbildung, abstrakten Arbeitsqualifikationen und hoher Arbeitsmoral sowie Betriebsbindung markiert dieses Modell einen Eckpunkt des Experimentierfeldes, in dem die 'School-to-work-transition'-Traditionen miteinander konkurrieren. Am ehesten läßt sich die japanische Situation diesem Modell zuordnen (Georg 1990).

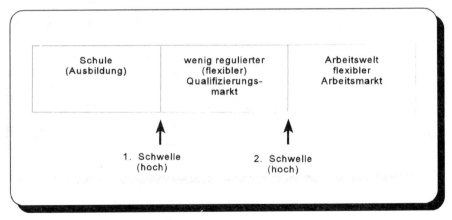

Abb. 3: Modell 2: Deregulierter Übergang

Bedeutung der Berufsbildung

Das zweite Modell ist gekennzeichnet durch eine - im Durchschnitt - relativ lange und wenig regulierte Übergangsphase mit langwierigen Such- und Orientierungsprozessen für die Jugendlichen, eine damit einhergehende hohe Jugendarbeitslosigkeit und andere soziale Risikolagen sowie einem extrem nachfrageorientierten flexiblen Weiterbildungsmarkt mit wenig qualifizierten betrieblichen Ausbildungsplätzen. Dieses Modell zeichnet sich sowohl durch eine hohe erste als auch eine hohe zweite Übergangsschwelle aus. Die Beteiligung an Qualifizierungsprogrammen ist einerseits eng mit dem Einstieg in das Beschäftigungssystem sowie der Aufnahme einer Erwerbstätigkeit verbunden und kann andererseits eine "Parksituation" auf der Suche nach einem Arbeitsplatz im Beschäftigungssystem sein. Um Qualifizierungsdefizite zu vermeiden, setzt dieses Modell auf Arbeitsplätze mit möglichst niedrigen Qualifikationsanforderungen auf der Ebene der ausführenden Tätigkeiten sowie auf das "On the Job Training". Großbritannien und die USA haben eine deutliche Affinität zu diesem Modell (Münch 1989; Rauner 1995).

In einem dritten Modell wird der Übergang vom Schul- in das Beschäftigungssystem durch ein *reguliertes System dualer Berufsausbildung* ausgestaltet. In diesem Modell ist der Jugendliche als Auszubildender zugleich Schüler (in einer berufsbegleitenden Schule) als auch Arbeitnehmer in einem Ausbildungsbetrieb.

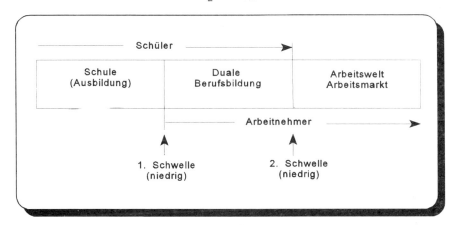

Abb. 4: Modell 3: Regulierter überlappender Übergang

Sowohl die erste als auch die zweite Schwelle ist relativ niedrig. Der Übergang in das Ausbildungssystem ist sehr weich, da beim Jugendlichen die Rolle des Schülers nach und nach durch die Rolle des qualifizierten Facharbeiters abgelöst wird. Als Auszubildender wird er Betriebsangehöriger und erhält damit eine sehr hohe Chance für ein über die Ausbildungszeit hinausreichendes Beschäftigungsverhältnis. Bildungssystem und Arbeitswelt sind in diesem Modell über die Institution des Berufes zugleich nachfrage- und angebotsorientiert miteinander verknüpft. Die *Berufsform der Arbeit* ist

- konstitutives Moment für einen überbetrieblichen offenen Arbeitsmarkt,
- eine entscheidende Größe für die Organisation betrieblicher Arbeitsprozesse und
- der Bezugspunkt für eine dualen Berufsausbildung.

Die Berufsbildung wird so zur Brücke zwischen Arbeitswelt und Bildungssystem. Die Jugendarbeitslosigkeit ist entsprechend niedrig. In mitteleuropäischen Ländern wie Belgien, Deutschland, Holland und Dänemark dominiert dieses Modell (Mertens 1976).

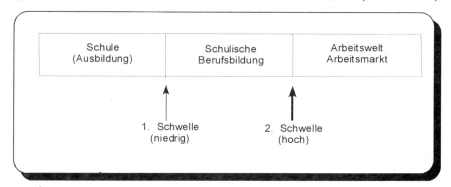

Abb. 5: Modell 4: Verschobener Übergang

Im vierten Modell ist der Übergang von der Schule zur Arbeitswelt als System schulischer Berufsausbildung ausgestaltet. An einen allgemeinbildenden Bildungsabschluß schließt sich eine berufsbezogene oder berufsorientierte Schulform an. Mit dem (Berufs-) Schulabschluß wird in der Regel ein staatliches Zertifikat über den erreichten "Schul-Beruf" erworben. Während in diesem Modell die erste Schwelle für die Jugendlichen unproblematisch ist, wird hier die zweite Schwelle zum entscheidenden Übergang in das Beschäftigungssystem. Der Übergang von der Schule in den Arbeitsprozeß wird um die Zeit der schulischen Berufsbildung hinausgeschoben. Schule und Arbeit bleiben institutionell getrennt. Berufliche Bildung ist deutlich angebotsorientiert. Die große Zahl der Länder mit einem ausgeprägten schulischen (staatlichen) Berufsbildungssystem lassen sich diesem Modell zuordnen.

Die vier Modelle des 'School-to-work-transition' unterscheiden sich wesentlich durch die Bedeutung, die den *Berufen als dem organisierenden Prinzip für Arbeitsmärkte, die betriebliche Arbeitsorganisation und die berufliche Bildung zukommen.* Im ersten Modell (etwa in Japan) hat die Berufsform der Arbeit und damit auch die darauf bezogene Berufsbildung kaum eine Bedeutung, während Berufe das zentrale Moment im dritten und vierten Modell darstellen. Es soll daher einleitend die Frage diskutiert werden, welche Bedeutung diese Polarität für den sich herausbildenden europäischen Arbeitsmarkt sowie den darin integrierten Facharbeiter-Arbeitsmärkten zukommt.

Erste Ansätze für einen europäischen Arbeitsmarkt bildeten sich in den 50er und 60er Jahren durch beachtliche Migrationsströme von den südeuropäischen Ländern nach Mitteleuropa heraus. Dabei handelte es sich zunächst um *Massenarbeit*, für die keine besonderen fachlichen Qualifikationen erforderlich waren. Parallel dazu setzte sich innerhalb der Länder der seit Ende des vorigen Jahrhunderts begonnene Prozeß der Urbanisierung und der damit einhergehende Trend zur Abwanderung der Arbeitskräfte aus der Landwirtschaft in die Industrie fort. Aus der Sicht der industriellen Massenproduktion und des Scientific Managements (Taylorismus) schien es zunächst möglich, beliebige Arbeitskräfte rasch und flexibel an die sich ändernden Bedürfnisse eines europäischen

Arbeitsmarktes - für die jeweilige konkrete Arbeit - anzupassen. Diese arbeitsmarktorientierte Sichtweise blendete das Moment der *Leistungsbereitschaft der Beschäftigten* als einer wesentlichen Voraussetzung für die Realisierung wettbewerbsfähiger Industrieunternehmen und -strukturen aus. Arbeitsmärkte sind jedoch wie andere Märkte, so der Soziologe Giddens (1988), "soziale Realitäten" und eben deshalb in ihrer zeitlichen Entwicklung nicht ohne explizite Berücksichtigung der Dynamik normativer Felder erklärbar (Jäger 1989, S. 565). Ein europäischer Arbeitsmarkt, der sich im wesentlichen auf *Jedermanns-Arbeitsplätze* und damit auf eine *abstrakte europäische Arbeitskraft* stützt, erfordert von den Arbeitskräften vor allem Leistungsbereitschaft in der Form von *Arbeitsmoral*. Nach Jäger liegen vielfältige Belege dafür vor, daß im gesamten OECD-Raum in den 60er Jahren die Lohnkostenexplosion nicht einherging mit einer entsprechenden Steigerung der Arbeitsproduktivität. Er führt dies vor allem auf einen Zerfall der Arbeitsmoral zurück. Anders als die in der Folge der Reformation entstandene Tradition der fraglosen Anerkennung von Arbeitsmoral, kann diese heute nur noch durch die die subjektive Existenz bedrohende Massenarbeitslosigkeit oder extrem gespaltene Arbeitsmärkte aufrechterhalten werden. Als Alternative dazu bietet sich an, Kompetenz und Leistungsbereitschaft über die seit einigen Jahrhunderten in Europa tradierte *Berufsförmigkeit der Arbeit* und die damit einhergehende *Berufsethik* zu realisieren. "Es ist ein großer Unterschied, ob die Identität einer Person an die Verrichtung von Arbeit gebunden ist oder an die Ausübung eines Berufes. Ersteres entspräche der Arbeitsmoral, letzteres der Berufsethik... Berufe haben eine biographische Qualität, welche der bloßen Arbeit abgeht. Denn Berufe stellen eine Form komplementärer (d. h. im Sinne Durkheims: organischer) Differenzierung her, bei der nicht einfach Arbeiten, sondern Lebensgeschichte aufeinander abgestimmt werden. Dies schlägt sich in den Institutionen beruflicher Bildung nieder" (Jäger 1989, S. 568).

Geht man davon aus, daß der technische Wandel und die Flexibilisierung der Produktion nicht zwangsläufig zu einer Erosion des Berufskonzeptes führen müssen (Heidegger/Rauner 1996), dann verdienen die Berufsbildungssysteme der Industrieländer bei der Analyse des 'School-to-work-transition' eine besondere Bedeutung.

2 Alternative Wege beim Übergang von der Schule in die Arbeitswelt

Beim Übergang von der Schule in die Arbeitswelt lassen sich vier Wege unterscheiden (vgl. Abb. 6). Der größte Anteil der Jugendlichen eines Jahrgangs (deutlich über 50%) entscheidet sich in Deutschland zur Aufnahme einer Berufsausbildung im dualen Berufsbildungssystem. Der Anteil der Jugendlichen, die im Alter zwischen 16 und 19 Jahren eine Berufsausbildung absolvieren, liegt deutlich über 70%. Eine schulische Berufsausbildung wird dagegen nur von ca. 10% der Jugendlichen eines Jahrganges bevorzugt. Dabei handelt es sich mehrheitlich um Berufe aus den Bereichen Gesundheit, Pflege und Erziehung sowie um *Assistentenberufe*, die inhaltlich semi-akademischen Berufen entsprechen und die sich in ihrem Curriculum deutlich am Fachwissen der Professionen (akademische Berufe) orientieren. In der betrieblichen Organisation sind Assistentenberufe dem Management bzw. akademischen Berufen als Assistenz zugeordnet. Der relativ geringe Anteil schulischer Berufsbildung am Berufsbildungssystem resultiert aus einem spezifischen Bedarf an semi-akademischen Qualifikationen für Aufgabenbereiche, in denen ganz eindeutig das fachsystematische (akademische) Wissen dominiert. Die naturwissenschaftlich-orientierten Assistenten-Berufe wie physikalisch-technische(r)

Assistent(in), medizinisch-technische(r) Assistent(in) gehören ebenso zu diesem Segment schulischer Berufsausbildung wie die Mehrzahl der sozialen Berufe (z. B. Erzieherin). Insofern steht die schulische Berufsausbildung nicht in Konkurrenz zur dualen Berufsausbildung. Die gesundheits- und sozialpflegerischen Berufe gewinnen mit der Veränderung der Altersstruktur der Bevölkerung an Bedeutung. Die Ausbildung in diesem Berufsfeld befindet sich im Umbruch. Gefordert wird eine Ausbildungsorganisation, die sich von der traditionell schulischen Ausbildung abwendet und sich an der Konzeption der dualen Berufsausbildung orientiert. Becker und Meifort (1993) fordern mit Blick auf den europäischen Integrationsprozeß eine entsprechende Professionalisierung gesundheits- und sozialpflegerischer Berufe.

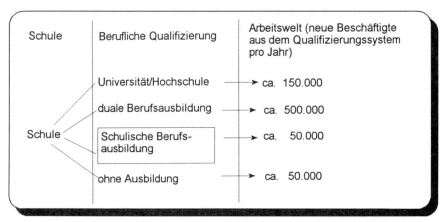

Abb. 6: *Berufliche und universitäre Bildung als Wege in die Arbeitswelt (1994)*

Ein besonderes Problem stellen die Jugendlichen mit Lernschwierigkeiten (ohne Hauptschulabschluß) dar. Im Ausbildungsjahr 1993 entfielen auf diesen Ausbildungsbereich 6,2 % aller neu abgeschlossenen Ausbildungsverträge. Schwerpunktmäßig werden diese Jugendlichen im Handwerk ausgebildet (vgl. Pütz 1993; BMBW/BIBB 1993). Analysiert man die statistischen Angaben über die Jugendlichen mit Lernschwierigkeiten über einen längeren Zeitraum, dann fällt auf, daß mit einer gewissen zeitlichen Verzögerung in Zeiten des Ausbildungsplatzmangels der Anteil der Jugendlichen, die als lernschwach eingestuft werden, erkennbar ansteigt. Umgekehrt sinkt der Anteil lernschwacher Jugendlicher immer dann deutlich ab, wenn es Fachkräftemangel und ein großes Angebot an Ausbildungsplätzen gibt. Das 'School-to-work-transition'-Problem für lernschwache Jugendliche ist daher zu einem großen Teil nicht durch Qualifizierungsmaßnahmen zu lösen, sondern langfristig nur durch die Erhöhung der Qualität und Quantität der Arbeits- und Ausbildungsplätze. Ein Qualitätsvergleich zwischen dem japanischen und US-amerikanischen High-School-System bietet für diese These interessante Anhaltspunkte.
Deutlich über 30% der Jugendlichen eines Altersjahrganges in Deutschland erwirbt die Hochschulreife. Davon entscheidet sich der größte Teil für ein Studium. Interessant ist dabei, daß ca. 40 % der Hochschulstudenten über eine abgeschlossene Berufsausbildung im dualen System verfügen. Die Dualität von beruflicher Bildung und Hochschulbildung genießt auch bei den Studenten eine beachtliche Wertschätzung. Ein bloßer Vergleich der prozentualen Anteile von Hochschulstudenten eines Geburtenjahrganges mit

Bedeutung der Berufsbildung 31

dem Anteil der Jugendlichen in einer dualen Berufsausbildung ist wenig aufschlußreich, wenn die Kombination von Berufsbildung und Studium vernachlässigt wird. Für den Übergang von Hochschulabsolventen in den Arbeitsmarkt beinhaltet diese Tradition der Kombination einer dualen Berufsausbildung mit einem daran anschließenden Hochschulstudium ein beachtliches Maß an subjektiver Mobilität und an Flexibilität der Arbeitsmärkte.

Innerhalb des Hochschul-Ausbildungssektors hat sich in den letzten 20 Jahren mit den *Berufsakademien* eine Form dualer Hochschulausbildung (vor allem in Baden-Württemberg) mit ca. 15.000 Studienplätzen herausgebildet. Der Student wird zu gleichen Teilen in der Berufsakademie sowie in seiner praktischen Tätigkeit im Ausbildungsunternehmen qualifiziert. Dieses duale Hochschul-Ausbildungsmodell auf dem Niveau der Fachhochschule hat mittlerweile einen festen Platz im Hochschulsystem und findet breite Anerkennung. "Zu den wichtigsten Stärken der Berufsakademie-Ausbildung gehören die auf 3 Jahre begrenzte Ausbildungsdauer, der ausgeprägte Praxisbezug, die auf wissenschaftlicher Basis erworbenen Kenntnisse, die eine rasche Umsetzung auf betriebliche Fragestellungen ermöglichen sowie die im dualen Studium erworbenen Sozialqualifikationen. Diese in der betrieblichen Sozialisation gewonnenen überfachlichen Kompetenzen (wie z B. Teamfähigkeit) bilden ein zentrales Element des Qualifikationsprofils der Berufsakademie" (Wissenschaftsrat 1994). Die zweite Schwelle im Übergang von der Schule zur Arbeitswelt entfällt in diesem Hochsegment faktisch, da die Studenten mit Beginn des Studiums über einen festen Arbeitsplatz im ausbildenden Unternehmen verfügen.

Insgesamt umfaßt die Phase des Überganges von der allgemeinbildenden Schule in die Arbeitswelt in Deutschland im Durchschnitt eine dreijährige berufliche Erstausbildung, wenn man die Universitäts- und Fachhochschulstudenten einmal ausklammert. Die gesetzliche Verankerung dieses Vermittlungssystems zwischen allgemeinbildenden Schulen und Arbeitswelt beinhaltet einen permanenten Dialog und Planungsprozeß, an dem neben den Sozialpartnern die Länder und der Bund beteiligt sind (s. weiter unten). Eine marginale Rolle spielen in diesem System *Programme*, die ihrer Natur nach zeitlich begrenzt sind und auf spezifische Situationen reagieren. Selbst in der Periode der geburtenstarken Jahrgänge zwischen 1975 und 1990 erwies sich das duale Berufsbildungssystem als erstaunlich elastisch. 1984 wurden z. B. 705.600 Ausbildungsverträge abgeschlossen. Heute liegt die Zahl knapp unter 500.000 (s. Abb. 7).

In der Phase der sehr hohen Nachfrage nach Ausbildungsplätzen haben die Bundesländer und der Bund ein umfangreiches Instrumentarium entwickelt, um dem Ausbildungsplatzmangel entgegenzuwirken. Seit 1973 fördert der Bund den Bau und den Unterhalt überbetrieblicher Ausbildungsstätten (ÜA) entsprechend den "Richtlinien zur Förderung von überbetrieblichen Ausbildungsstätten" (Bundesanzeiger Nr. 211 v. 09.11.73) sowie den "Richtlinien über die Gewährung von Zuwendungen zu den laufenden Kosten überbetrieblicher Ausbildungsstätten" (Bundesanzeiger Nr. 77 v. 22.04.78). Die ÜA sind Teil der betrieblichen Berufsausbildung. Sie werden gelegentlich als der dritte Lernort neben Ausbildungsbetrieb und Berufsschule bezeichnet. ÜA übernehmen vor allem in der handwerklichen Berufsausbildung Ausbildungsanteile, die von den Einzelbetrieben nicht oder nur unzureichend vermittelt werden können, die jedoch durch die entsprechenden Berufsbilder und Ausbildungsordnungen obligatorische Bestandteile der Berufsausbildung sind. So wurden z. B. 1986 aus diesem Schwerpunktprogramm 119 Mio. DM bereitgestellt. Außerdem standen den ÜA im selben Jahr weitere 335 Mio. DM im Rahmen eines Benachteiligtenprogrammes für ausländische, lernbeeinträchtigte und sozial benachteiligte

Jugendliche, die im Anschluß an berufsvorbereitende Maßnahmen keinen betrieblichen Ausbildungsplatz fanden, zur Verfügung. Im selben Jahr stellten der Bundesminister für Bildung und Wissenschaft (BMBW) und der Minister für Arbeit (BMA) im Rahmen eines einmaligen Sonderprogrammes für ca. 7.000 Ausbildungsplatzbewerber, die über keinen betrieblichen Ausbildungsplatz verfügten, noch einmal 60 Mio. DM bereit. Neben diesen Programmen beteiligten und beteiligen sich die Länder mit eigenen Zuschüssen an den ÜA. Zur finanziellen Unterstützung der Teilnehmer für berufsvorbereitende und berufliche Fortbildungsmaßnahmen stellt die Bundesanstalt für Arbeit (BfA) Mittel zur Verfügung. 1986 waren dies ca. 4,4, um 1992 bereits ca. 19 Milliarden DM (vgl. Berufsbildungsbericht 1993, S. 220 ff.).

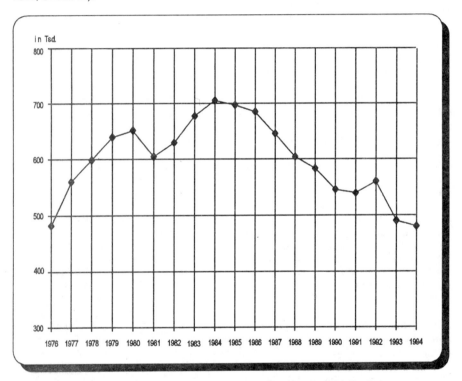

Abb. 7: Abschluß von Ausbildungsverträgen seit 1976 (alte Bundesländer)

Obwohl die Kosten der betrieblichen Berufsausbildung im Normalfall ausschließlich die Unternehmen tragen, werden in besonderen Ausnahmesituationen, wie es die Phase der starken Geburtenjahrgänge war, auch Ausbildungsbetriebe direkt gefördert. So wurden z. B. 1986 aus Mitteln des europäischen Wiederaufbauprogrammes (ERP)-Sondervermögen 11,6 Mio. DM in der Form von Darlehen zur Schaffung betrieblicher Ausbildungsplätze bereitgestellt und im Rahmen der Gemeinschaftsaufgabe "Verbesserung der regionalen Wirtschaftsstruktur" Investitionszulagen gewährt (vgl. Berufsbildungsbericht 1987, Kap. 9).

Bedeutung der Berufsbildung

Die Bundesländer haben in der Periode der hohen Ausbildungsplatznachfrage bzw. des Ausbildungsplatzmangels durch die Einrichtung und Ausweitung

- berufsvorbereitender Schulen und
- des schulischen Berufsgrundbildungsjahres

an der Lösung des Übergangsproblems von der Schule in die Arbeitswelt strukturelle Unterstützung geleistet. Die Etablierung und die Ausweitung einer einjährigen Berufsvorbereitungsphase für die Jugendlichen ohne Ausbildungsplatz zielt auf den Einstieg in die Berufsqualifizierung (1. Schwelle). Beide Schulformen haben mit der Entspannung auf dem Ausbildungsplatzmarkt - seit Ende der 80er Jahre - stark an Bedeutung verloren. Das Berufsgrundbildungsjahr hat für einige Wirtschaftszweige und Regionen damit seine ursprüngliche bildungspolitische Bedeutung wiedererlangt, nämlich die Qualität der Berufsbildung durch eine engere Verknüpfung von beruflicher und allgemeiner Bildung sowie durch eine systematische Berufsgrundbildung zu verbessern. In der Phase des angespannten Ausbildungsmarktes wurde das Berufsgrundbildungsjahr zu einer Auffangschule für Jugendliche ohne Ausbildungsvertrag (Abb. 8).

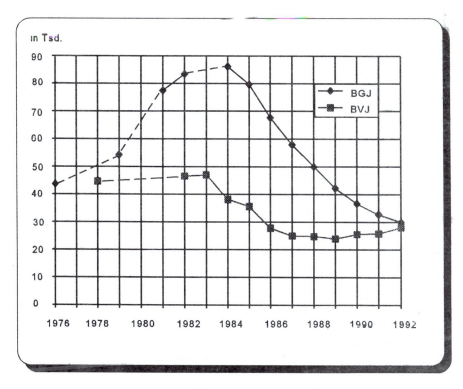

Abb. 8: Schüler im schulischen Berufsgrundbildungs- (BGJ) und Berufsvorbereitungsjahr (BVJ)

Neben dem System berufsbezogener Erstausbildung und darauf aufbauender beruflicher Weiterbildung (z. B. Technikerausbildung und Meisterausbildung) hat sich für den Bereich beruflicher Fortbildung sowie für den Bereich der Umschulung ein Markt von Institutionen herausgebildet, der zertifikats- und berufsbezogene sowie nicht-regulierte Qualifizierung anbietet. Vor allem in diesem Qualifizierungssektor werden aus Mitteln der Arbeitsverwaltung (BfA) und den einschlägigen EG-Programmen und EG-Fonds Weiterbildungsmaßnahmen angeboten. Alle Untersuchungen bestätigen jedoch, daß der Strukturwandel der Wirtschaft und des Arbeitsmarktes primär über den Ersatz ausscheidender Mitarbeiter und erst in zweiter Linie über die Weiterbildung der Erwerbstätigen erfolgt (vgl. Blossfeld 1993, S. 23). Im Berufsbildungs*system* wird daher die dominierende Quelle für qualifizierte Beschäftigte gesehen. Qualifizierungs*programme* haben im Gesamtsystem des Übergangs von der Schule in die Arbeitswelt eine das Berufsbildungssystem unterstützende Funktion.

3 Das duale Berufsbildungssystem - weicher Übergang von der Schule in die Arbeitswelt

3.1 Die duale Berufsausbildung - tragende Säule beim Übergang von der Schule in den Arbeitsmarkt

Der Anteil der Auszubildenden an der Gesamtzahl der Beschäftigten hat sich von 6 % in den 70er Jahren auf ca. 8 % in den 80er Jahren erhöht. Im Zusammenwirken zwischen verstärkten Rationalisierungsanstrengungen in den traditionellen Industriesektoren, geburtenschwachen Jahrgängen und einer Hinwendung von Eltern und Jugendlichen zu einer auf das Studium zielenden schulischen Laufbahn, ist diese Quote in den 90er Jahren auf weniger als 6 % abgesunken. Es spricht vieles dafür, daß sich dieser Wert wieder auf ein Niveau von 6 % einpendeln wird. Die Ressourcen, die für die Berufsbildung in Deutschland von der Industrie, den Bundesländern sowie zu einem geringeren Teil durch die Bundesregierung aufgewendet werden, überschreiten bei weitem die Ausgaben für das gesamte Universitätssystem. Die große politische und ökonomische Bedeutung, die dem Berufsbildungssystem in Deutschland zugemessen wird, spiegelt sich auch in der ausgeprägten rechtlichen Konstituierung von Berufen und beruflicher Bildung wider sowie in der historisch gewachsenen Tradition, von seiten der Industrie, der Gewerkschaften und des Staates die duale Berufsausbildung mitzutragen. Auf der Seite der Schulabgänger und deren Eltern wird der dualen Berufsausbildung immer noch eine beachtliche Wertschätzung entgegengebracht.

Dies ist auch darauf zurückzuführen, daß nahezu alle Absolventen einer dualen Berufsausbildung - 1990 waren es 98 % - nach bestandener Prüfung bei der Suche nach einem Arbeitsplatz erfolgreich sind (Falk/Thiele 1993, S. 8). Die Jugendarbeitslosigkeit ist daher auch im Verhältnis zur jeweiligen durchschnittlichen Arbeitslosenquote relativ niedrig. Die zeitweise populäre These von der Abkehr der Jugendlichen von der Erwerbsarbeit, wie sie in der Jugendforschung durchgängig vertreten wurde, ist mittlerweile durch die Studien von Baethge u. a. (1988) und Heinz/Krüger (1990) widerlegt. Selbst in der Phase starker Geburtenjahrgänge Ende der 70er bis Ende der 80er Jahre und dem damit einhergehenden Mangel an qualifizierten Ausbildungsplätzen kam es bei den Jugendlichen nicht zu einer nennenswerten Erosion der Arbeitsorientierung. *Lebenskonzepte, die auf Arbeit und Beruf zentriert sind, haben an Bedeutung bei den Jugendlichen nichts eingebüßt*. Anders ist dies in den neuen Bundesländern (Ostdeutschland). Hier wurde das Vertrauen der

Bedeutung der Berufsbildung 35

Jugendlichen und Eltern in das Berufsbildungssystems v. a. mangels einer ausreichenden Zahl an Ausbildungsplätzen und einer nach der Vereinigung der beiden deutschen Staaten einsetzenden dramatischen Deindustrialisierung deutlich erschüttert. Seinen Ausdruck findet dies in dem extrem niedrigen Anteil der Jugendlichen mit Hochschulreife (4 %), die z. Zt. (1993/94) in Ostdeutschland eine Berufsausbildung absolvieren - im Unterschied zu Westdeutschland wo dieser Anteil über 15 %, in Industrie und Handel sogar bei 20 % liegt (BMBW 1994). Trotzdem gibt es sichtbare Anzeichen für erhebliche Turbulenzen im deutschen Berufsbildungssystem. Der Rückgang der Ausbildungsbereitschaft in Industrie und Handel in den letzten Jahren und der fortschreitende Integrationsprozeß in Europa haben vereinzelt zu Diskussionen über die Zukunftsfähigkeit des dualen Berufsbildungssystems geführt.

Mit der zunehmenden europäischen Integration stellt sich deutlicher als bisher die Frage nach dem zentralen konstitutiven Moment für einen europäischen Arbeitsmarkt. Zwei alternative Lösungswege markieren ein Spannungsfeld, in dem die künftige europäische Berufsbildungspolitik ihren Weg finden muß. Weltweit konkurrieren miteinander das auf Berufen, Beruflichkeit und Berufsethik basierende offene Arbeitsmarktmodell (z. B. in Deutschland) mit dem auf hoher Allgemeinbildung, On the Job Training (In Company Training), Arbeitsmoral, Cooperative Identity basierende Modell geteilter Arbeitsmärkte mit einem ausgeprägten innerbetrieblichen Arbeitsmarkt für die Kernbelegschaften (z. B. Japan). Geht man davon aus, daß die Wettbewerbsfähigkeit der Unternehmen auf Beschäftigte angewiesen ist, die sowohl über entsprechende Qualifikationen als auch über eine hohe Leistungsbereitschaft verfügen, dann zeigen die beiden Modelle, daß Kompetenz und Motivation auf sehr unterschiedliche Weise realisiert werden können. Die Diskussion über moderne Produktionskonzepte in der Automobilindustrie hat dies eindrucksvoll verdeutlicht.

"Berufe" sind in Deutschland tief verwurzelt in der protestantischen Ethik, sie repräsentieren historisch, gesellschaftlich und zuletzt staatlich geordnete Aufgabenfelder im Beschäftigungssystem. Sie bilden die Basis des Facharbeiter-Arbeitsmarktes. Innerbetrieblich ist die berufsförmig organisierte Facharbeit ein zentrales Moment für die Arbeits- und Betriebsorganisation. Für die Entwicklung der Persönlichkeit gilt der Beruf weithin als eine identitätsstiftende Institution, die den Beschäftigten für betriebliche Aufgaben qualifiziert und ihn zugleich vom Einzelbetrieb unabhängig macht. Facharbeiter definieren sich zunächst über "ihren" Beruf und nicht über das Unternehmen. Dem Argument für die Verabschiedung vom Konzept des Berufes und der Beruflichkeit wird mit dem Hinweis auf die Stabilität und Attraktivität der Professionen (akademische Berufe) begegnet. Mit dem gleichen Recht, wie beispielsweise Ärzte und Rechtsanwälte an ihren (akademischen) Berufen festhalten und bei den Professionen eher eine Tendenz zur Stabilisierung zu beobachten ist, wird auf die subjektive und gesellschaftliche Bedeutung moderner professionalisierter Berufe hingewiesen. Die ca. 380 nach Berufsbildungsgesetz (BBiG) geordneten Berufe sind weniger der Ausdruck eines nach diesen Berufen dimensionierten Qualifikationsbedarfes als vielmehr Ausdruck einer spezifischen mitteleuropäischen Industriekultur. Die Pragmatik und Historizität der deutschen Berufsstruktur ist mit einiger Sicherheit keine hinreichende Basis für eine zukunftsweisende Professionalisierung der Berufe. Das Beispiel der Berufsfelder 'Elektrotechnik' und 'Metalltechnik', in denen sich je eine gewisse Zahl von Berufen spezifischen Technologien zuordnen lassen, zeigt, daß Berufe, die an eine Technologie oder ein technologisch definiertes Produkt gebunden sind, höchst instabile Berufe sind, die es ebenso wenig erlauben, langfristig berufliche Identität zu stiften sowie solide Facharbeiter-Arbeitsmärkte zu konstituieren. So wie der (akademische) Arztberuf - unabhängig vom technologischen Wandel der Medizin*technik* - über ein die Jahrhunderte überdauerndes Berufsbild und eine ausgeprägte Berufsethik verfügt, so kommt es darauf an, die jetzige Berufsstruktur des deutschen Berufsbildungssystems derartig weiterzuentwickeln, daß sie den Kriterien professionalisierter Berufe entspricht.

Das deutsche Berufsbildungssystem befindet sich an einer historischen Verzweigungssituation, an der der Weg zu einem auf einem modernen Berufskonzept basierenden Berufsbildungssystem, oder der Weg zur Verflüchtigung der Berufe und der Berufsausbildung und damit zu einem Arbeitsmarktkonzept eingeschlagen wird, das große politische und ökonomische Risiken birgt.
Für die Weiterentwicklung des Berufskonzeptes sind weitreichende Vorstellungen entwikkelt worden (Heidegger/Rauner 1996).

3.2 Probleme und Perspektiven beruflicher Erstausbildung

3.2.1 Didaktik beruflicher Bildung, berufliche Bildungsprozesse

Oberflächlich betrachtet verteilen sich die Aufgabenbereiche auf Betriebe und Berufsschulen nach dem Grundsatz, wonach die Betriebe "Praxis" und die Schule "Theorie" zu vermitteln haben. Mit dieser verbreiteten Formel ist nicht nur wenig ausgesagt, sie ist darüber hinaus in gewisser Weise irreführend. Übersehen wird zunächst die elementare Einsicht, daß Kognitionsprozesse bzw. begreifendes Lernen an gegenständliches Handeln oder wie die Berufspädagogik seit einiger Zeit herausstellt, an Prozesse des Handlungslernens gebunden sind. Eine experimentelle Lernumgebung mit Fachräumen, Laboren und Werkstätten zeichnet daher jede moderne Berufsschule aus. Einige Berufsschulen verfügen in der Konsequenz dieser Einsicht nur noch über Fachräume, in denen auch von den Lernenden Experimente und Untersuchungen durchgeführt werden können. Die Betriebe sind nach den neuen Ausbildungsordnungen verpflichtet, sich an der "ganzheitlichen Arbeitshandlung" zu orientieren und in der Ausbildung auf den Zusammenhang von Planen, Ausführen und Kontrollieren zu achten. Ein solches Ausbildungskonzept setzt beachtliche kognitive Fähigkeiten voraus, die relativ häufig von Betrieben in ihrer Ausbildung mit vermittelt werden.

Zwei Momente sind daher für die Gestaltung beruflicher Bildungsprozesse charakteristisch.
Zunächst orientiert sich die Schule in der Vermittlung von Fachwissen an der Systematik und den Inhalten korrespondierender Fachwissenschaften und gewinnt die Inhalte ihrer fachkundlichen Lehre in einem Prozeß der didaktischen Vereinfachung akademischen Wissens. Damit wird implizit die besondere Qualität des Arbeitsprozeßwissens der Facharbeiter ignoriert. Haase, der Leiter der Personalentwicklung bei der Volkswagen AG, weist auf die Notwendigkeit der Unterscheidung zwischen "Architektenwissen" und "Baustellenwissen" hin. Letzteres müsse in der Berufsausbildung aufgewertet werden. Vor allem lasse sich das "Baustellenwissen" nicht aus dem akademischen Wissen einfach ableiten. Das Festhalten der Berufsschule an der Tradition semi-akademischer Curricula resultiert vor allem aus ihrem problematischen Fachstudium.

Die betriebliche Berufsausbildung war lange Zeit geprägt durch ein Grundbildungsverständnis, nach dem zunächst grundlegende Fähigkeiten vermittelt werden müssen. Zukunftsweisende Aufgaben und die für die zukünftige Berufstätigkeit grundlegenden

Fähigkeiten gerieten damit aus dem Blickfeld. In der Summe entstand bei dieser traditionellen Ausrichtung der dualen Berufsausbildung eine dualistische Ausbildung, bei der die betriebliche und die schulische Berufsbildung nur unzureichend miteinander vermittelt sind. Mit den Reformbemühungen um eine Berufsbildung, die sich am Zusammenhang von planenden, ausführenden und kontrollierenden Arbeitsaufgaben orientiert, hat sich vor allem in innovativen Regionen sowohl in Berufsschulen als auch in Betrieben eine Praxis herausgebildet, bei der jeder der Ausbildungspartner für sich in der Lage ist, die Berufsausbildung im Ganzen zu gestalten. Auch für diese Fälle fehlt eine didaktische Konzeption für eine kooperative, duale Berufsausbildung. Ein überzeugendes Konzept für die duale Gestaltung beruflicher Bildungsprozesse, bei der die Betriebe und Berufsschulen mit je spezifischen Kompetenzen, Inhalten und Zielen zusammenwirken, fehlt bisher. Hier wird sich wesentlich mitentscheiden, ob das duale Berufsbildungssystem der Bundesrepublik Deutschland Bestand hat.

3.2.2 Unsichere Entwicklungstrends

Das duale Berufsbildungssystem Deutschlands als die Hauptbrücke im Übergang von der Schule zur Arbeit ist seit Beginn der 90er Jahre von zwei Seiten unter Druck geraten: einerseits durch die demographische Entwicklung (schwache Geburtenjahrgänge) und die dadurch verschärfte Konkurrenz zwischen dualer Berufsbildung und Hochschulstudium, andererseits durch die Rezession und die Vereinigung Deutschlands und den damit einhergehenden Kostendruck auf die Unternehmen. Daraus resultiert ein Abbau von Ausbildungsplätzen vor allem im industriellen Sektor.
Gleichzeitig ergeben alle Untersuchungen, daß es einen relativ großen Fachkräftemangel gibt. Bei ca. 20 % der Unternehmen führt der Fachkräftemangel bereits zu Produktionseinschränkungen.

Die Schere zwischen Fachkräftemangel und Abbau von Ausbildungsplätzen, ausgelöst durch betriebliche Rationalisierung in der Industrie hat sich weit geöffnet und verstärkt eine bundesweite Diskussion über die Steigerung der Attraktivität der Berufsausbildung. So wurden z. B. von befragten Unternehmen elf Maßnahmen vorgeschlagen (s. Abb. 9). Auffällig ist an dieser Befragung, daß die *Arbeitsgestaltung* nur indirekt und aspekthaft in den Punkten 4 (Aufstiegsmöglichkeiten), 5 (Materielle Anreize) und 8 (Aufhebung der Unterscheidung von Arbeitern und Angestellten) berührt wird. In der *Aufwertung berufsförmiger Facharbeit durch eine auf Qualitätsarbeit, Selbständigkeit und Gestaltungsspielräume zielende Arbeitsgestaltung* und -organisation liegt der eigentliche *Schlüssel für die Attraktivitätssteigerung der Berufsausbildung* im dualen System.

Über die Aufwertung der Berufsbildung *durch* ihre *Gleichstellung* mit *studienbezogener Bildung* (Abitur) und die Realisierung einer *größeren Durchlässigkeit* von beruflicher Bildung zur weiterführenden Bildung im Fachhochschul- und Hochschulsystem herrscht weitgehend Konsens. In diesem Zusammenhang werden erneut Projekte zur *Integration beruflicher und allgemeiner Bildung* realisiert, bei denen der berufsbezogenen Bildung die tragende Funktion zugemessen wird (Bildung im Medium des Berufes).

Maßnahmen	Median	sehr wichtiges/wichtiges Instrument - in Prozent -
1. Nachwuchswerbung	1,5	93,5
2. Intensivierung der Weiterbildung	1,5	94,3
3. Qualitative Verbesserung der Ausbildung	1,8	85,9
4. Aufstiegsmöglichkeiten für Absolventen des dualen Systems verbessern	2,1	71,2
5. Materielle Anreize für Fachkräfte	2,2	68,5
6. Qualifizierung von Un- und Angelernten	2,2	64,0
7. Abiturientenausbildung	2,7	41,9
8. Aufhebung der Unterscheidung von Arbeitern und Angestellten	2,8	38,0
9. Verstärkte Ausbildung von Ausländern	2,9	32,2
10. Einsatz von Hochschulabsolventen auf Sachbearbeiterstellen	3,0	27,1
11. Umschulungsprogramme für Hochschulabsolventen	3,3	14,1

Abb. 9: *Maßnahmen zur Steigerung der Attraktivität der dualen Berufsausbildung (Falk/ Thiele 1993, S. 43)*

Das Ausbildungsverhalten der Betriebe ist nach wie vor der Dreh- und Angelpunkt für das Funktionieren des dualen Berufsbildungssystems und damit für einen weichen Übergang von der Schule in die Arbeitswelt. Lutz (1976) weist in diesem Zusammenhang darauf hin, daß eine wesentliche Bedingung für stabile Facharbeitermärkte dann besteht, wenn ein strukturelles Gleichgewicht zwischen Ausbildung und Bedarf an Auszubildenden existiert. In den Sektoren mit relativ hohen Ausbildungskosten (sie werden mit ca. 80.000 DM pro Facharbeiter angegeben) herrscht eine angespannte Situation, da sich insgesamt nur 19 % der deutschen Unternehmen an der Ausbildung beteiligen. Im Handwerk sind es dagegen noch immer 36 % der Betriebe. Investitionen in Berufsausbildung lohnen sich aus der Sicht der Unternehmen nur dann, wenn die qualifizierten Fachkräfte dem Unternehmen in ausreichender Zahl nach Abschluß der Ausbildung zur Verfügung stehen. Sinkt der Anteil der ausbildenden Betriebe unter eine kritische Marke, dann müssen diese Betriebe befürchten, daß ihre Investitionen in Human-Resources durch den Betriebswechsel gut ausgebildeter Fachkräfte anderen Betrieben zugute kommt. Kalkuliert ein Unternehmen die Kosten für die Berufsausbildung unter der Bedingung eines ausgeglichenen Facharbeiter-

Bedeutung der Berufsbildung 39

marktes, dann werden aus Kosten Investitionen. In Ausbildungssektoren, in denen keine oder nur geringe Ausbildungskosten anfallen, wie etwa im Handwerk, sind die Facharbeitermärkte dagegen sehr viel stabiler (vgl. CEDEFOP 1992, S. 2 ff.).

Eine europäische Berufs- und Arbeitsmarktpolitik ist in besonderer Weise gefordert, bei der Herausbildung europäischer Facharbeitermärkte Rahmenbedingungen zu schaffen, die vor allem das Ausbildungsverhalten der Industrie und des Handwerks stützen und verstärken. Ein Zusammenbruch der Facharbeitermärkte ist dann zu erwarten, wenn sich die Schere zwischen Fachkräftemangel und dem Rückgang des Ausbildungsengagements der Industrie ausweitet. Wie die Umfrage von Falk und Thiele (1993) zeigt, würde dies einen Zusammenbruch ganzer Branchen und Märkte provozieren.

4 Zusammenfassung

Die Realisierung eines subjektiv befriedigenden Übergangs vom Bildungs- in das Beschäftigungssystem für möglichst viele Jugendliche hängt entscheidend vom Ausbildungsengagement der Unternehmen im Rahmen einer dualen Berufsausbildung für attraktive Ausbildungsplätze und Berufskarrieren ab. Die Durchsetzung schlanker Unternehmenskonzepte stützt die Aufwertung qualifizierter Facharbeit in den direkt wertschöpfenden Bereichen der Produktion, Instandhaltung und Dienstleistung. Hier liegt der entscheidende Anknüpfungspunkt für eine moderne Berufsausbildung. Überbetriebliche Arbeits- und Ausbildungsmärkte setzen die Berufsform der Facharbeit voraus. Sie bieten die Chance für eine zugleich humane und ökonomisch effektive Ausgestaltung des Übergangs von der Schule in die Arbeitswelt. Ein auf modernen Berufsbildern basierendes duales Berufsbildungs*system* ist für den Übergang von der Schule in die Arbeitswelt das tragende Moment. Die Vielfalt von *Programmen* und *Maßnahmen* zur beruflichen Fort- und Weiterbildung kann sich dann produktiv auf das 'School-to-work-transition'-Problem auswirken, wenn sie nicht zum Ersatz für die Defizite nationaler Berufsbildungssysteme wird.

Bei der Weiterentwicklung eines *europäischen Arbeitsmarktes* steht die EU vor einer *historischen Verzweigungssituation*, bei der die Frage beantwortet werden muß, ob die *europäische Tradition der Berufsform der Arbeit* und die *Berufsethik* auf der einen Seite oder die *Flexibilisierung und Modularisierung* der Arbeitskraft und Arbeitsmoral auf der anderen Seite die zukünftige Basis für die Heranbildung von Kompetenz und Leistungsbereitschaft der Beschäftigten sind. Alles spricht dafür, die europäische Tradition der berufsförmigen Facharbeit und eine darauf bezogene duale Berufsausbildung auch unter den Bedingungen des internationalen Qualitätswettbewerbes weiterzuentwickeln. Wettbewerbsfähigkeit zwischen den konkurrierenden Weltwirtschafts-Regionen läßt sich langfristig nur realisieren, wenn sie außer auf ökonomische auch auf soziale und gesellschaftliche Stabilität zielt. Ein duales Berufsbildungssystem als Brücke zwischen Schule und Arbeitswelt ist dafür eine wirksame Voraussetzung. Die traditionelle Verknüpfung einer gewerblich-technischen Erstausbildung mit einem relativ niedrigen allgemeinen Bildungsabschluß, wie dem Hauptschulabschluß in Deutschland, hat keine Zukunft, da erstens die Nachfrage nach Hauptschülern für qualifizierte Ausbildungsplätze seitens der Unternehmen deutlich nachläßt sowie zweitens die Erhöhung der Durchlässigkeit zwischen beruflicher und allgemeiner Bildung auf einen allgemeinbildenden Schulabschluß angewiesen ist, der wenigstens dem Realschulabschluß entspricht.

Literatur

BAETHGE, M. u. a.: Jugend: Arbeit und Identität. Opladen 1990

BECKER, W./MEIFORT, B.: Pflegen als Beruf - ein Berufsfeld in der Entwicklung. Berichte zur beruflichen Bildung. 169. Hrsg. BIBB. Berlin 1994

BOSSFELD, H.-P.: Die berufliche Erstausbildung - Jugendliche im internationalen Vergleich. ZBW. Beiheft 11, 1993

BUNDESMINISTERIUM für Bildung und Wissenschaft (BMBW) (Hrsg.): Berufsbildungsberichte von 1978-1994. Bonn

BUNDESMINISTERIUM für Bildung und Wissenschaft (BMBW), Bundesinstitut für Berufsbildung (BIBB) (Hrsg.): Differenzierte Wege zum anerkannten Berufsabschluß. Bonn 1993

CEDEFOP: Welche Zukunft haben die Facharbeiter. In: berufsbildung, Heft 2, Berlin 1992, S. 3-7

DYBOWSKI, G./PÜTZ, H./RAUNER, F. (Hrsg.): Berufsbildung und Organisationsentwicklung "Perspektiven, Modelle, Grundfragen". Bremen 1995

FALK, R./THIELE, G.: Sicherung des Fachkräftenachwuchses. Köln 1993

GEORG, W.: Berufsausbildung ohne Beruf - Qualifizierungsstrategien in Japan. In: Arbeit und Ausbildung in Japan. Kurseinheiten 1-4. Fernuniversität Hagen (Hrsg.): Hagen 1990

GIDDENS, A.: Die Konstitution der Gesellschaft. Frankfurt 1988

HEIDEGGER, G./RAUNER, F.: Berufe 2000. Berufliche Bildung für die industrielle Produktion der Zukunft. Düsseldorf 1990

HEIDEGGER, G./RAUNER, F.:Reformbedarf in der beruflichen Bildung. Gutachten im Auftrage des Ministers für Arbeit, Gesundheit und Soziales (NRW). Bremen/Düsseldorf 1996

HEINZ, R. H./KRÜGER, H.: Jugendliche vor den Hürden des Arbeitsmarktes. In: Bois-Reymond, M./Oechsle, M. (Hrsg.): Neue Jugendbiographie? Opladen 1990, S. 79-94.

JÄGER, C.: Die kulturelle Einbettung des europäischen Marktes. In: Haller, M./Hoffmann-Nowotny, H.-J./Zopf, W. (Hrsg.): Kultur und Gesellschaft. Frankfurt/New York 1989, S. 556-574

LUTZ, B.: Bildungssystem und Beschäftigungsstruktur in Deutschland und Frankreich. In: Mendius, G. u. a. (Hrsg.): Betrieb - Arbeitsmarkt - Qualifikation. Frankfurt a. M. 1976

MERTENS, D.: Beziehungen zwischen Qualifikation und Arbeitsmarkt - 2x4 Aspekte. In: Schlaffke, W. (Hrsg.): Jugend, Arbeitslosigkeit - ungelöste Aufgaben für das Bildungs- und Beschäftigungssystem? Köln 1976

MÜNCH, J.: Berufsbildung und Bildung in den USA. Berlin 1989

PÜTZ, H.: Integration der Schwachen = Stärke des dualen Systems. Berlin 1993

RAUNER, F.: Lernen in der Arbeitswelt in den USA. In: Dedering, H. (Hrsg.): Handbuch zur arbeitsorientierten Bildung. München 1995

Ute Clement/Antonius Lipsmeier

Der Wandel der Facharbeit und seine Implikationen für die Zukunft des dualen Berufsbildungssystems

1 Einleitung

Im Rahmen der Debatte über die Zukunft des deutschen Berufsbildungssystems werden vor allem zwei "Erosionsrinnen" dualer Ausbildung identifiziert:
Erstens verändert sich die **Nachfrage** nach beruflicher Ausbildung dadurch, daß sich das Profil der Ausbildungsplatzsuchenden gewandelt hat: Die Bewerber um Ausbildungsplätze im dualen System sind im Durchschnitt älter[1], häufiger weiblichen Geschlechts[2] und haben als Folge der Bildungsexpansion ein heterogeneres Bildungsniveau sowie heterogenere Karrierevorstellungen als früher. Ca. 40 % der Jugendlichen eines Jahrganges streben langfristig eine Hochschullaufbahn an. Die Erwartungen an und der Stellenwert der dualen Ausbildung verändern sich dadurch, daß die Facharbeiterausbildung immer häufiger zur ersten Stufe einer langen Aus- und Weiterbildungskarriere wird. Die traditionelle Facharbeiterlaufbahn kann nicht mehr umstandslos als "Normal-Perspektive" vorausgesetzt werden.
Der demographische Rückgang bewirkt zusammen mit der Bildungsexpansion der letzten Jahre einen quantitativen und qualitativen **Rückgang** bei den Bewerbungen für gewerblich-technische Berufsausbildung (vgl. zu dieser Entwicklung: Lutz 1992). Gleichzeitig zeigen sich die Betriebe keineswegs geneigt, sich mit niedrigeren Einstiegsqualifikationen von Bewerbern zufriedenzugeben. Im Gegenteil werden heute außer höheren Bildungsabschlüssen zusätzliche Anforderungen an die soziale Kompetenz, Leistungsbereitschaft, Flexibilität und andere spezifische Persönlichkeitsmerkmale der Bewerber gestellt. Auch bei Schwierigkeiten, alle Ausbildungsplätze zu besetzen, zeigen sich viele Betriebe nicht dazu bereit, ihre Ansprüche an die Auszubildenden zu senken (vgl. Berufsbildungsbericht 1995, S. 47).

Zweitens ist ein deutlicher Rückgang des Ausbildungsplatzangebotes besonders der Industriebetriebe seit Anfang der 90er Jahre zu verzeichnen (s. Abb. 1). Heimann (1995, S. 46) schätzt den Rückgang beim Abschluß neuer Ausbildungsverträge für die industriellen Metallberufe zwischen 1986 und 1992 auf 41% (1986: 51.000 neue Verträge; 1992: 31.000). Die Situation in den industriellen Elektroberufen sei ähnlich dramatisch.
Die in den Berufsbildungsberichten veröffentlichten Zahlen weisen ebenfalls auf eine rückläufige Entwicklung bei den Ausbildungsangeboten hin.

Im folgenden Artikel soll die These vertreten werden, daß es sich bei den Einschränkungen des Ausbildungsangebotes von seiten der Industriebetriebe nicht um eine konjunkturabhängige, reversible Tendenz handelt. Wir gehen vielmehr davon aus, daß die rückläufige Entwicklung der industriellen Facharbeiterausbildung ein Ausdruck für eine geringere betriebliche Bewertung von Facharbeit überhaupt ist und daß dieser Trend eine

---

[1] 1970: 16,6 Jahre, 1993: 19,0 Jahre (Berufsbildungsbericht 1995, S. 56)

[2] 1970: 35,4%, 1993: 41,1% (ebd.)

ernsthafte Gefährdung nicht nur für die Zukunft des dualen Berufsbildungssystems, sondern für die traditionelle Ausprägung von Facharbeit darstellt.

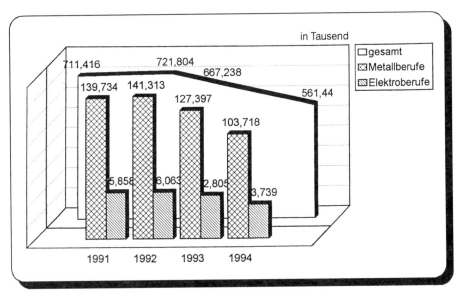

Abb.1: *Gemeldete Berufsausbildungsstellen bei der Bundesanstalt für Arbeit (BMBW: Berufsbildungsberichte 1992, 1995)*

Die Überprüfung dieser These wird auf die Entwicklungen bei den Metall- und Elektroberufen begrenzt, denn diese scheinen für das duale System in mehrfacher Hinsicht bedeutsam zu sein: einerseits aufgrund des quantitativen Umfanges, denn seit 1970 werden konstant 25-27 % der Ausbildungen in diesen Sektoren absolviert. Andererseits können Trends, die sich in diesem Bereich abzeichnen, als symptomatisch für gewerblich-technische Ausbildung insgesamt gelten.

2 Facharbeit als arbeitskulturelles Muster

Der Terminus "Facharbeit" bezeichnet erheblich mehr als nur eine Tätigkeitsbeschreibung oder eine betriebliche Hierarchiestufe. Facharbeiter (im Sinne eines Sozialtypus) zu sein, heißt in Deutschland seit der Industrialisierung des 19. Jahrhunderts auch: in aller Regel aus bestimmten Sozialmilieus zu stammen, typische Bildungs-, Ausbildungs- und Weiterbildungswege mit einem Übergewicht an fremdbestimmten Lernmethoden absolviert zu haben, vergleichbare Arbeitsplatz- und Lohnkarrieren zu durchlaufen, typische Mechanismen betrieblicher Mobilität zu entwickeln und überwiegend Handarbeit zu leisten. Kurz: für den "Facharbeiter als solchen" lassen sich spezifische Muster von Verschleiß und Entfaltung von Arbeitskraft, von Produktion und Karriere beschreiben, die die Grundlage der Vermarktbarkeit ihrer spezifischen Qualifikation bilden (vgl. auch Georg/Sattel 1995, S. 124 f.).

Wandel der Facharbeit und das duale System • 43

"Das Reproduktionsverlaufsmuster des Facharbeiters sagt einem, was man, um Facharbeiter zu werden, an Bildungs- und Ausbildungsentscheidungen treffen muß, welche Arbeitsplätze und Karriereschritte man anzustreben, wie man sich in der Konkurrenz mit anderen zu verhalten hat, daß und wie man sich im Betrieb und in der Freizeit weiterqualifizieren muß und wie dies mit auf Regeneration bezogenen Aktivitäten zu koordinieren ist. Es sagt einem, welche Belastungen man hinzunehmen und welche man abzuwehren, in bezug auf was und bis zu welchem Alter man sich fit zu halten hat und mit welchen Formen des Ausscheidens aus Betrieb und Erwerbsleben man rechnen kann bzw. muß. Und es sagt einem, daß es sich vergleichweise und langfristig lohnt, dieser "Facharbeiterlaufbahn" zu folgen und sie nicht etwa zugunsten eines vorübergehend höheren Verdienstes in einer Angelerntentätigkeit aufzugeben." (Drexel 1994, S. 46)

Als Verhaltens- und Erwartungsbündelung bildet Facharbeit eine Folie erwartbaren Biographieverlaufs, eine "Normalbiografie", die über eine lange Zeit hinweg das Bildungs-, Arbeitsmarkt- und Arbeitsverhalten eines wichtigen Teils der deutschen Arbeitskräfte orientierte und ihr Selbstverständnis prägte.

3 Entwicklung des berufsfachlich-orientierten Ausbildungs- und Arbeitsmarktes

Der deutsche Wiederaufbau, den Facharbeiter häufig als ihre Leistung ("mit ihrer Hände Arbeit") interpretieren, stärkte ihr Identitätsgefühl und schuf im Laufe der 50er bis 70er Jahre die materielle Grundlage für eine weitreichende individuelle Lebensplanung. Seit den 70er Jahren führte die Bildungsexpansion zu einer deutlichen Abnahme des Anteils der Un- bzw. Angelernten und einer entsprechenden Zunahme der Absolventen des dualen Systems bzw. weiterführender Bildungsgänge.

Die Konkurrenz auf diesem Teilsegment des Arbeitsmarktes verschärfte sich gleichzeitig dadurch, daß viele Unternehmen im Zuge der Rationalisierungsmaßnahmen Facharbeiterstellen abbauten. Seit 1991 nimmt die Zahl der in unbefristete Verträge übernommenen Fachkräfte deutlich ab; die Zahl derjenigen, die nur befristet oder gar nicht eingestellt werden, entsprechend zu. Ende der 80er Jahre kamen auf jeden freien Facharbeiterplatz vier arbeitslose Facharbeiter (Baumeister et al. 1991) (s. Abb. 2).

Der Rückgang der Facharbeiterbeschäftigung betrifft vor allem Großbetriebe. 1993 gaben 26 % der Großbetriebe (1990: 4 %), aber nur 16 % der Mittelbetriebe (1990: 2 %) und 11 % der Kleinbetriebe (1990: 3 %) an, in den nächsten drei Jahren weniger Fachkräfte beschäftigen zu wollen. Mehr Fachkräfte benötigen nur 5 % der Großbetriebe (1990: 25 %), aber immerhin 12 % der Mittelbetriebe (1990: 35 %) und 12 % der Kleinbetriebe (1990: 29 %) (Zahlen aus: Parmentier et al. 1994, S. 26).

Die Stellenstreichungen sind Ausdruck einer strukturellen Beschäftigungskrise im Produktivsektor, für die sich u. E. zwei Hauptursachen benennen lassen:

Zum einen ermöglichen technologische Neuerungen eine Steigerung der Produktivität bei geringerem Einsatz von menschlicher Arbeit. Einsparungen erfolgen daher häufig durch Rationalisierungsmaßnahmen im Bereich der in Deutschland teuren Arbeitskraft.

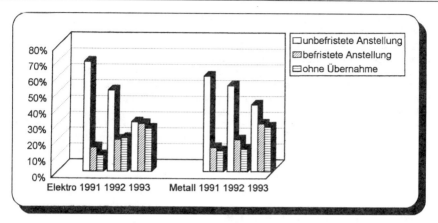

Abb. 2: *Übernahmemodalitäten für Absolventen der Elektro- und Metallberufe (BMBW: Berufsbildungsbericht 1995, S. 102)*

Zum anderen kommt es seit Beginn der 80er Jahre zu einer Globalisierung des Wettbewerbs. Die Strategie der multinationalen Konzerne besteht heute nicht mehr darin, in einigen wenigen Ländern Marktanteile zu erhalten. *"Unter der Globalisierungsstrategie ... gilt es, ein Segment auf dem Weltmarkt zu suchen, in dem man glaubt, an die Spitze vorstoßen zu können, dieses dann über den Gewinn von Marktanteilen mit Hilfe von Fusionen und Betriebsübernahmen so schnell wie möglich zu besetzen und die einmal errungene Führungsposition mit allen Mitteln zu festigen und zu verteidigen."* (Flekker/Schienstock 1994, S. 626).

Diese Marktstrategie basiert auf einem weltweit relativ standardisierten Produktangebot und auf einer Internationalisierung der Produktion. Multinationale Unternehmen bilden heute statt des traditionellen Mutter-Tochter-Konzernmusters organisatorische Netzwerke von Produktions-, Dienstleistungs- und Verwaltungseinheiten. Einzelne Arbeitsschritte können nun flexibel ausgelagert werden. Auch traditionelle Industriestandorte wie Deutschland geraten unter Wettbewerbsdruck.

Beide Tendenzen, sowohl die durch den technologischen Fortschritt ermöglichte Rationalisierung als auch die Betriebsverlagerungen im Rahmen der Globalisierungsstrategie multinationaler Unternehmen, sind irreversibel und gefährden für Facharbeit konstitutive Beschäftigungsbereiche.

4 Erosionstendenzen innerhalb der traditionellen Facharbeit

4.1 Entwicklung der Aufstiegsperspektiven von Facharbeitern

Seit Beginn der 80er Jahre bietet der Besitz eines Facharbeiterzertifikates höchstens noch die Voraussetzung, keineswegs aber mehr die Garantie für eine lebenslange Erwerbstätigkeit. Doch wenn auch die Chancen des einzelnen Absolventen dualer Ausbildung für eine statusadäquate Einstellung sanken, so blieben doch für die **beschäftigten** Facharbeiter

Wandel der Facharbeit und das duale System 45

bis zum Ende der 80er Jahre die **Aufstiegsperspektiven** relativ unangetastet. Facharbeiter wurden in der Industrie entweder zum Vorarbeiter und dann zum Meister bzw. Techniker schlicht ernannt oder einschlägige Weiterbildungskurse (Fachschulen, Meisterkurse) führten zum Aufstieg. Durchgängig wurden über 90 % der Stellen im mittleren Hierarchiebereich durch aufgestiegene Facharbeiter besetzt und zwar trotz des wachsenden Angebotes an Fachhochschul- und Hochschulabgängern (Drexel 1993, S. 142). Den Zielhorizont von Facharbeiterkarrieren bildete (und bildet) somit eine Position im mittleren Qualifikationsbereich, d. h. entweder als Vorgesetzter einer Arbeitsgruppe oder in einem produktionsnahen technischen Dienstleistungsbereich, dem Produktionsüberwachung und Sicherstellung der Funktionsfähigkeit der Produktionsmittel Aufgaben wie Produktionsvorbereitung, Planung oder Qualitätskontrolle zugeordnet sind (vgl. Drexel 1993, S. 10 f.).

Seit Beginn der 90er Jahre weisen aber eine Reihe von Entwicklungen auf eine **Gefährdung der traditionellen Aufstiegswege** von Facharbeitern hin. Wenn nämlich die Einschränkung der Ausbildungsbereiche den Rückgang des Facharbeitereinsatzes in der Metall- und Elektroindustrie übersteigt, dann läßt diese Entwicklung drei (sich gegenseitig nicht ausschließende) Erklärungsmuster zu:

- entweder wird traditionelle industrielle Facharbeit immer mehr durch angelernte Arbeit ersetzt oder
- die Substitution erfolgt durch Techniker bzw. Ingenieure oder
- wir befinden uns in einem generellen Prozeß der Umstrukturierung industrieller Produktion, der traditionelle Arbeits- und Qualifikationsmuster obsolet werden läßt.

Facharbeiter werden heute nur noch zu etwa 40 % (abnehmende Tendenz) ausbildungsadäquat und immer häufiger entweder als Angestellte oder als Hilfsarbeiter beschäftigt. 1992 arbeitete etwa ein Viertel der männlichen und fast 40 % der weiblichen Facharbeiter als Hilfsarbeiter/innen (Engelen-Kefer 1994, S. 60). Insgesamt sind ca. 2,1 Mio. Facharbeiter als Un- und Angelernte tätig (Baumeister et al. 1991, S. 20; vgl. auch Schöngen/Westhoff 1995, S. 76).

Während nun aber Facharbeiter immer häufiger auf Stellen außerhalb der traditionellen Aufstiegspfade arbeiten, nimmt die Zahl derjenigen, die nicht im dualen System ausgebildet und dennoch auf angestammten Facharbeiter-Aufstiegsstellen beschäftigt sind, tendenziell zu (vgl. Drexel 1993, S. 141). Drexel (1994a) beschreibt diese Entwicklung als "Zange": *"Zum einen setzen Betriebe immer mehr junge Fachhochschulingenieure in den Technischen Büros auf Positionen ein, die früher von Technikern ausgefüllt wurden; das Einsatzfeld des Ingenieurs weitet sich also nach unten aus. Zum anderen wird durch neue Organisationskonzepte und Rationalisierungsstrategien, die auf Reduzierung von Hierarchieniveaus zielen, die absolute und relative Zahl mittlerer Positionen reduziert und das Einsatzfeld des Facharbeiters nach oben ausgeweitet...".*

Auch wenn der quantitative Umfang der Ingenieure und Fachhochschulabsolventen auf mittleren Qualifikationsebenen in den Betrieben (noch) relativ klein ist[3], so ist die Tendenz doch steigend. Zugleich entsteht durch die rapide anwachsende Zahl der Studienabsol-

---

[3] So waren 1989 nur 4 % der erwerbstätigen Industrie- und Werkmeister ihrem beruflichen Abschluß nach FH- oder Hochschulabsolventen (Fischer 1994, S. 256).

venten im Ingenieurbereich (zwischen 1980 und 1990 betrug der Zuwachs 57 %) bei gleichzeitig erkennbar langsamerer Zunahme von entsprechenden Arbeitsplätzen ein umfangreiches Substitutionspotential für gehobene Facharbeitertätigkeiten (vgl. Fischer 1994, S. 256).

Auch Heimann (1995, S. 47) sieht Anzeichen für eine zunehmende Nachwuchsrekrutierung der Industrie unter Fachhochschulabsolventen und nennt als Begründung, daß es für die Unternehmen kostengünstiger sei, "*einen FH-Absolventen in einem Traineeprogramm (veranschlagte Kosten 50.000 DM) auf seine Aufgaben vorzubereiten, als eine dreieinhalbjährige Ausbildung zu finanzieren (eine dreieinhalbjährige qualifizierte industrielle Ausbildung ist mit 120.000 bis 160.000 DM zu veranschlagen)*". Zudem werde im Rahmen der Einführung neuer innerbetrieblicher Organisationskonzepte die Ausbildung häufig in die Fachabteilungen ausgelagert. Die Anwendung kurzfristiger Kosten-Nutzen-Kalküle auf Ausbildungsentscheidungen sei die Folge (ebd.).

Eine zusätzliche Konkurrenz erwächst den aufstiegssuchenden Facharbeitern durch die Entstehung neuer Ausbildungswege wie der dual strukturierten Ausbildung zum Diplomingenieur (BA) in Betrieb und Berufsakademie oder der Ausbildung zum Produktionstechniker. Zwar stellen die Absolventen dieser Ausbildungsgänge heute quantitativ noch keine wirkliche Konkurrenz für Facharbeiter dar. Dennoch sind die Charakteristika der Ausbildung (Praxisbezogenheit, nachfrageorientiertes Theoriewissen, relativ kurze Ausbildung), bei der ein Teil der Vorleistungen (Abitur, Berufsakademie) extern erbracht bzw. vom Staat finanziert werden, dazu geeignet (Drexel 1993, S. 149).
Die traditionellen Biographieverläufe von Facharbeitern geraten in Bewegung. Der Abschluß einer Ausbildung im dualen System ist nur noch Bedingung der Möglichkeit für die Teilnahme am weiteren Wettkampf. Die arbeitsmarktstrategische Reaktion der Facharbeiter auf diese Entwicklung besteht häufig darin, möglichst rasch den nächsten Qualifizierungsschritt zu tun: In nahezu inflationärem Umfang werden "auf Vorrat" Meistertitel erworben.

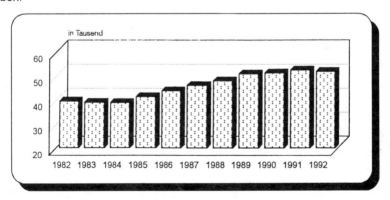

Abb. 3: Teilnehmer an Meisterprüfungen im Handwerk - alte Bundesländer
(Deutsches Handwerksblatt, 18/1993, zit. n. Berufsbildungsbericht 1994, S. 130)

Parallel zur Zunahme der Meisterprüfungen (s. Abb. 3) stieg die Zahl der Schulabgänger aus Technikerschulen zwischen 1982 und 1990 von 11.963 um 41 % auf 16.889 Absolventen an (Drexel 1993, S. 136). Diesem erhöhten Angebot steht ein sehr viel geringerer Anstieg der Nachfrage nach für den mittleren Qualifikationsbereich ausgebildeten Fachkräften gegenüber (vgl. Drexel 1993, S. 143). Die Folge ist ein häufig unterwertiger Einsatz, der allerdings selbst schon wieder Methode zu haben scheint: Auch Betriebe, deren Meisterbedarf abgedeckt ist, fördern Meisterausbildungen bei ihren Beschäftigten (vgl. Betriebsbefragung Fischer 1994, S. 250). Die Fortbildung wird dadurch mehr und mehr zur Voraussetzung für bestimmte Formen qualifizierter Facharbeit (Vorarbeiterstellen, Einsatz an technologisch innovativen Produktionsanlagen etc.) und verliert ihre traditionelle Bedeutung als "Endpunkt" der Facharbeiterkarriere. Offensichtlich besteht grundsätzlicher Bedarf und die Bereitschaft zu umfassender Weiterbildung nach der Facharbeiter-Erstausbildung. Ob die Meisterausbildung diesem Bedarf allerdings inhaltlich entspricht oder ob andere Formen der Weiterbildung hier funktionaler reagieren könnten, sollte kritisch hinterfragt werden.

5 Ausdifferenzierung von Facharbeiterkarrieren

5.1 Vorbemerkung

Die bisher beschriebenen Entwicklungen legen die Vermutung nahe, daß Facharbeit in ihrer traditionellen Form tendenziell erodiert. Dies ist u. E. nicht so zu verstehen, als werde die Strukturierung der Arbeiterschaft in verschiedene **Arbeitskräftekategorien** an sich obsolet, etwa in dem Sinne, daß nun jedes Individuum seine Berufslaufbahn aus zusammenhanglosen Qualifikations- und Beschäftigungsbausteinen nach eigener Maßgabe als "Qualifikationscollage" (Geißler 1993) selbst zusammenflicken müsse. Historisch gewachsene und kulturell bedingte Arbeitsbiographiemuster weisen eine erhebliche Standfestigkeit gegenüber den verschiedenen Modernisierungswellen auf[4]. Doch auch wenn die Strukturierung verfügbarer Arbeitskraft in Arbeitskräftekategorien als Ordnungsmechanismus erhalten bleibt, so scheint sich doch eine **Ausdifferenzierung der traditionellen Facharbeit** in unterschiedliche Ausbildungs- und Beschäftigungstypen abzuzeichnen, die von jeweils gleichen Ausgangspunkten ihren Anfang nehmen, ähnlich verlaufen und vergleichbare Perspektiven aufweisen.

---

[4] So verweist auch Drexel (1994) in ihrer Kritik der "Individualisierungsthese" (Beck) zu Recht darauf, daß Arbeitskräftekategorien wie die des Facharbeiters (maestro, ingénieur, capo) in vielen Industriegesellschaften vorkommen. Sie sind Grundlage für die Ausbildung von Sozialcharakteren, Sozialmilieus und Lebensstilen sowie politischer Interessenfraktionierung. Ihre Beständigkeit und Stabilität basiert auf ihrer Bedeutung für Betrieb und Gesellschaft. "*Gesellschaftliche Qualifikationstypen (haben) eine so hohe Funktionalität für gesellschaftliche, betriebliche und individuelle Probleme der Reproduktion von Arbeitskraft, daß zwar nicht jeder konkrete, in einem bestimmten Zeitpunkt gegebene historische Qualifikationstyp, aber das Grundprinzip der Strukturierung des Gesamtarbeiters in solche Qualifikationstypen bleiben wird.*" (ebd., S. 37)

5.2 Facharbeit im Handwerk

Zum einen besteht die klassische Facharbeit des Handwerks fort. Knapp 90 % derjenigen Facharbeiter, die den traditionellen Aufstiegspfad der Fachkräfte im Handwerk "Lehrgeselle - Meister" wählen, wurden schon in diesem Bereich ausgebildet (Henninges 1994, S. 41)[5].

Handwerksarbeit hat seine historische Wurzeln in der zunftmäßig organisierten Handwerkergesellschaft. Das zugrundeliegende Arbeitsverständnis basiert auf dem utilitaristischen Ideal einer herstellenden Tätigkeit mit Anfang und Ende. Darüber, daß ein befriedigender Abschluß einer ganzheitlichen Tätigkeit erlebbar ist, entwickelt sich potentiell eine inhaltlich begründete und als positiv empfundene Identifikation mit der Arbeit. Dementsprechend scheint der Handwerkssektor besonders für solche Fachkräfte attraktiv zu sein, die ihre Arbeitsmarktstrategien nach arbeitsinhaltlichen Interessen ausrichten (vgl. Baumeister et al. 1991, S. 71). Kleinbetriebe bieten aus Arbeitnehmersicht offenbar eher Gewähr für arbeitsinhaltliche Autonomie und qualifizierte Facharbeit. Mit den Arbeitsbedingungen im Großbetrieb werden von den im Handwerk Arbeitenden Bandarbeit, Restriktivität und Kontrolle assoziiert, während die für Kleinbetriebe oft typischen patriarchalischen Betriebsstrukturen eher bagatellisiert werden (ebd., S. 77).
Durch die Externalisierung vor- oder zwischengelagerter Produktionsschritte an Zulieferbetriebe im Zuge der neuen Managementstrategien (lean-production) verändert sich allerdings in den letzten Jahren auch die Facharbeit im Handwerk, die zunehmend in den Produktionstakt der Abnehmerbetriebe gerät und ihre Autonomiespielräume tendenziell untergraben sieht.

5.3 Facharbeit in der Industrie

Die in der Industrie beschäftigten Facharbeiter stammen seit Jahren in gleichbleibendem Maße zur Hälfte aus der Industrie und zu 40 % aus dem Handwerk. Die Industriebetriebe mit mehr als 50 Beschäftigten bildeten 1992 19,1 % aller im dualen System befindlichen Jugendlichen aus; 12,9 % verblieben nach der Ausbildung in diesem Sektor. Diese Zahl wird aber seit Jahren überschritten von der Zahl der extern ausgebildeten Fachkräfte: 16,7 % der nicht in industriellen Großbetrieben ausgebildeten Jugendlichen wurde nach der Ausbildung dort beschäftigt (Henninges 1994, S. 41).
Das Zahlenverhältnis zwischen Bewerbungen auf Ausbildungsplätze in der Industrie und Abschlüssen von Verträgen und der überdurchschnittlich hohe Anteil von Abiturienten an den Auszubildenden[6] einerseits und die hohen Erwartungen der Industrie an die Bewerber andererseits lassen vermuten, daß diejenigen Schulabgänger, die in der Industrie einen Ausbildungsplatz gefunden haben, eine im "creaming-Verfahren" gewonnene Auslese darstellen.

---

[5] Andererseits verlassen knapp die Hälfte der im Handwerk ausgebildeten Fachkräfte nach Abschluß der Lehre diesen Sektor (ebd.).

[6] 1992 hatten 20,3 % der Auszubildenden in Industrie und Handel Fachhochschul- oder Hochschulreife (Hauptschüler: 29,6 %; mittlerer Bildungsabschluß: 33,7 %). Dagegen waren im Handwerk nur 6,1 % der Auszubildenden studienberechtigt (Hauptschüler: 53,7 %, mittlerer Abschluß: 20,4 %) (Berufsbildungsbericht 1994, S. 60).

Wandel der Facharbeit und das duale System

Die höhere Attraktivität von Facharbeitsplätzen in der Industrie drückt sich auch darin aus, daß in der Industrie ausgebildete Fachkräfte in der Regel nach der Ausbildung dort verbleiben. Sie tun dies mit erheblich besseren Beschäftigungsaussichten als die aus dem Handwerk für die Industrie rekrutierten Facharbeiter, die mehr als doppelt so häufig als Hilfs- oder Anlernarbeiter eingesetzt werden als die "stayer", die schon in diesem Sektor ausgebildet wurden (ebd., S. 43).

Facharbeiter im Industriebetrieb sind vor allem mit Herstellungs-, Montage- und Reparaturarbeiten betraut (vgl. Henninges 1994, S. 43). Grundsätzlich bietet Industriefacharbeit andere Identifikationsmomente und eine andere Arbeitsstruktur als handwerkliche Facharbeit. Mit der Industrialisierung wird die Wertschätzung handwerklicher Arbeit tendenziell obsolet. Arbeit wird zur Produktion, die ohne Anfang und Ende "fließt". Identifizierung mit der Arbeit ist daher vor allem über eine technisch vermittelte Sichtweise der Produktionsprozesse, über das Erleben der daraus erwachsenden Handlungskompetenz und über das Erreichen industrietypischer Aufstiegs- und Entlohnungsstufen möglich. Facharbeit in der Industrie ist insbesondere deswegen attraktiv für Arbeitskräfte, weil sie mit größerer Arbeitsplatzsicherheit und besserer Entlohnung, vor allem aber, weil sie, wie weiter oben dargestellt, noch immer mit systematisierten Aufstiegschancen verbunden wird.

Die Externalisierung einzelner Produktionsschritte im Rahmen der "lean production" führt dazu, daß repetitive, schlecht bezahlte und dequalifizierende Arbeit zunehmend ausgelagert wird. Die Facharbeit in der "Kernfabrik" wird dann im Verhältnis aufgewertet und erhält, insofern sie in neue Arbeitsorganisationskonzepte eingebunden ist, eine neue Qualität.
Die Diskussion um Reprofessionalisierung der Facharbeit im Rahmen der Systemregulationsarbeit bezieht sich ausschließlich auf dieses Segment industrieller Produktion.

Inwieweit die Transformation von Herstellungsarbeit in Gewährleistungsarbeit zu einer Verberuflichung der Systemregulation führen wird, scheint bisher nicht entschieden. Einerseits unterstreichen die empirischen Erhebungen von Schumann et al. (1994a) "welchen Bonus betriebliche Arbeitspolitik gewinnt, sowie sie dem 'Berufs'-Anspruch gerecht wird, und wieviel schwerer sie sich tut, wenn diese Schubkraft fehlt, weil die Aufgabenerweiterung nicht beim Facharbeiterprofil ankommt" (ebd., S. 656). Andererseits gefährdet die mangelnde Ausbildungsbereitschaft der Betriebe und die gleichzeitige Existenz nicht-dual ausgebildeter Substitutionspotentiale die Grundlage für eine solche Verberuflichung: eine breite Basis in sich strukturierter industrieller Facharbeit mit transparenten Aufstiegswegen und einem stabilen arbeitskulturellen Hintergrund.

5.4 Facharbeiter auf Angelerntenpositionen

Besonders im verarbeitenden Gewerbe und in den größeren Betrieben werden Absolventen des dualen Systems mit zunehmender Tendenz als Hilfs- oder Anlernarbeiter beschäftigt. In der Großindustrie arbeiteten 1992 42 % der beschäftigten Facharbeiter in Hilfs- oder Anlernarbeiterpositionen (Henninges 1994, S. 43). Wie die folgende Graphik zeigt, haben diese Fachkräfte zu einem großen Teil eine Ausbildung im Handwerk durchlaufen (s. Abb. 4).

Die als Nicht-Facharbeiter eingesetzten Kräfte arbeiten vor allem in produktions- und sachorientierten Dienstleistungsaufgaben (Maschinenbedienung, Transport, Versand und Sicherheit) (Henninges 1994, S. 18). Die Arbeit zeichnet sich durch die für stark taylorisierte Produktionsprozesse typischen Belastungen aus: Monotonie, körperliche und psychische Belastung, Dequalifizierung etc.

Nach Baumeister et al. (1991, S. 95 ff.) sind diese Arbeitsplätze insbesondere für Facharbeiter interessant, die ihre Arbeitsmarktstrategie lohnorientiert gestalten. Die Identifikation mit dem Beruf ist für diese Arbeitnehmer weniger ausschlaggebend als die mit einer Beschäftigung verbundene Arbeitsplatzsicherheit und Bezahlung. Subjektiv wird eine Anstellung in einem Großbetrieb unter beiden Gesichtspunkten als im Vergleich zum Handwerk vorteilhaft angenommen, auch wenn damit der Wechsel in eine berufsfremde Tätigkeit unter Ausbildungsniveau verbunden ist (ebd., S. 99). In vielen Fällen wird die Beschäftigung als Anlern- oder Hilfsarbeiter allerdings auch nur als Notlösung bzw. als "Fuß in der Tür des Großbetriebes" in Kauf genommen.

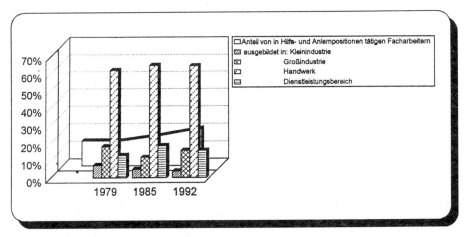

Abb. 4: Facharbeiter in Hilfs- oder Angelerntenpositionen - Ausbildungsmerkmale (Henninges 1994, S. 43)

6 Konsequenzen für das duale System

6.1 Grundsätzliches

Wenn sich nun die Zahl der für den gewerblich-technischen Bereich besonders attraktiven Ausbildungsplätze in der Industrie so drastisch reduziert wie oben beschrieben, wenn gleichzeitig die traditionelle Facharbeiterlaufbahn durch die Beschäftigungskrise, Einsatz unterhalb des Facharbeiterniveaus, Seiteneinstieg von anders Qualifizierten in traditionelle Aufstiegspositionen und Externalisierung von Handarbeit aus den Großbetrieben in Zulieferbetriebe gefährdet ist, dann gerät der gesamte Bereich industrieller Berufsausbildung ins Wanken.

Wandel der Facharbeit und das duale System 51

Die folgende Graphik (s. Abb. 5) illustriert, wie ungleichgewichtig der Rückgang des Ausbildungsplatzangebotes verläuft. Industrie und Handel bauen ihren Ausbildungsbereich drastisch ab; das Angebot im Handwerk bleibt (infolge verhältnismäßig niedriger Nettokosten der Ausbildung[7]) relativ stabil.

Bei einem "Wegbrechen" großer Teile des industriellen Ausbildungsbereiches läuft das duale Berufsbildungssystem Gefahr, vor allem für die oben beschriebenen Facharbeiterpositionen "Handwerk" und "Angelernte in der Industrie" auszubilden. Die industrielle Facharbeit wird dann zunächst mit den noch absorbierbaren Potentialen vorhandener Fachkräfte und später u. U. von Seiteneinsteigern aus anderen Bildungsgängen geleistet; eine langfristige Sicherung des industriellen Facharbeiterbestandes scheint gefährdet (vgl. auch Lutz 1992).

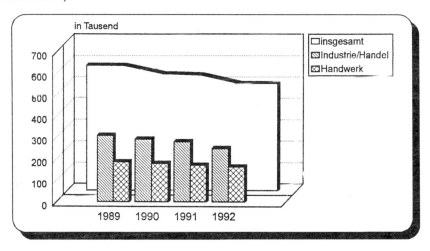

Abb. 5: *Neu abgeschlossene Ausbildungsverträge in Industrie und Handwerk - nur alte Bundesländer (BMBW: Berufsbildungsbericht 1995)*

Die Logik privatwirtschaftlicher Unternehmen orientiert sich aber unglücklicherweise und den zahlreichen Appellen weitsichtiger Berufsbildungsexperten und -politiker zum Trotz nicht am Wohle der Vielen, sondern ausschließlich an der eigenen Bilanz. Auch wenn der langfristige Erhalt einer handlungskompetenten und leistungsfähigen Facharbeiterschaft der deutschen Gesellschaft und wohl auch der Wirtschaft zuträglich wäre, wird das einzelne Unternehmen seine Investitionsentscheidungen davon nicht abhängig machen. Welche Möglichkeiten hat nun das duale System der Berufsbildung, mit diesen strukturellen Veränderungen produktiv umzugehen? Wo liegen Gefahrenpunkte, wo aber auch ausbaufähige Vorteile dualer Ausbildung?

---

[7] Nach Berechnungen des BIBB hat ein kleiner Betrieb mit bis zu 9 Angestellten Nettokosten von 1.647,00 DM pro Auszubildendem, ein Großbetrieb mit hauptberuflichem Ausbildungspersonal und eigener Lehrwerkstatt dagegen 17.886,00 DM (Engelen-Kefer 1994, S. 58).

6.2 Gefahren durch "Exklusivitätsverluste" dualer Ausbildung

Seit Mitte der 80er Jahre wird beschrieben, wie sich Facharbeit durch den Einsatz neuer Technologien sowie innovativer Arbeitsorganisations- und Managementformen strukturell verändert. Schumann et al. (1994, S. 18) beschreiben, welch unterschiedliche Ausprägungen der "Bruch mit dem tayloristischen Erbe" annehmen kann: Die Reformen der Arbeitsorganisation in den letzten Jahren spielen auf der ganzen Bandbreite zwischen Erschließung zusätzlicher Leistungsressourcen durch Arbeitsverdichtung und solchen Modellen, die "*die Arbeiter tatsächlich ein gutes Stück weit zu Herren des Geschehens zumindest der Arbeitsausführung und Leistungsregulation*" (ebd.) machen. Bei diesen ganzheitlichen Modellen von Arbeitsorganisation deckt das Team alle anfallenden Arbeiten in Produktion, Planung, Instandhaltung, Kontrolle und Organisation gemeinsam ab. Die Fachkräfte greifen weitgehend selbständig in die Steuerungsprogramme und die Anlagentechnik ein und verfügen über ein entsprechendes systematisches und theoretisches Wissen, das sie in Verbindung mit Erfahrungswissen zur Aufrechterhaltung und Optimierung des Produktionsprozesses nutzen (vgl. Schumann et al. 1994a, S. 21).

Die berufliche Arbeit in diesen Produktionsbereichen wird gleichzeitig komplexer und universeller. Zu den herkömmlichen arbeitsplatzspezifischen Qualifikationsanforderungen an Facharbeiter treten im modernisierten Produktionsprozeß Erwartungen bezüglich arbeitsplatzübergreifender Schlüsselqualifikationen. Dadurch kommt es zu einer **Aufwertung** menschlicher Arbeitskraft bei einem gleichzeitigen "**Exklusivitätsverlust**" (Baethge/Baethge-Kinsky) der Facharbeiterqualifikationen: Ein spezialisierter Kanon fachlicher Kenntnisse und Fähigkeiten sowie eine entsprechende Abgrenzung von anderen Berufen bietet immer weniger Grundlage und Rechtfertigung für den Einsatz einer Person an einem bestimmten Arbeitsplatz. Zusammen mit einer wachsenden Kritik an der Rigidität beruflich geprägter Arbeitsstrukturen gerät dadurch das Verständnis beruflicher Arbeit selbst ins Kreuzfeuer der Kritik: "*Einerseits unterfüttert berufliche Kompetenz die Aufgabenintegration und macht sie dadurch erst praktisch möglich. Andererseits verfestigt berufliche Kompetenz ein Denken in prioritären Zuständigkeiten ..., (das) heute die Implementation des Integrationsprinzips auf allen Ebenen der Organisation behindert*" (Kern/Sabel 1994, S. 605 ff.).

Mit der Neuordnung der Ausbildungsberufe wurde die Ausrichtung an den neuen Forderungen nach arbeitsplatzübergreifenden Qualifikationen unterstrichen. Die Bedeutungszunahme formaler Fähigkeiten und Kenntnisse sowohl in der Ausbildung als auch für die Personalrekrutierung führte aber dazu, daß die **Substituierbarkeit** von Ausbildungsabschlüssen wuchs. Die Verbreiterung der Ausbildungsinhalte korreliert zwar mit der Ausweitung von Einsatzmöglichkeiten. Doch mit der zunehmenden "**Externalisierung des Ausbildungsnutzens** zugunsten nicht-ausbildender Betriebe" (Timmermann, zit. n. Tessaring 1993, S. 134) wächst die Versuchung, Facharbeiter extern (häufig berufsfremd) zu rekrutieren. Die Zufriedenheit mit der inhaltlichen Gestaltung der (neugeordneten) Ausbildung ist zwar insgesamt hoch, doch liefern die durch die duale Ausbildung vermittelten Qualifikationen offenbar gerade wegen ihres Zuwachses an breiter Einsatzfähigkeit immer weniger die spezifischen Kenntnisse und Fertigkeiten, die an einem Arbeitsplatz benötigt werden. Nach einer IAB-Expertenbefragung glaubt nur ein Drittel der befragten Ausbildungsexperten, daß nach der Lehre keine weitere Einarbeitungszeit erforderlich sei. 15 % sind der Ansicht, diese Einarbeitungszeit dauere länger als ein Jahr.

Solche Schwierigkeiten entwerten aber einen zentralen Vorteil dualer Ausbildung: ihre Praxisnähe und ihre Bezogenheit auf reale Produktionsbedingungen. Zur Sicherstellung von Prozeßkontinuität und effektiver Nutzung der kapitalintensiven Produktionsanlagen (Vermeidung von Ausfallzeiten) ist fachlich anspruchsvolle Produktionsarbeit auch in Zukunft notwendig (vgl. Schumann et al. 1994a, S. 15). Auch ist für Aufgaben der Systemregulierung eine profunde Kenntnis dessen erforderlich, was sich hinter der Benutzeroberfläche der Produktionsanlage abspielt. Die hier erforderliche intime Prozeßkenntnis und Handlungskompetenz läßt sich in einem Fachhochschulstudium kaum erwerben. Nur: gefragt sind zwar "Experten der Praxis" (Baethge/Baethge-Kinsky 1995, S. 149), aber zahlenmäßig wenige. Bis heute lassen sich die Regulierer aus den schon bestehenden Facharbeiterbeständen rekrutieren, inwieweit und ob in Zukunft die Absolventen des dualen Systems die "Gewährleistungsarbeit" (Schumann et al. 1994a) moderner Produktion realisieren können, scheint nicht gesichert.

Die düsteren Prognosen über die Auflösung kulturell gewachsener Berufsstrukturen und die hoffnungsfrohen Visionen einer weitgehenden Konvergenz von Humanisierungs- und Rationalisierungsinteressen im Fluchtpunkt ganzheitlich organisierter, anspruchsvoller und hoch bewerteter Teamarbeit werden nämlich relativiert durch Erhebungen über ihren quantitativen Umfang[8]. Die breit angelegte Studie Schumanns et al. (1994a) zeigte: *"Nicht die arbeitsverdünnten Automationssektoren bestimmen die Tätigkeitsstruktur der Arbeit, sondern die verbleibenden arbeitsintensiven Restbereiche. Die große Mehrheit der Produktionsarbeiter verbleibt weiterhin im Status des 'einfachen Handarbeiters' oder 'Lückenbüßers der Mechanisierung' traditioneller Prägung"* (S. 644). Die neuen Formen der Arbeitsorganisation beziehen sich zu einem großen Teil auf die automatisierten Produktionsbereiche.

Diese Aufsplitterung leistet der oben beschriebenen Ausdifferenzierung industrieller Facharbeit in eigentliche Facharbeiterpositionen und zudienende Hilfsarbeiterpositionen Vorschub. Nur die potentiell innovativen Arbeitsformen sind dann Maßstab und Zielhorizont sowohl der Karriereplanung des einzelnen Facharbeiters als auch der Ausbildungsgestaltung. Das Absinken von Facharbeitern auf Hilfsarbeiterstellen gilt als quasiakzidentielle Fehlbesetzung, als konjunkturbedingte Problemlage, aber nicht als strukturfunktionale Entwicklung, obgleich das duale System, wie oben dargestellt, zunehmend für eben diese Positionen ausbildet.

6.3 Probleme der Lernortkooperation

Vergleicht man die Effizienz der beiden Lernorte des dualen Systems, so scheint die Schule im Laufe der letzten Jahre zunehmend ins Hintertreffen geraten zu sein. Neuerungen im Didaktik- und Methodikbereich gingen eher vom betrieblichen Sektor aus, die finanziellen und personellen Ressourcen der Berufsschule scheinen den Anforderungen moderner Produktionstechnologie und der informationstechnischen Grund- und Fachbildung immer weniger gewachsen (vgl. Zedler 1995, S. 185 ff). Gleichzeitig wurde die Schule mit einer Fülle neuer gesellschaftlicher Aufgaben konfrontiert: Von Drogenpräven-

---

[8] So konstatieren Schumann et. al. (1994a, S. 655), der Radius der neuen Produktionskonzepte sei auf einige Branchen, einige Betriebe und einige Prozeßbereiche begrenzt geblieben und nur in wenigen Fällen zur verbindlichen Vorstandspolitik geworden.

tion, politischer Aufklärung und der Unterrichtung ökologischer Grundsätze bis hin zur Vermittlung von Schlüsselqualifikationen und technischer Handlungskompetenz wird die Schule als Kompensationsinstrument für gesellschaftliche Problemlagen in die Pflicht genommen. Zusätzlich dient sie als Auffangbecken für diejenigen Jugendlichen, die vom dualen System nicht absorbiert wurden. Über ihr BGJ- und BVJ-Angebot werden sie zunehmend zur "sozialpädagogischen Einrichtung".

Dennoch zeigen sich sowohl die Unternehmen[9] als auch die Berufsschüler relativ zufrieden mit den inhaltlichen Aspekten des Berufsschulunterrichtes. Innerhalb der dualen Ausbildungsgänge scheinen ernsthafte Probleme vor allem bezüglich der Koordination der Unterrichtsinhalte zu bestehen: Auszubildende wie Ausbilder beklagen die zeitliche Verschiebung der Vermittlung praktischer und theoretischer Inhalte in Betrieb und Schule[10].

6.4 Neue Lernformen

Der Einsatz neuer Technologien als Lernmedium kann in absehbarer Zukunft ebenfalls zu einer weiteren Destabilisierung des Lernortes Schule beitragen. Am "Lernort Computer" kann fachtheoretischer Unterricht direkt am Arbeitsplatz oder sogar zu Hause und zu individuell unterschiedlichen Zeiten stattfinden (vgl. Zimmer 1995, S. 332). Lernprozesse können individualisiert und von der formalisierten Ausbildungsorganisation zunehmend unabhängig gestaltet werden.

6.5 Weiterbildung und Mobilitätspfade

Um die Ausbildung für und den Verbleib in Facharbeit attraktiv zu gestalten, fehlt es an stabilen, allgemein anerkannten und öffentlich geregelten Weiterbildungsangeboten für die mittleren Fachfunktionen. Wichtig wäre außer der Schaffung geeigneter Bildungsgänge die finanzielle, zeitliche und sachliche Absicherung der Teilnahmemöglichkeit von Facharbeitern. Zum Erfolg können solche Maßnahmen aber nur führen, wenn die Weiterbildungen in entsprechende Beschäftigungen einmünden. Drexel (1993, S. 317ff.) schlägt daher die Schaffung "diagonaler Karrieremuster" vor, die horizontale Mobilitätspfade mit vertikaler Mobilität bezüglich Entlohnung und Status verknüpfen sollen. Realistischerweise kann allerdings ein derartiges Engagement der Betriebe nur dann erwartet werden, wenn sich die Stärkung der Facharbeit produktivitätssteigernd auswirkt (z.B. durch leichtere Verständigung "aufgestiegener" Techniker mit Facharbeitern, größere Praxiserfahrung dual ausgebildeter Kräfte etc.).

---

[9] Laut einer Befragung Zedlers (1995, S. 184) stuften 42 % der Unternehmen im gewerblich-technischen und naturwissenschaftlichen Ausbildungsbereich den berufsbezogenen Berufsschulunterricht als gut oder sehr gut, immerhin 36 % als befriedigend ein.

[10] Nur 8% aller Auszubildenden stimmen dem Satz "Die Ausbildung im Betrieb und der Unterricht in der Schule sind inhaltlich und zeitlich gut aufeinander abgestimmt" voll zu (Walden/Brandes 1995, S. 129); vgl. auch den Aufsatz von Pätzold im gleichen Band.

Wandel der Facharbeit und das duale System 55

7 Lösungsansätze: Flexibilisierung und Verknüpfung von Aus- und Weiterbildung

Um die Attraktivität der dualen Ausbildung und der Facharbeiterlaufbahn sowohl für die Betriebe als auch für die Jugendlichen zu erhöhen, halten wir eine systematisierte Flexibilisierung der Ausbildung für notwendig: "Flexibilisierung" (im Sinne von derjenigen "Kundenorientierung", die heute als Leitbild für innovative Prozesse in aller Munde ist), weil nur so den Individuen und den Betrieben das Werkzeug für eine selbstorganisierte, anpassungsfähige Planung und Organisation von Ausbildungswegen in die Hand gegeben werden kann. "Systematisiert", weil die überbetriebliche Gültigkeit von Qualifikationen (und damit die Mobilität der Arbeitskräfte, die Sicherung ihrer Verhandlungsposition auf dem Arbeitsmarkt, die Gültigkeit von Orientierungsmaßstäben, kurz: ein Minimum von Beruflichkeit) nur über die Koordination, Zertifizierung und allgemeine Anerkennung von Ausbildungsschritten sowie eine durch umfangreiche Maßnahmen der Beratung, Information und individuellen Förderung zu erhöhende Markttransparenz erreicht werden kann.

Maßnahmen wie die Herstellung der Gleichwertigkeit von beruflicher und allgemeiner Bildung, die ordnungspolitische Differenzierung der Berufsausbildung sowie der Auf- und Ausbau doppeltqualifizierender Bildungsgänge können eine solche systematisierte Flexibilisierung mittragen. Insbesondere halten wir es für sinnvoll, über die schrittweise Modularisierung dualer Ausbildung nachzudenken.

Die Abstimmung zwischen Theorie- und Praxisphasen während der Ausbildung und damit potentiell die Kooperation zwischen den Lernorten Betrieb und Schule würde dadurch erleichtert, daß die Auszubildenden den Zeitpunkt für die Bearbeitung bestimmter Theoriemodule in Abstimmung mit den Praxisphasen selbst bestimmen. Dies könnte einen Beitrag zur Behebung entsprechender Strukturprobleme der Berufsschule leisten.

Unter der Voraussetzung einer strukturverändernden Modularisierung der Berufsausbildung[11] könnte die Flexibilisierung beruflicher Ausbildung die Attraktivität dualer Ausbildung für die Betriebe erhöhen. Die einzelnen (zertifizier- und aufeinander aufbaubaren) Module ließen sich nämlich spezifischer an der Qualifikationsnachfrage der ausbildenden Betriebe ausrichten - eine Möglichkeit, die im übrigen an neuere Ansätze des "dezentralisierten Lernens" (vgl. Dehnbostel et al.1992) anknüpfen könnte. Entscheidend ist allerdings an dieser Stelle die überbetriebliche Normierung einzelner Module, um den überbetrieblich vermarktbaren Wert der Ausbildung nicht zu gefährden[12].

Wenn zusätzlich eine Verfugung von Erstausbildung und Weiterbildung dergestalt geschaffen werden könnte, daß schon während der Ausbildung anrechenbare Bausteine für eine anschließende Weiterbildung erworben werden können, dann würde dies einen Beitrag zur Sicherung einer kontinuierlichen, sukzessiven "Spezialistenlaufbahn" für Facharbeiter leisten (vgl. Kutscha, referiert von Geißler 1993, S. 60).

---

[11] die allerdings derzeit schon aus legalen Gründen nicht möglich ist, vgl. §1, Abs. 2 BBiG

[12] vgl. zu dieser Problematik: Georg 1992

8 Fazit

Charakteristikum und Stärke deutscher Facharbeit war bislang die hohe kulturelle Bedeutung beruflicher Sozialisation und Identität. Wir haben darzulegen versucht, wie umfassend das Konzept "Facharbeit" Lebensstile, Bildungswege und Arbeitsbiographien integriert. "*Im Vergleich mit anderen Industriegesellschaften ist der Beruf und damit auch die Berufsausbildung der strukturelle und symbolische Bezugspunkt für den Aufbau einer Erwerbsbiographie, für gesellschaftich anerkannte und normierte Abfolgen von Arbeitstätigkeiten, die aufeinander bezogen sind und eine stufenweise Entfaltung von Lebensplänen ermöglichen*" (Georg/Sattel 1995, S. 139).

Wenn sich nun diese Form der Beruflichkeit von Facharbeitern sowohl von der Ausbildungsseite als auch von den Laufbahnperspektiven auszudifferenzieren und zu verflüssigen beginnt, so wird die Herausforderung für die staatliche Berufsbildungspolitik darin bestehen, flexibel auf die Wandlungsprozesse des Facharbeiterarbeitsmarktes zu reagieren, sie innovativ zu nutzen und das gesamtgesellschaftliche und individuelle Interesse an einem Fortbestand essentieller Grundzüge von Facharbeit und Beruflichkeit über adäquate Qualifizierungsmuster zu schützen.

Es ist, mit anderen Worten, "*nicht festzuschreiben, was aus pädagogischen Gründen im Fluß gehalten werden muß, denn es geht nicht um Systemstabilisierung, sondern um die beruflichen Lernchancen der nachwachsenden Generation, deren Ausformung wir heute noch nicht definieren können und dürfen*" (Stratmann 1995, S. 43).

Literatur

BAETHGE, M./BAETHGE-KINSKY, V.: Ökonomie, Technik, Organisation: Zur Entwicklung von Qualifikationsstruktur und qualitativem Arbeitsvermögen. In: Arnold, R./Lipsmeier, A. (Hrsg.): Handbuch der Berufsbildung. Opladen 1995

BAUMEISTER, H./BOLLINGER, D./ GEIßLER, B./OSTERLAND, M.: Berufsbiographie und Arbeitsmarktkrise. In: Fuchs-Heinritz/Kohli/Schütze (Hrsg.): Biographie und Gesellschaft. Opladen 1991

BUNDESMINISTERIUM für Bildung und Wissenschaft (BMBW) (Hrsg.): Berufsbildungsberichte 1992, 1994, 1995. Bonn

DEHNBOSTEL, P./HOLZ, H./NOVAK, H. (Hrsg.): Lernen für die Zukunft durch verstärktes Lernen am Arbeitsplatz, Dezentrale Aus- und Weiterbildungskonzepte in der Praxis. Berichte zur beruflichen Bildung, Heft 149, BIBB, Berlin 1992

DREXEL, I.: Gesellschaftliche Qualifikationstypen - Historisches Relikt oder notwendige Struktur? In: dieselbe (Hrsg.): Jenseits von Individualisierung und Angleichung: Die Entstehung neuer Arbeitnehmergruppen in vier europäischen Ländern. München 1994

DREXEL, I.: Karrieren für Facharbeiter, der mittlere Qualifikationsbereich in der Zange und die Zukunft des dualen Systems. In: IAB (Hrsg.): Die Zukunft der dualen Berufsausbildung. BeitrAB 186, Nürnberg 1994a

DREXEL, I: Das Ende des Facharbeiteraufstiegs? Neue mittlere Bildungs- und Karrierewege in Deutschland und Frankreich - ein Vergleich. München 1993

ENGELEN-KEFER, U.: Eröffnungsrede zur IAB-Tagung zur Zukunft dualer Berufsausbildung. In: IAB (Hrsg.): Die Zukunft der dualen Berufsbildung. BeitrAb 186. Nürnberg 1994, S. 57 ff.

FLECKER, J./SCHIENSTOCK, G.: Globalisierung, Konzernstrukturen und Konvergenz der Arbeitsorganisation. In: Beckenbach, N./van Treeck, W. (Hrsg.): Umbrüche gesellschaftlicher Arbeit, Soziale Welt. Sonderband Nr. 9. Göttingen 1994

GEIßLER, K. A.: Von der Meisterschaft zur Qualifikations-Collage. Drei Entwicklungen, die die industrielle Berufsausbildung gefährden. In: IAB (Hrsg.): BeitrAb 186: Die Zukunft der dualen Berufsausbildung. Nürnberg 1994

GEISSLER, K. A.: Hauptinhalte der Diskussion zum Kutscha-Vortrag. In: IAB (Hrsg.): Modernisierung beruflicher Bildung vor den Ansprüchen von Vereinheitlichung und Differenzierung, Dokumentation des 1. Forums Berufsbildungsforschung 1993; BeitrAb177. Nürnberg 1993

GEORG, W./SATTEL, U.: Arbeitsmarkt, Beschäftigungssystem und Berufsbildung. In: Arnold, R./Lipsmeier, A. (Hrsg.): Handbuch der Berufsbildung. Opladen 1995

GEORG, W.: Zwischen Markt und Bürokratie: Berufsbildungsmuster in Japan und Deutschland. In: Georg, W./Sattel, U.: Von Japan lernen? Weinheim 1992

HEIMANN, K.: Krise der industriellen Berufsausbildung. In: Pätzold, G./Walden, G. (Hrsg.): Lernorte im dualen System der Berufsbildung. Berichte zur beruflichen Bildung 177, BIBB, Berlin 1995

HENNINGES, H. v.: Die berufliche, sektorale und statusmäßige Umverteilung von Facharbeitern. Beiträge zur Arbeitsmarkt- und Berufsforschung Nr. 182, Nürnberg 1994

KERN, H./SABEL, Ch.: Verblaßte Tugenden. In: Beckenbach,N./van Treeck, W.: Umbrüche gesellschaftlicher Arbeit, Soziale Welt, Sonderband 9. Göttingen 1994

LIPSMEIER, A.: Das duale System der Berufsausbildung. Zur Reformbedürftigkeit und Reformfähigkeit eines Qualifizierungskonzeptes. In: Kipp, M./Neumann, G./Spreth, G. (Hrsg.): Kasseler berufspädagogische Impulse. Festschrift für Helmut Nölker, Frankfurt 1994

LUTZ, B.: Welche Zukunft haben Facharbeiter, Interview. In:berufsbildung 2(1992), S. 3-7

PARMENTIER, K./SCHOBER, K./TESSARING, M.: Zur Lage der dualen Berufsausbildung in Deutschland. Neuere empirische Ergebnisse aus dem IAB. In: IAB (Hrsg): Die Zukunft der dualen Berufsausbildung, BeitrAB 186, Nürnberg 1994

SCHÖNGEŃ, K./WESTHOFF, G.: Chancen zur Verwertung beruflicher Bildung - die Integration junger Fachkräfte ins Beschäftigungssystem. In: Pätzold, G./Walden, G.(Hrsg.): Lernorte im dualen System der Berufsbildung, Berichte zur beruflichen Bildung 177, BIBB, Berlin 1995

SCHUMANN, M./BAETHGE-KINSKY, V./KUHLMANN, M./KURZ, C./NEUMANN, U.: Trendreport Rationalisierung, SOFI, Berlin 1994

SCHUMANN, M./BAETHGE-KINSKY, V./KUHLMANN, M./KURZ, C./NEUMANN, U.: Der Wandel der Produktionsarbeit im Zugriff neuer Produktionskonzepte. In: Beckenbach, N./van Treeck, W. (Hrsg.): Umbrüche gesellschaftlicher Arbeit, Soziale Welt, Sonderband 9, Göttingen 1994a

STRATMANN, K.: Das duale System der Berufsausbildung - eine historisch-systematische Analyse. In: Pätzold, G./Walden, G. (Hrsg.): Lernorte im dualen System der Berufsbildung. Berichte zur beruflichen Bildung 177, BIBB, Berlin 1995

VOSS, G.: Das Ende der Teilung von Arbeit und Leben? In: Beckenbach, N./van Treeck, W. (Hrsg.) Umbrüche gesellschaftlicher Arbeit, Soziale Welt, Sonderband 9. Göttingen 1994

WALDEN, G./BRANDES, H.: Lernortkooperation - Bedarf, Schwierigkeiten, Organisation. In: Pätzold, G./Walden, G. (Hrsg.): Lernorte im dualen System der Berufsbildung. Berichte zur beruflichen Bildung 177, BIBB, Berlin 1995

ZEDLER, R.: Berufsschule - Partner der Ausbildungsbetriebe - Ergebnis einer Betriebsbefragung des Instituts der deutschen Wirtschaft Köln. In: Pätzold, G./Walden, G. (Hrsg.): Lernorte im dualen System der Berufsbildung. Berichte zur beruflichen Bildung 177, BIBB, Berlin 1995

ZIMMER, G.: Lernortkonkurrenz statt Lernortkooperation! Multimediales Lernen führt die Berufsschule in die Krise - neue Formen der Zusammenarbeit zwischen Betrieb und Berufsschule sind gefragt. In: Pätzold, G./Walden, G.(Hrsg.): Lernorte im dualen System der Berufsbildung. Berichte zur beruflichen Bildung 177, BIBB, Berlin

ZSAGAR, W.: Handlungsorientierte Ausbildung. In: berufsbildung, (1995), Heft 31, S. 21 ff.

Dieter Grottker

"Bildung hat ein Erstes, aber kein Letztes ..."
- Bildungstheoretische und historische Betrachtungen zum Konzept der beruflichen Erstausbildung in Geschichte und Gegenwart

1 Vorbemerkung

Ein Blick auf die praktischen Fragen des dualen Systems der Gegenwart zeigt, wie sehr es offenkundig an einer Theorie über dieses sogenannte "System" fehlt. Auch nach den Jahrzehnten der bildungspolitischen Stabilisierung und inhaltlich-konzeptionellen Ausgestaltung des dualen Systems der Berufsausbildung gibt es in der Berufs- und Wirtschaftspädagogik meines Wissens keinen geschlossenen und konsequenten Ansatz einer "systemtheoretischen" (d. h. einer das System theoretisch beschreibenden) Erklärung der räumlich-zeitlichen Prozeßverläufe in der beruflichen Bildung.

Neben andéren tragenden Kategorien einer derartigen (speziellen) System-Theorie spielen der Begriff "Zeit" und die entsprechenden Kopulationen (Zeitverhalten, Zeitdauer, Zyklen, Zeitsequenzierung u. ä.) dabei eine zentrale Rolle. Praktikable Systemtheorie kann sich nicht auf strukturelle Beschreibungen reduzieren, vor allem muß sie etwas über das wirkliche oder wünschenswerte oder zu erwartende Z e i t v e r h a l t e n des betreffenden Systems sagen können.

Es geht also im berufspädagogischen Denken um den Übergang von statischen Systembetrachtungen (z. B. der bloßen Fixierung von Systemen und Subsystemen) zur Erklärung der Systeme als *dynamische* Objekte. Strukturen, Inhalte, Institutionen usw. erscheinen dann nicht mehr als "an sich seiend", sondern als sich bewegend. Erst wenn all die genannten Faktoren konsequent als Funktionen der Zeit beschrieben werden, wird ein neuer Schritt berufspädagogischer Theorieentwicklung gelingen können (Wendorff 1985, S. 523 ff.).

Und darum ist es wissenschaftlich in der Gegenwart nicht gut bestellt, wenn man das Feld der bloßen Erfahrung verläßt und nach Ansätzen "strenger" Theorie sucht. Die moderne Theorie der Bildung kann nur eine Bildungstheorie der Zeit sein (Aveni 1991, S. 407 ff.).

2 Erstausbildung als "Zeit"- Begriff

Vielleicht ist es ein historischer Glücksumstand für die Berufspädagogik, daß in der letzten Zeit das Wort "Erstausbildung" stärker in die berufspädagogische Sprache eingedrungen ist. Ob damit zugleich eine neue Kategorie in das berufspädagogische D e n k e n Einzug gehalten hat, ist allerdings fraglich. Zumindest ist das Wort aus dem gegenwärtigen Sprachgebrauch nicht mehr fortzudenken - daran ließe sich anknüpfen. Das heuristische Merkmal dieses Begriffes ist es nämlich, direkt auf die zeitliche Dimension von Ausbildung einzugehen: Nicht um irgendeine Bildung geht es, sondern um das Erste und Grundlegende von Berufsbildung, was überhaupt zu vermitteln ist. Erstausbildung ist also ein Begriff, der einen funktionalen Zusammenhang von Bildung (B) und Zeit (t) abbildet. Daß Bildung eine Funktion der Zeit ist - also B= f (t) gilt - scheint im erziehungswissenschaftlichen Denken so selbstverständlich zu sein, daß man dahinter kaum größere Probleme vermutet. Fragt man aber nach den axiomatischen Grundannahmen in dieser Richtung, so greift man ins Leere. "Zeitbestimmen" muß gelernt werden - dies gilt offensichtlich auch für die Pädagogik (Elias 1990, S. 121).

Wir besitzen - auch im vierten Jahrhundert "klassischen" pädagogischen Denkens - keine Theorie der Zeit. Außer über empirische Befunde, erfahrungsmäßig gewonnene Konzepte und einige wenige bildungstheoretische Studien zur Philosophie der Zeit ist gemeinhin die traditionelle Pädagogik gegenwärtig nicht in der Lage, quantitative Beziehungen zwischen Bildungsabsichten und ihrem sinnvollen zeitlichen Beginn in der Ontogenese bzw. ihrer optimalen Dauer hinreichend exakt zu bestimmen (vgl. Geißler 1992, S. 13).

In der Praxis der Schule führt diese theoretische Lücke dazu, daß fast schon jahrhundertelang nach den gleichen Zeitkonzepten gearbeitet wird (45-Minuten-Stunden, die üblichen Pausen, das übliche Stundenpensum pro Tag bis hin zu den traditionellen Zyklen der Schul- und Lehrjahre) (s. den Aphorismus bei Geißler 1992, S. 123).
Letztlich bedeutet dies, daß auch das Berufsleben eines Lehrers stereotyp nach großen Zyklen ("Schuljahren") periodisiert ist und dadurch gewissermaßen jedem Schuljahresmonat ein bestimmter Charakter zukommt. Nur wenig ist auf diesem Gebiet in den letzten Jahren experimentiert worden - zu sehr fürchtet man offensichtlich, daß bereits *kleine* Veränderungen im pädagogischen Konzept zu *großen* Folgen für alle Betroffenen führen könnten. Das solche chaostheoretischen Konsequenzen in der Tat schwer zu prognostizieren sind, macht die Sache nicht leichter.

Von diesem Umstand ist naturgemäß auch der Umgang mit dem Konzept der Erstausbildung betroffen. Das begriffliche Problem der Kategorie "Erstausbildung" ist mithin größer, als man zunächst annimmt. Ein sinnvoller Ansatz zur weiteren Ausschärfung des Begriffs liegt möglicherweise in einer semantischen Analyse des jeweiligen Kontextes.

"Erstausbildung" ist gewissermaßen ein sogenannter *mehrstelliger* Begriff, der eine Reihe offener Fragen impliziert, welche mehr oder weniger durch den Kontext beantwortet oder - wie bei näherer Betrachtung feststellbar - oft auch nicht beantwortet werden.

Ein solcher Aspekt ist unter anderem die Frage nach einem sinnvollen zeitlichen Beginn beruflicher Erstausbildung. Die klassische Pädagogik ist voller Warnungen vor einer zu frühen Spezialisierung. So heißt es bereits in der "Großen Didaktik" : "Schon im sechsten Lebensjahr eines jeden bestimmen zu wollen, für welchen Beruf er geeignet sei, ob für die Wissenschaften oder für ein Handwerk, erscheint etwas voreilig" (Comenius 1961, S. 268).

In der Gegenwart ist allerdings üblich, daß im dreigliedrigen Schulsystem bereits mit dem 10. Lebensjahr eine Vorentscheidung für den späteren Beruf und die damit verbundene Erstausbildung fällt: Kinder, die nach der 4. Klasse das Gymnasium besuchen, werden wahrscheinlich keinen handwerklichen o. ä. Beruf anstreben - Kinder die nach Klasse 4 zur Mittelschule gehen, werden wahrscheinlich keine universitäre Bildung anstreben oder es bei späterem Seiteneinstieg schwer haben, Abiturniveau zu erlangen. Wie klar oder unklar dies den einzelnen Betroffenen bereits sein mag - entscheiden müssen sie bzw. die Eltern sich, so sieht es das Gesetz vor. Das Fehlen einer Theorie der Zeit bei der Planung und Gestaltung von Bildungsprozessen ist mithin kein rein akademisches Problem. Es ist von

Bildungstheoretische und historische Betrachtungen

entscheidender praktischer Tragweite, insbesondere für den individuellen Verlauf von Bildungsbiographien. Nicht immer ist uns bewußt: Mit unseren praktizierten Zeitkonzepten wird über Perspektiven oder Sackgassen im Bildungswesen entschieden. Mit dem Setzen von Entscheidungsterminen für Eltern und Kinder werden Entschlüsse erzwungen, über deren Ratio man sehr streiten kann.

Eigentlich wird ein Grad an Entscheidungsrationalität von Eltern, Kindern und Mitsprache der Lehrer ("Bildungsempfehlung") vorgetäuscht, der in Wirklichkeit oft gar nicht vorhanden ist. Letztlich fällt die Entscheidung gefühlsbetont oder von Klischees geleitet oder ganz und gar verunsichert. Dies gilt vor allem für jene Kinder, bei denen sich explizite Begabungen und Neigungen eben noch nicht gezeigt haben. Für diese hat sich somit eine bestimmte Bildungs- und Berufsperspektive eben gerade noch nicht herauskristallisiert.

Da die Sinnhaftigkeit von Bildung letztlich immer einen Zweckbezug enthält - also nicht eine Bildung "an sich", sondern eine bestimmte Bildung *wofür* vermittelt wird - sind zunächst Lebensansprüche im Spiel, die mit den eigentlichen pädagogischen Aspekten gar nichts zu tun haben. Auch die Motivationsforschung dürfte Argumente in dieser Richtung geliefert haben, denn eine Bildung "an sich" dürfte von nur geringer Motivation sein. Bildungsstreben verfolgt immer eine bestimmte Richtung , unabhängig, ob man sich nicht doch noch einmal umorientiert. Dies ist immer noch besser, als jahrelang richtungslos gelernt zu haben.

Solche motivationalen, bildungstheoretischen und methodisch-praktischen Fragen stehen auch beim Konzept der Erstausbildung. Die begriffliche Absicht erreicht nicht ihr Ziel, wenn nicht klar gesagt wird, in Bezug auf welche nachfolgende Ausbildung die Erstausbildung eine erste Stufe, eine allgemeine Grundlage sein soll. Damit ist ein expliziter zeitlicher Bezug angedeutet. Perspektive von Bildung ist Bildung in einem konkreten zeitlichen Rahmen: Worauf gründet sie sich, worauf zielt sie ab. Worin besteht das "Weg-Zeit-Gesetz", welches diesen Weg zum Ziel beschreibt? Berufliche Erstausbildung richtet sich auf ein "Erstes". Damit impliziert sie die Frage nach dem sich Anschließenden. Dieser "allgemeinpädagogische" Zusammenhang muß in den Blick genommen werden, weil er aus einer allein berufsschulpädagogischen Blickrichtung nicht beschrieben werden kann. Woher ist das Konzept der "Erstausbildung" im Besitz des "Zukunftsgeheimnisses"? Woher wissen wir, was Grundlage für Späteres sein soll, wenn wir dieses Spätere nur in schemenhaften Umrissen kennen? Dies sind zugegebenermaßen schwierige Fragen an die Berufspädagogik.

3 Erstausbildung - mehr Fragen als Antworten

Das Konzept der beruflichen Erstausbildung hat also eine zweifache Bedeutung. Es ist ein für die Praxis der Berufsbildung unersetzlich notwendiges Konzept - mit ihm steht und fällt die Bedeutung der Berufsschule in der Zukunft. Und es ist möglicherweise für die Berufspädagogik ein tragfähiger Theorieansatz, ein Kulminationspunkt verschiedener Ansprüche und praktischer Erwartungshaltungen.

Dies überhaupt leisten zu können, stellt hohe Anforderungen an ein derartiges Bildungskonzept. Welche Dinge gehören unbedingt in eine berufliche Erstausbildung, welche besitzen eine Schlüsselfunktion für die später sich anschließenden speziellen Inhalte. Wie

allgemein muß Erstausbildung mindestens sein - wie allgemein darf sie zugleich höchstens sein, damit sie ihr Ziel nicht verfehlt.
Hinter dem scheinbar trivialen Begriff Erstausbildung verbirgt sich mithin ein ganzes Forschungsprogramm mit zumindest folgenden Untersuchungsfeldern:

a) Beginn der Erstausbildung als Problem des rechten Zeitpunkts.
b) Dauer der Erstausbildung als Problem der rechten zeitlichen Phasierung.
c) Funktion der Erstausbildung als Problem des rechten Inhalts.
d) Form der Erstausbildung als Problem der Methode und Organisation.

Im Detail führt dieses u. a. zu folgenden Fragen:

1) Welche Alternativen eines gegenwärtig möglichen und zukünftig wünschenswerten Beginns von Erstausbildungen sind vorstellbar. Welchen Beitrag leisten hier die Fächer "Werken" und gegebenenfalls Arbeitslehre in berufsvorbereitender Richtung. Wenn z. B. "Werken" einen zugegebenermaßen großen Anteil an der Erkennung und Förderung handwerklich-praktischer Begabungen hat, weshalb wird dieses Fach dann an Sachsens Schulen nach Klasse 6 nicht mehr erteilt? Dort, wo die allgemeine berufs- und lebensvorbereitende Bildung eigentlich erst beginnt, da wird sie aus pädagogisch unerklärlichen Gründen abgebrochen. Dort, wo außerunterrichtliche Arbeitsgemeinschaften die unterrichtlichen Grundlagen fortsetzen könnten, da gibt es eine "Bildungslücke", die gegenwärtig durch keine Alternative geschlossen wird.

2) Welche Bildungsaspekte materialer und formaler Charakteristik besitzen vorzugsweise eine Schlüsselfunktion für weiterführende Spezialisierungen? Was besagt hier eine Evaluierung der sogenannten beruflichen Grundbildung? Was z. B. nützt Grundbildung in der Berufsschule, wenn im Betrieb z. T. vom ersten Tage an spezielle Arbeitstätigkeiten eingeübt werden? Ist Grundbildung im berufspädagogischen Sinne überhaupt in allen Formen der betrieblichen Ausbildung möglich? Kennen die ausbildenden Meister überhaupt das Konzept der Stufenausbildung und bilden sie auch danach aus? Wenn Grundbildung und Erstausbildung nicht auf die Schule beschränkt werden können, wie gelingt dann das "Miteinander" von Schule und Betrieb im Rahmen eines gesetzlich (BBiG, § 26) vorgeschriebenen Modells der "Stufenausbildung"?

3) In welchem Verhältnis stehen berufsvorbereitende Bildung und Erstausbildung? Welche typischen Konzepte der Berufsvorbereitung werden eigentlich gegenwärtig in den verschiedenen Bundesländern praktiziert? Wie stehen wir zu einer gründlichen Evaluierung der polytechnischen Bildung in der ehemaligen DDR (verstanden als eine Verknüpfung von wissenschaftlichem Unterricht über den modernen Produktionsprozeß in Verbindung mit produktiver Arbeit der Schüler). Sollte man nicht langsam unverkrampft mit dem Begriff "Polytechnik" umgehen, dessen Ursprünge bekanntlich ins 18. Jahrhundert zurückreichen und historisch nichts mit einer "staatssozialistischen Arbeitserziehung" zu tun haben.

4) Gesetzt den Fall, es gäbe ein derartiges Konzept "Erstausbildung" gemäß der o. g. Aspekte - welche typischen Fortbildungswege schließen sich in der Regel daran an? Welche Anforderungen ergeben sich daraus wiederum für die Inhalte der Erstausbildung selbst? Dies verweist auf die Frage der Koordinierung zwischen Erstausbildung und Fortbildung. Falls man einer solchen Koordinierung zustimmt, wer aber ist das koordinierende Organ? Organische Koordinierung ohne Institution?

Bildungstheoretische und historische Betrachtungen

Kann und darf man hier auf Spontanität vertrauen? Müßte nicht ein Gesetz über die Weiterbildung Verantwortung für die Koordinierung zwischen Erstausbildung und „Zweitausbildung" bzw. Fortbildung regeln?

5) In welchem zeitlichen Verhältnis stehen berufsvorbereitende Bildung im Rahmen der allgemeinbildenden Schule, berufliche Erstausbildung und berufliche Fortbildung? Welche tendenziellen Verschiebungen gibt es bei diesem zeitlichen Maßverhältnis in der Gegenwart?. Nimmt die effiziente Dauer von Erstausbildung eher ab oder eher zu? Wonach überhaupt bestimmt sich die Dauer von Ausbildungsgängen: Nach Gewohnheit? Nach Tradition? Nach Erfahrung?

6) Wie sollte - weitgehend unabhängig von den herkömmlichen Formen - jene institutionelle Gestalt einer Einrichtung aussehen, die die o. g. Ansprüche an eine berufliche Erstausbildung am ehesten erfüllen würde. Wäre das eine Berufsschule nach dem gegenwärtigen Muster oder eher ein betriebsnaher Unterricht nach dem Beispiel der Werkschulen bzw. Betriebsberufsschulen oder vielleicht eine Produktionsschule in besonders prägnanter Verbindung von Qualifikation und Sozialisation der Jugendlichen.

7) Damit stellt sich letztlich die Frage, ob mit dem Begriff "Erstausbildung" nicht mehr beabsichtigt ist, als bloße Qualifikation. Erst wenn auch die notwendigen Sozialisationsaufgaben mit in das Konzept Eingang finden, hat die Gesamtidee eine Chance auf Erfolg. Bislang hat es meines Erachtens den Anschein, daß bei den bisherigen Diskussionen zur Erstausbildung lediglich die "reinen" Qualifikationsprozesse im Vordergrund der Betrachtung stehen. Demgemäß wäre Erstausbildung nicht nur zu deuten als grundlegend erste Qualifizierung für berufliche Arbeit, sondern ist gleichsam ein erster und grundlegender Prozeß beruflicher Sozialisation und beruflicher "Erziehung".

Betrachtet man die Vielzahl der aufgeworfenen Fragen, so könnte der Eindruck entstehen, daß die Berufspädagogik in der Frage der Grundlagenbildung bzw. Erstausbildung ganz am Anfang stünde. Es gibt jedoch vielfältige Erfahrungen und historische Ansätze, von denen hier einige exemplarisch einmal sichtbar gemacht werden sollen. An der geschichtlichen Entwicklung mancher berufspädagogischen Idee läßt sich bei näherer Betrachtung zeigen, daß Überlegungen zur Erstaus- und Weiterbildung schon früher häufig mitgedacht waren, auch wenn explizit der Begriff "Erstausbildung" noch gar nicht verwendet wurde. Allein mit dem historischen Zugang läßt sich das gegenwärtige praktische Problem der beruflichen Erstausbildung zwar nicht lösen, ohne jegliches historisches Problembewußtsein allerdings erst recht nicht.

Die bildungstheoretische und historische Analyse also muß zunächst hinter den Begriff zurückgehen: Die Dinge sind oft eher da als die Begriffe. Danach muß sich die Analyse auf das Zentrum des Begriffs, auf den theoretische Kern - d. h. auf den Grund der Dinge richten. Und schließlich muß die Analyse prospektiv in die Zukunft des "Dualen Systems" blicken: Wird das duale System in seiner gegenwärtigen Form auf Dauer jene Funktionen beruflicher Erstausbildung verwirklichen können, die wir oben skizziert haben? Welche Wandlungen müßte dabei die Berufsschule erfahren, um einen substantiellen Beitrag zur beruflichen Grundbildung leisten zu können. Die Berufsschule selbst ist ein Produkt geschichtlicher Entwicklungen. Ihre Funktion und ihre Wirkungsmöglichkeiten einer Befähigung für die Arbeitswelt waren immer mit Problemen behaftet. Die Idee und Praxis der Berufsschule hat eine eigene Sozialgeschichte, sie erscheint mindestens ebenso originär wie zum Beispiel vergleichsweise das deutsche Gymnasium. Die Bildungsgeschichte könnte mithin ein wichtiger Indikator für Entwicklungsprozesse sein, die bis in die Gegenwart nicht abgeschlossen sind. Theorie u n d Geschichte sind deshalb gleichermaßen wichtige Voraussetzungen für das Konzept der Erstausbildung.

4 "...ein Handwerk vor dem eigentlichen Beruf!" - handwerkliche Erziehung als Erstausbildung?

Das vielschichtige Werk der klassischen Pädagogik offenbart ein erstaunliches Phänomen: die fast durchgehend hohe pädagogische Wertschätzung der handwerklichen Bildung. In Inhalt und Umfang der Handwerkserziehung durchaus unterschiedlich und kontrovers orientiert, sind sich die meisten Vertreter der klassischen Philosophie und Pädagogik in der Regel darin einig, daß dem Bildungs- und Erziehungswert gerade des Handwerks eine unumstritten große Bedeutung zukommt.

Kategorischer hätte man es nicht formulieren können, als es *Goethe* im "Wilhelm Meister" getan hat: "Allem Leben, allem Tun, aller Kunst muß das Handwerk vorausgehen, welches nur in der Beschränkung erworben wird." Schon im zweiten Kapitel der "Wilhelm Meisters Wanderjahre" wird die Wahl eines handwerklichen Berufs beschrieben: "Mein Verlangen zog mich unwiderstehlich nach dem Zimmerhandwerke (...) ich erblickte das Handwerk, dem ich mich gewidmet hatte, in einem so ehrenvollen Licht, daß ich nicht erwarten konnte, bis man mich in die Lehre tat; welches mir so leichter auszuführen war, als in der Nachbarschaft ein Meister wohnte, der für die ganze Gegend arbeitete und mehrere Gesellen und Lehrburschen beschäftigen konnte" (Goethe 1982, S. 27 ff.). "Sich auf ein Handwerk beschränken ist das beste", heißt es an anderer Stelle - aber sogleich fährt er fort: "Ich möchte aber doch meinem Sohn einen freieren Blick über die Welt verschaffen, als ein beschränktes Handwerk zu vergeben vermag " (Goethe 1982, S. 47 ff.).

Und so folgt auf das Handwerk eine Phase, in der der Jugendliche danach strebt, seinen "...eigentlichen Beruf..." zu erkennen (Goethe 1982, S. 306). Das "beschränkte Handwerk" ist mithin ein Durchgangsstadium zur Erlangung vielseitiger Bildung. Das Handwerk geht der Bildung voraus - die zeitweilige Beschränkung ist somit die Vorausetzung, diese beschränkte Sphäre zu überwinden. Beschränkt werden und Sich-Beschränken bilden jene Dialektik, die *Goethe* - wie übrigens auch *Hegel* - nicht losgelassen haben. Der Mensch sei von Natur aus ein beschränktes Wesen, wobei diese Beschränkung eine dreifache sein könne: Eine ökonomische oder sonst bürgerliche Beschränkung, eine geistige Beschränkung und eine sittliche Beschränkung (s. Goethe 1982, S. 96).

Das Substantiv "Beschränkung" bezeichnet funktional somit folgende Dialektik: Durch einen äußeren Zwang beschränkt werden bzw. eine Beschränkung auferlegt bekommen - oder sich klugerweise auf etwas beschränken, sich zu beschränken wissen. Beides hat eminent viel mit Bildung, der Formulierung von Bildungszielen, der Bestimmung von Bildungsansprüchen, der Entwicklung von Motivationen zu tun. Der Mensch bleibt bloßes Objekt äußerer Zwänge, wenn ihm Beschränkungen auferlegt werden. Erst die Fähigkeit, Schranken zu überwinden und sich zugleich sinnvoll auf etwas Bestimmtes zu beschränken, macht ihn zum Subjekt seiner selbst. Vollkommene Subjektivität würde dann bedeuten: Notwendige Beschränkungen zu erkennen, den Mut zum Anfang zu haben und dann beschränkte Sphären überwinden.

Bildungstheoretische und historische Betrachtungen

Der Jugendliche steht mit Beginn der Berufsausbildung vor einem solchen Neuanfang. Aller Anfang in einem bestimmten Beruf ist schwierig, deshalb muß die Pädagogik der Erstausbildung eine Pädagogik sein, die über die Schwere dieses Anfangs hinweghilft. Auch diese Funktion der "Hilfe" steckt in dem Konzept der Erstausbildung und ist bislang meines Erachtens wenig expliziert.

5 Erstausbildung zwischen Beschränkung und Entfaltung

Unter der Voraussetzung der oben dargestellten Überlegungen, erscheint nunmehr der Begriff "Erstausbildung" in einem anderen Licht. Wer sich für eine bestimmte Erstausbildung entscheidet, beschränkt sich auf einen speziellen Beruf oder ein bestimmtes Berufsfeld. Nicht immer wird dies der "Lebensberuf" sein, nur für wenige wird zukünftig der einmal gewählte Beruf zugleich die ein für allemal ausgeübte Arbeit bilden. Darüber entscheidet maßgeblich der Arbeitsmarkt und nicht die Pädagogik.

Gemessen an der Vielfalt des Marktes, dürfen deshalb dem Individuum durch eine sinnvolle Erstausbildung keine unüberwindlichen Schranken auferlegt werden - vorausgesetzt, es kann mit der erworbenen Qualifikation auf dem Arbeitsmarkt etwas anfangen. Erstausbildung sollte ferner erweiterungsfähig und fortbildungsorientiert angelegt sein. Sie sollte sich nicht an nur kurzlebigen Modeberufen ausrichten, sondern muß an sogenannten Grundberufen entwickelt werden.

Erstausbildung darf das Individuum nicht mehr als objektiv nötig beschränken: Von der Konzentration auf etwas Spezielles müssen immer Entfaltungsmöglichkeiten für anderes offen bleiben. Bildungsplanung bewegt sich also hier in dem Spannungsfeld von notwendiger Beschränkung und perspektivischer Entfaltung. Aus der folgenden Darstellung ist der funktionale Bezug von erster Ausbildung und fortführender Aus- und Weiterbildung in Identität und Unterschied zu erkennen (s. Abb. 1).

Erstausbildung	Fort- und Weiterbildung
- zeitlich begrenzt - in der Grundlagenbildung inhaltlich beschränkt - von den individuellen Voraussetzungen her beschränkt - in der pädagogischen Methodik individuell beschränkt - bildungstheoretisch eher an formaler Bildung orientiert	- ontogenetisch zeitlich unbegrenzt - in den Spezialisierungen unbeschränkt, aber marktabhängig - von den individuellen Voraussetzungen/Umständen her beschränkt - in der pädagogischen Methodik institutionell beschränkt ("freie Träger") - bildungstheoretisch eher an materialer Bildung orientiert

Abb. 1: Vergleich des funktionalen Bezuges von Erstausbildung und Fort- sowie Weiterbildung

Der gemeinsame Nenner von Erstausbildung und Fortbildung ist die Maxime der Lebensbefähigung. Berufsbildung ist mehr als bloße Bildung zum Beruf. Erst wenn Berufsbildung an ihrem Beitrag zur allgemeinen Lebensbefähigung gemessen wird, erfüllt sie ihre kulturbildende Funktion. Die ökonomischen Verwertungsinteressen an der beruflichen Arbeitskraft scheinen dem zu widersprechen: dann wäre Erstausbildung lediglich Perfektionierung. Dies ist die "Gratwanderung" der beruflichen Bildung, aber das ist auch der Anreiz für eine sozialkritische Berufspädagogik, Kritik in konstruktive Theorie und Praxis umzusetzen.

6 Erstausbildung als "pädagogische Provinz" - soziale Utopie oder gesellschaftliche Perspektive?

Auch wenn dies unpopulär erscheint: Berufliche Erstausbildung bedarf eines "ökonomischen Schonraums". Man solle den Jugendlichen nicht schonen, man soll seine ganzen physischen und psychischen Fähigkeiten zur beruflichen Arbeit fordern und fördern. Aber dafür benötigt man eine kreative pädagogisch-ökonomische Atmosphäre. Überall dort, wo der Auszubildende eine willkommene billige Arbeitskraft ist, fehlt eine derartige Atmosphäre. Befragt man Lehrlinge über ihren Ausbildungsalltag, dann läßt sich rekonstruieren, wie weit hier erziehungswissenschaftliche Ideale und wirtschaftliche Praxis auseinanderklaffen.

Die sogenannten überbetrieblichen Ausbildungseinrichtungen waren seinerzeit der Versuch, jene günstigen pädagogisch-ökonomischen Voraussetzungen zu schaffen, den Anfang im Beruf zu erleichtern und ausbildungs- und altersadäquat Schritt für Schritt die Anforderungen zu erhöhen. Eine "pädagogische Provinz" der beruflichen Ausbildung ist also kein Ort geringer Anforderungen, sondern ein Lern- und Arbeitsort mit angemessenen Lern- und Arbeitsanforderungen und einem pädagogisch begründeten Konzept der schrittweisen Steigerung dieser Anforderungen.

Neben *Goethe* ist es wohl vor allem *Rousseau* gewesen, der die Bedeutung günstiger ("naturgemäßer") Bedingungen für den pädagogischen Erfolg erkannt hat, ohne daß es *Rousseau* dabei in den Sinn gekommen wäre, "Treibhausbedingungen" für seinen Zögling herzustellen. Gewissermaßen ist der "Emile" ein Konzept der nichtschulischen, der nichtinstitutionalisierten Bildung und Erziehung. Weniger der Inhalt des "Emile" ist lehrreich für die Gegenwart, sondern die Fragestellung, der *Rousseau* gefolgt ist: Wie ist eine Gestaltung von Bildung und Erziehung außerhalb von Institutionen möglich, ohne wiederum eine "Schule" zu errichten.

Und dies ist genau die Analogie zur Frage der Erstausbildung: Wie ist eine pädagogisch vernünftige erste und grundlegende berufliche Bildung möglich, wenn sie offensichtlich weder in der gegenwärtigen Berufsschule noch in der gegenwärtigen Form der betrieblichen Ausbildung befriedigen kann.

In dieser Weise stellt sich im gegebenen Alter auch für *Emile* die Frage der Berufswahl. Nicht nur, welches ist der rechte Beruf, sondern was ist die rechte Weise der Ausbildung für diesen Beruf. Die Berufswahl impliziert mithin die Wahl eines bestimmten "Bildungsweges".

Bildungstheoretische und historische Betrachtungen 67

Zunächst werden Ackerbau und Handwerk gegeneinander abgewogen: Handarbeit sei am "naturnächsten" - Ackerbau sei ein sklavischer Beruf, der den Bauern an den Acker fessele (Rousseau 1989, S. 193 ff.).

Da Emile in den ländlichen Arbeiten schon vertraut ist, schließt sich nun eine handwerkliche Ausbildung an, offensichtlich weniger, es bis zur Perfektion zu erlernen, sondern deshalb, um "die Vorurteile zu besiegen, die es mißachten" (ebd. S. 194).

Um allen Mißverständnissen vorzubeugen: *Rousseau* läßt Emile in der Tat ein Handwerk lernen - als ein richtiger Lehrling, nicht als Schüler. "Nicht nur ein paar Stunden Unterricht bei einem Meister nehmen, dann wäre er ja lediglich Schüler. Sondern direkt als Lehrling bei einem Meister, mit ihm aufstehn, noch vor ihm am Werk sein, an seinem Tisch essen und unter seinen Anordnungen arbeiten" (Rousseau 1989, S. 201). "So wurde Emile Tischler. Oder, um es besser zu sagen, er tischlerte, ohne Tischler zu werden und zu bleiben. Er sollte wie ein Bauer arbeiten, aber wie ein Philosoph denken" und sich später wieder dem Ackerbau zuwenden: "...eine Frau und ein eigener Acker genügen zum Glück eines Weisen" - eine Lebensmaxime bloß des 18. Jahrhunderts? (Rousseau 1989, S. 503).

Dieser Biographieverlauf ist immerhin interessant: Er hatte sich schon vor der Tischlerei mit dem Ackerbau beschäftigt, lernte dann ein Handwerk, ging auf Reisen und beschäftigte sich mit allerlei Künsten und Wissenschaften und kehrte schließlich zum Ackerbau zurück. Das Tischlerhandwerk war seine berufliche Erstausbildung, in ihr erwarb er Geschicklichkeit, handwerkliche Erfahrungen, standesgemäße Gewohnheiten, Achtung vor menschlicher Arbeit, Selbstdisziplin und Ausdauer. Also z. T. ein Tugendkatalog, den wir gegenwärtig bisweilen mit dem schillernden Begriff "Schlüsselqualifikationen" umreißen. Handwerkliche Ausbildung ist in einer so selbstverständlichen Weise eine Schlüsselqualifikation und zugleich "Schlüsselsozialisation", daß man auch in der Gegenwart kaum sinnvolle pädagogische Argumente dagegen finden wird. Selbst im sprichwörtlichen zwanzigsten Jahrhundert, das in seiner industrialisierten Welt so ganz "unhandwerklich" zu sein scheint, beginnt alle Schulung manueller Geschicklichkeit mit verschiedenen handwerklichen Tätigkeiten. Handwerk also als ewige Bildungsform im Rahmen allgemeiner und beruflicher Bildung - Handwerk als ideale Erstausbildung auch in der Zukunft?

7 "Reicher Leute Kinder sollen ein Handwerk lernen"

Diese Forderung des osnabrückschen Staatsmanns, Historiker und Publizisten *Justus Möser* (1720-1794) enthält offensichtlich folgende logisch-semantische Struktur:

1. Reicher Leute Kinder sollen ein Handwerk lernen
2. Armer Leute Kinder lernen ohnehin ein Handwerk
----
3. Also sollten eigentlich a l l e Kinder ein Handwerk lernen. (Konklusion)
(s. Möser 1986, S. 14)

Interessant ist, daß *Möser* tatsächlich auf einen "logischen Zirkel" des Handwerksethos aufmerksam macht. Das Handwerk wird zum Teil lediglich deshalb verachtet, weil es nur von armen und geringen Leuten betrieben wird. Um also die Achtung vor dem Handwerk zu heben und damit den Gewerbefleiß zu befördern, sollten auch reiche und angesehene Bürger ein Handwerk lernen. "Der Reiche soll also gemeine Vorurtheile mit Füßen treten, seine Kindern ein Handwerk lernen lassen...damit der böse Zirkel zerstöret werde." (ebd.) Selbst jeder Gelehrte sollte ein Handwerk lernen, wie *Möser* an anderer Stelle fordert.

Sei es zum Zwecke der Rekreation, der Übung der Geschicklichkeit oder der Weitung des Bildungskreises wegen: "...für einen Gelehrten ist Holzsägen Nichtstun; so wie umgekehrt für einen Holzhacker das Denken eine Erholung ist. Ein solches Glück könnte man ihm verschaffen, wenn wir die Erziehung junger Gelehrter dahin einrichteten, daß jedem zugleich die Fähigkeit zu einer körperlichen Beschäftigung und mit dieser auch die Neigung dazu beigebracht würde" (Möser 1986, S. 166).

Das Handwerk enthält offensichtlich vielfältige Bildungspotenzen, es erscheint selbst in der industrialisierten Welt nach wie vor als fast universelle Form beruflicher Bildung. Dabei war und ist das Urteil durchaus widersprüchlich und die Diskussion kontrovers, wenn man Ideal und Wirklichkeit vergleicht. Jedoch: So oft das Handwerk in seinem Bildungswert verleugnet wurde, so oft ist es gleichermaßen glorifiziert worden. Handwerk habe "goldenen Boden". Eine solide Handwerkslehre verspricht eine gesicherte Zukunft. "Wenn Du einen Mann für einen Tag ernähren willst, schenke ihm einen Fisch. Wenn Du ihn für ein ganzes Leben lang ernähren willst, dann lehre ihn ein Handwerk", wie ein chinesisches Sprichwort sagt.

Dieses Bewußtsein ist in unser Denken und Fühlen so tief eingegraben, daß daran kaum Zweifel gehegt werden. Deshalb verwundert es umso mehr, wenn Schule und Wirtschaft eben gerade nicht aus natürlichen sozialen Bedürfnissen sich mühen um eine handwerkliche Bildung der Jugend. Woher sonst kommen Stumpfsinn, Aggression und Gewaltbereitschaft, wenn nicht auch von der Untätigkeit, Unsinnigkeit und Ziellosigkeit des Alltags.

8 Industrietypische Ausbildung - auf der Suche nach einer neuen berufspädagogischen Identität

Staat und Wirtschaft beraten Jahr für Jahr, welche Ausbildungskonzepte man praktizieren sollte, um der Lehrstellenknappheit begegnen zu können. Staat und Wirtschaft streiten seit Jahren darum, woher man für diese ausbildungspolitische Maßnahme die finanziellen Mittel nehmen solle. Die Lösung wäre denkbar einfach, aber sie beginnt mit einer zunächst eindeutigen Feststellung. Wenn in der Tat mehr und mehr Arbeitsplätze abgebaut werden (aus welchen Gründen auch immer), dann wird es auf Dauer nicht mehr gelingen, die Betriebe mit Versprechungen und Vergünstigungen für ausbildungspolitische Zusatzmaßnahmen zu gewinnen. Wenn dies gegenwärtig trotz alledem immer wieder gelungen ist, dann mit hohem finanziellen Aufwand des Bundes und der Länder. Die Politik mag hier aus edlen Motiven heraus gehandelt haben, das ändert aber nichts an der Perspektive: Durch den objektiven Abbau von Arbeitsplätzen kommt es unwiderbringlich dazu, daß ein immer größerer Teil der Jugendlichen keine Lehrstelle bzw. keine spätere Arbeitsstelle mehr erhalten wird.

Je schneller und deutlicher also die Bildungspolitik begreift, daß das betriebliche duale System längst nicht mehr eine berufliche Bildungsperspektive für eine größere Anzahl von Jugendlichen wird sein können (wie es für das duale Systems häufig euphorisch behauptet

Bildungstheoretische und historische Betrachtungen

wird), um so deutlicher wird bewußt werden, daß nach alternativen Wegen der Ausbildung der Jugendlichen gesucht werden muß.

Die Betriebsbelegschaft reproduziert sich nach ihren eigenen inneren Bedürfnissen. Betriebe werden selbstverständlich Lehrlinge einstellen, wenn sie solche in den nächsten Jahren brauchen. Oder sie stellen sie lediglich als billige Arbeitskräfte ein. Aber sie werden verständlicherweise kein großes Engagement bei der Berufsausbildung entfalten, wenn es keinen innerbetrieblichen Bedarf an Lehrlingen gibt. Daran können auf Dauer meines Erachtens auch Finanzhilfen nichts ändern, diese verschieben für den größten Teil der Jugendlichen die Arbeitslosigkeit lediglich um drei Jahre. Die Krise der Berufsausbildung liegt nicht primär im Berufsbildungswesen selbst begründet, die Ursachen sind in der Arbeitsmarktpolitik insgesamt zu suchen!

Auch ist hier die Frage zu stellen, ob sich nicht unter der Hand eine Konkurrenz für die Lehrlinge entwickelt hat, die diese mehr und mehr selbst aus dem Feld der Billigarbeitskräfte verdrängt: Die ausländischen Arbeiter, die gegebenenfalls noch billiger, zumindest jedoch effektiver einsetzbar sind. Dies ist nicht nationalistisch zu deuten, denn die Ausländer selbst sind daran ja nicht irgendwie schuld. Sie nutzen ein Lohn- und Währungsgefälle und tun damit etwas, was jeder Deutsche auch tun würde, wenn er in vergleichbarer Lage wäre. Die einzig richtige und längst überfällige Regelung in dieser Frage ist die tariflich festgesetzte Gleichstellung der ausländischen Arbeitskräfte mit ihren deutschen Kollegen. Dies allerdings wirft die Frage auch nach einer Gleichstellung der Lehrlinge auf, insofern sie nämlich dieselben Tätigkeiten verrichten wie vergleichsweise ausgebildete Facharbeiter.

Insgesamt zeigt sich, daß das Konzept der Erstausbildung nicht allein und ausschließlich am dualen System festgemacht werden darf. Erstausbildung und Berufsvorbereitung lassen sich m. E. auch im Rahmen von zwei weiteren Bildungsformen verwirklichen: in den sogenannten Produktionsschulen sowie in spezifisch gestalteten und berufsorientierten Vollzeitschulen.

Auf den ersten Blick erscheint es unmöglich, eine berufliche Erstausbildung allein schulisch zu organisieren. Das Fehlen einer soliden betrieblichen Ausbildung bei allen vollzeitschulischen Formen wird immer auch ein Hauptkritikpunkt bleiben. Dieser Mangel ließe sich jedoch mindern, wenn es gelingt, sinnvolle praktische Ausbildungsphasen, z. B. in Form eines mehrwöchigen Praktikums zu organisieren.

Im öffentlichen Image könnte dann die berufsorientierte Vollzeitschule eine gleichrangige Bedeutung erhalten wie die traditionelle Berufsschule. Allerdings müßte die Berufswerbung anders akzentuiert sein und den vollzeitschulischen Einrichtungen ein höherer Stellenwert beigemessen werden. Was die Marktchancen für Absolventen eines solchen Bildungsgangs betrifft, werden diese um so höher sein, je größer die erreichte Disponibilität ist.

Auch soll hier nicht behauptet werden, fach- und berufliche Vollzeitschulen wären in ihrer heutigen Form ideale Institutionen für eine Erstausbildung. Aber ihr Profil könnte zielgerichtet dahingehend entwickelt werden. Das Konzept des fachpraktischen Unterrichts und das Profil der sogenannten "technischen Lehrer" sind ausbaufähig und könnten ohne Zweifel auch in beruflichen Vollzeitschulen realisiert werden.

Zu prüfen wäre, ob nicht eine berufsbegleitende pädagogisch-psychologische Ausbildung der technischen Lehrer notwendig wird und ob sich die Universitäten bzw. Fachhochschulen dieser Klientel zuwenden sollten. Keinesfalls im Sinn einer Akademisierung des fachpraktischen Unterrichts, aber zumindest aus propädeutischer Absicht heraus, manches an Methode, was unbewußt ohnehin bei den technischen Lehrern vorhanden ist, stärker ins Bewußtsein zu heben. Wenn dies gelingt, dann könnten diese Lehrer auch in den beschriebenen vollzeitschulischen Formen ein fruchtbares Einsatzfeld finden.

Auch das Konzept der Produktionsschule könnte sinnvolle Anregungen geben. Die Idee der Produktionsschule ist ein ursprüngliches reformpädagogisches Konzept, welches allerdings in Deutschland nie recht Fuß gefaßt hat. Immer im Schatten der Berufsschule stehend, blieb die Produktionsschulidee stets eine Art "pädagogische Provinz", die als nicht durchsetzbar galt. Allerdings ist meines Wissens noch nie ernsthaft geprüft worden, ob sie eine effektive Alternative zum dualen System der Berufsausbildung sein könnte.

Was im Rahmen der hier dargestellten Überlegungen zu prüfen ist, ist die Frage, ob die Produktionsschule eine berufliche Erstausbildung marktbezogen realisieren kann. Das bedeutet zuallererst, daß der vermittelte Facharbeiterabschluß von der ensprechend zuständigen Stelle anerkannt werden muß, d. h. der Produktionsschulabschluß durch eine Prüfung vor der Kammer zu bestätigen ist.

Was das inhaltlich Beeindruckende an der Produktionsschule darstellt, ist der höhere Grad an ganzheitlicher Bildung, den sie gegenüber der traditionellen Berufsschule erreicht. Ganz im Sinne von *Paul Oestreich* (1878-1959) - einem der geistigen Väter des Produktionsschulgedankens - wird Lernen und Arbeiten in einer derartigen Schule in enger Verbindung von handwerklichen, kaufmännischen und industriellen Tätigkeiten gestaltet (Biermann 1992, S. 33 ff.). Es gilt die Einheit von Arbeiten und Lernen, Planen und Produzieren usw. Das schwierigste praktische Problem des Produktionsschulkonzepts ist allerdings, daß eine attraktive "Marktlücke" gefunden werden muß, die zudem ausbildungsadäquates Lernen und Arbeiten ermöglicht. Bislang ist dies in Deutschland zumeist nur dort gelungen, wo mit finanzieller Förderung durch öffentliche Mittel die Anfangsschwierigkeiten überwunden wurden, ehe sich die Schule weitgehend aus eigenen Mitteln finanzieren konnte. Allerdings handelte es sich dabei meist um schwer vermittelbare Jugendliche, die Produktionsschule erscheint mithin als eine Art "sonderpädagogisch" begleitete Berufsausbildung. Somit stellt sich die Frage, ob das, was mit solchen Jugendlichen funktioniert, nicht auch mit "normalen" Lehrlingen machbar ist, d. h. die Produktionsschule muß von ihrer rein sonderpädagogischen Rolle befreit werden. Sie könnte eine echte Alternative zur heutigen Berufsschule sein - meines Erachtens wäre sie nicht "teurer" als die traditionelle berufliche Schule. Es ist zu vermuten, daß Erstausbildung ausgewogener, dauerhafter und solider vermittelt werden kann als herkömmlich. Ein "landesweiter" Modellversuch" wäre nötig, um Genaueres sagen zu können.

9 Resümee und Ausblick

Das Konzept der Erstausbildung ist kein etabliertes Modell - die offenen theoretischen und praktischen Probleme sind zu groß, als daß man bereits von einer Etablierung sprechen könnte. Zwar hat sich das *Wort* etabliert, aber daraus darf kein Trugschluß entstehen: Worte etablieren sich schneller als die wirklichen Konzepte. Die Worte schon sind in aller

Bildungstheoretische und historische Betrachtungen

Munde, noch ehe das praktische Konzept überhaupt Fuß gefaßt hat. Deshalb täuschen die Worte über die Wirklichkeit hinweg, weil sie suggerieren, daß schon alles geschafft sei, während die wirkliche Hauptarbeit häufig noch bevorsteht. Erstausbildung als Konzept bedeutet pädagogische Konzentration auf Wesentliches. Derartige Konzentrationsbestrebungen hat es bereits im „Deutschen Ausschuß für technisches Schulwesen" gegeben. So sollte im Unterricht und in der praktischen Ausbildung eine Konzentration auf die drei Fächer Werkstoff-, Werkzeug- und Arbeitskunde erfolgen. Neben der Systematik gewann die Methodik der Ausbildung an Bedeutung. Die Orientierung auf Erstausbildung erbrachte mithin einen qualitativen Fortschritt der pädagogischen Intensität der beruflichen Bildung. Die sogenannte „Frankfurter Methodik" z. B. war Ausdruck dieser Tendenzen. Im Jahre 1942 erschien u. a. das Buch „Die Bedeutung der Frankfurter Methodik für die Neugestaltung des berufskundlichen Unterrichts". In der Zeit des Nationalsozialismus sind somit direkt oder indirekt Modernisierungen der Berufsausbildung verwirklicht worden, die nicht nur aus politischen, sondern vor allem auch aus wirtschaftlich-technischen Entwicklungen resultieren.

Das Wort "Erstausbildung" findet sich explizit meines Wissens erstmals 1964 in dem "Gutachten über das Berufliche Ausbildungs- und Schulwesen", welches der Deutsche Ausschuß für das Erziehungs- und Bildungswesen vorgelegt hatte. Erstausbildung wird dort als komplementärer Begriff zu "Weiterbildung" eingeführt. Eindeutig wird eine "breite Grundausbildung" als Kern der Erstausbildung gefordert (Grüner 1983, S. 144).

Von diesen Überlegungen aus dem Jahre 1964 herrührend, findet der Begriff dann folgerichtig Eingang in den "Strukturplan für das Bildungswesen" des Deutschen Bildungsrates (1970) (Grüner 1983, S. 163 ff.).

Auch die Arbeiten von *Otto Monsheimer* und anderen verdienen in diesem Zusammenhang Beachtung. So formuliert *Monsheimer* im Jahre 1956 das generelle Problem einer modernen Berufsausbildung: „auf der einen Seite das Ideal des im wirtschaftlichen Beruf tüchtigen Menschen, der auch wirtschaftspolitisch gut orientiert und aktionsfähig sei, auf der anderen Seite der Mensch, der auch überwirtschaftlich zu denken vermöge, den Staat als sittliche Aufgabe erfasse und selbst die Sittlichkeit verkörpere, wie sie dem europäischen Freiheitsgeist entspreche." (Monsheimer 1956, S. 229) Der Text stammt - wie bereits erwähnt - aus dem Jahre 1956. Deshalb - so fährt Monsheimer an anderer Stelle fort - müsse das Hauptanliegen der Berufsausbildung im Erwerb einer Grundausbildung gesehen werden, die nicht Perfektion zu einem spezialisierten Lehrberuf, sondern berufsbezogenes Grundwissen, geistige Aufgeschlossenheit, Wendigkeit, Kombinationsfähigkeit erstrebt. (ebd. S. 461)

Folgerichtig verweisen *Abel* und *Groothoff* dann 1959 vor allem auf die Verstärkung des grundlegenden Charakters der Berufsausbildung und schlagen eine „dreijährige universale Grundausbildung aufbauend auf der achtjährigen Volksschule" vor. (Abel/Groothoff 1959, S. 73). So sollten die Fünfzehn- und Sechzehnjährigen zunächst eine allgemeine Werkstattausbildung in verschiedenen Grundlehrgängen (Metall-, Holz-, Maurer- und Elektroarbeiten) ohne Ausrichtung auf eine bestimmte Tätigkeitsrichtung durchlaufen. Ab dem 17. Lebensjahr war dann eine spezielle Grundausbildung in acht verschiedenen Bereichen vorgesehen - jedoch nicht in der Produktion - wie die Autoren explizit betonen, sondern in „Schulungsbetrieben". Erst mit dem 18. Lebensjahr schloß sich dann die Fachausbildung an (ebd. S. 73 ff.). Damit ist dem Konzept der Erstausbildung ein wichtigesMerkmal hinzugefügt: Sie muß in bildungstheoretischer Hinsicht eine „universale Grundbildung" (Abel/Groothoff) vermitteln.

Stellen wir ferner die Entwicklung der Berufsausbildung in den beiden deutschen Staaten nach 1945 gegenüber, so konstatieren wir gravierende unterschiedliche Entwicklungsmerkmale.
Was die Entwicklung der Berufsausbildung in der DDR betrifft, so spannt sich diese u. a. von der "Verordnung über die Ausbildung von Industriearbeitern in den Berufsschulen" (1947) bis zu den "Grundsätzen für die Berufsausbildung" (1968). Das wesentliche Merkmal der DDR-Berufsausbildung war die offensichtlich enge Verbindung von (Betriebs-)Berufsschule und betrieblicher Ausbildung unter staatlicher Kontrolle. Der Staat im Bündnis mit anderen gesellschaftlichen Organisationen (Parteien, Gewerkschaft, Jugendverband) war jene Institution, der die Wirtschaft einer strikten Kontrolle unterwarf. Teil des staatlichen Einflusses war dabei auch die Durchsetzung moderner Ausbildungsmethoden in den Betrieben. Im Rahmen dieses Staats- und Wirtschaftsmodells erscheinen deshalb Innovationsprozesse als relativ zügig durchsetzbar.

Da das DDR-Modell Subsidiarität nicht kannte, konnten zentrale Verordnungen und Gesetze zur Berufsbildung relativ schnell und effektiv umgesetzt werden. Allerdings hat es in der DDR nie ein analoges Gesetz zum "Berufsbildungsgesetz" der Bundesrepublik gegeben. Diese Gesetzeslücke war unübersehbar. Über die Ursachen dafür sind unterschiedliche Vermutungen denkbar. Bildungskonzepte in der DDR waren stets sehr stark von den Richtlinien des Ministeriums für Volksbildung geprägt, auch in jenen Bereichen, wie z. B. der Berufsbildung, die eigentlich nicht zur Hoheit des Volksbildungsministeriums gehörten. Auch dieser Umstand hat möglicherweise ein Gesetzgebungsverfahren für die Berufsausbildung verhindert.

Da es seit 1989 keine solide Evaluierung des Systems der DDR-Berufsausbildung gegeben hat, ist eine endgültige Bewertung schwierig. Die landläufigen Meinungen bewegen sich zumeist zwischen unzeitgemäßer Nostalgie und Diffamierung oder Ignoranz - letzteres häufig in Unkenntnis der wirklichen Zusammenhänge in der DDR. Immer mehr allerdings zeigt sich, daß man der sozialen Wirklichkeit in der DDR mit den üblichen politologischen Klischees auf Dauer nicht beikommt.

Ein Minimum an historischem Bewußtsein sollte lehren, daß manches aus der Geschichte der Berufserziehung in Deutschland für die Gegenwart zu lernen wäre. Die Gegenwart allerdings erscheint leider häufig als ein bloßes "Zustopfen von Löchern", selten als ein kontinuierliches institutions- und fraktionsübergreifende Umsetzen perspektivisch vernünftiger Ausbildungskonzepte.
Dennoch gilt in Geschichte, Gegenwart und Zukunft eine ebenso triviale wie universale Tatsache: Bildung hat ein Erstes, aber eben kein Letztes. Aber beginnen muß man immer mit dem Ersten - so auch in der Pädagogik.

Bildungstheoretische und historische Betrachtungen 73
Literatur

ABEL, H./GROOTHOFF, H. H.: Die Berufsschule. Gestalt und Reform. Darmstadt 1959

AVENI, A.: Rhythmen des Lebens. Eine Kulturgeschichte der Zeit. Stuttgart 1991, S. 407 ff.

BIERMANN, H. u. a. (Hrsg.): Produktionsschulprinzip im internationalen Vergleich. Alsbach 1992, S.33 ff.

COMENIUS, J. A.: Die Große Didaktik. Berlin 1961

ELIAS, N.: Über die Zeit. Frankfurt/a.M. 1990

GEIßLER, K. A.: Zeit leben. Vom Hasten und Rasten. Arbeiten und Lernen. Leben und Sterben. Weinheim 1992

GOETHE, J. W. v.: Wilhelm Meisters Wanderjahre. Stuttgart 1982

GRÜNER, G. (Hrsg.): Quellen und Dokumente zur schulischen Berufsbildung (1945-1982). Köln/Wien 1983

MÖSER, J.: Patriotische Phantasien. Leipzig 1986

MONSHEIMER, O.: Drei Generationen Berufsschularbeit. Weinheim 1956

OESTREICH, P.: Entschiedene Schulreform. Schriften eines politischen Pädagogen. Berlin 1978

ROUSSEAU, J. J.: Emile. Paderborn 1989

WENDORFF, R.: Zeit und Kultur. Geschichte des Zeitbewußtseins in Europa. Opladen 1985, S. 523 ff.

Peter Kuklinski/Frank Wehrmeister

Der Stellenwert der berufsbildenden Schulen in der Berufsausbildung

1 Vorbemerkungen

Mit den berufsbildenden Schulen wird eine Brücke von der Schule zur Wirtschaft geschlagen. Die Frage nach ihrem Stellen*wert* erfordert die Definition geeigneter Bezugssysteme, gegenüber denen der Wert bestimmt werden soll.
Solche Bezugssysteme sind das *Berufsausbildungssystem* und das *öffentliche Schulwesen*. Der Stellenwert der berufsbildenden Schulen ergibt sich primär aus ihrer rechtlichen Stellung. Während das Berufsausbildungssystem durch das Berufsbildungsrecht geregelt wird, ist das öffentliche Schulwesen eine Angelegenheit der Länder und deren Schulgesetzgebung.
Ein weiteres Bezugssystem, das zur Bestimmung des Stellenwertes von berufsbildenden Schulen herangezogen werden kann, wird über Bildungsweg und berufliche Karriere mit dem *individuellen Lebenslauf* konstituiert. Hier ist der Bedeutungswandel der beruflichen Erstausbildung zu thematisieren, der durch die erwartete Verschiebung des Schwerpunktes von der Ausbildung zur Fort- und Weiterbildung bedingt ist und der weitreichende Folgen für die berufsbildenden Schulen hat.

2 Berufsbildende Schulen und Berufsausbildungssystem

2.1 Berufsschule und duale Ausbildung

Für das Berufsausbildungssystem der Bundesrepublik Deutschland ist eine differenzierende Betrachtung der Berufsausbildung notwendig: Handelt es sich um eine berufliche Erstausbildung im dualen System, dann besitzt die berufsbildende Schule grundsätzlich einen anderen Stellenwert als bei einer vollzeitschulischen Erstausbildung. Beide Ausbildungsformen sind auch für den gewerblich-technischen Bereich relevant.
Als Teil der dualen Berufsausbildung wird die Berufsschule durch Landesrecht umfassend staatlich geregelt und finanziert, während der betriebliche Teil durch Bundesrecht normiert und von der Wirtschaft finanziert wird. Mit dem Abschluß eines Ausbildungsvertrages treten die Jugendlichen in das Berufsausbildungssystem ein. Dadurch wird gewährleistet, daß ihre fachtheoretische und fachpraktische Ausbildung nicht unmittelbar den Einflüssen des Arbeitsmarktes unterworfen ist.
Bei der Ausbildung in Vollzeitschulen erfolgt die Berufsausbildung dagegen weitgehend abgekoppelt von der Wirtschaft und vom Arbeitsmarkt. Damit erhalten beide Schularten auch einen unterschiedlichen Stellenwert im Berufsausbildungssystem.
In § 8 des sächsischen Schulgesetzes vom 3. Juli 1991 heißt es zur Aufgabe der Berufsschule:

"Die Berufsschule hat die Aufgabe, im Rahmen der Berufsausbildung oder Berufsausübung vor allem fachtheoretische Kenntnisse zu vermitteln und die allgemeine Bildung zu vertiefen und zu erweitern. Sie ist hierbei gleichberechtigter Partner der betrieblichen Ausbildung und führt gemeinsam mit Berufsausbildung oder Berufsausübung zu berufsqualifizierenden Abschlüssen."

Die aktuelle Kritik an der Berufsschule durch die Wirtschaft unterstellt, daß sie diesem Bildungsauftrag nur unzureichend gerecht wird. Die Kritik bezieht sich u. a. auf folgende Punkte:

- Ziele und Inhalte der Lehrpläne würden unzureichend mit den Ausbildungsordnungen abgestimmt, insbesondere erfolge eine nicht ausreichende Abstimmung von theoretischem Unterricht und praktischer Ausbildung,

- den Lehrkräften fehle eine den Anforderungen der Berufsausbildung entsprechende Qualifikation und der nötige Einblick in die betriebliche Praxis,

- das Wohnortprinzip des Schulbesuches behindere die Ausbildung; Standorte der Fachklassen an den Beruflichen Schulzentren berücksichtigten zudem kaum die regionale Wirtschaftsstruktur,

- die Zahl von 13 Wochenstunden Berufsschulunterricht erweise sich als zu hoch, insbesondere wenn die Schüler noch zwei Tage pro Woche die Schule besuchten,

- Gebäudesubstanz und sachliche Ausstattungen der beruflichen Schulzentren seien unzureichend oder veraltet.

Diese Detailkritik ist stark auf wirtschaftliche Interessenlagen bezogen. Auf alle ihre Punkte ist hier nicht einzugehen. Einer Diskussion um die Zahl der Wochenstunden können wir mit dem Argument begegnen, daß an einigen Berufsschulen des Freistaates Sachsen bereits in den zwanziger Jahren bis zu 12 Wochenstunden unterrichtet wurden: In dieser Frage ist die Berufsschule bis heute ganz sicher keinen Schritt zu weit gegangen.

Die gegenwärtige Kritik wird in besonderem Maße durch fehlende Ausbildungsstellen verschärft. Die Berufsschule erfüllt ihren eigentlichen Sinn erst, wenn die Schüler in einem Ausbildungsverhältnis stehen. Legitimationsprobleme der Berufsschule resultieren auch aus dieser Problemlage. Nirgendwo ist freilich festgelegt, daß die Berufsschule ausschließlich für den fachtheoretischen Teil der Ausbildung zuständig ist. Darin ist eine Chance zu sehen, den Wert der berufsbildenden Schulen zu erhöhen, insbesondere in bezug auf das gesamte Schulwesen. Denn die Berufsschulpflicht wird nicht über das Ausbildungsverhältnis begründet, sondern besteht auch für diejenigen Jugendlichen, die auf keine Ausbildungsstelle vermittelt werden können oder bei denen keine Bedingungen für das Ruhen der Berufsschulpflicht vorliegen. Von daher ist das "Wohnortprinzip" für den Schulbesuch vom Grundsatz her konsequent. Darauf müssen sich die Betriebe einstellen. Eine Anpassung an die Interessenlagen der Betriebe erfolgt insofern, als der Besuch der Berufsschule am Ausbildungsort durch die obere Schulaufsichtsbehörde genehmigt werden kann.

Vor diesem Hintergrund kann und darf die Aufgabe der Berufsschule nicht allein darin bestehen, den Betrieben bei der Erfüllung ihrer Ausbildungsaufgaben in die Hände zu arbeiten, auch wenn ihr dadurch deren Anerkennung sicher scheint. Daß die Schule auf diesem Wege zum gleichberechtigten Partner der Betriebe wird, ist zudem fraglich. Das Berufsbildungsrecht veranlaßt die Arbeitgeber lediglich, Auszubildende für die Zeit des Berufsschulbesuches freizustellen, vorausgesetzt, die Schüler sind überhaupt noch berufsschulpflichtig, - eine Regelung, welche die Berufsschule schon per Gesetz in eine Lage rückt, die sie eher als nicht gleichberechtigten Partner in der dualen Berufsausbildung erscheinen läßt. Eine auf die Lernortdiskussion reduzierte Betrachtung um das duale Berufsausbildungssystem geht daher am Kern der Problematik vorbei.

Das Schulgesetz formuliert den Bildungsauftrag der Berufsschule allgemein. Dieser Auftrag ist nicht auf die Vermittlung von Fachkenntnissen zu reduzieren! Geschieht dieses dennoch, sind Zweifel angebracht, ob die Berufsschule in ihrer traditionellen Form noch Sinn macht. Gerade größere Unternehmen sind ohne weiteres in der Lage, bestimmte Ausbildungsabschnitte schulisch zu organisieren und würden bei ausreichender staatlicher Förderung früher oder später lieber ganz auf die öffentliche Schule verzichten. Demgegenüber sind kleinere Betriebe schon bei der praktischen Ausbildung auf Hilfestellungen angewiesen, um das Ausbildungsziel zu sichern. Deshalb gibt es von der öffentlichen Hand großzügig geförderte Überbetriebliche Berufsbildungsstätten, die oft als "dritter Lernort" des dualen Berufsausbildungssystems im Gespräch sind. Diese wären ebenfalls in der Lage, Teile der fachtheoretischen Ausbildung zu übernehmen.

Praktisch gesehen können auch andere Lernorte berufsschulische Aufgaben wahrnehmen. Aufgrund der vom Gesetzgeber vorgegebenen Rahmenbedingungen kann die Berufsschule aber nicht von der dualen Ausbildung ausgeschlossen werden. Der Streit um den geeigneten Lernort löst die Probleme also nicht, er fängt die Problemlage nicht einmal hinreichend ein: Nicht schulischer und betrieblicher oder überbetrieblicher Lernort bilden die "Eckpfeiler" des dualen Berufsausbildungssystems, sondern Ausbildungsmarkt und Berufsbildungsrecht. Der *eine* Lernort Berufsschule konstituiert aber nach wie vor wichtige Bedingungen des dualen Systems.

Im übrigen ist es für alle Bemühungen um Akzeptanz des öffentlichen Schulwesens in höchstem Maße bedenklich, daß im Zusammenhang mit Ausführungen über die duale Berufsausbildung und die Berufsschule heute des öfteren Negativdarstellungen verbunden sind. So wird von einer Krise der dualen Berufsausbildung gesprochen oder sogar über deren Erosion und Niedergang, über die duale Berufsausbildung in der Sackgasse, über die duale Berufsausbildung als Auslaufmodell sowie über ihre angeblich mangelnde Attraktivität, über Strukturdefizite, vorhandenen Reformbedarf und über fehlende Modernisierungsbereitschaft.

Diese Kritik mag in einigen Fällen berechtigt sein. Der vielfach festgestellte Mangel an Bereitschaft der Betriebe, Ausbildungsplätze zur Verfügung zu stellen, wird dabei als das deutlichste Krisensymptom gewertet. Es stimmt nachdenklich, daß es Vertretern der Wissenschaft, aber selbst der Berufsbildungspolitik offenbar so leicht fällt, über den Teil der Berufsausbildung, durch den nach wie vor der größere Teil der Jugendlichen ihre berufliche Qualifikation erhält, eine derartige Einschätzung abzugeben.

Wir stellen diesen Einschätzungen bewußt und grundsätzlich unsere Auffassung entgegen, daß sich die duale Berufsausbildung bewährt hat. Dieses ist eine Position, die übrigens selbst von Kritikern der dualen Berufsausbildung geteilt wird, sofern sich ihre Einwände nicht gegen das System an sich richten. Grundlegende strukturelle Veränderungen des dualen Berufsausbildungssystems der Berufsausbildung sind in naher Zukunft nicht zu erwarten, und eine Alternative ist in Deutschland bislang nicht in Sicht. Andere Formen der Berufsausbildung waren systembedingt wie in der DDR, oder sie ergänzen heute wie im Falle der Vollzeitschulen das bestehende System in sinnvoller Weise. Alternativen zum dualen Berufsausbildungssystem sind darin kaum zu sehen: Eine Ausdehnung des staatlichen Einflusses oder gar die vollständige Übernahme der Berufsausbildung durch den Staat ist schon aus Kostengründen abzulehnen.

Für nicht erstrebenswert halten wir aber auch den vollständigen Rückzug auf ein reines Marktmodell der Berufsausbildung, das sich nur an der jeweils aktuellen Nachfrage orientiert, die aus finanziellen Gründen nicht den realen Bedarf widerspiegelt. Dadurch würden wichtige Prinzipien der Bildungspolitik, z. B. die Wahrung der Chancengleichheit, zutiefst verletzt.

Die Schulpolitik ist nicht in der Lage, die Praxis der Vergabe von Ausbildungsstellen zu beeinflussen. Sie muß aber dafür Sorge tragen, daß die traditionelle Klientel der Pflicht-Berufsschule nicht zu ihrem Problemfall wird, weil sie ohne Abschluß in eine Bildungs-"Sackgasse" gerät. Es gilt, einer Sinnentleerung des Berufsschulbesuches entgegenzuwirken, vor allem im Berufsvorbereitungsjahr.

Inwieweit - durch den europäischen Einigungsprozeß bedingt - in den nächsten Jahren Veränderungen auf dem Gebiet der Berufsausbildung notwendig werden, ist noch nicht in vollem Umfang absehbar. Fest steht, daß in der dualen Berufsausbildung, nicht zuletzt auch durch das Zusammenwirken von Wirtschaft, Land und Schulträgern, soviel Innovationspotential und Gestaltungswille vorhanden sind, daß dieses System auch zukünftigen und veränderten Anforderungen entsprechen kann und gegenwärtige Kritikpunkte abgebaut werden können.

Fest steht ebenfalls, keine andere Form der Berufsausbildung in Deutschland ist so strukturiert, daß sie aus sich heraus - gewissermaßen systembedingt - eine enge Koppelung schulischer Ausbildung und betrieblicher Realität herstellen könnte. Dieses setzt freilich voraus, daß alle Beteiligten diesen Prozeß aktiv gestalten.

Es sind zwei weitere wesentliche Vorteile der dualen Berufsausbildung herauszustellen, die allerdings unter den derzeitigen Bedingungen nicht immer als solche erkennbar sind.

Zum einen bietet die duale Berufsausbildung eine breite Palette sehr unterschiedlicher Berufe an, aus der die Jugendlichen nach Neigung und Fähigkeit auswählen können sollten. Zum anderen sichert die duale Berufsausbildung unmittelbar den Fachkräftenachwuchs eines Unternehmens. Damit sind die Voraussetzungen für das Überwinden der sogenannten "Zweiten Schwelle" - also der Übernahme aus einem Ausbildungsverhältnis in das nachfolgende Arbeitsverhältnis - wesentlich günstiger, als z. B. bei der Berufsausbildung in außerbetrieblichen Einrichtungen. Daß die Übernahme aus dem Ausbildungsverhältnis in ein Arbeitsverhältnis aus verschiedenen Gründen nicht immer realisiert werden kann, ändert nichts an diesem Befund.

Die duale Berufsausbildung ist somit im Vergleich zu allen anderen Formen der Berufsausbildung am ehesten in der Lage, jungen Erwachsenen den Übergang aus ihrer durch Schule und Elternhaus geprägten Lebenswelt in die Welt der Arbeit in geeigneter Weise zu erleichtern. Die Auszubildenden durchlaufen in dieser Zeit noch einen individuellen Reifungsprozeß, bei dem sie einerseits bereits frühzeitig mit den realen betrieblichen Abläufen vertraut werden, und andererseits durch fachlich und pädagogisch befähigte Lehrkräfte ihre weitere allgemeine und berufsbezogene Ausbildung erhalten.

2.2 Berufsbildende Vollzeitschulen

Die sächsischen Berufsfachschulen bieten berufliche Erstausbildung in vollzeitschulischer Form an. Die Ausbildung erfolgt in medizinischen und sozialpflegerischen, kaufmännischen, hauswirtschaftlichen sowie gewerblich-technischen Berufen. Die Schulart 'Berufsfachschule' deckt damit die Berufsausbildung in Bereichen ab, in denen keine duale Berufsausbildung erfolgt, sie wirkt aber auch in Bereiche hinein, in denen die Berufsausbildung dual durchgeführt wird, wie auf kaufmännischem und gewerblich-technischem Gebiet. Die Einrichtung von Bildungsgängen an einer Berufsfachschule, die zu einem Abschluß in einem anerkannten Ausbildungsberuf führen (z. B. Uhrmacher), stellt eine Ausnahme dar, die dem Mangel an Ausbildungsplätzen geschuldet ist.

Stellenwert berufsbildender Schulen

Derzeit lernen etwa 12 % der Schüler berufsbildender Schulen an einer Berufsfachschule, darunter wiederum allein 40 % an einer Berufsfachschule für medizinische Berufe. Der Stellenwert der Schulart Berufsfachschule läßt sich u. a. daraus ableiten, daß 1995 an den sächsischen Berufsfachschulen insgesamt über 4.000 Plätze angeboten wurden. In einer Zeit knapper Ausbildungsstellen wird damit ein Beitrag zur Entlastung des Ausbildungsstellenmarktes geleistet. Zu beachten ist in diesem Zusammenhang, daß eine Aufnahme in die Berufsfachschulen für Technik, die in Assistentenberufen ausbilden, den Realschulabschluß voraussetzt.

Neben den öffentlichen Berufsfachschulen bilden auch Berufsfachschulen in freier Trägerschaft aus. Von daher ist die Aussage, es handele sich hier um allein vom Staat getragene Bildungsgänge, zu relativieren. Wir sehen hierin ein Indiz für die Möglichkeit, auch die Berufsfachschule hinsichtlich der Abschlüsse ihrer Absolventen auf Dauer marktfähig zu gestalten.

Für die zweijährigen Berufsfachschulen für Technik, die z. T. in Konkurrenz zur dualen Berufsausbildung stehen, ist gegenwärtig noch eine unzureichende Akzeptanz in der Wirtschaft zu verzeichnen. Zum einen werden in den "klassischen" gewerblich-technischen Bereichen 'Elektrotechnik' oder 'Metalltechnik' an den sächsischen Berufsfachschulen keine Bildungsgänge angeboten, zum anderen werden bestehende Angebote nicht ausgelastet. Überwiegend gefragt sind die Bereiche Umweltschutz und Informatik, in denen auch die ersten Berufsfachschulen in freier Trägerschaft genehmigt werden konnten.

Die Berufsfachschulen für Technik im Freistaat Sachsen befinden sich noch in der Phase ihrer Konsolidierung. Die Aufgabe der nächsten Jahre wird darin bestehen, das vorhandene Angebot zu überprüfen und geeignete Standorte für Bildungsgänge zu finden, die auch längerfristig die duale Berufsausbildung sinnvoll ergänzen. Zu größerer Akzeptanz der Berufsfachschule könnten in enger Kooperation mit der Wirtschaft durchgeführte Praktika führen. Aber auch die Möglichkeit des Erwerbs der Fachhochschulreife kann dazu beitragen. Zudem bietet dieser Zusatzbaustein den Absolventen der Berufsfachschulen, die nicht vermittelt werden, die Möglichkeit, durch den Erwerb weiterer Qualifikationen ihre Karrierechancen zu wahren.

3 Berufsbildende Schulen und individueller Lebenslauf

Ein bedeutender Teil des strukturellen Problems berufsbildender Schulen resultiert aus der Berufsschulpflicht. Historisch gesehen ist die Schulpflicht vordergründig integrationspolitisch motiviert: Der Staat versucht, erzieherisch auf die arbeitende Jugend einzuwirken. In diesem Kontext war schulische Berufsbildung lange nur ein Mittel der staatsbürgerlichen Erziehung der Unterschichten. Der Qualifikationsgedanke trat dahinter zurück.

Am Erziehungsauftrag der berufsbildenden Schulen hat sich prinzipiell nichts geändert, die Rahmenbedingungen aber haben sich verändert, sowohl die Klientel der Berufsschule als auch ihr bildungspolitisches Umfeld. Ein großer Teil der Berufsschulpflichtigen ist heute bereits in einem Lebensalter, das die Schüler der obligatorischen Fortbildungs- und späteren Berufsschule erst mit dem Ende ihrer dreijährigen Schulpflicht erreichen. Zudem wird heute die Gleichwertigkeit der berufsqualifizierenden und des studienqualifizierenden Bildungsweges angestrebt. Der darüber in der interessierten Öffentlichkeit geführte Meinungsaustausch ist reich an Polemik und nicht sinnvoll zu führen, ohne sich vorab seiner historischen Rahmenbedingungen zu versichern.

Wir vertreten die Position, daß die Gleichwertigkeit des berufsqualifizierenden und des studienqualifizierenden Bildungsweges befördert werden muß. Es geht dabei um die Beseitigung einer bestehenden sozialen Ungleichheit, die politisch motiviert war: Mit Hilfe der durch die Pädagogik beschriebenen Differenz zwischen allgemeiner und beruflicher Bildung wurde ein Schulsystem legitimiert, in dem die Berufsschule keinerlei Berechtigungen zu vergeben hatte. Selbst der Besuch einer höheren Gewerbeschule war in Sachsen in der Regel noch vom erfolgreichen Abschluß einer Berufsausbildung abhängig. Das Zeugnis der Berufsschule allein besaß und besitzt bis in die heutige Zeit kaum Relevanz.

Wir sind heute also mit einer historisch gewachsenen Gegenwärtigkeit konfrontiert, die allzuoft nicht umfassend genug diskutiert wird. Zumeist wird bei einer Gleichwertigkeitsdebatte stillschweigend unterstellt, daß die berufliche Bildung als solche aufgewertet werden müsse. Es geht aber eben nicht darum, die Inhalte der nichtakademischen beruflichen Erstausbildung mit Inhalten der gymnasialen Bildung aufzuwiegen. In Wirklichkeit geht es darum, ein historisch überliefertes Schulsystem, das soziale Ungleichheiten in der Gesellschaft legitimierte, zu reformieren.

Heute wollen wir vor allem eine Gleichwertigkeit der Bildungswege. Die Grundsatzpositionen der Kultusminister der Länder zur Gleichwertigkeit sind in der Erklärung "Zu Fragen der Gleichwertigkeit von allgemeiner und beruflicher Bildung" (Beschluß der KMK vom 1./2. Dez. 1994) dargestellt. Gleichzeitig wurde eine Verständigung über weiterführende Schritte erreicht. Die Kultusministerkonferenz strebt Vereinbarungen an, in denen festgelegt wird, welche Abschlüsse allgemeiner und beruflicher Bildungswege wechselseitig zu einer Anerkennung im Sinne weitergehender Berechtigungen herangezogen werden (können). Dabei wird übrigens nicht nur über die Hochschulzugangsberechtigung, sondern auch über Möglichkeiten des Erwerbs des Mittleren Schulabschlusses in Verbindung mit dem Abschluß einer beruflichen Erstausbildung befunden.

Diese Regelungen sind auch deshalb sinnvoll, weil die nichtakademische berufliche Erstausbildung heute für die Mehrzahl der jungen Leute in erster Linie eine Durchgangsstation des individuellen Bildungsweges und der beruflichen Karriere ist. Wir können konstatieren, daß damit auch die Berufsschule und die Berufsfachschule einen anderen Stellenwert im Lebenszusammenhang erhalten. Berufsausbildung und Besuch der Berufsschule respektive der Berufsfachschule stehen nicht mehr am Ende des Bildungsweges einer bestimmten sozialen Gruppe, sondern sollen die für das lebenslange Lernen notwendigen Persönlichkeitsmerkmale derjenigen Jugendlichen formen, die sich frei für den Bildungsweg durch berufsbildende Schulen entscheiden. Daß bei einer solchen Entscheidung nach wie vor soziale Gründe eine entscheidende Rolle spielen, ist unstrittig.

Die Folgen des Bedeutungswandels der beruflichen Erstausbildung für die didaktische Konzeption der berufsbildenden Schulen sollen hier nicht vertieft erörtert werden. Es ist in der heutigen Zeit nahezu unmöglich geworden, in der Berufsschule den immer wieder geforderten engen Bezug zur Berufstätigkeit herzustellen, zumal das für den Ausbildungsberuf notwendige Wissen und Können ohnehin immer nur eine Verallgemeinerung der konkreten Tätigkeit darstellt. Die Berufsschule kann also mehr oder weniger nur den Bezug zum Ausbildungsberuf herstellen, nicht aber zur Berufswirklichkeit, und leistet damit ihren Beitrag zur Entwicklung der beruflichen Handlungskompetenz. Sollte es allerdings mit Hilfe des mehr auf enzyklopädisches Wissen orientierten PAL-Prüfungssystems gelingen, die Berufswirklichkeit der Jugendlichen einzufangen, wären Konsequenzen für die Arbeit der Berufsschule nicht auszuschließen.

Effizientere Neuordnungsverfahren für Ausbildungsberufe sind zwar anzustreben, doch konstituiert der Ausbildungsberuf allein nicht das neue didaktische Konzept der Berufsschule oder der Berufsfachschule. Kein noch so differenziertes und modernisiertes System von Ausbildungsberufen kann die Berufswirklichkeit in ihren facettenreichen Anforderungsprofilen annähernd befriedigend einfangen. Die kurzfristige Schaffung neuer Ausbildungsberufe und die beschleunigte Überarbeitung der Ordnungsmittel vorhandener Berufe, um aktuellen Trends und Entwicklungen zu genügen, erweist sich als schwierig und würde die Ausbildungsordnungen einem permanenten Anpassungsdruck aussetzen. Der Schule wäre damit nicht geholfen.

Doch die Tendenz ist eher gegenläufig und die Zahl der Ausbildungsberufe im gewerblich-technischen Bereich wird weiter zugunsten weniger grundlegender Berufe verringert werden, bei denen Qualifikationen im Mittelpunkt stehen, die das selbständige Lernen befördern. Mit einer Verstärkung des Fortbildungsbereiches ist in den kommenden Jahren zu rechnen. Hier rückt u. a. die Fachschule in das Blickfeld des Interesses der Schulpolitik.

4 Berufsbildende Schulen und öffentliches Schulwesen

4.1 Berufsbildende Schulen als Oberstufe der Mittelschulen

Im Angesicht der Tatsache, daß alle Bundesländer in ihrem Schulwesen eigene Akzente setzen, gestaltet sich jede verallgemeinernde Betrachtung, zumal für Vertreter der obersten Schulaufsichtsbehörde *eines* Landes, schwierig und gerät in Gefahr, die anstehenden Probleme nicht konkret zu benennen. Wir diskutieren unsere Aussage zum Stellenwert der berufsbildenden Schulen im öffentlichen Schulwesen daher am Beispiel des Freistaates Sachsen. Im Freistaat Sachsen kann der Stellenwert der berufsbildenden Schulen für das öffentliche Schulwesen nur in Verbindung mit der Mittelschule sinnvoll beschrieben und bewertet werden. Die Mittelschule ist das Kernstück der sächsischen Schulpolitik. Nach dem erfolgreichen Aufbau des sächsischen Schulsystems wird keine politische Diskussion mehr über die Struktur dieser Schulart geführt. Aufgabe ist es vielmehr, die Mittelschule auszugestalten und mögliche Defizite zu beseitigen.

Ein Schwerpunkt liegt gegenwärtig bei der Gestaltung von Übergängen aus der Mittelschule in das Berufsleben. Dies ist nicht zuletzt den Schwierigkeiten geschuldet, die sich bei der Suche nach Ausbildungsstellen für Absolventen der Mittelschule mit Hauptschulabschluß ergeben. Der Diskurs um das Für und Wider der Mittelschule wurde in der Vergangenheit zu sehr in nur eine Richtung gedrängt: Angesichts von Hindernissen, ihre Absolventen in eine duale Berufsausbildung zu vermitteln, wurde unterstellt, sie wirke ausgrenzend gegenüber dem gymnasialen Bildungsweg, zumal bei einem Anwachsen der Zahl von Abiturienten, die eine berufliche Erstausbildung absolvieren und erst danach ein Studium aufnehmen wollen.

Die Mittelschule wird nunmehr in der sächsischen Öffentlichkeit weitgehend akzeptiert; die sächsischen Eltern sind sich inzwischen bewußt, daß der Weg über die Mittelschule ihren Kindern grundsätzlich *alle* Möglichkeiten für den weiteren Bildungsweg offenläßt. Sie setzt entsprechend ihrer Schülerklientel vor allem auf die nachfolgende Berufsausbildung, aber nicht nur auf diese. Die Absolventen der Mittelschule können

- in eine nichtakademische berufliche Erstausbildung gehen,
- nach beruflicher Erstausbildung, beruflicher Tätigkeit und beruflicher Aufstiegsfortbildung an einer Fachschule Aufgaben im mittleren Funktionsbereich übernehmen sowie

- nach dem Besuch der Fachoberschule oder des Beruflichen Gymnasiums ein Studium an einer Hochschule aufnehmen.

Die Mittelschule in Verbindung mit dem berufsbildenden Schulwesen ist und bleibt damit für den größten Teil der Jugendlichen der Hauptweg in die Berufswelt. Zur Berufsorientierung dienen u. a. Profilunterricht in der Mittelschule, Betriebspraktika, Kooperationsbeziehungen zwischen den Mittelschulen und den Beruflichen Schulzentren sowie die Aktivitäten von bereits 18 sächsischen Arbeitskreisen Schule - Wirtschaft. Um weitere Inhalte und Formen der Berufsorientierung zu erproben, wird der Modellversuch "Berufsorientierender Unterricht an Mittelschulen im Freistaat Sachsen" durchgeführt.

Aus Sicht der Mittelschule ist die Berufsschule die Hauptsäule des berufsbildenden Schulwesens. Bildhaft wäre die Stellung der berufsbildenden Schulen im sächsischen Schulsystem als "Oberstufe der Mittelschule" zu beschreiben: Sie sind Teil eines durchlässigen Schulsystems, in dem kein Abschluß ohne Anschluß bleibt. Ihr besonderer Stellenwert im öffentlichen Schulwesen ergibt sich aus der Tatsache, daß sich an die neunjährige Schulpflicht noch die Pflicht zum Besuch der Berufsschule anschließt. Dabei bildet der dreijährige Besuch der Berufsschule in Verbindung mit einer betrieblichen Ausbildung den Regelfall, es sei denn, die Berufsschulpflicht ruht oder wird anderweitig erfüllt, z. B. durch den Besuch einer Vollzeitschule.

Derzeit besuchen über 70 % der Schüler die Berufsschule, davon nur ca. 1 % ohne Ausbildungsvertrag. Der hohe Anteil Auszubildener wurde allerdings nur möglich durch die Berufsausbildung in außerbetrieblichen Einrichtungen. Es ist davon auszugehen, daß sich dieser Anteil zugunsten der Vollzeitschulen verändern wird. Langfristig wird der Anteil der beruflichen Erstausbildung in der dualen Form bei 60 % liegen.

Diese Annahme ist allerdings unsicher. Die Veränderungen werden wesentlich durch die Entwicklung der dualen Berufsausbildung bestimmt. Einfluß darauf haben u. a. die Entwicklung des Dienstleistungs- und industriellen Bereiches, die Entwicklung der Berufsausbildung in Bereichen, die bisher nicht dual geregelt werden, z. B. im Sozialwesen und Pflegebereich sowie im Bereich der Informations- und Kommunikationstechnologien.

4.2 Berufsbildende Schulen in Sachsen - ein Ausblick

Mit der Einrichtung Beruflicher Schulzentren ist die Grundstruktur des berufsbildenden Schulwesens im Freistaat Sachsen fixiert.
Sie vereinen in der Regel mehrere Schularten und ermöglichen die Konzentration auf Bildungsgänge nach Berufen und Fachbereichen. Auf diese Weise führen Berufliche Schulzentren nichtakademische Erstausbildung, Fortbildung und studienqualifizierende Bildungsgänge zusammen und ermöglichen, flexibel auf veränderte Anforderungen hinsichtlich der Ausbildung in verschiedenen Schularten und Bildungsgängen zu reagieren.

Die Gesamtzahl der Schüler an berufsbildenden Schulen im Freistaat Sachsen beträgt im Schuljahr 1995/96 etwa 142.000, im Schuljahr 2005/06 wird die Schülerzahl nach derzeitigen Hochrechnungen etwa 140.000 betragen. Es ist allerdings zu berücksichtigen, daß in diesem Zeitraum ein "Schülerberg" überschritten werden muß. Die Spitze des Schülerberges wird mit 156.000 Schülern im Schuljahr 1997/98 erreicht.

Bis zum Jahre 2005 bestehen damit in den Beruflichen Schulzentren des Freistaates Sachsen annähernd gleiche Rahmenbedingungen hinsichtlich der Schülerzahl und der

Stellenwert berufsbildender Schulen 83

Verteilung der Schüler auf einzelne berufsbildende Schularten. Die dramatische Verringerung der Gesamtschülerzahl setzt nach dem Jahre 2005 ein. Im Jahre 2010 werden nur noch etwa 83.000 Schüler an den berufsbildenden Schulen erwartet.

Aus schulnetzplanerischer Sicht ist bedeutsam, daß mit den Beruflichen Schulzentren die Möglichkeit des flächendeckenden Angebotes von Schularten erhalten bleibt, die nur geringe Schülerzahlen aufweisen und nicht als eigenständige Schulen geführt werden können. Das betrifft gegenwärtig noch die Fachschulen sowie Fachoberschulen und Beruflichen Gymnasien.

Im Schulnetz der berufsbildenden Schulen wird es in den kommenden Jahren in Teilbereichen eine Präzisierung geben müssen. Es ist notwendig, Klarheit über die mittelfristige Aufgabenmodifizierung und -erweiterung in den Beruflichen Schulzentren zu schaffen. Es sind insbesondere folgende Möglichkeiten für die weitere Gestaltung der schulischen Infrastruktur zu prüfen:

- Aufnahme neuer Bildungsgänge,
- innere Differenzierung der Berufsbildung für Begabte und Benachteiligte,
- integrative Beschulung Lernbeeinträchtigter,
- Ergänzung der Erstausbildung durch Förderangebote und attraktive Zusatzqualifikationen,
- Erweiterung der Fortbildungsangebote, einschließlich der Meisterausbildung,
- Erweiterung der studienqualifizierenden Angebote,
- Möglichkeiten der Technologieförderung durch moderne sachliche Ausstattungen und hochqualifizierte Lehrkräfte,
- regionale und kommunale Vernetzung der Beruflichen Schulzentren mit überbetrieblichen Berufsbildungsstätten sowie
- Aufbau von Kooperationsbeziehungen insbesondere zu den Berufsakademien und Fachhochschulen.

Leitlinie der Schulnetzplanung sollte ein Interessenausgleich zwischen Interessen der Region und staatlichen Interessen sowie bildungspolitischen und bildungsökonomischen Rahmenbedingungen für die Entwicklung der berufsbildenden Schulen und den Zielen der Berufsbildung und -erziehung sein.

Ein weiterer Ausgleich ist zwischen dem schulischen Interesse an individuellen Karrierechancen für ihre Klientel und wirtschaftlichen Interessenlagen herzustellen. Die gegenseitige Abstimmung und Anerkennung von in berufsbildenden Schulen erworbenen und zertifizierten Zusatzqualifikationen zwischen den Vertretern aus Schule und Wirtschaft ist hier ein wichtiges Teilziel.

Voraussetzung sind dauerhaft leistungsfähige Berufliche Schulzentren. Für Schaffung und Erhalt solcher Einrichtungen im Freistaat Sachsen sind Schülerzahlen zwischen 1.000 und 3.000 in jedem Beruflichen Schulzentrum notwendig.
Die Berufsschule wird auch weiterhin den Kern eines jeden Beruflichen Schulzentrums bilden. Die Zahl der Berufsfelder ist jeweils sinnvoll zu begrenzen. Wir gehen von höchstens vier Berufsfeldern aus, wobei - soweit möglich - affine Berufsfelder im Beruflichen Schulzentrum zusammenzuführen sind.

So werden die Voraussetzungen geschaffen, das Fachklassenprinzip zu gewährleisten. Die Einrichtung paralleler Fachklassen wird angestrebt. Gerade in Hinblick auf den neu zu bestimmenden Stellenwert der Berufsschule ist aber auch die Sicherung des obligatorischen Berufsschulunterrichts für Schüler ohne Ausbildungsverhältnis oder Unterricht an einer berufs- oder studienqualifizierenden Vollzeitschule ein wichtiges Kriterium für die Leistungsfähigkeit der Beruflichen Schulzentren.

Wir sind uns bewußt, daß die Umsetzung der bildungspolitischen und schulnetzplanerischen Grundsätze mit Schwierigkeiten verbunden ist. Insofern sehen wir in der ständigen Kommunikation aller an der Berufsbildung Beteiligten und dem Bestreben, Hindernisse und bei der weiteren Gestaltung der beruflichen Erstausbildung und der beruflichen Fortbildung auszuräumen, einen Ansatzpunkt, den Prozeß der Modernisierung des Berufsausbildungssystems in Gang zu halten. Daß dieser Prozeß nicht ohne Widersprüche verläuft, ist bekannt. Wenn die Lösung der Widersprüche dazu beitragen kann, die Sache insgesamt voranzubringen, sollte dies in unserem Sinne sein.

Literatur

BUNDESINSTITUT für Berufsbildung (Hrsg.): Ausbildungsberufe im Wandel. Ergebnisse, Veröffentlichungen und Materialien aus dem BIBB. Berlin 1995

BUNDESMINISTERIUM für Bildung, Wissenschaft, Forschung und Technologie (Hrsg.): Berufsbildungsbericht 1995. Bad Honnef 1995

GREINERT, W.-D.: Das duale System der Berufsausbildung in der Bundesrepublik Deutschland. 2. verb. Aufl. Stuttgart 1995

HOLLDACK, E.: Regionale Schulentwicklungsplanung - Überlegungen für die Forschung. In: Wissenschaftsforum Bildung und Gesellschaft e. V. (Hrsg.): Bildung und Gesellschaft vor neuen Herausforderungen. Berlin 1991, S. 20-30

KUKLINSKI, P.: Zur Situation und zu den Perspektiven des berufsbildenden Schulwesens im Freistaat Sachsen. In: Drechsel, K. (Hrsg.): Entwicklungsschwerpunkte der beruflichen Bildung im Bereich der Elektrotechnik aus der Sicht eines neuen Bundeslandes. Dresden (Technische Universität) 1994, S. 17-36

LEMPERT, W.: Das Märchen vom unaufhaltsamen Niedergang des "dualen Systems". In: Zeitschrift für Berufs- und Wirtschaftspädagogik. 91. Jg. (1995) Heft 3, S. 225-231

STARK, W./FITZNER, T./SCHUBERT, Chr.: Modernisierung und Reform der Berufsschule. Eine Fachtagung. Bad Boll 1994

STRATMANN, K./SCHLÖSSER, M.: Das duale System der Berufsbildung. Eine historische Analyse seiner Reformdebatten. Frankfurt a. M. 1990

WEHRMEISTER, F.: Die Betriebsberufsschule - Hauptsäule des DDR-Berufsbildungssystems. In: Die berufsbildende Schule, 47(1995) Heft 6, S. 212-217

WEHRMEISTER, F.: Fortbildungsschule in Sachsen I. Allgemeine und gewerbliche Fortbildungsschule im Spannungsfeld schulpolitischer und gewerblicher Interessen (1815 - 1933). Frankfurt a. M. 1995

Susanne Eichler

Profilentwicklung an beruflichen Schulen:
Ein Beitrag zur Umsetzung veränderter Anforderungen in der gewerblich-technischen Erstausbildung

1 Zur Situation der beruflichen Schulen in den neuen Ländern

Eine momentan in der Diskussion befindliche Frage ist, inwiefern und unter welchen Konditionen berufliche Schulen, insbesondere gewerblich-technische Berufsschulen, ein eigenes Profil herausbilden können bzw. diese Profilbildung auch die Entwicklung von neuen Modellen in der beruflichen Erstausbildung unterstützen kann.

Vor allem in den östlichen Bundesländern ergeben sich gewandelte Anforderungen an die gewerblich-technischen Berufsschulen.
Die beruflichen Schulen in den neuen Ländern sind mit besonderen Problemen konfrontiert, da das Duale System quasi übergangslos auf die östlichen Bundesländer übertragen wurde, ohne die entsprechenden Ausgangsbedingungen, eine ausreichende Anzahl und Qualität ausbildungsbereiter Einzelbetriebe als Partner der Berufsschulen zur Verfügung zu haben. Mit der Implementation ging eine Umstrukturierung der Ausbildungsberufe einher (veränderte Ausbildungsordnungen, Neuzuschnitt der Ausbildungsberufe etc.), welche - in Folge der Deindustrialisierungspolitik - insbesondere die gewerblich-technischen Berufsschulen vor neuen Anforderungen stellte.

Welche Effekte diese extern induzierten Problemlagen auf die Berufsschulen hatten bzw. noch haben und in welcher Form die Lehrkräfte an den Berufsschulen mit diesen Umstrukturierungen im Schulalltag umgehen und welche möglichen Handlungsperspektiven sie daraus entwickeln, das sind die Fragestellungen, die zum Ausgangspunkt einer empirischen Untersuchung zur Situation der Berufsschulen in den östlichen Bundesländern gemacht wurden. Aus der Systemperspektive geht es um die Folgen der Implementation des Dualen Systems in die östlichen Bundesländer für den Funktionswandel der Teilzeitberufsschulen (Kühnlein/Kruse 1994).

Neben der Befragung der bildungspolitischen Akteure (Kultusministerien, Kammern, Gewerkschaften, Arbeitsämter) wurden Untersuchungen von insgesamt zehn beruflichen Schulen exemplarisch in den Bundesländern Brandenburg, Mecklenburg-Vorpommern und Sachsen mit Hilfe von leitfadengestützten Einzel- und Gruppeninterviews durchgeführt. Es ging weniger um die Analyse einer - den Westen imitierenden - "nachholenden Modernisierung" der Berufsschulen (Reißig 1993) als vielmehr um das Aufzeigen der Besonderheiten innerhalb der Entwicklungen an den Berufsschulen in der ostdeutschen Bildungslandschaft als Antwort auf die besonderen Problemlagen, die mit dem Systemwechsel verbunden waren bzw. sind. Dabei wird davon ausgegangen, daß die zu beobachtenden Tendenzen im Osten auch Hinweise darauf enthalten, wie sich die Zukunft des Dualen Systems und die Ausbildungssituation in der gesamten Bundesrepublik in den nächsten Jahren entwickeln könnte.
In diesem Aufsatz sollen Ergebnisse der Studie, fokussiert auf die Situation der gewerblich-technischen Berufsschulen, herausgearbeitet und ein Beitrag dazu geleistet werden, die aktuelle Profildiskussion durch eine stärkere Einbeziehung der Erfahrungen

und Problemlagen der Schulen in den östlichen Bundesländern um einen Blickwinkel zu erweitern. Anknüpfend an den reformpädagogischen Autonomiebegriff, der die Schule nicht als weisungsgebundene Verwaltungseinheit versteht, "die ein vorgefertigtes Programm an ein unfreiwillig teilnehmendes Publikum abgibt" (Köpke 1995), sondern als Ort des demokratischen und selbstbestimmten Lernens, der den Bedürfnissen der Schüler/-innen und Lehrkräfte gerecht werden soll, wird die Möglichkeit der Profilbildung von Schulen als ein Bestandteil dieses Reformprozesses verstanden.

Die seit ca. zwei Jahren aktuelle Debatte um mehr "Autonomie"[1] von Schulen (ausgehend von den allgemeinbildenden Schulen) wird in diesem Aufsatz weniger im Hinblick auf finanztechnische Fragestellungen (Budgetierung) aufgegriffen als vielmehr aus der Sicht pädagogischer Fragestellungen, die vor allem einen erweiterten Rahmen von Selbstorganisation der Schulen thematisieren.

2 Die Berufsschullehrer/-innen im Spagat zwischen Anspruch und Wirklichkeit

2.1 Probleme der Berufsschullehrer/-innen bei der Entwicklung eines neuen Selbstverständnisses

(Berufsschul-)Lehrer/-innen waren von der Umbruchsituation in einer besonderen Weise tangiert: Zum einen waren sie selber Betroffene, die im Zuge des Systemwechsels herkömmliche bildungspolitische Orientierungen grundlegend revidieren mußten, zum anderen waren sie zugleich Akteure dieses Systemwandels und Multiplikator/-innen gegenüber ihren Schüler/-innen, die vor völlig neuen Problemen im Hinblick auf ihre berufliche Zukunft gestellt waren (und sind). Eine Besonderheit dieser Berufsgruppe ist, daß ihre Mitglieder - wenngleich im Personalbestand reduziert[2] - im wesentlichen ihren erlernten Beruf weiter ausführen konnten. Sie repräsentierten das alte System der DDR gegenüber ihren Schüler/-innen bis zur Wende und alsbald - ohne umfassende Angebote zur Reflexion ihrer neuen Rolle und eines neuen Berufsverständnisses zu erhalten - übergangslos das neue Berufsbildungs- und Gesellschaftssystem. Ohne massive individuelle Anstrengungen (Umqualifizierungen, Weiterbildungen etc.) und eine hohe Anpassungsbereitschaft im Hinblick auf die veränderten Anforderungen wäre die strukturelle Anpassung der beruflichen Schulen (angelehnt an die jeweiligen West-Partnerländer) nicht denkbar gewesen. Die Veränderungsprozesse innerhalb des Lehrerberufes beruhten u. a. auf einer drastischen Verschiebung innerhalb der anerkannten Ausbildungsberufe, die durch die Deindustrialisierungspolitik und die damit zusammenhängende veränderte Berufsorientierung von Jugendlichen seit der Wende eingetreten ist.

---

[1] Im Sinne der Definition von Rolff (1995): "Autonomie heißt in seiner ursprünglichen (griechischen) Bedeutung sich die Gesetze geben können (autos nomos). Diese ist für Schulen nicht denkbar, für staatliche nicht und für private auch nicht, weil dort der Träger die Rahmenregelungen bestimmt. Deshalb sprechen einige lieber von einer erweiterten Autonomie und Bildungssoziologen seit längerer Zeit schon von relativer Autonomie." Die Ausgestaltung eines erweiterten Rahmens von Selbstorganisation faßt Rolff mit dem Begriff Gestaltungsautonomie zusammen.

[2] Die Personalpolitik der Landesregierungen setzte je nach Bundesland eigene Akzente, was die Übernahme bzw. die Kündigungen von Lehrer/-innen betraf. Während Brandenburg eine Kündigungswelle durch eine generelle Arbeitszeitverkürzung verhinderte (bis auf die "Gauck-Fälle"), mußten in Sachsen Lehrer/-innen in bestimmten Positionen (z. B. Schulleitungen) per Erlaß ihre Arbeitsplätze aufgeben bzw. wechseln.

Profilentwicklung an beruflichen Schulen

2.2 Der Beruf ist geblieben - alles andere hat sich verändert

Diese hier facettenhaft beschriebene Entwicklung betrifft die Lehrer/-innen in den gewerblich-technischen Berufsschulen besonders, da dort die Auszubildendenzahlen - und damit auch die Planungsgrößen für die Schulen - starken Schwankungen ausgesetzt sind. Hierzu beispielsweise die Situationsbeschreibung eines Berufsschullehrers:
"Ich hatte mich auf Zerspanungstechnik spezialisiert, dieses Feld gibt es nicht mehr in Frankfurt an der Oder, nun habe ich mich auf den Ausbildungsberuf Industriemechaniker mit Richtung Betriebstechnik umorientiert, dieser existiert noch zwei Jahre, dann gibt es diese Ausbildung auch nicht mehr. Die eigens dafür eingerichteten Fachkabinette werden bald nicht mehr benötigt, da die Auszubildenden nicht mehr vorhanden sind."
Für die betroffenen Lehrer/-innen bedeutet diese Entwicklung einen enormen Anpassungsdruck, der langfristige Qualifizierungen und Planungen für sie unmöglich macht.
"Es kommt häufig vor, daß gesagt wird, hier ist jetzt ein neues Fach und eine neue Berufsgruppe, die Sie jetzt unterrichten müssen. Bisher hat das fast alle Kollegen in jedem Schuljahr getroffen. Dadurch kommt auch diese ständige Angst, daß man sich nicht richtig orientieren kann."
Die fehlende Kontinuität im Schulalltag verbunden mit einer Verschlechterung der Arbeitsbedingungen (persönliche Arbeitszeit, Klassenanzahl und -größe) wirkt sich besonders gravierend in den Berufsfeldern aus, in denen Lehrkräfte zusätzlich mit für sie völlig neuen pädagogischen Problemlagen konfrontiert werden. Im Vergleich zur DDR-Zeit sind gerade die Klassen in bestimmten gewerblich-technischen Berufen heterogener zusammengesetzt (was die schulische Vorbildung anbelangt) und, verglichen mit bestimmten Ausbildungsberufen im kaufmännisch-verwaltenden Bereich, weniger motiviert. Die hohe Anzahl der außerbetrieblich beschäftigten Auszubildenden ist ein Indikator für die schwierige Berufssituation, die Zunahme der Jugendlichen im Berufsvorbereitungsjahr, Berufsgrundbildungsjahr und in den F-Klassen ein weiterer. Das daraus resultierende "sich ständige Anpassen müssen" an die äußeren Bedingungen zeigt nicht nur die Abhängigkeit des Lernortes Berufsschule von dem (nicht-) vorhandenen Einzelbetrieb, sondern verlangt von den Lehrer/-innen eine hohe Anpassungsbereitschaft, ohne im Gegenzug dazu eigene Gestaltungsspielräume, die eine konstruktive Auseinandersetzung mit dieser Situation ermöglichen, wahrnehmen zu können.
Auffällig war, daß die Lehrkräfte diese Veränderungen seit der Wende intensiv schilderten und bisher nach ihren Aussagen auch in den angebotenen Fort- und Weiterbildungsmaßnahmen kaum Möglichkeiten hatten, pädagogische Maßnahmen im Umgang mit diesen veränderten Aufgaben der (Teilzeit-)Berufsschule zu diskutieren. Die von ihnen gemachten Vorschläge, die sich innerhalb unserer Untersuchung auf die konkrete Umgestaltung des Schulalltages bezogen, zielten vor allem auf die Verbesserung der Rahmenbedingungen des Unterrichtes ab. Die hohen Klassenfrequenzen und die fehlenden Lehrer/-innen in bestimmten Fächern, wurden durchgängig in den Einzel- und Gruppeninterviews an den beruflichen Schulen problematisiert.

2.3 Flexibilisierung als Risikomanagement?

Im Unterschied zu den meisten befragten Schulleitungen schätzten die Lehrkräfte ihre Mitwirkungsmöglichkeiten und Entscheidungsspielräume überwiegend negativ ein. Obwohl zwei Drittel der in unserem Sample befragten Lehrer/-innen seit der Wende gravierende berufliche und persönliche Umorientierungen vornehmen mußten, hatten sie kaum Beteiligungsmöglichkeiten, um Veränderungsvorschläge zur Entwicklung der beruflichen Schulen einbringen und damit aktiv an der Gestaltung ihrer Schulsituation mitwirken zu können.

Hieran wird deutlich, daß Lehrerkräfte an den gewerblich-technischen Berufsschulen einem enormen Anpassungsdruck ausgesetzt sind, der offenbar in der Praxis dazu führt, daß die notwendige Auseinandersetzung mit organisatorischen und pädagogischen Problemlagen an den Schulen häufig zweitrangig behandelt wird und die Suche nach gemeinsamen Handlungsstrategien zur Problemlösung eher behindert als fördert. Hilfestellungen seitens der bildungspolitischen Akteure oder einer engeren Kooperation von Jugendhilfemaßnahmen und Berufsschulen werden selten eingefordert. Die Fähigkeit, den Wandel durch ein Höchstmaß an Flexibilität "zu managen", wird zu einer Belastungsprobe für die Lehrkräfte. Das Scheitern an strukturellen Problemen - bedingt durch die Implementation eines Berufsbildungssystems, das eine funktionierende Berufsschule als Dependance zu einem Einzelbetrieb definiert, was in der Ausbildungsrealität jedoch eher Ausnahmecharakter besitzt[3] - führt zu einer verstärkten Personalisierung der Problemlagen und wird für die Lehrer/-innen tendenziell zur Meßlatte einer erfolgreichen "Wendebiographie".

Nach dem Inkrafttreten des Berufsbildungsgesetzes ging es zunächst für die Lehrer/-innen primär um Fragen der eigenen Existenzsicherung. Das zukünftige Arbeitsverhältnis, der Erhalt des Schulstandortes, die Anerkennung der Qualifikationen standen im Mittelpunkt des Berufsinteresses der Lehrer/-innen. Daher ist es nicht erstaunlich, daß kaum alternative oder zukunftsorientierte Bildungs- und Erziehungskonzepte entwickelt wurden; die eigenen Arbeitsplatzbedingungen standen zunächst im Vordergrund ihrer Bemühungen (vgl. auch Rolff 1995).

2.4 Zum Statusverlust der Lehrer/-innen an den gewerblich-technischen Berufsschulen

Die Berufszufriedenheit der Lehrer/-innen an den gewerblich-technischen Berufsschulen ist - verglichen mit den Berufsschulen im kaufmännisch-verwaltenden Bereich - signifikant geringer. Das hängt m. E. zusammen mit deren, gerade auch im Vergleich zu den kaufmännisch-verwaltenden Berufen, veränderter Stellung. Die ehemals anerkannten (mit einer qualifizierten Hochschulausbildung) an traditionsbewußten Produktionsberufsschulen arbeitenden Lehrer/-innen waren für den zukünftigen Facharbeiternachwuchs verantwortlich und fühlten sich gegenüber den - in der Vorwendezeit eher nachrangig behandelten kaufmännischen Berufsschullehrer/-innen - in gewisser Weise privilegiert. Seit der Wende hat sich dieses Verhältnis tendenziell umgekehrt: Die Lehrer/-innen an den Berufsschulen im kaufmännisch-verwaltenden Bereich fühlen sich stärker als "Wendegewinner", weil deren Unterrichtsfächer eine Aufwertung erfahren haben (steigende Schülerzahlen, Trend zur Dienstleistungsgesellschaft mit sich erweiternden Berufsfeldern etc.).

---

[3] Eine Vielzahl von "Ersatzpartnern" (außer- und überbetriebliche Einrichtungen) werden installiert und die Ausweitung der vollzeitschulischen Angebote vorgenommen, damit das Duale System aufrecht erhalten werden kann.

Profilentwicklung an beruflichen Schulen 89

3 Die Berufsschulen zwischen Kopie und eigenständiger Entwicklung

3.1 Zur Standortsuche der beruflichen Schulen

Die Kriterien, die für den Erhalt oder die Schließung eines Schulstandortes maßgeblich waren, konnten aufgrund der sich noch konstituierenden Schuladministration noch nicht überschaut werden. Die materielle Ausstattung, der Zustand des Gebäudes, die Größe etc. war zunächst ein wichtiges Kriterium für den Erhalt bzw. die Schließung eines Schulstandortes. Hier orientierten sich die Bedarfsanalysen im wesentlichen an westlichen Maßstäben. Dabei wurden Wirtschaftlichkeitskriterien zugrunde gelegt und davon ausgegangen, daß die Berufsschulen in den östlichen Bundesländern sich nicht wesentlich vom Aufgabenzuschnitt der Westschulen unterscheiden.

Für die beruflichen Schulen mit dem Schwerpunkt gewerblich-technische Berufe entstand ein enormer Druck, da die Ausbildungsberufe in diesem Sektor an Attraktivität verloren und die Auszubildendenzahlen drastisch zurückgingen. Insbesondere in Flächenregionen führte diese Umstrukturierung zu einer neuen Berufsschullandschaft. Aufgrund der vorgenommenen Konzentrationsprozesse (Zuordnung verschiedener Standorte zu einer Stammschule) und der späteren Kreisgebietsreform entstanden beispielsweise in Brandenburg aus ehemals fast 200 Berufsschulen zunächst 42, dann im Schuljahr 1993/94 nur noch 36 Oberstufenzentren. Für die Schulen selber waren die Kriterien, die zum Erhalt oder zur Schließung eines Standortes führten, oft nicht durchschaubar - von einer Beteiligung der Lehrer/-innen einmal ganz abgesehen.

3.2 Die Berufsschulen gingen neue Wege

Der durch die bildungspolitische Entscheidung einer stärkeren "Wirtschaftlichkeit" von beruflichen Schulen entstandene Existenzdruck und das verursachte "Zuordnungschaos", von Schulen mit mehreren Standorten, die z. T. 60 km voneinander entfernt entstanden, wurden durch die Schulleitungen nicht nur passiv "getragen", sondern auch zur Entwicklung neuer Aufgabenbereiche, z. B. durch die Installierung von zusätzlichen Angeboten, die sich vornehmlich auf den immensen Umqualifizierungsbedarf der Arbeitnehmer/-innen bezogen, genutzt. Diese - aus der Existenzfrage erwachsene - Flexibilität der Schulen führte auch zum Erhalt einiger Schulstandorte, indem die Schulen in der Lage waren, die sinkende Nachfrage nach bestimmten Ausbildungsberufen (insbesondere im Bereich der Landwirtschaft sowie der Metall- und Elektroberufe) durch zusätzliche Angebote zu kompensieren. Auch die Beschaffung von zusätzlichen finanziellen Mitteln zur Verbesserung der Ausstattung der Schulen (z. B. durch EU-Finanzierungsmöglichkeiten), gehörte zu einem der wichtigsten Aufgabenbereiche zur Erhöhung der Attraktivität der Schulen und verbesserte die Chance zum Erhalt des Standortes. Es entstanden - paradoxerweise aufgrund der noch nicht funktionierenden bürokratischen Regelungen - Freiräume, die zu einer Erweiterung der Gestaltungs- und Entscheidungsspielräume von Schulleiter/-innen führten.

Typisch dafür ist die Aussage: "In der Wendezeit hat es manches gegeben, was nicht über Bürokratie geregelt war. Wir konnten selbst entscheiden, was wir von den vorhandenen Mitteln anschaffen. Kostengünstiger und schneller als die Verwaltung konnten wir in eigener Regie agieren. Für niedrige Ausgaben, z. B. die Reparatur eines Tageslichtprojektors, müssen wir jetzt Genehmigungen beantragen, deren Bearbeitung lange auf sich warten läßt."

3.3 Schulleitungen als "Manager"

Einige Schulleitungen entwickelten einen regelrechten "Pioniergeist", was die Gestaltung der schulischen Belange während der Wendezeit anbelangte, und konnten so aktiv die Chancen für die Zukunft ihrer Berufsschule und auch den Erhalt des Standortes beeinflussen. Hier ein Beispiel:
Eine vor der Wende landwirtschaftlich strukturierte berufliche Schule in unserem Untersuchungssample, deren Schulleitung unmittelbar in der Wendezeit verstärkt Managementfunktionen übernahm, erreichte es, aufgrund der Ausstattungsqualität in bestimmten Berufsfeldern als Landesfachklasse anerkannt zu werden. Obwohl diese Schule in einer ländlichen Region, fernab von der nächsten Kreisstadt gelegen ist, werden alle Schüler/-innen in bestimmten landwirtschaftlichen Ausbildungsgängen Mecklenburg-Vorpommerns an dieser Schule unterrichtet. Dadurch konnte nicht nur der Schulstandort erhalten, sondern auch das angeschlossene ehemalige Internat und die Großküche aufrechterhalten werden. Für den Standort - ein kleines Dorf - bedeutet diese "Rettung" des Schulkomplexes den Erhalt eines wichtigen Wirtschaftsfaktors in einer von der Landwirtschaft dominierten Region. Nicht nur die (in-)direkt angesiedelten Arbeitsplätze, sondern auch die Infrastruktur, z. B. die Verkehrsanbindung, konnten durch das Engagement der Schule erhalten und ausgebaut werden.

An diesem Beispiel werden zwei Aspekte einer "autonomen" Schulpolitik im Sinne einer Möglichkeit zur konstruktiven Erweiterung der Gestaltungsspielräume von beruflichen Schulen deutlich: Zum einen bedeuten diese Freiräume einen zunehmenden Konkurrenzdruck der beruflichen Schulen untereinander, insbesondere im Hinblick auf die sinkenden Ausbildungszahlen in den gewerblich-technischen Berufsfeldern[4], zum anderen kann dieser Freiraum auch die Unabhängigkeit der Schulen von der Finanzkraft der Kommune bzw. der Kreise erhöhen. In diesem Fall ist die Standorterhaltung einer beruflichen Schule ein Faktor für die Attraktivität einer Region und nicht umgekehrt.

Diese Schule ist insofern als ein positives Beispiel für die Entwicklung und erfolgreiche Durchsetzung eigener "Überlebensstrategien" anzusehen. Die meisten beruflichen Schulen haben zwar auch eigene Aktivitäten entwickelt, Konzeptionen für den Schulkomplex und die Umstrukturierung erarbeitet, konnten sich jedoch gegenüber den sich anschließenden administrativen Planungen (z. B. durch die Kreisgebietsreform) häufig nicht durchsetzen.

4 Flexibilisierung als Gestaltungselement - Anmerkungen zur aktuellen Profildiskussion

Reflektiert auf die aktuelle Diskussion um mehr "Autonomie" von Schulen, ist auffällig, daß die östlichen Bundesländer bisher in diese aktuellen bildungspolitischen Debatten zur Entwicklung eines neuen Selbstverständnisses der beruflichen Schulen nach außen und innen kaum einbezogen wurden. Dieses ist verständlich vor dem Hintergrund, daß die grundlegenden Umstrukturierungen und die dadurch bedingten Belastungen für alle Beteiligten die aktuellen Arbeitsbedingungen noch immer bestimmen und einige Ansätze der Reformdiskussion, z. B. der Anspruch, mehr Handlungsspielräume für die Schulen zu

---

[4] Eine Ausnahme stellen die Bau- und Baunebenberufe dar.

Profilentwicklung an beruflichen Schulen

ermöglichen, in der Nachwendezeit (durch die Installierung der Schulverwaltungsbürokratie im Westmaßstab) "erfolgreich abgebaut" wurden. Nun - kaum sind alle Strukturen und Hierarchien funktionstüchtig - soll gerade dieser mühevolle Umbau wieder reformiert werden? Hieran zeigt sich ein Dilemma, welches vermutlich immer dann entsteht, wenn Bildungspolitik tendenziell dirigistisch durchgesetzt wird und von den Lehrer/-innen beispielsweise eine Flexibilisierung verlangt wird, die nicht zu einer produktiven Auseinandersetzung mit den vorhandenen Problemlagen und zur Eroberung neuer Gestaltungsspielräume führt, sondern lediglich Absorptionscharakter für die anstehenden Probleme hat.

Die Einbeziehung der östlichen Bundesländer in die Diskussion um eine (berufliche) Schule, "die sich selber eine Entwicklungsaufgabe stellt" (Richter 1994, S.10), könnte neue, bisher in den Diskussionen eher vernachlässigte Aspekte zutage fördern und sowohl durch den "Pioniergeist" mancher Schulleitungen in der Wendezeit als auch durch die Einbeziehung der Erfahrungen von "Zentralisierungen und Nicht-Delegation von Entscheidungen" - die seitens der Lehrkräfte thematisiert wurden - von einem neuen Blickwinkel aus geführt werden. Die Diskussion über Chancen und Grenzen von mehr Gestaltungsautonomie an den Schulen kann zu einem interessanten Dialog werden, falls die Lehrer/-innen als "Erfahrungsträger" der Ostentwicklung zukünftig stärker in diese Debatten einbezogen werden. Ein gleichberechtigter Dialog um die Möglichkeit einer Profilbildung von beruflichen Schulen, der den Spagat zwischen Schulpraxis und den traditionellen Systemvorstellungen zum Ausgangspunkt einer Reformdebatte macht, kann zu neuen Erkenntnissen führen, was notwendige grundlegende Reformmaßnahmen des Berufsbildungssystems anbelangt, die mehr sind als "Reparaturmaßnahmen" der einzelnen beruflichen Schulen.

5 Konsequenzen für die gewerblich-technischen Berufsschulen

Für die gewerblich-technischen Berufsschulen stellt sich die Frage, inwieweit zusätzlich zu den bisherigen Aufgabenbereichen, neue Konzeptionen zur Sicherung und Qualitätssteigerung des Ausbildungsplatzangebotes einer Region und zur Herausbildung eines eigenen Schulprofils entwickelt werden können. In diesem Kontext ist die Rolle der gewerblich-technischen Berufsschulen im Rahmen von *Verbundausbildungen* zu reflektieren. Die vielfältigen Erfahrungen in der Kooperation mit verschiedenen Ausbildungsbetrieben der gewerblich-technischen Berufsschulen können zum weiteren Ausbau und zu einer kontinuierlichen Begleitung innerhalb von Ausbildungsverbünden einen wichtigen Beitrag leisten. Entwickeln könnten sich *gewerblich-technische Berufsschulen als kontinuierlicher (organisatorischer und inhaltlicher) Begleiter der Auszubildenden im Rahmen der Verbundausbildung in der gewerblich-technischen Erstausbildung.* Damit ergäbe sich ein Aufgabenfeld, was sowohl die Kommunikation der beteiligten Partner als auch den fachlichen Austausch zwischen den Ausbildungsbetrieben anbelangt, in dem sich die beruflichen Schulen zu einem wichtigen Bindeglied entwickeln könnten.

Desweiteren ist zu diskutieren, inwiefern gewerblich-technische Berufsschulen als *"Dienstleistungszentren"* einer Region nicht auch in der Lage wären bzw. versetzt werden sollten, *Weiterbildungsangebote* zu initiieren und durchzuführen, die, sowohl zur beruflichen Qualifizierung als auch als Präventivmaßnahme gegen Arbeitslosigkeit, die zukünftige Entwicklung einer Region aktiv unterstützen. Abgesehen von den sich daraus ableitenden schulrechtlichen und personellen Fragen könnte die unmittelbare Abhängigkeit von der momentanen Ausbildungsplatzentwicklung im Teilzeitbereich durch diese Maßnahmen zum Teil aufgefangen werden. Hinzu kommt: Von technischen, organisatorischen und personellen Investitionen könnten weitere Zielgruppen profitieren.

Im Rahmen der gewerblich-technischen Erstausbildung würden die beruflichen Schulen *erste Bausteine* mit der Perspektive entwickeln können, Übergänge und Kontinuitäten im Berufsleben zu schaffen, die mit den sich immer rascher wandelnden Qualifikationsanforderungen in gewerblich-technischen Berufen verknüpft sind und damit Erleichterungen für die Beschäftigten darstellen.

Die vielfältigen strukturellen und personellen Fragen, die sich im Hinblick auf diese "Vision" einer "berufsbegleitenden Berufsschule" ergeben, konnten in diesem Aufsatz lediglich angerissen werden. Es scheint dringend notwendig, eine konstruktive Diskussion mit allen bildungspolitischen Akteuren (insbesondere mit den Lehrerinnen und Lehrern, Ausbilderinnen und Ausbildern) zu initiieren, die nicht zur Akzeptanzförderung zusätzliche Belastungen, sondern unter der Prämisse, den eigenen Handlungsspielraum zu nutzen und zu erweitern, geführt werden sollte sowie - im Hinblick auf eine Qualitätssicherung in der gewerblich-technischen Erstausbildung - zur Analyse weiterer Handlungsbedarfe führen sollte.

Literatur

EICHLER, S./KÜHNLEIN, G.: Berufsschulen in den neuen Bundesländern. Abschlußbericht (Manuskript), Dortmund 1995

KÖPKE, A.: Den antiquierten Fachlehrer durch den pädagogischen Profi ersetzen. Die Debatte über die Autonomie von Schule und ihre Auswirkungen auf die Hochschulausbildung, Frankfurter Rundschau vom 31.08.1995

KÜHNLEIN, G./KRUSE, W./PAUL-KOHLHOFF, A./STRAUß, J.: Berufsbildung im Wandel. Neue Aufgaben für die Berufsschule. Gutachten im Auftrag der Max-Traeger-Stiftung. MTS-Script, Frankfurt a. M. 1989

KÜHNLEIN, G./KRUSE, W.: Berufsschulen in den östlichen Bundesländern - Eine Problemskizze. MTS-Script. Frankfurt a. M. 1994

REIßIG, R.: Ostdeutscher Transformations- und deutscher Integrationsprozeß - neue Probleme und Erklärungsversuche. In: BISS public, Heft 12, 1993, S. 5-31

RICHTER, I.: Theorien der Schulautonomie. In: Recht der Jugend und des Bildungswesen. Heft 1, 1994, S. 5-16

ROLFF, H.-G.: Vorrang für Bildung: Zukunftsfelder für die Gestaltung des Bildungswesens. In: Vorrang für Bildung. Analysen und Perspektiven für eine neue Reformbewegung, hrsg. von der GEW. Weinheim/München 1995, S. 23-40

Ulrich Degen/Günter Walden

Zur Situation der Berufsausbildung in den gewerblich-technischen Berufen der neuen Länder und weitere Perspektiven der betrieblichen Berufsausbildung

1 Zum Stand der Berufsausbildung in den neuen Ländern

1.1 Gewerblich-technische Berufsausbildung als Kernstück der Berufsausbildung in der DDR

Die Berufsausbildung in gewerblich-technischen Berufen, die im Berufsausbildungssystem der DDR einen überragenden Stellenwert einnahm, hat in den letzten Jahren einen gravierenden Strukturwandel durchlaufen.

Die Berufsausbildung in der DDR war vor allem eine Berufsausbildung in gewerblich-technischen Berufen. 80 % aller Auszubildenden wurden in gewerblichen Berufen ausgebildet, gegenüber 50 % in den alten Bundesländern. So betrug der Anteil der Metallberufe in der DDR fast 30 %, im alten Bundesgebiet dagegen nur 20 %. Demgegenüber war die kaufmännische Berufsausbildung in der DDR stark unterentwickelt: Der Anteil der Organisations-, Verwaltungs-, und Büroberufe lag bei 3,9 % (gegenüber 15,3 % im alten Bundesgebiet) und der Anteil der Warenkaufleute bei 4,9 % (altes Bundesgebiet: 13,6 %) (Werner 1992, S. 215-232). Die hohe Bedeutung der gewerblich-technischen Berufe war dabei nicht nur quantitativer Natur, sondern kam auch in den vorherrschenden Organisationsmodellen beruflicher Bildung und berufspädagogischen Überlegungen und Diskussionen zum Ausdruck. Beispiele zu Inhalten und Strukturen von Ausbildungsberufen in berufspädagogischen Abhandlungen stammen zum weitaus überwiegenden Teil aus technischen Bereichen (Zentralinstitut für Berufsbildung der DDR 1989, S. 130 ff.). Neue Berufe galten als unmittelbar verursacht durch den wissenschaftlich-technischen Fortschritt; in einem berufspädagogischen Werk aus der DDR werden in diesem Kontext als Beispiele für neue Berufe ausschließlich solche aus dem gewerblich-technischen Bereich dargestellt (ebd., S. 108).

Organisation und Durchführung der beruflichen Bildung in der DDR unterschied sich zum Teil beträchtlich vom dualen System der alten Bundesrepublik (vgl. Autsch/Brandes/ Walden 1991). Mit dem DDR-Berufsbildungssystem oft assoziierte strukturelle Merkmale galten dabei häufig für die gewerblich-technischen Berufe in besonderer Weise. Unter den Besonderheiten der DDR-Berufsbildung sind auf der didaktischen Ebene des Systems vor allem die folgenden zu nennen:

- Berufliche Bildung in der DDR war vor allem eine Aufgabe der Großbetriebe und Kombinate. Aus einer Erhebung aus dem Jahr 1990 geht hervor, daß drei Viertel aller Auszubildenden in Betrieben mit mehr als 500 Beschäftigten ausgebildet wurden (Autsch/Brandes/Walden 1991, S. 22). Auszubildende aus Kleinbetrieben wurden dabei häufig - zumindest für bestimmte Ausbildungsphasen in die Ausbildungseinrichtungen größerer Betriebe delegiert. Vorherrschend war die vom

Lernort 'Lehrwerkstatt' dominierte Ausbildung in der Industrie mit einem hohen Anteil hauptberuflichen Ausbildungspersonals. Die Durchführung der Ausbildung in kaufmännischen und Dienstleistungsberufen wich von diesem generellen Organisationsprinzip in nicht unbeträchtlicher Weise ab. Die Ausbildung im Handwerk spielte in der DDR nur eine marginale Rolle.

- Ausgehend vom Grundsatz der Einheit von Theorie und Praxis verfolgte die Berufsbildungspolitik in der DDR "das Ziel, die Lernorte Schule und Betrieb in der beruflichen Erstausbildung als Bestandteile von volkseigenen Betrieben bzw. Kombinaten zu konzentrieren. Im Rahmen der staatlichen Kompetenz zur Einrichtung von Berufsbildungsstätten ...wurden Betriebe beauftragt, neben dem praktischen/ betrieblichen Teil der Ausbildung auch die schulischen/theoretischen Anteile zu sichern" (Kudella/Pätzold/Walden 1994, S. 16 ff.). Auf dem Gelände von Betrieben und Kombinaten wurden deshalb Betriebsschulen und Betriebsberufsschulen eingerichtet (wenn zum Aufgabenbereich einer solchen Schule auch die Erwachsenenbildung gehörte, handelte es sich um eine Betriebsschule; ansonsten wurde die Bezeichnung 'Betriebsberufsschule' benutzt). Die theoretische Berufsausbildung fand zu rund 80 % in solchen betrieblichen Berufsschulen statt (Autsch/Brandes/ Walden 1991, S. 11). Dabei ist zu berücksichtigen, daß nicht nur Lehrlinge des eigenen Betriebes den Unterricht der betreffenden Schule besuchten, sondern - über entsprechende Kooperationsverträge - in einem hohen Maße auch Lehrlinge aus anderen Betrieben am Unterricht teilnahmen. Das Organisationsmodell der betrieblichen Berufsschulen galt fast ausschließlich für die gewerblich-technische Ausbildung in den großen Industriebetrieben. Neben den betrieblichen Berufsschulen gab es kommunale Berufsschulen. In ihnen erhielten "Lehrlinge vorwiegend aus dem Handwerk, aus Klein- und Mittelbetrieben der Industrie, der Landwirtschaft, kaufmännischer Bereiche und Dienstleistungsbereiche der Volkswirtschaft theoretischen Unterricht" (Zentralinstitut für Berufsbildung der DDR 1989, S. 345).
- Gewerblich-technische Berufsausbildung in der DDR war eine Domäne der Industrie und der Großbetriebe. Dabei bestanden zwischen den einzelnen an der Ausbildung beteiligten Betrieben vielfältige Verflechtungen und eine entwickelte Zusammenarbeit zwischen den Berufsbildungseinrichtungen unterschiedlicher Betriebe. Dieses System der Berufsbildung hing dabei unmittelbar von den wirtschaftlichen und rechtlichen Strukturen in der DDR ab. Mit Einführung des Berufsbildungsgesetzes der alten Bundesrepublik und der Transformation der zentral geleiteten DDR-Wirtschaft in eine Marktwirtschaft fielen die Grundlagen für die bisher praktizierte betriebliche Berufsausbildung weg. Es setzte ein Anpassungsprozeß der Berufsausbildung an die neuen Bedingungen ein.

1.2 Der Anpassungsprozeß der beruflichen Bildung

Beim Prozeß der Anpassung an die neuen Bedingungen hatte die Berufsausbildung in den neuen Bundesländern mit der Bewältigung einer Reihe, zum Teil gravierender Übergangsprobleme, zu kämpfen. Hier sind vor allem folgende Entwicklungen zu nennen:

Betriebliche Berufsausbildung in den neuen Ländern 95

- Durch die Entflechtung und Auflösung der Kombinate und Großbetriebe war die eigentliche Basis für die berufliche Bildung und insbesondere für die bis dahin praktizierte gewerblich-technische Berufsausbildung weggebrochen. Klein- und mittelbetriebliche Ausbildungsstrukturen mußten erst entwickelt werden. Hier ist insbesondere auch auf die fehlende Ausbildungstradition im Handwerk hinzuweisen.
- Die erheblichen Umstellungsschwierigkeiten der großbetrieblich geprägten DDR-Wirtschaft führten zu einem drastischen Rückgang der Ausbildung in der Industrie. So wurde die rasche Privatisierungspolitik der Treuhandanstalt in den Kernbereichen der ehemaligen DDR-Wirtschaft durch einen Arbeitsplatzabbau von über 70% begleitet (Priewe 1994, S. 3-6), ohne daß dieser Verlust durch Arbeitsplätze in neu gegründeten Betrieben bisher auch nur annähernd ausgeglichen werden konnte. Seit 1989 ist die Zahl der Erwerbstätigen in den neuen Ländern von insgesamt 9,2 Millionen auf rund 6 Millionen Erwerbstätige zurückgegangen (Beschäftigungsobservatorium, S. 12 und passim). Ein derart massiver Beschäftigungseinbruch - und zwar insbesondere in den Kernbereichen der bisher praktizierten gewerblich-technischen Berufsausbildung - wirkte sich natürlich auch auf die Ausbildungsaktivitäten aus.
- Die im System der Berufsbildung in der DDR vorhandenen zentralen Organisations- und Lenkungsinstitutionen fielen weg, neue Verfahrensweisen mußten erst erlernt werden.
- Die starke betriebliche Anbindung der Berufsschulen wurde aufgehoben. Die betrieblichen Berufsschulen wurden aus ihrem betrieblichen Kontext herausgelöst und in kommunale Trägerschaften überführt.
- In der DDR gab es besondere Bedingungen im Umfeld der betrieblichen Berufsausbildung. Hier ist insbesondere die Internatsunterbringung von einem Drittel der Auszubildenden zu nennen sowie die oben angesprochene Kooperation zwischen den Berufsbildungseinrichtungen unterschiedlicher Betriebe. Hierfür war die Grundlage entfallen.
- Die Einführung marktwirtschaftlicher Bedingungen machte erhebliche Anpassungsanstrengungen in den Betrieben erforderlich. Bisheriges Wissen war zum Teil wertlos geworden, völlig neue Denk- und Handlungsweisen waren zu entwickeln.
- Mit dem Berufsbildungsgesetz wurden neue Ausbildungsordnungen und Rahmenlehrpläne eingeführt, mit denen sich die betroffenen Ausbilder und Berufsschullehrer erst vertraut machen mußten.

Die berufliche Bildung in den neuen Bundesländern hat sich seit 1990 bereits erheblich verändert. Der Aufbau neuer Strukturen wurde dabei durch vielfältige Aktivitäten des Bundes und der Länder gefördert. In den letzten Jahren hat sich eine klein- und mittelbetriebliche Ausbildungsstruktur herausgebildet, wobei die Reduktion der Ausbildung in den Großbetrieben allerdings nur zum Teil kompensiert werden konnte. Die überwiegende Mehrheit der Auszubildenden wird nunmehr - ebenso wie im alten Bundesgebiet - in kleineren und mittleren Betrieben ausgebildet (Berger 1995a, S. 29-40). Für viele dieser Betriebe war die Übernahme von Ausbildungsverantwortung eine vollkommen neue Aufgabe, eine entwickelte klein- und mittelbetriebliche Ausbildungskultur - wie sie für das duale System in den alten Bundesländern kennzeichnend ist - mußte in den neuen Bundesländern erst geschaffen werden. Der Anpassungsprozeß der Berufsbildung war deshalb in der Übergangsphase von einer Reihe von Friktionen begleitet. In diesem Zusammenhang ist darauf hinzuweisen, daß der Rückgang der großbetrieblichen Ausbildung und der gleichzeitige Aufbau klein- und mittelbetrieblicher Ausbildungsstrukturen auch für andere Organisationsformen der beruflichen Bildung steht. Der Lernort 'Lehrwerkstatt' verliert an Bedeutung, während die unmittelbare Ausbildung am Arbeitsplatz wesentlich wichtiger wird. Der Typ des in der DDR vorherrschenden hauptberuflichen Ausbilders wurde in starkem Maße durch den nebenberuflichen Ausbilder ersetzt, der nur einen beschränkten Teil seiner Arbeitszeit für Ausbildungszwecke einsetzen kann. Wie stellt sich die Situation der beruflichen Bildung und insbesondere bei gewerblich-technischen Berufen in den neuen Ländern nun gegenwärtig dar? Dies soll im folgenden beleuchtet werden.

1.3 Zur Situation der Berufsausbildung in den neuen Ländern

Kennzeichnend für die Situation der beruflichen Ausbildung in den neuen Ländern ist vor allem die Tatsache, daß die betriebliche Ausbildung bei den jungen Menschen eine hohe Wertschätzung genießt. Dies zeigen die Zahlen der Bundesanstalt für Arbeit zu den sich im Laufe eines Jahres bei den Arbeitsämtern für eine Berufsausbildungsstelle meldenden Bewerbern sehr deutlich. Diese Bewerberzahlen sind dabei in den vergangenen Jahren ständig gestiegen. Gab es 1992 noch knapp 140.000 gemeldete Bewerber, so ist diese Zahl 1995 um rund 11 % auf rund 190.000 angestiegen. Schon im Jahr 1993 lag die Relation 'gemeldete Bewerber/Schulabgänger' im neuen Bundesgebiet um rund 20 Prozentpunkte über der des alten Bundesgebietes. Die gleichzeitig bei den Arbeitsämtern gemeldeten betrieblichen Berufsausbildungsstellen reichen zur Befriedigung dieser hohen Nachfrage nicht aus. So wurden den Arbeitsämtern im Jahr 1995 nur rund 93.000 betriebliche Berufsausbildungsstellen gemeldet, das waren lediglich rund 6 % mehr als im Vorjahr. Aufgrund der Diskrepanzen zwischen Angebot und Nachfrage sind viele der ostdeutschen Jugendlichen gezwungen, sich umzuorientieren (vgl. Berger 1995b). Sie rücken deshalb von ihrem Wunsch nach einem betrieblichen Ausbildungsplatz ab und schlagen andere Bildungswege ein. Hier sind insbesondere weiterführende allgemeinbildende Schulen und Berufsfachschulen zu nennen. Allerdings ist hierbei nicht auszuschließen, daß diese Jugendlichen in späteren Jahren wieder als Nachfrager nach einem betrieblichen Ausbildungsplatz in Erscheinung treten.

Die Zahl der neu abgeschlossenen Ausbildungsverträge lag 1994 bei knapp 118.000 und dürfte 1995 in einer ähnlichen Größenordnung liegen. Ein großer Teil der betreffenden Ausbildungsplätze (rund 40 %) entfällt dabei auf das Handwerk und ist in den letzten Jahren neu geschaffen worden. Die Zahl der betrieblichen Ausbildungsplätze reicht allerdings zur Versorgung der zu Beginn eines Ausbildungsjahres bei den Arbeitsämtern registrierten noch unvermittelten Bewerber nicht aus. Deshalb sind mit erheblichen öffentlichen Mitteln in außerbetrieblichen Einrichtungen Ausbildungsplätze geschaffen worden. 1994 gab es knapp 26.000 neue außerbetriebliche Ausbildungsplätze, ihr Anteil

Betriebliche Berufsausbildung in den neuen Ländern

an den neu abgeschlossenen Ausbildungsverträgen betrug 1994 immerhin rund 22 %. Bis zum Jahr 1994 haben rund 100.000 Jugendliche eine außerbetriebliche Ausbildung begonnen (vgl. Schober/Rauch 1995). Auch für das Ausbildungsjahr 1995 werden von der öffentlichen Hand wieder außerbetriebliche Ausbildungsplätze in erheblichem Umfang bereitgestellt. Diese außerbetriebliche Ausbildung hat in den neuen Ländern einen wesentlich höheren Stellenwert als im alten Bundesgebiet. Zur außerbetrieblichen Ausbildung ist anzumerken, daß sie - zumindest für eine gewisse Zeit - notwendig ist, um den angespannten betrieblichen Ausbildungsstellenmarkt zu entlasten. Aus Untersuchungen zur außerbetrieblichen Ausbildung geht dabei hervor, daß in den betreffenden Einrichtungen durchaus eine gute Berufsausbildung betrieben wird (vgl. Schober/Rauch 1995). Allerdings gestaltet sich der Übergang ins Erwerbsleben nach Abschluß der Ausbildung für die Absolventen dieser Einrichtungen deutlich schwieriger, als für ihre Kollegen, die in Betrieben ausgebildet wurden. Eine Untersuchung zum Ausbildungsjahrgang 1989/90 kam hier zum Ergebnis, daß ca. ein Jahr nach Ausbildungsende nur 16 % der Absolventen von außerbetrieblichen Einrichtungen im erlernten Beruf tätig waren, bei den betrieblich Ausgebildeten betrug dieser Anteil dagegen 42 % (Ulrich/Westhoff 1994, S. 16-21). Kritisch für die außerbetriebliche Ausbildung ist desweiteren anzumerken, daß sie innerhalb des dualen Systems der Berufsbildung ein systemfremdes Element darstellt. Es besteht die Gefahr eines Gewöhnungseffektes, der den weiteren Aufbau der betrieblichen Berufsausbildung beeinträchtigt. Außerdem besteht für die Jugendlichen, die in außerbetrieblichen Maßnahmen ausgebildet werden, die Gefahr einer Stigmatisierung als besondere 'Problemfälle' [Jeder, der die außerbetriebliche Berufsausbildung in den neuen Bundesländern kritisiert, sollte die Differenzierung nicht vergessen, daß er damit die Ersatzausbildungsstätten für fehlende betriebliche Ausbildungsplätze (Gemeinschaftsinitiative von Bund und Ländern) meint und nicht Ausbildungsplätze im Benachteiligtenprogramm, die auch bei ausreichendem betrieblichen Ausbildungsplatzangebot für Jugendliche, die besondere Hilfen benötigen, erforderlich wären.].

Betrachtet man die berufliche Bildung in den neuen Bundesländern differenziert, so ist vor allem auf die sehr unterschiedliche Ausgangssituation in den Ausbildungsbereichen 'Handwerk' und 'Industrie' einzugehen:

- Das Handwerk hat sich seit 1990 zum wichtigsten Träger der Berufsausbildung in den neuen Ländern entwickelt. Für viele Handwerksbetriebe handelt es sich bei der Durchführung von Berufsausbildung um eine neue Aufgabe, viele Betriebe waren sich in der Anfangszeit nicht sicher, ob sie den zu erfüllenden Aufgaben gerecht werden konnten. Es gibt dabei immer noch Handwerksbetriebe, die zwar ausbilden könnten, sich dieses aber noch nicht zutrauen.
- Aufgrund der umfassenden Strukturveränderungen ist die Bedeutung der industriellen Ausbildung in den neuen Ländern stark gesunken. Dabei hat die Auflösung von Großbetrieben und Kombinaten teilweise Teil zum Wegfall von Ausbildungsinfrastruktur geführt. Sich neu herausbildende kleine und mittlere Betriebe verfügen häufig nicht über eigene Lehrwerkstätten, um die Ausbildung aufnehmen zu können. Bei solchen Betrieben ist durchaus ein Interesse an der Heranbildung von Fachkräfte-Nachwuchs zu erkennen, allerdings fehlen die Voraussetzungen zur

Durchführung einer vollen Berufsausbildung. Hier bietet sich der Zusammenschluß unterschiedlicher Betriebe zu einem Ausbildungsverbund unter Beteiligung außer- bzw. überbetrieblicher Lehrwerkstätten an, wobei solche Modelle vielfach bereits praktiziert werden. Allerdings sind für kleine und mittlere Industriebetriebe die Möglichkeiten, öffentliche Mittel zur Finanzierung überbetrieblicher Ausbildungsphasen zu erhalten, ungünstiger als im Handwerksbereich.

Welche Bedeutung kommt nun den gewerblich-technischen Berufen in den neuen Bundesländern zu? Es dürfte klar sein, daß sich die in der DDR vorhandenen Berufsstrukturen unter den neuen marktwirtschaftlichen Bedingungen wandeln mußten. Dies gilt vor allem für die Unterrepräsentanz der kaufmännischen Berufe. Der extrem hohe Anteil gewerblich-technischer Berufe in der DDR ließ sich unter den neuen Bedingungen nicht aufrechterhalten. Im Rahmen des Anpassungsprozesses gab es gravierende Veränderungen auch in den Berufsstrukturen. Aufgrund der generell stark schrumpfenden Industrie ging auch die Bedeutung der gewerblich-technischen Industrieberufe deutlich zurück. Im Handwerk konnte sich die Berufsausbildung und damit auch ein breites Spektrum gewerblich-technischer Berufe entwickeln. Gewerblich-technische Berufsausbildung in den neuen Bundesländern ist deshalb heute zunächst eine Domäne des Handwerks.

Vergleicht man die Verteilung der Ausbildungsberufe für die neu abgeschlossenen Ausbildungsverträge des Jahres 1994 zwischen alten und neuen Bundesländern, so gibt es eine Reihe deutlicher Unterschiede. In den neuen Bundesländern kommt der Stufenausbildung in der Bauwirtschaft mit rund 15 % eine überragende Bedeutung zu. In den alten Bundesländern liegt dieser Anteil nur bei 5,4 %. Der hohe Anteil der Bauberufe ist dabei zunächst Ausdruck der guten Konjunktur in der Bauwirtschaft, gleichzeitig wird an Traditionen der Ausbildung in der DDR angeknüpft. So entfiel auch in der DDR auf die Bauberufe ein hoher Anteil von Auszubildenden (rund 8 %) (Werner 1992, S. 215-232). Eine relativ starke Bedeutung kommt - wie oben bereits angesprochen - gewerblich-technischen Berufen im Bereich des Handwerks zu. Beispielsweise zu nennen ist hier der Kraftfahrzeugmechaniker (Anteil Ost: 4,2 % und Anteil West: 3,8 %) sowie der Gas- und Wasserinstallateur (Anteil Ost: 2,7 % und Anteil West: 2,0 %). Die klassischen gewerblich-technischen Berufe in der Industrie sind in den neuen Bundesländern dagegen relativ schwächer vertreten als im alten Bundesgebiet. Hierbei ist zu berücksichtigen, daß die Bedeutung dieser Berufe in den letzten Jahren auch in den alten Ländern zurückgegangen ist. Auf Industriemechaniker entfällt so im Westen noch ein Anteil von 2,5 %, im Osten beträgt der Anteil nur noch 1,6 %.

Der generelle Mangel an Ausbildungsplätzen und die hohe Attraktivität der betrieblichen Ausbildung für die jungen Menschen hat in den neuen Ländern zu einer Reihe von Strukturauffälligkeiten geführt. Hier ist insbesondere das starke Interesse von Jugendlichen mit guten Schulabschlüssen für eine Ausbildung im Handwerk zu nennen. Von der Wahl eines Handwerksberufes z. B. im Baubereich verspricht man sich gute Beschäftigungsmöglichkeiten. Aufgrund des starken Beschäftigungsabbaus in der Industrie ist gleichzeitig für die dort noch vorhandenen Ausbildungsplätze ein geringeres Interesse festzustellen. Für leistungsschwächere Jugendliche sind die Chancen, einen Ausbildungsplatz im ge-

Betriebliche Berufsausbildung in den neuen Ländern 99

wünschten Ausbildungsberuf zu erhalten, stark eingeschränkt. Hierbei ist auch anzusprechen, daß der in den neuen Ländern neu eingeführte Hauptschulabschluß von vielen Betrieben nicht als vollwertiger Schulabschluß akzeptiert wird (Walden 1995, S. 77-81). Für Hauptschulabsolventen ist deshalb das Spektrum der zugänglichen Ausbildungsberufe äußerst eingeschränkt; Jugendliche, die keinen Schulabschluß haben, werden nur in Ausnahmefällen betrieblich ausgebildet.

In der DDR war es in hohem Maße üblich, Mädchen auch in gewerblich-technischen Berufen auszubilden. Mit dieser Tradition ist in den neuen Bundesländern allerdings gebrochen worden. Hierfür sind im wesentlichen die folgenden Entwicklungslinien verantwortlich:

- Mädchen wurden fast ausschließlich in gewerblich-technischen Industrieberufen ausgebildet. Mit dem generellen Rückgang der Ausbildungsaktivitäten in der Industrie haben sich auch die Ausbildungschancen für Mädchen verschlechtert.
- Es ist in den Betrieben eine nachlassende Akzeptanz zur Ausbildung von Mädchen in gewerblich-technischen Berufen zu beobachten. Hier drängt sich der Schluß auf, daß die gewerblich-technische Berufsausbildung für Mädchen in der DDR vor allem Ausdruck besonderer gesellschaftlich-politischer Einflußnahme auf die Betriebe war.
- Bei den Mädchen und jungen Frauen selbst ist ein nachlassendes Interesse an gewerblich-technischen Berufen und eine Umorientierung auf kaufmännnische und Dienstleistungsberufe zu beobachten.

1.4 Zukünftige Entwicklung der Berufsausbildung

Wie wird sich die Berufsausbildung in den neuen Ländern nun zukünftig entwickeln? Hier ist kurzfristig nicht damit zu rechnen, daß sich die Situation auf dem Ausbildungsstellenmarkt wesentlich entspannt. Dies geht aus einer Befragung bei ausbildenden Betrieben aus den neuen Bundesländern hervor, die vom Bundesinstitut für Berufsbildung im Frühjahr 1995 durchgeführt wurde (vgl. Brandes/Walden 1995a, Deutsches Institut für Wirtschaftsforschung 1995). Die Betriebe wurden zunächst danach gefragt, wie sich die Zahl der Auszubildenden in ihrem Betrieb während der nächsten drei Jahre voraussichtlich entwickeln wird. Für die Betriebe, die einen Rückgang der Ausbildung erwarten, wurde dann zusätzlich erfragt, welche Gründe hierfür maßgebend sind. Hier ist als Ergebnis herauszustellen, daß in den nächsten Jahren mehr Betriebe ihre Ausbildung einschränken als ausbauen wollen. Zwar will der größte Teil der Betriebe die Ausbildung in etwa im bisherigen Umfang weiterführen, für die Ableitung positiver oder negativer Tendenzen der zukünftigen Gesamtentwicklung der Ausbildung ist aber der Saldo aus Zunahme und Abnahme der Ausbildung entscheidend. In den gewerblich-technischen Berufen beträgt das Verhältnis der Betriebe, die die Ausbildung ausweiten wollen, zu den Betrieben, die sie einschränken wollen, 15 % zu 21 %; in den kaufmännischen Berufen betragen die Werte 11 % und 24 %.

Die geschilderten negativen Tendenzen zeigen sich vor allem für die Ausbildung in Großbetrieben mit mehr als 500 Beschäftigten. In der Gruppe der Großbetriebe wollen hier bei den gewerblich-technischen Berufen 35 % der Betriebe die Ausbildung reduzieren, nur 6 % gehen von einer Zunahme aus. Für die kleineren und mittleren Betriebe ist die Tendenz zu einem Rückgang der Ausbildungsaktivitäten dagegen weniger stark ausgeprägt. So wollen Kleinbetriebe (weniger als 50 Beschäftigte) zu 12 % die Ausbildung steigern, 17 % gehen von einer Reduzierung der Ausbildung aus. Wichtigster von den Betrieben für einen erwarteten Rückgang der Ausbildung angegebener Grund ist der mangelnde Bedarf an neu ausgebildeten Fachkräften (38 %). Die Ausbildung wird darüber hinaus von den Betrieben häufig als zu teuer (36 %) und aufwendig (20 %) bezeichnet. Ebenfalls wird häufiger auf eine allgemein schlechte Wirtschaftslage hingewiesen (29 %). Während dabei Großbetriebe stärker als kleinere und mittlere Betriebe auf den fehlenden Bedarf an neu ausgebildeten Fachkräften abstellen, bezeichnen kleinere und mittlere Betriebe häufiger die Ausbildung als zu aufwendig und zu teuer. Hier spielt eventuell eine Rolle, daß solche Betriebe erst vor kurzem mit der Ausbildung begonnen haben und sich noch kein routinierter Ausbildungsablauf herausgebildet hat.

Die betriebliche Berufsausbildung in den neuen Ländern hat sich also noch nicht genügend gefestigt, es besteht die Gefahr, daß die Ausbildungsaktivitäten von Betrieben wieder zurückgehen. Die Situation der Industrie und damit auch der dort vertretenen gewerblich-technischen Berufe hat sich noch nicht konsolidiert. In den vergangenen Jahren sind die Auszubildendenzahlen in diesem Bereich stark zurückgegangen; es besteht die Gefahr, daß die Zahl der Ausbildungsplätze noch weiter schrumpft.

2 Perspektiven der Berufsausbildung in den neuen Ländern

2.1 Weiterer Umbau der Volkswirtschaft

Der Umbau der Volkswirtschaft der neuen Länder ist noch in vollem Gange. Die mit dem Umbau einhergehende Auflösung großindustrieller und landwirtschaftlicher Komplexe, die Ausbreitung handwerklicher und industrieller Klein- und Mittelbetriebe sowie die Entstehung und die Ausweitung von Betrieben und Praxen im Dienstleistungsbereich blieben und bleiben nicht ohne Folgewirkungen auf die Struktur und Verteilung gewerblich-technischer, handwerklicher, kaufmännischer und dienstleistender Berufe. Die Volkswirtschaft der neuen Länder ist nach wie vor gleichsam durchsetzt von "ökonomischen Erfolgsinseln" der Ex-Treuhandbetriebe und Noch-Treuhandbetriebe, die sich in der Phase der (Teil-) Liquidation und/oder der Privatisierung befinden. Vergleichbares "Inseldasein" führen auch diejenigen Betriebe, die ihren Stammbetrieb bzw. die Zentrale in den alten Bundesländern haben und bei Entscheidungen sozusagen "weisungsgebunden" sind. Beim ersteren "Betriebstyp" dürften Entscheidungen über die Ausbildungsbeteiligung, deren Erweiterung oder Einschränkung sehr stark von der momentanen kapitalmäßigen Situation und beim letzteren Typ dürften Entscheidungsprozesse über betriebliche Aus- und Weiterbildungsaktivitäten sehr stark von der Zentrale abhängen. In beiden Fällen dürften Fragen der betrieblichen Aus- und Weiterbildung nicht unbedingt prioritäre Behandlung erfahren.

Betriebliche Berufsausbildung in den neuen Ländern

Bei den von der Zentrale "abhängigen" Betrieben könnte in dieser Hinsicht erschwerend für das Ausbildungsengagement hinzukommen, daß Ausbildungsentscheidungen nicht in das regional-lokale wirtschaftliche und soziale Umfeld eingepaßt sind und Sondersituationen nicht genügend Berücksichtigung finden. Wenn man bedenkt, daß die erfolgreiche "Einpassung" von Ausbildungsaktivitäten auch in den alten Ländern nicht unwesentlich vom sozialen und gesellschaftlichen Engagement getragen ist, kann man mutmaßen, daß hier Ausbildungspotentiale ungenutzt bleiben. Obwohl als positiv hervorgehoben werden muß, daß insbesondere regional das diesbezügliche Engagement und die gemeinsamen Diskussionsrunden von Betrieben, Sozialpartnern, Kammern, freien Trägern, Arbeitsverwaltungen, Berufs- und Fachhochschulen eine beträchtliche Ausbildungskultur aufgebaut haben!

Die Abhängigkeit der Entstehung, Weiterexistenz und Expansion von Klein- und Mittelbetrieben von funktionierenden industriellen Kernen hat für die ökonomischen Entwicklungsaussichten der neuen Länder einen hohen Stellenwert und in der Folge nicht nur wirtschafts- sondern auch berufsbildungspolitisch weittragende Folgen. Zuvor ist beim Umschichtungsprozeß der Volkswirtschaft der neuen Länder von hohen Beschäftigungsverlusten in der Land- und Forstwirtschaft sowie der Fischerei und im Bergbau auszugehen. Im warenproduzierenden Gewerbe muß ebenfalls mit einem langfristigen Abbau von Arbeitsplätzen gerechnet werden. Lediglich im privaten wie im staatlichen Dienstleistungsbereich wird nach den vorliegenden Prognosen bis zum Jahr 2000 mit einem Beschäftigungsplus zu rechnen sein. Insgesamt ist davon auszugehen, daß wegen veränderter Qualifikationsanforderungen die Arbeitsplätze für Ungelernte abnehmen und in der Folge deren Beschäftigungschancen weiterhin sinken werden.

Insgesamt tendiert die Entwicklung der Volkswirtschaft in den neuen Ländern zu einer von den alten Ländern abweichenden betrieblichen Aus- und Weiterbildungs"kultur". Chancen einer positiven Entwicklung auch für die künftige Ausbildungspartizipation der Betriebe sind dort zu sehen, wo sich alte und neue Klein- und Mittelbetriebe erfolgreich an die verbliebenen "ökonomischen Erfolgsinseln" 'anlagern' können.

Die Zahl der von den Betrieben zur Verfügung gestellten Ausbildungsplätze reicht - wie ausgeführt - bei weitem noch nicht zur Versorgung der Jugendlichen aus. Von der öffentlichen Hand wurden in der Vergangenheit deshalb in einem erheblichen Maße zusätzliche außerbetriebliche Ausbildungsplätze bereitgestellt. Darüber hinaus wurde auch die betriebliche Ausbildung selbst in großem Umfang mit öffentlichen Mitteln unterstützt. Ein Teil der Ausbildungsbetriebe betrachtet die Fortführung einer finanziellen Förderung dabei als Voraussetzung zur Aufrechterhaltung bisheriger Ausbildungsaktivitäten. Dies bedeutet, daß die Übernahme von Ausbildungsverantwortung mit eigenständiger Finanzierung noch nicht von allen Betrieben als selbstverständliche Aufgabe der Wirtschaft erkannt worden ist.

Für die kommenden Jahre ist zu befürchten, daß das betriebliche Ausbildungsangebot eher zurückgehen dürfte. Zum einen sind hier größere Industriebetriebe zu nennen, die die Ausbildung noch weiter reduzieren wollen, zum anderen sind aber auch in Bereichen, in denen das Ausbildungsplatzangebot in der Vergangenheit stark ausgeweitet wurde, erste Sättigungstendenzen zu spüren. Haupthindernis für einen zufriedenstellenden Ausbau der betrieblichen Ausbildung in den neuen Ländern ist vor allem ein zu niedriger Bedarf an neu ausgebildeten Fachkräften. Die Arbeitslosenquote in den neuen Bundesländern ist immer noch sehr hoch und viele gut qualifizierte Arbeitslose suchen auf dem Arbeitsmarkt eine Beschäftigungsmöglichkeit. An der sogenannten zweiten Schwelle ergeben sich deshalb für ausgebildete junge Fachkräfte deutliche Übergangsprobleme; die Chancen, vom Ausbildungsbetrieb übernommen zu werden, sind deutlich schlechter als in den alten Bundesländern (Ulrich 1995).

2.2 Aktivierung von Ausbildungspotentialen durch öffentliche Förderung

Die Bundespolitik ist - häufig im Einvernehmen mit der Berufsbildungspolitik der Länder - auf eine Aktivierung von Ausbildungspotentialen gerichtet und will insbesondere durch Incentives ausbildungsunentschlossene Betriebe für eine Ausbildung gewinnen. Maßnahmen der gezielten Hilfe zur Selbsthilfe sollen solche der Subventionierung von Ausbildungsplätzen in der nahen Zukunft ablösen, denn immerhin hat der Staat (Bundesanstalt für Arbeit, Bund, Länder, Europäischer Sozialfonds) von Januar 1990 bis September 1994 die außerbetriebliche Ausbildung mit 1,85 Mrd. DM gefördert (Berufsbildungsbericht 1995, S. 200 und 202 f.) Hierzu hat die Bundesregierung entsprechende Maßnahmen beschlossen.

Nachdem die neuen Länder und Ost-Berlin durch die EU zur "Region mit Entwicklungsrückstand" (Ziel-1-Gebiet) erklärt wurden, können möglicherweise die *vier verbesserten Grundsätze der überarbeiteten Regelung 1994-1999 der sechs überarbeiteten Verordnungen über die Strukturfonds der Gemeinschaft für den Zeitraum 1994-1999* (Kommission der Europäischen Gemeinschaften 1993, S.11 ff.) zu einer Verbesserung der Förderung der Berufsbildung beitragen.

Zusätzlich können durch veränderte Regularien in der Programmplanung des Europäischen Sozialfonds (ESF) - der sich seinerseits ja die Verbesserung der Beschäftigungsmöglichkeiten zum zentralen Ziel gesetzt hat - Anstöße zur qualitativen und quantitativen Verbesserung der Versorgung mit betrieblichen Ausbildungsstätten und -plätzen sowie zur Qualifizierung von Ausbildungspersonal erwartet werden. Denn der ESF sieht im Ziel-1-Gebiet ausdrücklich die Unterstützung und Weiterentwicklung von Ausbildungssystemen und zusätzlich in Industriegebieten mit rückständiger Entwicklung und ländlichen Regionen (Ziel-2- und Ziel-5b-Gebiete) die Förderung der allgemeinen und beruflichen Ausbildung vor.

Der Strukturfonds (Regionalfonds) kann somit sowohl zur (Teil-)Finanzierung (75 Prozent ESF-Mittel) von Ausbildungsplätzen in Betrieben, zu einer solchen Finanzierung von überbetrieblichen Einrichtungen und dem dort tätigen Personal genutzt werden. Gleichzeitig sind die Gemeinschaftsinititativen (allein oder in Kombination mit den Strukturfonds) insbesondere für die uns interessierende Klientel der kleinen und mittleren Unternehmen

Betriebliche Berufsausbildung in den neuen Ländern 103

(KMU) relevant, da sie für die Unterstützung und Dienstleistungen für KMU und dort u. a. für die Gründung von Werkstätten, Unternehmenszentren oder z. B. Beraterbüros, aber auch für bedarfsgerechte Fortbildungsmaßnahmen wie z. B. neue Technologien genutzt werden können oder für die Einrichtung in den Bereichen Sozialwesen, Gesundheit und Sicherheit sowie zur Verbesserung der Infrastrukturen und der Umwelt (Renovierung, Sanierung von Gebäuden, Verbesserung der Energienutzung u. ä.) (Europäische Kommission 1994, S. 11, 22/23 und passim).

Die Incentives der Gemeinschaftsinitiativen und der Strukturfonds können die bereits durch Betriebsgründungen und -weiterführungen entstandenen Ausbildungsstrukturen auf mittlere und längere Sicht begleitend unterstützen sowie zur Stabilisierung dieser Strukturen beitragen. Was kann man sich als weitere Aktivitäten zur Verbesserung der Situation noch zusätzlich zu den genannten Aktivitäten vorstellen? Wir glauben, daß künftig die folgenden Instrumente stärker auf einen erfolgreichen Einsatz hin geprüft werden müssen, wobei der Schlüssel für die weitere Entwicklung aber ein angemessenes Wirtschaftswachstum und die Herstellung reproduktiver und leistungsfähiger Wirtschaftsstrukturen bleibt.

2.3 Information und Beratung

Hier ist zunächst eine Verbesserung der Information und Beratung der Betriebe in Ausbildungsfragen zu nennen. Als mögliche konkrete Hilfen sind im Bereich der Information und Beratung insbesondere folgende Unterstützungsmaßnahmen zu nennen:

- Beratung über Berufe, in denen das Unternehmen ausbilden kann,
- Beratung während der Ausbildung,
- Hilfen bei der Vorbereitung/beim Abschluß des Ausbildungsvertrages,
- Beratung in Prüfungsfragen und
- Organisation eines Ausbildungsverbundes (Brandes/Walden 1995b).

Daß die konkret an den Organisations- und Durchführungsbedürfnissen von nicht oder nur schwach ausbildenden Betrieben ansetzenden Hilfen eine hohe Nachfrage genießen, zeigen auch die von der Bundesanstalt für Arbeit jährlich durchgeführten "Maikäfer-Aktionen". Hierbei wird durch die regionalen Arbeitsverwaltungen versucht, Betriebe der Region von der Sinnhaftigkeit und auch dem ökonomischen Vorteil von Ausbildung zu überzeugen. Dabei ist die Überzeugungsarbeit u. a. konkret mit dem Angebot verbunden, beim Einstieg in die betriebliche Erstausbildung mit praktischen Hilfen zur Hand zu sein. Hier hat u. a. auch eine kleinere gemeinsame Aktivität der Bundesanstalt für Arbeit mit dem BIBB angesetzt und eine an praktischen Ausbildungsfragen orientierte Broschüre mit Tips und Hilfen erstellt. Sie wird jährlich aktualisiert und potentiellen Ausbildungsbetrieben kostenlos zur Verfügung gestellt.

2.4 Ausbildungsplatzentwickler

Inzwischen hat das Bundesministerium für Bildung, Wissenschaft, Forschung und Technologie (BMBF) zur Förderung der Ausbildungsbereitschaft in den neuen Bundesländern ein Programm zur Einrichtung von Stellen für Ausbildungsplatzentwicklerinnen und -entwickler aufgelegt. Das BMBF sieht als Förderung vor, pro Arbeitsamtsbezirk zwischen drei und vier, insgesamt also 150 Stellen zu finanzieren, um nicht mit diesen zusätzlichen Stellen die personellen Kapazitäten der Lehrstellenwerbung zu beeinträchtigen, sondern eine Ausweitung der Beratungs- und Unterstützungsleistungen der Kammern zu erreichen. Grundlage der Arbeit des Ausbildungsplatzentwicklers/-entwicklerin sind umfassende Kenntnisse der Ausbildungs- und Beschäftigungssituation im Kammerbereich.
Zur Begründung dieses Programms heißt es: "Im allgemeinen werden den mit Ausbildungsfragen befaßten Mitarbeitern und Mitarbeiterinnen der Kammern die wesentlichen Informationen zur Verfügung gestellt (z. B. durch regelmäßige Zuleitung der Statistiken des Arbeitsamtes über die Entwicklung von Angebot und Nachfrage nach Ausbildungsplätzen). Darüber hinaus hätten sich die Ausbildungsplatzentwickler/-innen solche Daten zu beschaffen, die im Zusammenhang mit ihren ... Aufgaben bedeutsam werden, z. B.: Bestimmung der Zahl der nicht ausbildenden, aber ausbildungsgeeigneten Betriebe...; Ermittlung freier Ausbildungskapazitäten in Betrieben und überbetrieblichen Einrichtungen ...; Erfassung der noch nicht ausbildenden, aber ausbildungsbereiten Betriebe und der 'großen' Ausbildungsbetriebe." (SALSS 1995, S. 4 und passim)

Diese Stellen sollen bei den Kammern (Industrie und Handel, Handwerk, Freie Berufe) eingerichtet werden. Die Einstellung soll über die Kammern bzw. deren Spitzenorganisationen erfolgen. Das Fördervolumen liegt bei ca. 17 Mio. DM für das erste Jahr und die Gesamtlaufzeit soll drei Jahre betragen. Auch diese Aktivität zeigt, daß neue Ideen gefragt sind und nicht Sonderprogramme für Lehrstellen, die nur der "Ausdruck staatlicher Hilflosigkeit" sind.
Unter Fachleuten wird als sinnvolle Maßnahme, und um die weitere Subventionierung von Lehrstellen bzw. das Erkaufen der betrieblichen Ausbildungsbereitschaft durch den Staat zu verhindern, der betriebliche Ausbildungsverbund propagiert.

2.5 Initiierung und Organisation von Ausbildungsverbünden

Inzwischen wird über das Programm des BMBF zur Einrichtung von Stellen für AusbildungsplatzentwicklerInnen die Initiierung und Organisation von Ausbildungsverbünden forciert, da nach bisherigen Erfahrungen die Ausbildungsberater in diesem Punkt eher zögerlich bzw. zurückhaltend sind. So ist beispielsweise auf westdeutsche Erfahrungen mit Ausbildungsverbünden von Betrieben, Innungen oder Fachverbänden zurückzugreifen oder auf übergreifende Verbünde zwischen west- und ostdeutschen ungenutzten Platzkapazitäten. Die Ausbildungsverbünde vereinigen die Vorteile einer Verteilung von finanziellen und organisatorischen Lasten weg vom Einzel- auf den Gesamtbetrieb einer Branche z. B. in einer Region und nutzen die Vorteile, daß spezialisierte Einzelbetriebe gemeinsam einen komplexen Ausbildungsberuf ausbilden können, wenn sich jemand findet, der das Ganze organisiert. Und dies tun seit einer Reihe von Jahrzehnten - mehr oder weniger unbemerkt und von der Öffentlichkeit auch nicht gewürdigt - die Selbstorganisationen insbesondere des Handwerks (Innungen, Fachverbände etc.) sowie auch der Industrie - gelegentlich auch beide gemeinsam. Diese Verbundorganisationen der privaten Wirtschaft sind in der Regel Nutznießer staatlicher Förderung.

In den alten Bundesländern sind Verbünde in der Industrie mit wenigen Ausnahmen eigentlich kein aktuelles Thema. Sie waren es insbesondere in der kleinen und mittleren Industrie des technisch-gewerblichen Bereichs vorwiegend nach der Modernisierung und Überarbeitung der entsprechenden Ausbildungsordnungen. In den neuen Ländern könnte es für die gewerblich-technische Ausbildung in den kleineren und mittleren Industriefirmen möglicherweise attraktiv sein, im Verbund von erfahrenen und weniger erfahrenen, ausbildenden und bisher nicht ausbildenden Betrieben Verbünde zu organisieren. Hier scheint vorrangig im gewerblich-technischen Bereich ein bislang nicht ausgeschöpftes Ausbildungspotential zu existieren, das es überwiegend durch die verschiedenen Formen von Ausbildungsverbünden zu erschließen gilt. Nachdem großindustrielle Betriebe mit eigenen Lehrwerkstätten und Ausbildungswerkstätten größerer Art nicht mehr bestehen und so auch nicht mehr entstehen werden, sollte auch von der Berufsbildungspolitik versucht werden, für die Teilnahme von gewerblich-technischen kleineren und mittleren Betrieben an der Ausbildung mehr Anreize u. a. durch die Förderung von Verbünden bereitzustellen.

3 Perspektiven für die Gestaltung der Berufsausbildung in den neuen Ländern - Schlußbemerkung

Versucht man einmal, die berufsbildungspolitisch vorgetragenen Perspektiven für die Gestaltung der künftigen Entwicklung der Berufsbildung - insbesondere in den neuen Ländern zusammenzufassen - so lassen sich aus unserer Sicht folgende Vorschläge unterscheiden:

1. Die Bundesregierung garantiert weiterhin jedem "willigen und interessierten" Jugendlichen einen Ausbildungsplatz - im Prinzip auch seiner Wahl, wobei er u. U. regionale Abstriche machen muß (sogenannte Lehrstellengarantie des Kanzlers);
2. die Schaffung von außerbetrieblichen Ausbildungsplätzen in Einrichtungen u. a. von Freien Trägern bietet jedem Jugendlichen eine Ausbildungsmöglichkeit; der Bund bezuschußt dies durch entsprechende Programme, wenn die Anzahl der Plätze am Jahresende nachweislich nicht reicht, was aber als marktpolitische Ausnahme angesehen wird, der staatlichen Ordnungspolitik widerspricht, als systemwidrig bezeichnet wird und auch nach dem Willen der Bundesregierung möglichst bis zum Ende dieses Jahrtausends als Instrument beendet werden soll;
3. von denjenigen, die diese letztere Möglichkeit als systemwidrig bezeichnen, wird als weitere Alternative der Ausbau des vollzeitschulischen Angebots an Ausbildung (Berufsfachschulen u. ä.) vorgeschlagen;

4. bundesweit und nach dem ehemaligen Finanzierungsmuster des Ausbildungsplatzförderungsgesetzes geltende Finanzierungsregelungen werden von einigen Industriegewerkschaften auch weiterhin favorisiert (u. a. IG-Metall); hier sollen die nichtausbildenden Betriebe einer bundesweit tätigen Branche in einen nationalen Ausbildungsfonds zugunsten der Schaffung von Ausbildungsplätzen in Engpaßregionen einzahlen;
5. demgegenüber plädieren andere gesellschaftliche Gruppen, u. a. auch Einzelgewerkschaften wie die IG Chemie, Papier, Keramik, für regional- bzw. branchenspezifische Finanzierungs- bzw. Umlageregelungen, wie sie seit längerem z. B. im Bau-, Gebäudereiniger- oder Schornsteinfegergewerbe gültig sind;
6. Handwerk, Industrie und generell alle Gewerbe- und Dienstleistungsbereiche treten dafür ein, daß es den Betrieben überlassen bleibt, ob sie oder ob sie nicht ausbilden.

Hier stellt der Generalsekretär des BIBB - obwohl er den Ausbau vollzeitschulischer Angebote und branchen - bzw. regionalspezifische Finanzierungsregelungen bevorzugt - nicht zu Unrecht fest, "daß die Übertragung von Rechten zur Regelung der Berufsausbildung (Organisation, Prüfung etc.) vom Staat unter dem Legal- und Regelungsvorbehalt an die Selbstverwaltungsorganisationen der Wirtschaft nur deshalb delegiert wurde, weil die Wirtschaft nicht nur glaubhaft, sondern auch zu allen bisherigen Zeiten real die Berufsausbildung von jungen Leuten als ihr ureigenstes Anliegen definiert hat" (Schmidt 1995).

Allen Alternativen ist eines gemeinsam, daß sie nämlich offenbar auf der Suche nach einer "zeitgemäßen" und auch kostengünstigen Form der künftigen Berufsausbildung sind.

Es werden sich in den nächsten Jahren und Jahrzehnten Auseinandersetzungen und Kämpfe vollziehen, die auch die Forschung und Forschungsorganisation von Einrichtungen in diesem Feld nicht unberührt lassen, die aber insbesondere für die künftige Struktur der Berufsausbildung in den neuen Ländern prägend sein werden. Man wird den Verdacht nicht los, daß - nach der Vollziehung der Einheit unseres Vaterlandes und nach der großen "Experimentierfreude" auch in Fragen der Berufsausbildung im Osten durch die Initiierung neuer Berufsausbildungsmodelle und deren Finanzierung - die neuen Länder als Experimentierfeld der alten westdeutschen Lösungsansätze herhalten müssen.

Für die neuen Länder ist die Form der Ausbildung im Verbund sicher eine Perspektive, da sich Firmen unterschiedlicher Couleur aus Ausbildungsinteresse in nicht nur Problemregionen zusammentun und Lasten und Kosten aber auch inhaltliche Ausbildungsarbeit verteilen können.

Überhaupt glauben wir, daß den in den neuen Ländern herausgebildeten regional und lokal zentrierten Berufsausbildungsaktivitäten ("Runde Tische" mit Vertretern der Wirtschaft, der Arbeitsverwaltung, der regionalen Berufsschulzentren und auch der ortsansässigen Berufs- und Fachhochschulen sowie Universitäten) ein hoher Stellenwert bei der Frage des weiteren Ausbaus des dualen Systems der Berufsausbildung zukommt.

Literatur

AUTSCH, B./BRANDES, H./WALDEN, G.: Bedingungen und Aufgaben bei der Umgestaltung des Bildungssystems in den neuen Bundesländern. Bundesinstitut für Berufsbildung, Sonderveröffentlichung, Berlin/Bonn 1991

BERGER, K.: Strukturmerkmale der betrieblichen Ausbildung in Ostdeutschland. In: Degen, U./Walden, W./Berger, K. (Hrsg.): Berufsausbildung in den neuen Bundesländern. Bundesinstitut für Berufsbildung, Berichte zur beruflichen Bildung, Heft 180, Bielefeld 1995a, S. 29-40

BERGER, K.: Aspekte einer dualen Berufsausbildung aus Sicht von Schulabgängern und Schulabgängerinnen und daraus resultierende Einmündungsstrategien in die Berufswelt - Ergebnisse aus Gruppendiskussionen mit Abgangsschülerinnen und -schülern. Manuskript, Bonn 1995b

BESCHÄFTIGUNSOBSERVATORIUM Ostdeutschland, Nr. 11, Mai 1994

BRANDES, H./WALDEN, G.: Werden Ausbildungsplätze auch in Westdeutschland immer mehr zur Mangelware? Manuskript, Bonn 1995a

BRANDES, H./WALDEN G.: Mobilisierung von Ausbildungsplätzen in Ostdeutschland. Manuskript, Bonn 1995b

BERUFSBILDUNGSBERICHT 1995, Bundesministerium für Bildung, Wissenschaft, Forschung und Technologie (BMBF) (Hrsg.), Bad Honnef 1995

DEUTSCHES Institut für Wirtschaftsforschung: Mittelfristig steigender Bedarf an Lehrstellen in den alten und neuen Bundesländern, Wochenbericht 41/95

EUROPÄISCHE Kommission: Leitfaden der Gemeinschaftsinitiativen 1994-1999, 1. Ausgabe, Brüssel 1994.

KOMMISSION der Europäischen Gemeinschaften: Strukturfonds der Gemeinschaft 1994-1999 (Verordnungstexte und Erläuterungen). Brüssel 1993, S. 11 ff.

KUDELLA, P./PÄTZOLD, G./WALDEN, G.: Kooperation zwischen Berufsschulen und Betrieben in den neuen Bundesländern. Bundesinstitut für Berufsbildung, Berichte zur beruflichen Bildung, Heft 174, Bielefeld 1994, S. 16 ff.

PRIEWE, J.: Der Preis der schnellen Privatisierung - eine vorläufige Schlußbilanz der Treuhandanstalt. In: Beschäftigungsobservatorium Ostdeutschland, Nr. 11, Mai 1994,

SALSS - Sozialwissenschaftliche Forschungsgruppe GmbH: Förderung der Ausbildungsbereitschaft in den neuen Bundesländern. Schlußfolgerungen aus dem Projekt zur Einrichtung von Stellen für Ausbildungsplatzentwicklerinnen und -entwickler. Unveröff. Manuskript, Bonn, April 1995

SCHMIDT, H.: Interview zu dem systemwidrigen Fördern außerbetrieblicher Ausbildung. In: Wunsch, R.: Fachleute fordern Steueranreize für Ausbilder. Berliner Morgenpost Nr. 261 vom 23./24.09.1995 (Beruf/Karriere Spezial).

SCHOBER, K./RAUCH, A.: Außerbetriebliche Berufsausbildung in den neuen Bundesländern - Gute Noten trotz schwieriger Arbeitsmarktlage. IAB-Kurzbericht Nr. 8, Nürnberg 1995

ULRICH, J. G./WESTHOFF, G.: Die Ausbildung absolviert, den Umbruch auch? In: Berufsbildung in Wissenschaft und Praxis, Heft 4/1994, S. 16-21

ULRICH, J. G.: Duale Berufsausbildung in den neuen Ländern - wie Auszubildende sie sehen. Bericht des Bundesinstituts für Berufsbildung über das Forschungsprojekt "Ausbildung, berufliche Integration und Weiterqualifizierung von Berufsanfängern in den neuen Bundesländern und in Berlin (Ost)". Manuskript, Berlin 1995.

WALDEN, G.: Gewinnung und Auswahl von Auszubildenden. In: Degen, U./Walden, W./Berger, K. (Hrsg.): Berufsausbildung in den neuen Bundesländern, Bundesinstitut für Berufsbildung, Berichte zur beruflichen Bildung, Heft 180, Bielefeld 1995, S. 77-81

WERNER, R.: Struktur der Ausbildungsberufe vor und nach der Wende. In: Seyfried, B./Wordelmann, P. (Hrsg.): Neue Länder - Neue Berufsausbildung? Bundesinstitut für Berufsbildung, Berichte zur beruflichen Bildung, Heft 153, Berlin/Bonn 1992, S. 215-232

ZENTRALINSTITUT für Berufsbildung der DDR: Berufspädagogik, Berlin 1989

Klaus Hahne

Ansätze zur Verbesserung der betrieblichen Erstausbildung im Handwerk

1 Situation der Erstausbildung im Handwerk

Das Handwerk als Ausbilder: Aktueller Rettungsanker mit unsicherer Zukunftsoption? In der Mitte der neunziger Jahre scheint das Duale System erneut in die Krise zu kommen. Gerade dort, wo besonders teuer und vermeintlich besonders zukunftsorientiert ausgebildet wurde, z.b. im Bereich der Industrie und im Bereich der Dienstleistung und Kommunikation, fanden erhebliche Einschränkungen der Ausbildungskapazitäten statt. Demgegenüber erschien dann das Handwerk, welches relativ unabhängig von Branchenveränderungen und Konjunktur- und Krisenzyklen kontinuierlich ausbildet, erneut als "Ausbilder der Nation" oder gar als "Rettungsanker des Dualen Systems". Indem das Handwerk Schwankungen in der Ausbildungsbereitschaft besonders kompensiert, wird leicht übersehen, daß die Ausbildungsqualität, die Zukunftsorientiertheit und die tatsächlichen Berufsperspektiven nach einer handwerklichen Ausbildung kritisch auf Mängel und notwendige Optionen befragt werden müssen. Daher ist der "Paradigmenwechsel" in der beruflichen Bildung kurz darzustellen und in seiner Auswirkung auf das Handwerk zu prüfen. Die Aufzählung einiger "wunder Punkte" läßt die Notwendigkeit von Verbesserungen erkennen.

- Bei der Dominanz der auftragsorientierten und damit arbeitsplatzorientierten "Beistellehre" in der Ausbildung des Handwerks ist nur wenig Raum für eine systematische und nach pädagogischen Gesichtspunkten gegliederte Berufsbildung vorhanden. Dieser Mangel soll durch die überbetriebliche Unterweisung teilweise kompensiert werden.
- Die Spezialisierung vieler Ausbildungsbetriebe macht es schwer, die ganze Bandbreite des Berufsbildes zu vermitteln. Eine Kompensation könnte durch den Ausbildungsverbund mehrerer Betriebe geleistet werden. Diese Ausbildungsform wird in der Breite aber kaum genutzt.
- Die Ausbildungsqualität der auszubildenden Handwerker hängt von der individuellen Betriebskultur ab und ist höchst unterschiedlich. Die meisten Betriebe arbeiten ohne jeglichen betrieblichen Ausbildungsplan.
- Die Anzahl der Ausbildungsabbrüche im Handwerk ist signifikant höher als die in Handel, Dienstleistung und Industrie.
- Gerade im Handwerk haben wir eine besonders hohe Anzahl von Menschen, die schon kurz nach ihrer Gesellenprüfung nicht mehr in ihrem ausbildenden Handwerksbetrieb tätig sind (Problem 2. Schwelle). Nach 5 Jahren sind nur noch die Hälfte der Ausbildungsabsolventen in ihrem erlernten Beruf tätig (Schongen 1994).
- Die Kooperation der Lernorte im Handwerk ist besonders schwierig. Der Berufsschullehrer findet in seiner Klasse meist so viele "Kooperationspartner", wie er Schüler in seiner Klasse hat.
- Der Lernortpartner "ÜLU" (überbetriebliche Lehrgangsunterweisung) ist in vielen Handwerksbereichen zu einer Nachhilfe für die praktische Zwischen- und Gesellenprüfung "verkommen" und steht zu wenig für die Mitarbeit an zukunftsweisenden didaktischen Innovationskonzepten zur Verfügung.

2 Die Berufsausbildung im Handwerk

2.1 Paradigmenwechsel in der beruflichen Bildung

Mit der Diskussion der "Schlüsselqualifikationen" wird ein Paradigmenwechsel in der beruflichen Bildung deutlich. Danach sollte es zunächst nicht mehr nur um berufliche Qualifikationen im engeren Sinn gehen, sondern auch um die Herstellung einer allgemeinen beruflichen Handlungsfähigkeit in einer sich wandelnden Arbeitswelt. Bestand in der traditionellen Berufsbildung eine Vorstellung von den Anforderungen der Technik und der Arbeitswelt, an die es die Lehrlinge anzupassen gelte, so traten nun zunehmend subjektorientierte Konzepte in den Vordergrund, wobei es um die Entfaltung und Förderung individueller Fähigkeitspotentiale gehen sollte. Unter den vielen Ursachen des Paradigmenwechsels seien hier vor allem der gesellschaftliche Wandel und die soziologischen sowie psychologischen Veränderungen bei den Ausbildungsabsolventen seit den fünfziger Jahren, die technologischen Innovationen, die ökologischen Herausforderungen, aktuelle Entwicklungen in der Arbeitsorganisation herausgehoben, aber auch die um sich greifende Einsicht, daß sich alle Prognosen über einen spezifizierten Qualifikationsbedarf des Beschäftigungssystems als mehr oder weniger unzutreffend erweisen könnten (Reetz/ Reitmann 1990, Ott 1995 und Arnold 1996).
Bei aller berechtigten Kritik am schillernden Begriff der Schlüsselqualifikationen liegt der Verdienst der Debatte m. E. darin, die Augen der Berufspädagogen stärker auf die Vermittlung von Kompetenzen gerichtet zu haben, die neben der **Fachkompetenz** von Bedeutung sind.
Die meisten Autoren nennen hierbei:

- **Sozialkompetenz** (z.B. Arbeiten im Team/ Teamfähigkeit)
- **Humankompetenz** (Persönlichkeitsentwicklung, Zielstrebigkeit etc.)
- **Methodenkompetenz** (z.B. Problemlösestrategien entwickeln)

Natürlich wurde rasch deutlich, daß es einen Lehrgang "Flexibilität" nicht geben kann, das Teamfähigkeit oder Selbständigkeit nicht wie die Grundlagen der Metallbearbeitung "vermittelbar" sind. Daher wurde als didaktisches Umsetzungskonzept im Zusammenhang mit dem Paradigmenwechsel immer häufiger das Konzept der Handlungsorientierung diskutiert.
In der Quintessenz, so Pätzold (1992, S. 9), zielt Handlungsorientierung auf eine konstruktive, die Interdependenz von Denken und Handeln aufnehmende Lernprozeßgestaltung mit einer zentralen Aufwertung ganzheitlich-fächerübergreifender, aktiv-entdeckender und durch die Lernenden selbstorganisierter und kooperativer Lernformen.

2.2 Präzisierung durch das Konzept der "vollständigen Handlung"

Handlungsorientierung richtet sich auf den Erwerb einer umfassenden, die Entwicklung des Subjektes einschließenden, beruflichen Handlungskompetenz. Lernpsychologische Deutungen beruflicher Handlungskompetenz basieren zwar auf unterschiedlichen Handlungstheorien, führen aber zu ähnlichen Konsequenzen, nämlich zu einem unauflösbaren Zusammenhang von Handeln und Lernen. Das Konzept der "vollständigen, selbständigen Handlung" (Koch/Selka 1991 und Höpfner 1991) hat - begünstigt durch eine Vielzahl von Modellversuchen zur Leittextmethode - in der beruflichen Bildung eine besondere Durchschlagskraft erhalten. Die "vollständige Handlung" zeichnet sich durch folgende Schritte aus:

Betriebliche Erstausbildung im Handwerk

- Entwickeln von Zielsetzungen und damit verbunden ein geistiges Vorwegnehmen des Handlungsergebnisses;
- Informieren über die Einzelbereiche komplexer Aufgabenstellungen und die Bedingungen des Handelns;
- Planen des Vorgehens, geistiges Durchprobieren verschiedener Vorgehensvarianten;
- Begründetes Entscheiden für ein Vorgehen;
- Durchführen bzw. Umsetzen des Planes;
- Kontrollieren und Bewerten des Handlungsproduktes;
- Abschließendes Bewerten des ganzen Handlungsprozesses einschließlich Transferüberlegungen zur Durchführung weiterer Handlungsprozesse.

In komplexen Formen der Arbeitsorganisation gehören natürlich zum selbständigen Handeln auch zwingend Formen der Kooperation und Kommunikation. In allen Konzepten von Gruppen- bzw. Teamarbeit wird deutlich, daß es sich bei den genannten Schritten des vollständigen Handelns jeweils um kommunikative und kooperative Elemente (Abstimmen, Entscheiden, Begründen, Bewerten...) handeln muß.

2.3 Ausbildungstradition im Handwerk - Zwischen Kontinuität und Innovationsresistenz

Jahrhundertelang war die handwerkliche Ausbildung eine vorherrschende Form nichtakademischer Berufsbildung. Die ganzheitliche Sozialisation der Lehrlinge in der Handwerksfamilie, die wiederum in die Innung ihres Gewerkes eingebunden war, verband lebensweltliche Orientierung und Einordnung (und natürlich dabei auch ein erhebliches Maß an Disziplinierung) mit einer beruflichen Ausbildung, die alle Bereiche des Handwerksbetriebes und seiner Aufträge umschloß.

Um die kleinbetrieblichen und lokalen Mängel einer solchen Ausbildung zu kompensieren, war die "Wanderschaft" der Gesellen ein wichtiges Mittel, um aus dieser Enge auszubrechen. Durch diese Mobilität konnte regionale Beschränktheit überwunden und in der Vorbereitung auf die Meisterprüfung, eine über regionale und einzelbetriebliche Beiträge hinausgehende Vervollkommnung des handwerklichen Könnens erreicht werden. Wie in der Ausbildung erfolgte die berufliche Bildung in der Weiterbildung als durchgängige Orientierung im Arbeitsprozeß. Lernen und Arbeiten waren in der handwerklichen Ausbildung nicht getrennt.

Mit dem Aufkommen des "Taylorismus" begann in der manufakturellen bzw. industriellen Produktion eine Trennung der Bereiche Ausbildung und Produktion. In systematischen Grundlehrgängen wurden die für eine Mitarbeit in der komplexer werdenden Produktion notwendigen Fähigkeiten, Fertigkeiten und Kenntnisse von der Produktion völlig ausgegliedert in der Lehrwerkstatt, nach fachsystematischen und lernpsychologischen Gesichtspunkten gegliedert, vermittelt. In dem Ausmaß, indem seit Beginn der siebziger Jahre aber die klassische tayloristische Produktionsweise durch flexiblere und integriertere Produktionsprozesse abgelöst wurde, erwies sich dann die bis dahin mit der Berufsbildung verfolgte Anpassung der Subjekte an objektiv gesetzte Arbeitsbedingungen als partiell obsolet. Daher wurde die lehrgangsorientierte Unterweisung seit Ende der siebziger Jahre zunehmend ergänzt durch gruppen- und subjektorientierte neue Formen der Ausbildung, wie z. B. durch die Leittextmethode oder die Projektarbeit. Sinnstiftende Produkte und Projekte statt "Edelschrott", aktivierende statt passive Methoden, Dezentralisierung und arbeitsplatz- und produktionsorientierte Vermittlungsformen mögen diesen Paradigmenwechsel in der Industrie kennzeichnen.

Die Neuordnung der industriellen und - was häufig übersehen wird - auch der handwerklichen Metall- und Elektroberufe verfolgte im wesentlichen das Ziel, den selbststständig planenden, durchführenden und kontrollierenden Facharbeiter heranzubilden, der durch Einbindung fachlicher und überfachlicher Qualifikation vielfältigen und neuartigen beruflichen Problemstellungen gewachsen sein sollte.

In einer Vielzahl von Modellversuchen hat sich die sogenannte "Leittextmethode" als ein besonders geeignetes betriebliches Ausbildungskonzept gezeigt, mit welchem die Jugendlichen stärker in die aktive Gestaltung von Lernprozessen einbezogen werden können, indem die fach- und ausbilderzentrierte Vierstufen-Methode abgelöst wurde durch eine Lerner- und lernprozeßorientierte Methode, bei der die Selbststeuerung des Lernprozesses durch die Lernenden nach dem Konzept der "vollständigen Handlung" im Vordergrund stand. Die Rolle des Ausbilders veränderte sich dabei vom Wissensvermittler und Leiter des Lernprozesses zum begleitenden Moderator des Gruppenprozesses mit vielfältigen pädagogischen, kommunikativen und fachlichen Funktionen. Bei der Umsetzung der neuen Ausbildungsordnung in der betrieblichen Ausbildungsrealität kam den Leittexten eine besondere flankierende und stützende Rolle zu. Dieser Zusammenhang wurde deutlich in dem Tagungsmotto des 2. bundesweiten Infomarktes zum Bereich der Leittexte in der Metall- und Elektroausbildung mit dem Titel: "Neue Berufe fordern Neue Methoden" (Bundesinstitut für Berufsbildung 1990). Die Entwicklung und Erprobung von Leittexten blieb allerdings auch nach der Neuordnung im wesentlichen auf die betriebliche Ausbildung in industriellen Groß- und Mittelbetrieben beschränkt, eine Übertragung und Erprobung der möglichen Fruchtbarkeit des Konzeptes für die handwerkliche Berufsausbildung oder die Berufsschule erfolgte bisher nur in wenigen Ansätzen (Koch/Meerten 1991, Hahne/Selka 1993 und Hahn u. a. 1995).

Mit einem gewissen Recht konnte das Handwerk diesen in der industriellen und professionalisierten Berufsbildung diskutierten Paradigmenwechsel und die daraus entstehenden "neuen" Formen der Aus- und Weiterbildung ignorieren. Im Handwerk war ja das Problem einer in Lehrgängen verschulten und von der Realität der Arbeitswelt vollständig abgetrennten Ausbildung nie die dominierende Lernform geworden, so daß man wie die "Swinegel" im Plattdeutschen Märchen gegenüber all den berufspädagogischen Neuerungen (dem Hasen) sagen konnte " ick bin all da". Andererseits wurde nicht erkannt, welche Chancen der Qualitätssteigerung eine partielle Übernahme von für das Handwerk umgestalteten Lernkonzepten sich für die berufliche Bildung im Handwerk ergeben könnten. Auch für das Handwerk werden die Konzepte, die unter den Schlagworten wie "Quality-Management", Kundenorientierung, Beherrschung komplexer Technologien etc. diskutiert werden, wichtiger. Sie verlangen nach neuen und erweiterten Lernformen in der Aus- und Weiterbildung des Handwerks. Sicher war das Fehlen von hauptamtlichen Ausbildern und einer ausgeprägten pädagogisch organisierten Berufsbildungsstruktur im Handwerk eine Ursache für das Ausbleiben der Diskussion über neue Formen beruflicher Bildung.

2.4 Besonderheiten der Ausbildung im Handwerk

Die Ausbildung im Handwerk vollzieht sich im wesentlichen durch das unmittelbare Lernen der Lehrlinge am Vorbild von Gesellen und Meistern. Dabei werden die Lehrlinge im Laufe der Lehrzeit zunehmend an der Erfüllung der betrieblichen Aufträge durch Mitarbeit in der

Betriebliche Erstausbildung im Handwerk

Werkstatt, beim Kunden und auf der Baustelle beteiligt. Dieses Lernen am Arbeitsplatz, im Handwerksbetrieb und auf wechselnden Baustellen wird ergänzt durch systematische Unterweisungen und Qualifikationsvermittlung in überbetrieblichen Lehrgängen.

Der Lernort "überbetriebliche Ausbildungsstätte" soll dabei folgenden Anforderungen besonders gerecht werden:

- der elementaren Vermittlung grundlegender Qualifikationen, für deren Realisierung im handwerklichen Einzelbetrieb häufig die notwendige Ausbilderkapazität und die geeigneten Lehrwerkstätten (Lehrlingsecken) fehlen. Dieses wird als sogenannte "Verlängerung der betrieblichen Werkbank" bezeichnet;
- der Vermittlung von Qualifikation in technologischen Bereichen, die so komplex sind, daß sie in den einzelnen kleinen Handwerksbetrieben mit jeweils unterschiedlichen Schwerpunkten nicht oder nicht ausreichend vermittelt werden können;
- der systematischen Vorbereitung durch überbetriebliche Lehrgangsunterweisung (ÜLU) auf die praktischen Zwischen- und Gesellenprüfungen, die von den Betrieben nicht geleistet wird.

Die handwerkliche, betriebliche und auftragsorientierte Ausbildung hat zweifellos den Vorteil, daß es sich bei der Mitarbeit an den wechselnden Aufträgen um ein "Lernen im Ernstfall" handelt, welches im Allgemeinen eine hohe Motivation mit sich bringen kann. Untersuchungen über die Qualitäten der Ausbildung im Urteil von Lehrlingen heben immer wieder den besonderen motivierenden Ernstfallcharakter dieser Mitarbeit bei Kundenaufträgen und auf der Baustelle heraus (Feller 1995, S. 46 ff.). Dem steht der Nachteil gegenüber, daß die individuellen und wechselnden betrieblichen Aufträge nach wirtschaftlichen Gesichtspunkten akquiriert und erledigt werden müssen, so daß die darin zu erwerbenden und zu vermittelnden Qualifikationen und Arbeitstechniken sich nur schwierig in ein abgestimmtes und systematisch aufeinander aufbauendes Lern- und Qualifizierungskonzept einordnen lassen.

Als weiteres Defizit der auftragsorientierten Ausbildung zeichnet sich ab, daß viele Handwerksbetriebe eine gewisse Einengung ihres Berufsbildes durch die angenommenen Aufträge aufweisen, so daß die ganze Bandbreite des Berufes aufgrund dieser betrieblichen Spezialisierung für die Lernenden nicht mehr sichtbar wird. Die überbetriebliche Unterweisung kann diesen Mangel nur ungenügend kompensieren.

Der m. E. wichtigste Nachteil des auftragsorientierten Lernens ist nicht systembedingt, sondern liegt darin, daß die Lernform der Mitarbeit im Kundenauftrag nur unzureichend für berufliche Bildungszwecke ausgeschöpft wird. Die bisherigen Formen der Mitwirkung in den Kundenaufträgen des Handwerks (Stratenwerth 1991) lassen zwar zu, daß der Lehrling nach seiner Leistungsstärke und seiner bisher erworbenen beruflichen Kompetenz, von der Handlangertätigkeit über die Funktion als Zuarbeiter zum Gesellen bis zum eigenverantwortlichen Durchführen von kleineren oder größeren Einzelarbeiten, differenziert gefördert werden kann. Die Einsichtsmöglichkeiten bei diesen Mitwirkungsformen beschränken sich jedoch vor allem auf die Phase der Auftragsdurchführung. Die ebenfalls zum ganzheitlichen Verständnis eines Kundenauftrags gehörenden Phasen der Auftragsakquisition, der Auftragsplanung und schließlich - anschließend an die Auftragsdurchführung - der Übergabe an den Kunden, der Inbetriebnahme, der Funktionsprüfung und der Auftragsauswertung, geraten so nicht in den Blick und bleiben für die berufliche Bildung ungenutzt.

Vor dem Hintergrund einer zunehmenden Komplexität der Technik und der Arbeitsdurchführung - auch im Handwerk - zeigt das unmittelbare erfahrungsgeleitete Lernen an den realen Gegenständen und Prozessen der Arbeitswelt Grenzen auf, bei dem wesentliche Bereiche und Gegenstände beruflichen Handelns den Charakter von undurchschauten "Black boxes" annehmen können. Diese möglichen Grenzen des Lernens in realen Arbeits- und Produktionsprozessen lassen sich m. E. nur durch eine Ausweitung ihrer beschränkten Lernpotentiale, durch die Einbeziehung von Modellen, Simulationen, technologischen Experimenten und medial aufbereiteten Vermittlungen (wie z. B. Leittexte) überwinden. Offensichtlich müssen sich auch in der betrieblichen Ausbildung sowie im Lernen am Arbeitsplatz bestimmte handlungssystematisierende Strukturschemata - wie z. B. das der "vollständigen Handlung" - und eine die einzelnen konkreten Arbeitsschritte (Tätigkeiten) überschreitende und sie verbindende Ganzheitlichkeit erkennen lassen, damit hier wirklich den Ansprüchen des Handlungslernens Genüge getan wird. Genau diese fehlenden Strukturierungen und Handlungsregulationsschemata können durch offene Leitfragenkonzepte geleistet werden.

3 Ansätze zur Verbesserung der betrieblichen Ausbildung

3.1 Drei Lernkonzepte für die Ausbildung im Handwerk

In verschiedenen Forschungsprojekten des Bundesinstituts für Berufsbildung zeigten sich drei mit Leitfäden zu stützende und zu strukturierende Lernkonzepte für eine Qualitätsverbesserung und für eine Innovation der Ausbildung im Handwerk von besonderem Interesse:

- das *projektorientierte Lernkonzept*, mit dem die auftragsbezogene Kommunikation, die Gestaltungsfähigkeit sowie die Befähigung zur selbständigen Planung, Durchführung und Bewertung einer umfangreichen Arbeit verstärkt werden kann. Durch eine Sammlung von geeigneten Projektvorschlägen kann aber auch das Innovationspotential einer ganzen Handwerksbranche bereichert werden (Domann/Hahne 1994).
- das *auftragsbezogene Lernkonzept,* mit dem in der eigentlichen Lernform des Handwerks, nämlich der Mitwirkung der Lehrlinge bei der Durchführung der Kundenaufträge, durch die Bereitstellung von Strukturhilfen und Checklisten nicht nur ein Qualitätssprung in der Ausbildung, sondern darüber hinaus auch eine Qualitätsverbesserung in der Auftragsabwicklung selbst erreicht werden kann. Hier könnte sich zeigen, daß ein ursprünglich nur für berufliche Bildungszwecke entwickeltes Instrument, sich auch als Qualitätsverbesserung in der Durchführung der gesamten handwerklichen Dienstleistung bzw. Auftragsdurchführung auswirken kann.
- das *Erkundungs-Lernkonzept*, mit dem besonders in problemorientierten Bereichen, wie dem der beruflichen Umweltbildung, ein lernortübergreifendes Zusammenwirken aller Lernorte des Handwerks verstärkt werden kann. Dieses Leittextkonzept ist besonders für die Öffnung der Berufschule geeignet (Hahne 1995).

Mit den auftrags- und erkundungsorientierten Leitfadenentwicklungen entstanden Konzepte, die den Bedingungen des Lernens im realen Arbeitskontext bzw. an realen Arbeits- oder Kundenaufträgen angemessen waren. Entstanden war das Auftragskonzept bei Großunternehmen, wo die Ausbildungsabteilungen im Rahmen der innerbetrieblichen Auftragsvergabe mit geeigneten Arbeitsaufträgen an der realen Produktion beteiligt

Betriebliche Erstausbildung im Handwerk 115

wurden. Diese Ausrichtung an der realen betrieblichen Produktion sollte nicht zugunsten "simulativer" pädagogischer Projekte aufgegeben werden. Dabei versteht sich "simulativ" (Wiemann 1990 und 1994) als ein unter primär pädagogischen Intentionen organisierter Bereich im Unterschied zum "authentischen"Lernen in der realen "produktiven"Arbeit.

3.2 Konzepte zur Stützung des auftragsorientierten Lernens

Wenn man im Kundenauftrag des Handwerks das beste Lernobjekt für ein ganzheitliches und umfassendes Verständnis der beruflichen Arbeit erblickt, so muß man schon in der Ausbildung dem Lehrling die Möglichkeit geben, alle Phasen des Kundenauftrags in ihrer Abhängigkeit voneinander und in ihrem Zusammenhang kennenzulernen. Der Stützung dieses auftragsorientierten Lernens durch neue Lernkonzepte kommt daher in den Reformansätzen zur betrieblichen Berufsbildung des Handwerks ein zentraler Stellenwert zu. In verschiedenen BIBB-Projekten und Modellversuchen entstanden medial vermittelte Konzepte, welche davon ausgehen, Ausbildern und Auszubildenden die Lernchancen bei der Mitarbeit im Kundenauftrag transparent zu machen und zu verstärken.

Unsere kundenauftragsorientierten Pilotentwicklungen zum gewerkeübergreifenden Aufgabenbereich "Bodenbelagarbeiten" zeigten, daß für das auftragsorientierte Lernen in der Ausbildung des Handwerks sich ein kundenauftragsbezogenes Leitfadenkonzept als strukturierende und Ganzheitlichkeit herstellende Ausbildungshilfe anbot, wenn es einen **allgemeinen auftragsbezogenen Leittext** zur Planung und Durchführung des Kundenauftrages (als "Hosentaschenmedium" für die Baustelle) und daneben ausführliche **Auftragstypen-Leittexte** für die einzelnen konkreten Verlegearbeiten als komplexe Arbeitsaufgaben mit notwendigen theoretischen Bezügen zu ihrer kompetenten Bewältigung enthielt (Rosenbaum/Hahne/Förster 1991).

Leitfragen, Checklisten und andere Elemente, die sich strukturierend und lernfördernd bei der Durchführung eines Kundenauftrages in seinen Phasen der Auftragsabwicklung auswirken können, zeigen, daß diese Elemente nicht in jedem Fall etwas Künstliches und Zusätzliches für das handwerkliche Auftragsmanagement bedeuten, sondern daß sie durchaus ihre Entsprechung in immer schon vorhandenen handwerklichen Instrumenten bei der Auftragsabwicklung haben, wie z.B. Leistungsverzeichnisse, Zeichnungen, Konstruktionsunterlagen, Kalkulationen, Arbeitsablaufpläne und Stücklisten. Die Leitfäden betten diese Teilelemente allerdings in eine ganzheitliche Strukturierung des Auftrags in seinen Ablaufphasen nach dem Konzept der vollständigen Handlung ein.

Ein kundenauftragsorientierter **Leitfaden** hat nach unseren bisherigen Erfahrungen folgende Funktionen:
Sie dienen in allen Phasen - Akquisition, Planung, Durchführung, Auswertung - des Kundenauftrages als heuristische Orientierungshilfe. Dabei sind Leitfragen, die sich mit der Abwicklung des Kundenauftrages, also dem Auftragsmanagement, dem Umgang und der Kommunikation mit dem Kunden und der auftragsgerechten Abwicklung, befassen, zu unterscheiden von Leitfragen, die die technologische und ökologische Fachebene des Kundenauftrags betreffen.

Nach unseren Erfahrungen eignen sich halboffene **Arbeitsablaufpläne** am besten zur Bearbeitung für Auszubildende und Gesellen (Abb. 1). Ganz offene Arbeitspläne, in die alle Arbeitsschritte selber eingetragen werden müssen, überfordern die Lernenden offensichtlich ebenso wie mit allen Rubriken, vollständig ausgefüllte Arbeitspläne, die nur noch in dem Teil angekreuzt oder farbig unterlegt werden müssen, der für den betreffenden Kundenauftrag von Bedeutung ist.

Die Phasen eines Arbeitsablaufplans für einen Kundenauftrag "Umstellung auf Brennwerttechnik" im SHK-Handwerk beziehen sich z.B. auf

- die Vorbereitung, die Demontage und Lagerung;
- die Montage;
- die Dichtheitsprüfung und Dämmungen;
- die Inbetriebnahme und Einregelung;
- das Aufräumen der Baustelle;
- die Kundeneinweisung und Übergabe - ein Punkt, bei dem wir nach unseren Erfahrungen die größten Mängel in der handwerklichen Auftragsabwicklung festgestellt haben - sowie
- die Auswertung und Nachkalkulation.

Quer zu den Phasen der Auftragsabwicklung stehen die für die jeweiligen Arbeitsschritte benötigten

- Materialien, Werk- und Hilfsstoffe;
- Werkzeuge und Maschinen;
- Arbeitssicherheit (Hinweise, persönliche Schutzausrüstung) und
- Umweltschutzaspekte.

Gerade die Spalten Arbeitssicherheit und Umweltschutz müssen vollständig integriert bei jeder Arbeitsplanung mitbedacht werden.

Checklisten zur Vorbereitung von Kundenberatungsgesprächen, zur Vorbereitung einer Inbetriebnahme und zur Durchführung der Übergabe einer Anlage an den Kunden mit Hinweisen zum umweltfreundlichen Gebrauch sind weitere Leittextelemente im Kundenauftrag.

Der Versuch; mit diesen medialen Ansätzen die Ausbildungsleistung in der auftragsorientierten Ausbildung des Handwerks zu verbessern, zeigte, daß das Potential groß ist, daß aber nur medial gestützte Innovationsansätze zu kurz greifen, wenn nicht durch begleitende Multiplikatorenkonzepte Ausbilder qualifiziert und dazu motiviert werden, diese Materialien auch im breiten Maßstab einzusetzen. Daher ist es wichtig, auch auf Modellversuche hinzuweisen, die sich der Qualifizierung von Ausbildern oder der Verbesserung der Ausbildungssituation auf den Baustellen oder im Kundenauftrag besonders zuwenden.

Mit dem Modellversuch der "Lehrlingsbaustelle-Malerwerkstätten Heinrich Schmidt" (Kleinschmitt/Petrenko 1987) wurde versucht, das folgende Problem der handwerklichen Ausbildung zu lösen: Die Meister sind in der eigentlichen Ausbildungssituation nicht mehr genügend präsent. Sie sind mit Betriebsführungsaufgaben stark ausgelastet. Eigentliche Ausbilder sind daher die Gesellen, diese sind aber für ihre Ausbilderaufgaben nur ungenügend qualifiziert. Hinzukommt, daß sie als ältere Gesellen in den jüngeren nachrückenden Lehrlingen oft eher Konkurrenten oder Hilfskräfte sehen als Auszubildende, die durch gezielte Maßnahmen in die Arbeitstechniken ihres Berufes eingeführt werden sollen. Das Konzept der Lehrlingsbaustelle geht also von verschiedenen Vermittlungs- und Qualifizierungsblockaden aus, die folgendermaßen überwunden werden sollen:
Spezielle junge Gesellen werden für die Ausbildungsfunktion als "Lehrlingsgesellen" besonders qualifiziert. Die in die Betriebe hereinkommenden Kundenaufträge werden

Betriebliche Erstausbildung im Handwerk

Pos.	Arbeitsschritte	Werk- und Hilfsstoffe	Werkzeuge und Maschinen	Arbeitssicherheit	Umweltschutz	Kontrolle
1	Arbeitswege und Arbeitsräume auslegen	Pappe, Teppich, Folie	Staubsauger		Recyclingmaterial verwenden	
2	Zwischenlager für Neu- und Altteile errichten	Folie, Markierungen	Zwischenlager für Neu- und Altteile errichten	Zwischenlager für Neu- und Altteile errichten	Zwischenlager für Neu- und Altteile errichten	
	Arbeitsbereich vorbereiten und absperren			Bauleuchte, Feuerlöscher	Werkstoffbehälter aufstellen	
	Gasventil schließen					
	Kaltwasserleitung absperren					
	Heizungs- und Warmwasseranlage entleeren	Schlauch, Eimer, Putzlappen				
	Heizkesselanschlüsse trennen	Werkzeugkoffer	Schneidbrenner			
	Heizkessel ausbauen und zwischenlagern				Abfallkategorien beachten	
	Abgasleitung abbauen					
	Wärmedämmung demontieren			Feinstaubmaske P2	Mineralstoffe absaugen	

Abb. 1: Arbeitsablaufplan für die Durchführung der praktischen Arbeit

danach gesichtet, welche für eine Bearbeitung durch spezielle Teams von Lehrlingsgesellen und Lehrlingen bearbeitet werden können. Auf diese Weise wird für die produzierende Ausbildungsabteilung ein Pool von Lehrlingsbaustellen aus der betrieblichen Auftragsmasse ausgegrenzt, der nun von autonomen Lehrlingsteams unter der Mithilfe ihres Lehrlingsgesellen bearbeitet werden kann. Diese Aufträge können so gestaffelt werden, daß vom ersten bis zum dritten Ausbildungsjahr zunehmend komplexer werdende Aufträge durch die Teams bearbeitet werden. Die sonst bei der Zufälligkeit der handwerklichen Auftragseingänge als Mangel auftretende unzureichende Systematisierungsmöglichkeit entfällt und ein aufeinanderfolgender Aufbau von Lehrlingsbaustellen im Sinne eines Curriculums gemäß des Ausbildungsplanes ist möglich. Spezielle Medien, z. B. Videos über Untergrundbehandlung, Tapezieren, Lackieren etc., erleichtern die Vorbereitung auf den jeweiligen Auftragstyp und ermöglichen den Ausbildungsteams, sich mit den auf sie zukommenden Anforderungen noch einmal vertraut zu machen.

3.3 Leitfäden zur lernortübergreifenden Erkundung

Das Erkundungskonzept hat andere Wurzeln als das auftragsbezogene Lernkonzept. Dieses findet sich schon in der Reformpädagogik und bei vielen Projektansätzen, bei denen es darum geht, die sterile und lebensferne Atmosphäre des Klassen- oder Schulraumes möglichst oft zu verlassen, um ein "Lernen in der Lebensrealität" zu ermöglichen (Hahne 1984, S. 171-209). Die Renaissance des Erkundungsprinzips in der beruflichen Bildung hängt mit der berufspädagogischen Erfahrung zusammen, daß die lernaktivierende Erkundung einer vermittelten Belehrung oder einer passiven Besichtigung in jedem Falle vorzuziehen ist.

Großbetriebe wie z. B. die Ford-Werke haben in ihrer Ausbildung das Erkundungsprinzip genutzt, damit die Auszubildenden der Ausbildungszentren oder Ausbildungsabteilungen alle produzierenden Abteilungen und den Funktionszusammenhang des Werkes kennenlernen konnten. Eine andere Anwendung des Erkundungsprinzips erfolgte im Zusammenhang mit der Entstehung und Verbreitung der beruflichen Umweltbildung. Die IG-Metall-Jugend Hamburg hat "Umweltrallyes im Betrieb", die wichtige Elemente eines umweltorientierten Leittextkonzeptes erkennen ließen, durchgeführt und dokumentiert (IGM Hamburg 1993). Es gibt eine Checkliste oder ein Rezept für die Organisation einer Umweltrallye, es gibt Tips und Leitfragen für die Durchführung von Interviews sowie für die gezielte Ermittlung und Beobachtung verschiedener Betriebsbereiche hinsichtlich ihrer offenen und verdeckten Umweltbelange wie z.B. Galvanik, Lackiererei oder Kantine, es gibt Checklisten für das Ausfindigmachen von Ansprechpartnern und Experten, es gibt Arbeitsablaufpläne für die einzelnen Erkundungsgruppen und weiteres.

Ziel aller dieser Teilelemente ist es, der Rallye zum Erfolg zu verhelfen und zu verhindern, daß die Jugendlichen mit ihren "störenden" Fragen irgendwo auflaufen oder keine ausreichenden Informationen bekommen oder daß sie aufgrund ungenügender Vorbereitung komplexeren Erkundungssituationen in der Realität oder in Gesprächs- oder Interviewsituationen nicht gewachsen sind. Damit werden die Qualitäten eines erkundungsorientierten Leittextkonzeptes deutlicher. Es muß die Erkundungsgruppen befähigen und ermutigen, mit eigenen Fragestellungen relevante Wahrnehmungen in komplexer Realität zu machen und strukturieren sowie dokumentieren zu können. Es muß helfen, wichtige Gesprächspartner zu identifizieren und mit den richtigen Fragen zu notwendigen Informationen zu kommen und diese für eine anschließende Dokumentation und Auswertung auch zu sichern und festzuhalten. Das für die Interviews und die vorbereitenden Telefonate

Betriebliche Erstausbildung im Handwerk 119

nötige Know-how, das Sichtrauen, kann durch Rollenspiele als "Trockenübungen" im Klassenraum geprobt zu werden.

Wenn ich die schon dargestellte Unterscheidung nach Wiemann (1990 und 1994) zwischen pädagogisch "simulierten" Lernkontexten und sogenannten "authentischen" realen Lernsituationen im Arbeits- bzw. betrieblichen Produktionskontext wieder aufgreife, so läßt sich das Erkundungskonzept folgendermaßen charakterisieren:

- die Vorbereitung und das Ausarbeiten der Checklisten und Erkundungspläne, das Identifizieren der Interviewpartner und das Üben der Befragung kann sinnvollerweise im "pädagogischen Schonraum" (z.b. im Ausbildungszentrum, der Lehrwerkstatt, der Berufsschulklasse) erfolgen;
- die Durchführung der Erkundung vollzieht sich dann in authentischem Kontext in der betrieblichen oder kommunalen Realität. Die Erkundungen im SHK-Handwerk erfolgen z. B. aufgaben- oder umweltbezogen an vielen Lernorten, im kommunalen Umfeld, bei Energie- und Wasserversorgungsunternehmen, bei Experten, bei Energie- und Umweltzentren, bei Herstellern sowie in den handwerklichen Ausbildungsbetrieben;
- die Auswertung der Erkundungsergebnisse erfolgt wiederum im "pädagogischen Schonraum" mit dem Handlungsziel einer Dokumentation z. B. in Broschüren- oder Ausstellungsform, die wieder über den Lernort hinaus in die Realität hinein wirken kann. In der Auswertung von Erkundungsbefunden (aber auch in der gezielten Vorbereitung von Erkundungen) können Versuche und technologische Experimente eine zentrale Bedeutung haben.

Damit wird deutlich, daß das Erkundungskonzept die sowohl vom Handlungslernen als auch vom Leittextlernen geforderte "Ernsthaftigkeit des Lernens" durch die Verbindung von Wissens-, Handlungs- und realen Anwendungskontexten in besonderem Maße fördern kann. Unsere Erfahrungen bestätigten auch die besondere Eignung dieses Konzeptes. Hiermit lassen sich die Trennung der Lernorte im Dualen System und die Schwachstellen der Lernortkooperation im Handwerk überwinden.

3.4 Entwicklung von Ausbildungskultur

Ein weiterer ganzheitlicher Ansatz zur Verbesserung der Ausbildungsqualität wendet sich dem Problem mangelnder und individueller Ausbildungskultur in den ausbildenden Betrieben zu. Auch dieser Ansatz ist im Malerhandwerk angesiedelt und beruht auf einem Modellversuch "Arbeitsplatzbezogene Berufsbildung im Maler- und Lackiererhandwerk; Ausbildungstrainer im zwischenbetrieblichen Entwicklungs- und Erprobungsverbund". Um zu einer Verbesserung der branchenspezifischen Ausbildungsqualität zu kommen, sollte durch eine allgemeine Kommunikationsverbesserung, eine bessere Kompetenzvermittlung und eine gezielte Nachwuchswerbung im Bereich des Malerhandwerks den besonderen Bedingungen dieser Ausbildung Rechnung getragen werden. Im Vordergrund stand nicht mehr die technologische Verbesserung der beruflichen Curricula mit den Elementen der Untergrundbehandlung und Beschichtungstechniken, sondern die Befähigung der Ausbilder zur Kommunikation. Die Qualifizierung der Betriebe zur Entwicklung einer eigenen Ausbildungskultur, ihre Zertifizierung und schließlich die Entwicklung von Medien zur verbesserten Prüfungsvorbereitung waren weitere Folgen des Modellversuchs. All diese Aktivitäten mündeten in ein branchenspezifisches Konzept der Landesinnungsverbände, "wie gute Malerbetriebe ausbilden" und in der Gründung und den Arbeiten einer "Ausbildungsgütegemeinschaft im Maler- und Lackiererhandwerk Hessen". Diese vergibt mitwirkenden Ausbildungsbetrieben eine Zertifizierung "Ausgezeichneter Ausbildungsbetrieb".

Hintergrund für diese betriebsübergreifende Entwicklung einer neuen Ausbildungskultur ist die Tatsache, daß die gesteigerten Anforderungen, denen sich das Malerhandwerk im Bereich Kundendienst, Gestaltungsfähigkeit, Umweltprobleme etc. gegenüber sieht, nur durch besser motivierte und besser qualifizierte Auszubildende zu erfüllen sind. Gerade die Auszubildenden, die sich für das Malerhandwerk interessieren, sind aber - an den schulischen Anforderungen gemessen - im Durchschnitt eher als leistungsschwach und lernverdrossen zu charakterisieren. Sie müssen gerade durch ein besonders auf ihre Bedürfnisse und ihre Motivation eingehende integrierende und nicht autoritäre Form in die Beruflichkeit hineingeführt werden.

3.5 Ausbildungsbegleitende Hilfen

Dem besonderen Problem der Benachteiligtenförderung in der betrieblichen Ausbildung des Handwerks widmen sich viele Ansätze, die zumeist unter dem Stichwort "ausbildungsbegleitende Hilfen" zusammenzufassen sind. Gruppenausbildung, Stützung der Ausbildung durch Medien, durch zusätzliche sozialpädagogische Betreuung und durch besonders qualifizierte Ausbilder, die die Schwierigkeiten der benachteiligten Jugendlichen kennen und diese dadurch besonders behutsam fördern können, sind die Stichworte für diesen Reformansatz im Handwerk. Besondere Arbeitshilfen sind in dem Projekt "Gezielt Ausbilden auch bei Lernschwierigkeiten" bei der Handwerkskammer für Mittelfranken entwickelt worden. Im einzelnen sind dort Handbücher für die Ausbildung von Malern, Gas- und Wasserinstallateuren sowie Schlossern entstanden, die komplexere Arbeitsvorgänge innerhalb der Kundenaufträge in einfache, klar strukturierte Arbeitsvorgänge, sogenannte "Arbeitsprojekte" aufgliedern und mit Leitfragen Auszubildenden hier die Verbindung von praktischem Tun und Kenntnissen zu den Gründen dieses Tuns vermitteln sollen (Handwerkskammer für Mittelfranken 1995).

4 Schlußbemerkung: Medien können Systemmängel handwerklicher Ausbildung kompensieren

Die Kompensation einzelbetrieblicher Spezialisierung, die einer berufsbildbreiten Ausbildung im Wege steht, kann durch Ausbildungsverbünde geleistet werden. Die bisherigen Modellversuche zu Ausbildungsverbünden oder die Förderung von Ausbildungsverbünden durch Handwerkskammern zeigt jedoch, daß dieser vernünftige Ansatz noch keine ausreichende Durchschlagskraft gefunden hat. Zu schwierig scheinen dabei die vertraglichen, arbeitsrechtlichen, versicherungsrechtlichen und andere Abstimmungsprobleme dabei zu sein.

Daher wurde im BIBB im Zuge einer Medienentwicklung für das Tischlerhandwerk versucht, dieses Defizit durch die Entwicklung spezieller differenzierender Ausbildungsmittel zu kompensieren (Hahne 1993, Domann/Hahne 1994 und Bundesinstitut für Berufsbildung 1992). Mit Leittexten und Projektvorschlägen soll den spezialisierten Betrieben ermöglicht werden, ohne größeren Aufwand dem einzelnen Lehrling jeweils Unterlagen für die Herstellung eines Produktes oder eines Werkstücks zu geben, welche für seine berufsbildbreite Qualifikation förderlich sind, welche aber auf der anderen Seite in der Spezialisierung des Betriebes so nicht vorkommen. Dabei werden die Projekte nicht zu Übungszwecken hergestellt, sondern haben eine motivierende Funktion durch hohen Innovations-

Betriebliche Erstausbildung im Handwerk

und Gebrauchswert und schulen in ihrer Erstellung auch das selbständige Planen, Durchführen und Kontrollieren. Im weiteren läßt sich mit diesen Medien die Gestaltungs-, Kommunikations- und Planungsfähigkeit individuell auch dann fördern, wenn keine hauptamtlichen professionellen Ausbilder zur Verfügung stehen.

Literatur

ALBERT, K./BUCHHOLZ, C./BUCK, B./ZINKE, G. (Hrsg.): Auftragsorientiertes Lernen im Handwerk - Vorstellungen, Konzepte, Praxisbeispiele. Bundesinstitut für Berufsbildung. Reihe Tagungen und Expertengespräche zur beruflichen Bildung, Heft 15

ARNOLD, R.: Die Krisen der Fachbildung. In: BWP, 6(1996), Heft 25, S. 9-15

BIERMANN, H./GREINERT, W. D./JANISCH, R. (Hrsg.): Systementwicklung in der Berufsausbildung. Baden-Baden 1994 (Studien zur vergleichenden Berufspädagogik, Band 5)

BUNDESINSTITUT FÜR BERUFSBILDUNG (Hrsg.): Neue Berufe fordern neue Methoden - Leittexte in der Metall- und Elektroausbildung. Berlin 1990 (Tagungsmaterial)

BUNDESINSTITUT FÜR BERUFSBILDUNG (Hrsg.): Möbelbau II, Berlin 1992

DOMANN, P./HAHNE, K. (Hrsg.): Projektarbeiten und Holzübungsstücke. Berlin 1994

FELLER, G.: Duale Ausbildung: Image und Realität - Eine Bestandsaufnahme aus Lernersicht. Reihe: Materialien zur Beruflichen Bildung, Band 95, Bundesinstitut für Berufsbildung (Hrsg.): Der Generalsekretär, Bielefeld 1995

HAHN, V. u.a.: Lehrlinge lernen Planen - Leittexte, Lernaufträge, Checklisten für das Handwerk. Bielefeld 1995

HAHNE, K.: Fruchtbare Lernprozesse in Naturwissenschaft, Technik und Gesellschaft. - Wenn die Erfahrungsmöglichkeiten der Schüler den Unterricht bestimmen. Marburg 1984

HAHNE, K.: Bedeutung und Reichweite der Projektorientierung in der Ausbildung des Handwerks. In: BWP 5(1993), Heft 22

HAHNE, K.: Noch bessere Arbeit beim Kunden - Leittexte zur Innovation der Ausbildung im SHK-Handwerk. In: SHT, Heft 7/1995

HAHNE, K.: Die Umwelterkundung - Ein Ansatz zur Öffnung der Berufsschule. In: berufsbildung, Heft 32, 1995, S. 23-25

HAHNE, K./SELKA, R.: Leittexte für alles und jeden? - Ein Überblick über Typen und Einsatzfelder. In: BWP, 6(1993), Heft 22

HANDWERKSKAMMER FÜR MITTELFRANKEN (Hrsg.):
- Handbuch für die Ausbildung im Gas- und Wasserinstallateur-Handwerk.
- Handbuch für die Ausbildung im Maler- und Lackierer- Handwerk.
- Handbuch für die Ausbildung im Metallbauer-Handwerk, Fachrichtung Konstruktionstechnik.

Reihe Ausbilderhandbücher "Gezielt ausbilden - auch bei Lernschwierigkeiten". Nürnberg 1995

HÖPFNER, H.-D.: Entwicklung selbständigen Handelns in der beruflichen Aus- und Weiterbildung. Berichte zur beruflichen Bildung. Heft 142, Bundesinstitut für Berufsbildung (Hrsg.), Berlin 1991

HOPPE, M./SCHULZ, H.-D.: Handlungslernen - ein sinnstiftendes, lernorganisierendes Konzept. In: berufsbildung, 1995, Heft 31

IGM/Ortsausschuβ der IGM-Jugend Hamburg (Hrsg.): Dokumentation zur Umwelt-Rallye, Hamburg September 1991 und 2. Dokumentation zur Umwelt-Rallye, Hamburg Mai 1993

KAU, W./SCHIEMANN, M./GRIMM, W.: Szenario 2000 des Qualifikationsbedarfs im Tischlerhandwerk. In: Bundesinstitut für Berufsbildung (Hrsg.), Reihe: Berichte zur beruflichen Bildung, Heft 150

KAU, W./ALEX, L.: Qualifikationsbedarf im Handwerk. Bundesinstitut für Berufsbildung (Hrsg.), Reihe: Berichte zur beruflichen Bildung, Heft 117, 1990

KLEINSCHMIDT, M./PETRENKO, W.: Ausbildung auf Lehrlingsbaustellen im Maler- und Lackiererhandwerk. In: BWP, 2(1987), Heft 16

KOCH, J./MEERTEN, E.: Einsatzmöglichkeiten von Leittexten in der Handwerksausbildung. In: Stratenwerth, W. (Hrsg.): Auftragsorientiertes Lernen im Handwerk, 2 Bände, Köln 1991, 2. Band, S. 307 ff.

KOCH, J./SELKA, R. u. a.: Leittexte - ein Weg zum selbständigen Lernen, Seminarkonzepte zur Ausbilderförderung. Berlin 1991(Teilnehmerunterlagen, 2. überarb. Aufl.)

KRAUSE, W./RÜCK, A.: Wie gute Malerbetriebe ausbilden. Mappe Ratgeber. Landesinnungsverband Hessen (Hrsg.), München 1995

OTT, B.: Ganzheitliche Berufsbildung - Theorie und Praxis - handlungsorientierte Techniklehre in Schule und Betrieb. Stuttgart 1995

PÄTZOLD, G. (Hrsg.): Handlungsorientierung in der beruflichen Bildung. Frankfurt a. M. 1992

REETZ, L./REITMANN, T. (Hrsg.): Schlüsselqualifikationen. Dokumentation des Symposions in Hamburg "Schlüsselqualifikationen - Fachwissen in der Krise?", Hamburg 1990

ROSENBAUM, E./HAHNE, K./FÖRSTER, E.: Bodenbelagarbeiten - Auftragsbezogene Leittexte und Arbeitsaufgaben. Bundesinstitut für Berufsbildung (Hrsg.), Berlin 1991

SCHÖNGEN, K. (Hrsg.): Berufseinstieg unter schwierigen Rahmenbedingungen. Bundesinstitut für Berufsbildung. Reihe: Berichte zur beruflichen Bildung, Heft 185, 1994

SROWIG, O./ HAHNE, K./ HOPPE, M. (Hrsg.): Umweltbildung in der Versorgungstechnik. In: Tagungen und Expertengespräche zur beruflichen Bildung, Band 22, Bundesinstitut für Berufsbildung, Berlin 1994

STRATENWERTH, W. (Hrsg.): Auftragsorientiertes Lernen im Handwerk, 2 Bände. Köln 1991

WIEMANN, G.: Der "Grundlehrgang Metall" - Das strukturbildende Modell einer industrieorientierten Berufsausbildung. In: lernen & lehren Elektrotechnik/Metalltechnik, 5(1990), S. 52-59

WIEMANN, G.: Systemberatung - Microsysteme beruflichen Lernens. In: Biermann, H./ GREINERT, W. O./JANISCH, G. (Hrsg.): Systementwicklung in der Berufsbildung - Berichte, Analysen und Konzepte zur internationalen Zusammenarbeit (Studien zur vergleichenden Berufspädagogik, Bd. 5), Baden-Baden 1994

Peter Dehnbostel

Dezentralisierung und berufliche Erstausbildung

1 Veränderte Rahmenbedingungen beruflicher Erstausbildung

Das duale System der Berufsausbildung in der Bundesrepublik Deutschland ist mit ökonomischen und qualifikatorischen Veränderungen konfrontiert, die ähnlich auch in anderen entwickelten Industrieländern anzutreffen sind. Diese Veränderungen zeigen sich vor allem in verschärften internationalen Wettbewerbsbedingungen, dem Zwang zur raschen Produktinnovation, zur variantenreichen Produktion sowie zu kurzfristigen Lieferbereitschaften. Die umfassende Verbreitung neuer Technologien einschließlich des Einsatzes flexibler Planungs- und Steuerungssysteme in Produktion, Arbeitsvorbereitung und Dienstleistungen ist gleichermaßen Voraussetzung und Antrieb für diese Veränderungen.

Konzepte wie "Lean Production", "Fraktale Fabrik" und "Lernende Organisation" kennzeichnen den Wandel und die gegenwärtige Umbruchsituation des überkommenen Industriesystems. Auch wenn nach wie vor tayloristische Arbeitsstrukturen dominieren, so werden diese zusehends von informationstechnologisch vernetzten und organisatorisch erweiterten Arbeitsprozessen abgelöst. Setzten frühere Rationalisierungsstrategien auf Arbeitsteilung sowie die Trennung von Arbeitsfunktionen und Kontrolle menschlicher Arbeit, so vollzieht sich nun die systemische Reintegration der Arbeit unter weitestgehender Selbststeuerung und Eigenverantwortlichkeit der Fachkräfte. Gruppenarbeits- und Selbstlernkonzepte sind ebenso Ausdruck dieser Entwicklung wie die Mediatisierung und Tertiarisierung der Arbeitstätigkeiten selbst.

Fragen nach einer zukunftsorientierten Berufsausbildung stehen in diesem Kontext und darüber hinaus im Kontext veränderter sozialer Bindungen und gesellschaftlicher Werte in der sich immer stärker entfaltenden Informationsgesellschaft. Aufgrund des allgemeinen Wertewandels werden heute zunehmend subjektive Ansprüche an Erwerbsarbeit und berufliche Entwicklungswege gestellt. Für die berufliche und persönliche Identitätsbildung des einzelnen sind Personalentwicklung sowie Partizipations- und Gestaltungsmöglichkeiten im Arbeitsprozeß wichtig geworden. Mit "Individualisierung" und "Subjektivierung" sind Ansprüche verbunden, die eigenverantwortliches Handeln, Selbstorganisation, persönlichkeitsfördernde Arbeitsumgebungen und erweiterte Lern- und Weiterbildungsmöglichkeiten in der Arbeit einfordern. Besonders in der jungen Generation "tritt das Interesse an Arbeitsinhalten, an abwechselnden und sozial kommunikativen Arbeitssituationen in den Vordergrund" (Heinz 1994, S. 110). Zugleich stehen diese Ansprüche aber auch im Spannungsfeld zu kollektiven Lernprozessen, besonders den für moderne Unternehmensentwicklungen notwendigen Prozessen des Gruppenlernens und Organisationslernens.

Arbeit und Beruf als die wichtigsten Referenzpunkte für die berufliche Aus- und Weiterbildung erleben im Übergang von der industriellen zur postindustriellen Gesellschaft einen grundlegenden Wandel. Auch wenn Analysen und Prognosen zu zukünftigen Formen und Inhalten gesellschaftlicher Arbeit recht unterschiedlich ausfallen, so stimmen sie darin überein, daß eine grundlegende Differenzierung und Neuformierung von Arbeit und Beruf erfolgen wird (Beck 1986; Gorz 1989; Rifkin 1995). Dieser Prozeß hat mit der sogenannten "dritten industriellen Revolution" längst eingesetzt und zeigt sich in sehr unterschiedlichen Symptomen: von der Globalisierung der Wirtschaft über die angesprochenen betrieblichen Restrukturierungen bis hin zum massiven Abbau von Arbeitsplätzen. In der Arbeitswelt ist die Verbreitung neuer Arbeits- und Organisationskonzepte mit einer Enttraditionalisierung und Entstandardisierung überkommener Berufsidentitäten und traditioneller, nicht zuletzt hierarchisch geprägter Sozialbeziehungen verbunden. In diesen Entwicklungen liegen auch die tieferen Ursachen für die vielerorts diskutierte Krise des dualen Systems sowie die Frage der Ablösung des Systems der Beruflichkeit durch ein weniger reguliertes System.

Die nachlassende Attraktivität des dualen Systems ist hier einzuordnen. Die Bildungsgangentscheidungen von Jugendlichen mit guten und mittleren Leistungen in der Sekundarstufe I fallen seit Jahren in steigendem Maße zugunsten von studienqualifizierenden Bildungswegen aus. Die Jugendlichen und ihre Eltern verbinden mit ihren Entscheidungen bessere Möglichkeiten der Persönlichkeitsentwicklung, chancenreichere Berufslaufbahnen, höheres Sozialprestige und bessere Einkommen. Die Individualisierung und Differenzierung beruflicher Entwicklungswege zeigt sich zudem in einer Zunahme von dualen Ausbildungsgängen im tertiären System sowie der Zunahme von Absolventen des akademischen Bildungsweges, wobei seit Beginn dieses Jahrzehnts erstmals eine zahlenmäßige Überlegenheit von Studenten gegenüber Auszubildenden besteht. Die Weiterentwicklung des dualen Systems der beruflichen Erstausbildung muß diese veränderten Rahmenbedingungen einbeziehen und mit prospektiven Zielsetzungen verbinden.

In der von 1990-1996 laufenden Modellversuchsreihe "Dezentrales Lernen" (Dehnbostel/ Holz/Novak 1992; Dieselben 1996)[1] sind entsprechend zukunftsweisende Ausbildungskonzepte entwickelt und erprobt worden. Die konzeptionelle und programmatische Leitidee der "Dezentralisierung" knüpft an die angesprochenen gesellschaftlich-betrieblichen Entwicklungstendenzen an. Auf ihre Bedeutung und begriffliche Konkretisierung im Kontext von Arbeits- und Organisationsentwicklungen wird im folgenden eingegangen. Das Modell dezentraler Berufsbildungskonzepte wird anschließend skizziert und erörtert.

2 Dezentralisierung als Entwicklungstrend

Der Begriff "Dezentralisierung" kennzeichnet Entwicklungen, die auf eine Enthierarchisierung, Effektivierung und Transparenz von Prozessen und Strukturen zielen. Besonders in der neueren Organisationstheorie und Betriebswirtschaftslehre werden darunter effizienzsteigernde Reorganisationen verstanden, die im Rahmen von zumeist umfassenden betrieblichen Modernisierungsvorhaben stehen. Im einzelnen werden sie konzeptionell als Segmentierung, Center-Organisation, Fraktalisierung, Virtualisierung, Divisionalisierung,

---

[1] In der Veröffentlichung von 1992 sind Beiträge über Entstehung und programmatische Einbettung der Modellversuchsreihe sowie zum spezifischen Ansatz von Einzelmodellversuchen enthalten. In dem Sammelband von 1996 werden Erfahrungen und Erkenntnisse von allen zwölf Modellversuchen der Reihe dargestellt, wobei in thematischer Hinsicht neue Lernorte und Lernortkombinationen im Mittelpunkt stehen. In beiden Bänden sind zudem eine Reihe übergreifender, mehr theoretisch orientierter Beiträge zum arbeitsbezogenen Lernen bzw. zur Lernortfrage veröffentlicht.

Dezentralisierung und berufliche Erstausbildung 125

Outsourcing usw. ausgewiesen (Reiss 1995, S. 411 ff.). In Verbindung mit Enthierarchisierung und der Auflösung "funktionaler Differenzierungen" bezweckt Dezentralisierung in der "Strategie postbürokratischer Unternehmen ... zweierlei: den Abbau starrer ... Strukturierungen und den Aufbau eines umfangreichen Netzes lose gekoppelter Strukturen" (Kühl 1995, S. 55). Und weiter: "Dezentralisierung basiert ... in letzter Konsequenz auf der Zuweisung von Autonomie und Selbstverantwortlichkeit" (ebd., S. 58).

Der Begriff Dezentralisierung markiert auch im Bildungssystem einen Entwicklungstrend, der seit Jahren in der Diskussion ist, und zwar in Verbindung mit Zielsetzungen wie Entbürokratisierung, Selbstorganisation und Autonomie (Dassau 1980, S.569-573; Leschinsky 1992, S. 21-37). Für die Berufsbildung ist die Dezentralisierung von Unternehmens- und Organisationsstrukturen naheliegenderweise von besonderer Bedeutung. Sie zeigt sich in der Verlagerung von Aufgaben, Verantwortung und Kompetenzen aus Planung und Arbeitsvorbereitung in den unmittelbaren Arbeitsprozeß. Neue Organisationsformen wie Gruppenarbeit, Insel- und Zirkelkonzepte, in denen die Beschäftigten in unteren Positionen der innerbetrieblichen Hierarchie weitgehende Beteiligungs- und Entscheidungsbefugnisse erhalten, sind elementarer Ausdruck dieser Veränderungen (Bullinger/Schlund 1994, S. 344 ff.; Mahnkopf 1989, S. 27 ff.).

Der Grad der Durchsetzung und Verbreitung entsprechender dezentraler Organisationskonzepte und mehr noch die Frage ihrer Vor- und Nachteile sind bisher nicht auf empirisch abgesicherter Basis zu beantworten. Sicherlich werden mit dezentralen Organisationskonzepten Entscheidungs- und Dispositionsspielräume erhöht, Arbeitszuschnitte ganzheitlich restrukturiert sowie Arbeiten und Lernen verstärkt integriert. Diesen positiven Entwicklungen, die z.T. durch humanistisch orientierte Personal- und Organisationskonzepte fundiert werden, stehen Steigerungen von Produktivität und Leistungsanforderungen bei gleichzeitigem Arbeitsplatzabbau gegenüber. Auch die Möglichkeit einer Neotaylorisierung der Arbeitsprozesse auf informationstechnologischer Basis, verbunden mit neuen Kontrollformen, ist nicht von der Hand zu weisen. Die Ambivalenz dezentraler Organisationsformen zwischen Rationalisierung und Humanisierung zeigt sich deutlich.

Auch wenn sich im Rahmen neuer Arbeits- und Organisationskonzepte die Chance einer verstärkten Annäherung von Ökonomie und Humanität oder - um mit der Senatskommission für Berufsbildungsforschung zu sprechen - eine "Koinzidenz ökonomischer und pädagogischer Vernunft" (1990, S. VII) zeigt, so bleibt die Dezentralisierung von Unternehmensorganisationen eindeutig ökonomisch motiviert. Partizipation, Ganzheitlichkeit und Optimierungs- sowie Lernprozesse sind wichtige Mittel zur Einlösung wirtschaftlicher Rentabilität.

Eine solche Ziel-Mittel-Relation ist für die Dezentralisierung von Sozial- und Bildungsstrukturen nicht eindeutig festzustellen. Gesellschaftliche und soziale Ziele stehen zum Teil im Vordergrund. Enthierarchisierung und Delegation von Verantwortung und Entscheidungskompetenzen an ausführende Stellen finden statt, um zentralistische und tendenziell entmündigende Strukturen aufzuheben. Offenere Strukturen sowie pädagogische Qualitätsverbesserungen sollen eingelöst werden. Dies geht einher mit dem Ziel erhöhter Effizienz und Wirtschaftlichkeit von Dienstleistungs- und öffentlichen Infrastrukturaufgaben.

Zusammenfassend und verallgemeinernd ist Dezentralisierung als Prozeß der Verlagerung und Delegation von Aufgaben und Kompetenzen aus Zentral-, Leitungs- und Arbeitsvorbereitungsbereichen in operative und wertschöpfende Bereiche zu verstehen. Arbeitsumfänge, Gestaltungsmöglichkeiten, Entscheidungsbefugnisse und Verantwortlichkeiten werden in diesen Bereichen erweitert, um Qualitäts- und Leistungsstandards, Entwicklungsprozesse sowie zugleich Identifikationsmöglichkeiten mit der Arbeit zu verbessern. Aufgaben und Inhalte werden nicht nur verlagert oder neugeschnitten, sie werden z. T. umdefiniert und neugeschaffen.

Mit der Dezentralisierung erfolgt eine Zunahme von Selbstorganisation und Autonomie sowie eine Abnahme bestehender Regelungen und Vorschriften. Im Unterschied zur Deregulierung geht es nicht um den umfassenden Abbau von Regeln und gesellschaftlich-normativen Setzungen, sondern um deren Enthierarchisierung, Entbürokratisierung und deren partizipative Umgestaltung durch demokratische Teilhabe an Entscheidungs- und Veränderungsprozessen. Letztlich geht es um ihre fortwährende Legitimation und kontinuierlich zu erneuernde Sinngebung.

3 Die Modellversuchsreihe "Dezentrales Lernen"

Dezentralisierung ist eine konzeptionelle Grundlage für eine gleichermaßen innovative wie kostenbewußte Weiterentwicklung beruflicher Erstausbildung in der Modellversuchsreihe "Dezentrales Lernen". Dezentrale Ausbildungskonzepte zeichnen sich durch neue Formen arbeitsbezogenen Lernens, neue Lernortkombinationen sowie integrative Verbindungen von Arbeiten und Lernen aus. Sie tragen zur Wirtschaftlichkeit von Berufsbildung bei: Produktive Qualifizierungsanteile werden erhöht, Infrastrukturkosten reduziert und Einarbeitungszeiten am Arbeitsplatz nach der Ausbildung minimiert.

Der umrissene arbeitsorganisatorische und qualifikatorische Wandel ist Ausgangslage für die Entwicklung dieser Konzepte. Hierin begründet sich auch die für die Modellversuchsreihe grundlegende Hypothese, daß in modernen, technologisch anspruchsvollen Arbeitsprozessen integrative Formen der Verbindung von Arbeiten und Lernen notwendig und möglich geworden sind. Es werden Konzepte der Berufsausbildung entwickelt und erprobt, die den ökonomischen und arbeitsorganisatorischen Wandel, veränderte betriebliche Arbeits- und Lernorientierungen sowie die veränderten Einstellungen und Ansprüche der Jugendlichen aufnehmen und berufspädagogisch beantworten. Hier liegt auch ein wichtiger Unterschied zum "Lernen nach der Neuordnung" Ende der 80er Jahre und zu der vorausgehenden, an den "Neue Technologien" orientierten Didaktikausrichtung (Pahl/Reier 1995, S. 31 ff.). Die skizzierten veränderten Rahmenbedingungen beruflicher Erstausbildung waren in diesen Orientierungsphasen noch nicht Gegenstand der Diskussion.

Im einzelnen umfaßt die Modellversuchsreihe vier programmatische Schwerpunkte, die 1990 zwischen mehreren Betrieben und dem BIBB erarbeitet wurden. Diese Schwerpunkte sind inhaltliche Grundlage und Leitlinie zur Entwicklung und Erprobung dezentraler Berufsbildungskonzepte:

- neue Organisationsformen arbeitsplatzbezogenen Lernens und neue Lernortkombinationen;
- Funktionen und Aufgaben des Bildungspersonals;

Dezentralisierung und berufliche Erstausbildung

- didaktisch-methodische Ansätze arbeitsplatzbezogenen Lernens;
- Qualität und Lernergiebigkeit des Lernortes Arbeitsplatz.

Dezentralisierung zeigt sich in der Erweiterung und relativen Autonomie betrieblicher Lernorte sowie der Delegation von Verantwortung und Kompetenzen in diese Lernorte. Sie ist gleichermaßen organisatorisch wie didaktisch definiert. Organisatorisch werden dezentrale Lernorte wie Lerninseln, Lernstationen und Qualifizierungsstützpunkte geschaffen und mit herkömmlichen Lernorten unter der Zielsetzung der Optimierung von Lernpotentialen und Lernvorteilen verknüpft. Es wird ein Netzwerk von Lernorten gebildet, das herkömmliche Abgrenzungen zwischen den Lernorten und zentralistisch vorgenommene Ausbildungsaufteilungen reformiert.

Die dezentralen Lernorte sind mit neuen Arbeitsorganisationsformen wie Gruppenarbeit und Zirkelorganisationen verschränkt, womit Berufsbildung und betriebliche Organisationsentwicklung in einem produktiven Verhältnis stehen. Berufsbildung öffnet sich damit gegenüber betrieblichen Entwicklungs- und Veränderungsprozessen. Qualifizierungs- und Gestaltungsaufgaben im Arbeitsprozeß sind gleichermaßen Aufgabe von Berufsbildung und betrieblicher Personal- und Organisationsentwicklung.

Didaktisch erfolgt eine Abkehr von zentralen und geschlossenen Lernkonzepten: Offene, erfahrungsgeleitete Lernprozesse werden angestrebt und mit berufspädagogisch systematischem Lernen verbunden, wobei sich die Lernorientierungen besonders auf Gruppenlernen, Organisationslernen und individuelles Lernen beziehen. Für die Jugendlichen werden durch Kooperations-, Partizipations- und Selbstorganisationsformen arbeits- und lebensweltliche Erfahrungen ermöglicht, die das Gesellschaftsbild des einzelnen nachhaltig prägen und zur Ausübung sowie Einlösung qualifizierter und humanisierter Arbeit beitragen.

Bei der Auswahl und Erschließung von Arbeitsplätzen als dezentrale Lernorte wird untersucht, welche Lernmöglichkeiten bestehen, inwieweit systematische und persönlichkeitsbildende Lernprozesse möglich sind und wie eng sich diese mit informellen und erfahrungsgeleiteten Lernprozessen verbinden lassen. Arbeitsplatz- und Qualifikationsanalysen dienen dazu, Arbeitsaufgaben und Handlungssituationen unter arbeits- und berufspägogischen Gesichtspunkten zu beurteilen, Lern- und Bildungschancen festzustellen. Es geht dabei nicht vorrangig um methodische Fragen, sondern gleichermaßen um didaktische Fragen im engeren Sinne, also um Fragen der Auswahl von Inhalten und ihrer Anlage in dezentralen Lernorten und beruflichen Bildungsgängen.

Die Besonderheit dezentraler Lernorte im Arbeitsprozeß gegenüber üblichen Arbeitsplätzen besteht darin, daß zusätzlich zur Arbeitsinfrastruktur eine Lerninfrastruktur besteht, so in Form von Ausstattungen, Lernmaterialien und multimedialer Lernsoftware. Das herkömmliche Modell des Lernens am Arbeitsplatz wird durch die Anreicherung mit organisiertem Lernen elementar verändert. Lernen durch Tun, Lernen durch Imitation sowie Erfahrungslernen werden mit intentionalem Lernen in der Arbeit verbunden. Oder anders formuliert: Informelle, tätigkeits- und erfahrungsgeleitete Lernprozesse werden in der Arbeit in neuen Organisationsformen wie Lerninseln und Lernstationen mit berufspädagogisch systematischem Lernen verbunden.

Bezogen auf die unterschiedlichen Lernorte hat sich folgende Differenzierung des Begriffs "dezentrales Lernen" in drei Lernformen als sinnvoll erwiesen: arbeitsgebundenes Lernen, arbeitsverbundenes Lernen und arbeitsorientiertes Lernen. Danach sind z. B. Lerninseln und betriebliche Lernstationen Beispiele für arbeitsgebundenes Lernen, da Arbeitsort und Lernort identisch sind. In Technikzentren und an Musterausbildungsplätzen ist von arbeitsverbundenem Lernen zu sprechen, da Lernort und realer Arbeitsplatz zwar getrennt sind, gleichwohl zwischen ihnen eine direkte räumliche und arbeitsorganisatorische Verbindung besteht. In Lernfabriken und Produktionswerkstätten in Bildungseinrichtungen findet ein arbeitsorientiertes Lernen statt, d. h., es werden Auftragsarbeiten in möglichst authentischen Arbeitsstrukturen verrichtet. Eine weitere begriffliche Differenzierung besteht darin, daß arbeitsgebundene und arbeitsverbundene Lernorte als dezentrale Lernorte bezeichnet werden, während Lernorte in Bildungseinrichtungen als zentrale Lernorte gelten.

In der Modellversuchsreihe werden durch die Verknüpfung der neugeschaffenen Lernorte untereinander sowie mit herkömmlichen Lernorten prinzipiell zwei Typen von Lernortkombinationen gebildet: innerbetriebliche Lernortkombinationen für Groß- und auch Mittelbetriebe; überbetriebliche Lernortkombinationen für Klein- und Mittelbetriebe. Die neu entwickelten Lernorte und Lernortkombinationen sind als lernorganisatorische Innovationen anzusehen. In der folgenden Übersicht sind die Lernorte und die Art der Lernortkombination aller zwölf Modellversuche aufgelistet (s. Abb. 1 und 2).

4 Beispiele dezentraler Ausbildungskonzepte

4.1 Vorbemerkung

Zwei Modellversuchsbeispiele dezentraler Ausbildungskonzepte werden im folgenden beschrieben: ein Modellversuch in Klein- und Mittelbetrieben und ein weiterer im großbetrieblichen Bereich. Beide Beispiele beziehen sich auf den gewerblich-technischen Ausbildungsbereich.

4.2 Dezentrales Lernen in Klein- und Mittelbetrieben

Der Modellversuch "Dezentrales Lernen in Klein- und Mittelbetrieben" wurde von 1991 bis 1995 in acht Betrieben und einem außerbetrieblichen Zentrum, dem "Bildungszentrum Turmgasse", in der Region Villingen-Schwenningen für gewerblich-technische Ausbildungsberufe durchgeführt (Kornwachs u. a. 1992, S. 189 ff.; Schonhardt/Wilke-Schnaufer 1996, S. 314 ff.). Es handelte sich um Betriebe der Metallindustrie sowie einen holzverarbeitenden Betrieb. Sechs Betriebe hatten zu Beginn des Modellversuchs zwischen 50 und 400 Beschäftigte, zwei weitere 600 und 900 Mitarbeiter. Die Anzahl der Auszubildenden lag zwischen 4 und 40. Nur die drei größten Betriebe verfügten über Lehrwerkstätten und hauptamtliche Ausbilder, wobei in zwei Betrieben ein und in einer Firma drei Ausbilder tätig waren. Es kann als Bestätigung eines allgemeinen Trends in der ersten Hälfte der 90er Jahre angesehen werden, daß nach Beendigung des Modellversuchs nur noch ein Betrieb über eine eigene Ausbildungswerkstatt verfügte.

Dezentralisierung und berufliche Erstausbildung 129

Modellversuch Merkmale	(1) Neue Technologien (VW/Kassel)	(2) Selbstqualifizierung der Ausbilder (Klöckner/Bremen)	(3) Arbeitsstruktur und Berufsbildung (Hoesch/Dortmund)	(4) Dezentrales Lernen in Klein- und Mittelbetrieben (BZT/Villingen)	(5) Informationstechnologiebezogene Qualifizierung (Audi/Ingolstadt)	(6) Dezentrales Lernen in Teamarbeit (Mercedes/Gaggenau)
Welche Lernorte bestehen?	- Qualifizierungszentrum - Fachwerkstatt - Technikzentrum - Betriebseinsatz	- Ausbildungswerkstatt - Hochofen - Stahlwerk - Walzwerk - Instandhaltungswerkstatt	- Lehrwerkstatt - Betriebseinsatz - Betriebserkundung	- Einzelbetrieb - Ausbildungswerkstatt - überbetriebliches Zentrum	- Lernstation im Bildungszentrum - Lernfabrik - Lernstation im Betrieb	- Bildungszentrum - Anwendungswerkstatt im Bildungszentrum - Versetzungsstelle - Lerninsel
Art der Lernortkombination	Dezentral orientiertes Lernortsystem	Lernfeld	Lernfeld Arbeitsstruktur	Über- und innerbetriebliche Lernortkombination	Drei-Stufen-Lernortsystem	Innerbetriebliche Lernortkombination/ Netzwerk

Abb. 1: Lernorte und Lernortkombinationen in dezentralen Berufsbildungskonzepten

Modellversuch \ Merkmale	(7) Handlungsorientierte Ausbildungsangebote	(8) Weiterqualifizierung von Ausbildern	(9) Berufsübergreifende Handlungskompetenz	(10) Produktionsnahe Aus- und Weiterbildung	(11) Gruppenarbeit in Lern- und Arbeitsinseln	(12) Systematisierung von Erfahrungswissen
Merkmale	(Ausbildungswerkstätten/ Bremen)	(Bayer/Leverkusen)	(Körber/Hamburg)	(BBW Hamburg; BG Kassel)	(Schenck/ Darmstadt)	(Kässbohrer/ Ulm)
Welche Lernorte bestehen?	- Ausbildungswerkstatt Metall - Musterausbildungsplatz - Lernlabore: Hydraulik, Pneumatik, CNC, E.-Technik	- Lehrwerkstatt - Betrieb - Instandhaltungswerkstatt	- Lehrwerkstatt - Betrieb - Fremdbetrieb - Lernstudio	BBW: überbetriebliche Ausbildungswerkstatt, Berufsschule, handwerkliche Klein- und Mittelbetriebe BG: produzierende Ausbildungswerkstatt	- Ausbildungswerkstatt - Betriebsabteilung - Lerninsel in der Fertigung - Fertigungsbereich/Fertigungsgruppe	- Bildungszentrum - Lernzonen: a) Arbeitsplatz b) arbeitsplatzverbundener Seminarraum in Produktionshalle
Art der Lernortkombination	Aufgabenbezogenes Lernortarrangement	Von der Ausbildung gestützte Lernortkooperation	Innerbetriebliche betriebsübergreifende Lernortkombination	Über- und innerbetriebliche Lernortkombinationen mit Berufsschule	Drei-Phasen-Lernortkombination	Kombination von Lernzonen/ Arbeitsplätzen

Abb. 2: *Lernorte und Lernortkombinationen in dezentralen Berufsbildungskonzepten*

Dezentralisierung und berufliche Erstausbildung 131

Die Entwicklung und Erprobung eines Arbeits- und Lernaufgabensystems für die Ausbildung in und zwischen den beteiligten Betrieben stand im Mittelpunkt des Vorhabens. Grundlegend für die Modellversuchsarbeit war die häufig vertretene These, daß sich Klein- und Mittelbetriebe durch ganzheitliche Arbeitsaufgaben, transparente Organisationsstrukturen und überschaubare Zusammenhänge auszeichnen. Abgrenzungen zwischen Funktionsbereichen wie Einkauf, Verwaltung, Konstruktion, Arbeitsvorbereitung, Fertigung und Abnahme sind zumeist weniger ausgeprägt als in Großbetrieben oder bestehen gar nicht. Aufgabenzuschnitte und Qualifikationserfordernisse sind entsprechend kohärent und ganzheitlich. An diese Vorteile, die sich auch im Bestehen stärkerer sozialer Bindungen und der arbeitsprozeßgebundenen Integration von Fähigkeiten und Fertigkeiten niederschlagen, wurde gezielt angeknüpft.

Um die Arbeits- und Ausbildungssituation in den beteiligten Betrieben zu erfassen, wurden in einem dreistufigen Verfahren Betriebs- und Qualifikationsanalysen, Bestandsaufnahmen der Ausbildungsbedingungen sowie Analysen typischer Arbeitsaufträge durchgeführt. Diese Untersuchungen gingen in die Erschließung von Arbeitsplätzen als Lernorte ein, die dann konstruktiv über Arbeits- und Lernaufgaben erfolgte.

Es handelte sich dabei um reale Auftragsarbeiten, die um Lernanteile angereichert wurden. In der Analyse betriebstypischer Arbeitsaufgaben ist z. B. die Herstellung einer "Welle" als eine lernrelevante Aufgabe identifiziert worden. Für die didaktische Aufbereitung wurde die Aufgabe analytisch in einzelne Arbeitsschritte von der Auftragsgegennahme und Arbeitsvorbereitung über die eigentliche Produktion und Qualitätskontrolle bis zum Abschluß des Auftrages gegliedert. Es wurde analysiert, welche Qualifikationen für einzelne Arbeitshandlungen sowie die Gesamtheit der Handlungen notwendig und welche Inhaltserweiterungen aus arbeits- und berufspädagogischen Gründen hinzuzufügen sind. In Handreichungen für ausbildende Fachkräfte und Auszubildende werden die Arbeits- und Lernaufgaben curricular fixiert. Die Welle wurde so aufbereitet, daß sie als Arbeits- und Lernaufgabe "Drehteile" auf viele Produktvarianten anzuwenden bzw. in vielen Betrieben einzusetzen ist.

Folgende Arbeits- und Lernaufgaben wurden entwickelt und mehrfach erprobt: "Drehteile", "Montage in Gruppenarbeit", "Schnittwerkzeug", "Formentechnik" und "Holzteilefertigung". Bis auf die zuletzt genannte Arbeits- und Lernaufgabe für die Ausbildung von Holzmechanikern/-innen und Tischler/-innen handelt es sich um Aufgaben für Ausbildungsberufe der Berufsfeldes Metalltechnik. Die Arbeits- und Lernaufgaben sind so strukturiert und einzusetzen, daß folgende Merkmale zutreffen:

- die Aufgaben genügen ganzheitlichen Arbeits- und Lernvollzügen, in denen fachliche, soziale und berufsübergreifende Qualifikationen erworben werden;
- die Aufgabenbearbeitung erfolgt in zunehmendem Maße in Gruppenarbeit mit hoher Eigenverantwortung und Selbstorganisation der Auszubildenden;
- Lernprozesse sind handlungs- und erfahrungsgeleitet geprägt, Erfahrungswissen wird erworben;
- Fragen der Arbeitsgestaltung und Arbeitsorganisation werden gezielt reflektiert und mit einem kontinuierlichen Arbeitsverbesserungsprozeß verbunden;
- Auswahl und Anreicherung von Arbeitsaufgaben erfolgen so, daß sie zur Einlösung des jeweiligen Berufsbildes beitragen.

Die Neugestaltung der Ausbildung durch Arbeits- und Lernaufgaben hat in den Betrieben neue arbeitsplatzbezogene Lern- und Lernorganisationsformen erforderlich gemacht. Dieses betrifft sowohl die Gestaltung der Arbeitslernorte als auch den Einsatz von Methoden. Der Einsatz der aufbereiteten Aufgaben wird von lernförderlichen Maßnahmen am Arbeitsplatz begleitet. Zu nennen sind u. a. der Einsatz von leittext- und projektorientierten Methoden, Anwendung handlungsleitender Materialien und Schaffung neuer Lernorganisationsformen.

Das integrierte Arbeits- und Lernkonzept ist in seinem Bezug auf reale Arbeits- und Betriebssituationen relativ offen und flexibel angelegt worden. Für weitere Entwicklungen ist es bedeutend, das sequentielle und von vorgefundenen Arbeitsaufgaben ausgehende Grundmodell für aufgabenübergreifende Arbeitsprozesse und unbestimmte Handlungssituationen zu erweitern und mit berufspädagogischen Zielorientierungen zu verbinden. Auch ist zu fragen, inwieweit in diesem handlungsregulationstheoretischen Ansatz wichtig gewordene Qualifizierungsdimensionen wie Erfahrungswissen, informelle Lernprozesse und personale Fähigkeiten berücksichtigt werden können.

4.3 Dezentrales Lernen in Teamarbeit

Der von der Mercedes-Benz AG getragene Modellversuch "Dezentrales Lernen in Teamarbeit" fand von 1990 bis Anfang 1996 in der gewerblich-technischen Berufsausbildung in Gaggenau und der betrieblichen Weiterbildung des neuen Werkes in Rastatt statt (Bittmann u. a. 1992, S. 39 ff.; Bittmann/Novak 1996, S. 121 ff.). Außerdem wurden bereits bald nach Beginn der Modellversuchsarbeit weitere, dem Unternehmen nicht angehörende Klein- und Mittelbetriebe einbezogen, um das Konzept bereits frühzeitig unter dem Aspekt des Transfers zu verbreiten und zu überprüfen.

Das Konzept ging davon aus, daß dem seit langem zu beobachtenden Praxisdefizit und dem zunehmenden Wirklichkeitsverlust in der großindustriellen Berufsausbildung durch eine gezielte arbeitsplatzbezogene Gestaltung beruflicher Lernprozesse zu begegnen sei, und zwar unter den Bedingungen vernetzter und rechnergestützter Arbeitsprozesse. Der Kern des Vorhabens lag in der Neubestimmung arbeitsplatzbezogenen Lernens in allen betrieblichen Ausbildungsorten sowie in der Entwicklung eines neuen Lernorts inmitten der Produktion - der Lerninsel.

Für die Lerninseln ist eine doppelte Infrastruktur kennzeichnend: zum einen eine Arbeitsinfrastruktur, die im Hinblick auf Arbeitsaufgaben, Technik, Arbeitsorganisation und Qualifikationsanforderungen dem umgebenden Produktionsfeld entspricht, zum anderen eine Lerninfrastruktur, die zusätzliche räumliche, ausstattungsmäßige und personelle Ressourcen bereitstellt. Das Lernen ist zwar arbeitsplatzgebunden, es beschränkt sich jedoch nicht auf informelle Lernprozesse oder ein "learning by doing". Arbeitsaufträge werden vom Lernenden selbständig oder in der Gruppe geplant, durchgeführt und kontrolliert. Erfahrungsgeleitete Lernprozesse in der Lerninsel werden mit berufspädagogisch systematisiertem Lernen verbunden.

Im Nutzfahrzeugwerk in Gaggenau wurden Lerninseln u. a. in der Fahrzeugmontage, der Achsenmontage, der Kleinserienfertigung und der Instandhaltung eingerichtet. Die Voraussetzungen für den Einsatz in den Lerninseln sind klar umrissen, zudem sind sie in den

Dezentralisierung und berufliche Erstausbildung 133

betrieblichen Ausbildungsplan eingeordnet. Die Verweildauer in den Lerninseln beträgt zwischen fünf und neun Wochen. Zwischen drei und fünf Auszubildende sowie ein Lerninselfachausbilder arbeiten jeweils in einer Lerninsel. Ein- und Ausstieg der Auszubildenden können in der Gruppe oder einzeln erfolgen.

Aufgrund der hohen Eingangsvoraussetzungen erfolgen die Lerninseleinsätze erst in den letzten anderthalb Ausbildungsjahren. Für die Arbeit in den Lerninseln gibt es Lernzielkataloge, die fachliche, methodische und soziale Inhalte und Ziele ausweisen. Dazu gehören auch berufsübergreifende, betriebswirtschaftliche sowie arbeits- und technikgestaltende Ziele. Folgende Merkmale zeichnen das Lerninselkonzept für Auszubildende aus:

- Lerninseln sind mit Lernausstattungen angereicherte Arbeitsplätze in der Produktion, in denen Auszubildende verschiedener Ausbildungsberufe selbständig Arbeitsaufträge ausführen;
- die Auszubildenden arbeiten im Team, wobei die Teamarbeit in Anlehnung an das Modell der teilautonomen Gruppenarbeit strukturiert ist;
- dem Lerninselfachausbilder kommt vorrangig die Rolle eines Prozeß- und Entwicklungsbegleiters der Gruppe zu, zugleich ist er qualifizierter Facharbeiter der jeweiligen Betriebsabteilung;
- die Arbeitsaufträge genügen den Kriterien ganzheitlicher Arbeit und enthalten lernrelevante und gestalterische Dimensionen;
- Lerninseln sollen als Innovationsstätten im Arbeitsprozeß fungieren, insbesondere als Pilot- und Experimentierfelder für neue Formen der Arbeitsorganisation sowie der Arbeits- und Technikgestaltung.

Diese Kennzeichen sind zugleich Kriterien für die Erschließung von Arbeitsplätzen als Lernorte, für die Konstruktion und Gestaltung von Lerninseln. Auch Untersuchungsergebnisse zur Lernrelevanz von Arbeitsaufträgen und zu Lernpotentialen der Abteilungen werden hierbei und besonders bei der Standortauswahl der Lerninseln berücksichtigt. Zudem sind Lerninseln als Teil einer dezentralen Ausbildungskonzeption ausbildungsorganisatorisch und didaktisch nur in Abstimmung mit anderen betrieblichen Lernorten zu entwickeln. So wurden in die Modellversuchsarbeit alle Lernorganisationsformen und Lernorte der betrieblichen Berufsausbildung einbezogen:

- die Ausbildungsprojekte und Lehrgänge im Bildungszentrum;
- die Realprojekte und Produktionsarbeiten in den Anwendungswerkstätten im Bildungszentrum;
- die Betriebseinsätze in Versetzungsstellen.

Mit den Lerninseln im Betrieb umfaßt die Berufsausbildung in Gaggenau somit vier unterschiedliche, sich ergänzende Lernorte, wobei ein Teil der Aufgaben und Kompetenzen, die bisher im Bildungszentrum konzentriert waren, mit der Schaffung von Lerninseln in den Betrieb delegiert worden ist.

5 Resümee und Ausblick

In der Endphase der Modellversuchsreihe "Dezentrales Lernen" zeichnet sich ab, daß die wesentlichen Programmpunkte der Konzeption einer dezentralen Erstausbildung umgesetzt werden konnten. Dezentrale Lernorte wurden entwickelt, neue Lernortkombinationen geschaffen, didaktisch-methodische Ansätze erprobt und die Rolle des Bildungspersonals neupositioniert. Die Fortführung der Konzepte nach Beendigung der Versuchslaufzeit - die ersten Modellversuche der Reihe liefen bereits 1991/92 aus - kann als erster Beleg dafür angesehen werden, daß eine Verankerung im Regelsystem der Berufsausbildung vorteilhaft ist. Der bereits zur Laufzeit einzelner Modellversuche in starkem Maße erfolgte Transfer der Modellkonzepte in weitere Unternehmen und Berufsbildungseinrichtungen zeigt darüber hinaus, daß die Übertragung bisher erfolgreich verlief.

In der Modellversuchsreihe sind eine Reihe von Inhalts- und Problembereichen nicht hinreichend bearbeitet bzw. nicht gelöst worden. Hinzuweisen ist u. a. auf unzureichende Kooperationsbeziehungen zwischen betrieblichen Lernorten und der Berufsschule, das Fehlen einer Typologie des Lernens in der Arbeit sowie die ausstehende Entwicklung zeitgemäßer curricularer und medialer Darstellungsformen. Zum Teil sind diese Problemstellungen bereits Gegenstand weiterer Modellvorhaben und Forschungsprojekte. Einige Problemfelder sind hingegen als vordringliche Aufgaben der Berufsbildung, insbesondere der Berufsbildungsforschung anzusehen: das Verhältnis von dezentralen Lernorganisationsformen und partizipativen Arbeitsorganisationsformen (1); Ansätze zur Erschließung und Gestaltung des Lernorts Arbeitsplatz (2); Didaktik als Einheit expliziten und impliziten Lernens (3). Zu diesen Themen kann abschließend nur skizzenhaft Stellung bezogen werden. Auf eine weitere Thematik ist ausführlicher einzugehen: die berufliche Erstausbildung als Teil eigenständiger beruflicher Bildungswege (4). Es handelt sich hierbei um eine Kernfrage des Weiterbestehens der beruflichen Erstausbildung in ihrem bisherigen Umfang und ihrer bisherigen Bedeutung.

(1) Verhältnis von dezentralen Lernorganisationsformen und partizipativen Arbeitsorganisationsformen

Die neuen Lernorganisationsformen der Berufsbildung wie Lernstationen und Lerninseln überschneiden sich z. T. mit neuen Formen der Arbeitsorganisation wie partizipative Gruppenarbeit oder andere konsensorientierte Beteiligungsmodelle. In mehreren Modellversuchsbetrieben wird die Verbindung zwischen dezentralen Berufsbildungsformen und neuen Formen der Arbeitsorganisation gezielt hergestellt. Dezentrale Ausbildungskonzepte tragen so dazu bei, die Integration von Lernen und Arbeiten in neuen Arbeits- und Organisationskonzepten voranzutreiben und den betrieblichen Stellenwert der Berufsausbildung entscheidend zu verbessern. Für die Berufsbildung besteht hier ein großer Entwicklungs- und Forschungsbedarf. Überschneidungen und Disjunktionen von Lern- und Arbeitsformen sind festzustellen, empirische Studien über Lernprozesse in neuen partizipativen Arbeitsorganisationsformen und Lernprozesse in dezentralen Lernorganisationsformen vorzunehmen. Damit ist ein Entwicklungs- und Forschungsfeld angesprochen, das sich in das umfassende Feld des Verhältnisses von betrieblicher Organisationsentwicklung und beruflicher Bildung einordnet (Dybowski/Haase/Rauner/Schmidt 1993, S. 139 ff.).

(2) Erschließung und Gestaltung des Lernortes Arbeitsplatz

Mit dezentralen Ausbildungskonzepten haben Fragen zur Qualität des Lernortes Arbeitsplatz an Bedeutung gewonnen. In der Modellversuchsreihe ist erprobt worden, ob der Arbeitsplatz über Arbeits- und Qualifikationsanalysen, Erkundungen und andere Instrumente als Lernort ausgewählt und erschlossen werden kann. Zudem wurde versucht, lern- und qualifikationsförderliche Bedingungen im Arbeitsprozeß herzustellen. Die bisher angewandten Kriterien und Verfahren zur Erschließung und Gestaltung des Lernorts Arbeitsplatz sind recht heterogen und nur unzureichend entwickelt (Dehnbostel 1994, S. 13 ff.). Dies ist wesentlich darauf zurückzuführen, daß im Gegensatz zur Arbeitswissen-

Dezentralisierung und berufliche Erstausbildung 135

schaft und zur Arbeits- und Organisationspsychologie in der Berufs- und Betriebspädagogik kaum ausgewiesene Analyse- und Gestaltungsansätze vorliegen. Zwar wird der Bildungsbegriff als zentraler Bezugspunkt zur Beurteilung und Gestaltung von Ausbildungsprozessen angesehen und seine Verwendung als regulatives Kriterium beruflichen Lernens und Arbeitens gefordert, die Umsetzung in Konzepte zur Erschließung und Gestaltung des Lernortes Arbeitsplatz steht aber aus.

(3) Didaktik als Einheit expliziten und impliziten Lernens

Es hat sich gezeigt, daß Lernorientierungen in dezentralen Lernorganisationsformen und partizipativen Arbeitsorganisationsformen eine prinzipielle Erweiterung herkömmlicher didaktischer Theorien und Modelle erfordern. Implizite, d.h. informelle und erfahrungsgeleitete Lernpozesse am Arbeitsplatz und anderen nicht lernsystematisch organisierten Orten werden in herkömmlichen Didaktiken nicht berücksichtigt. Sie beziehen sich nur auf explizites, d. h. systematisches und organisiertes Lernen. Auch das Lernen von sozialen Gruppen und Organisationen wird im bisherigen didaktischen Verständnis von individuell ablaufenden Lernprozessen kaum berücksichtigt. Die neuen Formen kollektiven Lernens sowie das Verhältnis von individuellem Lernen, Gruppenlernen und Organisationslernen sind für didaktische Entwicklungen und Forschungen von zunehmender Bedeutung. Für die berufliche Erstausbildung werden so didaktische Prozesse und Entwicklungen möglich, die reale Erfahrungen und subjektive Interessen verstärkt aufnehmen und einer Differenzierung von Bildungsgängen und Lebensmustern entsprechen.

(4) Berufliche Erstausbildung als Teil eigenständiger beruflicher Bildungswege

Wie im ersten Abschnitt angesprochen, ist die mangelnde Attraktivität des dualen Systems wesentlich im Kontext des allgemeinen gesellschaftlichen Wertewandels zu sehen, der sich u. a. in Forderungen nach Gestaltungs- und Entwicklungsmöglichkeiten sowie erfolgversprechenden Berufslaufbahnen zeigt. Die mit zunehmender Individualisierung und Subjektivierung einhergehenden Ansprüche sind nicht mit einem Berufsausbildungssystem vereinbar, das nach wie vor eine Bildungssackgasse darstellt.

Wirft man einen Blick auf die Bildungsgänge der gymnasialen Oberstufe, dann liegt der entscheidende Punkt ihrer Attraktivität darin, daß Schüler mit dem Erwerb des Reifezeugnisses größtmögliche Berechtigungen für die Wahl beruflicher Laufbahnen sowie die Aussicht auf zukünftig gute Einkommen und einen anerkannten gesellschaftlichen Status haben. Zum gymnasial-akademischen Weg könnten differenzierte berufliche Bildungswege in einem selbständigen Berufsbildungssystem eine reale Alternative darstellen, wenn sie vergleichbare Chancen, Anerkennungen und Berechtigungen herstellen. Die berufliche Erstausbildung wäre integrierter Teil solcher Bildungswege. Sie würde wieder für Absolventen der Sekundarstufe I attraktiv, die ihren Interessen und Fähigkeiten entsprechend einen praxis- und berufsqualifizierenden Bildungsgang wählen würden, da sie nicht mehr zugleich auf eine Studienoption und weiterführende Entwicklungswege verzichten müßten.

Die erfolgreiche Durchsetzung eines selbständigen Berufsbildungssystems setzt voraus, daß die Bildungswege transparent sind und zu regulierten Abschlüssen und Berechtigungen führen, und zwar in Zeiträumen, die mit denen eines gymnasial-akademischen Bildungsweges vergleichbar sind. In der Regel würden berufliche Bildungswege zu Beginn der Sekundarstufe II einsetzen, nachdem in der Sekundarstufe I die Entscheidung dafür vorbereitet und getroffen würde. Ein Beginn dieses Bildungsweges in der Sekundarstufe I im Rahmen eines realschulischen, gesamtschulischen oder realgymnasialen Schultyps ist auch denkbar. Entscheidend ist, daß in Verbindung mit der beruflichen Erstausbildung auch eine Studienqualifikation erworben wird, und zwar in einer zur gymnasialen Oberstufe perspektivisch gleichberechtigten beruflichen Oberstufe in der Sekundarstufe II ("Zwei-Säulen-Modell"). Erfolgt der Erwerb einer Studienberechtigung nicht in doppeltqualifizierten oder integrierten Bildungsgängen, sondern über zeitlich langwierige und zudem unsichere Optionen im Anschluß an die Ausbildung, dann ist vorauszusehen, daß der Trend zu studienqualifizierenden Bildungsgängen anhalten und die Attraktivität der dualen Ausbildung für Schüler mit guten Leistungen in der Sekundarstufe I weiter nachlassen wird.

Für den Weiterbildungsbereich als Teil des Berufsbildungssystems kommt dem Ausbau der abschlußbezogenen Aufstiegsfortbildung sowie dem Angebot zertifizierbarer Studienanteile besondere Bedeutung zu. Die bundesweit geltende berufliche Fortbildung nach § 46, Absatz 2 des Berufsbildungsgesetzes muß für zusätzliche Fortbildungsberufe entwickelt und als Teilabschnitt beruflicher Bildungswege ausgewiesen werden. Dies bedeutet auch, daß die Vielzahl regional begrenzter Fortbildungsregelungen auf Kammerebene vereinheitlicht oder mit überregionalen Regelungen abgestimmt wird. Damit werden durchlässige und übersichtliche Bildungswege ermöglicht, in denen Aus- und Weiterbildung ineinandergreifen und die berufliche Erstausbildung als Teil eines zukunftsorientierten Bildungssystems aufgewertet wird.

Literatur

BECK, U.: Risikogesellschaft. Auf dem Weg in eine andere Moderne. Frankfurt a. M. 1986

BITTMANN, A./ERHARD, H./FISCHER, H.-P./NOVAK, H.: Lerninseln in der Produktion als Prototypen und Experimentierfeld neuer Formen des Lernens und Arbeitens. In: Dehnbostel, P. u. a. (Hrsg.), a. a. O., 1992, S. 39-64

BITTMANN, A./NOVAK, H.: Die Entwicklung der Lernorte in Gaggenau als ein Prozeß der Ausdifferenzierung von Lernorten im Kontext eines permanenten Anforderungswandels. In: Dehnbostel, P. u. a. (Hrsg.), a. a. O., 1996, S. 121-143

BULLINGER, H.-J./SCHLUND, M.: Gruppenarbeit als Ausgangspunkt für die Entwicklung moderner dezentraler Unternehmen. In: Antoni, C. H. (Hrsg.): Gruppenarbeit in Unternehmen. Konzepte, Erfahrungen, Perspektiven. Weinheim 1994, S. 344-363

DASSAU, P.: Für eine Dezentralisierung der Schulverwaltung! In: DDS 72(1980)9, S. 569-573

DEHNBOSTEL, P.: Erschließung und Gestaltung des Lernorts Arbeitsplatz. In: BWP 23(1994)1, S. 13-18

DEHNBOSTEL, P./HOLZ, H./NOVAK, H. (Hrsg.): Lernen für die Zukunft durch verstärktes Lernen am Arbeitsplatz - Dezentrale Aus- und Weiterbildungskonzepte in der Praxis. Berichte zur beruflichen Bildung, Bd. 149, Bundesinstitut für Berufsbildung, Berlin 1992

DEHNBOSTEL, P./HOLZ, H./NOVAK, H. (Hrsg.): Neue Lernorte und Lernortkombinationen - Erfahrungen und Erkenntnisse aus dezentralen Berufsbildungskonzepten. Berichte zur beruflichen Bildung, Bd.195, Bielefeld 1996

DYBOWSKI, G./HAASE, P./RAUNER, F./SCHMIDT, H.: Betriebliche Organisationsentwicklung und berufliche Bildung - Anregungen für die Berufsbildungsforschung. In: Dybowski, G./Haase, P./Rauner, F. (Hrsg.): Berufliche Bildung und betriebliche Organisationsentwicklung. Bremen 1993, S. 139-155

GORZ, A.: Kritik der ökonomischen Vernunft. Sinnfragen am Ende der Arbeitsgesellschaft. Berlin 1989

HEINZ, W. R.: Berufliche Bildung zwischen Wertewandel und betrieblicher Modernisierung. In: Liesering, S./ Schober, K./ Tessaring, M. (Hrsg.): Die Zukunft der dualen Berufsausbildung. Beiträge zur Arbeitsmarkt- und Berufsforschung 186, Nürnberg 1994, S. 110-123

KORNWACHS, K./REITH, S./SCHONHARDT, M./WILKE-SCHNAUFER, J.: Dezentrale Ausbildungskonzeption für Klein- und Mittelbetriebe. In: Dehnbostel, P., u. a. (Hrsg.), a. a. O.1992, S. 189-203

KÜHL, S.: Wenn die Affen den Zoo regieren. Die Tücken der flachen Hierarchien. Frankfurt/New York 1995

LESCHINSKY, A.: Dezentralisierung im Schulsystem der Bundesrepublik Deutschland. In: Zedler, P. (Hrsg.): Strukturprobleme, Disparitäten, Grundbildung in der Sekundarstufe I. Weinheim 1992, S. 21-37

MAHNKOPF, B.: Die dezentrale Unternehmensorganisation - (k)ein Terrain für neue 'Produktionsbündnisse'? In: Prokla 76, 19(1989)3, S. 27-50

PAHL, J.-P./REIER, G.: Thema Arbeitsorganisation: Nicht nur die Berufsschüler, auch die Berufsschulen müssen das Organisieren lernen. In: Pahl, J.-P. (Hrsg.): Arbeitsorganisation im Wandel - Berufliches Lernen wie bisher? Hochschultage Berufliche Bildung/Fachtagung Metall- und Maschinentechnik. Neusäß 1995, S. 31-41

REISS, M.: Dienstleistungen als Infrastruktur für dezentrale Organisationsformen. In: Bullinger, H.-J. (Hrsg.): Dienstleistung der Zukunft. Märkte, Unternehmen und Infrastrukturen im Wandel. Wiesbaden 1995, S. 408-426

RIFKIN, J.: Das Ende der Arbeit und ihre Zukunft. Frankfurt a. M./New York 1995

SCHONHARDT, M./WILKE-SCHNAUFER, J.: Veränderung von Lernorten - Dezentrales Lernen in Klein- und Mittelbetrieben. In: Dehnbostel, P., u. a. (Hrsg.), a.a. O., 1996, S. 314-328

SENATSKOMMISSION FÜR BERUFSBILDUNGSFORSCHUNG (Hrsg.): Berufsbildungsforschung an den Hochschulen der Bundesrepublik Deutschland: Situation, Hauptaufgaben, Förderungsbedarf. Weinheim u. a. 1990

II. Gewerblich-technische Erstausbildung unter didaktischer Sicht - Berufliche Fachrichtungen und Berufsfelder

Jörg-Peter Pahl/Bernd Vermehr

Gewerblich-technische Erstausbildung im
didaktischen Problemzusammenhang

Werner Bloy

Erstausbildung in den bau-, holz- und farbtechnischen Berufen
- Kompetenzentwicklung zum Mitgestalten der Facharbeit

Peter Storz/Wolfgang Hübel

Berufliche Bildung im Chemiebereich unter den Bedingungen
klein- und mittelständischer Wirtschaftsstrukturen

Willi Petersen

Berufs- und fachdidaktische Aspekte einer arbeitsorientierten
Erstausbildung im Berufsfeld 'Elektrotechnik'

Jörg Biber/Helmut Grimm/Reinhard Malek/Joachim Moyé

Berufsfeld "Metall" - Ordnungsfragen und Gestaltungsaspekte
in der gewerblich-technischen Erstausbildung

Jörn Hass

Die Lernfabrik als Gegenstand für komplexe Lehr- und
Lernsituationen - Ein Beitrag zur Erstausbildung im Lernbereich
Produktionstechnik

Jörg-Peter Pahl/Bernd Vermehr

Gewerblich-technische Erstausbildung im didaktischen Problemzusammenhang

1 Erstausbildung im Widerstreit der Meinungen

Die deutsche Öffentlichkeit scheint sich daran gewöhnt zu haben, daß in den letzten Jahren immer öfter zu Beginn eines Ausbildungsjahres einerseits von den Vertretern der Arbeitnehmer auf die unzureichende Anzahl von Lehrstellen im allgemeinen und in einigen speziellen Branchen im besonderen verwiesen wird, während andererseits die Vertreter der Arbeitgeber das vielfältige Angebot, die großen Anstrengungen und Initiativen zur Bereitstellung von Ausbildungs- und Lehrstellen lobend hervorheben. Ohne auf diesen Disput die Ursachen solch unterschiedlicher Wertungen näher einzugehen, scheint für die Sozialpartner festzustehen, daß die Bedeutung der beruflichen Erstausbildung nicht in Frage gestellt wird.
Eine Analyse der Arbeitslosen in Westdeutschland im Dezember 1995[1] zeigt, daß nahezu jeder Zweite von ihnen ohne eine Berufsausbildung ist. Eine fundierte Berufsausbildung ist heute zwar keine Garantie für eine nachfolgende Erwerbstätigkeit, aber sie bietet ganz offensichtlich einen erheblichen Schutz vor Arbeitslosigkeit und dem häufig damit verbundenen sozialen Elend. Berufliche Erstausbildung hat ungebrochen einen hohen Stellenwert für die nachwachsende Generation, und das Streben nach lebenslanger Beschäftigungsfähigkeit wird als einer der Schwerpunkte beruflicher Erstausbildung eingeschätzt (Berkeley 1996, S. 58).

Erstausbildung - und zwar nicht nur die für den gewerblich-technischen Bereich - wird häufig unter dem Aspekt der Organisation und den Anforderungen des Arbeitsmarktes, aber auch unter gesellschaftspolitischen und bildungspolitischen Gesichtspunkten diskutiert. Unter berufspädagogischen Gesichtspunkten sind es vor allem Fragen der Organisation des Berufsbildungssystems, der Qualifikationen, die die Diskussion um die Berufliche Erstausbildung bestimmen.
Die Bedeutung und Aufgabe der Beruflichen Didaktiken für die Ausgestaltung der gewerblich-technischen Erstausbildung wird - obwohl man die Defizite der Fachdidaktiken schon seit langem beklagt - nicht vertieft betrachtet. Auch eher an den Rand gedrängt zu sein, scheinen neben didaktischen und methodischen Reflexionen zu Fragen der Partizipation der Betroffenen bei anstehenden Entscheidungen Fragen der Gestaltung der Arbeitsabläufe, der Mitgestaltung von Arbeit und Technik allgemein und Fragen der Weiterentwicklung der Berufsausbildung.
Unter der berufspädagogischen Zielsetzung werden nachfolgend Schwerpunkte und Defizite der Erstausbildung im gewerblich-technischen Bereich insbesondere bei den fach-, technik- oder berufsdidaktischen Ansätzen diskutiert, und darüber hinaus werden Spezifika Beruflicher Didaktiken der gewerblich-technischen Fachrichtungen vorgestellt und Entwicklungsmöglichkeiten der Beruflichen Didaktiken im Sinne eines Beitrags für eine Verbesserung der gewerblich-technischen Erstausbildung aufgezeigt.

---

[1] Quelle: Sozialpolitische Informationen. Bonn, 15.12.95

2 Kennzeichen beruflicher Erstausbildung
   - Problembereiche didaktisch betrachtet

2.1 Vorbemerkung

Berufliche Erstausbildung im gewerblich-technischen Bereich kann aus unterschiedlichen Blickwinkeln betrachtet werden, und vom besonderem Aspekt, den man dabei verfolgt, wird das Ergebnis oder die Bewertung mehr oder weniger stark beeinflußt. Was heißt das aus der Sicht der verschiedenen Adressaten beruflicher Erstausbildung? Der ehemalige Abiturient wird am Ende seiner dualen Ausbildung die sich häufig wiederholenden Arbeitsvollzüge monieren, das Eingespanntsein in ein starres, weniger flexibles Arbeitssystem, das noch zu geringe Eingehen auf individuelle Besonderheiten des Lernenden bemängeln, während der leistungsschwächere Hauptschüler sich im Verlauf der Ausbildung oft unter Druck gesetzt fühlt, sei es nun durch die Zeit, innerhalb der etwas vollbracht werden muß, sei es durch die Anforderungen, die an ihn gestellt werden, die vielen unterschiedlichen Arbeitsgänge, der Anspruch des selbständigen Planens der Arbeitsschritte oder das Wahrnehmen von Fehlern. Obwohl die Ausbildung inhaltlich und in der zeitlichen Abfolge der Teile höchst unterschiedlich verläuft, werden beide nach gleichen Kriterien in der Abschlußprüfung geprüft und bewertet werden.

In gleicher Weise lassen sich weitere Aspekte einer beruflichen Erstausbildung facettenartig ausleuchten. Eine rein additive Auflistung soll hier nicht vorgenommen werden, vielmehr wird versucht, aus didaktischer Sicht einige Problembereiche vertieft darzustellen. Hierzu zählen Gegebenheiten, die integrativem Ausbildungsbemühen nicht unbedingt förderlich sind, so z. B. der rechtlich-inhaltliche Rahmen, unter dem sich berufliche Erstausbildung vollzieht, Formen und Schwierigkeiten des Lernens im Arbeitsvollzug, die Angebote der spezifischen Didaktik. Die Didaktiken beruflichen Lernens müssen wegen des Fehlens eines Gesamtkonzeptes Schwierigkeiten überwinden, denn mit der im Laufe der Zeit entstandenen Organisation beruflichen Lernens haben sich zahlreiche Brüche oder Trennungen entwickelt bzw. verfestigt. Hierzu zählen neben der Rechtsgrundlage für die Ausbildung auch unterschiedliche Zuständigkeiten, differenzierte Aufgabenzuweisungen und Kontrollen, verschiedenes Ausbildungspersonal und keine einheitliche Finanzierung (vgl. Abb. 1). Trotz einer Vielfalt läßt sich eine Einheit gewerblich-technischer Berufsausbildung insoweit ausmachen, daß es zu jedem Gestaltungs- und Verantwortungsbereich des einen Lernortes ein Pendant am anderen Lernort gibt. Damit ist aber noch keine Aussage über die Gleichwertigkeit der Ausbildungsstätten verbunden.

2.2 Ausbildungsordnung und KMK-Rahmenlehrpläne

Versetzt man sich in die Lage eines Jugendlichen, der zu Beginn der Ausbildung nach den Zielen und Unterlagen fragt, so wird einem die besondere Situation des Auszubildenden bewußt, denn man müßte in der Antwort mindestens auf zwei Ordnungsmittel hinweisen, die Ausbildungsordnung auf der einen Seite und den Rahmenlehrplan der Kultusministerkonferenz (abgekürzt: KMK) auf der anderen Seite (vgl. Abb. 1).

Gewerblich-technische Erstausbildung

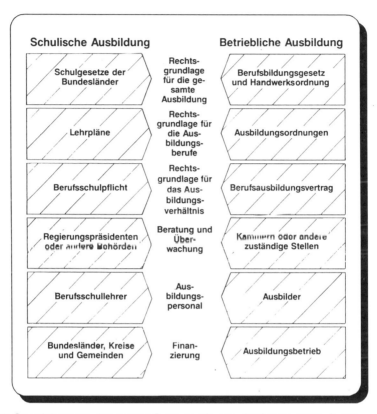

Abb. 1: Grundelemente des dualen Systems (Quelle: CDG Köln 1991, S. 20)

Die Ausbildungsordnung ist bundeseinheitlich die Grundlage für die Ausbildung in einem anerkannten Ausbildungsberuf. Nach den Vorgaben des Paragraphen 25 des Berufsbildungsgesetzes bzw. Paragraphen 25 der Handwerksordnung wird eine Ausbildungsordnung als Rechtsverordnung vom Bundeswirtschaftsminister oder des ansonsten zuständigen Fachministers im Einvernehmen mit dem Bundesminister für Bildung und Wissenschaft erlassen.
Eine Ausbildungsordnung hat dabei neben der Bezeichnung des Ausbildungsberufes und der Festlegung der Ausbildungsdauer mindestens festzulegen:

- die Fertigkeiten und Kenntnisse, die Gegenstand der Berufsausbildung sind (Ausbildungsberufsbild),
- eine Anleitung zur sachlichen und zeitlichen Gliederung der Fertigkeiten und Kenntnisse (Ausbildungsrahmenplan) sowie
- die Prüfungsanforderungen (Berufsbildungsgesetz, Paragraph 25, Pkt. 2).

Der Staat hat als rechtlich Zuständiger die Möglichkeit, neue Ausbildungsberufe zu schaffen - sei es als vollständig neue Berufe oder als partielles Zusammenfassen bestehender Berufe - sowie bestehende durch Anpassung an die technischen, wirtschaftlichen und gesellschaftlichen Erfordernisse zu modifizieren oder notfalls ganz zu streichen[2]. Die Kultusministerkonferenz, die für die schulischen Lehrpläne zuständig ist, entwickelt in einem spezifischen Gremium das zweite Regelwerk als Rahmengebung für die Länder. Die Rahmenlehrpläne (KMK 1996, S. 11 f.) enthalten Lernfelder mit Zielformulierungen und Inhaltsangaben sowie die Zeitrichtwerte. Die einzelnen Bundesländer können diese Rahmenlehrpläne übernehmen oder im Rahmen der Vorgaben des KMK-Plans spezifische Landespläne entwickeln (KMK 1996, S. 11).

Rahmenlehrpläne und Ausbildungsordnungen stehen nicht vollkommen unverbunden nebeneinander. Nach dem "Gemeinsamen Ergebnisprotokoll" vom 30.5.1972 ist es erforderlich, daß die Ausbildungsordnungen und insbesondere der Ausbildungsrahmenplan des Bundes mit den Rahmenlehrplänen der Länder abgestimmt werden (KMK 1996, Anhang). Dem Koordinierungsausschuß aus Beauftragten des Bundes und der Länder wird u. a. die Aufgabe zugewiesen, Grundsätze für die Abstimmung der Ausbildungsordnungen sowie Rahmenlehrpläne zu vereinbaren und für die erforderliche Rückkopplung zu den jeweils verantwortlichen Stellen und Gremien während des Abstimmungsverfahrens zu sorgen. Das im Ansatz löbliche Vorhaben führt mitunter in der Praxis zu erheblichen Problemen (s. von Ahlen 1985). Grüner verwies im Zusammenhang mit der Neuordnung der Metallberufe auf die Tatsache, daß die betriebliche Seite sieben Jahre Zeit hatte, die notwendigen Ordnungsmittel zu entwickeln, während die schulischen Lehrpläne in zehn Monaten aufgestellt werden sollten, "das muß zu Hektik und Dilettantismus führen" (Grüner 1985, S. 508).
Der lange Weg, an dessen Ende nach dem Überwinden unterschiedlicher Hürden die neue Rechtsverordnung steht und nach der dann mit der geänderten beruflichen Erstausbildung begonnen werden kann, ist formal geregelt, aber wie bereits Grüner (1985, S. 505) am Beispiel der Neuordnung der Metallberufe darstellte, ergibt sich damit: "Berufsbildung ist Sache der Tarifparteien". Berufspädagogische Überlegungen werden nur unzureichend berücksichtigt und seriöse didaktische Arbeit kann kaum geleistet werden.

Die Neuordnung der industriellen Metall- und Elektroberufe ist vielfach als Jahrhundertwerk bewertet worden. Die kritische Einschätzung Grüners weist jedoch deutlich darauf hin, daß die Gestaltungskräfte sich einseitig zugunsten des Lernortes Betrieb verlagert haben. Dies wird zumindest an dem zur Erarbeitung der Unterlagen notwendigen Zeitrahmen deutlich, rein faktisch sind viele Fragen für den Lernort Betrieb entschieden worden, ohne daß der zweite Partner am Lernort Schule sich äußern konnte. Bei der grundsätzlichen Aufteilung in Grund- und Fachbildung, der Aufteilung in allgemeine und berufliche Bildung, der Zuweisung beruflicher Qualifikationen und der vorgesehenen Zeitanteile wird dies ebenso deutlich wie bei vielen fachlich bestimmten Detailfragen. Der eine Partner hatte unter dem vorgegebenen Zeitrahmen faktisch nachzuvollziehen oder seine Überlegungen und Entscheidungen dem anzupassen, was die andere Seite bereits entschieden

---

[2] Das Antragsverfahren und die Abfolge der einzelnen Schritte bis zum Gültigwerden neuer Ausbildungsordnungen sind wiederholt geändert worden. Grundlage für die Vereinbarungen von Ausbildungsordnungen ist das "Gemeinsame Ergebnisprotokoll betr. das Verfahren bei der Abstimmung von Ausbildungsordnungen und Rahmenlehrplänen im Bereich der beruflichen Bildung zwischen der Bundesregierung und den Kultusministern (-senatoren) der Länder vom 30.5.72" (Walter-Lezius 1985, S. 426 und gleichlautend KMK 1996, Anhang). Das vereinbarte Verfahren, Ausbildungsordnungen zu erlassen, hat der Hauptausschuß des Bundesinstituts für Berufsbildung wiederum in drei Phasen unterteilt, das Projektvorverfahren, das Abstimmungsverfahren und das abschließende Erlaßverfahren.

Gewerblich-technische Erstausbildung 145

hatte. Von einer Gleichwertigkeit zwischen Schule und Ausbildungsbetrieb kann man bei dieser Sachlage nicht ausgehen. Das Bild von der Gleichwertigkeit der beiden Partner, das der Bezeichnung „duales System der Berufsausbildung" oft unterstellt wird, entspricht nicht den Realitäten. Erhebliche Unterschiede zwischen dem Ausbildungsrahmenplan und dem schulischen Lehrplan ergeben sich hinsichtlich der Ausdifferenzierung, wenn die Länder ihre spezifischen Pläne aus den KMK-Plänen entwickeln.

Positiv ist, daß sich jeder Rahmenplan durch die zu übernehmenden Formulierungen hinsichtlich des Bildungsauftrages der 'Berufsschule' und der 'Didaktischen Grundsätze' (KMK 1996, S. 13-18) deutlich von seinen Vorläufern abhebt. Das Regelwerk enthält die wesentlichen Zielvorstellungen für die Ausbildung und hat zu seiner Zeit in gewissem Maße Vorbildfunktion erreicht. Viele Neuordnungen der Berufsausbildung im gewerblich-technischen Bereich folgen den Leitvorstellungen bei der metall- und elektrotechnischen Ausbildung. Festzuhalten ist auch: Zwischen Ausbildungsordnung und KMK-Rahmenlehrplänen gibt es in den groben Zielvorstellungen durchaus Gemeinsamkeiten. "Die Berufsbilder und Ausbildungsrahmenpläne sind aufgrund der Zielsetzung der betrieblichen Berufsausbildung didaktisch an der berufsförmig organisierten Arbeit orientiert. Schule und Betrieb folgen somit dem Grundsatz nach didaktischer Arbeitsorientierung, wenn auch mit je lernortspezifischen Aufgaben, Erkenntnisinteressen und Zielsetzungen" (Petersen 1996, S. 304). Im Detail können allerdings die Besonderheiten von Schule und Betrieb zu erheblichen Abweichungen in den Lernzielen führen. Zumindest aus der Sicht der Lernenden ist nicht einzusehen, warum es zwei Ordnungsmittel geben muß. Die grundlegende Trennung ist für sie nicht nachvollziehbar, die Aufspaltung dessen, was sie lernen sollen, in Lehrpläne einerseits und Ausbildungsordnungen andererseits ist nur schwer verständlich zu machen. Aber auch für Lehrer und Ausbilder macht die Aufteilung, sobald sie nicht nur ihren speziellen Bereich im Auge haben, wenig Sinn.

2.3 Trennungen - ein durchgängiges Prinzip

● Trennung von Arbeiten und Lernen

Konnte früher das gleichzeitige Arbeiten und Lernen als Kennzeichen handwerklicher Produktionstechnik gelten, so sind mit der Industrialisierung Arbeiten und Lernen auseinandergedriftet. Erfordernisse einer industriellen Produktion einerseits und der Umstand andererseits, daß nur dasjenige als bildend angesehen wurde, was nicht mit dem konkret Beruflichen zusammenhing, d. h. die Forderung nach klassischen Bildungsgütern, führten zu einer Trennung des bis dahin ganzheitlichen, durch Erfahrungsgewinn gekennzeichneten Prozesses von Arbeiten und Lernen. Fast durchgängig festzustellen ist, daß einerseits der zunehmende Zeitdruck durch den wirtschaftlichen Konkurrenzkampf das Auslösen und Bewältigen von Lernprozessen direkt in der Produktion nicht mehr zuließ, und andererseits die Ausdifferenzierung der Technik dazu führte, daß reale Arbeitssituationen kaum mehr in den Schulen nachgestaltet werden konnten. Nicht erst in jüngerer Vergangenheit gibt es zahlreiche Versuche, diese Trennung nicht zu vergrößern, sondern sie teilweise wieder aufzuheben sowie eine Integration von Arbeiten und Lernen anzustreben. Für den gewerblich-technischen Bereich sieht Rauner (1994, S. 53 f.) z. B. vor allem eine Möglichkeit darin, Arbeitssysteme gleichzeitig auch als Informations- und Lernsysteme zu gestalten. Wenngleich man ein vollständiges harmonisches Zusammengehen von Arbeiten und

Lernen nicht wieder erreichen kann, so sollten solche Ansätze beruflichen Lernens weiterverfolgt werden, die eine Integration von Arbeiten und Lernen anstreben. Aber auch wenn einerseits die Betriebe versuchen, während der Arbeit zeitlichen Freiraum für das Lernen zu schaffen, und andererseits die Schule Arbeitsprozesse aufgreift und nachvollzieht, bleibt: Arbeiten und Lernen gehen heute nur partiell zusammen. Hinzu kommt, daß von der Schule aufgegriffene Arbeitsprozesse ihren simulativen Charakter nie ganz ablegen können, so daß eine Aufhebung der Trennung von Arbeiten und Lernen mit Sicherheit nicht völlig möglich ist. Insbesondere komplexere Arbeitsvollzüge verhindern ein gleichzeitiges Erlernen der Fertigkeiten im Arbeitsvollzug und machen im Regelfall ein gesondertes Lernen erforderlich. Eine Reintegration von Arbeiten und Lernen - verstanden als ein gegen- und wechselseitiges Aufsichbeziehen - sollte jedoch zunehmend versucht werden.

● Trennung zwischen Fachpraxis und Fachtheorie

Gängige Auffassung im Bereich beruflichen Lernens war jahrzehntelang: Der Betrieb vermittelt die Praxis, die Berufsschule ist für die Theorie zuständig. Die Trennung erschien im Sinne einer Arbeitsteilung für beide Lernorte Vorteile zu bieten und wurde selten hinterfragt. Schaut man genauer hin, so stellt man fest, das eine präzise Verortung von Fachpraxis und Fachtheorie nicht möglich ist. Schon immer gab es Praxisanteile in der Berufsschule einerseits und Fachtheorieanteile in der betrieblichen Ausbildung andererseits.

Abstimmungs- und Zuordnungsfragen zwischen Fachtheorie und Fachpraxis werden in der Berufsausbildung erst in letzter Zeit wieder verstärkt diskutiert. Gefragt wird nach dem erforderlichen Berufswissen für den Facharbeiter und der Verwertbarkeit in beruflichen Handlungssituationen. Solche Fragen haben nach der Neuordnung der Elektro- und Metallberufe auch dazu geführt, daß Versuche, im Sinne einer Abbilddidaktik berufliche Gegebenheiten und Ausstattungen aus Industriebetrieben oder dem Handwerk (s. Horn 1996, S. 8) in den Berufsschulen nachzustellen oder zu simulieren, erneut unternommen werden. Allerdings sieht man heute immer deutlicher: Produktionsschulähnliche Einrichtungen, Lernfabriken oder Vergleichbares sind die Wunschvorstellungen der Berufspädagogik, die flächendeckend an Berufsschulen nicht installiert werden können, weil die dafür notwendigen Investitionen die materiellen und finanziellen Ressourcen der öffentlichen Hand übersteigen.

Blickt man zurück auf die bisherigen Bemühungen zur Auflösung des Fachpraxis-Fachtheorie-Problems, so kann man feststellen: Im Zusammenhang mit dem dualen System der Berufsausbildung wurden bislang vor allen Dingen Fragen der Abstimmung der Inhalte, die einerseits in der Berufsschule und andererseits im Betrieb vermittelt werden sollten, betrachtet. Hinzu kam die keineswegs neue Problematik von Gleichlauf, Vorlauf oder Nachlauf der Inhalte von Fachpraxis oder Fachtheorie. Mit dem stärkeren Aufkommen beruflicher Vollzeitschulen, die ganz oder teilweise das duale System ersetzen, rückte besonders die Frage der Koordinierung von fachpraktischem und fachtheoretischem Unterricht in der Berufsschule in den Vordergrund. Das Theorie-Praxis-Verhältnis in der Berufsausbildung als Problem in der unterrichtlichen Tätigkeit wurde dagegen, bis auf einige allgemein gehaltene Ausführungen hinsichtlich der bildungstheoretischen und erziehungspraktischen Aspekte, kaum bezogen auf die Situation einzelner Berufsfächer und ihrer speziellen Probleme.

Aufgabe der Bemühungen zur Verbesserung der gewerblich-technischen Erstausbildung ist es, einen didaktischen Ansatz beruflichen Lernens in den Berufsfeldern zu entwickeln, der die Antinomie von beruflicher Praxis und Theorie mildern oder sogar aufheben kann. Festzuhalten ist: "Das Theorie-Praxis-Problem der Berufsdidaktik wäre auf einen Schlag gelöst, wenn sich abschließend klären ließe, was "das Berufswissen" ist" (Eckert 1994, S. 92).

● Trennung der Lernorte

Mit dem Entstehen von Berufsschulen hatte die betriebliche Seite zwangsläufig Lernbereiche und Lernaufgaben abgegeben. Aus der Sache heraus entwickelten sich unterschiedliche Schwerpunktsetzungen für den Lernort Betrieb und für den Lernort Schule. Mit der Divergenz von Arbeiten und Lernen sowie veränderten gesellschaftlichen Ansprüchen entstanden über die Fortbildungsschulen - neben dem Lernort Betrieb - der Lernort Schule und in jüngster Zeit die überbetrieblichen Ausbildungsstätten. Mit dem Schwerpunkt der Aufgaben des jeweiligen Lernortes - im Betrieb Lernen an Arbeitsverrichtungen und in der Schule spezifische Lernangebote - ergeben sich Divergenzen in der Zielstellung. Auch die verschiedene lernorganisatorische Ausstattung führt zu besonderen Auffassungen beim beruflichen Lernen. Darüber hinaus wirkt allein schon die räumliche Trennung der Lernorte in Richtung unterschiedlicher Auffassung über Schwerpunkte beruflichen Lernens sowie, nicht gerade kooperationsfördernd und führt eher zum Konkurrenzdenken. Gemeinsames didaktisches Bemühen der verschiedenen Lernorte ist nur selten vorzufinden. Aber Änderungen erscheinen durch einen gemeinsamen Curriculumansatz (Petersen 1996, S. 291 und S. 304) möglich.

● Ausbildungs- und Unterrichtsverfahren

Trennungen bestehen auch bei den Konzepten und den entsprechenden Verfahren für den Unterricht und die Ausbildung. Dieses hat Tradition. Seit Beginn der beruflichen Ausbildung im dualen System galt: Der Betrieb führt als Ausbildungsverfahren die sogenannte Unterweisung in das Arbeitsgeschehen und die Fertigkeiten durch. Dazu wurde vorwiegend die Vierstufenmethode angewandt, mit den Schritten: Demonstrieren, Beobachten, Nachmachen, Üben. Aber auch tätigkeitsorientierte Lehrgänge, die das Machen, das "Wie" darstellen, wurden als sinnvoll und angemessen angesehen. Nicht selten wurde auch vergleichbar zu der Beistell-Lehre vom Lehrling besonders hohe Aufmerksamkeit, Beobachtungsgabe für die Einleitung eines Selbstlernvorganges erwartet. Bei den schulischen Unterrichtsverfahren ging es vorwiegend um Kenntnisse, die theoretischen Hintergründe und Erklärungen, also das „Warum", während bei der Unterweisung als Ausbildungsverfahren die Fertigkeiten und die Ausführung, also das „Wie", im Zentrum der pädagogischen Aufgabenstellung standen. Es gab eindeutige Abgrenzungen. Selbst die namensgleichen Lehrgänge waren inhaltlich unterschieden: Eine fachpraktische Unterweisung mit dem Ausbildungsverfahren des Lehrganges - heißt er nun Feilen, Löten oder Schweißen - richtete sich auf die manuellen Fähigkeiten und Fertigkeiten, während ein Lehrgang des berufstheoretischen Unterrichts zu einem vergleichbaren Thema eine systematisch aufbereitete Abfolge von Inhalten zur hinterfragenden Durchdringung des technologischen Sachverhaltes und zur Erlangung von fachlichen Fähigkeiten enthielt. Die Trennung in Ausbildungs- und Unterweisungsverfahren des Betriebes einerseits und in Unterrichtsverfahren der Schule andererseits wird in weiten Bereichen leider noch immer praktiziert. Wie eine erste Evaluation nach der Neuordnung zeigt, werden als Lehrformen noch immer "überwiegend die traditionellen Lehrformen des theoretischen Lehrgangslernens im Klassenverband und Praxislernen nach der ausbilderzentrierten Vierstufenmethode eingesetzt" (Borch/Weißmann 1996, S. 83).

Spätestens mit der Neuordnung der industriellen und handwerklichen Elektro- und Metallberufe gilt es als fraglich, ob eine derartige eindeutige Unterscheidung zwischen Ausbildungs- und Unterrichtsverfahren sinnvoll, möglich und wünschenswert ist. Sowohl die Berufsschule als auch die betriebliche Ausbildung haben - ausgelöst durch die Neuordnung - inzwischen ihr Methodeninstrumentarium reflektiert, erweitert und letztlich bereichert und die bis dahin gängige Aufgabenteilung zwischen der Berufsschule und dem Betrieb ist - zumindest bei Großfirmen - zunehmend fragwürdiger geworden (vgl. Pahl/Vermehr 1995, S. 16). Innovationsfreudige Schulen und Betriebe haben mit neuen Konzepten des beruflichen Lernens reagiert. Für die betriebliche Ausbildung ist eine ganze Reihe von Ausbildungsverfahren, wie z. B. die Lernstatt (BMW), PETRA (Siemens), entwickelt worden, wobei die Leittextmethode (BIBB) besonders verbreitet ist. Daneben sind für die Ausbildung zur Abrundung des Methodenspektrums diverse Verfahren in die Diskussion gekommen, die zum Teil ebenso in der Berufsschule angewandt werden können (Dehnbostel 1995a, S. 67). Auch die Berufsschule ist nicht durchgängig bei ihren beiden vorwiegend verwendeten Vermittlungsverfahren geblieben und hat die Palette der Unterrichtsverfahren z.B. durch den Laborunterricht oder Technologische Erprobungen bzw. Übungen (u. a. Heymann 1987, Mausolf/Pätzold 1982 oder Schmidkunz/Lindemann 1981) erweitert und vielfältiger gestaltet. Dabei wurden aus Gründen der Lerneffektivität und der Forderung nach Handlungsorientierung auch fachpraktische Elemente in den Unterricht übernommen.

Betrachtet man die Methodenkonzeption in Schule und Betrieb, so deutet vieles darauf hin, daß sich nicht wenige Ausbildungs- und Unterrichtsverfahren langfristig immer mehr angleichen und teilweise sogar nicht mehr unterscheidbar sind. Dieser Trend gilt allerdings immer nur dann, wenn die Betriebe ihre Ausbildung nicht am Arbeitsplatz direkt, sondern in besonderen Einrichtungen vornehmen. Die Vorgehensweisen - man spricht weniger von Methoden - der Vermittlung in Schule, betrieblichen oder überbetrieblichen Einrichtungen und Ausbildungsstätten sind dabei häufig fast deckungsgleich. Anders ist es beim Lernen am Arbeitsplatz. Hier sind wegen der besonderen Produktions- und Arbeitsbedingungen und des Termindrucks noch immer Methoden anzutreffen, die an die Form der Beistell-Lehre erinnern. Ausbildungsverfahren, die systematisch prozeß- und zielbezogene Lernakte generieren (Wilkening 1980, S. 14), sind das aber nicht.

● Ausbilder - Lehrer

Auch zwischen Ausbildern und Berufsschullehrern ergeben sich Trennungen, durch die Art der Ausbildung, die Art des Tätigwerdens und die Zuständigkeit in den Lernorten. Gemeinsam haben beide die Aufgabe, die Auszubildenden bzw. Lehrlinge auf die Anforderungen des Arbeitslebens und die Facharbeiterprüfung vorzubereiten, aber ihr Arbeitsbereich, ihre Bezugssysteme sowie die Verantwortlichkeit sind wohl unterschieden. Akademisch ausgebildete Lehrer an Berufsschulen verstehen sich als Bildungsträger und -verantwortliche, die den Bildungsinhalt und eher das Übergreifende sowie Exemplarische zu vermitteln haben. Ausbilder dagegen wollen stärker zum praktischen Arbeiten und dem Tätigsein im Berufsleben erziehen. Zwischen Lehrern und Ausbildern finden nur selten konkrete, pädagogische Gespräche sowie Abstimmungen über Inhalte und Erziehungsfragen statt. Eine gemeinsame didaktische Theorie und Terminologie ist noch nicht einmal im Ansatz vorhanden. Man arbeitet - obwohl es um dieselbe Klientel geht - meist immer noch völlig unabhängig voneinander.

Gewerblich-technische Erstausbildung 149

2.4 Weitere didaktische Problembereiche beruflicher Erstausbildung

Neben den bisher angeführten Trennungen bestehen in der beruflichen Erstausbildung weitere Problembereiche unterschiedlicher Gewichtung. Bedeutendstes Problem ist hier zweifelsohne die Abschlußprüfung am Ende der Ausbildung mit den Regelungen hinsichtlich der Zuständigkeit und der inhaltlichen und organisatorischen Form der Durchführung.

- Abschlußprüfung

Durch die Abschlußprüfung ist festzustellen, ob am Ende der Ausbildungszeit der Auszubildende "die erforderlichen Fertigkeiten beherrscht, die notwendigen praktischen und theoretischen Kenntnisse besitzt und mit dem ihm im Berufsschulunterricht vermittelten, für die Berufsausübung wesentlichen Lernstoff vertraut ist" (Berufsbildungsgesetz, § 35). Die Facharbeiter- bzw. Gesellenprüfung wird von für diesen Zweck gebildeten Prüfungsausschüssen abgenommen und gliedert sich in einen praktischen und einen theoretischen Teil, dem ggf. eine mündliche Prüfung zugeordnet ist. Form und Inhalt des theoretischen Teils der Gesellenprüfung bestimmen oft über größere Abschnitte sowohl die Inhalte der Ausbildung als auch die verwendeten Vermittlungsverfahren, da viele Berufsschullehrer den Lehrplan nur als Vorbereitung auf die Abschlußprüfung ansehen und entsprechend zurechtstutzen (Neumann 1996, S. 18). In diesem Zusammenhang wird häufig von der Prüfung als dem heimlichen Lehrplan gesprochen, weil Form und Inhalt der Abschlußprüfung nicht ohne Rückwirkung auf die Ausbildung sind und damit einen Stellenwert erhalten, der ihnen ansonsten nicht zugedacht ist. Viele Ausbildungsbemühungen richten sich - insbesondere in der letzten Phase der Ausbildung - unabhängig vom Lernort auf die Prüfung aus. "Die strikte Trennung von Unterricht an der Schule und der Prüfung durch die Kammern wirkt sich gerade für die schwächeren Schüler verhängnisvoll aus" (Neumann 1996, S. 18). Zunehmend beklagen die Prüfer den Umstand, daß die Anforderungen des beruflichen Alltags nicht mit den Anforderungen übereinstimmen, die in der Facharbeiterprüfung gestellt werden. Dies bezieht sich nicht nur auf die inhaltliche Seite der Prüfung, in dem z. B. komplexe berufliche Situationen in getrennte Prüfungsbereiche aufgeteilt werden, sondern schließt die Form ihrer Durchführung mit ein. Wird z. B. in der Praxis davon ausgegangen, daß der Arbeitnehmer sich möglichst selbständig die notwendigen Informationen und Hilfen durch Einblick in die fachlichen Unterlagen, Tabellen oder Absprachen mit dem Team besorgt, ist der Teilnehmer in der Prüfungssituation auf sich allein gestellt und ihm der Einblick in die Unterlagen in der Regel verwehrt. Wird in den Betrieben zunehmend in kleineren Teams gearbeitet, so vereinsamt der Prüfling und ist zur Sprachlosigkeit gezwungen. "Die Prüfung ist aus der Sicht des Prüfungsteilnehmers vollständig fremdbestimmt. Der Auszubildende hat weder Einfluß auf die Gestaltung der Aufgabenstellung noch auf die Bewertung der Prüfungsergebnisse" (Walter 1994, S. 63). In der Ernstsituation der Prüfung mit all ihrer Belastung werden Fähigkeiten abverlangt und bewertet, die in der beruflichen Realität zunehmend weniger gefordert werden.
Fraglich ist weiterhin, ob die Ausgestaltung der schriftlichen Prüfung in der Form von "Multiple-choice"-Aufgaben, die zentral von der PAL erstellt werden, dem Anspruch nach selbständigem Planen, Durchführen und Kontrollieren genügen kann. Vor allem der Umstand, daß die durch zentral erstellte Prüfungsaufgaben erstrebte Vergleichbarkeit in der Praxis zur Nivellierung auf einen kleinsten gemeinsamen Nenner geführt hat, und die Feststellung, daß die zentral erstellten Prüfungsaufgaben sich an der Optimierung der Trennschärfe und nicht an kriteriumsbezogenen Aussagen orientieren, gehören zu den Kritikpunkten (Borch/Weißmann 1996, S. 229).

Kooperation und Konkurrenz

Auch heute noch kann man feststellen, daß Kooperationen zwischen Schule und Betrieb bzw. Lehrern und Ausbildern nur höchst selten zustande kommen. Gemeinsame Gespräche über Ausbildungsfragen finden normalerweise nur bei Zwischen- oder Lehrabschlußprüfungen oder bei besonders schwierigen Auszubildenden mit Konfliktpotential statt. An Stelle von Kooperation ist häufig eine unausgesprochene Konkurrenz zwischen Lehrern und Ausbildern feststellbar, die von den Lernenden sehr wohl erfahren und angemerkt wird.

Konkurrierende Kooperation als Positivum - wie sie beispielsweise in dem Buch von Pätzold (1990) gefordert wird - ist kaum feststellbar. Das Trennende ist stärker als das Verbindende.

Flexibilität - Unbeweglichkeit

Nach einer mehr als ein Jahrzehnt dauernden Diskussion um eine zeitgemäße Erstausbildung im gewerblich-technischen Bereich wurde zunächst die metall- und elektrotechnische Berufsausbildung in der Industrie und nachfolgend in den entsprechenden Handwerksbereichen zum Beginn des Jahres 1987 neu geregelt.

Die lange Phase der Diskussion macht dabei deutlich, daß es nicht ausschließlich um eine zeitgemäße Anpassung der Ausbildungsinhalte an die Veränderung der Facharbeit und die damit einhergehenden Anforderungen ging, sondern daß auch in die Neuregelung erweiterte Zielsetzungen aufgenommen wurden (BMWi 1987, § 3.4 Selbständiges Planen, Durchführen, Kontrollieren). In dieser Diskussionsphase wurde um die notwendige Anpassung beruflicher Erstausbildung an die sich zunehmend abzeichnenden Veränderungen in der Arbeitswelt ebenso heftig gestritten, wie um Fragen einer - wie auch immer - gestuften oder differenzierten Ausbildung. Die Bündelung bisheriger Ausbildungen und die Konzentration auf wenige Ausbildungsberufe erschwerte manchem, die neue Form zu akzeptieren. Von der Bündelung versprach man sich neben der Konzentration auf wesentliche, berufstypische Fertigkeiten auch ein flexibleres Verhalten des Lernenden während und nach der Ausbildung. Ein prospektiver Lösungsansatz mit dynamischen Anteilen kommt so aber nicht zum Tragen, da mit der Bündelung bislang für einzelne Berufe nur determinierend fort- und festgeschrieben wird, was das Beschäftigungssystem braucht. Es handelt sich damit nur um eine Anpassungsmaßnahme an gewandelte Technik. Durch einen prospektiven Ansatz dagegen sollten die in das Erwerbsleben Übertretenden u. a. in der Lage sein

- "in unterschiedlichen Betrieben und Branchen den erlernten Beruf auszuüben sowie - ggf. nach Aneignung fehlender Fertigkeiten - artverwandte Facharbeitertätigkeiten ausführen zu können;
- sich auf neue Arbeitsstrukturen, Produktionsmethoden und Technologien flexibel einstellen zu können mit dem Ziel, die berufliche Qualifikation zu erhalten;
- an Maßnahmen der Weiterbildung, Fortbildung und Umschulung teilnehmen zu können, um die berufliche Qualifikation und Beweglichkeit zu sichern" (Pätzold 1990, S. 167).

Unabhängig von den zu beklagenden Defiziten, wie sie sich bei der Neuordnung vieler gewerblich-technischer Berufe hinsichtlich der Aufarbeitung didaktischer Fragen ergeben haben, gilt weiterhin: Noch immer dauert es zu lange, um eine Ausbildungsordnung auf

Gewerblich-technische Erstausbildung

dieser Basis zu erlassen. Deshalb haben sich die Bundesregierung, die Wirtschaft und die Gewerkschaften vor kurzem auf ein effektiveres Verfahren geeinigt. Als Ergebnis des zweiten Gespräches zur Zukunftssicherung des Standortes Deutschland und für mehr Beschäftigung am 15. März 1995 beim Bundeskanzler wird der notwendige Überarbeitungsumfang bei der Neuordnung von Berufen zukünftig von den Sozialpartnern frühzeitig im Vorfeld des Antragsgesprächs vereinbart. Es bleibt zu hoffen, daß die Vereinbarungen dazu führen werden, den zeitlichen Aufwand für die Überarbeitung der Ordnungsmittel deutlich zu verringern und ein größeres Maß an Dynamik und Flexibilität zu erreichen. Es besteht damit allerdings die Gefahr, daß die berufliche Erstausbildung ausschließlich zielgerichtet auf die eng spezialisierten Anforderungen des Erwerbslebens vorbereitet, ohne daß zukünftig Gestaltungsmöglichkeiten und Ansprüche der Individuen an eine Basis gebende berufliche Erstausbildung berücksichtigt werden. Es ist weiterhin zu befürchten, daß bei diesem Vorgehen didaktische Überlegungen in nur geringem Maße eine Rolle spielen.

● Tätigkeitsbereiche - Bezugswissenschaften

Als Grundansatz des schulischen Lernens hat die vom Bildungsrat in den siebziger Jahren geforderte Wissenschaftsorientierung das unterrichtliche Arbeiten in der Berufsschule geprägt und hier besonders die Inhaltsaufbereitung und die Gestaltung der Lernkonzepte, wie Rützel (1994, S. 25) kritisch anmerkt. Dieses scheint häufig noch heute zu gelten, obwohl es im Widerspruch zur derzeitigen Diskussion und zu heutigen Einsichten steht (Petersen 1996, S. 304). Das didaktische Prinzip des wissenschaftsorientierten Lernens war aber in dieser Phase u. a. nötig und sinnvoll, um im damaligen Modernisierungsstreben das "Fach-Kunde-Prinzip" abzulösen (Eckert 1994, S. 97) Für die Betriebe dagegen galt und gilt noch immer die Ausrichtung auf die Arbeit und die dafür nötigen Fertigkeiten. Feststellbar ist: Die Wissenschaftsorientierung als eine Basis für den Unterricht in der Berufsschule und die Arbeitsorientierung am Lernort Betrieb stehen noch heute all zu oft fast unverbunden nebeneinander und beeinflussen die jeweiligen Lernkonzepte. Für die Lernenden erscheinen die unterschiedlichen Konzepte wie Botschaften aus verschiedenen Welten, die mit dem Anspruch verbunden sind, daß sie selbst das Getrennte zu einem Ganzen integrieren müssen.

Mit der in den sechziger Jahren aufkommenden Didaktik-Diskussion im gesamten pädagogischen Raum Westdeutschlands erhoffte man, die erheblichen Defizite bei den Konzepten beruflichen Lernens nach "drei Generationen Berufsschularbeit" (Monsheimer o. J.) sichtbar zu vermindern. Deutlich geworden war, daß für Konzepte beruflichen Lernens nur teilweise auf Ergebnisse aus der allgemeinen didaktisch-methodischen Diskussion direkt zurückgegriffen werden konnte. Das besondere Problem im beruflichen Schulwesen bestand jedoch schon damals und besteht auch heute noch weiterhin darin, daß eine eindeutige Bezugswissenschaft, wie sie für die Fächer der allgemeinbildenden Schulen gegeben ist, nicht vorhanden war und ist. Deshalb werden noch immer zur Entwicklung von Lernkonzepten bei der gewerblich-technischen Erstausbildung in der Berufsschule als Bezugswissenschaft(en) die namensähnlichen oder sogenannten korrespondierenden Ingenieurwissenschaften herangezogen. Inhalte der ingenieurwissenschaftlichen Studienfächer des Berufsfeldes sind aber keineswegs mit den Tätigkeits- sowie Anforderungsbereichen der Ausbildungsberufe identisch und nicht direkt auf die Unterrichtsfächer der Berufsschule abbildbar. In den Betrieben wird der Bezug auf die gerade anliegenden beruflichen Tätigkeiten, Verrichtungen und Gegebenheiten in den Vordergrund gerückt.

Berufliches "Handeln ist aber nicht nur das schlichte Anwenden von theorielosen Werkregeln, von assoziativ oder nach dem Schema von Versuch und Irrtum eindressierten Detailkenntnissen, die strukturlos nebeneinander stehen" (Eckert 1994, S. 100). Zwar ist richtig, daß an den momentan anliegenden Arbeiten gelernt werden muß, "Berufstätigkeit ist die Entfaltung spezieller Kompetenz in speziellen Handlungsfeldern, die ein spezifisches 'Sich-orientieren-können' und 'Sich zurechtfinden' ... erfordert" (Eckert 1994, S. 101). Die ausschließliche Einübung eng spezialisierter Tätigkeiten und Handlungen kann jedoch nicht die alleinige Aufgabe einer grundlegenden Erstausbildung des Betriebes sein, verrichtungs- und prozeßunabhängiges Berufswissen und Exemplarisches muß vermittelt werden: Spezialisierung sollte in der Weiterbildung oder im "training on the job" erfolgen. Hier besteht Reflexionsbedarf. Kann davon ausgegangen werden, "daß Handlungswissen aufgrund unterschiedlicher handlungsleitender Orientierungen, Interessen und Vorerfahrungen zwar immer auch strukturiert vorliegt, aber - aufgrund des beständigen Zuwachses an Handlungserfahrungen - fortlaufend auch Strukturmodifikationen unterworfen ist und deshalb weder unter genetischen noch unter systematischen Gesichtspunkten den Grundstrukturen wissenschaftlichen Wissens folgen muß?" (Rützel 1994, S. 10). Das würde das Ende wissenschaftlicher Bemühungen um andere Bezugswissenschaften bedeuten. Zwischen den bisher herangezogenen Ingenieurwissenschaften und den Facharbeitertätigkeiten gibt es vermutlich mehr Differierendes als Identisches. Insgesamt gilt: Weder allein die Ingenieurwissenschaften noch ausschließlich die Inhalte der praktischen Arbeitsverrichtungen - wie sie von den Betrieben bevorzugt werden - können übergeordneten Bildungsansprüchen genügen. Es geht darum, Bezugsfelder und -wissenschaften heranzuziehen, die auf eine Integration von Technik und Arbeit angelegt sind. Die Technik muß dabei auch exemplarischen Charakter haben und die Arbeits- oder Tätigkeitsbezüge sind auf Arbeitsprozesse hin auszurichten, die übergeordneter Art sind.

● Anmerkungen zu einem alten Problembereich: Das Verhältnis von Allgemeinbildung und Berufsbildung

Verschieden heftig hat die Frage Allgemeinbildung oder Berufsbildung im Laufe der Zeit die pädagogische Diskussion bestimmt. Dabei wurde anfangs der beruflichen Bildung im allgemeinen und der beruflichen Erstausbildung im besonderen nahezu jeder 'Bildungs'-wert abgesprochen. In Anlehnung an die Ideale der Antike wurde Bildung als etwas Zweckfreies gesehen, dem jedes Zweckgebundene fremd ist, während hingegen alles was mit Beruflichkeit im Zusammenhang steht - oftmals zur Verschärfung des eigenen Standpunktes - als ein reines Einüben von Handgriffen, ein Anlernen von Handlungen, gesehen wurde. Insbesondere eine "Theorie der Bildung durch den Beruf" (vgl. Blankertz 1963, S. 17) verhalf zum Durchbruch und trug zur Entschärfung des Konfliktes bei. Je anspruchsvoller die berufliche Erstausbildung wurde, desto häufiger wurde die Auffassung vertreten, daß die im Rahmen der beruflichen Ausbildung vermittelten Qualifikationen und Kompetenzen sich - wenn auch in unterschiedlichem Maße - nicht grundsätzlich von denen unterscheiden, die zum Erreichen allgemeiner Bildungsabschlüsse verlangt werden. Die Forderung wurde immer deutlicher erhoben, unabhängig davon, ob es sich um Grundbildung oder Fach- bzw. Weiterbildung handelt, mit dem berufsqualifizierenden Abschluß zugleich auch einen allgemeinbildenden Abschluß zu vergeben. Forderungen, die in diese Richtung zielen, waren z. B. die nach dem mittleren Bildungsabschluß beim erfolgreichen Abschluß der Meister- oder Industriemeisterprüfung oder die nach dem Hauptschulabschluß am Ende der erfolgreichen beruflichen Erstausbildung.

Gewerblich-technische Erstausbildung 153

3 Didaktische Lösungsansätze für die berufliche Erstausbildung

3.1 Bisherige Entwicklung in der Beruflichen Didaktik

Die Fachdidaktiken beruflichen Lernens haben das Problem der vielfältigen Trennungen bislang ohne durchgängige Reflexion hingenommen. Es wurde - mit Ausnahme des Problems der mangelnden Fachpraxis-Fachtheorie-Verbindung - nicht ausdrücklich im didaktischen Problemzusammenhang betrachtet. Die Schwierigkeiten wurden bisher an anderen Stellen gesehen. Neben dem erforderlichen Berufsfeld- oder Berufsbezug liegt eine wesentliche Ursache der Schwierigkeiten eines besonderen fachdidaktischen Ansatzes beruflicher Schulen darin, daß der Unterricht nicht wie bei den allgemeinbildenden Schulen eher kausal oder interpretativ, sondern häufig stärker final oder utilitär orientiert ist. Berufsorientierte Fachdidaktiken sind nötig und sollten entstehen.

Die besonderen Schwierigkeiten zur Entwicklung einer Didaktik der beruflichen Bildung wurden erkannt und daran festgemacht,

"- daß hier eine komplexe Aufgabenstruktur mit vielfältigen Zuständigkeiten und teilweise konträren Interessen vorliegt;
- daß das Theorie-Praxis-Problem stärker als im allgemeinen Schulwesen durchschlägt;
- daß eine stärkere Verunsicherung durch die Diskussion um Ziele und Inhalte als im allgemeinen Schulwesen eingetreten ist;
- daß die Berufsbildung im besonderen Maße mit den Strukturen und Problemen des Arbeitslebens zusammenhängt" (Lipsmeier 1980, S. 49).

Vielen Berufspädagogen war bewußt, daß die große Zahl der sehr spezialisierten Berufe des Beschäftigungssystems nicht durch eine entsprechende Zahl zugehöriger berufsspezifischer Fachdidaktiken abgedeckt werden konnte und sollte. Diese Auffassung wurde u. a. auch dadurch zusätzlich gestützt, daß das lebenslange Verbleiben in dem erlernten Beruf immer unwahrscheinlicher erschien. Die Grenzen einer fast ausschließlich an den jeweiligen momentanen Anforderungen des Berufslebens orientierten Fachdidaktik - z. T. sogar als Anpassungsdidaktik bezeichnet - wurden deutlich. Das mehreren Berufen Gemeinsame wurde ebenso wie das Grundlegende und das mehrere Berufe Kennzeichnende gesucht. Dabei rückte zunehmend das Allgemeine, Fundamentale und Exemplarische in den Vordergrund.

Aus der Betrachtung zunächst eng fachdidaktischer Fragen beruflichen Lernens entwickelten sich bei interdisziplinären Projekten erste Überlegungen zu einer umfassender angelegten Fachdidaktik, bei der fächerübergreifende Aspekte berufsspezifischer Problemstellungen diskutiert wurden. Für berufliches Lernen konnte man - selbst bei sehr kritischer Sicht - zumindest einzelne fachdidaktische Ansätze zur Technik- und Wirtschaftsdidaktik (Franzke 1981, S. 74) feststellen. Die Diskussion über didaktische Fragen erhielt zusätzlich Relevanz, da inzwischen teilweise gravierende neue Probleme im beruflichen Schulwesen und in dem Ausbildungsstätten immer deutlicher erkennbar wurden. Um nur einige Probleme kurz anzudeuten:

- Aufgrund des rasanten technologischen Wandels in Industrie und Handwerk nimmt das erforderliche Fachwissen exponentiell zu. Der Aufbereitungsaufwand für

- kontinuierlich hinzukommende fachwissenschaftliche Aussagen wird ständig größer und ist bei den neuen Technologien kaum noch zu bewältigen.

- Mit den neugeordneten Berufen werden ein ganzheitlicher Aufgabenzuschnitt, ein anderer Vermittlungsansatz und die Integration technologischer, mathematischer und naturwissenschaftlicher Lerninhalte gefordert.

- Die eindeutige Aufgaben- und Inhaltszuweisung für die Lernorte "Betrieb" oder "Berufsschule" ist nicht mehr gegeben. Die strikte Trennung von Fachtheorie und Fachpraxis, von betrieblichen und schulischen Lernkonzepten, von Wissenschaftsorientierung und Arbeitsorientierung kann nicht mehr aufrecht erhalten werden.

- Neue Lerngebiete und Unterrichtsfächer sind gebildet worden. Fächerübergreifender Unterricht wird gefordert.

- Die herkömmliche Berufsschule ist nur noch ein Teilbereich berufsbildender Einrichtungen. Eine Vielzahl von Schulformen mit neuen berufspädagogischen Anforderungen ist entstanden.

- Die Schülerpopulation an berufsbildenden Schulen hat sich gewandelt (z. B. äußerst inhomogene Klassengemeinschaften hinsichtlich der schulischen Lernvoraussetzungen, der Altersstruktur und verschiedener ethnischer Herkunft).

Das Durchschnittsalter derjenigen, die eine berufliche Erstausbildung anstreben, hat sich in den letzten Jahren erheblich erhöht. Lernorientierte Konzepte mit didaktischen Ausrichtungen, die in einigen Bereichen sozialpädagogisch, in anderen andragogisch fundiert sein sollten, bestehen nur ansatzweise.

Die traditionellen Muster sowohl berufs- als auch berufsfeldspezifischer Vermittlungsansätze mit enger zweckrationaler Ausrichtung genügen den gewandelten Bedingungen nicht mehr. So hat beispielsweise das früher dominierende Lehrgangskonzept für berufliches Lernen einen deutlich geringeren Stellenwert bekommen (Wiemann 1990, S. 52), da für viele Berufe die wesentliche Forderung für die methodische Vermittlung heute darin besteht, die Lerner zur Selbständigkeit beim Planen, Durchführen und Kontrollieren ihrer Arbeit zu qualifizieren. Es ist ein bemerkenswerter "Paradigmenwechsel des Übergangs von geschlossenen zu offenen, von fremdgesteuerten zu selbstgesteuerten Formen der Lernorganisation" (Wiemann 1990, S. 52) feststellbar.

Mit dem Erlaß einer Ausbildungsordnung in Form einer Rechtsverordnung ist zwar für diesen Zeitpunkt die Frage der in der Erstausbildung zu vermittelnden Kenntnisse und Fertigkeiten entschieden, im Hinblick auf sich wandelnde Anforderungen und die notwendige prospektive Offenheit können und dürfen sie aber keineswegs für längere Zeit abschließend und festschreibend geregelt sein und werden. Berücksichtigt man außerdem, daß die Nutzungszeiten des heute aktuellen Lehrstoffs gerade in Industrie und Wirtschaft deutlich geringer sind als im Bereich der Hochschule oder der Schule im allgemeinen, wie Frank/Meder bereits 1971 aufzeigten, wird die Notwendigkeit zu einem anderen Umgang mit auszuwählenden Lerninhalten deutlich, um kurzfristige und kurzsichtige Anpassungen zu vermeiden. Vor allem aus den Bereichen der Produktions- und Anwendungstechnik ergeben sich fortlaufend Veränderungen, die nicht ohne Folgen für die dort Tätigen sind.

Gewerblich-technische Erstausbildung

Neue Techniken, andere Formen der Zusammenarbeit, Mitgestaltungsforderungen und eine flexiblere Organisation im ganzen beeinflussen die Anforderungen, denen man sich stellen muß. Dies bleibt nicht ohne Rückwirkung auf die gerade Ausgebildeten und gilt dann letztlich auch für die Erstausbildung selber.
Nicht nur fach-, technik- oder berufsdidaktische Fragen beispielsweise zur Auswahl der Inhalte sowie fach- bzw. technikmethodische Fragen zu den Ausbildungs- und Unterrichtsverfahren sind ein permanentes Problem geworden. Die zunehmend geringer werdende Zeitspanne zwischen Innovation und ihrer technischen Anwendung und Nutzung zwingt zum stetigen Prüfen der Zweckmäßigkeit derzeit vermittelter Kenntnisse und Fertigkeiten. Veränderte Fertigungsverfahren und neue Formen der Arbeitsorganisation erfordern den flexibel einsetzbaren Mitarbeiter, der selbständig Sachverhalte erkennt und auftretende Probleme allein oder in einem kleinen Team mit seinen Kollegen löst. Nicht mehr das starre Festhalten an vorgegebenen Arbeitsanweisungen, sondern das problemorientierte angemessene Reagieren und Lösen der aufgetretenen Schwierigkeiten werden zu bestimmenden Maximen.

Die Erstausbildung ist durch gesellschaftliche Mächte bestimmt und hat sich durch diese verändert. Hierin ist auch eine Ursache der vielfältigen Trennungen und Brüche zu sehen, die zum didaktischen Problem werden können. Gesellschaftspolitische Entscheidungen und wirtschaftliche Fragen scheinen durchgängig Vorrang zu gewinnen. Pragmatische Lösungen bei der Anpassung an die Anforderungen dominieren leider. Unausgesprochen wird das "hidden curriculum" durch eine dominierende Anpassungsdidaktik bestimmt. Entsprechend konzentriert man sich bislang in der ersten Phase der Übernahme der neugeschaffenen Ausbildungsordnungen ausschließlich auf die Frage, mit welchen Inhalten die neuen Zielsetzungen erreichbar werden, und darauf, welche Methoden oder Verfahren dafür geeigneter erscheinen als die bislang verwendeten. Methodenformen der beruflichen Erstausbildung sind dabei quasi naturwüchsig entstanden. Eine erste Evaluation nach der Neuordnung zeigt, "eine Neugestaltung der Ausbildung in didaktischer, lernorganisatorischer und methodischer Hinsicht hat offenbar nicht stattgefunden" (Borch/Weißmann 1996, S. 83). Ein in sich geschlossenes Konzept, das Integrationen fördert und Trennungen vermeidet, ist nicht erkennbar. Erst in jüngster Zeit sind aufgrund der Stagnation und der Kritik um die berufliche Erstausbildung Überlegungen zu einer Didaktik aufgekommen, die die bildungs- und gesellschaftspolitischen Begrenzungen einer Anpassungsdidaktik an gegenwärtigen und zukünftigen Gegebenheiten zu überwinden sucht. Angestrebt wird eine offene, allgemeine berufliche Bildung (Heidegger/Rauner o. J., S. 13 f.). Durch offene, dynamische Ansätze, bei denen die Auszubildenden an und in Arbeitsprozessen lernen und an prospektiven Reflexionen teilhaben, sollen enge fachliche Anpassungsanforderungen kritisch hinterfragt und die Gestaltung von Arbeit, Technik und Bildung durch Lehrende und Lernende zu einem Zentrum didaktischer Bemühungen werden.

3.2 Beiträge Beruflicher Didaktik zu einem Gesamtcurriculum für die gewerblich-technische Erstausbildung
   - Versuch einer Perspektive

3.2.1 Didaktische Basis für ein Curriculum

Aus den Defiziten der Beruflichen Didaktiken und dem Fehlen einer geschlossenen, lernortübergreifenden berufsdidaktischen Theorie heraus einerseits und dem Ansteigen der Ausbildungsanforderungen andererseits, die in den letzten Jahren aufgrund der technischen und arbeitsorganisatorischen Veränderungen im Beschäftigungssystem ständig zugenommen haben, ergibt sich zwingend Handlungsbedarf. Handlungsbedarf ergibt sich aber auch durch die vielfältigen organisatorischen und inhaltlichen Trennungen und Brüche, die die gewerblich-technische Erstausbildung bestimmen. Nicht nur als Reaktion darauf deutet sich ein weitergehender - die Inhalte, Ziele, Lernprozesse sowie die Lernorganisation einschließender - Paradigmenwechsel von ausschließlich an eng gefaßten Spezialberufen orientierten Fachdidaktiken zu neuen Beruflichen Didaktiken und die Entwicklung von umfassenden Curricula an. Diese didaktische Entwicklung in Richtung neuer Lösungsansätze wird erkennbar bei Diskussionen von berufspädagogischen Theoretikern und Unterrichtspraktikern sowie an den Rückmeldungen und Ansprüchen der Lernenden. Dabei werden sowohl berufliche als auch allgemeine, d. h. umfassende oder ganzheitliche, thematische Bezüge gefordert.

Eine Berufliche Didaktik, die über das engere didaktische Verständnis hinausgehen will, sich also nicht nur mit dem Fach, der Fachwissenschaft und einer isoliert aus dem Gesamtzusammenhang herausgeschnittenen Sache oder Tätigkeit beschäftigt, muß von einem gewandelten pädagogischen Verständnis ausgehen, das den vielfältigen Vernetzungen der Menschen im Umgang mit den Gegenständen des Berufes Rechnung trägt. Sie muß aber auch gewandelte Formen der Facharbeit und den in einigen Bereichen des Beschäftigungssystems erkennbar werdenden ganzheitlichen Aufgabenzuschnitt, wie bereits durch Kern und Schumann (1985, S. 48) vor einem Jahrzehnt aufgewiesen, entsprechen. Es setzt sich die Erkenntnis durch, daß allein einseitige technokratische Konzepte zur Anpassung, die nicht aus dem handelnden Diskurs hervorgegangen sind, den hohen Anforderungen nicht mehr genügen, die an die Berufsausbildung in einer immer komplexeren Welt gestellt werden. Dazu muß das Verhältnis der neuen Beruflichen Didaktik zu den Bezugswissenschaften geklärt werden. Durch die Diskussion über die Unzulänglichkeiten der Bezugswissenschaften und die Schaffung entsprechender Berufsfeldwissenschaften können Lösungsansätze entstehen.

Als weiterer Schritt zur Verbesserung der Situation der Beruflichen Didaktiken der gewerblich-technischen Erstausbildung muß gefragt und nachgeforscht werden, ob der immer deutlicher sichtbar werdende und bereits benannte Paradigmenwechsel beruflichen Lernens - hin zur stärkeren Betrachtung von Sinnzusammenhängen und Ganzheiten, zur Gestaltung von Arbeit und Technik sowie hin zu größerer Vernetzung didaktischer, inhaltlicher und humaner Momente und in Richtung eines Bezuges auf sich selbst sowie auf Selbstbildung - mit einem entsprechenden Theoriekonzept abgesichert werden kann. Vorschläge und Möglichkeiten zu einer, die verschiedenen Beruflichen Didaktiken überspannenden Theorie sollten auf ihre Angemessenheit und Anwendbarkeit hin untersucht werden.

Gewerblich-technische Erstausbildung

Eruiert werden muß auch, in welcher Weise die neugeordneten Berufe den Anforderungen entsprechen oder zu verändern sind und in welcher Weise ein neuer didaktischer Theorieansatz versucht werden sollte. Ein solches Angebot für eine Theorie der Erziehung machen Luhmann und Schorr. Mit der von Ihnen in den siebziger Jahren eingeleiteten pädagogischen Offensive verweisen sie auf die Möglichkeiten der Systemtheorie als einer leitenden Theorie für die Pädagogik (Luhmann/Schorr 1982, S. 7 f.).

Die Systemtheorie scheint auch für die Beruflichen Didaktiken des gewerblich-technischen Bereichs hilfreich zu sein, denn Technik ist systemisch orientiert (Faber 1996, S. 161 ff.). Ein systemtheoretisch orientiertes Verständnis vom beruflichen Lernen kann davon ausgehen, daß lebende Systeme - also beispielsweise Menschen, die sich um Berufsbildung in ihrem Kultur-, Lebens- und Berufsbereich Gedanken machen - nicht durch kausal-lineare Gesetze steuerbar sind, sondern autonom ihre Selbstorganisation vornehmen, d. h. offen für Wandlungen sind und auch eine Dynamik hinsichtlich prospektiver und gestaltungsorientierter Überlegungen zu Fragen von Arbeit und Technik entwickeln. Aus systemtheoretischer Sicht sind alle Lernprozesse - sowohl der Fachdidaktiker bei der Ausformung ihres Arbeitsgebietes als auch die der Auszubildenden in den beruflichen Fachrichtungen - als ein in sich verknüpftes Netzwerk anzusehen, das sich autonom entwickeln kann und in dem die ablaufenden Prozesse rekursiv voneinander abhängen. Die Verbundenheit der Lernprozesse und ihre Zirkularität bedingen eine Selbstorganisation, die sich durch die daran beteiligten Wesen selbstbildend (autopoietisch) und aus sich selbst heraus zusammenfügt. Solch ein System ist dadurch gekennzeichnet, daß seine Elemente selbstreferentiell gebildet, d. h. als Funktionseinheiten selbst konstituiert werden (Luhmann 1984, S. 59 f.).

Durch die vielfältige Vernetzung ergibt sich, daß keine Maßnahme - auch keine didaktische - unabhängig von anderen Teilen des Systems ist und deshalb nicht isoliert verändert oder abgetrennt werden kann.
Bestandteile der Systemtheorie und Merkmale des Paradigmenwechsels beim beruflichen Lernen scheinen sich zu entsprechen. Das ist aber nur eine Seite der Münze, wenn man mit der Systemtheorie im Bereich der beruflichen Erstausbildung zu handeln versucht. Die andere Seite läßt vermuten, daß die bedingungslose Adaption der Systemtheorie als leitende Theorie für die Beruflichen Didaktiken eher problematisch ist, weil damit gleichzeitig ein spezifischer Anspruch der Pädagogik und die Autonomie der Erziehungswissenschaft aufgegeben werden, kritische Ansätze unberücksichtigt bleiben und die gegebene Wirklichkeit legitimiert und stabilisiert wird.

Ein Theorieansatz, der neuen didaktischen Ansprüchen an die berufliche Erstausbildung nahekommt und eine Hilfe in der momentanen Situation verspricht, ergäbe sich vermutlich eher durch die Koppelung der bisherigen Ansätze der Fachdidaktiken beruflichen Lernens an die kritische Theorie (im Sinne Habermas) einerseits und an die Systemtheorie (im Sinne Luhmanns) andererseits und würde damit direkt oder indirekt auch immer Gegenstand der erkenntnistheoretischen Diskussion sein (Hecht 1980, S. 149). Nicht sicher ist, ob dadurch ein Reflexionsgewinn oder ein Erkenntnisfortschritt für die berufliche Erstausbildung ermöglicht wird. Ein solches Aufgreifen der Theorien scheint einen Versuch allerdings allemal wert zu sein. Ein zwar die Systemtheorie berücksichtigendes und dennoch kritisch-emanzipatorisches Verständnis beruflichen Lernens, ein systematisch-handlungsorientiertes Bildungskonzept (Kutscha 1995, S. 274), müßte auf eine Integration verschiedener, für die Didaktiken beruflichen Lernens bereits gewonnener akzeptabler

Ergebnisse der bisherigen Diskussion über berufliches Lernen sowie gesicherter allgemein-didaktischer Erkenntnisse gerichtet sein. Greift man die neueste Diskussion um die Entwicklung offener, dynamischer Berufsbilder mit prospektiven Bestandteilen hinsichtlich zukünftiger Gestaltungsmöglichkeiten von Arbeit und Technik didaktisch auf, so müßten Überlegungen zu einer anderen Bewertung der Inhalte und Themen erfolgen. Noch immer - wenn auch nur in den Köpfen - vorhandene normative Bestandteile subjektiver und heimlicher Lehrpläne würden sich relativieren, eine reine Anpassungsdidaktik könnte vermieden werden. Integriert werden müßten bei neuen Ansätzen zu den Beruflichen Didaktiken u.a.

- bereits vorhandene fachdidaktische Bausteine des jeweiligen Berufsfeldes und benachbarter Bereiche,
- fachdidaktische und allgemeindidaktische Erkenntnisse,
- Ergebnisse aus den verschiedenen relevanten Fachwissenschaften und den in der Diskussion befindlichen Berufsfeldwissenschaften,
- Momente instrumentellen, strategischen und kommunikativen Handelns in Berufs- und Lebenswelt,
- Merkmale des angedeuteten Paradigmenwechsels beruflichen Lernens,
- Möglichkeiten der Lernenden zur Mitgestaltung von Arbeit und Technik zu lernortübergreifenden Konzepten und Gesamtcurricula.

3.2.2 Gesamtcurricula als Möglichkeit zur Überwindung lernorganisatorischer Trennungen

Durch eine - nicht nur additive - Zusammenfassung und Verknüpfung bislang unverbundener Bereiche sowie didaktischer Bausteine und durch den Versuch der Entwicklung eines Gesamtansatzes oder einer übergreifenden Form mit einer entsprechenden Theorie könnten integrative Didaktikansätze sowie Gesamtcurricula für die gewerblich-technische Erstausbildung entstehen. "Mit der Idee eines *Gemeinsamen Curriculums* ist insofern anzuregen, auf der Basis zum Teil gemeinsam angelegter Analysen zukünftig für die Rahmenlehrpläne wie Ausbildungsrahmenpläne curricular *abgestimmte* Themenfelder zu gestalten" (Petersen 1996, S. 304).

Ein Gesamtcurriculum, das Gestaltungsmöglichkeiten eröffnet, die Intentionen der Ausbildungsordnungen und der KMK-Lehrpläne integriert und zugleich offen für dynamische Entwicklungsprozesse und prospektive Konzepte ist, kann die vielfachen Trennungen wie z.B. zwischen Arbeiten und Lernen, Fachtheorie und Fachpraxis, Wissenschafts- und Arbeitsorientierung mindern, die Kooperation zwischen Ausbildern und Lehrern verbessern und die Stärken der einzelnen Lernorte im Sinne eines Synergieeffektes nutzbar machen.

Wie könnte nun ein solches Gesamtcurriculum aussehen? Im Zentrum didaktischer Bemühungen müssen möglichst zeitunabhängige Arbeitsprozesse stehen. Zwei Strukturierungsmerkmale könnten das Konzept kennzeichnen. "Die Lerninhalte werden auf allen Ebenen ihrer Ausdifferenzierung arbeits(prozeß)bezogen formuliert" und sie "sind zeitlich so angeordnet, daß an den für den Beruf bzw. das Berufsfeld grundlegenden arbeitsprozeßbezogenen Gesamtzusammenhängen angeknüpft wird" (Rauner 1996, S. 96). Auf dieser Grundlage sollten die Vertreter der verschiedenen Lernorte in einem gemeinsamen Angang die Lernziele, Lerninhalte, Methoden und Medien auf grundlegenden Mögli-

Gewerblich-technische Erstausbildung 159

keiten - entsprechenden Intentionen einer beruflichen Erstausbildung - untersuchen und danach integrativ zusammenstellen. Es muß dabei zugleich aber eine Offenheit für solche Inhalte und Themen gegeben sein, die sich aus der Dynamik der Arbeitsprozesse und der Technik sowie einem dynamischen Lernprozeß zwischen Lehrkraft und Auszubildenden ergeben. Das auf diese Weise entstehende und zu praktizierende offene Curriculum sollte durch permanent tagende Kommissionen (mit Vertretern der Auszubildenden) einer ständigen Revision unterzogen werden. Das darf aber zu keiner Verfestigung führen, denn eine "Entbürokratisierung der Curricula" (Lisop 1989, S. 175) ist angesagt. Alles deutet darauf hin, daß der "technische Wandel heute eine schärfere curriculare Herausforderung darstellt als dies bei der Curriculumreform vor 20 Jahren der Fall war. Das, was an konkreter Selbst-, Sach- und Sozialkompetenz erlangt werden muß, kann nicht mehr ausschließlich an den überkommenen Disziplinen und Fächern und mit einem konventionell gerasterten Methodenrepertoire erlangt werden" (Lisop 1989, S. 175). Vergleichbar zu den Aussagen, bestehende Ordnungsmittel beruflicher Erstausbildung aufgrund der zwischenzeitlich eingetretenen Veränderungen notwendigerweise anzupassen, müßte ein Gesamtcurriculum immer wieder aufs neue auf den Prüfstand und von Zeit zu Zeit den gewandelten technischen und gesellschaftlichen Anforderungen Rechnung tragend überarbeitet werden. Ausbildungsordnungen und Rahmenlehrpläne wären dann keine selbständigen Teilstücke, bei denen jedes für sich verändert wird, sondern Veränderungen ergeben sich zwangsläufig als Teil eines größeren Ganzen.

4 Der didaktische Problemzusammenhang - Ausblick

Die gewerblich-technische Erstausbildung ist verbesserungsbedürftig. Einen - wenn auch zugegebenermaßen kleinen - Beitrag dazu kann mit anderen didaktischen Konzepten geleistet werden. Betrachtet man die Erstausbildung im didaktischen Problemzusammenhang, so richtet sich das Augenmerk besonders auf die Fachdidaktiken beruflichen Lernens bzw. die Beruflichen Didaktiken, die im Rahmen eines erweiterten Ansatzes entstehen, der über den schulischen Bereich hinausweist und betriebliche Lernprozesse berücksichtigt (Dehnbostel 1995, S. 176 f.). Solche speziellen Didaktiken erscheinen notwendig, weil einerseits in der momentanen Situation die allgemeine Didaktik keine konkrete Hilfe anbieten kann und andererseits die entsprechenden Fachwissenschaften keine pädagogisch geprägten Impulse oder Bildungsfragen in ihrer spezifischen Arbeit berücksichtigen.

Bei dem derzeitigen Stand der Überlegungen zum beruflichen Lernen müssen mit den Instrumenten Beruflicher Didaktiken sowohl die Aussagen der Bezugswissenschaften der beruflichen Fachrichtungen als auch die Tätigkeitsanalysen aus dem Beschäftigungssystem herangezogen und untersucht werden. Es geht unter dem didaktischen Aspekt insbesondere darum, die vielfältigen Brüche und Trennungen bei der Organisation beruflichen Lernens durch integrative Maßnahmen zu mildern. Das verfügbare Instrumentarium der bestehenden Fachdidaktiken beruflichen Lernens muß verbessert werden. Kurz- bis mittelfristig sind hier verstärkte Bemühungen anzusetzen. Mit verbesserten lernortunabhängigen didaktischen Einzelinstrumenten, wie einer kriterienorientierten Inhaltsauswahl, einer an den Anforderungen der Berufs- und Lebenswelt orientierten Zielentwicklung mit spezifischen Makro- und Mikromethoden sowie einem Medienangebot, das handlungsorientiertes, selbstbestimmtes Lernen ermöglicht, kann in Richtung auf ein Gesamtcurriculum hin gearbeitet werden. Langfristig müssen aber das Problem der unzureichenden Bezugswissenschaften und das des notwendigen Tätigkeitsbezuges sowie der unterschiedlichen Verantwortung innerhalb des dualen Systems integrativ gelöst werden. Dieses soll - wie die momentane Diskussion hoffen läßt - durch eine gewerblich-technische Fachwissenschaft oder Berufsfeldwissenschaft geleistet werden. Zu den Aufgaben einer Berufsfeldwissenschaft müßte es auch gehören, nicht nur die Veränderungen in der Facharbeit zu erfassen, die notwendigen Folgerungen für die gewerblich-technische Erstausbildung aufzuzeigen sowie die Modifizierung vorhandener Ordnungsmittel zu veranlassen, sondern auch völlig neue Wege einschließlich einer geänderten Zuständigkeit zu erkunden und dabei prospektiv anzusetzen, um die technische und gesellschaftliche Entwicklung im voraus abschätzen oder entsprechend reagieren zu können. Dies könnte u. a. zu offeneren, dynamischen Berufsbildern führen und darüber hinaus zu einer Umverteilung der Gewichtung von beruflicher Erstausbildung und der nachfolgenden Fort- und Weiterbildung. Berufliches Lernen sollte für die Lernenden Möglichkeiten eröffnen, selbstgestaltend Einfluß auf die soziotechnische Entwicklung zu nehmen. Betrachtet man die vielfältigen und weitreichenden pädagogischen Forderungen insgesamt, so kann ein Weg dazu in der Generierung von Berufsfeldwissenschaften sogar für die verschiedenen Beruflichen Fachrichtungen gesehen werden. Gäbe es bereits elaborierte Berufsfeldwissenschaften, so könnte sich die berufliche Erstausbildung hierauf beziehen. Eine Berufsfeldwissenschaft, die sich mit Arbeit, Technik und Bildung des jeweiligen Berufsfeldes befaßt, hat berufliches Lernen zu ihrem Gegenstand.

Als neue - kaum "laut" denkbare - Überlegung ergäbe sich damit: Eine spezifische Fachdidaktik als Berufliche Didaktik würde damit langfristig entbehrlich, nicht allein deshalb, weil sich ein Konvergenzprozeß von Allgemeiner Didaktik und Fachdidaktik anzudeuten scheint (Heursen 1994, S. 125), sondern auch, weil eine Berufsfeldwissenschaft, die die Bildungskomponente einschließt, angemessenere Ziele sowie Inhalte als die Allgemeine Didaktik bereitstellen kann, und wenn sie "den didaktischen Problemzusammenhang als Ganzes" (Klafki 1994, S. 61) erforscht, kann ein vorzügliches Instrumentarium zur Gestaltung und permanenten Revision eines Gesamtcurriculums entstehen. Zweifelsohne sind das zugegebenermaßen noch sehr spekulative Überlegungen zum didaktischen Problemzusammenhang beruflichen Lernens der gewerblich-technischen Erstausbildung.

Zur Zeit geht es erst einmal konkret darum - und das ist in der Tat nicht wenig - didaktische Erkenntnisse möglichst zu sammeln, zu bündeln und für ein Gesamtcurriculum nutzbar zu machen, so daß die berufliche Erstausbildung möglichst offen auf zeitunabhängige Arbeitsprozesse angelegt und das Festschreiben von Inhalten vermieden wird, um nicht den Anschluß an dynamische Entwicklungen zu verlieren. Prospektive Betrachtungen sollten nicht ausschließlich die Antizipation vermeintlich sachgesetzlichen technischen Fortschritts im Sinne einer Anpassungsdidaktik in den Blick nehmen, sondern den zukünftigen Facharbeiter/-innen Raum für Gestaltungsmöglichkeiten bieten. Darüber hinaus müßte auch gefragt werden, welche Anschlußmöglichkeiten für die berufliche Erstausbildung nach der Ausbildung bestehen.

Gewerblich-technische Erstausbildung

Literatur

AHLEN, H.-D. von: Planungs- und Entwicklungsstand der Rahmenlehrplanarbeiten zur Neuordnung der industriellen Metallberufe. In: Die berufsbildende Schule. 37. Jg. (1985), Heft 9, S. 529-542

BERKELEY, J.: Das Streben nach lebenslanger Beschäftigungsfähigkeit: Schwerpunkt der beruflichen Erstausbildung.In: CEDEFOP-Europäische Zeitschrift. Berufsbildung Nr. 5 (1996), S. 58-66

BERUFSBILDUNGSGESETZ (BBiG) vom 14. August 1969 (BGBl. S. 1112), zuletzt geändert durch Artikel 55 des Pflegeversicherungsgesetzes vom 26. Mai 1994 (BGBl.1014)

BLANKERTZ, H.: Berufsbildung und Utilitarismus. Düsseldorf 1963

BMWi Der Bundesminister für Wirtschaft (Hrsg.): Verordnung über die Berufsausbildung in den industriellen Metallberufen (IndMetAusbv) vom 15. Januar 1987. Bonn 1987

BORCH, H./WEIßMANN, H.: Die 87er Ausbildungsreform der industriellen und handwerklichen Elektroberufe. In: Lipsmeier, A./Rauner, F. (Hrsg.): Beiträge zur Fachdidaktik Elektrotechnik. Stuttgart 1996 (= beiträge zur pädagogik für Schule und Betrieb, bzp 16), S. 70-85

BORCH, H./WEIßMANN, H.: Prüfungen. In: Lipsmeier, A./Rauner, F. (Hrsg.): Beiträge zur Fachdidaktik Elektrotechnik. Stuttgart 1996 (= beiträge zur pädagogik für Schule und Betrieb, bzp 16), S. 227-235

CDG CARL DUISBERG GESELLSCHAFT: Berufsausbildung - Investition für die Zukunft. Köln 1991

DEHNBOSTEL, P.: Dezentrales Lernen als didaktische Orientierung einer Modellversuchsreihe. In: Dehnbostel, P./Walter-Lezius, H.-J. (Hrsg.): Didaktik moderner Berufsbildung - Standorte, Entwicklungen, Perspektiven - Berlin/Bonn 1995a (= Berichte zur beruflichen Bildung, Heft 186), S. 64-77

DEHNBOSTEL, P.: Didaktik beruflicher Bildung im Kontext betrieblicher Umbruchsituationen. In: Dehnbostel, P./Walter-Lezius, H.-J. (Hrsg.): Didaktik moderner Berufsbildung - Standorte, Entwicklungen, Perspektiven - Berlin/Bonn 1995b (= Berichte zur beruflichen Bildung, Heft 186), S. 173-189

ECKERT, M.: Die Struktur des "Berufswissens" im Spannungsfeld von lebenswelttypischer Vertrautheit mit der Berufspraxis und expliziter Berufstheorie. In: Eckert, M./Rützel, J. (Hrsg.): Strukturorientierte Didaktiken in der beruflichen Bildung. Konzepte - Formen - Lernortbezug. Frankfurt a. M. 1994, S. 91-112

ECKERT, M./RÜTZEL, J.: Didaktische Strukturen im Spannungsfeld von Inhaltsstrukturen, Wissensstrukturen, Handlungsstrukturen und Aneignungsstrukturen. In: Eckert, M./Rützel, J.: Strukturorientierte Didaktiken in der Beruflichen Bildung. Konzepte - Formen - Umortbezug. Frankfurt a. M. 1994, S. 7-20

FABER, G.: Systemdidaktik - Bausteine einer Didaktik für das Berufsfeld Elektrotechnik. In: Lipsmeier, A./Rauner, F. (Hrsg.): Beiträge zur Fachdidaktik Elektrotechnik. Stuttgart 1996 (= beiträge zur pädagogik für Schule und Betrieb, bzp 16), S. 161-179

FRANK, H. G./MEDER, B. S.: Einführung in die kybernetische Pädagogik. München 1971

FRANZKE, R.: Gegenstand, Strukturelemente und Kriterien einer allgemeinen Didaktik beruflicher Lernprozesse. In: Die berufsbildende Schule. 33. Jg. (1981), Heft 2, S. 74-80

GRÜNER, G.: Leitartikel: Die Neuordnung der industriellen Metallberufe... In: Die berufsbildende Schule. 37. Jg. (1985), Heft 9, S. 505-508

HECHT, B.: Argumente und Stationen der Entwicklung von Strukturgittern. In: Bonz, B./Lipsmeier, A. (Hrsg.): Allgemeine Technikdidaktik - Bedingungen und Ansätze des Technikunterrichts. Stuttgart 1980 (= beiträge zur pädagogik für Schule und Betrieb, bzp 8), S. 141-151

HEIDEGGER, G./RAUNER, F.: Berufe 2000. Berufliche Bildung für die industrielle Produktion der Zukunft. Düsseldorf o. J.

HEURSEN, G.: Das Allgemeine, das Fach und der Unterricht. In: Meyer, M. A./Plöger, W. (Hrsg.): Allgemeine Didaktik, Fachdidaktik und Fachunterricht. Weinheim/Basel 1994, S. 125-137

HEYMANN, P.: Was sind und was sollen technologische Übungen? In: Die berufsbildende Schule, 39. Jg. (1987), Heft 11, S. 662-669

HORN, W.: Lehre der Elektrotechnik - Entwicklungslinie einer Fachdidaktik. In: Lipsmeier, A./Rauner, F. (Hrsg.): Beiträge zur Fachdidaktik Elektrotechnik. Stuttgart 1996 (= beiträge zur pädagogik für Schule und Betrieb, bzp 16), S. 7-21

KERN, H./SCHUMANN, M.: Das Ende der Arbeitsteilung? München 1985

KLAFKI, W.: Zum Verhältnis von Allgemeiner Didaktik und Fachdidaktik. In: Meyer, M. A./Plöger, W. (Hrsg.): Allgemeine Didaktik, Fachdidaktik und Fachunterricht. Weinheim/Basel 1994, S. 42-64

KMK Handreichungen für die Erarbeitung von Rahmenlehrplänen der Kultusministerkonferenz für den berufsbezogenen Unterricht in der Berufsschule und ihre Abstimmung mit Ausbildungsordnungen des Bundes für anerkannte Ausbildungsberufe, Sekretariat der Ständigen Konferenz der Kultusminister der Länder in der Bundesrepublik Deutschland, - ITB 1 - , Bonn 9.5.96

KUTSCHA, G.: Didaktik der beruflichen Bildung im Spannungsfeld von Subjekt- und Systembezug. In: Dehnbostel, P./Walter-Lezius, H.-J. (Hrsg.): Didaktik moderner Berufsbildung - Standorte, Entwicklungen, Perspektiven - Berlin/Bonn 1995 (= Berichte zur beruflichen Bildung, Heft 186), S. 266-278

LIPSMEIER, A.: Qualifikationsanforderungen des Beschäftigungssystems und Reform der Berufsausbildung. In: Bonz, B./Lipsmeier, A. (Hrsg.): Allgemeine Technikdidaktik - Bedingungen und Ansätze des Technikunterrichts. Stuttgart 1980 (= beiträge zur pädagogik für Schule und Betrieb, bzp 8), S. 49-60

LISOP, I.: Technischer Wandel und Bildung. In: Zwischenbericht der Enquete-Kommission "Zukünftige Bildungspolitik - Bildung 2000". Deutscher Bundestag, Drucksache 1175349, Bonn 1989, S. 169-176

LUHMANN, N.: Soziale Systeme. Frankfurt a. M. 1984

LUHMANN, N./SCHORR, K. E.: Zwischen Theorie und Selbstreferenz. Fragen an die Pädagogik. Frankfurt a. M. 1982

MAUSOLF, W./PÄTZOLD, G.: Planung und Durchführung beruflichen Unterrichts. Essen 1982

MONSHEIMER, G.: Drei Generationen Berufsschularbeit, Gewerbliche Berufsschulen. Weinheim/Bergstraße o. J.

NEUMANN, H.: Stiefkind Berufsschule. Ein Lehrer beklagt das Desinteresse von Schülern und Meistern. In: Die Zeit, Nr. 24 (1996), S. 18

PAHL, J.-P./VERMEHR, B.: Ausbildungs- und Unterrichtsverfahren. In: lernen & lehren, 10. Jg. (1995), Heft 37/38, S. 13-37

PÄTZOLD, G.: Neue Ausbildungsberufe, berufliche Handlungskompetenz, didaktisches Handeln und Lernortkooperation. In: Pätzold, G. (Hrsg.): Lernortkooperation. Impulse für die Zusammenarbeit in der beruflichen Bildung. Heidelberg 1990, S. 159-180

PETERSEN, W.: Die Gestaltung einer arbeitsorientierten Fachbildung im Berufsfeld Elektrotechnik aus curricularer Sicht. In: Lipsmeier, A./Rauner, F. (Hrsg.): Beiträge zur Fachdidaktik Elektrotechnik. Stuttgart 1996 (= beiträge zur pädagogik für Schule und Betrieb, bzp 16), S. 277-306

RAUNER, F.: Fehlersuche am Kraftfahrzeug - Menschliche versus künstliche Intelligenz. In: Hoppe, M./Pahl, J.-P.:Instandhaltung: Bewahren - Wiederherstellen Verbessern. Bremen 1994, S. 41-54

RAUNER, F.: Elektrotechnik-Grundbildung: Zu einer arbeitsorientierten Gestaltung von Lehrplänen im Berufsfeld Elektrotechnik. In: Lipsmeier, A./Rauner, F. (Hrsg.): Beiträge zur Fachdidaktik Elektrotechnik. Stuttgart 1996 (= beiträge zur pädagogik für Schule und Betrieb, bzp 16), S. 86-141

RÜTZEL, J.: Strukturorientierung als Verzahnung von Wissenschaft, Berufswissen und subjektiven Erfahrungen vor dem Hintergrund beschleunigter struktureller Wandlungsprozesse. In: Eckert, M./Rützel, J. (Hrsg.): Strukturorientierte Didaktiken in der beruflichen Bildung. Konzepte - Formen - Lernortbezug. Frankfurt a. M. 1994, S. 21-53

SCHMIDKUNZ, H./LINDEMANN, H: Das forschend-entwickelnde Unterrichtsverfahren - Problemlösen im naturwissenschaftlichen Unterricht. München 1981

SOZIALPOLITISCHE INFOMATIONEN, Bonn 15.12.1995

WALTER, J.: Neugeordnete Ausbildungsberufe und ihre Abschlußprüfungen - Zum Mißverhältnis zwischen herkömmlicher Prüfungspraxis und neuorientierter Berufsausbildung. In: lernen & lehren, 9. Jg. (1994) Heft 35, S. 62-68

WALTER-LEZIUS, H.-J.: Ausbildungsordnungen ein Instrument zur Ordnung und Steuerung der Berufsausbildung. In: Zeitschrift für Berufs- und Wirtschaftspädagogik. 81. Band (1985), Heft 5, S. 420-428

WIEMANN, G.: Der "Grundlehrgang Metall". Das strukturbildende Modell einer industrieorientierten Berufsausbildung. In: lernen & lehren. 5. Jg. (1990), Heft 18, S. 52-60

WILKENING, F.: Unterrichtsverfahren im Lernbereich Arbeit und Technik. Ravensburg 1980

Werner Bloy

Erstausbildung in den bau-, holz- und farbtechnischen Berufen - Kompetenzentwicklung zum Mitgestalten der Facharbeit

1 Vorbemerkung

Kompetenzen zur Mitgestaltung der Facharbeit durch Arbeiter und Gesellen (Handwerk) in speziellen Berufsfeldern zu erfassen, erfordert Untersuchungen der berufsförmigen Arbeit, der Art und Weise der Auseinandersetzung des Arbeiters und Gesellen mit der Arbeitsaufgabe. Arbeiten zu dieser Problematik wenden sich vorrangig der beruflichen Bildung für die industrielle Produktion zu. Ist ein Transfer gewonnener Erkenntnisse auf die "Berufe am Bau" möglich und zulässig? Was ist das Besondere berufsförmiger Arbeit der baunahen Berufe?

Die baunahen Berufsfelder, zu denen neben der Bautechnik auch die Holztechnik sowie die Farbtechnik und Raumgestaltung zu zählen sind, haben eine Reihe von Gemeinsamkeiten. So verbindet die Arbeit an den baulichen Hüllen, den Tragkonstruktionen und den funktionserfüllenden Ausrüstungen die Mehrzahl der Berufe in den genannten Feldern. Die Standortgebundenheit des Erzeugnisses ist hier mit oft unikalen konstruktiven Lösungen und der damit verbundenen Organisation technologischer Prozesse verbunden. Unwägbarkeiten, wie der Baugrund und die Witterung, stellen eine weitere Besonderheit dar, die die Bauprozesse vor rigiden tayloristischen Organisationsformen bewahrt haben (vgl. Bloy 1994).

Flexibilität als Anforderung an die Facharbeit beeinflußt Ziele der Erstausbildung fast aller Berufe. Die berufsförmige Facharbeit der Instandhaltungsberufe, Tätigkeiten in der Dienstleistung sowie Berufe im kaufmännischen und sozial-pflegerischen Bereich sind dabei besonders betroffen. In den baunahen Berufsfeldern und solchen Berufen, wie Gas-Wasserinstallateur, Elektroinstallateur, Metallbauer u. a. ist das Mitwirken der Betroffenen am Gestalten der Arbeit integraler Bestandteil der Arbeitsaufgabe.

2 Bauen und berufsförmige Facharbeit

2.1 Berufliche Anforderungen mit Bezug zur Erstausbildung

Berufliche Anforderungen an Beschäftigte in der Bauwirtschaft und im Bauhandwerk werden durch die Eigenart des Erzeugnisses Bauwerk als Gebäude und bauliche Anlage ebenso bestimmt, wie durch die Art des Arbeitens. Bauwerke sind - wie bereits festgestellt - standortgebundene und funktionsbestimmte räumliche technische Gebilde. Die Mehrzahl der Bauwerke ist einmalig. Die Funktionsbestimmtheit der Bauwerke erfordert anforderungsgerechte Tragwerke und technische Ausstattungen sowie für Hochbauten und bauliche Anlagen einen angemessene Gestaltung des Baukörpers und seiner Innenräume. Mit dem Bauwerk verflochten ist der Bauprozeß, der Anforderungen an die Beschäftigten stellt. Flexibilität auf der Basis standortgebundener Erzeugnisse - der Bauten und baulichen Anlagen - beruht auf:

- konstruktiven Bedingungen auf Grund der vorwiegenden Einmaligkeit des Erzeugnisses;
- standortbedingter Technologie und Prozeßorganisation, wie Baugrundverhältnisse, Raum für Baustelleneinrichtungen, Transportwege u. a.;
- witterungsbedingten Unwägbarkeiten;
- nichtplanbaren Abläufen auf Grund unvorhersehbarer Bedingungen bei der bautechnischen Sanierung und Rekonstruktion sowie
- der Sozialkompetenz, die aus der erforderlichen Flexibilität erwachsende Kooperation und Kommunikation im Team, zwischen den verschiedenen Gewerken sowie mit dem Kunden bzw. Betroffenen erwächst.

2.2 Berufsförmigkeit der Arbeit - konstituierende Elemente des Bauberufs

Überlegungen zur Erstausbildung können bei solchen generalisierenden Darstellungen nicht verweilen. Berufe und berufliche Ausbildung orientieren sich nicht an einer Sammlung beruflicher Tätigkeiten und den Anforderungen an Arbeitende. Im mitteleuropäischen Verständnis zielt berufliche Ausbildung auf einen Abschluß in einem anerkannten Lehrberuf. Von einem solchen Beruf als ganzem wird mehr erwartet als nur summierte Befähigungen zur Arbeit in einem definierten Bereich. Welches sind solche konstitutierenden Elemente des Berufs als Basis der Kompetenzentwicklung zur Mitgestaltung der Arbeit? Diese "Grundkompetenzen" beeinflussen einerseits prinzipiell die Erstaus- und Fortbildung im Beruf und sind andererseits stabilisierendes Element eines Berufes. Wie im 19. Jahrhundert die industrielle Revolution die Metall- und Maschinentechnik tiefgreifend wandelte, wurde die Bau- und Holztechnik im 20. Jahrhundert verändert. Trotz dieser Entwicklungen tragen nach wie vor Maurer, Zimmerer und Betonbauer das Baugeschehen. Die vielfältigen Versuche, "industrielle Bauberufe" zu schaffen, scheiterten offensichtlich nicht am Konservatismus der Sozialpartner, sondern an der auf Grundkompetenzen beruhenden "Ultrastabilität" der Berufe, um einen Begriff der Kybernetik hierfür zu bemühen. Hierzu ein Beispiel:
Zu den am stärksten von Wandlungen betroffenen Bauberufen gehört der Zimmerer. Waren die Zimmerleute noch bis in das 19. Jahrhundert hinein verpflichtet, Tragkonstruktionen aus Holz vom Baumstamm zum Holzprofil und zum Wandfachwerk, Dachtragwerk und der Holzbalkenlage zu fertigen, dominiert heute das Metallgerüst, die Montagebetonschalung und die rechnergestützt vorgefertigte Dachkonstruktion und Treppe. Trotz des tiefgreifenden Wandels der Arbeitsinhalte blieb der Beruf bestehen. Offensichtlich ist es auch mehr als lediglich der Baustoff "Holz", der die Stabilität des Berufes ausmacht. Im Kern des Berufes sind es konstituierende Elemente als Grundkompetenz, die sich im *Denken in Kräften und Kraftwirkungen* zeigen. Danach müßte der Maurer (eingeschränkt auf das Gewerk 'Mauern') seine Grundkompetenz als *Denken im Fügen kleinformatiger Bauelemente zu monolithischen Bauteilen* begreifen.
Erstausbildung findet im schrittweisen Ausprägen einer solchen Grundkompetenz *einerseits einen* Ansatz, der das Spezifische des Berufes kennzeichnet. Andererseits wird die Breite beruflicher Kompetenz durch die Vermittlung und Aneignung von Kenntnissen, Fertigkeiten und Fähigkeiten sowie Haltungen des Berufsträgers geprägt, die das Mitgestalten auf dem Niveau berufsförmiger Arbeit ermöglicht. Reichten bis in das 19. Jahrhundert hinein die Meisterlehre und die Wanderjahre aus, um Kompetenzen für eine lebenslange Berufsausübung zu erwerben, verlangten zunehmend neue Anforderungen an das Bauen (Hallenbauten für die Industrie, Verkehrsbauten u. a.) neue Bauweisen (Stahl, Stahlbeton, Holzleichtbau) und damit verbundene veränderte Qualifikationen.

Bau-, holz- und farbtechnische Berufe 167

3 Erstausbildung und Arbeitsgestaltung in den baunahen Berufen

3.1 Erstausbildung und Kompetenz

Die berufliche Erstausbildung und die im Berufsleben gewonnene Erfahrung reichen in der Mehrzahl der Berufe und Beschäftigungen nicht mehr, um den Anforderungen der Produktionspraxis lebenslang zu genügen. Eine innovative moderne Wirtschaft und Gesellschaft verlangt vom Beschäftigten Kompetenzen, die "...im Laufe der Ausbildung erworbene Möglichkeit (Fähigkeit), angeeignete Kenntnisse und Verhaltensmuster zur Ausführung praktischer Handlungen *unter veränderten oder neuen Tätigkeitsbedingungen selbständig anzuwenden...*" (Wassilewska 1976, S. 89) sind. Gestaltungskompetenz reicht aber über selbständiges Anwenden hinaus. Der Gestalter muß seine Entscheidung für eine Lösungsvariante verantworten im Sinne *einer schöpferischen Qualität des selbstverantworteten - nicht nur des selbständigen* - Tuns (Rauner 1995).
Die Forderung Heideggers und Rauners (o. J., S. 14 f.), dem Anpassungsansatz der Berufsbildung einen Gestaltungsansatz entgegenzusetzen, gilt in hohem Maße für die Ausbildung in den baunahen Berufsfeldern. Jedoch sind den Gestaltungsansatz berücksichtigende Konzepte beruflicher Bildung in den Ausbildungsordnungen der Bauwirtschaft und des Handwerks noch nicht zu erkennen. Der Erfahrungsgewinn in der späteren beruflichen Praxis erfährt so keine wesentliche Unterstützung in der Erstausbildung. Dabei erreichen die Bauberufsschulen und überbetrieblichen Ausbildungszentren bei der Vermittlung und Aneignung von Kenntnissen und Fertigkeiten bemerkenswerte Ergebnisse. Die Ausprägung von Flexibilität im Sinne des Gestaltens der eigenen Arbeitsaufgabe kann nur eine Ausbildungsstätte leisten, die der Praxis nahekommt. Die Lehrbaustelle, die einem solchen Gestaltungsansatz entgegenkommen könnte, ist wegen möglicher "Wettbewerbsverzerrung" ausbildender Betriebe nicht realisierbar. Es ist nur schwer nachzuvollziehen, wie hier verkrustete Denkgewohnheiten zum Hemmnis einer anspruchsvollen Erstausbildung werden.

Die Kritik am gegenwärtigen Zustand darf sich nicht allein an die Ausbildungspraxis richten. Stellt die Berufliche Didaktik und die sich konstituierende Berufswissenschaft theoretisch begründetes und ausreichend handhabbar gestaltetes Instrumentarium für die Ausbildungspraxis bereit? Die vielfältigen Arbeiten zur Handlungsorientierung einerseits und Ergebnisse aus Modellversuchen andererseits geben zweifellos Ansätze, deren Transfer außerordentlich mühsam vorankommt. Welche Instrumentarien wären tauglich, den Transfer zu unterstützen?

Zunächst muß beim Postulieren des Gestaltungsansatzes beruflicher Bildung gefragt werden, welche Möglichkeiten und Grenzen der Gestaltbarkeit berufsförmiger Arbeit - bezogen auf typische Arbeitsaufgaben des Berufes - vorhanden sind. Die objektiv existierenden Freiheitsgrade der Arbeit (Hacker 1986) zeigen Ansatzmöglichkeiten auf.

3.2 Freiheitsgrade zur Mitgestaltung - Vorbemerkung

Welche Möglichkeiten und Grenzen hat ein Gestaltungsansatz - das Mitgestalten von Arbeit durch den Betroffenen - in der beruflicher Bildung der baunahen Berufe?
Wie insgesamt in der gewerblich-technischen Produktion, sind es technologisch begründete Normen und Regeln, die die berufsförmige Facharbeit wesentlich prägen. Sucht man

den Gestaltungsansatz, so ist nach den Freiheitsgraden zu fragen, die der ausführend Beschäftigte im Rahmen der geltenden Normen hat. Die objektiv vorhandenen Freiheitsgrade sind die Basis für "Eingreifpunkte" in das Produktionsgeschehen. Diese Freiheitsgrade sind als bedeutende Ansatzpunkte für die Befähigung Lernender zur Mitgestaltung der Facharbeit zu erkennen. Freiheitsgrade der Arbeitsgestaltung existieren. Werden sie jedoch nicht erkannt, so werden sie auch nicht für das Mitgestalten wirksam; der Beschäftigte bleibt "unflexibel". Finden objektive Freiheitsgrade ihre Spiegelung in *subjektiven Freiheitsgraden* (Wopat 1990) bei Facharbeiter und Gesellen, dann verfügen Facharbeiter und Gesellen über die Voraussetzungen, die Facharbeit mitzugestalten. Hier muß Erstausbildung im Betrieb, den überbetrieblichen Ausbildungseinrichtungen und in der Berufsschule ansetzen. Die Diskussion der Lösungsvarianten, die Suche und Begründung der bedingungsabhängig optimalen Lösung sowie die Flexibilität bei der unmittelbaren Ausführung im Rahmen des Zulässigen ist ein Weg beharrlicher Kompetenzprägung beim Lernenden.

3.3 Freiheitsgrade und Bereiche des Arbeitsprozesses
- Ansätze im konstruktiven Bereich

Die Konstruktion von Bauwerken, die Bemessung der Tragkonstruktionen sowie die Vorgaben zum Fügen und Verbinden der Bauelemente wird in genehmigungspflichtigen Baudokumenten niedergelegt, auf die der ausführende Facharbeiter und Geselle keinen Einfluß hat. Für selbständige konstruktive Änderungen infolge Maßabweichungen am Bauwerk und nachträglichen Wünschen der Bauherren und Kunden haben die in der Bauausführung tätigen Facharbeiter und Gesellen keine juristische Kompetenz.
Es wäre jedoch wenig hilfreich, aus dieser Rechtslage Konsequenzen für eine anspruchsvolle berufliche Bildung abzuleiten. Dem Ausführenden verbleiben Entscheidungen zum konstruktiven Detail.

> Der Maurer erhält in der Zeichnung Angaben über Abmessungen des gegliederten Mauerwerks und die Lage von Vorlagen, Anschlägen u. a. Er plant selbständig, je nach den verfügbaren Ziegel- bzw. Steinformaten, den "Verband".
> Der Maler entscheidet nach der Beschaffenheit des Untergrundes über die Vorbehandlung und baut darauf seine Beschichtungen auf.

Beschreibt man die Art der Abforderung beruflicher Kenntnisse, Fertigkeiten und Fähigkeiten, so sind es einerseits technische Vorschriften und Normen (auch die "anerkannten Regeln des Handwerks") und andererseits der Transfer auf die jeweilige Situation. Die Analyse des konstruktiven Ausgangszustandes und die danach vorzunehmende Planung der Arbeit auf der Basis der angeeigneten Tätigkeits"module", ist für die in diesem Beitrag beschriebene berufsförmige Facharbeit charakteristisch.
Die Freiheitsgrade - der "Gestaltungsfreiraum" - des Facharbeiters und Gesellen bei Beachtung technischer Vorgaben, sind vorrangig durch das Zusammenführen begründeter Lösungen auf der Basis angeeigneter Tätigkeitsmodule bestimmt. Die Gestaltungsfreiräume sind unterschiedlich beschaffen. Während im Bewehrungsbau (Stahlbetonbau) dem Facharbeiter und Gesellen nur in geringem Maße Gestaltungsspielräume zugebilligt werden können, sind für Dachdecker konstruktiv bedingte Freiräume vorhanden (Beispiel: Beim altdeutschen Schieferdach ist es dem Dachdecker freigestellt, bei gleichgeneigten

Bau-, holz- und farbtechnische Berufe

Dachflächen eine Herzkehldeckung, eine rechte oder linke Kehldeckung anzuwenden).
Kompetenz zum Mitgestalten konstituiert sich aus modulhaft verfügbaren Kenntnissen über zulässige Konstruktionen und einem "Denken in Konstruktionen", das situationsabhängig zu Lösungen führt. Bei der Arbeit am Bauwerk sind es weniger Freiheitsgrade bei projektierten Konstruktionen als vielmehr Vorhaltekonstruktionen (Gerüste, Schalungen), für die keine detaillierten Arbeitsunterlagen existieren. Die Kompetenz der Arbeiter und Gesellen zur Mitgestaltung wird in ungewöhnlichen Situationen, wie Arbeit in engen Räumen, Überbau von Außentreppen u. a., deutlich sichtbar.
Die Erstausbildung unterstützt die Ausprägung solcher Kompetenzen dadurch, daß Lernende mit solchen Arbeiten betraut und zur selbständigen Lösungsfindung angehalten werden.

3.4 Ansätze im fertigungstechnischen und arbeitsorganisatorischen Bereich

Wie für konstruktive Lösungen, so besitzen die Facharbeiter und Gesellen im fertigungstechnischen Bereich zunächst nur für das Zusammenführen von Modulen zu einem komplexen Prozeßabschnitt Kompetenz.
Im Gegensatz dazu sind Gestaltungsräume in Elementen des Arbeitsprozesses erkennbar. Die Ausprägung von Fertigkeiten (anatomisch und physiologisch bedingt) führt bei den Griffen und Griffelementen in der handwerklichen Fertigung zur Individualisierung einzelner Arbeitsverrichtungen. Auch hier hat Erstausbildung zur Mitgestaltung der Arbeit durch Beschäftigte unter dem Aspekt der Möglichkeiten und Grenzen des einzelnen Lernenden beizutragen. Möglichkeiten bieten sich bei

- der Gestaltung der Transporte im Bauwerk sowie
- der Zeitplanung bei solchen technologischen Prozessen und Verfahren, in denen Natur- und Arbeitsprozesse miteinander verflochten sind.

Die individuelle Arbeitsorganisation gehört dagegen zu den Freiräumen der baunahen Berufe, die geradezu prägend für den bau-, holz- und gestaltungstechnischen Bereich sind. Im Unterschied zum stationären Industriebetrieb ist die Organisation am Arbeitsplatz und im Arbeitsbereich grundsätzlich durch den Betroffenen vorzunehmen.
Die Optimierung des Aufwandes an Material, Energie, Zeit und lebendiger Arbeit beeinflußt die Effektivität der Arbeit. Die Erstausbildung kann hier durch Forderungen an die Arbeitsorganisation - auch bereits in der überbetrieblichen Ausbildungsstätte - Kompetenzen auf diesem Gebiet entwickeln helfen.
Das Schätzen der bereitzustellenden Materialmengen, das Aufstellen von Arbeitsgerüsten, die Festlegung von Transportwegen im Bauwerk und die Bestimmung von Fertigungsrichtungen sowie der Arbeitskräfteeinsatz während des Arbeitstages sind nicht allein Aufgaben des Poliers oder Vorarbeiters. Das Mitgestalten der konkreten Organisation der Arbeit durch den ausführend Beschäftigten ist Lehr- und Übungsgegenstand bereits während der fachpraktischen Ausbildung.

4 Historische Aspekte der Erstausbildung in den baunahen Berufen

4.1 Vorindustrielle Entwicklungen

Die traditionellen Strukturen des mittelalterlichen Handwerks bestimmten bis in das 19. Jahrhundert hinein die Erstausbildung im gewerblich-technischen Bereich der Wirtschaft. Diese außerordentlich wertvollen Traditionen der Zünfte und Innungen wirken bis in die Gegenwart, wie

- Verantwortung von Handwerkervereinigungen für den Berufsnachwuchs;
- mehr oder weniger geförderte Karrieren und Aufstiegschancen über Altgesellen zum Meister;
- Verflechtung von Lehr- und Wanderjahren als Zeiten der institutionalisierten Vermittlung und Aneignung beruflichen Wissens und Könnens sowie dem Erfahrungsgewinn für den "fahrenden Gesellen";
- die modifizierte Fortführung der Meisterfunktion im unteren Management des Bauwirtschaftsbetriebes als Polier.

Mit den vorhandenen Qualifikationen der Gesellen und Meister konnte dem damaligen Baubedarf weitgehend entsprochen werden. Maurer, Zimmerer und Bau(hilfs)arbeiter prägten das Bild der Baustellen. Niedrige Personalkosten erlaubten in dieser Zeit eine umfassende Nutzung der lebendigen Arbeit (bis in die 40er Jahre unseres Jahrhunderts wurden Ziegel und Mörtel durch Hilfsarbeiter an den Arbeitsplatz der Maurer getragen). Gerade die Bauträger hatten Einfluß auf einen reibungslosen Bauablauf. Die ständige umsichtige Bereitstellung der Baustoffe ("Material muß schieben") erforderte von den Betroffenen Flexibilität.

Die Industrialisierung in der ersten Hälfte des 19. Jahrhunderts und besonders die Gründerjahre erforderten neue Bauweisen und führten zu einem Bauboom, der zeitweilig 70 % des verfügbaren Arbeitsvermögens gebunden hatte. Das Bauhandwerk kam an qualitativ und quantitativ begründete Leistungsgrenzen, die nur durch große Bauunternehmen durchbrochen werden konnten.

Für Betrachtungen der Erstausbildung sind die qualitativen Leistungsgrenzen interessant. Neue Bauweisen, wie Stahlbau, Stahlbetonbau, Mischbauweisen (Stahlbau-Stahlbeton) u. a. waren mittels der Arbeitsregeln des Meisters nicht mehr lösbar. Ingenieurwissenschaftlich begründete Bemessungen von Bauteilen ersetzten bzw. ergänzten diese Regeln. Auch handwerklich-traditionelle Bereiche wurden hierbei erreicht: Der Entwurf und die Bemessung wurden anspruchsvoller. Holz- und Mauerwerkskonstruktionen erforderten ingenieurtechnische Disziplinen, wie Ingenieurholz- und -mauerwerksbau.

Auch technische Innovationen der Industrie förderten Entwicklungen des Bauens. Die Verwertung des alten Patents zum Spannbeton war erst mit der Entwicklung preiswerter hochelastischer und wenig alternder Stähle durch die metallurgische Industrie möglich.

Diese Entwicklungen sind nicht nur aus bautechnischer Sicht zu betrachten, sondern hinsichtlich tiefgreifend veränderter Qualifikationen. Bewährte Arbeitsregeln wurden durch eine didaktische Ingenieurtheorie ergänzt bzw. ersetzt (Baumeisterstatik). Bemessungen von Bauteilen waren durch den ausführenden Gesellen und Facharbeiter nicht mehr nachvollziehbar; ein notwendigerweise rigides Vorschriftenwerk verlangte Akzeptanz

Bau-, holz- und farbtechnische Berufe 171

bautechnischer Vorgaben. Die DIN 1045 (Stahlbeton) und die DIN 1056 (Mauerwerk) sind dafür Beispiele.
Diese bautechnischen Entwicklungen an der Wende vom 19. zum 20. Jahrhundert brachten erste entscheidende Veränderungen in den Berufsstrukturen und Ausbildungsinhalten. Der zunehmende Anteil bautechnischer Inhalte in der Berufsschule der damaligen Zeit ist dafür Ausdruck.
So tiefgreifend die bautechnische Entwicklung hinsichtlich der Konstruktionen war, so sporadisch blieben technologische, insbesondere verfahrenstechnische Innovationen. Der handwerkliche Charakter des Arbeitens dominierte auf den Baustellen. Dieser Zustand änderte sich nachhaltig nach dem Ende des zweiten Weltkrieges. Die gewaltigen Kriegszerstörungen und der hohe Bedarf an Wohnungen (Umsiedler) und Arbeitsstätten lösten einen Bauboom aus, der mit dem kriegsfolgenbedingten verfügbaren Arbeitsvermögen trotz massenhafter Umschulung nicht zu lösen war. Die umfassende Mechanisierung und Vorfertigung mußte so zwangsläufig das fehlende Arbeitsvermögen ersetzen. Man spricht mit Recht vom industriellen Bauen, wenn auch das Erscheinungsbild der Industrialisierung insgesamt nicht mit der stationär produzierenden Industrie vergleichbar ist.

Kurzfristig entstanden neue Berufe, wie Rohbaumonteur, Ausbaumonteur (DDR), die aber wenig lebensfähig waren. Die Tendenz, spezialisierte Tätigkeiten mit Berufen zu belegen, wich zunehmend der Erkenntnis, eben disponible, vielseitig einsetzbare Bauarbeiter auszubilden, "der alles kann". Sowohl der eng ausgebildete Spezialist als auch der Allround-Facharbeiter erwiesen sich als Fehlspekulationen. Überwiegend blieben die traditionellen Bauberufe in ihrem Kern (Grundkompetenz) bestehen, wobei diese durch Veränderungen der Struktur der Arbeitsaufgaben *im* Beruf gekennzeichnet sind. Diesen Entwicklungen mußte die Erstausbildung durch veränderte Konzepte begegnen.

4.2 Industrielles Bauen und Erstausbildung

4.2.1 Erstausbildung im DDR-Bauwesen

Wenn auch in der technischen Ausstattung der Bauindustrie der beiden damaligen Staaten außerordentliche Unterschiede bestanden, die Suche nach Konzepten und deren Überführung in die berufliche Ausbildungspraxis der Erstausbildung und die Ergebnisse wiesen Gemeinsamkeiten auf.

Im DDR-Bauwesen wurde Ende der 60er Jahre der Grundberuf "Baufacharbeiter" erprobt und 1969 mit den Spezialisierungen Montagearbeiten, Maurerarbeiten, Beton- und Stahlbetonarbeiten sowie Tiefbauarbeiten und verschiedenen Veränderungen bis zum Ende der DDR weitergeführt. Nach dem Abschluß der Klasse 10 der Allgemeinbildenden Polytechnischen Oberschule wurde der Lernende zunächst im ersten Lehrjahr in fachpraktischen Kursen auf Lehrbaustellen in seiner Lehrgruppe mit dem Inhalt des Berufes vertraut gemacht.

Die "Station" war an Abschnitte einer Lehrbaustelle gebunden. Je nach dem pädagogischen Können des Lehrausbilders wurden die Lernenden veranlaßt, ihre Arbeit mitzugestalten. In der Facharbeiterprüfung erfolgten neben der Bewertung von Qualität und Quantität der Bauleistung auch eine nach der "Arbeitsweise", die die vorrangig nach "Umsicht" (Flexibilität) und Selbständigkeit beurteilt wurde.

Im zweiten Lehrjahr erwarb der Lernende seine Spezialisierung im Arbeitsteam von Facharbeitern. Mit dieser Zuordnung war beabsichtigt, den Lernenden unter realen Baustellenbedingungen an die Facharbeiterleistung heranzuführen.

Positiv muß nachträglich beim Baufacharbeiter die Beschränkung auf den Tragbaubereich hervorgehoben werden. Die Ausbildung in der Grundstufe der Stufenausbildung war dagegen nicht sehr glücklich gestaltet. Das inhaltliche Konzept der Baufacharbeiterausbildung war außerordentlich progressiv. Betriebsberufsschulen, die Lehrpläne des berufspraktischen Unterrichts (Ausbildungsordnung - fachpraktische Ausbildung) erfüllen konnten, erreichten gute Ausbildungsergebnisse. Hinzu kommt allerdings, daß die zweijährige Berufsausbildung vor dem Hintergrund eines berufsvorbereitenden polytechnischen Unterrichts in den Klassenstufen 9 und 10 gesehen werden muß.

Negativ ist zu konstatieren, daß die Plattenbauten kaum Möglichkeiten boten, die Kurse im ersten und die Spezialisierung im zweiten Lehrjahr zu realisieren. Putzarbeiten beschränkten sich auf das Verputzen von Montagefugen; Betonarbeiten auf das Verfüllen von noch offenen Bewehrungen an Knotenpunkten der Platten. Einige Betriebsschulen konnten sich durch das Umprojektieren von Plattenbauten auf Ziegelbauweise gute Ausbildungsbedingungen schaffen. Vergessen werden darf aber auch nicht die widersinnige Leistungsstimulierung der Lehrmeister und Ausbilder. Ihre tarifvertraglich vorgesehene "Lehrmeisterprämie" war an die Wertschöpfung der Lehrlingsgruppe gebunden. Es muß sicher nicht erläutert werden, wieso die Ausbildungsqualität in einzelnen Fällen hinter der zu erwartenden Verbesserung der Einkünfte des Lehrenden zurückstehen mußte (einen Graben per Hand ausheben brachte mehr Wertschöpfung als die Ausbildung an einem hochwertigen Sichtmauerwerk).

Mit dem Schaffen des Grundberufes Baufacharbeiter - 1967 Erprobung; 1969 allgemeine Einführung - war die Suche nach neuen Ausbildungskonzepten verbunden, die zur *Stations- und Lizenzausbildung* führte. Sie war aus berufspädagogisch-didaktischer Sicht von Stähr (1968) und von Seiten der Schul- und Ausbildungsorganisation von Wehmer (1966) entwickelt worden. Das Konzept sah vor, technologisch zusammengehörende Ausbildungsabschnitte in der Praxis parallel zum Berufsschulunterricht als "Station" zu gestalten. Der Lernende sollte gleichsam von Station zu Station zum Ausbildungsziel geführt werden. Die Lizenzausbildung erfaßte Module beruflicher Fortbildung, die aus bautechnologischen Innovationen und veränderten Einsatzgebieten der ausgebildeten Facharbeiter erwuchsen und deren Flexibilität beförderten (Ministerium für Bauwesen 1968, Sonderheft 3).

Gegenüber einem gewerkeorientierten Lehrgangs- oder Kurssystem in der berufspraktischen Ausbildung waren diese Überlegungen eine bemerkenswerte Weiterentwicklung. Diese Aussage hat aber nur eingeschränkt Geltung. Stährs Denkansatz ging von Grundverfahren der Fertigungstechnik aus, die als Urformen (Formschaffen), Umformen, Trennen, Fügen, Stoffändern und Beschichten einen Ordnungsansatz für technologische Prozesse und Verfahren darstellen sollten. Die Ausbildung sollte sich nun an diesen Grundverfahren orientieren. Diese Überlegungen können punktuell für Grundlagen einer Didaktik der fachpraktischen Ausbildung durchaus ergiebig sein, sind jedoch für die konkrete inhaltliche Gestaltung und Organisation der Ausbildung untauglich; die Fertigungstechnik ist in der arbeitsteilig organisierten Industrie und der Bauwirtschaft nun einmal konkret und speziell.

Bau-, holz- und farbtechnische Berufe 173

Die fehlende Brücke zwischen dem theoretischen Ansatz "Grundverfahren" einer Didaktik der fachpraktischen Ausbildung und der konkreten Ausbildung im Bauberuf führte zunehmend zur formalen Bezeichnung der Lernorte als "Station" und damit letztlich zum Scheitern dieses theoretischen Konzeptes.
In den 70er und vermehrt in den 80er Jahren war wieder der handwerklich solide ausgebildete Facharbeiter im DDR-Bauwesen gefragt. Die zögerlich beginnende Revitalisierung der Innenstädte verlangte wieder Maurer, die ihre Gewerke beherrschten. Die Ausbildung am Plattenbau reichte nicht mehr aus, so daß einige Berufsschulen zu Ausbildungsformen übergingen, die etwa der heutigen überbetrieblichen Ausbildung entsprechen.

4.2.2 Erstausbildung in der Bauwirtschaft der "alten" Bundesrepublik Deutschland

Die Bauwirtschaft der Bundesrepublik Deutschland suchte ebenfalls nach Lösungen für eine weiterentwickelte Ausbildung des Baunachwuchses. Grundsatz war auch hier, auf der Basis einer breiten Grundausbildung über zwei Fachstufen zum Abschluß in traditionellen (Maurer, Zimmerer) und neuen Bauberufen (Isoliermonteur, Trockenbauer) zu gelangen.
Positiv war an dieser Entwicklung, daß bereits nach zwei Jahren ein anerkannter Berufsabschluß als Hochbau-, Tiefbau- oder Ausbaufacharbeiter erreicht werden konnte. Die Stufenausbildung führte im Gegensatz zum DDR-Baufacharbeiter zu einem vollen Berufsabschluß. Spätere Fassungen der DDR-Baufacharbeiterlehrpläne führten zu Korrekturen und damit auch zu vergleichbaren Abschlüssen.

Negativ am gegenwärtigen Inhalt der Stufenausbildung ist die Breite. Besonders für die Ausbauberufe macht in der gegenwärtigen Form die Stufenausbildung wenig Sinn. Auch der hohe Anteil von Ausbildungszeiten in den überbetrieblichen Ausbildungsstätten mit dem demotivierenden "Aufbauen-Abreißen" zeigt, daß ein tauglicher Ausbildungsrahmen, den die Stufenausbildung zweifellos darstellt, durch ungeeignete didaktische Konzepte paralysiert wird. Während sich die Berufsausbildung Gestaltungsansätze bewahren konnte, feiert der Taylorismus in den ÜBA der Bauwirtschaft "fröhliche Urständ".
Inhaltliche Konzepte einer Erstausbildung tragen erst, wenn sie in didaktischen Konzepten Eingang finden.
Trotz unterschiedlicher Organisationsformen war in Ost- und Westdeutschland der 60er und 70er Jahre eine ähnliche Entwicklung der beruflichen Erstausbildung in der Bauwirtschaft zu verzeichnen.

Den neuen Herausforderungen, denen sich die Bauwirtschaft der Bundesrepublik Deutschland in den 60er und 70er Jahren gegenübersah, war die handwerkliche Berufsausbildung ebenfalls nicht mehr gewachsen. Mit der "Verordnung über die Berufsausbildung in der Bauwirtschaft" vom 8. 5. 1974 wurde die Stufenausbildung eingeführt. Entsprechend den Regelungen im dualen System, lagen dafür nun die Ausbildungsrahmenpläne, Rahmenlehrpläne und Prüfungsanforderungen vor.

Mit der Stufenausbildung wurde ein Weg in der Erstausbildung beschritten, der übergreifende Tätigkeitsfelder des Bauens berücksichtigte und in der Erstausbildung beider Dualpartner konsequent als Lehrgegenstand festlegte. Die Vermittlung und Aneignung grundlegender Kenntnisse und Fertigkeiten in den überbetrieblichen Ausbildungsstätten erlaubte eine Individualisierung des Lernens ohne wettbewerbsbedingte zeitliche Zwänge des Baustellenbetriebes. Der Dualpartner berufliche Schule plante den Unterricht inhaltlich nach dem Prinzip konzentrischer Kreise, das eine wiederholte Behandlung eines Themas mit steigendem Niveau kennzeichnete.

Das didaktische Konzept der fachpraktischen Ausbildung in der Grundstufe sah im gemeinsamen Teil der Ausbildungsberufsbilder 20 Positionen vor, die bestimmende Tätigkeitsfelder aus den in die Stufenausbildung integrierten Bauberufen erfaßten. Wenn auch der Zeitbedarf für die jeweiligen Übungen unterschiedlich war, so bereitete diese "Schnupperausbildung" zur damaligen Zeit (1974) Probleme. Fragwürdig war auch das nicht vorhandene "Erlebnis wertschöpfender Tätigkeit", das eine Lehrbaustelle vermitteln kann. Wenn auch bis zur letzten Fassung der "Verordnung über die Berufsausbildung in der Bauwirtschaft" vom 10. Januar 1986 punktuelle Veränderungen vorgenommen wurden, so ist das Gesamtkonzept letztlich stabil geblieben. Mit der vorgesehenen Neuordnung der Bauberufe ist zu hoffen, daß dem gegenwärtig hohen Veränderungs- und vor allem Aktualisierungsbedarf in den Ausbildungsordnungen und Rahmenlehrplänen Rechnung getragen werden kann.

5 Vorstellungen für eine Weiterentwicklung der Erstausbildung in der Bauwirtschaft unter dem Aspekt der Mitgestaltung

5.1 Vorbemerkungen

Die Stufenausbildung in der Bauwirtschaft, der sich auch teilweise das Bauhandwerk angeschlossen hat, war und ist ein außerordentlich progressiver Schritt zur inhaltlichen Gestaltung einer anforderungsgerechten Erstausbildung. Dringend geboten sind jedoch Veränderungen der Ausbildungsbedingungen.
Die Ausbildung in den überbetrieblichen Ausbildungsstätten der Bauindustrie und des Handwerks ist für die Aneignung und Übung einfacher Elemente der Arbeitsverrichtungen eine notwendige Ausbildungsphase. Die Ausprägung von Fertigkeiten ohne die Zwänge eines rigide organisierten Bauablaufs kann auf anderem Wege kaum erreicht werden. Dieser Ausbildungsabschnitt sollte jedoch zeitlich auf den notwendigen Umfang begrenzt werden. Die Entwicklung beruflicher Handlungskompetenz verlangt für den Auszubildenden und Lehrling Teilnahme an der wertschöpfenden Tätigkeit. Die Lehrbaustelle könnte eine Lösung sein, um die in den nachstehenden Abschnitten genannten Inhalte in die Ausbildungswirklichkeit zu überführen. Hier sind die Sozialpartner gefragt. Mit dem Feigenblatt "Wettbewerbsverzerrung" können sich hier die Bauindustrie und das Bauhandwerk nicht aus der Verantwortung nehmen. Damit verbunden ist auch das Verändern der überkommenen Prüfungsprozeduren. Die Kenntnis- und Fertigkeitsprüfungen für künftige Facharbeiter und Gesellen sind nicht geeignet, berufliche Handlungskompetenz nachzuweisen. Inhaltliche und didaktische Konzepte der Erstausbildung in der Bauwirtschaft und im Bauhandwerk erfordern dringende Veränderungen eines für die künftigen Herausforderungen untauglichen Ausbildungs- und Prüfungssystems.

5.2 Weiterentwicklung durch berufsfeldübergreifende Konzepte

Mit den 13 Berufsfeldern wurde eine Ordnung eingeführt, die die konzeptionelle Arbeit, die Festlegung von Verantwortlichkeiten bei den Dualpartnern (auch Sozialpartnern) und das Management der beruflichen Bildung bis hin zu Fachrichtungen der Lehramtsstudiengänge

Bau-, holz- und farbtechnische Berufe

erleichterte. Sie wird aber dann zu einem Hemmnis, wenn mit innovativen Entwicklungen der Wirtschaft zusammenhängende berufspädagogische Konzepte in den Grenzen der Berufsfelder erarbeitet werden.
Für einige Bauberufe wurde es erforderlich, Tätigkeiten aus anderen Berufsfeldern zu übernehmen.

Die Dachdecker und Klempner (Spengler/Flachner) hatten lange Zeit Bedenken, Arbeiten bei der Dachentwässerung und dem Bautenschutz zu übernehmen, bzw. dem anderen Gewerk zu übergeben. Das Angebot der Industrie an vorgefertigten Dachrinnen u. a. sowie der Wettbewerbsdruck auf die Dachdeckerbetriebe führten dazu, daß Dachdecker heute in der Regel diese Arbeiten ausführen und *dafür in der Erstausbildung* vorbereitet werden. Nicht wenige Malerbetriebe führen Vollwärmeschutzarbeiten aus. Basis war dafür, daß die Auftraggeber bei Fassadeninstandsetzungen vom Betrieb eine komplette Leistung erwarteten.

Noch geben die Rahmenlehrpläne und Ausbildungsordnungen keinen Raum für die notwendigen bauphysikalischen Themen in der Berufsschule und fachpraktischen Arbeiten im Betrieb im Rahmen der Erstausbildung Auch hier besteht Handlungsbedarf.
Diese Integrationstendenzen berühren zunehmend auch solche am Bau tätigen Berufe, die nicht der Bau-, Holz- oder Farbtechnik/Raumgestaltung angehören. Die Gebäudeleittechnik integriert verstärkt elektrotechnische und versorgungstechnische Tätigkeitsfelder; der Baugeräteführer erfordert eine maschinen- und vorrangig tiefbautechnische Ausbildung, oder der von Bauwirtschaft dringend angemahnte Fassadenbauer basiert auf bautechnischen, metall(bau)technischen, versorgungstechnischen, holztechnischen (Glasverarbeitung) und farbtechnischen Tätigkeiten. Sicher wäre die Erstausbildung überfrachtet, solche aus der Verflechtung von Gewerken resultierenden Erfordernisse ad hoc zu berücksichtigen. Zusammen mit der Analyse der aus Innovationen erwachsenden Anforderungen ist auch der zu erwartende innovative Anteil am Beruf sorgfältig zu prüfen, ehe Entscheidungen für neue Inhalte der Erstausbildung getroffen werden können.

5.3 Innovationen mit berufsfeldübergreifendem Charakter

CNC-Technik und insgesamt rechnergestützte Arbeitsplätze sind in bau- und holztechnischen Berufen gegenüber der Chemie- und Metallindustrie erst relativ spät eingeführt bzw. eingerichtet worden, wenn man vom Bauzeichner absieht. Diese Entwicklung hat heute Berufe erreicht, die einst der Inbegriff traditionsreicher handwerklicher Arbeit waren, wie der Steinmetz und der Zimmerer. In der Naturstein- und Holzindustrie werden heute Serienerzeugnisse wie in der Metallindustrie mit CNC-Technik hergestellt.

Zimmereien verfügen über Anlagen, mit denen Holztreppen und Dachkonstruktionen am PC konstruiert und in automatisierten Fertigungsstraßen einbaubereit hergestellt werden können.

Was muß Erstausbildung leisten, um Lernenden Chancen für die Arbeit an solchen Arbeitsplätzen zu geben? Bautechnische Innovationen und die Konsequenzen für die Entwicklung der Facharbeit lassen erkennen, wie die mitgestaltenden Gesellen und Facharbeiter in der Bauvorbereitung und auf der Baustelle gefordert sind.
Für die bautechnischen Berufe wurde der PC interessant, als die Software bereits in

hohem Maße anwenderfreundlich war. So reicht ein Wochenlehrgang aus, um Zimmerer auf die Tätigkeit am PC zur Bearbeitung eines Holztreppenprojektes vorzubereiten[1]. Der Beitrag einer Erstausbildung für die Arbeit des Zimmerers am PC kann immer nur Einsatzchancen verbessern; der Bedarf für solche Arbeitsplätze ist relativ gering! Veränderte Anforderungen sind aber auch an das Anlagenpersonal für die Fertigung der Dachkonstruktionen und Holztreppen zu stellen sowie an die Zimmerer, die mit den Richtarbeiten am Dach befaßt sind. Beide Gruppen Beschäftigter verarbeiten "Fremderzeugnisse" und nicht mehr selbst am Abbundplatz gefertigte Bauelemente, die sie auf der Basis ihrer Vorstellungen vom Erzeugnis zügig an der Fertigungsstraße kontrollieren bzw. einbauen müssen. Kompetenzen zum raschen Erfassen konstruktiver Sachverhalte und zur rationellen Gestaltung und Organisation der Arbeit beim Einbau bzw. Richten stehen deshalb mehr im Zentrum der Erstausbildung als vergleichsweise das präzise Austragen eines Gratsparrens (das nach wie vor im Lehrplan bleiben sollte).

5.4 Ausprägung von Fachkompetenz in der fachpraktischen Erstausbildung

Noch zu sehr haftet der fachpraktischen Erstausbildung in der Bauwirtschaft die Vermittlung und Aneignung einzelner Kenntnisse und Fertigkeiten an, wenn sich auch im Laufe der Ausbildung und Berufsausübung berufliches Können ausprägt, das es dem Beschäftigten gestattet, erworbene Kenntnisse und Fertigkeiten unter veränderten und neuen Bedingungen selbständig anzuwenden. Diese Fachkompetenz auszuprägen, erfordert ein didaktisches Instrumentarium für die fachpraktische Ausbildung, für das seitens der berufspädagogischen Wissenschaft einerseits Handlungsbedarf besteht. Andererseits wäre Berufspädagogik damit überfordert. Hier kann nur in enger Zusammenarbeit mit den Arbeitswissenschaften nach einer Lösung gesucht werden.
Bedeutungsvolle Denkansätze, wie sie von Hacker (1986) aus arbeitspsychologischer Sicht und Skell (1972) für die metalltechnische Erstausbildung entwickelt wurden, erforderten dringend Verbreitung.
Welche Denkansätze wären für die bautechnische fachpraktische Erstausbildung verfolgbar?

Im Abschnitt über die Stations- und Lizenzausbildung wurde auf die Grundverfahren der Fertigungstechnik verwiesen. Wenn auch der Versuch, solche Grundverfahren als Ausbildungsinhalt anzubieten, gescheitert ist, so ist es legitim, über diesen Ansatz nachzudenken. Dazu ein Beispiel:
Mauern, Montage, Fliesenlegen, Trockenbau sowie Dachstein- und Ziegeldeckungen werden am Bauwerk gefügt. Ist eine Kompetenzentwicklung denkbar, die sich einerseits streng an den anerkannten Regeln des jeweiligen Gewerks orientiert und andererseits für das Fügen typische Denk- und Arbeitsweisen "abzuheben" gestattet? Die Baupraxis bestätigt die Auffassung. Mit der Einführung des Montagebaus in der DDR in den 50er Jahren wurden ohne Überleitungsprobleme die Bauten von Maurern montiert. Fliesenlegen ("feines Mauern") war vor Einführung des Berufes 'Fliesenleger' Maurerarbeit. In einigen Regionen ist das Dachdecken mit Steinen und Ziegeln Maurerarbeit.

---

[1] Die Fa. Reichenbacher Dörfles/Coburg setzt lediglich elementare Kenntnisse und Fertigkeiten im Umgang mit der Hardware voraus. Bei zunehmend anwenderfreundlicher Software ist solide Fachkompetenz des Zimmerers zum herzustellenden Erzeugnis und seiner Technologie interessant. Expertengespräche mit den Firmen Hille KG Königstein/Sachs., Cordes Rothenburg a. d. Wümme und Möller-Bau Lübeck ergaben wiederholt Forderungen nach anforderungsgerechter konstruktiver und technologischer Erstausbildung.

Bau-, holz- und farbtechnische Berufe

Was verbirgt sich hinter einer Kompetenz "Fügen von Bauelementen" über Grenzen traditionellen Verständnisses hinweg? *Fügen* heißt Gestalten von Fugen aus *ästhetischer und konstruktiver* Sicht.
Die Fuge gliedert einerseits Flächen und verbindet die Elemente zum Monolith. *Fügen* heißt *Ordnen* (Verbände im Mauerwerk, Anordnung von Montageelementen, Verlegen von Fliesenteilstücken). *Fügen* heißt *Ausrichten* (Mauern nach Schnur, Schichtenlatte, Theodolit bei Montagen). *Fügen* erfordert *Verbinden* (Mörtelbett, Lagerfuge, Stoßfuge).
Zwei Ansätze für die Ausprägung solcher Kompetenzen unterer Ebene ließen sich daraus ableiten. *Erstens* sollte bei der Erstausbildung beim Mauern und Fliesenlegen bewußt auf die Ausprägung solcher Kompetenzen geachtet werden. Sicher wird jeder Ausbilder beim Mauern nach Schnur auf sorgfältiges Arbeiten achten, aber nicht jedem wird der Transfer auf vergleichbare Fügevorgänge bewußt sein.
Zweitens muß dann nicht neben einem Kurs Mauern in der überbetrieblichen Ausbildungsstätte auch noch das Fliesenlegen geübt werden. Künftige Maurer sowie Fliesen-, Platten- und Mosaikleger haben dazu während der Fachstufen noch genügend Zeit. In der Grundstufe der Erstausbildung genügt es *in einem Fügekurs* zu üben.
Ähnliche Überlegungen wären - baubezogen - für das Urformen (Betonieren), Umformen (Stahlbiegen), Trennen und Beschichten fruchtbar.

Insgesamt wird eine neue Qualität der beruflichen Erstausbildung erforderlich, die weniger an Kenntnisstrukturen, sondern mehr an Kompetenzen insbesondere der Mitgestaltung orientiert ist, notwendig. Der Paradigmenwechsel erfaßt alle Lernorte beruflicher Bildung und ist eigentlich seinem Wesen nach von erfahrenen Lehrern und Ausbildern verfolgtes Ziel.

Literatur

AUSBILDUNGSUNTERLAGE für die Facharbeiterausbildung "Baufacharbeiter". Leipzig 1986

BLOY, W.: Fachdidaktik Bau-, Holz- und Gestaltungstechnik. Hamburg 1994

HACKER, W.: Arbeitspsychologie. Berlin 1986

HEIDEGGER, G./RAUNER, F.: Berufe 2000 - Berufliche Bildung für die industrielle Produktion der Zukunft. Düsseldorf o. J.

MINISTERIUM für Bauwesen der DDR: Empfehlungen der Berufsfachkommission "Grundberuf Baufacharbeiter" zur Organisation der Stations- und Lizenzausbildung. Sonderheft 3, 1968

RAUNER, F.: Gestaltungsorientierte Berufsbildung. In: berufsbildung. 49. Jg. (1995), Heft 10, S. 3

SKELL, W.: Psychologische Analysen von Denkleistungen in der Produktion. Berlin 1972

STÄHR, W.: Die Stations- und Lizenzausbildung im System der beruflichen Bildung im Bauwesen. Technische Universität Dresden, Fakultät Berufspädagogik und Kulturwissenschaften. Habilitationsschrift 1968, unveröff.

WASSILEWSKA, A. M.: Einige psychologische Fragen des berufspraktischen Unterrichts. In: Didaktik des berufspraktischen Unterrichts. Allunionsinstitut für berufstechnische Bildung. Leningrad 1976

WEHMER, J.: Ausbildung im Grundberuf Baufacharbeiter erfordert komplexe Lösungen der Probleme der Kaderentwicklung. In: Berufsbildung (1966) Heft 9

WOPAT, K.: Zur Analyse und Charakterisierung der berufsübergreifenden leistungsbestimmenden Anforderungen an die Facharbeiter aus Arbeitstätigkeiten mit Freiheitsgraden - berufspädagogische Konsequenzen (Diss.), unveröff., Dresden 1990

Peter Storz/Wolfgang Hübel

Berufliche Bildung im Chemiebereich unter den Bedingungen klein- und mittelständischer Wirtschaftsstrukturen

1 Strukturen klein- und mittelständischer Chemiebetriebe als Bezugsfeld beruflicher Bildung

Wenn heute von Produktions- und Dienstleistungsstrukturen 2000 am Standort Deutschland die Rede ist, so können in diesem Kontext Bildungsstrukturen 2000 nicht ausgespart sein. Vieles spricht dafür, daß in der beruflichen Bildung der nächsten Jahre strukturell und didaktisch einiges in Bewegung kommen wird.
Wirtschaft, Politik und Wissenschaft sind sich heute weitgehend einig in der Bewertung des sich vollziehenden gesellschaftlichen Wandels als einen tiefen und längerfristigen Strukturwandel. Wesentliche Einflußfaktoren seien kurz genannt:

- Der Zeitfaktor in Form einer Verkürzung der Produkt- und Überführungszyklen. Die Wertschöpfung vollzieht sich durch komplexe Gestaltung der Kette: Forschung - Applikation - Produktion.
- Veränderung der Bedarfsfelder. Diese letztlich globale Änderung äußert sich in der Abdeckung von Bedarfsfeldern durch neue Länder am Markt und damit einer Verringerung freier Bedarfsfelder. Intelligenzintensive Produkte auf intelligente Weise herzustellen, kennzeichnet Innovationsgeschehen der Zukunft.
- Der Dienstleistungssektor wird zu einem unmittelbaren Innovationstreiber und bestimmt die volkswirtschaftliche Wertschöpfung entscheidend mit. Produktions- und Dienstleistungsstrukturen rücken enger zusammen.
- Wachsende Prozeßorientierung der Innovationen. Darunter ist eine Verlagerung der Wertschöpfung von der *Herstellung* moderner Technik zum *Betreiben* dieser Technik in Produktion und Dienstleistung zu verstehen.

An dieser Stelle ist nicht Zeit, diese Einflußfaktoren umfassend zu erörtern; vielmehr soll der Hinweis auf die Tiefe des Strukturwandels genügen, denen auch in der beruflichen Bildung kaum mit kosmetischen Änderungen entsprochen werden kann.
Volkswirtschaftlich gesehen, verlagert sich die Wertschöpfung von der Herstellung anspruchsvoller Technik zum Betrieb der Technik und den Dienstleistungen, welche mit dieser Technik realisiert werden. Aus **betriebswirtschaftlicher** Perspektive gesehen, wird künftig die Beherrschung der gesamten Wertschöpfungskette Forschung - Applikation - Produktion entscheidend sein. Gestaltung von Organisation, Chemiearbeit und Qualifikation sind Bestandteile dieser Wertschöpfung.
Im Transformationsprozeß von der Plan- zur Marktwirtschaft stand die Chemie Sachsens zunächst eher im Schatten angesicht der Dimensionen von Umbrüchen im mitteldeutschen Chemiedreieck. Bereits Anfang 1993 zeichnete sich indes ab, daß die Branche sich mit einem erstaunlichen Überlebenspotential etablierte. Die Privatisierung schritt zügig voran und war Ende 1993 bereits weitgehend abgeschlossen. Sichtbar wurden Strukturen, die ihre Wurzeln in den altindustriellen Regionen Sachsens in den Gründerjahren Ende vergangenen Jahrhunderts hatten. Die Kombinatsbildung in der DDR hatte die altangestammten Strukturen nicht verwischen können.

In Sachsen ist heute eine durchgängige klein- und mittelständische Chemie etabliert; nicht als Übergangs-, sondern als struktureller Zustand. Rechnet man den chemiebezogenen Mineralölsektor, die Kunststoffherstellung sowie ca. 100 selbständige naturwissenschaftlich-technische Laborunternehmen mit einem breiten Dienstleistungsprofil dazu, so sind im April 1995 über 400 Unternehmen zu finden, die etwa 18,5 Tausend Beschäftigte haben. Die Branche ist in hohem Maße konsumenten- und dienstleistungsorientiert, querschnittübergreifend (verarbeitendes Gewerbe) und damit markt- sowie produktflexibel. Die Produktpalette umfaßt Kosmetika, Pharmaka, Haushaltspflegemittel, Lacke und Farben, Feinchemikalien, Siliconprodukte, Kunststoffe u. a. Verfahrenstechnisch gesehen dominieren Chargenprozesse mit spezifischer Verfahrensorganisation, die unter den Bedingungen einer kundenorientierten Produktflexibilität (Verknüpfung von Produktion - Qualitätssicherung - Management) Wandlungen unterworfen war und ist. Chargenproduktion mit ihren Merkmalen ist folglich ein strukturelles Kennzeichen der Chemiebranche Sachsens, was sich auf Chemiearbeit und chemiebezogene Qualifikationen recht grundlegend auswirkt.

In der Chemieindustrie, die ihre Traditionen als eine stärker Großchemie, als eine Chemie der mehr großtonnagigen Produkte und Verfahren begründet hat, scheinen die Wandlungen besonders tief zu verlaufen. Klein- und mittelständische Chemieunternehmen hat es zwar stets gegeben, aber in wesentlich geringerer Ausprägung als in den Fertigungsindustrien. Bei allen Unsicherheiten in der heute möglichen Kennzeichnung von Perspektiven der Chemie zeichnen sich einige Tendenzen des Strukturwandels ab, die in den Neuen Bundesländern - und hier wiederum in Sachsen - als bereits reale und zu gestaltende Wandlungen verlaufen.
Im wesentlichen kann man die Perspektiven der Chemie als strukturelles Problemfeld mit folgenden vier Merkmalen charakterisieren:

- Eine intelligenzintensive, auf Veredlung setzende Chemie, d. h. Wandel in den Produktstrukturen bei insgesamt hoher Produktflexibilität, die auch auf Spezialitäten und Nischenprodukte zielt.
- Eine Chemie mit hoher Standortmobilität und mit Querschnittscharakter für das verarbeitende Gewerbe sowie für primäre und sekundäre Dienstleistungen. Die dazu notwendige konsequente Kundenorientierung von der Akquisition bis zur Betreuung schließt besonders auch Qualitätsfragen ein.
- Eine Chemie mit veränderten Größenverhältnissen. Die Tendenz geht absehbar - und keineswegs nur in Sachsen - in Richtung klein- und mittelständischer Chemieunternehmen. Große werden zu eher mittleren Unternehmen, die dann zu den größten Chemiebetrieben gehören, ohne die üblichen Strukturen von chemischen Großbetrieben aufzuweisen. Heute im einzelnen nur schwer voraussehbare "Auslagerungen" oder Profitcenterbildungen im Unternehmen sind damit verbunden. Bisherige Entwicklungen zeigen, daß diese Profit- oder auch Lohncenter, als Reaktion auf Markterfordernisse, innerhalb eher mittlerer Unternehmen entstehen, wie am Beispiel der Arzneimittelwerk-GmbH Dresden erkennbar ist.
- Eine Chemie mit veränderten Leitbildern bei Verfahrenstechnik bzw. auch Labortechnik, Unternehmens- und Arbeitsorganisation sowie Qualifikation des Personals. Chargenprozesse mit spezifischen mehrproduktorientierten Organisationsstrukturen ergänzen bzw. verdrängen Fließprozesse. Kleine Gefäße sind produktflexibel zu beherrschen und über Informations- und Kommunikationstechnik zu verknüpfen. Produktflexibilität schlägt auf Arbeitsplätze durch. All das wirkt sich recht gravierend auf Chemiearbeit in Produktion und Labor aus.

Chemieberufe   181

Alles in allem ist also von einem langfristigen Wandel in der Chemiebranche auszugehen, der grundlegender Natur ist. Die sächsische Chemie könnte dabei durchaus ein "Strukturmodell" für Entwicklungen - zumindest für Ostdeutschland - sein.

2 Chemiearbeit und Wertschöpfung - brauchen wir neue Leitbilder beruflicher Bildung?

Neue Leitbilder der Chemieindustrie zu entfalten erscheint uns als eine komplexe Gestaltungsaufgabe, die Chemiearbeit in Fabrik und Labor sowie Perspektiven der beruflichen Bildung einschließt. Gerade für kleine und mittlere Unternehmen ist diese komplexe Sicht notwendig. Markt-, Produkt - und Verfahrensflexibilität können kaum über Hierarchien, tiefe Zerlegung der Arbeitsabläufe und nur über Arbeit nach Anweisungen erreicht werden. Die Unternehmen stehen damit vor dem Problem, ihre Innovationsfähigkeit über die Ausbildung qualifizierten Personals zu reproduzieren.

Gestaltung qualifizierter Arbeit scheint künftig aus betriebswirtschaftlichen und sozialen Überlegungen gleichermaßen notwendig und jeder weiß, wie unmittelbar beides zusammenwirken kann. Akzeptanz und Motivation des Personals werden durch anspruchsvolle Arbeit, durch Einbezogensein in die Arbeitsgestaltung entscheidend beeinflußt. Bei künftigen Generationen, die sich für einen Chemieberuf entscheiden, wird das noch deutlicher zu spüren sein. In diesem Zusammenhang sei die These vom "Eisbergprinzip" aufgestellt. Registrierbare Probleme in den Unternehmen, Störungen, Zwischenfälle, Unfälle und Havarien sind nur die sichtbare Seite des Eisbergs und diese ist bekanntlich klein. Verunsicherung im Handeln, mangelnde Akzeptanz, Motivation und Verantwortung bis hin zu einer sogenannten "inneren Kündigung" und Dienst nach Vorschrift stellen den unsichtbaren Teil dar, der sich letztlich betriebswirtschaftlich - volkswirtschaftlich sowieso - empfindlich negativ zu Buche schlagen kann. Die Abbildung 1 möge dies illustrieren. Facharbeit in Chemiefabrik und Labor ist in kleinen und mittleren Chemieunternehmen durchaus größeren Wandlungen unterworfen:

- Wenige lösen in klein- und mittelständischen Chemieunternehmen vielfältige Aufgaben. So ist der Geschäftsführer nicht selten auch Personalchef oder ein Laborant betreut Kunden, für die das jeweilige Laborunternehmen arbeitet.
- Die Arbeitsteilung ist also wesentlich flacher, die Verantwortlichkeiten sind dezentraler und komplexer auslegbar als in großen Chemieunternehmen. Mitunter stört eine feste Arbeitsteilung und situative, flexible Arbeitsorganisationen entsprechen den anfallenden und sich dynamisch verändernden Arbeiten wesentlich effektiver.
- Berufs- und qualifikationsebenenübergreifendes Arbeiten ist charakteristisch. In kleinen und mittleren Unternehmen stören "steile Qualifikationspyramiden", welche die Arbeit in Ingenieur- oder akademische Arbeit einerseits sowie Facharbeit andererseits separieren. Kommunikation und Kooperation an den "Überlappungen" zwischen den Qualifikationen, realisierbar über interdisziplinäre Gruppenarbeit, sind Markenzeichen einer kundennahen flexiblen Branche.
- Elemente verschiedener Tätigkeitsbereiche verschmelzen miteinander und werden über einen Beruf abgefordert. In einem modernen naturwissenschaftlichen Labor, beispielsweise, bleiben natürlich traditionelle naturwissenschaftliche Tätigkeiten erhalten. Hinzu kommen Arbeitstätigkeiten aus der informationstechnologischen Verknüpfung in einem modernen Labor sowie kaufmännisch orientierte Arbeiten,

wenn man an die Bearbeitung von Kundenreklamationen, das Entwerfen von Geschäftsbriefen u. a. denkt.

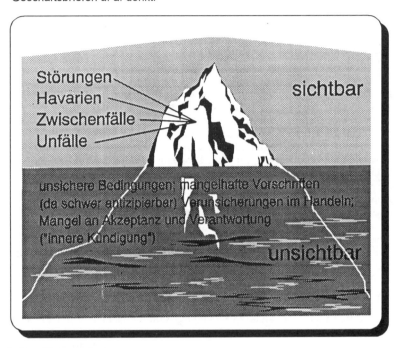

Abb. 1: Das Eisbergprinzip

Als Beispiel für kundenorientierte und komplexe ganzheitliche Laborarbeit sei auf die Wasserkontrolle durch ein selbständiges Laborunternehmen im Dresdner Raum eingegangen (Abb. 2). Bei der Gestaltung der Laborarbeit wurde einer tayloristischen Konzeption, das Arbeitsproblem in Probennahme, Probenaufbereitung sowie Probenanalyse und Auswertung der Ergebnisse zu fragmentieren, eine ganzheitliche Arbeitsgestaltung entgegengesetzt. Das Gesamtproblem "analytischer Befund zu einer stofflichen Zusammensetzung" war ursprünglich mit seinen Teilfunktionen an unterschiedliche Personen gebunden. Dieses gewissermaßen "geteilte Problembewußtsein" hemmte die Qualität und Effektivität der Arbeit und schaffte obendrein beim Personal Befindlichkeiten, die die Arbeitszufriedenheit beeinträchtigten. Seinen Niederschlag fand das in einer Zunahme der Reklamationen, die zu erhöhten Kosten im Laborunternehmen führten. Die begleitende Analyse der Wasserkontrolle wurde deshalb als komplexes Aufgabenfeld mit allen Funktionen in eine Hand gelegt und in kleiner Gruppenarbeit bewältigt:

Arbeitsbereich: Facharbeit im Umweltschutz/Feld- und Laboranalysen

Arbeitsaufgabe: Kontrolle der Wasserbelastung im definierten Trinkwassergebiet (Nitrate, Phosphate ...)

Mensch		Technik	
Funktionen	**Merkmale**	**Funktionen**	**Merkmale**
* Probennahme	formal oder problembewußt	* Probenanalyse	höchste Genauigkeit, schnelle Ergebnisbereitstellung, Datenaufbereitung als Entscheidungshilfe
* Probenaufbereitung	Planung der Meßreihen Gerätewahl sauberes Dosieren		
* Probenanalyse	Bedienen der Analyseautomaten		
* Ergebnisauswertung	Aufbereitung der Daten Verdeutlichen der Differenzierungen Bewerten in Kooperationen		
⇓		⇓	
große Bandbreite des Einflusses auf Gesamtergebnis		geringe Bandbreite des Einflusses auf Gesamtergebnis	

Abb. 2: *Facharbeit im Mensch - Technikbezug (Labor)*

Zwei Grundaussagen, die über das konkrete Beispiel hinaus exemplarischen Charakter haben, sind herauszustellen:

- Über die Qualität der Facharbeit - und nicht über die automatische Analysentechnik - erfolgt die Beeinflussung des Gesamtergebnisses maßgeblich. Proben im "Feld" können beispielsweise formal-routinemäßig oder problembewußt erfolgen; die problembewußte Schichtung der Meßreihen im Kontext zu den Probenorten entscheidet maßgeblich über die Ergebnisbewertung u. a. m. Demgegenüber ist der Einfluß der Technik auf das Gesamtergebnis sehr gering (Funktionstüchtigkeit vorausgesetzt). So liegt es recht eindeutig an der Qualität der Facharbeit, ob die Potenzen der Technik (hier Analyseautomat) genutzt werden oder nicht.
Die der Facharbeit eingeräumten Kompetenzen gehen über die eigentliche Analyse und damit traditionelle analytische Tätigkeiten des Laboranten hinaus und erfordern Kooperation mit Personal im weiteren Umfeld. Kooperationsschnittstellen mit dem Kunden liegen vor der Probennahme/Analyse des Auftrages in Form der Auftragsbearbeitung/-planung durch Rückfragen sowie Auftragspräzisierungen und nach der Ergebnisauswertung/Einleitung von Maßnahmen mit Personal des Auftraggebers.

Das geschilderte Beispiel hat exemplarischen Wert für den grundlegenden Wandel, der sich vollzieht. Die Arbeitsteilungen zeigen Tendenzen der Verflachung; fragmentierte Kompetenzen werden zu komplexen Kompetenzen zusammengeführt. Ferner dringen fachfremde Tätigkeiten in die Laborarbeit ein und verflechten sich mit traditionellen

Arbeitsaufgaben. Facharbeit ist damit auch verstärkt in offenen Strukturen, d. h. in bereichs- und berufsübergreifender Kooperation, zu leisten.

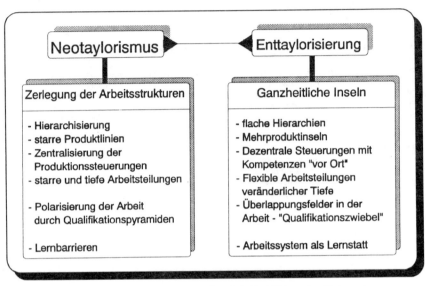

Abb. 3: Leitbilder zur Gestaltung von Technik - Arbeit - Bildung im Unternehmen

Den Chancen einer solchen enttaylorisierten Arbeitswelt als Gestaltungsperspektive klein- und mittelständischer Chemieunternehmen stehen natürlich auch Risiken gegenüber. Tages- und Finanzzwänge führen nicht selten zu Maßnahmen mit einem zu kurzen perspektivischen Vorhaltewinkel. Innovation wird in Unternehmen nicht selten auf Zukauf moderner Technik reduziert und ihr komplexer Gestaltungsbedarf im Gesamtfeld Technik -Arbeit-Bildung unterschätzt. Risiken für sogenannten Neotaylorismus bei der Weiterentwicklung der Branche sind latent vorhanden (s. Abb. 3). Über berufliche Bildung wird entscheidend an der Gestaltung von Leitbildern einer enttaylorisierten modernen Chemieindustrie mitgewirkt.

3   Berufliche Bildung und Wertschöpfung

3.1   Strukturelle Sicht von Ausbildung - der Ausbildungsverbund Sachsen für Chemieberufe

Daß zwischen Innovationsfähigkeit von Unternehmen, Facharbeit und qualifiziertem Personal ein Implikationszusammenhang besteht, gilt heute kaum noch als umstritten. Diesbezüglich sei auf die Diskussion zu "Human Resources" verwiesen (s. z. B. Rasmussen/Rauner 1996). Berufliche Bildung kann somit sehr unmittelbar integrierter Bestandteil von Wertschöpfung werden. Wie aber reproduziert eine Chemiebranche mit durchgängigem klein- und mittelständischem Profil qualifiziertes Facharbeiterpersonal? Dieser Fragestellung wird im weiteren aus **bildungsstruktureller** und **berufsdidaktischer** Sicht nachgegangen.

Derzeit versäumte Ausbildung kann sich in den nächsten Jahren aus folgenden Gründen gravierend auswirken:

- Der Personalabbau der letzten Jahre hat in den Unternehmen zu einer Deformierung der Altersstruktur geführt. Der Anteil der über 50jährigen ist bei den in Produktion und Labor Beschäftigten der chemischen Industrie unverhältnismäßig hoch. Von einer Überalterung der Belegschaften bzw. Deformation der Altersstruktur zu sprechen, ist nicht übertrieben. Mittelfristig werden also überproportional viele Beschäftigte durch Erreichen des Rentenalters ausscheiden. Vielen Unternehmen steht ein umfassender Personalwechsel bevor.
- Der Rückgriff auf Arbeitsmarktreserven wird schwieriger, da junge ausgeschiedene Facharbeiter abwandern bzw. sich umschulen lassen und schon kurzfristig nicht mehr zur Verfügung stehen.
- Längerfristig werden weniger junge Menschen für eine Ausbildung im dualen System zur Verfügung stehen. Unabhängig davon, ob die gegenwärtige Tendenz anhält, stärker höherqualifizierende Bildungsgänge zu favorisieren, nehmen die Jahrgangsstärken aufgrund der Umkehrung der Alterspyramide in der demographischen Entwicklung spätestens ab dem Jahre 2005 deutlich ab.

Nach einer Befragung vom Herbst 1993 bei ca. 200 Chemieunternehmen gestaltet sich die Ausbildungssituation in der Chemieindustrie Sachsens sehr unterschiedlich (Abb. 4 und 5 - s. auch Storz/Straube 1995). Ein Teil der Betriebe hat seine Ausbildungsaktivitäten in den letzten Jahren eingestellt; mehr als die Hälfte der vorwiegend kleinen und mittelständischen Unternehmen hingegen besitzt überhaupt keine Ausbildungstradition. Diese Erscheinung ist einmal auf die Zentralisierung der beruflichen Bildung in der DDR zurückzuführen. Die sogenannten Stammbetriebe in den Kombinaten übernahmen die Ausbildung für die angelagerten Betriebe mit; teilweise waren die Zentralisierungen auch kombinatsübergreifend. Ferner handelt es sich bei den heutigen Unternehmen ohne Ausbildungstraditionen vielfach um Neu- bzw. Ausgründungen. Vorhandene Bildungsstrukturen der Branche sind also im Transformationsprozeß nach 1990 schlagartig verloren gegangen.

Andererseits konzentrierten sich drei Viertel der Auszubildenden in naturwissenschaftlichen Berufen zur Befragungszeit auf zwei Betriebe, die noch über den eigenen Bedarf hinaus ausbilden. Die Laborberufe, insbesondere Chemielaborant/-in sind zahlenmäßig insgesamt am stärksten vertreten. Tritt eine Reduzierung der Ausbildung dieser beiden Unternehmen auf den eigenen Bedarf ein, so ist dies für die zahlreichen Laborgesellschaften u. a. kleineren Unternehmen besonders prekär. Wenn sie selbst nicht ausbilden, ist ihre Nachwuchsrekrutierung, die bei den Befragten z. T. über die Arbeitsmarktreserve erfolgt, gefährdet. Da gerade diese Laborunternehmen aufgrund ihres anspruchsvollen Aufgabenspektrums in besonderem Maße auf qualifiziertes Fachpersonal angewiesen sind, erwarten wir hier - für dieses Jahr bereits nachweisbar - ein zunehmendes Ausbildungsinteresse.

Bei den Gründen für das Einstellen der Ausbildung wird als Argument der gedeckte Personalbedarf angeführt. Darüber hinaus spielen vor allem Kostenerwägungen und der Verlust von Ausbildungskapazitäten im Zusammenhang mit der Schließung der betrieblichen Ausbildungsstätte eine Rolle. Mehr als ein Drittel der Betriebe sieht Probleme, die Anforderungen aus der Ausbildungsordnung umzusetzen oder spricht von fehlender personeller Kapazität. Bedenklich stimmt, daß die Mehrzahl der Unternehmen, die zum Zeitpunkt der Befragung nicht ausbildeten, auch in Zukunft nicht die Aufnahme einer Ausbildung plant.

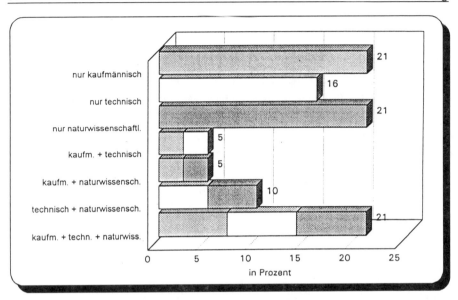

Abb. 4: Kombination der von den Betrieben in der sächsischen Chemie durchgeführten Ausbildungsrichtungen. (Bei Kombinationen von Ausbildungsrichtungen, stellen die in den Balken dargestellten Anteile keine realen Größen dar!)

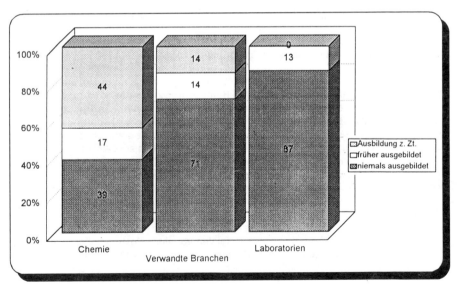

Abb. 5: Ausbildungssituation in der sächsischen Chemie nach Branchenzugehörigkeit

Chemieberufe

Vor dem Hintergrund dieser analytischen Bestandsaufnahmen gelangt man zu qualitativen Faktoren chemiebezogener beruflicher Bildung.
Nach unseren Erfahrungen ist es die Kostenfrage für Bildung nicht allein, welche von den Unternehmen aufgeworfen wird. Begleitend ist da stets auch die Frage (oder der Zweifel), ob über Ausbildung die Kompetenzen bei Facharbeitern entwickelt werden können, welche Unternehmen heute benötigen? Auch Zweifel an der Wirksamkeit qualifizierten Personals werden unternehmerseits laut, wenngleich dies keine bestimmende Tendenz ist. Der überwiegende Teil der Unternehmen kann, so die eigene Einschätzung - darauf nicht verzichten.

Der Frage nachgehend, wie sichert eine durchgängige klein- und mittelständische Chemiebranche ihre Innovationsfähigkeit über berufliche Bildung, wurden in bereits erwähnter Erhebung bei knapp 200 sächsischen Chemieunternehmen Interessen und Erwartungen an eine Verbundausbildung erkundet. In der Betriebsbefragung äußerten sich 42 % interessiert an einer Verbundausbildung. Betriebsgrößenspezifisch zeigte sich ein größeres Interesse im Bereich von Betrieben bis 250 Beschäftigte. Regional konnte ein leicht unter dem Durchschnitt liegendes Interesse von Betrieben aus dem Raum Leipzig festgestellt werden. Differenziert nach einzelnen Chemieberufen ergibt sich bei den interessierten Betrieben das in Abb. 6 dargestellte Pro- und Contra-Schema.

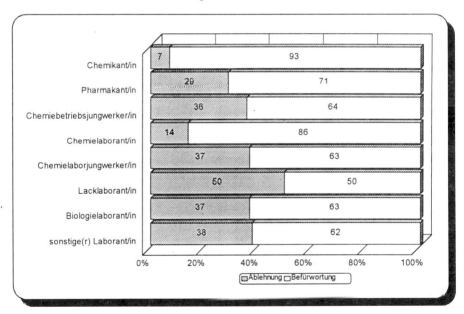

Abb. 6: Die Verteilung der Anteile bei einzelnen Chemieberufen im Hinblick auf eine Verbundausbildung

In der Darstellung wird deutlich, daß, unter Berücksichtigung der ablehnenden Meinungen, ein eindeutiges Votum für die Verbundausbildung ausgesprochen wird. Auffällig ist hierbei, daß besonders für die Chemikantenausbildung die Ausbildung im Verbund sehr stark

befürwortet wird. Bei über 85 % der Ausbildungsgänge sehen Betriebe, abgesehen von denen, die Ausbildung in bestimmten Berufen in den kommenden Jahren für nicht notwendig einschätzen, die eigene Ausbildung nur günstig im Rahmen einer Verbundausbildung realisierbar.
Auch Fragen und Zweifel am "Wirkungsgrad" gegenwärtiger beruflicher Bildung wurden in der Erhebung erhärtet. Sie müssen gerade in klein- und mittelständischen Unternehmen verstärkt auftreten, da die Lernorte Berufsschule und der eigene Betrieb nicht mehr für eine Ausbildung im benötigten Beruf genügen. Betriebliche Ausbildung reduziert sich in einem solchen Unternehmen auf Spezialisierung, nicht selten sogar sehr enger Natur. Damit sind nicht nur Grenzen für die lehrplangerechte Ausbildung im jeweiligen Beruf gegeben. Die Betriebe selbst merken, welche beruflichen Grundlagen fehlen, die über den Lernort Schule nicht abdeckbar sind, und sie artikulieren diese Grundlagen auch (kooperative Beherrschung moderner Prozeßleittechnik in chemischen Verfahren, Grundlagen moderner Laboranalytik u. a.).

Basierend auf dieser Resonanz der Unternehmen für eine Verbundausbildung, wurde im Juni 1994 der *Ausbildungsverbund Sachsen für Chemieberufe* gegründet. Mitglied wurden besonders auch Kleinunternehmen, die als z. T. hochspezialisierte Betriebe ihre Probleme mit der dualen Struktur - Lernort Betrieb und Lernort Schule - haben.
Der Ausbildungsverbund konstituiert sich:

- aus 25 Chemieunternehmen, die ihre unterschiedlichen Bildungspotentiale einbringen, dieses neben den betrieblichen Spezialisierungen auch für berufliche Grundbefähigungen;
- aus einer überbetrieblichen Bildungsstätte zur Koordinierung betrieblicher Bildung sowie eigenen Bildungsleistungen mit beruflichen Grundlagencharakter, aber auch ersten Spezialisierungen;
- aus Berufsschule mit ihren berufsqualifizierenden Potenzen sowie mit ihrem eigenständigen Bildungsauftrag.

Alle Lernorte haben in dieser Bildungsstruktur ihren Beitrag zur beruflichen Grundbefähigung in der Ausbildung zu leisten. Die überbetriebliche Bildungsstätte verdrängt weder die Schule mit ihrem eigenständigen Bildungsauftrag, noch ist sie ein Ersatz für betriebliche Bildung. Allerdings muß bei der Ausgestaltung der einzelnen Lernorte Organisation und berufsdidaktische Qualität des Lernens in der Berufsschule recht gründlich mit bedacht werden. Unsere Erfahrungen besagen, daß Berufsschulen infolge fehlender Autonomie heute nur schwer in der Lage sind, sich flexibel in eine wechselnde Lernortkooperation einzubringen. Eine Wandlung des Lernortes Schule an die aktuellen Erfordernisse beruflicher Bildung unter den Bedingungen klein- und mittelständischer Chemieunternehmen ist nicht nur ein Problem der technischen Moderne - diese sei besonders hervorgehoben, weil diese Seite immer wieder im Mittelpunkt von Forderungen steht und damit die tatsächlichen Defizite verkürzt - sondern der bildungsorganisatorischen und berufsdidaktischen Moderne.
Innerhalb des Verbundes befinden sich mit dem Lehrjahr 1995/96 150 Lehrlinge in der beruflichen Ausbildung in den traditionellen Chemieberufen Chemielaborant/-in, Lacklaborant/-in, Chemikant/-in, Pharmakant/-in.

Chemieberufe

Die Arbeit des Verbundes wird im entscheidenden Maße geprägt (s. Abb. 7):

- von der Zusammenarbeit mit der Technischen Universität Dresden, insbesondere den Ergebnissen des **Sächsischen Chemieprojektes** (SCP), eines auf Bundesebene geförderten Forschungsprojektes, das den Strukturwandel in der sächsischen Chemieindustrie und die daraus resultierenden Bildungskonsequenzen in qualifikatorischer und organisatorischer Hinsicht untersucht hat. Die **Berufliche Fachrichtung Chemietechnik** der TU Dresden, als Bearbeiter des SCP, gestaltet die wissenschaftliche Begleitung auch über die geförderte Laufzeit des Projektes hinaus.
- von den langjährigen Erfahrungen der **Sächsischen Bildungsgesellschaft für Umweltschutz und Chemieberufe Dresden mbH** bei der überbetrieblichen beruflichen Ausbildung in Chemieberufen sowohl auf den fachlichen Teil der Ausbildung bezogen als auch auf das Know-how bei der Organisation kooperativer Ausbildungsbeziehungen zwischen den verschiedenen Lernorten und den Vorleistungen der Bildungseinrichtung bei der Gründung des Ausbildungsverbundes Sachsen in der Ver- und Entsorgung mit den ver- und entsorgepflichtigen Körperschaften des öffentlichen Dienstes und der privaten Wirtschaft als Verbundpartner.
- von der ausgeprägten **Kooperation** zwischen den dezentralen und zentralen **Lernorten** im Verbund und der besonderen didaktischen Gestaltung der Lernortschnittstellen.
- von der direkten Unterstützung des Bildungsverbundes durch die **Tarifpartner** Arbeitgeberverband Chemie und verwandte Industrien Ost (AVCO) e. V. sowie Industriegewerkschaft Chemie-Papier-Keramik.

Der Ausbildungsverbund Sachsen für Chemieberufe ist eine Konsequenz des Strukturwandels in der sächsischen Chemieindustrie und versteht sich als ein didaktisch begründetes, auf Freiwilligkeit beruhendes Zweckbündnis der durchgängig klein- und mittelständischen sächsischen Chemiebranche. Der eindeutig ausgeprägte klein- und mittelständische Charakter der sächsischen Chemieindustrie mit ihren konsumentennahen Produkten bei hoher Produktflexibilität und hoher Spezialisierung hat neben veränderten Arbeitsanforderungen an das Fachpersonal zur Folge, daß in den Betrieben für die berufliche Ausbildung vielfach die notwendigen Arbeits- und damit Lernplätze nicht zur Verfügung stehen, die umfassend den Ausbildungsverordnungen gerecht werden. Mit der vom Berufsbildungsgesetz geforderten **berufsfeldbreiten Ausbildung** und den immer deutlicheren **berufsfeldübergreifenden Qualifikationsanforderungen** an den modernen Facharbeiter in der Chemiebranche ist der Klein- und Mittelbetrieb oft überfordert. Hier bedarf es in Sachsen modifizierter Ausbildungskonzepte, die im Rahmen des dualen Systems deren Vorzüge effektiv zur Wirkung bringen und gleichzeitig Spielraum für situationsgemäße qualifikatorische und organisatorische Aspekte der beruflichen Bildung im klein- und mittelständischen Chemiebetrieb lassen.

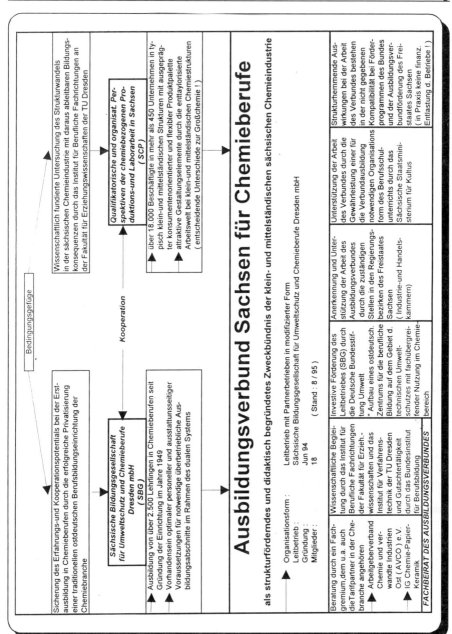

Abb. 7: Bedingungsgefüge des Ausbildungsverbundes

Chemieberufe

Schwerpunktaufgaben im Verbund

Die Hauptaufgabe des Ausbildungsverbundes Sachsen für Chemieberufe besteht in der Sicherung der Qualität der Ausbildung in traditionellen Chemieberufen angesichts der sich verändernden Qualifikationsanforderungen. Dabei sollen besonders Niveauunterschiede z. B. im technischen Ausstattungsgrad der Unternehmen durch gemeinsames Nutzen moderner Ausbildungskapazitäten bzw. Schaffen moderner Ausbildungsplätze ausgeglichen und überwunden werden. Hauptaugenmerk gilt dabei der "Entwicklung der Chemiearbeit in Sachsen" und im besonderen Maße der Entwicklung sowie Stabilisierung der Ausbildungssituation.

Darüber hinaus konzentriert sich die Arbeit des Verbundes auf die in Abb. 8 dargestellten Problemfelder.

Für die gesamte Verbundarbeit ist entscheidend, daß nicht der Leitbetrieb, sondern ausschließlich der klein- und mittelständische Chemiebetrieb Ausbildender im Sinne des Berufsbildungsgesetzes ist. Entsprechend des Ausbildungsberufes im Verbund arbeiten Koordinierungsbetriebe mit folgendem Aufgabenspektrum:

- Beratung der Betriebe in allen Ausbildungsfragen.
- Unterstützung der Ausbildenden beim Erstellen des Ausbildungsplanes und beim Erarbeiten der sachlichen und zeitlichen Gliederung.
- Vorbereitung und Abschluß der Rahmenvereinbarungen zum Ausbildungsverbund und der entsprechenden Zusatzvereinbarungen.
- Rationalisierung überbetrieblicher Ausbildungsabschnitte.

Die gesamte Arbeit des Ausbildungsverbundes wird begleitet von einem Fachbeirat, der entsprechend seiner Geschäftsordnung bei allen fachlichen, didaktischen und organisatorischen Problemen beratend und kontaktfördernd beim Aufbau von Kooperationsstrukturen wirkt.

Organisationsform der Ausbildung im Ausbildungsverbund

Grundlage für die Ausbildung im Verbund ist ein berufsspezifisches Kurssystem, das im Wechsel von betrieblicher und überbetrieblicher Ausbildung die in den Ausbildungsverordnungen vorgegebenen Mindestanforderungen sichert und individuell mit jedem Verbundpartner, entsprechend seinen eigenen Ausbildungsvoraussetzungen, abgestimmt wird. Dieses Abstimmungsergebnis findet dann seinen Niederschlag in konkreten vertraglichen Vereinbarungen zwischen den Ausbildungsbetrieben und Koordinierungsbetrieben bzw. zwischen den Ausbildungsbetrieben untereinander. Dadurch wird für alle Partner sichergestellt, welche Inhalte laut Ausbildungsberufsbild in welchen Kursen gemäß Ausbildungsrahmenplan von wem und in welcher zeitlichen Folge zu realisieren sind.

Während eine **Rahmenvereinbarung** das grundsätzliche Verhältnis der Partner im Verbund untereinander regelt, werden die Aufgaben auf jedes einzelne Ausbildungsjahr bezogen über **Zusatzvereinbarungen** festgeschrieben:

- kursbezogene Leistungen der Vertragspartner,
- Ausbildungskosten,
- Vernetzungspläne (zeitliche Wechsel der Lernorte) sowie
- Praktikumsaufgaben für betriebliche Ausbildungsabschnitte (bei Bedarf).

1.	**Sicherung der Qualität und Attraktivität der Ausbildung in traditionellen Chemieberufen angesichts der sich ständig verändernden Qualifikationsanforderungen** --> berufsfeldbreite Ausbildung --> berufsfeldübergreifende Qualifikationsanforderungen --> Ausgleich bzw. Beseitigung von Niveauunterschieden
2.	**Gestaltung der Kooperation zwischen den dezentralen und zentralen Lernorten im Verbund** --> fachlich-inhaltliche Absprachen --> didaktische Gestaltung der Lernortschnittstellen
3.	**Stabilisierung der Ausbildungssituationen in quantitativer Hinsicht** --> Erhöhung des Ausbildungsstellenangebotes in Chemieberufen
4.	**Zielgerichtete Öffentlichkeitsarbeit und Berufswerbung** --> Berufskundeveranstaltungen für Berufsberater der Arbeitsämter --> Informationsveranstaltungen für Berufsberaterlehrer in den Schulen --> Ökologieorientierte chemiebezogene Schnupperkurse für Schüler --> Ausgestaltung von Berufsbildungsmessen
5.	**Einbeziehung von Elementen der chemiebezogenen Fort- und Weiterbildung** --> Schaffung eines Stützpunktes für die berufsbegleitende Qualifizierung von Ausbildern/-innen in Chemieberufen --> Lehrgänge zur Vorbereitung auf die Meisterprüfung (Industriemeister - Fachrichtung Chemie) --> Kursangebote zur fachspezifischen Weiterbildung von Chemielehrern der verschiedenen Schulformen
6.	**Herstellung und Pflege der Kooperationsbeziehungen zu anderen Zentren der Chemieausbildung in den neuen Bundesländern** --> z. B. zum Bildungsverbund Chemie und Technik Halle e. V. (BVCT)
7.	**Wissenschaftliche Begleitung des Ausbildungsverbundes durch die Bearbeitung von Forschungs- und Modellprojekten** --> "Berufsübergreifendes kooperatives Lernen Auszubildender in der Chemiebranche an Prozeßleittechnik" --> "Handlungsorientiertes Lernen in der Umweltbildung zur Verbesserung der Lernortkooperation"

Abb. 8: Schwerpunktaufgaben im Verbund (Bezug: Satzung)

3.2 Zu einigen berufsdidaktischen Aspekten der Verbundarbeit

Berufliches Wissen muß in modernen Arbeitsstrukturen prozeßhaft zur Verfügung stehen. Problemlöseverhalten in wechselnden Anwendungskontexten ist ein zentrales Merkmal von Handlungskompetenz, wobei Probleme stets fach- und berufsübergreifend sind und sich nicht an Einzelfächern und zunehmend auch nicht an Einzelberufen orientieren.

Handlungskompetenz ist in moderner Berufsarbeit auch Mitgestaltungskompetenz - eine Notwendigkeit in einer enttaylorisierten Arbeitswelt aber auch im gesamtgesellschaftlichen Leben des Individuums, auf die bereits hingewiesen wurde. Gesellschaftliches und wirtschaftliches Interesse an einer auf Gestaltungskompetenz zielenden Berufsausbildung (s. Rauner 1990) eröffnet neue Erfordernisse und Chancen für Innovationen in der beruflichen Bildung.

Berufsdidaktische Reflexion muß, will sie innovationsfördernd sein, auf Arbeits- und Lernhandeln gleichermaßen zielen und berufliche Bildung sehr vielgestaltig befördern. Diese Vielgestaltigkeit umfaßt sowohl handlungstheoretisch als auch bildungstheoretisch fundierte Lernkonzepte.

Nicht das Infragestellen von Bildungsinhalten kann die Schlußfolgerung aus den Ermüdungserscheinungen gegenüber traditionellem Bildungsgut sein (bei Chemieberufen, kurz gesagt, beispielsweise naturwissenschaftliche Gesetzmäßigkeiten und Theorien, die natürlich noch keine berufliche Handlungskompetenz hervorbringen), sondern Bestimmung und Strukturierung von berufsbedeutsamen Bildungsinhalten nach neuen Prinzipien. Bei der Suche nach solchen Prinzipien erscheint es irreführend, Arbeits- bzw. Lebensorientierung und Wissenschaftsorientierung als Pole gegenüberzustellen. Abgesehen von weltanschaulichen Vorbehalten gegenüber einer solchen Polarisierung, dürfte sie für die soziale und technische Leistungsfähigkeit künftiger Generationen nicht nützlich sein. Bedarf es nicht vielmehr eines gewandelten Verständnisses von Wissenschaftsorientierung in der Bildung? Ist es nicht möglich, berufsbedeutsame Inhalte in Bezug zur Berufsarbeit neu zu fassen und zu strukturieren?

Kruse (1986), hat - u. E. im Bestreben, traditionelle Auffassungen von Bildungsinhalten reformieren zu helfen - den Begriff des Arbeitsprozeßwissens eingeführt und davor gewarnt, die Entwicklung neuer beruflicher Bildungskonzepte auf methodische Fragen zu reduzieren. Für ihn ist arbeitsorientiertes Lernen, wie es im Konzept des dezentralen Lernens am Arbeitsplatz realisiert wird, allein noch keine Garantie für berufliche Handlungskompetenz. Es kann seines Erachtens auch zu einer Erfahrungsbornierung bei Lernenden führen, wenn das Lernen nicht mit Veränderungsprozessen verknüpft ist. Er kommt somit zu dem Schluß, Lernende in vielfältiger Weise an der Gestaltung von Arbeit und Technik zu beteiligen, was freilich anspruchsvolle Inhalte organisatorischer und technischer Entwicklungen zum Gegenstand haben müßte. Hieran knüpft Kruse das Arbeitsprozeßwissen.

Auch strukturorientierte Didaktiksätze (Pahl 1994, Rützel 1994, Lisop 1995 u. a.), welche objektive Wissenstatbestände, Problemlagen sowie Handlungssituationen und subjektspezifische Strukturierung von Lernprozessen aufeinander beziehen, plädieren für eine Überwindung der Inhaltsleere. Huisinga (1994), hebt hervor, daß die häufig angegebenen Merkmale handlungsorientierten Lernens, wie Vollständigkeit der Handlung, Miteinander von Planen, Durchführen und Kontrollieren u. s. w. nicht allein handlungskompetenzstiftend sind. Er argumentiert, auch ein enges, inhaltsarmes und anspruchsloses Funktionstraining kann handlungsorientiert ablaufen. Er wendet sich damit gegen

eine ausschließlich methodische Deutung des handlungstheoretischen Paradigmas. Seines Erachtens blendet diese Deutung die notwendige Neufassung und Neustrukturierung der Inhalte aus.
Eine stärkere Betonung des dezentralen Lernens am Arbeitsplatz allein wird die Probleme nicht lösen. Dafür sind zwei Gründe zu nennen :

- Dezentrales Lernen berührt die Frage der Lernhaltigkeit der Arbeit. Ist die Arbeit wenig anspruchsvoll, so kann der berufliche Lerneffekt zweifelhaft sein und trotz scheinbar moderner Handlungsorientiertheit die Gefahr einer Erfahrungsbornierung bergen. Gestaltung anspruchsvollen Lernhandelns setzt also die Gestaltung anspruchsvollen Arbeitshandelns voraus. Aus diesem Zusammenhang ergeben sich im betrieblichen Alltag ganz natürliche Grenzen.
- Über dezentrales Lernen wird in der Regel Spezielles erworben, was in der richtigen Dosis eine notwendige und wichtige Seite darstellt. Wird Spezialistentum überzogen, dann leidet das Allgemeine, geht die Transferfähigkeit verloren. Spezialistentum müßte aber im Generalistentum seine Entsprechung finden, was die Befähigung zum Problemlösen und selbständigen Lernen bereits in der Ausbildung in den Mittelpunkt rücken sollte. Dezentrales Lernen ist also notwendig, greift aber allein viel zu kurz.

Vor Königswegen beruflichen Lernens - dezentrales Lernen, häufig gebunden an Gruppenlernen, wird in der berufsdidaktischen Diskussion seit einiger Zeit besonders strapaziert - sei also gewarnt. Nicht selten sind solche Konzepte rein methodisch und damit inhaltsleer erörtert oder ohne hinreichende Reflexion auf den Inhalt angewandt. Handlungslernkonzepte, die aus allein methodischer Sicht begründet sind, haben nicht auch schon Potentiale zur Entwicklung beruflicher Handlungskompetenz. Ein Lernen mit im wesentlichen vollständigen Handlungsverläufen (Planen, Ziel-Lösungs-Weg-Differenzierungen, Durchführen ...) - das sei wiederholt - bringt allein noch keine Lerntiefen. Moderne berufliche Lernkonzepte können sich nicht nur an allgemeinen Verlaufsstrukturen des Handelns, sondern am Inhalt anspruchsvollen beruflichen Arbeitshandelns orientieren. *Inhaltliche* und *methodische* Seite sind somit für die Entfaltung beruflicher Lernkonzepte als Einheit zu sehen.
Vor dem Hintergrund dieser knappen berufsdidaktischen Ausgangsüberlegungen sei auf einige Prinzipien didaktischer Innovationen eingegangen, die im Ausbildungsverbund in den nächsten Jahren zu entfalten sind.

Prinzip der Wechselwirkung von wissensorientiertem und arbeitsorientiertem Lernen.

Berufliches Arbeitshandeln ist in Klein- und Mittelunternehmen hochflexibel und transferbehaftet. Strategisches Handeln ist also gefragt und dafür ist berufliches Grundlagenwissen, das in wechselnden Anwendungskontexten umzustrukturieren und damit zu verfestigen ist, unabdingbar. Anders formuliert: nicht das formale Umgehen mit der äußeren Struktur von Informationen an einem Bildschirmarbeitsplatz in Labor oder einer Chemieanlage ist entscheidend, sondern das Verstehen und Umgehen mit der inneren Struktur, d. h., den technologischen Gehalt dieser Informationen bezogen auf Stoff-Prozeß-Apparat. Lernkonzepte zur Wissensfundierung und -anwendung (systematisch orientierte Methoden) sowie in arbeitshandlungs-orientierten Kontexten (Methoden zur Lösung von Fällen, Methoden kreativer Entwicklungstätigkeit, zur Entscheidungsfindung...) wechseln sich ab.

Prinzip der Orientierung an ganzheitlichen komplexen und damit fachübergreifenden Arbeitsaufgaben.

Hierfür ist nicht allein entscheidend, vollständige Handlungsverläufe bei der Gestaltung von Lernhandeln zu berücksichtigen, sondern auch fächerübergreifende Inhalte mit arbeitsorientierter Exemplarik unterschiedlicher Komplexität. Inhaltliche Strukturen von Lernsituationen können sich an inhaltlichen Strukturen von Arbeitssituationen orientieren, je nach Lernort mit unterschiedlicher Äquivalenz. In der überbetrieblichen Bildungsstätte (Labor oder Automatisierungspraktikum) kommt es beispielsweise nicht darauf an, Arbeitssituationen einfach in Lernsituationen zu kopieren, sondern deren arbeitsorientierte Exemplarik zu erfassen und didaktisch aufzubereiten. Wesentliche solcher Lernsituationen mit arbeitsorientierter Exemplarik für Chemikanten im Automatisierungspraktikum können sein:

- einfache und komplexe Prozeßüberwachung in Verbindung mit Gewöhnung an die Interaktion am Bildschirmarbeitsplatz,
- An- und Abfahrsituationen, Einstellen neuer Prozeßzustände, Beseitigung von Störsituationen (Fehlersuche und -beseitigung),
- Sicherheitsanalysen in komplexen Systemen mit Hilfe von automatisierungstechnischen Systemen,
- Optimieren von Prozeßverläufen,
- Vorbereiten und Umrüsten eines verfahrenstechnischen Systems auf ein neues Produkt,
- Training von Extremsituationen sowie
- Planung und Durchführung von Wartungen und Instandhaltungsmaßnahmen.

Nochmals: Entscheidend für Lerneffekte mit Blick auf berufliche Handlungskompetenz ist nicht die 1 : 1-Kopierung betrieblicher Situationen, sondern das Ergründen des jeweiligen Problems und die wissensfundierte Problemlösung.

Handlungsorientiertes Problemlösen ist dabei mit der Aneignung automatisierungstechnischer Wissensgrundlagen verbunden. Sicherheitstechnische Vorschriften (als Handlungshilfen für Chemikanten) verschiedener Betriebe können auf dieser Basis einer Analyse unterzogen, in ihrer Notwendigkeit und Zweckmäßigkeit begründet oder auch korrigiert werden. Know-how für die Mitarbeitung von Vorschriften ist erwerbbar.

Prinzip des gestaltungsorientierten beruflichen Lernens.

Gestaltungsorientierung als berufsdidaktisches Prinzip zielt auf die Befähigung Lernender zur Mitgestaltung von Technik und Arbeit - eine Befähigung, die gerade für Klein- und Mittelbetriebe nochmals zu betonen ist. Die Möglichkeiten einer gestaltungsorientierten beruflichen Bildung an den einzelnen Lernorten sind unterschiedlich, keineswegs aber auf den Lernort Betrieb begrenzt. Im Lernort Betrieb sind die Chancen einer gestaltungsorientierten Ausbildung prinzipiell gegeben, weil eine partizipative Organisationsentwicklung explizit die Leitidee der Mitgestaltung beinhaltet, was freilich entsprechende Partizipationskonzepte voraussetzt. Näheres über die Leitidee einer Befähigung zur Mitgestaltung (s. Rauner 1990). Gleichzeitig grenzen die betrieblichen Zwänge das didaktische Konzept eines gestaltungsorientierten beruflichen Lernens wieder ein. Steht im betrieblichen Lernen der "soziale Ort Betrieb" im Mittelpunkt, so kann man in der überbetrieblichen Bildungsstätte an Inhalten und Formen betrieblicher Arbeit und Organisation anknüpfen und Gestaltungssituationen für Lernzwecke mit wesentlich erhöhter Lernbreite und -tiefe variieren, als das in der Regel im Betrieb möglich ist.

Gestaltungsorientierte Lernsituationen sind:
- Optimieren von Prozeßverläufen.
- Vorbereiten und Umrüsten eines verfahrenstechnischen Systems auf ein neues Produkt.
- Planung und Durchführung komplexer Instandhaltungen.

Die didaktische Gestaltung kann man als gruppenorientiertes gestalterisches Lernhandeln umreißen. Planendes und dispositives Projektlernen in der Gruppe ist dafür charakteristisch.

In der Projektarbeit wechseln sich Gruppendiskurse und individuelle Erkundungen ab. Die Gruppendiskurse sind widerspruchsorientiert angelegt und differenzieren sich in kreative Phasen sowie selektiv kritische Phasen bei der Erstellung der Systementwürfe. Sie werden mit modernen Moderationstechniken wie Brainstorming, Brainwriting und Metaplantechnik initiiert. Die abschließende Anlagendokumentation (Projektentwurf) ist nach Richtlinien technischer Dokumentationen mit Hilfe von CAD-, Grafik- und Printsystemen erstellbar.

Prinzip des Zusammenspiels von Individual- und Gruppenlernen.

Gruppenlernen ist kein Königsweg und stets an individuelle Leistungen gebunden. Dabei sind gerade die synergistisch wirkenden Potenzen unterschiedlicher individuell einbringbarer Perspektiven und Leistungen zu betonen, die folglich ebenso durch individuelles Lernen zu entwickeln sind. Individualität kann, richtig zum Einsatz gebracht, zur gruppendynamischen Triebkraft werden.
Das Leistungsniveau der Gruppe kann dabei durchaus unterschiedlich sein. Nur die größeren interindividuellen Unterschiede bedürfen des Abbaus, da sonst die Triebkraftfunktion verloren geht. Die Kenntnis interindividueller Leistungsunterschiede ist hilfreich für die Regulierung gruppendynamischer Lerneffekte. Wenn Gruppenlernen als ganzheitliches Lernen für alle entfaltet wird und nicht Selektion bewirken soll, so muß es im individuellen Lernen seine Entsprechung finden. Konzepte individuellen und Gruppenlernens sind demzufolge zu korrelieren.

Prinzip des berufsübergreifenden kooperativen Lernens.

Mit den Verflachungen der Arbeitsteilung im Zuge der Taylorismusüberwindung stören "Qualifikationspyramiden". Das arbeitsteilige und qualifikatorische Bild eines autonomen Produktionsabschnittes oder eines selbständigen Laborunternehmens ist eher mit einer "Zwiebel" zu vergleichen. Arbeitsteilungen sind nicht wie in der hierarchischen Pyramide starr festgelegt, sondern die Aufgaben überlappen zwischen

- verschiedenen Berufen (Chemikant, Prozeßleitelektroniker, Laborant, ...) - berufsübergreifende Kooperationen sowie
- Facharbeitern und Ingenieuren (Chemikant, Verfahrensingenieur, Automatisierungsingenieur) - Qualifikationsebenen - übergreifende Kooperationen.

Gerade in kleineren Chemieunternehmen gibt es heute bereits vielfältige berufs- und qualifikationsübergreifende Kooperationen, die noch vor wenigen Jahren undenkbar erschienen oder eher eine Ausnahme waren. Diese Vielfalt des kooperativen Arbeitshandelns sollte zum Maßstab für berufsübergreifendes kooperatives Lernhandeln werden - ein Lernen, welches für Chemieberufe den Erwerb systematischen chemischen und verfahrenstechnischen Wissens mit berufsübergreifenden Erfahrungswissen verbindet und

durch Lernhandeln in wechselnden inhaltlichen Kontexten auf erste Ausprägungen berufsübergreifender fachlicher und sozialer Kompetenzen zielt.
Die Arbeit im Ausbildungsverbund der nächsten Jahre wird sich der qualitativen Ausgestaltung beruflichen Lernens nach diesen Prinzipien zuwenden.

Literatur

HUISINGA, R.: Grenzen handlungsorientierter Ansätze - Prolegomena. In: Rützel, J. (Hrsg.): Darmstädter Beiträge zur Berufspädagogik, Bd. 14. 1994

KRUSE, W.: Bemerkungen zur Rolle der Forschung bei der Entwicklungs- und Technikgestaltung. In: Sachverständigenkommission "Arbeit und Technik". Universität Bremen 1986

LISOP, L.: 40 Jahre Berufsausbildung im technischen Wandel - ihre Zukunft im Rückspiegel betrachtet. In: Anstösse, Bd. 2/3. Gesellschaft zur Förderung arbeitsorientierter Forschung. Frankfurt a. M. 1985

PAHL, J.: Berufliche Fachdidaktik "Metall- und Maschinentechnik" im Spannungsfeld von Fachwissenschaften, Allgemeiner Didaktik und Erziehungswissenschaften. Dresdner Beiträge zur Berufspädagogik. Heft 4, S. 5 ff., TU Dresden 1994

RASMUSSEN, L./RAUNER, F.: Industrial cultures and Production. Understanding Competitiveness. London 1996

RAUNER, F.: Technikgestaltung als Bildungsaufgabe (mit einer Hinführung zum Problem von Storz, P.). In: Forschung zur Berufsbildung. Berlin, 24 Jg. (1990), Heft 3, S. 103 ff.

RAUNER, F./ZEYMER, H.: Auto und Beruf. Reihe Berufliche Bildung, Bd. 12. Bremen 1991

RÜTZEL, J.: Strukturorientierung als Verzahnung von Wissenschaft, Berufswissen und subjektiven Erfahrungen vor dem Hintergrund struktureller Wandlungsprozesse. In: Eckert, M./Rützel, J. (Hrsg.): Strukturorientierte Didaktiken in der Beruflichen Bildung. Konzepte, Formen, Lernbezüge. Frankfurt a. M. 1994

STORZ, P.: Chargenproduktion als komplexe Gestaltungsaufgabe. In: Drechsel, K./ Storz, P./Wiesner, G. (Hrsg.): Arbeit-Bildung-Beruf, Bd. 6, Chemiearbeit in Produktion und Labor. Hamburg/Dresden 1993

Berufsfeld 'Elektrotechnik'

Willi Petersen

Berufs- und fachdidaktische Aspekte einer arbeitsorientierten Erstausbildung im Berufsfeld 'Elektrotechnik'

1 Einleitung

Im Berufsfeld 'Elektrotechnik' wurden in den vergangenen Jahren jährlich etwa 40.000 neue Ausbildungsverträge abgeschlossen. 1993 haben z. B. in der Industrie ca. 15.000, bei der Post bzw. Telekom ca. 3.000 und im Handwerk ca. 21.000 Auszubildende ihre Ausbildung in einem Elektroberuf neu begonnen. In der Industrie und bei der Telekom war die Anzahl der Auszubildenden in den letzten Jahren stark rückläufig, wogegen die Anzahl der Auszubildenden in den Elektroberufen des Handwerks weitgehend konstant geblieben ist bzw. leicht zugenommen hat. Unter Berücksichtigung der quantitativen Schwankungen und bezogen auf die dreieinhalbjährige Ausbildung erhalten somit gegenwärtig mit etwas abnehmender Tendenz insgesamt ca. 120.000 Auszubildende eine berufliche Erstausbildung im Berufsfeld 'Elektrotechnik'. Die gesellschaftliche Bedeutung der Ausbildung in diesem Berufsfeld wird u. a. daran deutlich, daß, gemessen an der jeweiligen Gesamtzahl der Auszubildenden in den gewerblichen Berufen, diese in den vergangenen Jahren bei den Auszubildenden der Industrie wie auch des Handwerks fast immer einem Anteil von um die 10 % entsprach.

Das berufsbildungspolitisch übergreifende Kennzeichen der Ausbildung in den Elektroberufen waren und sind das Berufskonzept und das "Duale System" der Berufsausbildung. Als eine didaktisch-methodische Ausbildungsgrundlage gelten danach bundesweit staatlich anerkannte Ausbildungsberufe und eine duale Lernorganisation, nach der die Ausbildung zum einen am Lernort Betrieb und zum anderen am Lernort Berufsschule stattfindet. Zur Ausbildung in den Elektroberufen stellen sich insofern curricular und didaktisch betrachtet zum Teil sehr verschiedene berufs- und lernortspezifische Aufgaben, Fragen und Probleme, die zudem in der Ausbildung der Industrie und des Handwerks noch ihre Besonderheiten aufweisen.

In diesem Beitrag sollen aus der Perspektive der Berufs- und Fachdidaktik einige übergreifende Fragen und Probleme der Arbeits- und Ausbildungsgestaltung im Berufsfeld 'Elektrotechnik' aufgeworfen werden. Ausgangspunkt sind die Entwicklungen und Veränderungen in den Elektroberufen der Industrie und des Handwerks, deren Berufsbilder sich im Wirkungszusammenhang des Arbeits-, Technik- und Ausbildungswandels mehr oder weniger stark verändert haben. Zum Ausbildungswandel an den Lernorten Schule und Betrieb sollen insbesondere unter Berücksichtigung der aktuellen Rahmenvorgaben zur Ausbildung in den Elektroberufen neue Perspektiven und Leitideen einer arbeitsorientierten Berufsausbildung aufgezeigt werden.

2 Herausbildung, Neuordnung und Weiterentwicklung der Berufe und Berufsbilder im Berufsfeld 'Elektrotechnik'

2.1 Vorbemerkungen

Die Berufsausbildung im Berufsfeld 'Elektrotechnik' findet heute auf der Grundlage des Berufsbildungsgesetzes in staatlich anerkannten Ausbildungsberufen statt. Ziel ist eine geordnete und einheitliche Berufsausbildung, für die die erlassenen Ausbildungsordnun-

gen die Berufsbilder vorgeben und in denen mit der Vorgabe "beruflicher" Fertigkeiten und Kenntnisse der Beruf bzw. die berufliche Tätigkeit inhaltlich konkretisiert ist.
Um ein Verständnis für die inhaltliche Gestaltung der heute anerkannten Elektroberufe zu erhalten, ist eine Auseinandersetzung mit den Entwicklungsprozessen und der Konstituierungsgeschichte der Elektroberufe notwendig. Diese Geschichte ist z. B. gegenüber der Geschichte der Bau- und Metallberufe eine relativ junge. Sie muß als Teil der neueren sozialhistorischen Berufsbildungsgeschichte und als ein Prozeß begriffen werden, der untrennbar mit dem Entstehen der Industriegesellschaft und insbesondere mit den wissenschaftlichen Forschungen sowie technischen Anwendungsentwicklungen in der Elektrotechnik verbunden ist. Da auch Ansätze einer möglichen Weiterentwicklung der Berufe und der Ausbildung im Berufsfeld 'Elektrotechnik' nur auf der historischen Grundlage des gesellschaftlichen Arbeits- und spezifischen Berufswandels begriffen und begründet werden können, wird die Berufsgeschichte im folgenden nach den Phasen der Herausbildung, Neuordnung und Weiterentwicklung der Elektroberufe gegliedert und mit ihren wesentlichen Merkmalen skizziert.

2.2 Die Herausbildung erster geordneter Elektroberufe

Die ersten Wurzeln der Elektroberufe liegen entsprechend den elektrotechnischen Erfindungen und Entwicklungen in der neuen Arbeit mit der elektrischen Telegrafie und Fernmeldetechnik. Am Anfang stand jedoch die wissenschaftlich-technische Arbeit der Erfinder und Tüftler. Deren Berufe waren vor allem die der Mechaniker, Schlosser, Feinmechaniker, Uhrmacher, Modelltischler oder auch Maler, wie z. B. Samuel Morse. Die Entwicklung der Elektroberufe begann insofern über die zumeist autodidaktische Forschung und berufliche Weiterbildung sowie das verknüpfte Arbeiten und Lernen in und mit der neuen Schwach- und später auch der Starkstromtechnik. Mit der zunehmenden Verbreitung entsprechender und organisierter Spezial- und "beruflicher" Aufbau- und Weiterbildungskurse erhielt dann die Ausbildung eine erste neue Grundlage. Läßt man die Forschungs- und Bildungsgeschichte zur Elektrizität vor den 40/50er Jahren des vorigen Jahrhunderts unberücksichtigt, so ist zu diesen Entwicklungen seit Beginn der ersten staatlichen Nutzung der elektrischen Telegrafie von einer etwa 150jährigen Aus- und Weiterbildungsgeschichte im Berufsfeld 'Elektrotechnik' auszugehen.
Die Geschichte der "beruflichen" Erstausbildung in den Elektroberufen ist dagegen wesentlich jünger, insbesondere wenn nicht von ersten einzelnen "Betriebsberufen" oder den staatlichen Telegraphen- und Laufbahnberufen oder auch den betrieblich-beruflichen Teiltätigkeiten zur Elektrotechnik ausgegangen wird, sondern von überbetrieblichen "geordneten" Elektroberufen. Sie beginnt im Prinzip um und nach der Jahrhundertwende und erst, nachdem sich neben der Metallindustrie die Elektroindustrie und aus dem Schlosser- und Mechanikerhandwerk das Elektrohandwerk als eigenständiges Handwerk herausgebildet hat. Noch um 1930 besteht "ein erhebliches berufsbegriffliches Durcheinander", da "zunächst auch die Sondergebiete der Elektrotechnik noch mehr zusammenhingen und jeder ein vielseitiger 'Elektriker' sein wollte ... Vor allem die Bezeichnungen 'Elektromonteur' und 'Elektroinstallateur' wurden in der verschiedensten Bedeutung gebraucht und verwechselt. Auch die nur als Sammelbegriffe mögliche Bezeichnung 'Elektriker' ist im mannigfachsten Sinne angewandt" (HdB 1930, S. 533).

Eine erste Ordnung der "Elektrikerberufe" der Industrie fällt zusammen mit dem Beginn der betriebsübergreifenden Ordnungsarbeiten zur Industrieausbildung des 1908 gegründeten

Berufsfeld 'Elektrotechnik'

DATSCH. Aufgrund der zunehmenden Erfordernisse und der Durchsetzung einer eigenständigen und "industrietypischen" Ausbildung wurden diese generell notwendig und führten in Absetzung zu den Berufen des Handwerks und mit Orientierung am neuen Typus des gelernten Industriearbeiters, dem Facharbeiter, zu den neuen Berufen der Industrie. Im Elektrohandwerk, welches sich als solches später aus dem Verband der Elektro-Installationsfirmen (V.E.I.) heraus entwickelte, ist der Ordnungsbeginn der "Elektriker-Berufe" in den zur Elektroinstallation um und nach der Jahrhundertwende durchgeführten ersten (regionalen) Gesellen- und Meisterprüfungen zu sehen. Betrachtet man das Ergebnis der ersten Ordnungsbemühungen, so ist eine deutliche Reduktion der "Berufe" gegenüber deren Vielfalt und Spezialisierung nach der "Berufsgliederung der Elektrikerberufe" - mit der noch im Handbuch der Berufe von 1930 der "Versuch einer Klarstellung" gemacht wurde - erkennbar. Nicht durchgesetzt haben sich als geordnete Berufe vor allem "Spezial- oder Anlernberufe", wie z. B. der Antenneninstallateur oder Schalttafelwärter. Als erste Elektroberufe der Industrie (In) und des Handwerks (Hw) sowie auch der Reichspost oder Reichsbahn (ÖD) wurden in den 30er und 40er Jahren beispielsweise geordnet:

- Elektroinstallateur 1926 (In) und 1934 (Hw),
- Elektrowerker (Monteur) 1939 (ÖD),
  Elektromechaniker 1938 (Hw) und 1939 (In) und
- Rundfunkmechaniker 1941 (Hw) (vgl. Fischer 1990, S. 10 ff.).

Von Ausnahmen und einigen Modifikationen abgesehen, bildeten diese ersten "geordneten" Elektroberufe die Ausbildungsgrundlage bis Anfang der 70er Jahre. Zu den Veränderungen sind neben der kontinuierlichen Lehrlingszunahme in den Elektroberufen vor allem die quantitativen Verschiebungen zwischen den Berufen bemerkenswert. Am auffälligsten war die Zunahme der Rundfunk- und Fernsehtechniker und ein Rückgang der Elektromechaniker, die ihre Ursachen in den neuen Entwicklungen und in der Substituierung der Elektromechanik durch die Elektronik hatten.

2.3 Die erste Neuordnung der Elektroberufe

Als erste grundlegende Veränderung der in den 30er und 40er Jahren geordneten Elektroberufe gilt die mit der Verordnung vom 12.12.1972 durchgeführte Neuordnung der Elektroberufe der Industrie. Neue Ordnungsgrundlage war das 1969 erlassene Berufsbildungsgesetz, mit dem der Bildung und Anerkennung von Ausbildungsberufen übergreifend neue Ziele sowie bestimmte Verfahren und Konzepte gesetzlich vorgegeben wurden. Danach war und ist die Berufsausbildung - dem curricularen und didaktischen Ansatz entsprechend - auf eine Anpassung "an die technischen, wirtschaftlichen und gesellschaftlichen Erfordernisse und deren Entwicklung" ausgerichtet (vgl. BBiG 1969). Auf der Grundlage dieses Anpassungsansatzes und der mit bestimmten Erkenntnisinteressen untersuchten und festgestellten neuen Erfordernisse wurden die Elektroberufe 1972 neugeordnet (vgl. u. a. Pfeuffer 1972). Ein zentrales und zugleich umstrittenes Ergebnis der Neuordnung war die nach dem Berufsbildungsgesetz mögliche Stufenausbildung. Mit ihr wurde eine Ausbildung in den Elektroberufen auf zwei Qualifikationsstufen verordnet. Auf einer ersten Stufe mit 2jähriger Ausbildungszeit wurden zum einen unterhalb des Qualifikationsniveaus der vorhergehenden Ausbildungsberufe die folgenden fünf Elektroberufe geschaffen:

- Elektromaschinenwickler,
- Elektroanlageninstallateur,
- Elektrogerätemechaniker,
- Nachrichtengerätemechaniker sowie
- Fernmeldeinstallateur.

Das übergeordnete Ziel der Ausbildung in diesen Berufen war die Arbeit "nach detaillierten Anweisungen". Auf der zweiten und auf die Berufe der ersten Stufe aufbauenden Stufe wurden zum anderen folgende sieben Elektroberufe geschaffen:

- Elektromaschinenmonteur,
- Energieanlagenelektroniker,
- Energiegeräteelektroniker,
- Feingeräteelektroniker,
- Informationselektroniker,
- Funkelektroniker sowie
- Fernmeldeelektroniker.

Im Unterschied zu den Berufen der ersten Stufe bestand das übergeordnete Ziel in diesen Elektroberufen in der "selbständigen Durchführung von Aufgaben nach Arbeitsunterlagen und allgemeinen Anweisungen".
Gegen diese Ausbildung in Stufen und die Schaffung von Facharbeitern "1. und 2. Klasse" in den Elektroberufen gab es bereits zu deren Einführung nicht nur aufgrund vorhandener und absehbar höherer Qualifikationsanforderungen gute Argumente und didaktische Kritik. Dafür sprachen aber vor allem aus der Sicht der Betriebe die neuen Möglichkeiten der Stufung, die darin gesehen wurden, die Ausbildung in den Elektroberufen und damit den Bedarf an mehr oder weniger qualifizierten Arbeitskräften flexibel an die jeweiligen quantitativen und qualitativen betrieblichen Erfordernisse anzupassen.
Daß die Stufenausbildung der Anpassung an die zuvor aufwendig untersuchten Erfordernisse insgesamt nicht gerecht wurde, zeigte sich jedoch relativ schnell. Stufenübergangs- und Anerkennungsprobleme und Schwierigkeiten bei der Durchführung der Ausbildung in Schule und Betrieb einerseits und der deutliche Arbeits- und Technikwandel mit neuen Arbeitsstrukturen, Produktionskonzepten und Technologien andererseits führten so bereits im September 1981 dazu, daß von den Tarifparteien "Gemeinsame Ziele zur Weiterentwicklung der industriellen Elektroberufe" vereinbart wurden.

2.4 Die Weiterentwicklung bzw. zweite Neuordnung der Elektroberufe

Der Prozeß der Weiterentwicklung der Elektroberufe bezog sich am Anfang nur auf die Stufenausbildung in den Elektroberufen der Industrie. Auf der Grundlage eines "Positionspapiers zur Neuordnung der Elektrohandwerke" vom Mai 1984 kamen dann ebenso die Elektroberufe des Handwerks und später noch die Neuordnung des Meß- und Regelmechanikers hinzu. Im Ergebnis sind damit heute - mit Ausnahme des Wärmestellengehilfen aus dem Jahre 1944 - alle Elektroberufe neu geordnet.

Das Ziel der Weiterentwicklung der Elektroberufe bestand in der Aufhebung der Stufenausbildung und einer übergreifenden Orientierung an einer neuen Facharbeiter- bzw. Gesellenqualifikation. Nach den weitgehend vergleichbaren Zielsetzungen sollte der Ausgebildete befähigt sein,

Berufsfeld 'Elektrotechnik'

- in unterschiedlichen Betrieben und Branchen den erlernten Beruf auszuüben sowie - gegebenfalls nach Aneignung fehlender Fertigkeiten - artverwandte Facharbeiter- oder Gesellentätigkeiten ausführen zu können;
- sich auf neue Arbeitsstrukturen, Produktionsmethoden und Technologien flexibel einstellen zu können mit dem Ziel, die beruflichen Qualifikationen zu erhalten;
- an Maßnahmen der Weiterbildung teilnehmen zu können, um die berufliche Qualifikation und Beweglichkeit zu sichern (vgl. Borch/Deutsch 1986).

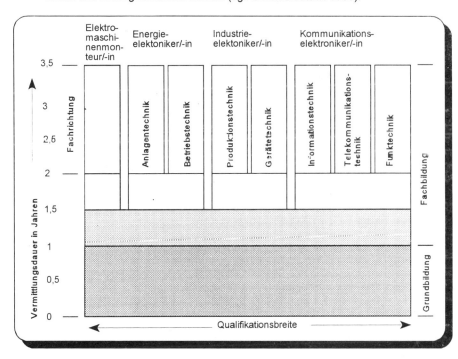

Abb. 1: Die industriellen Elektroberufe (1987)

Die Arbeiten zur Weiterentwicklung der industriellen Elektroberufe hatten gegenüber denen zur Weiterentwicklung der Handwerksberufe einen zeitlichen Vorlauf. Dennoch kam es zur Klärung und Abstimmung inhaltlicher Gemeinsamkeiten, die sich zum einen auf das übergeordnete Leitbild zur Facharbeit und Gesellenarbeit bezog und zum anderen die berufliche Grundbildung in den Elektroberufen zum Gegenstand hatte. Im Ergebnis ist heute den Elektroberufen auf der Grundlage der 1987 erlassenen Verordnungen ein im Prinzip einheitliches Berufsausbildungsziel vorgegeben, nach dem nicht mehr "die Arbeit nach Anweisungen", sondern das "selbständige Planen, Durchführen und Kontrollieren der Arbeit" das übergeordnete Ziel der Berufsausbildung ist. Ebenso ist heute im Prinzip allen Berufen im Berufsfeld 'Elektrotechnik' eine einheitliche Grundbildung vorgegeben, die curricular und didaktisch als eine allen Elektroberufen gemeinsame "berufsfeldbreite Grundbildung" ausgewiesen ist. Die Unterschiede in den neuen Berufsbildern der industriellen und handwerklichen Elektroberufe bestehen daher nach Neuordnung im Kern in der je berufsspezifischen Ausgestaltung der Fachbildung, wobei die Berufe der Industrie in ihrer neuen Struktur noch nach Fachrichtungen spezialisiert und differenziert sind.

Die industriellen Elektroberufe sind entsprechend den neuen Verordnungen von 1987 heute insgesamt nach vier Berufen und acht Fachrichtungen strukturiert (siehe Abb. 1). Als Ersatz für den Meß- und Regelmechaniker wurde mit der Verordnung von 1992 das Berufsbild

- Prozeßleitelektroniker/-in

geschaffen. Die Handwerksberufe im Berufsfeld 'Elektrotechnik' haben nach den neuen Verordnungen von 1987 folgende Bezeichnungen:

- Büroinformationselektroniker/-in,
- Elektromaschinenbauer/-in,
- Elektromechaniker/-in,
- Elektroinstallateur/-in,
- Fernmeldeanlagenelektroniker/-in sowie
- Radio- und Fernsehtechniker/-in.

Mit diesen bis heute geltenden Berufen im Berufsfeld 'Elektrotechnik' wurde versucht, die alten Berufsstrukturen und Berufsbilder dem Arbeits- und Technikwandel anzupassen. Ob und wie dies gelungen ist, kann gegenwärtig - fast zehn Jahre nach der Neuordnung - insoweit beantwortet werden, daß es aufgrund vorliegender Erfahrungen und durchgeführter Evaluationsstudien Ergebnisse und Hinweise für ein grundlegendes Überdenken der Gestaltungsprinzipien für die Berufe gibt.

Im Rahmen der vom Bundesinstitut für Berufsbildung in Auftrag gegebenen aktuellen Studie zur "Evaluation der industriellen Elektroberufe" wird insbesondere auf die Problematik der Ausdifferenzierung der industriellen Elektroberufe nach Fachrichtungen hingewiesen. Nach den Untersuchungen und Betriebsbefragungen erschwert diese aufgrund der "funktionsorientierten Tätigkeitsdifferenzierung ... eine geschäftsprozeßorientierte betriebliche Organisationsstruktur und Organisationsentwicklung" und ist auch "weder fachinhaltlich noch durch spezifische Bedarfe des Arbeitsmarktes zu rechtfertigen" (Drescher u. a. 1995, S. 414). Unter Berücksichtigung der konkreten Ordnungsmittel wie der Rahmenplaninhalte zeigen die Analyseergebnisse zudem, daß vor allem die Fachrichtungen wie aber auch zum Teil die Berufe - inhaltlich betrachtet - "nur eine konstruierte Trennschärfe" aufweisen. Das heißt, die zur Konstruktion der Berufe ursprünglich erhobenen Erfordernisse haben zu rigiden beruflichen Abgrenzungen geführt, die in der Tradition funktionsorientierter Anpassungsqualifizierung und hoher Arbeitsteilung stehen. Die Entwicklungen in der sich eher entgegengesetzt verändernden Arbeits- und Ausbildungspraxis werden damit erschwert und wenig gefördert. In den Schlußfolgerungen der Studie wird daher für eine mögliche neue Weiterentwicklung der Elektroberufe ein Konzept "Dynamischer Berufsbilder" vorgeschlagen, welches auf der Grundlage von nur zwei Elektro-Grundberufen in Industrie und Handwerk von einem beruflich obligatorischen Kernbereich ausgeht und durch einen Wahlpflicht- und Wahlbereich für die Berufsbilder z. B. eine betriebs-, regional- und arbeitsspezifische Offenheit beinhaltet (vgl. ebd, S. 415 ff.).

3 Die Grund- und Fachbildung in den Ausbildungsvorgaben für die Elektroberufe

3.1 Vorbemerkungen

Fertigkeiten und Kenntnisse, die mindestens Gegenstand der Ausbildung sein sollen, geben nach den Verordnungen über die Berufsausbildung die "Ausbildungsberufsbilder" der Berufe vor. In Verbindung mit dem Ziel sowie den Prüfungsanforderungen der Berufsausbildung ist damit das Bild des Berufes als grobe Kontur und curricularer Rahmen vorgegeben. Für die betriebliche Ausbildung wird der Rahmen durch die Ausbildungsrahmenpläne konkretisiert. In diesen Plänen sind mit einer "Anleitung zur sachlichen und zeitlichen Gliederung" die Fertigkeiten und Kenntnisse des Berufsbildes inhaltlich weiter ausdifferenziert und nach beruflicher Grund- und Fachbildung zeitlich gegliedert. Durch die in Abstimmung mit diesen Rahmenvorgaben entwickelten Rahmenlehrpläne für die Berufsschulen sind die Berufsbilder ebenso konkretisiert, wobei für den Rahmen des Berufsbildes und den Berufstätigkeiten wohl eindeutig den Inhaltsvorgaben der Verordnung ein Vorrang zukommt.

Wie bei einem Bild sind auch bei einem Berufsbild inhaltliche Interpretationen möglich. Durch die Zielsetzungen ist jedoch eine der Berufsausbildung grundlegende didaktische Orientierung vorgegeben, die heute in den Leitideen einer umfassenden beruflichen Handlungs- und Gestaltungskompetenz zum Ausdruck kommt. So gilt einerseits, "daß der Auszubildende im Sinne des § 1, Abs. 2 des Berufsbildungsgesetzes zur Ausübung einer qualifizierten beruflichen Tätigkeit befähigt wird, die insbesondere selbständiges Planen, Durchführen und Kontrollieren einschließt" (BMWi 1987a, § 3, Abs. 4). Andererseits wurde vereinbart: "Die Berufsschule vermittelt eine berufliche Grund- und Fachbildung und erweitert die vorher erworbene allgemeine Bildung. Damit will sie zur Erfüllung der Aufgaben im Beruf sowie zur Mitgestaltung der Arbeitswelt und Gesellschaft in sozialer und ökologischer Verantwortung befähigen" (KMK-Rahmenvereinbarung über die Berufsschule vom 14./15. März 1991). Mit diesen Zielsetzungen ist programmatisch eine neue betriebliche Orientierung an einer ganzheitlichen Arbeitshandlung und ein schulischer Perspektivwechsel von der Anpasungs- zur Gestaltungsorientierung erreicht. Diese Neu- und Umorientierungen müssen sich allerdings auch auf den konkreten Ebenen der Rahmenvorgaben sowie der Ausbildungs- und Unterrichtskonzepte erfüllen.

3.2 Die curriculare Gestaltung der Grundbildung im Berufsfeld 'Elektrotechnik'

In der Verordnung über die Berufsausbildung in den Elektroberufen heißt es: "Die Ausbildung im ersten Ausbildungsjahr vermittelt eine berufsfeldbreite Grundbildung" (BMWi 1987a, § 3, Abs. 1). Wie diese "berufsfeldbreite Grundbildung" sowie auch ihre Abgrenzung zur berufsfeldbreiten und beruflichen Fachbildung als eine Grundbildung für alle Elektroberufe curricular und didaktisch in den konkreten Rahmenvorgaben für die Betriebe und Schulen gestaltet ist, zeigt die folgende Gegenüberstellung der Grundbildungsinhalte und der sich unmittelbar anschließenden Fachbildungsinhalte.

Auszug aus den Ausbildungsrahmenplänen für die Betriebe:

Berufsfeldbreite Grundbildung

- Anfertigen von mechanischen Teilen
- Herstellen von mechanischen Verbindungen
- Zusammenbauen und Verdrahten von mechanischen, elektromechanischen und elektrischen Bauteilen zu Baugruppen
- Zurichten, Verlegen und Anschließen von Leitungen
- Messen von Gleich- und Wechselgrößen sowie Prüfen von Bauteilen und Baugruppen ...

Berufliche Fachbildung (z. B. Energieelektroniker/-in)

- Zusammenbauen und Verdrahten von mechanischen, elektromechanischen und elektrischen Baugruppen und Geräten
- Montieren und Installieren funktional abgegrenzter Anlagenteile
- Prüfen, Messen und Einstellen von Baugruppen und Geräten
- Inbetriebnehmen von Baugruppen, Geräten und funktional abgegrenzten Anlagenteilen
- Zusammenbauen und Verdrahten sowie Montieren und Installieren von Baugruppen und Anlagenteilen der Energietechnik. (vgl. BMWi 1987a)

Auszug aus den KMK-Rahmenlehrplänen für die Berufsschulen:

- *Berufsfeldbreite Grundbildung*

  - Einführung in die Elektrotechnik
  - Einführung in die Steuerungs- und Digitaltechnik
  - Einführung in die Elektronik
  - Einführung in die Schutzmaßnahmen
  - Einführung in die Meßtechnik
  - Einführung in das Technische Zeichnen
  - Einführung in die Werkstoffe, Werkstoffbearbeitung und Leitungsarten.

- *Berufsfeldbreite Fachbildung für alle industriellen Elektroberufe*

  - Kondensator und Spule
  - Wechselstromkreis
  - Gleichrichtung und Spannungsstabilisierung
  - Digitale Schaltungstechnik. (vgl. KMK 1987)

Die Grundbildung in den Berufsbildern für die Elektroberufe ist in diesen Vorgaben einerseits durch Fertigkeiten und Kenntnisse und andererseits durch Lerngebiete mit Lernzielen und Lerninhalten konkretisiert. Zu diesen inhaltlichen Vorgaben sowie deren Umsetzung und Vermittlung in Betrieb und Schule gibt das oben genannte Ziel der Berufsausbildung sowie der Bildungsauftrag der Berufsschule die diaktische Orientierung vor. Die Zielsetzungen haben eine übergreifende Funktion in der Ausbildung, da sie nicht explizit nach den Ausbildungsabschnitten der Grund- und Fachbildung differenziert sind. Die berufsfeldbreite Grundbildung und deren Abgrenzung zur Fachbildung ist so im wesentlichen über die Inhalte und Inhaltsstrukturen der Vorgaben zur Grundbildung bestimmt.

In der Gegenüberstellung der Rahmenvorgaben werden unmittelbar an den Inhalten unterschiedliche betriebliche und schulische Vorstellungen zur berufsfeldbreiten Grundbildung deutlich. Sie lassen sich zurückführen auf grundlegende curriculare Ansatzunter-

schiede, die didaktisch auch im "Anpassungsansatz" der betrieblichen und in der "Abbildungs-Didaktik" der schulischen Rahmenpläne ihre Ursachen haben.
Der "Anpassungsansatz" ist dadurch charakterisiert, daß vorwiegend nur die unmittelbaren Anforderungen der vorfindbaren betrieblichen Arbeit und Technik den Referenzrahmen und die Grundlage für die in der Berufsausbildung zu vermittelnden Fertigkeiten und Kenntnisse bilden. Dagegen werden nach den Prinzipien der "Abbild-Didaktik" fast ausschließlich nur die Strukturen und Inhalte in der Systematik der Fach- bzw. Technikwissenschaft zum Gegenstand der Ausbildung. Aufgrund dieser unterschiedlichen Bezugspunkte, auf der einen Seite die Orientierung an Teiltätigkeiten der "Arbeit" und auf der anderen Seite an den Teilgebieten der "Technik" der sogenannten "korrespondierenden Fachwissenschaft", bleiben Arbeit und Technik curricular unvermittelt und getrennt, sie werden inhaltlich und ausbildungsdidaktisch nicht aufeinander bezogen. Insofern kommen die teils grundverschiedenen curricularen Ergebnisse zum gleichen "Bild" der berufsfeldbreiten Grundbildung zustande, durch die auch die curriculare "Abstimmung" didaktisch-methodisch nur als eine einfache und unzureichende lernortbezogene Inhaltsdifferenzierung, hier Grundfertigkeiten der "Arbeits-Praxis" dort Grundlagen der "Technik-Theorie", zu bezeichnen ist.
Aus der Gegenüberstellung der Rahmenvorgaben ist lediglich eine Übereinstimmung in der methodischen Grobstruktur von Grund- und Fachbildung zu erkennen. Ohne hier die veralteten und teils idealisierten Vorstellungen eines "Gleichlaufcurriculums" zu bemühen, ist dagegen auf der Ebene der konkreten Rahmenpläne die beabsichtigte "sachlich-inhaltliche und zeitliche Abstimmung" in der dualen Berufsausbildung nicht gelungen. Geht es entsprechend den Vorgaben in der betrieblichen Grundbildung z. B. bereits um das "Messen von Gleich- und Wechselgrößen sowie dem Prüfen von Bauteilen und Baugruppen", so werden in der Berufsschule erst in der Fachbildung die Elemente "Kondensator und Spule" oder der "Wechselstromkreis" zum Unterrichtsgegenstand. Zugleich ist wiederum z. B. in den Betrieben bereits das "Inbetriebnehmen von Baugruppen, Geräten und funktional abgegrenzten Anlagenteilen" Ausbildungsinhalt. Derartige Abstimmungsprobleme sind weitgehend durchgängig bis in die Fachbildung den curricularen Rahmenvorgaben vorhanden, wobei, wie sich zeigen läßt, diese für die handwerklichen Elektroberufe teils noch verstärkt gegeben sind. Denn bedingt dadurch, daß sich die Ausbildungsrahmenpläne für die Handwerksberufe relativ früh an verschiedenen Grundfertigkeiten und Aufgaben orientieren und der eher unsystematischen Struktur der handwerklichen Ausbildungspraxis folgen, ist eine sachlich-inhaltliche Abstimmung zwischen diesen Plänen für die Berufsschule noch weniger zu erkennen.

Neben den grundlegenden Unterschieden und Abstimmungsproblemen der Rahmenvorgaben für die berufsfeldbreite Grundbildung weisen diese jedoch auch Gemeinsamkeiten auf. Sie bestehen insbesondere in

- der gemeinsamen didaktischen Verortung der Werkstoff- und Metallbearbeitung in der Grundbildung,
einer vergleichbaren Systematik und "Bauteile-Anlagen-Didaktik" (siehe Abb. 2), nach der der Grundbildung lediglich systematisch zergliederte und traditionelle Grundfertigkeiten und Grundlagen zu einzelnen Bauteilen und Baugruppen - Geräte und Anlagen sind der Fachbildung vorbehalten - zugeordnet werden und
- einer didaktisch mehrfachen inhaltlichen Abstraktion, da in der "berufsfeldbreiten" Grundbildung von den konkreten "beruflichen" Inhalten, den Inhalten der Arbeits- und Geschäftsprozesse und den konkreten betrieblich-organisatorischen Zusammenhängen abstrahiert wird.

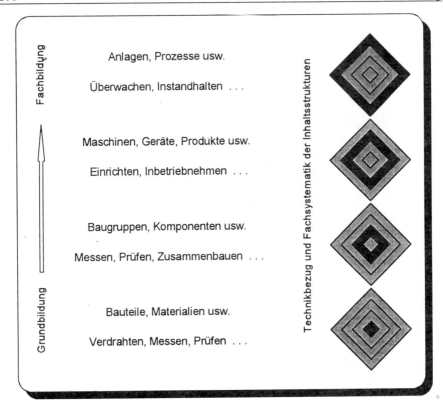

Abb. 2: "Alte" Didaktikstruktur der Ausbildungsinhalte

Diese curricularen und didaktischen Gemeinsamkeiten lassen aber die in den Zielsetzungen enthaltene Neuorientierung an einer ganzheitlichen Arbeitshandlung sowie den beabsichtigten Perspektivwechsel in der Berufsausbildung so gut wie nicht erkennen. Die berufsfeldbreite Grundbildung ist mit der Vorgabe von Grundfertigkeiten und elektrotechnischen Grundlageninhalten im Prinzip traditionell bestimmt und strukturiert. Erkennbar gegenüber der vorhergehenden Ausbildung ist nur eine Rücknahme von Ausbildungsanteilen in der Metallbearbeitung und die Aufnahme von einigen Grundlageninhalten neuer Technikgebiete. Damit werden aber auf der Grundlage der Vorgaben noch keine neuen handlungsmotivierenden und die Selbständigkeit und die Gestaltungskompetenz fördernden Ausbildungseinheiten zum Gegenstand der berufsfeldbreiten Grundbildung. Sowohl für die betriebliche wie für die schulische Grundbildung ist daher die Notwendigkeit gegeben, grundlegend über ein neues Grundbildungsverständnis nachzudenken (vgl. Rauner 1986 und 1996). Diese schließt insbesondere die bisher kaum geführte Auseinandersetzung mit den inhaltlichen Unterschieden und Merkmalen einer "beruflichen" und "berufsfeldbreiten" Grundbildung ein.

Berufsfeld 'Elektrotechnik'

3.3 Die curriculare Gestaltung der Fachbildung im Berufsfeld 'Elektrotechnik'

Entsprechend den Berufsbildstrukturen folgt auf die berufsfeldbreite Grundbildung die Fachbildung. Für die Elektroberufe des Handwerks ist diese einheitlich nach den einzelnen Berufen "beruflich" strukturiert. Die Fachbildung der industriellen Elektroberufe weist dagegen eine dreifach gegliederte "berufsfeldbreite", "berufliche" und "fachrichtungsspezifische" Fachbildung auf. Eine berufsinhaltliche Differenzierung und Abgrenzung innerhalb der Berufsausbildung erfolgt hierdurch erst relativ spät gegen Ende der Ausbildung (siehe Abb. 1).

Das oben genannte Ziel der Berufsausbildung sowie der Bildungsauftrag der Berufsschule gelten für die gesamte Ausbildung, also gemeinsam für die Grund- und Fachbildung. Gegenüber der Grundbildung kommt diesen Zielsetzungen aber für die Fachbildung insofern eine besondere Bedeutung zu, da zentrale Elemente der beruflichen Handlungs- und Gestaltungskompetenz erst mit und in der Fachbildung zum Gegenstand der Ausbildung werden, ja diese unmittelbar und direkt zum Ziel hat. Die folgenden Inhalte und Inhaltsstrukturen der Vorgaben zur Fachbildung sind folglich unter besonderer Berücksichtigung der mit der Berufsausbildung heute verbundenen anspruchsvollen Zielsetzungen beruflicher Handlungs- und Gestaltungsfähigkeit zu betrachten.

Mit der Gegenüberstellung der Grundbildungsinhalte aus den Ausbildungsrahmenplänen und den KMK-Rahmenlehrplänen wurden bereits einige Inhalte der Fachbildung für die industriellen Elektroberufe dargestellt. Wie zur Grundbildung lassen sie ebenso bereits im Ansatz die curricularen Strukturen und Prinzipien und das der Fachbildung zugrundeliegende didaktisch-methodische Konzept erkennen.

In der didaktischen Logik und Struktur dieses Fachbildungs-Konzeptes folgt in den betrieblichen Ausbildungsrahmenplänen nach den Fertigkeiten "Zusammenbauen, Verdrahten, Messen und Prüfen, und Inbetriebnehmen" z. B. für den Beruf des Industrieelektronikers in der Fachrichtung Produktionstechnik das "Einrichten, Überwachen, Wiederinbetriebnehmen und Instandhalten". In der Logik und Struktur der Gegenstände folgen nach den "Baugruppen, Geräten und den funktional abgegrenzten Anlagenteilen" die "Anlagen bzw. Produktionseinrichtungen" (vgl. BMWi 1987a, § 6). Die Kombination "Instandhalten von Anlagen" bildet danach das "Endziel" bzw. in der Ausbildungsstruktur den Abschluß (siehe Abb. 2). Das didaktisch-methodische Konzept dieser Ausbildungsvorgaben variiert in den Elektroberufen nur in seinen konkreten gegenständlichen Anlageninhalten, und zwar je nach Beruf und/oder Fachrichtung und unter Beibehaltung der Didaktik der Fertigkeits- und Gegenstandsstrukturen. So werden z. B. aus den Anlagen für den Kommunikationselektroniker in der Fachrichtung Informationstechnik "Anlagen der Informations- und Datentechnik", in der Fachrichtung Telekommunikationstechnik "Anlagen der Telekommunikationstechnik" und in der Fachrichtung Funktechnik "Anlagen der Funktechnik".

Den möglichen ausbildungsorganisatorischen Vorteilen der streng systematisch gegliederten Vorgaben in den Ausbildungsrahmenplänen steht das Defizit gegenüber, daß in den Fachbildungsinhalten, die entsprechend der aufgezeigten Makrostruktur nur in den Fertigkeiten und Kenntnissen weiter ausdifferenziert sind, ein Fachbildungs- und Fachverständnis zum Ausdruck kommt, in dem das neue Leitbild der Facharbeit didaktisch so gut wie nicht zu erkennen ist. Lediglich in einer Art Vorbemerkung wird auf der Grundlage des

Ausbildungsziels darauf hingewiesen, daß die "Fertigkeiten und Kenntnisse unter Einbeziehung selbständigen Planens, Durchführens und Kontrollierens zu vermitteln sind" (vgl. ebd., Anlage zu § 8). Unverkennbar aber ist der Widerspruch zwischen dem Ausbildungsziel und der in altbekannterweise erfolgten Auflistung von einzelnen Fertigkeiten und Kenntnissen. So ist das Herstellen, Aufbauen, Montieren, Messen, Instandhalten usw. nicht handlungs- und arbeitsprozeßbezogen formuliert, sondern wird traditionell arbeitsteilig in der Form zergliederter Teil- und Einzelqualifikationen vorgegeben. Damit ist nicht nur weitgehend offen, wie die neuen ganzheitlichen Handlungs- und Gestaltungsanforderungen der Arbeitspraxis didaktisch-methodisch umgesetzt werden. Vielmehr wird ihre Umsetzung aufgrund der Inhalts- und Strukturvorgaben, die nur in den Technikinhalten einige Anpassungen an die Technikveränderungen erkennen lassen, noch erheblich erschwert. Vorgaben, wie z. B. "nach Anweisungen ... prüfen und messen" oder "... nach Anweisungen auswerten", stehen zudem direkt im Widerspruch zum Ausbildungsziel.

Wie bei der Grundbildung wird auch in der Fachbildung auf der konkreten Ebene der Fertigkeits- und Kenntnisvorgaben der Anspruch der neuen Zielsetzung der Berufsausbildung nicht eingelöst. Als eine Ursache kann zum einen die auf dem Anpassungsansatz beruhende verkürzte Analyse und Bestimmung von systematisch zergliederten und nur unmittelbar sicht- und operationalisierbaren *fachlichen* Fertigkeiten und Kenntnissen gelten. Im Ergebnis enthält der Rahmenplan mehr oder weniger "zwangsläufig" nur eine Fülle von atomisierten Teil- und Einzelqualifikationen. Ein Fachbildungsverständnis, welches z. B. den neuen Inhalten in ganzheitlichen Arbeits- und Handlungszusammenhängen moderner Arbeits- und Produktionskonzepte entspricht oder z. B. auch die zu vermittelnden Inhalte zum Arbeits- und Umweltschutz oder die zur rationellen Energieverwendung integriert, findet in die Inhalte der Ausbildungsrahmenpläne keinen Eingang. Zum anderen ist eine Ursache der Defizite in der "Bauteile-Anlagen-Didaktik" zu sehen, die einer am Ausbildungsziel der Handlungs- und Gestaltungskompetenz orientierten didaktischen Struktur nicht mehr entspricht. Die Inhaltsstrukturen folgen eher der auf die Ausführung von Teilfertigkeiten ausgerichteten Sach- und Lehrgangssystematik. Ebenso sind die *alten* didaktischen Prinzipien erkennbar, nach denen die Ausbildungsinhalte z. B. vom vermeintlich *Leichten zum Schweren* oder vom *Einfachen zum Komplexen* strukturiert und gegliedert sind. Die Inhaltssystematik folgt damit insgesamt einer *linear-additiven* Methodik, nach der sich aus der Summe der Einzelqualifikationen am Ende der Ausbildung "plötzlich" eine umfassende berufliche Handlungskompetenz ergeben soll. Ein Lernen und Handeln in Zusammenhängen wird im Prinzip von Anfang an verhindert oder allenfalls als ein finales additives Ergebnis möglich. Nicht unterstützt und gefördert werden ebenso neue integrative oder handlungs- und projektorientierte Ausbildungsmethoden, sie werden eher *systematisch* ver- und behindert. Die Vorgaben und die didaktisch-methodische Struktur der Fachbildungsinhalte enthalten insofern nur wenige Voraussetzungen zur Umsetzung des Anspruchs der neuen beruflichen Zielsetzungen bzw. zur Förderung der heute weithin geforderten beruflichen Handlungs- und Mitgestaltungsfähigkeit.

Im Unterschied zu den Vorgaben für die Industrieberufe weisen die Fachbildungsinhalte für die handwerklichen Elektroberufe Strukturen auf, die unter handlungsbezogenen Aspekten weniger defizitär sind. Eine Begründung findet sich zum Teil allerdings in der traditionsbedingten engen Verbindung von Arbeiten und Lernen in der Praxis des Handwerks. Erkennbar wird dieses an einigen Teilgegenständen des Ausbildungsberufsbildes, nach denen z. B. der "Umgang mit und das Beraten von Kunden", das "Planen des Arbeitsablaufs" oder das "Disponieren von Werkzeugen, Materialien und Ersatzteilen"

Berufsfeld 'Elektrotechnik'

oder auch die "Systemberatung", die z. B. Fragen der wirtschaftlichen Durchführbarkeit einschließt, zur Ausbildung gehören (vgl. BMWi 1987b, § 4). Gegenüber den Industrieberufen wird dabei z. B. außerdem die "Bauteile-Anlagen-Didaktik" zum Teil durchbrochen, wobei sich das weniger auf eine neue Didaktik, sondern auf die eher unsystematische Ausbildungspraxis im Handwerk zurückführen läßt. In einer neuen Didaktik für die betriebliche Ausbildung liegt insofern u. a. auch die Herausforderung, einen vermittelnden Ansatz zwischen der traditionell eher systematischen Lehrgangsausbildung der Industrie und der eher unsystematischen praxisverbundenen Handwerksausbildung zu begründen. Mit dem Ziel der Förderung der Selbständigkeit und Handlungsfähigkeit ist dazu insgesamt eine über das bisherige Fachbildungsverständnis hinausgehende neue Orientierung der Inhalte und Inhaltsstrukturen in den Elektroberufen notwendig.
Vergleichbares gilt für die Fachbildungsinhalte in den schulischen Rahmenlehrplänen. Denn betrachtet man diese parallel zu den Inhalten der betrieblichen Ausbildungsrahmenpläne, so ist bereits aus obiger Gegenüberstellung der berufsfeldbreiten Grund- und Fachbildungsinhalte zu erkennen, daß sich die aufgezeigten Defizite und Widersprüche der Grundbildung prinzipiell in der Didaktik der Fachbildung fortsetzen. Nach den dargestellten berufsfeldbreiten Fachbildungsinhalten haben z. B. konkret für den/die Industrieelektroniker/-in in der Fachrichtung Produktionstechnik die Lerngebiete in den KMK-Rahmenlehrplänen die folgende weitere Struktur:

- ...
- Digitale Schaltungstechnik

.
.
- Dreiphasenwechselstrom
- Schutzmaßnahmen
- Filterschaltungen
- Steuerungstechnik
- Leistungselektronik

.
.
- Elektromotorische Antriebe
- Niederspannungsanlagen
- Verstärkerschaltungen
- Regelungstechnik
- Messen elektrischer und nichtelektrischer Größen
- Prozeßtechnik (vgl. KMK 1987).

An diesen Lerngebieten der Fachbildung, die nach dem Anspruch als "thematische Einheiten unter fachlichen und didaktischen Gesichtspunkten" gebildet wurden, ist unmittelbar auffällig, daß sich die Themen zwar traditionell fachlich und im Sinne der "Abbilddidaktik" an einer Techniksystematik der Fach- bzw. Ingenieurwissenschaft 'Elektrotechnik' orientieren. Nicht erkennbar ist dagegen eine neue didaktische Themen- und Inhaltsstruktur, die sich am umfassenden Ziel der Handlungs- und Mitgestaltungsfähigkeit ausrichtet und damit die notwendige grundlegende didaktische Neuorientierung bereits bei den Lerngebietsthemen beinhaltet.

Auch im einzelnen ist an der Gestaltung und inhaltlichen Ausdifferenzierung der Lerngebiete eine vorrangige und einseitige Orientierung an der Systematik der Technik- und Fachinhalte nicht zu übersehen. Auf dieser Fachbildungsgrundlage kann aber nur traditionell isoliertes "Fachwissen" vermittelt werden, nicht jedoch "fachbildendes Berufswissen", welches sich am Bildungsauftrag und den Handlungsanforderungen der Facharbeit orientiert. Statt der Berufs- und Arbeitswelt wird so eine Theorievermittlung in den Mittelpunkt des *berufsbezogenen* Unterrichts gerückt, die fast ausschließlich auf die natur- und technikwissenschaftlichen Theorieinhalte der Elektrotechnik bezogen ist. Nicht eine Theorie der Berufsinhalte ist Unterrichtsgegenstand, sondern eine von den beruflichen Arbeitszusammenhängen im wesentlichen abgetrennte und zergliederte technische *Fachtheorie*, in der eine "Steuerungstechnik", eine "Leistungselektronik", eine "Verstärkertechnik" oder eine "Regelungstechnik" usw. vermittelt wird. Der *berufsbezogene* Unterricht, dem damit der eindeutige Bezug auf eine Berufs- bzw. Berufsfeldwissenschaft 'Elektrotechnik' fehlt, wird folglich auch vielfach als ein fachwissenschaftsorientierter *Technikunterricht* mißverstanden. Nicht der kompetente und mit Handlungs- und Gestaltungskompetenzen ausgestattete Facharbeiter, sondern ein einseitig ausgebildeter Techniker ist das vorrangige Denk- und Gestaltungsmodell der Lerngebiete. Die Lerngebiete blenden nicht nur beruflich relevante Inhalte wie z. B. die Arbeitsmittel und -verfahren oder die Organisation und Planung der Arbeit aus, sondern sie stellen zudem lediglich eine Abstraktion der konkreten Technik der beruflichen Facharbeit dar. Im Verhältnis der Berufs- und Technikinhalte erhalten die Theorieinhalte der Technikdimension eine dominante und determinierende Funktion. Die Elektrotechnik wird aus den Arbeits- und Anwendungszusammenhängen herausgenommen und isoliert und abstrakt betrachtet. Sie erscheint als eine wissenschaftliche, unabhängige und quasi naturgesetzliche und wertneutrale Größe. So soll in der Fachbildung die Technik fast nur "beschrieben, erklärt, ermittelt, berechnet und gelöst" werden. Eine bedenkliche Verbindung zu autoritären und rigiden Lehr- und Lernformen, gepaart mit rezeptivem Verhalten und einer Reproduktion von isoliertem Faktenwissen, ist hier im Hinblick auf die Umsetzung der Ausbildungsvorgaben mehr als wahrscheinlich.

Zwar wird mit dem Lerngebiets-Modell die überkommene Fächertrennung mit "Fachkunde, Fachrechnen und Fachzeichnen" aufgehoben, dennoch wird mit den Lerngebietsinhalten der Aufbau einer handlungsleitenden Theorie für eine selbständige berufliche Facharbeit inhaltlich erschwert. Den Vorgaben der Inhalte und Inhaltsstrukturen der Fachbildung fehlen die grundlegenden Voraussetzungen, um handlungsorientierte und methodisch innovative Konzepte für die Vermittlung von beruflicher Handlungskompetenz zu unterstützen und zu provozieren. Mehr als fragwürdig ist auch der mit der Lerngebietsstruktur angelegte didaktisch-methodische Versuch, die Vermittlung von Handlungs- und Gestaltungskompetenz über einen Lernprozeß der *linearen Addition* von einzelnen fachsystematischen Fachkenntnissen erreichen zu wollen. Dem Unterricht werden keine integrativen und berufs- und handlungsbezogenen Inhaltsstrukturen vorgegeben, die auf eine die Lernaktivitäten fördernde Gestaltung der Lernprozesse zielen und z. B. ein berufliches Denken und Handeln in ökonomisch-ökologischen und technologischen Zusammenhängen ermöglichen.
Wie bereits zur Grundbildung konstatiert wurde, wird auch mit den Lerngebieten der Fachbildung der Anspruch nicht eingelöst, die Rahmenlehrpläne mit den betrieblichen Ausbildungsrahmenplänen ausbildungsdidaktisch abzustimmen. Lediglich auf der Ebene der Ziele, der Berufsstrukturen und der curricularen Makrostrukturen ist eine Abstimmung zwischen den betrieblichen und schulischen Rahmenplänen erkennbar. Auf der konkreten Inhaltsebene ist diese jedoch curricular und didaktisch so gut wie nicht vorhanden. Die Rahmenvorgaben bleiben einer veralteten Theorie-Praxis-Vorstellung verhaftet, nach der sich die Rahmenlehrpläne an der elektrotechnischen Theorie und die Ausbildungsrahmen-

Berufsfeld 'Elektrotechnik'

pläne an der Praxis der Arbeitstätigkeiten orientieren. Besonders und gerade in den Arbeitsbereichen der neuen Computer- bzw. Hard- und Software-Technologien wird es aber z. B. immer schwieriger, Theorie und Praxis zu trennen. Vor allem auch aus der Sicht der Lernsituation der Auszubildenden bedarf es insofern einer verbesserten curricularen und didaktischen Abstimmung der Rahmenvorgaben für die Elektroberufe. Gelingen kann dies allerdings nur in der engen Verbindung einer gemeinsamen Weiterentwicklung der je unterschiedlichen Rahmenplankonzepte. Implizit angesprochen ist hiermit die Idee von einem *Gesamtcurriculum*, in dem die Theorie und Praxis der elektrotechnischen Berufsarbeit im Mittelpunkt der Didaktik steht und welches lernortübergreifend von den gemeinsamen Zielsetzungen einer Handlungs- und Gestaltungskompetenz ausgeht. Zu leisten wäre damit zugleich ein Innovationsbeitrag zu einer verbesserten dualen Organisation und einer verstärkten Lernortkooperation in der Berufsausbildungspraxis.

4 Neue Perspektiven zur beruflichen Erstausbildung im Berufsfeld 'Elektrotechnik' auf der Grundlage einer arbeitsorientierten Berufsbildung

4.1 Wechselwirkungszusammenhang von Arbeitswelt und Berufsbildung

Die Berufs- und Ausbildungsentwicklung befindet sich besonders im Berufsfeld 'Elektrotechnik' in einem ständigen Wandel. Dieser ist nicht nur allein dadurch bedingt, daß die Elektrotechnik in den letzten 150 Jahren durch vielfältige Entwicklungs- und Innovationsschübe gekennzeichnet war und ist. Auch die Industrialisierung, die Entwicklungen hin zur Informationsgesellschaft, der Arbeitswandel in Industrie und Handwerk mit neuen Produktions- und Arbeitskonzepten oder auch die Entwicklungen in Europa bis hin zur Globalisierung der Märkte wirken im allgemeinen wie im besonderen auf den Wandel und die Entwicklungen in der Ausbildung im Berufsfeld Elektrotechnik ein. Im Kontext dieser Gesamtentwicklungen gilt gegenwärtig noch eine Berufsausbildung als relativ gesichert, die auf der Grundlage des Berufskonzeptes und im Rahmen des "Dualen Systems" durchgeführt wird. Ob und wie sich jedoch die Ausbildung in Zukunft gestaltet bzw. wie diese zu gestalten ist, ist u. a. auch von der Innovations- und Wettbewerbsfähigkeit der Berufe und der "Berufs"-Ausbildung gegenüber anderen Modellen und Ausbildungskonzepten abhängig.

Eine moderne und innovationsfähige Berufsausbildung im Berufsfeld 'Elektrotechnik' bedarf im Prinzip aufgrund der permanenten Entwicklungen der ständigen Überprüfung und Weiterentwicklung der Berufe und Ausbildungskonzepte. Dem stehen im Ansatz, trotz der erfolgten Neuordnungen und Weiterentwicklungen der Berufe, relativ statische Berufsbilder und traditionelle Ausbildungskonzepte gegenüber. Mehr abgelenkt von den damit verbundenen Grundproblemen haben in den vergangenen Jahren Diskussionen und Konzepte, in denen zum einen durch eine falsch verstandene Wissenschaftsorientierung und zum anderen durch einer Überbetonung sogenannter extrafunktionaler Qualifikationen oder Schlüsselqualifikationen von den konkreten Inhalten der Arbeit und Technik abstrahiert wurde. Verflüchtigt haben sich damit in der Auseinandersetzung mit der Berufs- und Ausbildungsentwicklung zum Teil die objektiven und subjektiven Berufsinhalte, die jedoch den Kern der Berufe wie der Ausbildung darstellen. Berufe und deren berufliche Abgrenzungen gegeneinander lassen sich aber letztlich nur über die berufstypischen und berufseigenen Inhalte begreifen und nicht über die mehr oder weniger allen Berufen gemeinsamen Fähigkeiten oder über die vermeintlich wissenschaftlich korrespondierenden Inhalte. Die Bildung neuer bzw. der Erhalt alter zukunftsfähiger Berufe bestimmt sich insofern auch in erster Linie über die konkreten beruflichen Arbeits- und arbeitsbezogenen Berufsinhalte, die den Arbeitsprozessen organisatorisch und technologisch und damit z. B. auch teilweise unabhängig von einzelnen technischen Entwicklungen zugrunde liegen. In den Mittelpunkt der Berufsbildung rückt demzufolge die gegenwärtige und zukünftige berufliche Arbeit im betrieblichen und gesellschaftlichen Lebenszusammenhang, die es mit ihren Organisations- und Inhaltsaspekten curricular und didaktisch zu analysieren und zu strukturieren gilt.

Mit der zentralen Orientierung an der Arbeit ist in der curricularen und didaktischen Konsequenz aber weder eine einfache Anpassung der Berufe noch der Ziele und Inhalte der Berufsausbildung an die gegenwärtige Arbeit intendiert. Ebensowenig sind diese einfach aus den Wissenschaften ableitbar. "Arbeitsorientierung" in der Berufsausbildung bedeutet vielmehr, von dem Wechselwirkungszusammenhang zwischen der Arbeitswelt und der Berufsbildung auszugehen und deren wechselseitige Gestaltbarkeit im Ansatz der Berufs- und Ausbildungsentwicklung curricular und didaktisch zu berücksichtigen (siehe Abb. 3). Die Analysen müssen daher zwangsläufig auch auf eine prospektive Arbeits- und Ausbildungsgestaltung zielen, durch die die Mitgestaltung und Partizipation an den Entwicklungen im Beschäftigungs- und Berufsbildungssystem auch erst eine reale Perspektive erhält.

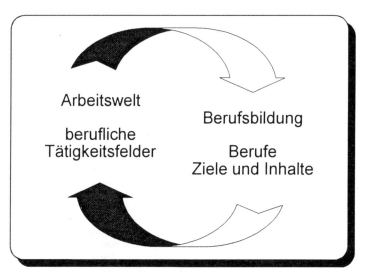

Abb. 3: Wechselwirkungszusammenhang von Arbeitswelt und Berufsbildung

Konsequent auszugehen hat das Konzept der "Arbeitsorientierung" von den Fragen der Konstruktion "dynamischer Berufe". Unmittelbar und heute einzulösen ist das Konzept jedoch auch bereits in der Ausbildung der bestehenden Elektroberufe im Berufsfeld 'Elektrotechnik'. Auf den verschiedenen Ebenen der Ausbildungsgestaltung bedeutet dieses insgesamt eine deutliche curriculare und didaktische Um- und Neuorientierung, zu der sich die "Arbeitsorientierung" im Überblick und mit ihren wesentlichen Kernmerkmalen wie folgt skizzieren läßt:

auf der Ebene der Inhalte
- ganzheitliche und prospektive Orientierung an den Arbeitsinhalten - Strukturierung der Arbeits- und Ausbildungsinhalte nach drei Arbeits- und Lerndimensionen

auf der Ebene der Methoden
- Verknüpfung integrativer und ganzheitlich-analytisch angelegter Lernfelder mit Lernaufgaben - Umbau der Grund- und Fachbildung auf der Basis einer handlungs- und gruppenorientierten Lernkultur statt einer an der Fachsystematik orientierten Lehrkultur

auf der Ebene der Medien
- praxisnahe und migrationsfähige Lernmedien und Lernraumausstattungen - Eröffnung von Möglichkeiten experimenteller Arbeits-, Organisations- und Technikgestaltung

auf der Ebene der Lernortkooperation
- curriculare und didaktisch-methodische Abstimmung der Ausbildung in Berufsschule und Betrieb - Begründung eines Gesamtcurriculums und Entwicklung von Kooperationsmodellen.

4.2 Zur Analyse und curricularen Gestaltung arbeitsorientierter Ausbildungsinhalte im Berufsfeld 'Elektrotechnik'

Die didaktisch neu zu begründenden Inhalte und Inhaltsstrukturen der Grund- und Fachbildung in den Elektroberufen müssen die Dominanz und Einseitigkeit des Fach- und Technikbezugs der gegenwärtigen Ausbildungsinhalte überwinden. Grundlage sind die Zielsetzungen der Berufsbildung zur Förderung und Vermittlung von Handlungs- und Gestaltungskompetenz. Die Inhalte sind - auch in der Rückbesinnung - konsequent am neuen Leitbild zur Facharbeit zu orientieren. Entsprechend ist die Arbeit mit ihren Inhalten curricular und didaktisch neu zu analysieren. Aufgrund der Inhaltskomplexität der Arbeit bedarf es dazu quasi eines Arbeitsmodells, welches die zentralen Inhaltsdimensionen repräsentiert und mit dem sich die Arbeitsinhalte gegenwärtiger wie zukünftiger Berufsarbeit möglichst ganzheitlich erfassen lassen. Im Ergebnis und nach der diskutierten Auseinandersetzung mit den Inhalten der Facharbeit (vgl. Petersen/Rauner 1995) lassen sich curricular drei zentrale Arbeitsdimensionen unterscheiden (siehe Abb. 4). Diese Arbeitsdimensionen sind zugleich als Lerndimensionen zu begreifen, da im Ansatz berücksichtigt ist, daß die Arbeit in gestaltungsorientierter Perspektive unmittelbar und umfassend mit ihren verschiedenen Inhaltsbezügen zum Gegenstand der Berufsausbildung wird.

Mit der ersten Arbeitsdimension werden die Inhalte der Berufs- bzw. Facharbeit erfaßt und strukturiert, die sich auf den *Gebrauchswert und die Funktion und Technik der Gegenstände der Berufsarbeit* beziehen. Im Berufsfeld 'Elektrotechnik' nehmen diese Inhalte konkret Bezug auf die Technik der verschiedenen Anlagen, Geräte, Bauteile usw. (Technikbezug). In den geltenden curricularen Rahmenvorgaben zur Berufsausbildung hatten diese an der Technik orientierten Inhalte und Gegenstände bisher bereits eine dominante Bedeutung. Im Zusammenhang der anderen Inhaltsdimensionen wird diese Dominanz jedoch relativiert und auch inhaltlich neu ausgerichtet. So werden u. a. die elektrotechnischen Gegenstände weniger bzw. nicht nur in der Perspektive der Entwicklung, Konstruktion und Berechnung zum Unterrichtsinhalt, sondern deutlicher aus und in der Perspektive der Facharbeit. Diese ist insbesondere durch das Installieren, Montieren, Herstellen, Reparieren, Beraten von Kunden, die Störungssuche oder das Instandhalten und Warten gekennzeichnet. Hiermit verknüpft sind die Inhalte der zweiten Arbeitsdimension, mit denen die *Mittel, Verfahren und Organisation der Berufsarbeit* berücksichtigt werden und die in der Arbeit und Berufsbildung von ebenso zentraler Bedeutung sind. Denn mit diesen Inhalten wird u. a. auf die Vielfalt der Berufstätigkeiten, der Prozesse, Verfahren und Methoden der Arbeit, der Arbeitsmittel und -werkzeuge und auch auf die Planung und Organisation der Arbeit im Berufsfeld 'Elektrotechnik' Bezug genommen (Arbeitsbezug). Mit den Inhalten der dritten Arbeitsdimension werden die *Anforderungen an die Technik und Berufsarbeit* aufgenommen. In ihnen kommt die Technik und Arbeit als soziales Phänomen im Zusammenhang der verschiedenen betrieblichen, gesellschaftlichen und individuellen Zielen und Anforderungen zum Ausdruck (Gesellschafts- und Subjektbezug). Im Wirkungszusammenhang der drei Arbeits- und Lerndimensionen nehmen damit besonders die Anforderungen inhaltlich Bezug auf eine auch "wünschbare" Gestaltung der Arbeit und Technik. Unter prospektiven Aspekten weisen sie zudem über die je gegebene und gegenwärtig vorhandene Arbeits- und Technikgestaltung hinaus.

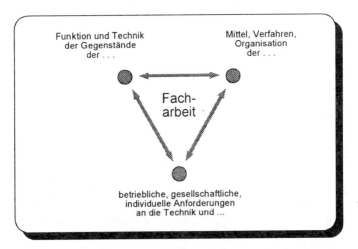

Abb. 4: Strukturmodell der Arbeits- und Lerndimensionen zur Facharbeit

Die konkrete curriculare Bestimmung der Inhalte der drei Arbeits- und Lerndimensionen muß im Hinblick auf die Weiterentwicklung der Rahmenvorgaben für die Elektroberufe als eine neue Herausforderung begriffen werden. Da bisher keine entsprechende berufliche Fachrichtung 'Elektrotechnik' als Wissenschaft etabliert ist, sind die Inhalte zum einen im Sinne der Wissenschaftsorientierung nur begrenzt aus der sogenannten korrespondierenden Fach- bzw. Ingenieurwissenschaft 'Elektrotechnik' bestimmbar. Zum anderen sind sie nur bedingt mittels empirischer Untersuchungen zur Arbeit in der Industrie und im Handwerk zu erheben. Die bisher vorhandenen Instrumente und Konzepte der Qualifikationsforschung, vor allem eingesetzt in arbeitswissenschaftlichen Analysen und industriesoziologi-

schen Studien, reichen zudem nicht aus, um über die generellen Ergebnisse zur Qualifikationsentwicklung hinaus die Inhalte der drei Arbeits- und Lerndimensionen konkret und prospektiv zu bestimmen.
Vorzuschlagen ist die Ausarbeitung eines Konzeptes zur Berufsbildungs- und Qualifikationsforschung, welches unmittelbar von den drei Arbeits- und Lerndimensionen zur Facharbeit ausgeht und diese didaktisch nach Gegenstands- und Wissensebenen inhaltlich weiter strukturiert und ausdifferenziert. Mit den Gegenstandsebenen wird das Strukturkonzept zur Analyse und Beurteilung von Technikinhalten in der Elektrofacharbeit von Martin (1986) aufgenommen. Die Wissensebenen nehmen Bezug auf die Begründungen zur Differenzierung der "grundlegenden" und "fachbildenden" Inhalte der Grund- und Fachbildung (vgl. Rauner 1996; Petersen 1996). Insgesamt entsteht hierdurch ein "Analyse- und Inhaltsraum", der die zu analysierenden Arbeits- und Lerninhalte für eine Arbeitssituation oder einen Tätigkeitsbereich in der Summe relativ vollständig erfaßt (siehe Abb. 5). Erste Erfahrungen und Ergebnisse z. B. zur Untersuchung und Analyse der Arbeitsinhalte in verschiedenen Automatisierungsbereichen zeigen, daß das Konzept in der Kombination von Fallstudien, Expertenbefragungen und wissenschaftlichen Sachanalysen generell geeignet ist, die Grund- und Fachbildungsinhalte für die Elektroberufe auf eine neue curriculare Grundlage zu stellen (vgl. Petersen u. a. 1996). Ergänzend zu der wohl am wenigsten problematischen Bestimmung der Inhalte zur Funktion und Technik der Gegenstände der Facharbeit sind dazu allerdings umfangreiche Analysen und neue Untersuchungen notwendig.

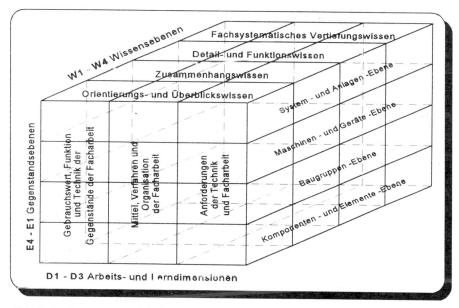

Abb. 5: Analyseraum zur Arbeits- und Ausbildungsgestaltung

Um Mißverständnisse zu vermeiden und da derartige Untersuchungen, zumindest zur Begründung und Gestaltung schulischer Rahmenlehrpläne, relativ neu sind, sei abschließend beispielhaft auf die im einzelnen zu analysierenden Arbeitsbereiche hingewiesen. Zur Facharbeit in der Industrie lassen sich diese nach den verschiedenen Betriebs- und Produktionsbereichen, den Anlagentypen sowie den einzelnen Tätigkeitsbereichen wie Installieren, Montieren, Herstellen, Reparieren oder Instandhalten und Warten strukturieren. Vergleichbare Arbeitsbereiche wären zur Gesellenarbeit im Handwerk zu berücksichtigen, wobei auf der Konzeptgrundlage jeweils der "Analyseraum" zur Arbeits- und Ausbildungsgestaltung die Struktur der zu analysierenden Arbeits- und der zu bestimmenden Lerninhalte vorgibt. Von übergreifender Bedeutung hierbei ist, welche der Arbeitsbereiche überhaupt und welche im "beruflichen" Zusammenhang zum Gegenstand der Untersuchungen werden. Denn mit der Bestimmung der Arbeitsbereiche wird zugleich auch die inhaltliche Ausgestaltung des Berufsbildes vor- und mitbestimmt.

Exemplarisch wird dies an zwei möglichen Arbeitsszenarien zur Gebäudeautomatisierung, einem neuen Arbeitsfeld des Elektroinstallateurs im Handwerk, deutlich (siehe Abb. 6).

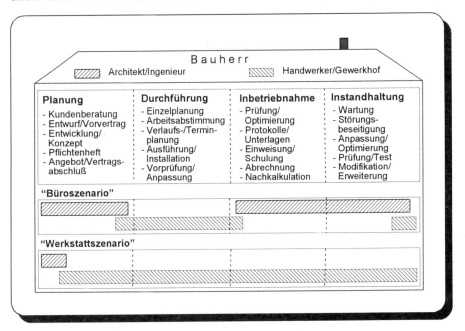

Abb. 6: Arbeitsszenarien zur Gesellenarbeit im Handwerk

Je nach Leitbild zur Facharbeit werden nur bestimmte oder die zusammenhängenden Arbeitsbereiche zum Untersuchungs- und damit Ausbildungsgegenstand. De- oder Höherqualifizierung ist die Folge. Konkret: Werden z. B. die Bereiche der Planung, Kundenberatung und Programmierung zur neuen Gebäudesystemtechnik nicht zum Untersuchungs- und Ausbildungsgegenstand, so reduziert sich, auch zum Nachteil der Kunden, die Arbeit des Elektroinstallateurs weitgehend nur auf das Installieren ("Strippenziehen"). Im Sinne einer prospektiven Arbeits- und Ausbildungsgestaltung wäre dagegen über eine umfassende Analyse und vorausschauende Qualifizierung der Erhalt bzw. eine Aufwertung der Gesellenarbeit zu gewährleisten.

Berufsfeld 'Elektrotechnik'

4.3 Methodik und Lernfelder einer arbeitsorientierten Grund- und Fachbildung im Berufsfeld 'Elektrotechnik'

Im Gegensatz zur gegenwärtigen "Bauteile-Anlagen-Didaktik" in der Ausbildung der Elektroberufe sollen in einer neuen methodischen Makrostruktur einer arbeitsorientierten Grund- und Fachbildung bereits Inhalte auf der Ebene der Systeme und Anlagen zum Ausbildungsgegenstand der Grundbildung werden. Die bisherigen Inhaltsstrukturen werden damit zum Teil "vom Kopf auf die Füße" gestellt.

Abb. 7: "Neue" Didaktikstruktur der Ausbildungsinhalte

Ausgehend von einem neuen Grund- und Fachbildungsverständnis (vgl. Rauner 1996 und Petersen 1996) stehen am Anfang der Ausbildung diejenigen Ausbildungsinhalte im Mittelpunkt, die sich "grundlegend" und "grundbildend" an der berufsfeldbreiten Arbeit im Berufsfeld 'Elektrotechnik' orientieren. Dies sind zunächst nicht mehr die bekannten Grundfertigkeiten der Metallbearbeitung oder die klassischen Grundlagen der Elektrotechnik. Als grundlegend gelten vielmehr solche Inhalte, mit denen ein Orientierungs- und Überblickswissen und ein Zusammenhangswissen zu vermitteln ist (siehe Abb. 7) und zwar entsprechend den drei Arbeits- und Lerndimensionen, im Hinblick auf die Gegenstände der Arbeit, die Mittel, Verfahren und Organisation der Arbeit und die Anforderungen der Technik und Arbeit. Von daher ist in der Grundbildung auch auszugehen von den verschiedenen Systemen und Anlagen im Berufsfeld 'Elektrotechnik', um grundlegend und berufsfeldbreit "zu wissen", worum es im Beruf überhaupt geht und wie die Dinge im Berufsfeld zusammenhängen.

Im offensichtlichen Widerspruch hierzu stehen die bekannten "Einführungen" in zergliederte technische Teil- und Lerngebiete. In der neuen methodischen Makrostruktur sind folglich als Vorgabe für die Ausbildungspraxis des weiteren neue Themen- und Lernfelder zu gestalten, die die Inhalte der verschiedenen Inhaltsbezüge berücksichtigen und zugleich einen hohen Grad an Inhaltsintegration aufweisen. Themenfelder der berufsfeldbreiten Grundbildung wären insbesondere:

- Arbeit und Technik im Berufsfeld 'Elektrotechnik',
- Energieverteilungsanlagen,
- Energieversorgungsanlagen,
- Produktions- und Prozeßanlagen,
- Kommunikationsanlagen sowie
- Energienutzungsanlagen.

Diese Themenfelder sind curricular insoweit offen, daß eine flexible und variantenreiche Umsetzung in der Ausbildungspraxis möglich ist. Hierzu bieten sich zeitlich variable Lernfelder an, die nach den Kriterien der Handlungsorientierung gestaltet und mit Lernaufgaben, z. B. für die Bearbeitung in Gruppen, aufzubereiten sind.

Die bereits in der Grundbildung methodisch beabsichtigte und angestrebte aktive Lernkultur soll sich in der Fachbildung fortsetzen. Unter berufsspezifischen Inhaltsaspekten sind dazu die berufsfeldbreiten Themenfelder der Grundbildung einzuschränken und im Sinne eines Spiralcurriculums inhaltlich erneut aufzunehmen und zu vertiefen. Hierbei erhält das berufliche Detail- und Funktionswissen sowie das fachsystematische Vertiefungswissen eine zunehmende Bedeutung. Methodisch korrespondiert dieses Wissen bedingt mit der Baugruppen- und Elementenebene, wobei generell anzumerken ist, daß vorgenommene "Zuordnungen" der Wissens- und Gegenstandsebenen zu Grund- und zu Fachbildungsinhalten keine rigide Vorgabe darstellen. Sie geben nur zeitlich-inhaltliche Schwerpunktsetzungen in den didaktisch-methodischen Verortungen bzw. innerhalb der Makrostruktur an.

4.4 Medien und Fachraumausstattungen einer arbeitsorientierten Ausbildung im Berufsfeld 'Elektrotechnik'

Zur Umsetzung und Vermittlung arbeitsorientierter Ausbildungsinhalte in der Ausbildungspraxis bedarf es vor allem aus zwei Gründen neuer Überlegungen zur Gestaltung von Medien und Fachraumausstattungen. Zum einen gehen die arbeitsorientierten Inhalte über die Technikinhalte der Gegenstände hinaus, so daß sich die Frage stellt, wie die Arbeit in ihren drei Arbeits- und Lerndimensionen medial umfassend und integriert in Ausbildungs- und Unterrichtseinheiten aufgenommen und dargestellt werden kann. Zum anderen sind in einer nicht mehr nur auf Anpassung ausgerichteten Berufsausbildung auch die arbeitsorientierten Medien nicht mehr nur an die gegenwärtige oder gar an die Arbeitswelt von "gestern" anzupassen. Vielmehr bedarf es, gerade wenn es um die Vermittlung von Gestaltungskompetenz geht, auch eines medialen Lernumfeldes, welches nicht nur den

Berufsfeld 'Elektrotechnik'

Nachvollzug, sondern auch eine gestalterische Kreativität und Weiterentwicklung zur Arbeit und Technik zuläßt und fördert. Medienanalysen und Fachraumausstattungen zeigen, daß sich neben den Medien zur Durchführung elektrophysikalischer Experimente die Medien zur Elektrotechnik weitgehend auf Gegenstände eben dieser Technik beschränken. Die technischen Gegenstände sind zum Teil reale Praxiskomponenten, sie werden in der Ausbildung als Medium jedoch vorwiegend in der Form von Modellen eingesetzt. Die Quantität und Qualität dieser Technikmedien weist in der Ausbildungspraxis eine große Bandbreite auf. Dennoch ist insgesamt auffällig, daß

- zu wenig reale Praxiskomponenten eingesetzt werden,
- Praxiskomponenten zum Einsatz kommen, die oft aus den konkreten Anwendungszusammenhängen herausgelöst und "abstrakt" zum Ausbildungsgegenstand werden,
- die Technikmodelle kaum modular gestaltet und damit für eine praxisnahe Arbeits- und Technikgestaltung unflexibel sind,
- sich die Medien in ihrer Gestaltung und Struktur der Fachsystematik angepaßt bzw. untergeordnet haben,
- die Fachraumausstattungen eben "fachlich" und fachsystematisch gegliedert und ausgestattet sind, so daß es einen Rechner-, elektrische Maschinen- oder SPS-Raum gibt,
- vielfach nur Lehrer- und weniger Schülerexperimente möglich sind sowie
- Medien oft einen Modernitätsrückstand haben.

Ein erster grundlegender Wandel der Anforderungen an die Medien- und Fachraumausstattungen wurde bereits mit der Verbreitung und Umsetzung handlungsorientierter Ausbildungs- und Unterrichtskonzepte eingeleitet. Verfolgt wurden insbesondere Konzepte zu einem "Integrierten Fachraum", wodurch sich die Voraussetzungen und Bedingungen zur Durchführung handlungs- und projektorientierter Ausbildungseinheiten verbessert haben. In der Ergänzung und Kombination einer handlungs- und arbeitsorientierten Berufsbildung ist insofern eine mediendidaktische Weiterentwicklung anzustreben, die sowohl die Medienkonzepte der Handlungsorientierung berücksichtigt wie auch die Vermittlung der arbeitsorientierten Ausbildungsinhalte medial neu unterstützt und fördert. Die Medien hätten sich damit prospektiv an den drei Arbeits- und Lerndimensionen der Facharbeit zu orientieren und sollten sich in der konkreten Gestaltung auf die Struktur der verschiedenen Wissens- und Gegenstandsebenen beziehen.

In der Umsetzung erfordert dieses eine "offene und migrationsfähige" Medienausstattung und damit "Lernräume", die einen arbeitsorientierten und integrierten Labor- und Werkstattcharakter haben. Zukünftige Medienkonzepte müßten auf der Grundlage dieser übergeordneten Leitideen folgenden Kriterien genügen:

- Offenheit: Offene Arbeits- und Technikgestaltung durch Variabilität, Universalität und Flexibilität der Medien

- Migrationsfähigkeit: Entwicklungsalternativen zur Arbeit und Technik durch Integrationsfähigkeit, Anpassungsfähigkeit und Adaptierbarkeit der Medien

- Labor: Arbeits- und Technikexperimente durch Modularität und einen hohen Experimentalcharakter der Medien

- Werkstatt: Reale Arbeit und Technik durch Praxiskomponenten, betriebs- und produktionsnahe Organisations- und Lernstrukturen, "echte" Werkzeuge und Arbeitsmittel.

Die Schaffung von "Lernräumen", die diesen Kriterien einer "offenen und migrationsfähigen" Medienausstattung genügen, setzt eine weitgehende Aufhebung des Theorie- und Praxislernens in "Klassenräumen" einerseits und Laboren und Fachräumen andererseits voraus. Dadurch, daß die Arbeit und integriert mit ihr die Funktion der Elektrotechnik mit ihren verfahrens- und informationstechnischen Verknüpfungen und Prozessen im Mittelpunkt der Mediengestaltung steht, sind hierfür, wie für eine arbeitsorientierte Berufsausbildung, neue Möglichkeiten gegeben.

Literatur

BBiG Berufsbildungsgesetz vom 14. August 1969 (BGBl. I S. 1112), zuletzt geändert durch Artikel 55 des Pflegeversicherungsgesetzes vom 26. Mai 1994 (BGBl. I S. 1014)

BMWi Der Bundesminister für Wirtschaft (Hrsg.): Verordnung über die Berufsausbildung in den industriellen Elektroberufen und zum Kommunikationselektroniker/zur Kommunikationselektronikerin im Bereich der Bundespost vom 15. Januar 1987; verkündet im Bundesgesetzblatt, Teil I, S. 199 ff. Bonn, 22. Januar 1987a

BMWi Der Bundesminister für Wirtschaft (Hrsg.): Verordnung über die Berufsausbildung zum Elektroinstallateur/zur Elektroinstallateurin (Elektroinstallateur-Ausbildungsverordnung El-AusbV). Vom 11. Dezember 1987. Bonn, 11. Dezember 1987b

BORCH, H./DEUTSCH, G.: Neuordnung der Elektroberufe. Berlin 1986

DRESCHER, E./MÜLLER, W./PETERSEN, W./RAUNER, F./SCHMIDT, D.: Evaluation der industriellen Elektroberufe. Neuordnung oder Weiterentwicklung. Abschlußbericht 1995. Bremen 1995

FISCHER, E.: Genealogie der Ausbildungsberufe. Zur Entwicklung der Ausbildungsberufe in Deutschland von 1926-1990. Berlin 1992

HdB Reichsanstalt für Arbeitsvermittlung und Arbeitslosenversicherung (Hrsg.): Handbuch der Berufe. Teil I. Berufe mit Volks-, Mittel- oder höherer Schulbildung. Band 2. Berufsgruppe V/VI. Abgeschlossen am 15. April 1930 (Bearbeitet in der Hauptstelle der Reichsanstalt Berlin) Leipzig 1930

KMK-Rahmenvereinbarung über die Berufsschule vom 14./15. März 1991. Bonn 1991

KMK-Sekretariat der Ständigen Konferenz der Kultusminister der Länder in der Bundesrepublik Deutschland (Hrsg.): Rahmenlehrpläne über die Berufsausbildung in den industriellen Elektroberufen. Beschluß der Kultusministerkonferenz vom 7. Januar 1987

MARTIN, W.: Mikrocomputer - Ein Gegenstand beruflicher Bildung. In: Martin, W./Rauner, F. (Hrsg.): Mikroelektronik in der Berufsbildungspraxis. Wetzlar 1986 (Berufliche Bildung; Band 6), S. 18-35

PETERSEN, W.: Die Gestaltung einer arbeitsorientierten Fachbildung im Berufsfeld Elektrotechnik aus curricularer Sicht. In: Lipsmeier, A./Rauner, F. (Hrsg.): Beiträge zur Fachdidaktik Elektrotechnik. Stuttgart 1996 (bzp beiträge zur pädagogik für Schule und Betrieb; Band 16), S. 277-306

PETERSEN, W./PFEIFFER, J./ZICK, J.: Automatisierungstechnik als Lehr- und Lerngegenstand in der Berufsausbildung. Modellversuch, 1. Zwischenbericht. Kassel/Erfurt/Jena-Göschwitz 1996

PETERSEN, W./RAUNER, F.: Evaluation und Weiterentwicklung der Rahmenlehrpläne des Landes Hessen der Berufsfelder Metall- und Elektrotechnik. Gutachten im Auftrag des Hessischen Kultusministeriums. Bremen 1995

PFEUFFER, H.: Untersuchungen über den Wandel von Berufsinhalten und die Notwendigkeit neuer Ausbildungsformen, dargestellt am Beispiel der elektrotechnischen Ausbildungsberufe. Aachen 1972 (Dissertation)

RAUNER, F.: Elektrotechnik Grundbildung. Überlegungen zur Techniklehre im Schwerpunkt Elektrotechnik der Kollegschule. Landesinstitut für Schule und Weiterbildung (Hrsg.): Curriculumentwicklung in Nordrhein-Westfalen. Soest 1986

RAUNER, F.: Elektrotechnik-Grundbildung. Zu einer arbeitsorientierten Gestaltung von Lehrplänen im Berufsfeld Elektrotechnik. In: Lipsmeier, A./Rauner, F. (Hrsg.): Beiträge zur Fachdidaktik Elektrotechnik. Stuttgart 1996 (bzp beiträge zur pädagogik für Schule und Betrieb; Band 16), S. 86-102

Jörg Biber/Helmut Grimm/Reinhard Malek/Joachim Moyé

Berufsfeld 'Metall' - Ordnungsfragen und Gestaltungsaspekte in der gewerblich-technischen Erstausbildung

1 Einleitung : "Eisen erzieht" - Eine unzeitgemäße Maxime!

Anläßlich eines Jubiläumstreffens ehemaliger Lehrlinge aus dem Metallgewerbe, die ihre Ausbildung als Schlosser, Mechaniker und Werkzeugmacher in den 50er Jahren durchlaufen hatten, spielte in der Diskussion der Ausbildungsgrundsatz der Metaller "Eisen erzieht" eine nicht unwesentliche Rolle. Wenn auch so manche Begebenheit in der Ausbildungszeit dem Vergessen anheim gefallen war, ein Ausbildungserlebnis war allen gegenwärtig: das wochenlange Feilen eines Würfels mit der gewünschten Kantenlänge von 30 mm. Sofort kam die Frage auf: Wie man eigentlich heute zu der These - Eisen erzieht - stünde? Es bildeten sich drei Gruppen heraus. Die eine vertrat die "Philosophie" vom "erziehenden Eisen" uneingeschränkt; die zweite mit der Einschränkung, daß man das Mitspracherecht der Lehrlinge berücksichtigen und ihnen die näheren Absichten der Vorgehensweise im Dialog geduldig erläutern solle; die dritte Gruppe war der Auffassung, auch wenn der These "Eisen erzieht" eine didaktische Absicht zugrunde läge, so sei dies so nicht mehr haltbar, nicht mehr durchsetzbar, eben nicht mehr zeitgemäß. Eine neue Zeit fordere auch neue Wege in den Ausbildungsmethoden. Den Lehrling als Subjekt sehen, als Partner, ihm mehr Eigenverantwortung und Initiative bei der Gestaltung seiner Ausbildung zumessen, ihn mit in die Auswahl von Arbeitsproben einbeziehen - das seien die didaktischen Zeichen unserer Zeit.

Verlassen wir die Diskussionsrunde und fragen nach ihrem rationalen Kern und dessen Bedeutung für die Berufsbildung in der gegenwärtigen Situation, gilt es festzustellen, daß man das Ausbildungsgeschehen in den Metallberufen mit Sicherheit nicht an der These "Eisen erzieht" festmachen kann. Allein der harte Werkstoff "Eisen", der bearbeitet wurde, und der auch heute u. a. noch bearbeitet wird, kann es allein nicht sein, der die positiven Tugenden wie Ausdauer, Beharrlichkeit, Geduld, Selbstüberwindung, Beherrschung und Gründlichkeit bewirkt.

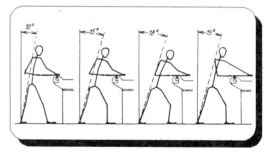

Abb. 1: "Eisen erzieht" (Buxbaum 1932, S. 49)

Wenn wir diese Eigenschaften auch heute noch für bedeutsam halten (und wir tun dies, da wir von deren Bedeutsamkeit für das Persönlichkeitsbild auch künftiger Facharbeitergenerationen überzeugt sind), dann stellt sich jedoch die Frage, auf welchen Wegen wir diese erreichen, welche Möglichkeiten das Duale System der Berufsbildung heute dazu bietet. Antworten darauf finden wir z. B. in der Neuordnung der industriellen Metallberufe, in den dort fixierten neuen inhaltlichen und organisatorischen Aspekten zur Erstausbildung, den Anforderungen an die Lernorganisation und den sich daraus ableitenden didaktischen Aspekten für das Berufsfeld 'Metall'. So wurde im Konzept der Neuordnung die Befähigung der Auszubildenden zum selbständigen Ausführen komplexer beruflicher Tätigkeiten durch selbständiges Informieren, Planen, Entscheiden, Durchführen, Kontrollieren und Bewerten zum Hauptanliegen, zur angestrebten Qualifikation, erklärt. Handlungsfähigkeit als Kriterium und Lernziel der Neuordnung schafften Rahmenbedingungen für eine gewollte Verlagerung der Lernaktivitäten von einem eher fremdbestimmten zu einem mehr eigenbestimmten Lern- und Arbeitsprozeß, denn dieser, sich in moderne Formen des heutigen Arbeitsprozesses aktiv einbringende Facharbeiter wird heute und besonders in Zukunft benötigt. Auch deshalb ist eine Ausbildung wie damals heute nicht mehr möglich; der Spiegel des Ausbildungssystems unserer Tage sind unsere Enkel, keine schlechtere oder bessere Generation - wohlweislich aber eine andere: selbstbewußter, kritischer, diskussionsfreudiger, kommunikativer, aufmüpfiger und kooperativer - von uns so gewollt, von uns so erzogen. In bezug auf die heutige Diskussion um das Für und Wider des Dualen Systems sollte in erster Linie gesehen werden, daß jede Generation von Neuem die Zielsetzung hat, die Berufsausbildung entsprechend den neuen Bedingungen so zu gestalten, daß die langfristige Verwertbarkeit der Arbeitskräfte sicherzustellen ist. "Berufliche Bildung darf deswegen nicht nur auf die Erfüllung gegenwärtiger Wirtschaftssysteme abzielen, sondern muß auch und gerade Voraussetzungen zur Veränderung vorhandener Arbeitsbedingungen" im Sinne der Humanisierung und Mitgestaltbarkeit der Arbeit schaffen (Drewes 1995, S. 3669). Wir werden in den nachfolgenden Abschnitten näher darauf eingehen.

2 Inhaltliche und organisatorische Aspekte der Erstausbildung nach der Neuordnung

2.1 Neuordnung der industriellen Metallberufe - das richtige Konzept in der entsprechenden Zeit

Die Neuordnung der industriellen Metallberufe wurde als krönender Abschluß der über zehn Jahre andauernden Reformbestrebungen gefeiert, obwohl es schon damals Stimmen gab, denen die Neuordnung nicht weit genug ging. Ihr Inkrafttreten bildete den Abschluß eines lange währenden Ringens der Tarifpartner und stellte einen guten Kompromiß dar. Heute - neun Jahre danach - läßt sich konstatieren: das Konzept der Neuordung der industriellen Metallberufe wurde überraschend schnell angenommen. Das Handwerk im Metallbereich spürte den Nachholebedarf gegenüber den neugeordneten industriellen Metallberufen und fürchtete einen Akzeptanzverlust seiner Ausbildungsplätze. So ist es verständlich, daß eine Neuordnung auch für die handwerklichen Metallberufe ganz schnell auf den Tisch mußte.
In der Zwischenzeit wurde dieses Konzept der Neuordnung auch in anderen Berufsfeldern aufgenommen. Immer mehr Berufe werden neu geordnet und erhalten neue Ausbildungsverordnungen, wobei insgesamt die Strategie verfolgt wird, daß sich die Monoberufe in Richtung breit angelegter flexibler Grundberufe entwickeln, die gekennzeichnet sind durch die Vermittlung multifunktionaler "Schlüsselqualifikationen", eine Niveaudifferenzierung der Ausbildungsberufe und die weitere Rationalisierung der Abstimmungs- und Entscheidungsprozesse auf allen Organisations- und Durchführungsebenen der Berufsbildung (Greinert 1992, S. 70).
Hohe Erwartungen wurden sowohl aus Unternehmersicht, aus Sicht der Gewerkschaft, als auch der Jugendlichen selbst an die Neuordnung geknüpft - steht doch die berufli-

che Erstausbildung an der Schwelle zwischen Bildungs- und Beschäftigungssystem. Mit der dualen Berufsausbildung soll ein möglichst nahtloser Übergang ins Berufsleben erreicht werden. Dabei geht es um die Wahrung von Chancengleichheit, Mitbestimmung und Humanisierung sowie um die Mitgestaltung von Arbeit. Grundanliegen der Neuordnung war und ist es, eine ganzheitliche berufliche Erstausbildung rechtlich festzuschreiben, die

- auf veränderte berufliche Anforderungen zugeschnitten ist;
- eine berufsfeldbreite Grundbildung und eine berufsbezogene (berufsgruppen- und berufsspezifische) Fachbildung ermöglicht;
- auf eine Transferierbarkeit der erworbenen beruflichen Qualifikationen ausgerichtet ist, d. h., daß sie in verschiedenen Branchen anwendbar sind;
- eine Befähigung zur Fort- bzw. Weiterbildung durch ein Verknüpfen beruflicher und allgemeinbildender Inhalte anstrebt;
- keine formalen Zugangsschranken aufbaut;
- die Anzahl der Berufe durch die Ausrichtung auf Grundberufe reduziert;
- die Ausbildungszeit vereinheitlicht;
- die Selbständigkeit, Eigenverantwortung und Handlungsfähigkeit erhöht.

Mit der Neuordnung wurde der Prozeß eingeleitet, daß aus einem vielfach fremdbestimmten Facharbeiter der Vergangenheit ein eigenverantwortlicher und selbstbewußter Mitarbeiter wird, der ganzheitliche Arbeitsaufgaben realisiert und dabei immer häufiger u. a. für eine optimale Logistik des Produktes und hohe Verfügbarkeit der Betriebsmittel verantwortlich zeichnet. Andererseits stellten Pahl und Schulz schon 1989 (S. 7) fest, daß "die Neuordnung als Ganzes keinesfalls als abgeschlossen und unveränderlich betrachtet werden" kann. Erkannte Defizite bei der Umsetzung in den Lernorten aufgrund vielfach beibehaltener Rahmenbedingungen sowie weitere technische und soziotechnische Veränderungen sollten zur Revision und Verbesserung der Ausbildung in den einzelnen Lernorten führen. "Berufliches Lernen nach der Neuordnung darf sich nicht rein formalistisch und ausschließlich am Wortlaut der vorliegenden Neuregelungen orientieren. Vielmehr ist es wichtig, die Intentionen zu sehen, die mit der Neuordnung der Ausbildung verfolgt werden" (Middendorf/von Ahlen 1989, S. 14). Unter dieser Sicht sollte u. a. auch die Gestaltung der Unterrichts- und Ausbildungseinheiten durch die Lehrer und Ausbilder hinsichtlich der Aktualität und des umfassenden Lernzusammenhanges, "in dem Fertigkeiten, Kenntnisse und Verhaltensweisen verbunden und erhöhte Selbständigkeit, Kommunikations- und Kooperationsfähigkeit angestrebt werden" (ebd.), ständig von neuem hinterfragt und wenn erforderlich, verbessert werden.

2.2 Zu einigen Problemen bei der Umsetzung der Neuordnung - Reformbedarf

Analysen und Diskussionen zur Neuordnung bringen vielfach zum Ausdruck, daß die Ziele der Neuordnung in den industriellen Metallberufen zu großen Teilen erfüllt sind. Sie werden in den Betrieben akzeptiert, wobei es freilich darauf ankommt, künftig die im Zuge der Neuordnung "sowohl außerfachlich (vollständige Handlung, Schlüsselqualifikationen) als auch fachlich (Zusammenfassung von Tätigkeitsbereichen) erweiterten Berufe" (Witthaus 1995, S. 26) für die Jugendliche attraktiver zu machen. Die Jugendlichen akzeptieren eine derartige Lesart weniger, da für sie der Bedarf an prognostiziertem Facharbeiternachwuchs nicht gegeben scheint. Ursachen dafür sind vor allem darin zu sehen, daß

- die Metallbranche teilweise durch Stellenabbau und Rezession gekennzeichnet wird, in diesem Zusammenhang weniger Ausbildungsplätze angeboten werden und vielfach nach Abschluß der Ausbildung keine Übernahme erfolgt, was die Jugendlichen zusätzlich verunsichert;
- es in der ganzen Einsatzpalette der industriellen Metallberufe in unterschiedlichen Branchen diese gut ausgebildeten Facharbeiter nicht immer leicht haben, "ausbildungsadäquat eingesetzt zu werden, besonders wenn die betrieblichen Organisationsstrukturen noch nicht ´schlanker´, dezentraler und auf Eigeninitiative des Mitarbeiters ausgerichtet sind" (Weikelmann 1995, S. 3676);
- geeignete betriebliche (Aufstiegs-)Perspektiven für leistungsstarke und interessierte Facharbeiter in der Metallindustrie fehlen, so daß für diese die Facharbeitertätigkeit nur ein Zwischenschritt hin zu einem Fachhochschul- oder Hochschulstudium ist (ebd., S. 3677).

Im Bereich der beruflichen Erstausbildung muß es mehr denn je um ein offensives, d. h. weniger nachbesserndes, sondern vorausschauendes Qualifizierungskonzept gehen. In diesem Zusammenhang ist die Frage zu stellen, "welchen Stellenwert die Ausbildung im Rahmen der betrieblichen Nachwuchspolitik überhaupt hat" und "wie eine systematische Förderung der Berufsausbildung stattfindet, z. B. bei der Bewerberauswahl, der Übernahme, dem Ersteinsatz am Arbeitsplatz" (Drewes 1995, S. 3671). Erhebungen zur Ausbildung in den industriellen Metallberufen haben aber ergeben, daß in einigen Unternehmen Fachkräfte benötigt werden, die weniger breit und spezialisiert ausgebildet sind und deren Ausbildung in einem kürzeren Zeitraum erfolgt. Für den industriellen Metallbereich existieren insgesamt 13 einzelne Berufe mit einer Ausbildungszeit unter drei Jahren, von denen elf eine zweijährige Ausbildungsdauer und zwei davon sogar nur eine eineinhalbjährige Ausbildungsdauer haben. "Die Berufsbilder dieser Berufe sind einerseits relativ betagt. Andererseits zeichnen sie sich durch offene Formulierungen aus, die eine moderne. Anforderungen entsprechende, verantwortliche Ausbildung durchaus ermöglichen. Technische und organisatorische Entwicklungen sowie das heutige Verständnis von einer handlungsorientierten Berufsausbildung lassen sich im Rahmen dieser Berufsbilder durchaus angemessen berücksichtigen" (Bartel 1995a, S. 3668).

Weitere Probleme bei der Umsetzung der Intentionen der Neuordnung bestehen in folgendem:

- Berufsschulen bzw. Berufsschulzentren sind oft für nur ein Berufsfeld vorgesehen; zukünftige berufliche Tätigkeiten sind aber zunehmend berufsfeldübergreifend angelegt, so daß schon in der Erstausbildung Qualifikationsmöglichkeiten dazu angelegt sein sollten;
- Berufsschulen sind fächerteilig strukturiert - dadurch ist z. B. eine projektorientierte Ausbildung als ein den Intentionen der Neuordnung entsprechendes Ausbildungs- und Unterrichtsverfahren schwierig zu gestalten;
- Ausbildungsbetriebe stellen oft nur einen Auszubildenden in einem Ausbildungsberuf ein - dadurch ist zukünftig notwendige Gruppenausbildung nur berufsübergreifend zu realisieren.

Mit der Neuordnung der industriellen Metall- und Elektroberufe wurde generell der Qualifikationsbegriff des zukünftigen Facharbeiters so weit gefaßt, "daß der Auszubildende im Sinne des § 1 Abs. 2 des Berufsbildungsgesetzes zur Ausübung einer qualifizierten beruflichen Tätigkeit befähigt wird, die insbesondere selbständiges Planen, Durchführen und Kontrollieren einschließt" (Verordnung § 3 Abs. 4).

Berufsfeld 'Metall'

Die gegenwärtig sich vollziehenden technischen, arbeitsorganisatorischen und gesellschaftlichen Entwicklungen haben neue Forderungen an Ausbildungskonzepte im Gefolge, die durch Verwirklichung von beruflicher Handlungskompetenz durch Handlungslernen gekennzeichnet sind. "Mit Handlungslernen ist ein pädagogisches Muster gemeint, in dem Handeln und Erkennen im Zusammenhang betrachtet werden und der Lernende als aktiv Handelnder unter Einschluß seiner Bedürfnisse, Interessen und Neigungen gesehen wird. (...) Lernhandlungen sollten nachstehenden Forderungen genügen:

- Die Trennung von Planung, Durchführung und Kontrolle sollte weitgehend aufgehoben werden.
- Es sollte ein möglichst großer Entscheidungs- und Handlungsspielraum geschaffen werden, der Entfaltungs- und Entwicklungsmöglichkeiten bietet.
- Zur Erhöhung sozialer Kompetenz sollte ein möglichst großer Interaktionsspielraum geschaffen werden. Die zu bewältigenden Aufgaben sollten Kooperation und Kommunikation erfordern und Möglichkeiten der Einflußnahme auf den Lernprozeß vorhanden sein.
- Möglichst komplexe Aufgabenstellungen mit angemessenem Problemgehalt sollten die Koordination von Handlungen und Operationen (Denkakten) erfordern. Arbeitsabläufe sollten auch durchschaubar sein.
- Die Bearbeitung der Aufgaben sollte abwechslungsreich sein, um u. a. große Flexibilität zu bewirken" (Schulz 1989, S. 89).

3 Entwicklungstendenzen und Ordnungsgesichtspunkte im Berufsfeld 'Metall'

3.1 Das Berufsfeld 'Metall' - Möglichkeiten zur Bündelung in Berufsfeldbereiche

Das Spektrum der industriellen und handwerklichen Metallberufe ist so breit wie in keinem anderen Berufsfeld. Wenn es auch mit der Neuordnung gelang, die Anzahl der Metallberufe zu reduzieren, so fällt es trotzdem schwer, eindeutige Aussagen zum Berufsfeld 'Metall' und den dazugehörigen Ausbildungsberufen zu treffen, zumal Azubis für die unterschiedlichsten Branchen ausgebildet werden. Um eine gewisse Bündelung und Zuordnung, vor allem vor dem Hintergrund einer rationellen und berufspädagogisch motivierten Ausbildungsgestaltung, zu erhalten, wurden mit der Neuordnung bestimmte Berufsgruppen gebildet, die im handwerklichen Bereich namentlich ausgewiesen sind und im industriellen Bereich nur im Strukturbild sichtbar werden.
Diese Bündelung der Berufe zu Berufsgruppen bzw. in Richtung berufsgruppenspezifischer Inhalte erfolgte bei der Neuordnung der Metallberufe unter dem Blickwinkel der Optimierung der Ausbildung durch die Schaffung einer Ausbildungsphase, wo berufsgruppenspezifische Inhalte vermittelt werden. Im Zusammenhang mit der Schaffung einer berufsfeldbreiten Grundbildung bedeutete dies eine Abkehr vom bisher praktizierten Konzept, wo jeder Beruf seine eigenen, differenzierten Ausbildungsunterlagen hatte und die Abgrenzung von anderen Berufen schon mit dem Ausbildungsbeginn stattfand.
Diese neue Orientierung mit einer stärkeren berufsfeld- und berufsgruppenorientierten Sichtweise, der Ausbildung in den Stufen - Berufliche Grundbildung - Berufsgruppenspezifische Fachbildung - Berufsspezifische Fachbildung -, besitzt eine stärkere Transparenz, ermöglicht eine rationellere Ausbildung, dient einer besseren Flexibilität der Facharbeiter mit den Berufen in der Arbeitswelt und erfolgt besonders auch vor dem

Hintergrund eines neuen Verhältnisses von Erstausbildung und Fortbildung. Damit wurden wesentlich bessere Voraussetzungen für eine Fortbildung auf einem einheitlicheren und höheren Niveau geschaffen.

Auf der Basis eines Entwurfs der Studienordnung zur Berufsschullehrerausbildung für die berufliche Fachrichtung Metalltechnik durch die Arbeitsgemeinschaft der Hochschulinstitute für gewerblich-technische Berufsbildung (HGTB), der aus fachwissenschaftlicher Sicht für die Gestaltung des Hauptstudiums die drei Anwendungsfelder "Fertigungstechnik", "Kraftfahrzeugtechnik" und "Versorgungstechnik" postuliert (Bannwitz/ Rauner 1993, S. 320), wird auch hier diese Einteilung zur Gestaltung von Bereichen des Berufsfeldes 'Metall' vorgenommen. Dazu wurden diesen drei Bereichen Metallberufe zugeordnet, die hauptsächlich in diesen "Anwendungsfeldern" wirken (Abb. 2). Dieser Einteilungsaspekt wurde auch bei der Novellierung der sächsischen Lehramtsprüfung für das Lehramt an berufsbildenden Schulen, § 105 Metall- und Maschinentechnik berücksichtigt (Sächsisches Gesetz- und Verordnungsblatt vom 11. 5. 1992).

Berufsfeldbereiche	Metallberufe (Auswahl) und ihre Zuordnung zu den Bereichen des Berufsfeldes 'Metall'
Fahrzeugtechnik	Automobilmechaniker/-in, Kraftfahrzeugmechaniker/-in, Karosserie- und Fahrzeugbauer/-in, Landmaschinenmechaniker/-in, Zweiradmechaniker/-in, Kraftfahrzeugelektriker/-in, Metallbauer/-in (Fachrichtungen Fahrzeugbau/Landtechnik), Fluggerätebauer/-in, Flugtriebwerkmechaniker/-in
Versorgungstechnik	Gas- und Wasserinstallateur/-in, Zentralheizungs- und Lüftungsbauer/-in, Klempner/-in, Anlagenmechaniker/-in (Fachrichtung Versorgungstechnik), Kälteanlagenbauer/-in
Produktions- und Fertigungstechnik	Maschinenbaumechaniker/-in, Feinmechaniker/-in, Werkzeugmacher/-in, Metallbauer/-in (Fachrichtungen Konstruktionstechnik/Metallgestaltung/Anlagen- und Fördertechnik), Industriemechaniker/-in, Werkzeugmechaniker/-in, Zerspanungsmechaniker/-in, Anlagenmechaniker/-in (Fachrichtung Apparatetechnik), Konstruktionsmechaniker/-in, Uhrmacher/-in, Chirurgiemechaniker/-in, Büchsenmacher/-in, Gießereimechaniker/-in, Verfahrensmechaniker/-in

Abb. 2: (Mögliche) Bereiche des Berufsfeldes 'Metall'

Bei der Einteilung des Berufsfeldes 'Metall' in diese drei Berufsfeldbereiche wird deutlich, daß die von uns vorgenommene Zuordnung nicht in jedem Fall überschneidungsfrei ist und Differenzen zur bisherigen Einteilung der Berufe in den Bereichen Handwerk bzw. Industrie sichtbar werden. Dessen ungeachtet besteht mit diesem Ordnungsansatz die Möglichkeit, verallgemeinerte Entwicklungstendenzen in diesen Bereichen zu erfassen und auf dieser Basis Gestaltungsaspekte für zukünftige Ausbildungsmodelle (hauptsächlich für die Erstausbildung der Facharbeiter, aber auch für die Weiterbildung und die Ausbildung der Lehrkräfte) abzuleiten. Allerdings berücksichtigt diese Einteilung nicht, daß bestimmte, im Berufsfeld 'Metall' zu realisierende, Haupttätigkeiten (wie z. B. Instandhalten) ein gleichwertiger (wenn nicht sogar wichtigerer) Klassifikationsaspekt

Berufsfeld 'Metall' 231

zur sinnvollen Bündelung von Metallberufen ist. Dieses Problem greifen wir weiter unten wieder auf.

Im folgenden sollen die konkreten Entwicklungstendenzen in den von uns geschaffenen Bereichen des Berufsfeldes 'Metall' untersucht werden. Bevor wir die einzelnen Berufsfeldbereiche näher betrachten, können folgende - tendenziell in allen drei Berufsfeldbereichen wirkende - Veränderungen konstatiert werden:

- Die Meß-, Steuerungs- und Regelungstechnik wird unter breitester Anwendung der Elektro- sowie Informationstechnik zum integrierten Bestandteil bei der Herstellung, Bedienung, Instandhaltung und beim Recyceln im Bereich des Metall- und Maschinenbaus, des Fahrzeugbaus sowie bei versorgungstechnischen Anlagen.

- Die Kommunikation mit Maschinen, Geräten, Anlagen sowie mit vor- oder nachgelagerten Abteilungen bzw. Unternehmen oder dem Kunden erfolgt zunehmend unter Nutzung spezieller Kommunikationsmittel wie Personalcomputer und gerätebezogener Bedientableaus.

- Für alle drei Berufsfeldbereiche - wobei die Berufsfeldbereiche Fahrzeugtechnik und Versorgungstechnik traditionell im Vorteil sind - wird zunehmend die Kundenorientierung zum Schlüsselproblem, besonders reflektiert unter neuen Formen der Arbeitsorganisation, einschließlich kaufmännischer und qualitätssichernder Aspekte, bis hin zur Betrachtung der Beziehungen von Abteilungen bzw. einzelner Gewerke innerhalb eines Betriebes unter dem Blickwinkel von "Kundenbeziehungen".

- In den beruflichen Tätigkeiten des jeweiligen Facharbeiters/Gesellen verschmelzen Elemente verschiedener Tätigkeitsbereiche unter Einbeziehung bereichs- und berufsübergreifender Kooperation, wobei neben den reinen gegenstands- und prozeßbezogenen Sachverhalten auch kaufmännische und programm- bzw. informationstechnische Betrachtungen sowie Kommunikation mit den Kunden und der Instandhaltung abgefordert werden.

- Die Produktpalette nimmt im Rahmen der Erfüllung kundenspezifischer Gestaltungslösungen enorm zu, wobei der Kunde häufig an Systemlösungen interessiert ist.

- Der Aspekt Recyceln, als aktiver Beitrag zum Umweltschutz, gewinnt schon bei der Produktentwicklung an Bedeutung und entwickelt sich zum Betätigungsfeld für Metallberufe.

3.2 Tendenzen beruflicher Anforderungen im Berufsfeldbereich "Fahrzeugtechnik"

Dieser Berufsfeldbereich umfaßt die Herstellung, Nutzung, Instandhaltung und das Recyceln sehr unterschiedlicher Fahrzeuge, wie Fahrräder, Mopeds, Motorräder, PKW's, LKW's, Busse, aber auch von Flugzeugen, Schiffen, Traktoren und Mähdreschern. Die konstruktiven, fertigungs-, instandhaltungs- und recyclespezifischen Besonderheiten der einzelnen Fahrzeugtypen erfordern differenzierte Berufe, wie Zweiradmechaniker/-in (1463 Auszubildende, Beruf Aktuell 1996, S. 93), Automobilmechaniker/-in (3545 Auszubildende, ebd., S. 92), Landmaschinenmechaniker/-in (5184 Auszubildende, ebd., S.

92), Fluggerätebauer/-in (969 Auszubildende, ebd. S. 95), Karosserie- und Fahrzeugbauer/-in (6411 Auszubildende, ebd., S. 90), Kraftfahrzeugelektriker/-in (3783 Auszubildende, ebd., S. 111) usw. Wenn im folgenden Tendenzen hinsichtlich beruflicher Anforderungen für den Berufsfeldbereich "Fahrzeugtechnik" aufgezeigt werden sollen, dann geschieht das besonders vor dem Hintergrund des Verkaufs und der Instandhaltung von Autos in Kfz-Werkstätten, da der Automobilbereich einerseits der umfangreichste Teil des Fahrzeugbaues und andererseits der dazu erforderliche Ausbildungsberuf Kraftfahrzeugmechaniker/-in der Beruf mit den meisten Auszubildenden (80590 Auszubildende, ebd., S. 91) ist. Die Kraftfahrzeug-Branche in der Bundesrepublik Deutschland ist, ausgehend von ihrer exponierten Stellung in der Wirtschaft, gefordert, Lösungen für die Bewältigung des Zusammenhangs - Technikentwicklung - Wandel und Gestaltbarkeit der Arbeit - Umwelt - berufliche Erstausbildung und Fortbildung - für die eigene als auch für andere Branchen anzubieten, zumal in der Kraftfahrzeugbranche weitere Problembereiche, die von allgemeinem Interesse sind, einer Lösung bedürfen (vgl. auch Drechsel/Niemann 1994, S. 31), wie:

- Der Betrachtungsgegenstand - Auto - ist u. a. durch das Eindringen der Elektronik und Informationstechnik hinsichtlich des Ordnungsrahmens der beruflichen Bildung dem eigentlichen Berufsfeld 'Metall' entwachsen.
- Der Servicebereich als Handlungsbereich der Facharbeiter und Gesellen, gesehen zum einen in der Richtung einer stärkeren Kundenorientierung sowie zum anderen in der Richtung einer mehr vorbeugenden Instandhaltung durch Ausbau der Diagnostik, wird zum mitentscheidenden Qualitätskriterium für die Marktfähigkeit eines Produktes.
- Das Qualitätsmanagement orientiert auf Produktzuverlässigkeit und auf eine Vermeidung von Fehlern bei der Herstellung bzw. auf das Erfassen und sofortige Beseitigen von Fehlern durch die Verursacher, um Kosten zu minimieren.

Sieht man den Arbeitswandel im Kfz-Handwerk, der zu unterscheiden ist in die Bereiche - Wandel der Technik am Kraftfahrzeug - und - Wandel der Werkzeuge und Hilfsmittel für den Service des Kraftfahrzeuges - als Richtschnur für die gewandelten Qualifikationsanforderungen (vgl. Rauner/Zeymer 1991, S. 68), so zeichnen sich neue und teilweise völlig gewandelte Ansprüche an die Qualität der Ausbildung eines Kfz-Fachmannes ab. Das Kfz-Handwerk kann heute durch folgende neue Aufgabenzuschnitte gekennzeichnet werden (siehe dazu auch Abb. 3):

"- Die klassischen mechanischen Reparaturen verlieren an Bedeutung zugunsten des Austausches von Aggregaten (Motor, Getriebe, Steuergerät u.a.);
- Fertigkeiten im Umgang mit Diagnosesystemen werden immer wichtiger und notwendiger;
- der Reparaturanteil im Bereich der computer- und mikroelektronisch gesteuerten Aggregate ist minimal. Im Regelfall erfolgt ebenfalls ein Aggregatetausch;
- dagegen nehmen relativ die karosserie- und unfallbezogenen Reparaturen an Bedeutung zu;
- der Kernbereich der Werkstattaufgaben ist die Diagnose und der Standardservice" (Spöttl 1995, S. 58).

Dieser Wandel geht einher mit

- der Zunahme des Einsatzspektrums der Elektronik im Auto sowie im Servicebereich des Autos,

- einer wesentlichen Erhöhung der Zuverlässigkeit mechanischer Baugruppen,
- einer Verknüpfung von mechanischen, hydraulischen und pneumatischen Baugruppen mit elektronischen Baugruppen in Form einer Kompaktbauweise,
- dem verstärkten Einsatz der Meß- und Informationstechnik.

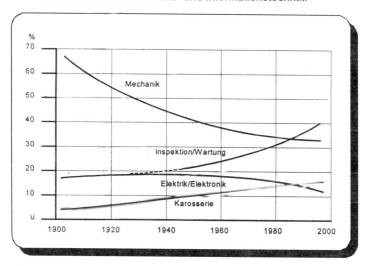

Abb. 3: *Entwicklung der Aufgabenverteilung in der Kfz-Werkstatt (Quelle: Rauner/ Zeymer 1991, S. 64)*

Das Auto wird immer mehr mit Technik ausgestattet - es wird zum High-Tech-Auto, das nach einem Servicespezialisten verlangt. Der Nutzer kann nur noch Kraftstoff und Luft auffüllen, sowie für ein sauberes Auto sorgen. Jeder Fahrzeugtyp ist heute hinsichtlich der individuellen Bedürfnisse und Anforderungen des einzelnen Kunden konfigurierbar. Die individuellen Kundenwünsche beeinflussen in einem nicht unerheblichen Maße die Entwicklung von neuen Fahrzeugmodellen. Viele Impulse für die Entwicklung, den Vertrieb und den Service der Fahrzeuge erhalten die Herstellerfirmen direkt durch die Kfz-Werkstätten. Aus dem täglichen Geschehen in einer Kfz-Werkstatt ergeben sich wichtige Erkenntnisse über die Qualität, Zuverlässigkeit, Servicefreundlichkeit und die Kosten bei der Wartung, Inspektion und Instandsetzung (Reparatur) von Kraftfahrzeugen. Die Zufriedenheit des Kunden mit seiner Automarke sowie die daran gebundene Entscheidung für einen Neuwagenkauf werden in zunehmendem Maße von der Serviceleistung seiner Werkstatt bestimmt. Die Hersteller von Kraftfahrzeugen sind in Kooperation mit ihren Servicefirmen einem sich verstärkenden Kampf im globalen Automobilmarkt - einem sogenannten Qualitätswettbewerb - ausgesetzt (Spöttl 1995, S. 59), der durch Faktoren bestimmt wird, die in Abbildung 4 zusammengefaßt sind.

Die Kfz-Betriebe haben einen Aufgabenwandel durchlaufen "von der Schlosserei zur programmierten Vertragswerkstatt..." (Rauner/Zeymer 1991, S. 50). Die moderne Kfz-Werkstatt hat sich durch die Verknüpfung der beiden tragenden Bereiche - Handel mit Kraftfahrzeugen und Kfz-Ersatzteilen - sowie - Qualitätsservice mit auf die speziellen Fahrzeugtypen des Herstellers zugeschnittenen Ausrüstungen - von Einrichtungen des schlosserischen und metallverarbeitenden Gewerbes emanzipiert - sie ist Mittler zwischen Fahrzeughersteller und Kunden.

Rauner und Zeymer charakterisieren den Aufgabenwandel wie folgt:
"Bei der Darstellung und Analyse des Arbeitswandels im Kfz-Handwerk muß unterschieden werden zwischen Veränderungen, wie sie sich im Verhältnis zum *Wandel des Kraftfahrzeuges* und ´seiner´ Technik herausgebildet haben und Veränderungen, die sich in diesem Prozeß unmittelbar aus dem *Wandel der Werkzeuge* und Hilfsmittel (Prüf-, Meß- und Diagnosegeräte) ergeben haben" (ebd., S. 68).

Subjektive Anforderungen an und durch den Betrieb	Anforderungen durch den Kunden	Anforderungen aufgrund der Beziehung Händler und Hersteller	Anforderungen von Gesellschaft und Staat
- Herstellerunterstützung für Produkt und Vertrieb	- Hoher Fahrkomfort mit Fahrzeug	- Gestaltung der Kooperation Händler-Hersteller: Unabhängigkeit der Werkstatt und Einflußnahme des Herstellers - ein Widerspruch	- Straßenverkehrszulassungsordnung
- Produkt gut verkäuflich	- Fahrzeug: höchste Wartungsarmut bei langen Serviceintervallen		- Sicherheitsvorschriften
- Wartungs- und reparaturfreundliches Fahrzeug	- Servicefreundliches Fahrzeug		- Umweltgesetze
- Gestaltung der Service- und Arbeitsorganisation	- Qualitätsservice	- Werkstatt: optimaler Qualitätsservice	- Ökologischer und ökonomischer Betrieb des Fahrzeuges
- Gestaltung der Arbeit (human, sicher, abwechslungsreich)	- Persönliche Beratung und Betreuung	- Hersteller: höchster Qualitätsservice und Einhalten von Qualitätsnormen	- Abgasarmut und Umweltfreundlichkeit
	- Hohe Verkehrs- und Transportsicherheit des Fahrzeugs		- Technische Vorschriften (z. B. TÜV)
- Gestaltung der Kundenbeziehung	- Niedrige Betriebskosten		- Regelungen durch Normen (DIN/ISO/ECE/SAE)
- Sichern von Kundenloyalität			- Hohe Verkehrs- und Transportsicherheit
- Lernchancen im Arbeitsprozeß			

Abb. 4: Übergreifende Anforderungen an den Qualitätsservice im Kfz-Betrieb aus der Perspektive des Betriebs, des Kunden, des Herstellers sowie von Gesellschaft und Staat (Quelle: Spöttl/Rauner 1996a)

Die Beherrschung der Aufgaben in der Werkstatt setzt besonders voraus (siehe Spöttl 1995, S. 59 f.):

- ein ausgeprägtes Kfz-Systemwissen, soweit es service- und reparaturrelevant ist;

- Funktionswissen bezüglich der Diagnostik, wie beispielsweise
    * Wie funktionieren Motormanagementsysteme?

- Methodenkompetenz, wie beispielsweise
  * Mit welchen Werkzeugen und Medien mache ich mir das Fahrzeug und seinen Zustand transparent?
  * Wie diagnostiziere ich mit Hilfe von Selbstdiagnose und Diagnosegeräten möglichst schnell einen Fehler?
  * Wie wird eine Diagnose durchgeführt?
  * Wie erfolgt die Auswertung der Diagnosedaten?

- Instrumentelle Fertigkeiten, wie beispielsweise
  * Beherrschung von Computersystemen
  * Bedienung von Diagnosegeräten.

Besonders die Ausprägung einer solchen Methodenkompetenz, entsprechenden Funktionswissens sowie instrumenteller Fähigkeiten und Fertigkeiten, die eine hohe Transferierbarkeit aufweisen, müssen Ziele der Erstausbildung werden.

Zusammenfassend kann in den Tendenzen beruflicher Anforderungen für die Metallberufe im Berufsfeldbereich Fahrzeugtechnik folgendes Resümee gezogen werden: Die Tendenz einer Abkehr von der ursprünglichen metalltechnischen Ausrichtung der Kfz-Berufe zeichnet sich ab, der neben beruflicher Fachbildung auch die berufliche Grundbildung gerecht werden sollte. Kundendienstschulen übernehmen in ihren Grundkursen zur Zeit notgedrungen in erheblichem Umfang Aufgaben beruflicher Erstausbildung (vgl. Rauner/Zeymer 1991, S. 178). Schulisch organisierte Berufsausbildung und Weiterbildung durch staatliche und private Träger weisen auf eine mehr oder weniger praxisferne Qualifizierung hin, die sich eher am akademischen fachwissenschaftlichen Wissen orientiert und weniger am erfahrungs- und arbeitsbezogenen Wissen (Kfz-Handwerk 1995, S. 84). Vom Kfz-Fachmann müssen künftig neben der Technik mit ihren Problemen auch neue, sich aus einem schlanken Service ergebende Aufgaben hinsichtlich der Arbeitsorganisation und Arbeitsgestaltung in reduzierter Arbeitsteilung sowie der persönlichen Kundenberatung und -betreuung bewältigt werden. Darin liegen wichtige Impulse für eine fächerübergreifende und lernortübergreifende Unterrichts- und Ausbildungsgestaltung hinsichtlich sozialer, organisatorischer, ökonomischer und ökologischer Aspekte.

Das erfordert die schrittweise Umgestaltung der komponentenorientierten Ausbildung hin zu einer ganzheitlich orientierten Ausbildung, wo das Auto als Gesamtes gesehen wird, einschließlich Kundenberatung und Betriebsprozeßorientierung, um auf alle Arbeitsaufgaben im Qualitäts-Servicebetrieb vorbereitet zu sein (Spöttl/Rauner 1996a, S. 2). Der Aufgabenwandel erfordert neue Arbeitsorganisationsformen und den breit qualifizierten Kfz-Mechatroniker. "Das Allround-Modell (im Sinne eines Universalberufes für die Bereiche Mechanik und Elektrik, d. V.), Teamorganisation und Lean Service, verbunden mit reduzierter horizontaler und vertikaler Arbeitsteilung (flache Hierarchie) im direkten produktiven Bereich (Service und Verkauf) erfordert in der Werkstatt den breit qualifizierten Facharbeiter, der auf dem Wege der Aus- und Weiterbildung erreicht werden kann" (Spöttl 1995, S. 65). Da aber Kapazitätsprobleme in der Weiterbildung bestehen, muß zum einen die Erstausbildung durch die Schaffung eines neuen Berufsbildes (siehe Spöttl/Rauner 1996b, S. 2) verändert werden und zum anderen sind computergestützte tutorielle Arbeitssysteme mit lernhaltiger Software (lernförderliche Arbeitssysteme) zu entwickeln, um die Organisation von Lernen im Arbeitsprozeß zu ermöglichen (Spöttl/Rauner 1996b, S. 3).

3.3 Tendenzen beruflicher Anforderungen im Berufsfeldbereich "Versorgungstechnik"

Die beruflichen Anforderungen im versorgungstechnischen Bereich sind in zunehmendem Maße durch eine gewerkeübergreifende Arbeitsweise unter Beachtung der Wechselwirkung "Bauwerk/Bautechnik - Umwelt - Versorgungstechnik - Elektrotechnik - Umwelttechnik - Kundenwünsche" gekennzeichnet und bestimmen die zukünftige Qualifikationsstruktur versorgungstechnischer Berufe. Mitarbeiter in versorgungstechnischen Betrieben tragen in Zukunft eine hohe ökologische Verantwortung. Schadstoffemissionen, Schutz des Trinkwassers, Nutzung alternativer Energieformen und der Energieerhalt im Bauwerk stellen dabei eine Auswahl der Arbeitsfelder dar und verlangen verantwortliches, berufsübergreifendes Denken und Handeln (vgl. Bloy/Pahl 1995, S. 8). Veränderungen hinsichtlich der Arbeitsaufgaben werden beispielsweise sichtbar durch

- den zunehmenden Einbau von Baugruppen der Steuerungs- und Regelungstechnik;
- die breite Nutzung neuer Informations- und Kommunikationstechnologien;
- eine Vergrößerung der Produktpalette, die den versorgungstechnischen Handwerksbetrieben zur Realisierung der zu erfüllenden Kundenwünsche zur Verfügung stehen und in ihrer Vielzahl kaum noch beherrschbar sind (die einzelnen Handwerksbetriebe müssen sich schwerpunktmäßig auf Produkte ausgewählter Herstellerfirmen konzentrieren);
- komplexer werdende Produkte, die industriell gefertigt werden, und die zu strukturellen Veränderungen in der Arbeitsteilung zwischen den Herstellerfirmen und den Installationshandwerksbetrieben führen;
- die Verknüpfung mehrerer haus- und versorgungstechnischer Anlagen im Rahmen der Gebäudeleittechnik;
- neue gesetzliche Forderungen zum Umweltschutz und zur Energieeinsparung sowie Konzepten und Systemen zur Realisierung;
- eine stärkere Orientierung auf den Kunden hinsichtlich der Beratung bei der Installation bzw. Rekonstruktion sowie Inbetriebnahme und Optimierung haus- und versorgungstechnischer Anlagen, einer kundenfreundlichen Betreuung der Anlagen während der Nutzungsperiode bis hin zum Receyceln ausgedienter Anlagen bzw. Anlagenteile;
- den Ausbau des Aufgabenbereiches Serviceleistungen bis hin zur Spezialisierung auf Serviceleistungen;
- die Nutzung von CAD-Systemen bei der Erstellung von Kundenangeboten, bei der Kundenberatung und der Auftragsrealisierung (vgl. Thomas 1992, S. 42 - 50 und Biber/Moyé/Rüdiger 1995, S. 116 f.).

Durch eine Verknüpfung von traditionellen Bereichen der Versorgungstechnik mit der Umwelttechnik, Steuerungs- und Regelungstechnik und der Informationstechnik kommt es in den heutigen versorgungstechnischen Handwerksbetrieben vielfach zu einer völligen Verschiebung der Art der Kundenaufträge sowie der Form der Kommunikation mit dem Kunden. Es bilden sich neue Formen der Kooperation mit anderen Unternehmen sowie der Arbeitsorganisation im eigenen Handwerksbetrieb heraus. Daraus ergeben sich zusätzliche Ziele, die über die bisherigen Intentionen der Neuordnung der industriellen und handwerklichen Metallberufe hinausgehen. Sie sollten möglichst durch Zusatzqualifikationen innerhalb der Erstausbildung angestrebt werden. Das sind Grundbefähigungen

- zur Nutzung der Gebäudeleittechnik bei der Gestaltung von komplexen Automatisierungslösungen im Bereich der Versorgungstechnik;
- zur Nutzung der Gebäudeleittechnik im Rahmen sich ändernder Formen der Arbeitsorganisation;
- zur Kundenberatung und zum kundenorientierten (kundennahen) Service;
- zur meßtechnischen Erfassung von Betriebszuständen versorgungstechnischer Anlagen;
- zur Durchführung von Energieeinsparungen und zur Einhaltung versorgungstechnischer Umweltschutzbestimmungen;
- zum Umgang mit versorgungstechnischer Software am PC;
- für die gewerkeübergreifende Arbeitsorganisation;
- zur Erkennung komplexer Funktionsstrukturen und der Fehlereingrenzung bis hin zur Fehlerfixierung und -beseitigung (vgl. dazu Hoppe 1992).

Daraus resultieren unter Beachtung gesetzlicher Vorschriften und technischer Möglichkeiten neue spezifische Anforderungen an die "Versorgungstechniker". Die zunehmende Verknüpfung haus- und versorgungstechnischer Anlagen miteinander im Rahmen der Gebäudeleittechnik erfordert ein gewandeltes berufsübergreifendes Systemverständnis und eine stärkere Kundenorientierung. Die dazu notwendigen "Spezialisten" sollten durch Maßnahmen zur stärkeren Kundenorientierung in der Erstausbildung und Fortbildung qualifiziert werden. Hiermit ergibt sich für die Ausgebildeten zugleich die Möglichkeit einer Karriereförderung. Flexibilität im Sinne von Entscheidungsfähigkeit (in den zulässigen Grenzen des Bauobjektes bzw. des Kundenwunsches) auf konstruktivem, technologischem, arbeitsorganisatorischem und informationstechnischem Gebiet, gepaart mit der Befähigung zur Beratung des Kunden sowie Erklärung versorgungstechnischer Anlagen und Sachverhalte bis hin zur immer häufiger ins Blickfeld kommenden Abstimmung und Vernetzung einzelner Teilbereiche der Versorgungstechnik im Rahmen einer Gebäudeleittechnik, bestimmen in entscheidendem Maße die Berufsarbeit in der Versorgungstechnik.

Detaillierte Konzepte für die Vermittlung in der Versorgungstechnik, die bis in die Gebäudeleittechnik reichen, fehlen noch. Jedoch sind erste Rahmenbedingungen durch die Neuordnung der Metallberufe auch für die versorgungstechnischen Berufe geschaffen worden, um ein erforderliches Grundverständnis in den Richtungen Kundenorientierung, Gebäudeleittechnik und Kommunikationstechnik zu erzielen, denn dieses Grundverständnis wird bundesweit als Schwachstelle bei der Ausbildung in den versorgungstechnischen Berufen im Sinne "Neue Produkte und Dienstleistungen eröffnen neue Märkte - Chancen für das Handwerk in den Bereichen Umwelt und Energie" gesehen (vgl. Gebäudeleittechnik 1993 und Zukunft Handwerk 1995). Die Gebäudeleittechnik entwickelt sich zu einem neuen Markt für das Handwerk, jedoch ist das Handwerk ungenügend auf diese Technik vorbereitet, obwohl die Handwerker diejenigen sind, die die Installation, Bedienung, Überwachung und Instandsetzung der haus- und versorgungstechnischen Anlagen durchführen müssen. Darüber hinaus sollten sie auch dem Kunden mit Erklärungen, Hinweisen und Ratschlägen ein kompetenter Gesprächspartner sein.

Bei der Gestaltung entsprechender Ausbildungskonzepte gilt es zu beachten, daß die

- Komplexität der technischen Systeme und Prozesse sich immer mehr erhöhen;
- einzelnen Baugruppen des Systems immer häufiger verkapselt sind, d.h., daß die Zugänglichkeit und Instandhaltung eingeschränkt wird;

- Reaktionen, die die beruflichen Handlungen der Gesellen auslösen, vielfach nicht mehr direkt am System sichtbar werden, sondern sich nur noch im Endergebnis widerspiegeln;
- technischen Systeme und Prozesse nur mit immer größerem geistigen Aufwand zu durchdringen sind;
- Einflußnahme auf technische Prozesse zunehmend über eine spezielle Benutzeroberfläche (benutzerfreundliche Gestaltung von Hard- und Software der Bedieneinrichtung) erfolgt (z. B. Programmiergerät zur Einstellung und Instandhaltung von Heizungsanlagen);
- technischen Systeme den differenzierten Kundenwünschen, unter Beachtung einer hohen Funktionssicherheit (Qualitätssicherung) sowie umweltrelevanter und energiesparender Aspekte, anzupassen sind;
- Qualifikationsbereiche Kalkulation, Verkauf, Arbeitsplanung/Logistik und Service zunehmend in die Arbeitswelt der versorgungstechnischen Berufe eingreifen.

Die Integration von Realsituationen aus den Handwerksbetrieben über "Betriebserkundungen" (z. B. Erkundung der Heizungsanlage beim Kunden) und damit die Kooperation zwischen Berufsschule und Betrieb sollen sichtbar werden. Verstärkt ist den geänderten technischen und arbeitsorganisatorischen Möglichkeiten und Anforderungen Rechnung zu tragen, indem die Auszubildenden befähigt werden, das Zusammenwirken von Baugruppen der Steuerungs-, Regelungs- und Informationstechnik zu erfassen, Optimierungen und eine gezielte Fehlersuche vorzunehmen. So geht es u. a. um die Befähigung, unterschiedliche Bedieneinrichtungen (z. B. von Heizungsanlagen) hinsichtlich des Aufbaus und deren Nutzungsmöglichkeiten dem Kunden zu erklären und Vorteile moderner Telekommunikation im Zusammenhang mit den Möglichkeiten von Bedieneinrichtungen an haus- und versorgungstechnischen Anlagen aufzuzeigen und Kundengespräche hinsichtlich des Verkaufs von Serviceleistungen zu führen. Die Befähigung für kundenorientiertes Berufshandeln im Umgang mit neuen Informationstechnologien, der Vorstellung von Konzepten der Gebäudeleittechnik sowie zur Kundenberatung bei der Auswahl und Nutzung von versorgungstechnischen Anlagen unter ökologischen, sicherheitstechnischen und energiesparenden Aspekten ist unbedingt in die Ausbildung mit aufzunehmen.

3.4 Tendenzen beruflicher Anforderungen im Berufsfeldbereich "Produktions- und Fertigungstechnik"

Die industriellen und handwerklichen Metallberufe des Berufsfeldbereiches "Produktions- und Fertigungstechnik" wurden aus folgenden Gründen neugeordnet:

- Veränderung und Überschneidung von Aufgabenbereichen,
- verstärkter Einsatz maschineller Bearbeitungsverfahren,
- Automatisierung von Produktionsprozessen,
- Verwendung neuer Werkstoffe sowie
- zunehmende Bedeutung der Tätigkeiten Montieren, Instandhalten, Überwachen, Steuern (die beiden letztgenannten Tätigkeiten vor allem im industriellen Sektor) (Neue Industrielle Metallberufe in der Metalltechnik 1989, S. 336).

Seit der Neuordnung hat sich der Anteil neuer Produktions- und Fertigungstechniken weiter erhöht: CNC-Maschinen haben einen hohen Verbreitungsgrad gefunden (drei von vier Maschinen der produzierenden Bereiche der Betriebe sind bereits CNC-Maschinen). Die mit der CNC-Technik begonnene Informatisierung der Produktion findet ihre Fortsetzung in Bearbeitungszentren, flexiblen Fertigungszellen und -systemen sowie Transferstraßen (Abb. 5).

	1991	1992	1993
CNC-Maschinen	73	77,6	75,5
Bearbeitungszentren	40,2	42,8	43,2
Flexible Fertigungszellen	6	3,3	5,7
Flexible Fertigungssysteme	4	3,9	4,4

Abb. 5: *Entwicklung moderner Produktionstechniken (Angaben in Prozent) (Bunk/Falk/Zedler 1995, S. 30)*

Aufgrund dieser Entwicklung geht bei vielen Tätigkeiten der Anteil rein manueller und handwerklicher Fertigkeiten zurück, hingegen nehmen die Aufgaben des Überwachens, des Leitens und Planens einer Maschine zu (Bunk/Falk/Zedler 1995, S. 31).
Nach Befragungen (Bunk/Falk/Zedler 1995) in 1602 Betrieben der Metall- und Elektroindustrie unterschiedlicher Größe zeigt sich, daß besonders wichtige Tätigkeitsbereiche der Facharbeiter heutzutage die Instandhaltung und die Qualitätssicherung (Abb. 6) sind. Auch zukünftig wird diese Tendenz zunehmen (siehe Abb. 7).

Funktionen	sehr wichtig	wichtig	weniger wichtig	unwichtig
Instandhaltung	36,4	48,2	13,8	1,5
Qualitätssicherung	29,2	47,6	17,6	5,8
Arbeitsvorbereitung	19	56,1	20,7	4,2
Prüffeld/Testbereiche	24,2	50,2	21,4	3,5
Service/Montage	30,6	41	18,3	10,2
Logistik	12,2	47,7	33,4	6,7
Materialdisposition	8,9	48,2	34,8	8,1
Programmierung	12,7	41,6	31,7	14
Entwicklung	12	36,5	37,3	14,2
Kalkulation	5,6	28,2	49,4	16,4
Verkauf/Vertrieb	4,6	13,6	46,9	34,9

Abb. 6: *Bestehende Funktionen für Facharbeiter im Produktionsbereich (Angaben in Prozent) (Bunk/Falk/Zedler 1995, S. 49)*

Als Resümee muß unbedingt der Schluß gezogen werden, daß das Instandhalten und die Qualitätssicherung Haupttätigkeitsfelder von Facharbeitern im Produktionsbereich sind und auf hohem Niveau bleiben werden. "Kommt zur Instandhaltung Modernisierung hinzu, verstärkt sich ihre Bedeutung - hin zu einer neuen Dimension. Instandhaltung und Modernisierung können eine Perspektive sein, sozialen Wandel, Technikentwicklung und human verträgliche Arbeits- und Lebensbedingungen in größeren Einklang zu bringen" (Hoppe/Jacobs 1994, S. 38). Modernisierung ist jedoch hierbei nicht nur rein technisch zu sehen, sondern auch im Sinne der Veränderung technologischer/arbeitsorganisatorischer Abläufe sowie ergonomischer und umweltschonender Veränderungen (siehe dazu Eichler 1990, S. 280). Durch die Beachtung der umwelt- und recyclinggerechten Prinzipien der Richtlinie VDI 2243 erhält die Instandhaltung einschließlich des Akzents "Modernisierung" eine ökologische Ausrichtung (Hoppe/Jacobs 1996, S. 97).

Aufgrund seines breiten Profils wird der Industriemechaniker, aus dem Berufsfeldbereich Produktions- und Fertigungstechnik, von den Betrieben des verarbeitenden Gewerbes und damit von sehr unterschiedlichen Branchen, als am geeignetsten für die Realisierung der tragenden Funktionen Instandhalten und Qualitätssicherung angesehen (siehe u.a. Einstellungszahlen: Fachrichtung Geräte- und Feinwerktechnik 9198, Fachrichtung Betriebstechnik 27911, Maschinen- und Systemtechnik 23439, Produktionstechnik 5770; Beruf aktuell 1996, S. 88-94).

Abb. 7 : *Funktionen der Facharbeiter, die an Bedeutung zunehmen*
 (Quelle: iwd, Dezember 1995, 49/1995 Deutscher Instituts-Verlag)

Ausbildungsrahmenpläne und Rahmenlehrpläne der neugeordneten industriellen Metallberufe werden dieser Wertigkeit allerdings nicht gerecht. In dem Modellversuch "INA" - "Kooperationsfördernde Lern- und Arbeitsaufgaben zur handlungsorientierten Instandhaltungsausbildung für kleine und mittelständische Unternehmen" wird deshalb u. a. versucht, ein Curriculum Instandhaltung sowie ein Medienpaket Instandhaltungsaufgaben zu entwerfen. Damit soll eine gute Grundlage für die Ausgestaltung bzw. Neuschaffung von Ausbildungsunterlagen für das Berufsfeld 'Metall' geschaffen werden.
Weitere Bildungskonsequenzen ergeben sich aus dem verschärften Wettbewerbsbedingungen auf dem Weltmarkt, die die Unternehmen zu schnelleren Innovationszyklen, vielgestaltigeren Produktionspaletten, kurzfristigeren Lieferterminen, höherer Produktqualität und besseren Serviceleistungen zwingen. Die Unternehmen verpassen sich eine Schlankheitskur - sie wollen "lean production" realisieren.
Lean Management umfaßt strategische Zielbereiche wie (siehe Werth-Pape/Tsumura/ Herbermann 1995 und Schneider 1993)

- verstärkte Ausrichtung auf den Markt - auf den Kunden ("Kunde ist nicht König, sondern Sonne"; Schneider 1993, S. 2)
(Kundenwünsche müssen für Unternehmen zu erfüllenden Zielen werden und deren Transparenz das individuelle Handeln am Arbeitsplatz aktivieren/Targetmanagement),
- integriertes Qualitätsmanagement/Kaizen (Null-Fehler-Methode/Qualitätszirkel),
- produktionsgerechte Produktgestaltung,
- dezentrale Unternehmensorganisation/Hierarchieabflachung
(Sie ist verbunden mit einer Reduzierung der Hierarchieebenen und führt zu direkteren Informations- und Kontrollwegen; es können Entscheidungen schneller und begründeter getroffen werden),
- mitarbeiterorientierte Arbeitsorganisation (Gruppenarbeit)
(Organisationsaktivitäten werden an den Einzelnen bzw. verstärkt an die Gruppe übertragen; der Mitarbeiter, die Gruppe, die Abteilung wird zunehmend zum "Unternehmer im Unternehmen"),
- produktionssynchrone Beschaffung (Just-in-Time).

Damit geht einher ein Umdenken vom Störfaktor Mensch und dem damit verbundenen Trend zur Schaffung menschenleerer Fabriken (CIM-Konzept) hin zur Entfaltung aller Möglichkeiten der Mitarbeiter als Träger des Unternehmenspotentials - der Entfaltung der Humanressource. In der Metall- und Elektroindustrie, der größten Exportindustrie der Bundesrepublik Deutschland, vollzieht sich ein Strukturwandel der Funktionsbereiche (vgl. Abb. 6 und 7) vom Umgang mit Sachen (Material, Halbfabrikaten, Baugruppen, Werkzeugen, Geräten, Maschinen, ...) zum Erfassen, Interpretieren und Geben von Informationen (Daten, Symbole, Geräusche, ...) und zum Miteinander mit Kollegen. Die neue Arbeitsorganisation basiert auf Kooperation und Kommunikation und orientiert auf die Schaffung eines Arbeitsumfeldes für die Mitarbeiter, das aktivierend wirkt.
Das erfordert einerseits veränderte Denk- und Verhaltensweisen wie (siehe Ortner 1993, S. 6)

- vom Abteilungsmanagement zum Prozeßmanagement,
- von der Mikrobetrachtung zur Makrobetrachtung,
- von der Tätigkeitsplanung zur Ergebnisplanung,
- von der passiven Aufgabenausführung zur aktiven Mitgestaltung,

sowie andererseits im Sinne der Qualitätssicherung und Optimierung des Arbeitsablaufes entsprechende Meßeinrichtungen mit Auswertung und Protokollierung direkt am Arbeitsplatz des Produktionsarbeiters sowie Informationstechnik zur direkten Kommunikation mit nebengelagerten Bereichen (Fabrik in der Fabrik) bzw. direkt mit dem Kunden (siehe Erbe 1996, S. 169). "Anstelle der Verlagerung von Entscheidungsprozessen in das informationstechnische System (im Sinne der zentralen Totalplanung, d. V.) geht es beim Ziel einer rechnergestützten Partizipation darum, die Entscheidungsprozesse bei den Beschäftigten zu belassen oder besser, sie durch entsprechend aufbereitete Informationen (z. B. aus Datenbanken) und mit Hilfe von Simulationsprogrammen zu unterstützen" (Tilch 1991, S. 25).

Damit nehmen in arbeitsorganisatorischer Hinsicht ganzheitliche Arbeitsprozesse zu. "Produktionsarbeiten, Qualitätskontrolle, Instandhaltungsarbeiten sowie Prozeßkontrollfunktionen werden in der sich abzeichnenden hochentwickelten Arbeitsorganisation zumindest partiell integriert. Es werden zunehmend Gruppenarbeit, partizipative Beteiligungsgruppen, Insel- und Zirkelorganisationen sowie Zellenproduktion geschaffen. Auch wenn den wenigen vorliegenden empirischen Untersuchungen zufolge deren Verbreitung in der Bundesrepublik noch stark begrenzt ist - weniger als 10 % der deutschen Beschäftigten arbeiten bisher nach dem Organisationsprinzip -, so scheint sich der Entwicklungstrend fortzusetzen. Nach einer in den USA Ende 1994 veröffentlichten Studie über Produktionstechnologien wurde festgestellt, daß in der Mehrzahl der amerikanischen Produktionsfabriken die Zellenproduktion erprobt wird, also eine Produktion, in der ganze Produkte von jeweils einer Gruppe mit firmenspezifischer Zusammensetzung hergestellt werden (...). Differenziert wird, daß die Zellenproduktion in 75 % der Fabriken mit mehr als 100 Beschäftigten Eingang gefunden hat, in kleinen Firmen hingegen nur in 40 %" (Dehnbostel 1995, S. 14).

Der sich vollziehende Paradigmenwechsel, gekennzeichnet u. a. durch Beteiligung der Mitarbeiter an Entscheidungsprozessen, der Installierung von teilautonomen Arbeitsgruppen, von Qualitätsmanagementsystemen mit integrierten Instandhaltungskonzepten und gewandelter Lagerhaltung, erfordert ein neues Verständnis von der zukünftigen Rolle des im unmittelbaren Produktions- und Serviceprozeß stehenden Facharbeiters. Zum Abschluß der Neuordnung kündigte sich dieser Paradigmenwechsel zwar an, aber seine wettbewerbsentscheidende Bedeutung hat er erst in den 90er Jahren erlangt. Singuläre Arbeitsplanung, wie sie noch mit der Neuordnung als entscheidende didaktisch-methodische Innovation gepriesen wurde, genügt aber heute nicht mehr. Der Innovationsfaktor "Arbeitsorganisation" (Organisationslernen) gewinnt vor allem im unmittelbaren Produktions- und Servicebereich eine zunehmende Bedeutung und ist dabei nicht von den Teilprozessen "Moderne Fertigungsmethoden (z.B. PPS)", "Qualitätssicherungsmethoden (z.B. QMS)", "Integrierte Instandhaltungsmethoden (z.B. TPM, IPS)" und "Kundenorientierte Servicemethoden (z.B. Logistik)" zu trennen, d.h., die höhere Produktivität und Effektivität ergibt sich nur durch das Zusammenwirken neuer arbeitsinhaltlicher und arbeitsorganisatorischer Faktoren.

Unter den Aspekten der Gruppenarbeit sowie der Verknüpfung von Lernen und Arbeiten in der beruflichen Erstausbildung findet ein Modellversuch zur Thematik "Dezentrales Lernen in Teamarbeit" statt, der als ein wesentliches Ziel die "Entwicklung eines neuen Lernortes inmitten der Produktion - der Lerninsel" (Dehnbostel 1995, S. 20) hat. Im Zusammenhang mit der gleichzeitigen Schaffung von arbeitsplatzunabhängigen Lernorten in Form von "Werkstattlabor", "Lernfabrik" oder "Technikzentrum", wo die Auszubildenden aber ebenfalls auch komplexe, produktionsnahe Lernsituationen bewältigen müssen, wird deutlich, daß die Veränderungen hinsichtlich der beruflichen Anforderungen im Bereich der Fertigungs- und Produktionstechnik so gravierend sind, daß sie die Schaffung neuer Lernumgebungen nach sich ziehen.

3.5 Tätigkeitsbereiche des Berufsfeldes 'Metall' als neuer Ordnungsgesichtspunkt?

Als noch die Devise "Eisen erzieht" galt, erfolgte die Ausbildung durch die manuelle Herstellung eines (einfachen) Produktes durch Formgebung eines Metallstückes durch Feilen, Bohren, Gewindeschneiden, u. ä. Da in vielen Berufe etwas aus Metall gefertigt werden mußte, so waren das eben die "Metallberufe". Heute findet man die Berufe des Berufsfeldes 'Metall' in den unterschiedlichsten Branchen wie beispielsweise Maschinenbau, Ernährungsgewerbe/Tabakverarbeitung, Fahrzeugbau, Metallerzeugung/-bearbeitung, Ausbaugewerbe, Elektrotechnik... Es werden bei den Tätigkeiten heute die unterschiedlichsten Materialien verwendet und zahlreiche Fertigungsmittel und -verfahren genutzt. Metalle und deren Bearbeitung spielen natürlich noch eine wichtige, aber nicht mehr die alles entscheidende Rolle im Tätigkeitsspektrum der neugeordneten industriellen und handwerklichen Metallberufe. Trotzdem orientierte man sich bei der Neuordnung an den alten Metallberufen, obwohl im Prozeß der Neuordnung viele neue Aspekte mit eingeflossen sind. Am Ende hat man sich aus der Tradition heraus zum Sammelbegriff Berufsfeld 'Metall' für diese untersuchten und danach neugeordneten Berufe entschieden.

Neue Aspekte, die bei der Untersuchung zu den Tätigkeitsbereichen (Aufgaben) und Arbeitsgegenständen eine Rolle spielten, wurden leider ungenügend berücksichtigt. Die Gestaltbarkeit des Arbeitsprozesses - der Arbeitstätigkeiten - hat an Bedeutung zugenommen. Arbeitsaufgaben, für die in die Untersuchung einbezogenen industriellen Metallberufe vor der Neuordnung (siehe Hoch/Schlottau 1988, S. 12), wurden analysiert und auf dieser Basis Haupttätigkeiten herausgefiltert (siehe ebd., S. 20-24). Dieser unserer Meinung nach richtige Ansatz wurde jedoch ungenügend im Sinne eines tragfähigen Konzeptes für die übergreifende Neuordnung der industriellen und handwerklichen Metallberufe genutzt. Dieser Kritikpunkt ist auch unter dem Blickwinkel zu sehen, daß noch eine ganze Reihe von Metallberufen, die teilweise weitere Tätigkeitsbereiche realisieren, neu zu ordnen sind.

Will man das mit der Neuordnung der industriellen Metallberufe angedachte Konzept der Ausweisung wesentlicher Einsatzbereiche, sprich Tätigkeitsbereiche (ebd.), zu einem Gesamtsystem für alle Metallberufe vervollständigen, so bietet sich der Lebenszyklus eines technischen Systems und die in diesem Zusammenhang zu realisierenden Tätigkeiten auf Facharbeiterebene an. Da es ein Gebot der heutigen Zeit ist, ökologische Gesichtspunkte stärker in den Vordergrund zu stellen und auch an die Existenz der folgenden Generationen zu denken, ist die Wirtschaft immer zwingender aufgefordert, geschlossene Produktzyklen zu schaffen. Deshalb erscheint uns dieser ganzheitliche Angang als zukunftsweisend. In den einzelnen Phasen des Produktzyklusses sind unseres Erachtens durch die Facharbeiter und Gesellen des Berufsfeldes 'Metall' wesentliche Aufgaben zu erfüllen, d. h., sie müssen gewisse Haupttätigkeiten und Handlungen ausführen. Der Findungsprozeß solcher Haupttätigkeiten wird dabei auch unterstützt durch den Nachweis von Begriffen für Tätigkeiten zum Betreiben von Maschinen (DIN 32 541) und zur Instandhaltung (DIN 31 051) sowie der damit im Zusammenhang stehenden VDI-Richtlinie Konstruieren recyclinggerechter technischer Produkte (VDI 2243), wo Fragen der Haupttätigkeiten im Rahmen des Produktkreislaufes behandelt werden. Im Sinne einer Verdeutlichung des Ansatzes wurden dem jeweiligen Einsatz- bzw. Tätigkeitsbereich aktuelle Ausbildungsberufe und entsprechende Technikbereiche bzw. Branchen zugeordnet, wobei natürlich einige Berufe in mehreren Haupttätigkeitsbereichen präsent sind. Beim genauen Hinterfragen ist allerdings feststellbar,

Tätigkeiten und Handlungen im Berufsfeld 'Metall' unter dem Aspekt "Produktlebenszyklus"	Zuordenbare industrielle und handwerkliche Facharbeiterberufe des Berufsfeldes 'Metall'	Zuordenbare Technikbereiche/ Branchen
Entwerfen/Zeichnen von Einzelteilen, Baugruppen, Vorrichtungen, Geräten, Maschinen und Anlagen	Technischer Zeichner/ Technische Zeichnerin, Metallbauer/ -in, Konstruktionsmechaniker/ -in Werkzeugmechaniker/ - in	Alle Technikbereiche und Branchen des Berufsfeldes 'Metall'
Erzeugen und Formgeben von Stoffen, Materialien, Halbfabrikaten	Metallgießer/ -in, Metallformer/ -in, Verfahrensmechaniker/ -in, Gießereimechaniker/ -in, Kunststoff-Formgeber/ -in	Hüttentechnik, Gießereitechnik, Halbzeugindustrie
Einrichten, d. h. Programmieren, Umrüsten, Justieren und Inbetriebnehmen von Maschinen und Anlagen	Industriemechaniker/ -in FR: Produktionstechnik und Geräte- und Feinwerktechnik, Zerspanungsmechaniker/ -in, Dreher/ -in, Werkzeugmechaniker/ -in	Produktionstechnik, Metallverarbeitungstechnik, Geräte- und Feinwerktechnik, Verfahrenstechnik
Bedienen, d. h. das Ingangsetzen, Steuern, Überwachen, Qualitätssichern von Produkten, Maschinen und Anlagen	Industriemechaniker/ -in FR: Produktionstechnik, Werkzeugmechaniker/ -in, Anlagenmechaniker/ -in	Produktionstechnik, Verfahrenstechnik, Nahrungsmitteltechnik
Montieren, d. h. das Zusammenbauen von Bauelementen, Baugruppen zu Maschinen und Anlagen sowie deren Inbetriebnahme/ Funktionsprobe	Automobilmechaniker/ -in, Industriemechaniker/ -in FR: Maschinen- und Systemtechnik, Geräte- und Feinwerktechnik, Werkzeugmechaniker/ -in, Konstruktionsmechaniker/ -in	Metalltechnik, Fahrzeugtechnik, Geräte- und Feinwerktechnik, Fördertechnik, Schiffbautechnik
Installieren, d. h. das Zusammenbauen von Maschinen und Anlagen "vor Ort" sowie Inbetriebnehmen/ Funktionsprobe	Gas- und Wasserinstallateur/ -in, Klempner/ -in, Zentralheizungs- und Lüftungsbauer/ -in, Anlagenmechaniker/ -in, FR: Versorgungstechnik, Konstruktionsmechaniker/ -in	Heizungstechnik, Sanitärtechnik, Lüftungs- und Klimatechnik, Energietechnik, Versorgungstechnik, Fluggerätetechnik
Instandhalten, d. h. das Warten, Inspizieren und Instandsetzen von Werkzeugen, Bauelementen und -gruppen sowie Anlagen	Industriemechaniker/ -in FR: Betriebstechnik sowie Geräte- und Feinwerktechnik, Landmaschinenmechaniker/ -in, Kraftfahrzeugmechaniker/ -in, Anlagenmechaniker/ -in, Werkzeugmechaniker/in	Alle Technikbereiche und Branchen des Berufsfeldes 'Metall'

Abb. 8: Zuordnung von Metallberufen zu Haupttätigkeiten im Rahmen des Produktkreislaufes mit Produktentstehungs- und -lebensphasen, einschließlich erforderlicher Informationswege (in Anlehnung an VDI 2243, Blatt 1)

daß die Arbeiten in den einzelnen Haupttätigkeitsbereichen mit unterschiedlicher Wertigkeit ausgeführt werden und die jeweilige Haupttätigkeit stark vom betrieblichen Einsatzfeld abhängig ist (Abb. 8). Dieser Ansatz befindet sich auch in einer gewissen Übereinstimmung mit der gewählten Systematik der Tätigkeitsbereiche und der Zuordnung aller, durch das Berufsbildungsgesetz geregelter, anerkannter Ausbildungsberufe (siehe dazu Beruf aktuell, 1996) und bietet unserer Meinung nach einen möglichen Ansatz zur Ordnung (Erweiterung der Neuordnung) aller "Metallberufe". Weiterhin eröffnet die tiefgründigere Beschäftigung mit diesem Ansatz Möglichkeiten zur Konzentration der Berufe auf wenige Grundberufe, was ja heute teilweise in der Diskussion ist bzw. von den wirtschaftlichen Bedingungen her gefordert wird, in Verbindung mit einer eventuellen branchen- oder betriebsspezifischen Spezialisierung der Ausbildungsberufe.

Diese Diskussion um eine Konzentration auf nur wenige Grundberufe tritt auf vor dem Hintergrund

- ausbildungsökonomischer Rahmenbedingungen wie Ausbildungsdauer, Prüfungsaufwand, Berufsschullehrbücher, Ausbildungszahlen,
- fließender Übergänge zwischen einzelnen Berufen bzw. beruflichen Fachrichtungen (Wodurch unterscheiden sich einzelne Berufe bzw. berufliche Fachrichtungen?) sowie
- veränderter Arbeitsaufgaben.

Wie die Diskussion um das Modell Hybridfacharbeiter - mit dem der Anfang eines additiven Aufbaus zukünftiger Ausbildungsberufe als Konzept am Beispiel verfolgt wurde - zeigte, kommt eine weitere Ausbildungszeitverlängerung, denn das hätte die Umsetzung des Konzeptes mit sich gebracht, für die Ausbildungsbetriebe nicht in Betracht. Vielmehr ist der Wunsch nach Verkürzung der Ausbildungszeit spürbar. Ausgehend von einer relativ einheitlichen beruflichen Grundbefähigung soll diese dann entsprechend der Branchenspezifik (Verfahren/Technik) relativ schnell zur differenzierten Anwendung und somit zur Spezialisierung bei gleichzeitiger Befähigung zum selbständigen Lernen am Arbeitsplatz während, aber besonders nach der Ausbildung führen. Die Grundbefähigung resultiert aus der Schnittmenge vieler Teiltätigkeiten der konkreten Haupttätigkeit, d. h., die entsprechende Schnittmenge wäre eine andere als die der heutigen neugeordneten Metallberufe. Dieser Ansatz bietet Möglichkeiten zur Verbesserung der Ausbildung in den Metallberufen sowie in der Berufsschullehrerausbildung. Aber ein solcher Angang, der ja neue Berufsstrukturen schafft, würde, über alle Ausbildungsberufe betrachtet, in gewisser Weise auch zur Auflösung von Berufsfeldern und in diesem Zusammenhang zur Schaffung von berufsfeldübergreifenden und branchenübergreifenden Grundberufen mit branchenspezifischen Spezialisierungsrichtungen führen (stofferzeugende und gestaltende Berufe, entwerfende Berufe, Herstellungsberufe, ...).

Werden die Berufsfeldbereiche Fertigungs- und Produktionstechnik, Versorgungstechnik sowie Fahrzeugtechnik im Zusammenhang mit den Haupttätigkeiten betrachtet, so wird sichtbar, daß besonders solche Haupttätigkeiten wie Einrichten, Installieren/Montieren, Instandhalten und Recyceln Querschnittscharakter tragen. Weitere, heute eminent an Bedeutung gewinnende Tätigkeitsfelder, wie - Kundenberatung/Kundenorientierung - Arbeitsorganisation - Qualitätssicherung - Kalkulation - (vgl. auch Abb. 7) werden in der Abbildung 8 überhaupt nicht sichtbar. Diese Tätigkeitsfelder sind aber in Zukunft, da sie Bestandteil in allen Berufen des Berufsfeldes 'Metall' sind (vgl. Biber/Moyé/Rüdiger 1995, Malek 1995, Spöttl 1995), unbedingt im Sinne einer ganzheitlichen Betrachtung des Arbeitsumfeldes in problemorientierte Lern- und Arbeitsaufgaben der beruflichen Erstausbildung zu integrieren. Ein entsprechender Ansatz für den Bereich der Instandhaltungsausbildung wurde durch Malek (1996, S. 33) im Rahmen des Modellversuchs "Instandhaltungsausbildung" (INA)[1] entwickelt.

3.6 Karrierewege im Berufsfeld 'Metall' - Verschmelzung von Erstausbildung und Fortbildung im lernenden Unternehmen

Unter dem Rationalisierungsdruck des internationalen Wettbewerbes entwickelten sich die Betriebe nicht, wie eine zeitlang angenommen, zu menschenleeren Fabriken, sondern heute zunehmend zu "Lernenden Unternehmen", die den Facharbeiter als Teil des Humankapitals, noch mehr die Facharbeitergruppe - sprich das Team -, das sich ständig weiterbildet und hinsichtlich seiner gruppeninternen Handlungen und Abstimmungen vervollkommnet, unbedingt benötigen. Moderne Unternehmen zeichnen sich durch flache Hierarchien aus und eröffnen den Arbeitern im Rahmen von Gruppenaktivitäten (Qualitätszirkel, Lernstatt, ...) Möglichkeiten, Einfluß auf die Arbeitsgestaltung zu nehmen (Meyer-Dohm 1991, S. 22). Neue Techniken und die sich wandelnde Arbeitsorganisation verändern sehr oft die Personal- und Führungsstrukturen. Es kommt zur Bildung flacher Hierarchien (Führungshierachien), die den Facharbeitern mehr Verantwortung übertragen: Sie müssen vor allem Entscheidungen treffen, die vormals der Meister- oder Technikerebene zukamen, d. h., die Arbeit ist im Komplex zu disponieren, die Qualitätssicherung ist eigenverantwortlich zu übernehmen, der Informationsfluß zu vor- und nachgelagerten Bereichen ist zu führen und es ist aktiv auf die Kostengestaltung Einfluß zu nehmen.

Wenn es aber ausgeprägte Hierachien nicht mehr gibt bzw. diese in Zukunft immer mehr an Bedeutung verlieren, dann steht die Frage, welche Karrierewege gibt es für Facharbeiter (Weikelmann 1995, S. 3677)? Diese Frage erscheint aus einem weiteren Blickbereich noch viel problematischer. Statisiken belegen, daß offene Ausbildungsstellen nur mit Mühe besetzt werden können. Die Nachfrage nach industriellen Metallberufen ist im Gegensatz zur Bewerbernachfrage in Elektroberufen in den vergangenen Jahren stark rückläufig. "Für die Präferenz von Großbetrieben bei Jugendlichen spricht angesichts weniger Bewerber der höhere Bekanntheitsgrad bei Eltern und Schülern, kleinere und mittelständische Industriebetriebe haben es besonders schwer, eine wirkliche Auswahl zu treffen. Mancher Ausbildungsplatz bei weniger bekannten Ausbildungsberufen, z. B. bei Konstruktions- oder Anlagenmonteur, bleibt unbesetzt" (ebd. 1995, S. 3676).

4 Entwicklungstendenzen und Erfordernisse im Berufsfeld 'Metall'

4.1 Allgemeine Tendenzen der gewerblich-technischen Berufsentwicklung

So wie im letzten Jahrhundert bis in die Mitte unseres Jahrhunderts in der Landwirtschaft durch Mechanisierung und Chemisierung eine enorme Rationalisierung und damit Freisetzung von Arbeitskräften auftrat (der Anteil der in der Landwirtschaft Beschäftigten sank von 75 % bis heute auf 3 %), die durch die sich in diesem Zeitraum stark

---

[1] Modellversuch "INA" - Kooperationsfördernde Lern- und Arbeitsaufgaben zur handlungsorientierten Instandhaltungsausbildung für kleine und mittelständische Unternehmen. Lehrstuhl: Metall- und Maschinentechnik/Berufliche Didaktik, Technische Universität Dresden 1995-1998

entwickelnde Industrie aufgesogen wurden, so tritt bis zur Jahrtausendwende (und darüber hinaus) gleichfalls eine Tendenz der Freisetzung von Arbeitskräften im gewerblich-technischen Bereich auf. So prognostiziert Warnecke (1996), von dem auch die obigen Zahlen stammen, im produzierenden Bereich einen Rückgang der Erwerbstätigen in der Produktion von gegenwärtig 35 % auf 25 bis 20 % der erwerbstätigen Bevölkerung in den nächsten Jahren. Darüber hinaus zwingen verschärfte Wettbewerbsbedingungen auf dem Weltmarkt die Unternehmen zu schnelleren Innovationszyklen, vielgestaltigeren Produktpaletten, kurzfristigeren Lieferterminen und besseren Serviceleistungen. Im industriellen Sektor haben tayloristische Organisationsformen der Produktion und Rationalisierungskonzepte mit einer bis in jedes einzelne Detail gehenden, übergeordneten Planung eines jeden Arbeitsschrittes an Bedeutung eingebüßt. Abflachung der Hierarchien, Beteiligung der Mitarbeiter an Entscheidungsprozessen, Abbau ganzer Abteilungen, Installierung von teilautonomen Arbeitsgruppen, von Qualitätsmanagementsystemen mit integrierten Instandhaltungskonzepten und gewandelte Lagerhaltung sowie Kundenorientierung durch Komplettservice sind einige der Kennzeichen des sich vollziehenden Paradigmenwechsels.

Dieser gravierende Strukturwandel, der durch die rasanten gesellschaftlichen Entwicklungen der letzten Jahre hervorgerufen wurde, muß vor allem durch Produktinnovation und Rationalisierung im Sinne von Intensivierung und Effektivierung der Produktion sowie durch Weiterentwicklung der Berufe und der Berufsbildung bewältigt werden.

Das alles erfordert ein neues Verständnis von der zukünftigen Rolle des im unmittelbaren Produktions- und Serviceprozeß stehenden Facharbeiters und der dazu notwendigen Berufsbildung.

Nach Lutz (1996, S. 57) ist die neuere Entwicklung gewerblich-technischer Berufe durch folgende Tendenzen gekennzeichnet:

These 1: Der Bedarf an Arbeitskräften zur Erzeugung eines gleichbleibenden oder weiterhin leicht anwachsenden Gütervolumens wird weiter abnehmen. Nichts spricht dafür, daß sich die Tendenz zur fortschreitenden Tertiarisierung in absehbarer Zukunft umkehren sollte.

These 2: Die Schwerpunkte der Personalreduzierung werden eher im Büro als in der Werkstatt, eher bei den Angestellten als bei den Arbeitern liegen. Die Schaffung kleinerer, selbstverantwortlicher operativer Einheiten gemäß den Konzepten der "Fabrik in der Fabrik", der "modularen" oder "fraktalen" Organisation bedeutet vor allem, daß zahlreiche Funktionen, die in der Vergangenheit auf spezialisierte "Struktur"-Dienste konzentriert wurden, wieder in die Werkstatt oder vergleichbare Organisationseinheiten zurückverlagert werden.

These 3: Der Bedarf an einfachen, wenig qualifizierten Leistungen wird weiterhin abnehmen.

These 4: Der Bedarf an technischem Wissen wird tendenziell an allen Arbeitsplätzen zunehmen. Kleine, schlagkräftige, eigenverantwortliche und flexibel agierende Organisationseinheiten in Produktion, Service und technischen Diensten setzen bei allen Beschäftigten ein recht hohes Maß an fachlicher Gemeinsamkeit, an gleichmäßig verteiltem Wissen, auf das jeder sofort zurückgreifen kann, an Gemeinsamkeiten der Sprache und zumindest an Ähnlichkeiten der Erfahrung voraus.

These 5: Die Bedeutung von "Erfahrungswissen" wird deutlich zunehmen. Dieser entscheidende Faktor hoher Anlagenverfügbarkeit und verläßlich hoher Produktqualität rückt immer mehr ins Zentrum der in der industriellen Produktion künftig benötigten Qualifikation.

These 6: Anforderungen an die "Arbeitsmarktgängigkeit" der Qualifikationen wachsen.

Welche Auswirkungen sich daraus für die Entwicklung neuer Berufsbilder und Ausbildungskonzepte im Berufsfeld 'Metall' ergeben, soll im folgenden erörtert werden.

4.2 Entwicklung neuer Berufsbilder im Metallbereich

Diese allgemeinen Entwicklungstendenzen gelten natürlich auch und gerade für das Berufsfeld 'Metall', da es ein (wenn nicht der) Kernbereich gewerblich-technischer Produktion ist. Wie und in welche Richtung muß das Berufsfeld 'Metall' reagieren? Industrievertreter (z. B. DIHT) fordern vehement in der letzten Zeit die schnelle Schaffung neuer Berufsbilder als eine Antwort auf den anstehenden Strukturwandel. Damit soll die relativ starre, zeit- und kraftaufwendige Schaffung von Berufsbildern eines Berufsfeldes aufgebrochen werden. Aber was heißt das genau? Sollen die neugeordneten metalltechnischen Berufe neugeordnet werden? Oder sollen die neugeordneten Metallberufe weiter bestehen bleiben bei gleichzeitiger Schaffung neuer Berufsbilder? Aber damit kommt man wieder in die alte Kalamität, die mit der Neuordnung beseitigt werden sollte: Das Auswuchern neuer Berufsbilder und die damit einhergehende Nichtüberschaubarkeit, Vergleichbarkeit und Ausbildbarkeit.

Das Berufsbild hat in der deutschen Berufsausbildung eine lange Tradition; es dient der Charakterisierung der beruflichen Tätigkeit und ist damit ein Gestaltungsmittel für die Berufsbildung sowie ein Orientierungsmittel für die Berufsberatung und Personalentwicklung. Bei der Entfaltung (d. h. die Anpassung an sich verändernde gesellschaftliche, technische und natürliche Bedingungen) von (metalltechnischen) Berufsbildern treten zwei immer wiederkehrende Tendenzen auf:

Differenzierung: Ein Berufsbild[2] spaltet sich immer weiter in ähnlich gestaltete Berufsbilder auf, z. B. der Schmidt/Schmied (Abb. 9) wird zum Messerschmidt, Cirkelschmidt, Kupferschmidt, Rotschmidt, Sensenschmidt, Büchsenschmidt (siehe dazu Amman, 1568 (1975), S. 62 ff.).

Integration: Ein Berufsbild nimmt immer neue Tätigkeitsbereiche in sich auf, z. B. der Schmied hat im Laufe seiner Entwicklung Tätigkeiten des Veterinärs und zu Beginn der Automobilisierung auch Tätigkeiten der heutigen Kraftfahrzeug-, Zweirad- und Landmaschinenmechaniker übernommen (vgl. Kellermann 1926). Auch die Neuordnung der Metallberufe hat diesen beiden (immer wiederkehrenden und notwendigen) Tendenzen Rechnung getragen: Das Ausbildungsberufsbild z. B. des Industriemechanikers/der Industriemechanikerin enthält einen gemeinsamen (über alle vier Fachrichtungen gehenden) Bestandteil sowie differenzierte Bestandteile (entsprechend den vier Fachrichtungen). Die vorhandene Differenzierung bezieht sich einerseits auf typisch zu verrichtende

---

[2] Der berufspädagogische Begriff des "Berufsbildes" hat u. E. seinen Bezeichnungsursprung in den außerordentlich illustrativen Darstellungen von mittelalterlichen Arbeitsprozessen, z. B. durch Georgius Agricola (Basel 1546) und Jost Amman (Nürnberg 1568).

unterschiedliche Tätigkeiten; andererseits auf unterschiedlich zu "bearbeitende" metalltechnische Systeme. Diese gute Grundanlage der Neuordnung hat aber den Nachteil einer in sich abgeschlossenen Struktur, die sich neuen Gegebenheiten nur schwer anpassen kann. Wie müssen sich nun die Berufsbilder des Berufsfeldes 'Metall' entwickeln, damit sie den neuen Anforderungen entsprechen? Da sich Innovationszyklen (sowohl von Produkten als auch von Prozessen) in immer kürzeren Abständen vollziehen, ist ein wesentliches Element zukünftiger Berufsbildentwicklung, die wesentlich größere Flexibilität gegenüber den bisherigen Prozeduren, notwendig, d. h., die Entwicklung neuer Berufsbilder bzw. die Anpassung vorhandener muß offener und dynamischer erfolgen können. Wie könnten sich nun die Berufsbilder des Berufsfeldes 'Metall' entwickeln, damit sie den neuen Anforderungen gerecht werden können?

Hier muß man zwischen den neugeordneten industriellen Metallberufen (sechs Berufe mit 16 Fachrichtungen) und den neugeordneten handwerklichen Metallberufen (17 Berufe mit 19 Fachrichtungen) sowie den weiterhin gültigen, nicht neu geordneten Metallberufen unterscheiden.

Abb. 9: Der Schmied (Holzschnitt von Jost Amman, Nürnberg 1568)

Bei der Weiterentwicklung der neugeordneten industriellen Metallberufe ist zu ergründen, welche Tendenz in Zukunft eine Veränderung der Berufsbilder im Metallbereich erwirkt: die Differenzierung oder die Integration. Die z. B. bei den Zerspanungsmechanikern/-innen vorhandene Differenzierung in die Fachrichtungen Dreh-, Automaten-Dreh-, Fräs- und Schleiftechnik sowie die in allen Fachrichtungen auftretenden (integrierten) Funktionen der Fertigungsqualitätssicherung und Wartung müssen dahingehend überprüft werden, ob es aufgrund zukünftiger Arbeitsorganisationsentwicklungen zu Arbeitserweiterungen und -bereicherungen kommt, so daß die Zerspanungsmechaniker/-innen alle Arten des Zerspanens beherrschen und daß sie erweiterte Aufgaben in der Qualitätssicherung und Instandhaltung übernehmen müssen. Damit geht die Tendenz eindeutig in Richtung Integration, da Funktionen der Industriemechaniker/-innen, Industrieelektroniker/-innen und Energieelektroniker/-innen mit übernommen werden müssen.

Bleibt es dagegen bei tayloristischen Arbeitsorganisationsmodellen, so ist weiterhin eine Differenzierung gefragt. Auch die vor allem bei kleineren Betrieben vorhandenen Outsourcingtendenzen (z. B. Instandhaltung) bestätigen bzw. erweitern vorhandene Differenzierungen. In der Metalltechnik (vorerst in Großbetrieben - und dort vor allem in der Automobilindustrie -, aber auch zunehmend in mittelständischen Betrieben) geht der Trend in Richtung moderner Arbeitsorganisation (z. B. Gruppenarbeit), zumal der Bereich "Chemie" in Abstimmung mit den Tarifpartnern die Gruppenarbeit bundesweit einführen will. Die mit der Einführung von Gruppenarbeit verbundene Tendenz der weiteren Integration von neuen Teilfunktionen in die einzelnen Berufsbilder erweitert deren

Umfang und Qualität. Das hat Auswirkungen auf notwendige Vorleistungen und die darauf aufbauende Berufsbildung sowie auf sich verändernde gesellschaftliche Rahmenbedingungen.

Die handwerklichen Metallberufe weisen schon von der Grundanlage eine höhere Differenzierung der Berufsbilder auf, so daß in Zukunft zu fragen ist, ob auf der Basis einer weiter zunehmenden Komplexität der technischen Systeme integrative Tendenzen in der Richtung auftreten, daß z. B. Probleme der Meß-, Steuerungs- und Regelungstechnik die einzelnen Handwerksberufe noch weiter durchdringen werden (siehe Kapitel 3.2 und 3.3), so daß Teilfunktionen der Industrieelektroniker/-innen, Kommunikationselektroniker/-innen und Energieelektroniker/-innen mit übernommen werden müssen (z. B. das in verschiedenen Bildungsebenen verstärkt auftauchende Berufsbild des "Mechatronikers"). Das ist aber von der in den einzelnen Bereichen zukünftig einzusetzenden Technik und Arbeitsorganisation abhängig, so daß auch hier die Berufsbildgrenzen offener gestaltet werden müssen.

Die Metallberufsbilder mit kürzerer Ausbildungszeit (z. B. Maschinenzusammensetzer/-in, Teilezurichter/-in) haben ihre weitere Berechtigung; allerdings könnten Tendenzen der zunehmenden Gruppenarbeit auch für diese Bereiche von Bedeutung werden. Auf jeden Fall müssen auch Berufsbilder des Metallbereiches mit kürzeren Ausbildungszeiten in die Überlegungen zukünftiger Entwicklungen einbezogen werden, da der Bedarf nach einfachen, weniger qualifizierten Leistungen weiterhin abnehmen wird (s. These 3).

Durch die anzustrebende "fraktale Organisation" wird in allen Metallberufen eine Arbeitserweiterung auftreten und das technische Wissen muß bei jedem so verfügbar sein, daß Schnittstellen und Überlappungsbereiche zunehmend beherrscht werden müssen (These 4).

Diese zunehmende Flexibilität der Berufsbilder im Metallbereich erfordert eine veränderte Berufsbildung im Metallbereich. Das soll im folgenden erörtert werden.

4.3 Entwicklung neuer Ausbildungskonzepte im Berufsfeld 'Metall'

Bisherige Ordnungsmittel - auch die der neugeordneten industriellen Metallberufe - sind durch Ausbildungsberufsbilder sowie durch betriebliche Ausbildungsrahmenpläne und schulische Rahmenlehrpläne gekennzeichnet und stellen ein in sich geschlossenes System dar. Heidegger und Rauner (1989, S. 188 ff.) weisen darauf hin, daß es Argumente für eine Beibehaltung einer relativen Geschlossenheit der Berufsausbildungsstruktur gibt (rechtsverbindlicher Minimalstandard der Ausbildung kann eingehalten werden, Tarifgefüge bleibt bestehen). Andererseits verlangen die sich verändernden Produktionsstrukturen ein hohes Maß an flexibel zugeschnittenen Qualifikationen.

Als vor einem Jahrzehnt die Neuordnung der industriellen und handwerklichen Metallberufe die Diskussion beherrschte, stand das duale Ausbildungssystem noch weitgehend unumstritten auf einem festen Fundament, schien Zukunft zu haben und war weltweit anerkannt.

Inzwischen sind gravierende gesellschaftliche und politische Veränderungen in Deutschland und Europa eingetreten, die - nicht nur für die metalltechnische Ausbildung - das vermeintlich sichere System der dualen Ausbildung in die Diskussion, wenn nicht sogar ins Wanken gebracht haben. Langfristig festgeschriebene Ausbildungsordnungen und Lehrpläne bedingen eine Rigidität der Lernorganisation an den verschiedenen

Lernorten, die teilweise in erheblichem Widerspruch sowohl zu den umwälzenden Veränderungen in der Arbeitswelt, als auch zu neuen berufspädagogischen Ansprüchen nach gestaltungsorientierten, offenen und dynamischen Berufsbildern mit prospektiven Anteilen und einer Individualisierung des Lernens stehen. Soviel ist schon jetzt aus der Diskussion der mit beruflicher Bildung im Berufsfeld 'Metall' Befaßten erkennbar: Zukünftige metalltechnische Berufe und das damit verbundene berufliche Lernen - ob nun als Basisberufe der Erstausbildung oder Spezialberufe der Weiterbildung - sollten lernorganisatorische Möglichkeiten der Individualisierung (beispielsweise durch selbstbestimmbare Lernangebote), der Flexibilisierung (z. B. thematische Schwerpunktsetzungen durch die Lernenden) und darüber hinaus Orientierungen (beispielsweise durch Moderation von Ausbildern und Lehrern) an den verschiedenen Lernorten bieten.

Das erfordert zukünftige Ausbildungskonzepte, die über einen relativ breit angelegten und über einen längeren Zeitraum konstant bleibenden Ausbildungsteil und einen variablen, den jeweils konkreten Entwicklungen angepaßten Ausbildungsteil verfügen.

Die im konstanten Ausbildungsteil zu erreichenden Qualifikationen sollten möglichst die Breite der Tätigkeiten des Berufsfeldes 'Metall' (im Sinne des Produktlebenszyklusses) erfassen und nicht mit dem 1. Ausbildungsjahr abgeschlossen werden, sondern über die gesamte Ausbildung ausgedehnt werden.

Der variable Anteil sollte tätigkeits- und branchenorientiert entsprechend den Möglichkeiten des Ausbildungsbetriebes angelegt sein und neueste Tendenzen metalltechnischer Tätigkeiten erfassen. Dieser variable Anteil sollte berufsfeldübergreifende Tätigkeitskombinationen (Heidegger/Rauner 1989, S. 130) ermöglichen, die bis zu Zusatzqualifikationen für Leistungsstarke und Interessierte gehen können (Verknüpfung von Mechanik-Elektrik/Elektronik/Rechentechnik/Steuerungs- und Regelungstechnik in den Tätigkeiten Inbetriebnehmen, Bedienen und Instandhalten).

Durch diese tätigkeitsorientiert breit angelegte und in einem Tätigkeits- und Technik-/Branchen-Bereich vertieft gestaltete Erstausbildung wird eine erhöhte "Arbeitsmarktgängigkeit" der Qualifikationen erreicht (These 6).

Zukünftig notwendige ganzheitliche Arbeitsweisen erfordern ganzheitliche Ausbildungskonzepte. Das bedeutet für den Berufsschulunterricht, daß er fächerübergreifend im Sinne von Projektorientierung gestaltet ist und vor allen Dingen arbeitsorgansiatorischen und betriebswirtschaftlichen Aspekten stärker Rechnung tragen muß. Damit diese erweiterten Lerninhalte praxiswirksam werden können und ganzheitliche Ausbildungskonzepte über die Lernorte hinweg gestaltet werden können, ist eine stark verbesserte Lernortkooperation notwendig. Eine von verschiedenen Unternehmerverbänden (DIHT, DZH) in letzter Zeit angestrebte Verkürzung der Berufsschulzeit schadet damit ihren eigenen Interessen. Diese höhere Flexibilität, Kooperativität und Qualität erfordert besser ausgebildete Lehrkräfte (Dipl.-Berufspädagogen, Ausbilder) und eine Erhöhung ihres Berufsansehens. Diese hier nur andeutungsweise dargestellten Ausbildungskonzepte benötigen aber bestimmte gesellschaftliche Rahmenbedingungen. Diese sollen abschließend knapp dargestellt werden.

4.4 Entwicklung von gesellschaftlichen Rahmenbedingungen als Voraussetzung für die weitere Entwicklung des Berufsfeldes 'Metall'

Die wirtschaftliche Entwicklung in ganz Deutschland hat einen Strukturwandel zu bewältigen, der auch und gerade für die Berufsbildung ein Umdenken und damit eine Erweiterung der Ausbildungsziele, -inhalte und -methoden sowie die Aufnahme zusätzlicher

Qualifikationen erfordert. Zwar ist ein gut ausgebildeter Facharbeiterstamm in den Betrieben vorhanden, der zusätzliche Qualifikationen erwerben will und sich bereits teilweise durch Weiterbildung auf die neuen Gegebenheiten eingestellt hat. Andererseits können langfristig Disproportionen auf dem Arbeitsmarkt durch die zu starke Nachfrage nach kaufmännischen Berufen sowie Berufen im tertiären Bereich bei Rückgang der Bewerberzahlen im gewerblich-technischen Bereich, darunter auch für das Berufsfeld 'Metall', entstehen. Das hat zur Folge, daß die Nachfrage nach qualifizierten Facharbeitern aus dem Berufsfeld 'Metall' im ersten Jahrzehnt nach der Jahrtausendwende nicht mehr zu befriedigen sein wird. Daraus erwachsen zunehmend Anforderungen an die Verbesserung gesellschaftlicher Rahmenbedingungen:

- Attraktivitätserhöhung metalltechnischer Berufe, z. B. durch Karriereorientierung schon in der Erstausbildung,
- Gestaltungsmöglichkeiten für Zusatzqualifikationen zur weiterreichenden Einsetzbarkeit der metalltechnischen Fachkräfte mit dem Ziel verbesserter Wettbewerbsfähigkeit der Unternehmen,
- Mitarbeiterbeteiligung durch Herausbildung unternehmerischen Denkens schon in der Erstausbildung vorbereiten und damit aktive Einflußnahme auf die Sicherung des eigenen Arbeitsplatzes ermöglichen,
- Attraktivität des Dualen System des Berufsbildung erhalten bzw. ausbauen (kein Zurückziehen der Betriebe von der Erstausbildung, Qualität der Berufsschule erhöhen, Erfolge des Dualen Systems der Berufsakademien nutzen),
- höhere Verantwortung und damit verbundene höhere Kompetenz zukünftiger metalltechnischer Berufe erfordert höhere Löhne, um langfristig notwendige Berufsentscheidungen dementsprechend beeinflussen zu können.

5 Schlußbemerkung

Kompliziert stellt sich die Situation des Berufsfeldes 'Metalltechnik' im zu Ende gehenden Jahrhundert dar, da es von den strukturellen Veränderungen der letzten Jahre stark betroffen ist. Hinzu kommt ein demographischer Rückgang der Sechszehn- bis Neunzehnjährigen sowie der nicht enden wollende Trend zum tertiären Bildungsbereich.

Fest steht: Durch eine Berufsbildung im metalltechnischen Bereich nach dem Motto "Eisen erzieht" kann die heute erforderliche Attraktivitätssteigerung nicht erreicht werden. Einerseits verlangen die neuen Technologien und modernen Arbeitsorganisationen im Berufsfeld 'Metall' aber auch ähnliche Tugenden wie z. B. Gründlichkeit und Ausdauer; andererseits sind Verantwortungsbewußtsein, Kreativität, Organisationstalent sowie Kooperations- und Kommunikationsfähigkeit in zunehmendem Maße gefragt. Das verlangt nach flexibleren metalltechnischen Berufsbildern und dementsprechenden Ausbildungskonzepten, die aber nur durch bildungspolitisch entsprechend gestaltete Rahmenbedingungen erreicht werden können.

Berufsfeld 'Metall' 253

Literatur

AMMAN, J.: Das Ständebuch. 133 Holzschnitte mit Versen von Hans Sachs und Hartmann Schopper. Nachdruck der Erstausgabe von 1568, hrsg. von Manfred Lemmer. Leipzig 1975

ARNOLD, R.: Berufsbildung. Annäherung an eine Evolutionäre Berufspädagogik. Hohengehren 1994

BANNWITZ, A./RAUNER, F. (Hrsg.): Wissenschaft und Beruf: Berufliche Fachrichtungen im Studium von Berufspädagogen des gewerblich-technischen Bereiches. Bremen 1993

BARTHEL, G.: Die Neuordnung der industriellen Metallberufe. In: informationen für die Beratungs- und Vermittlungsdienste der Bundesanstalt für Arbeit.Nr. 43/95. Nürnberg 1995a, S. 3661-3668

BARTEL, G.: Dem richtigen Facharbeiter gehört die Zukunft. In: informationen für die Beratungs- und Vermittlungsdienste der Bundesanstalt für Arbeit.Nr. 43/95. Nürnberg 1995b, S. 3679-3682

BERUF AKTUELL - AUSGABE 1996/97. Schwerpunkt: I. Anerkannte Ausbildungsberufe, geregelt durch das Berufsbildungsgesetz. Bundesanstalt für Arbeit, Nürnberg 1996, S. 53-276

BIBER, J./MOYÉ, J./RÜDIGER, J.: Die Arbeitsorganisation in der Versorgungstechnik - Wandel auch im Handwerk. In: Pahl, J.-P. (Hrsg.): Fachtagung Metall- und Maschinentechnik/Arbeitsorganisation im Wandel - Berufliches Lernen wie bisher? Neusäß 1995, S. 114-123

BLOY, W./PAHL, J.-P.: Versorgungstechnik anders lernen. In: Bloy, W./Pahl, J.-P.: Das Unterrichtsverfahren Technisches Experiment. Seelze-Velber 1995, S. 7-10

BUNK, G. P./FALK, R./ZEDLER, R.: Zukunft der Facharbeit. Köln 1995

BUXBAUM, B.: Feilen. Werkstattbücher, Heft 46 (hrsg. v. Eugen Simon), Berlin 1932

DEHNBOSTEL, P.: Wandel von Arbeit und Technik - Implikationen für die Gestaltung von Lernorten. In: lernen & lehren, Heft 36, 1995, S. 12-24

DIN 31051, Instandhaltung - Begriffe und Maßnahmen, Berlin 1985

DIN 32 541, Betreiben von Maschinen und vergleichbaren technischen Arbeitsmitteln - Begriffe für Tätigkeiten, Berlin 1977

DRECHSEL, K./NIEMANN, I.: Eigendiagnose elektronischer Fahrzeugsysteme. In: lernen & lehren, Heft 33/Schwerpunkt: Instandhaltung, 1994, S. 31-39

DREWES, C.: Neuordnung der industriellen Metallberufe - gewerkschaftliche Antworten auf veränderte Anforderungen in der Praxis. In: informationen für die Beratungs- und Vermittlungsdienste der Bundesanstalt für Arbeit. Nr. 43/95. Nürnberg 1995, S. 3669- 3672

EICHLER, C.: Instandhaltungstechnik. Berlin 1990

ERBE, H.-H.: Instandhaltung integriert in die Produktionsfacharbeit. In: Pahl, J.-P. (Hrsg.): Lernbereich Instandhaltung - Beiträge aus Berufswissenschaft, Beruflicher Didaktik und Fachmethodik, Hamburg-Dresden 1996, S. 167-178.

GEBÄUDELEITTECHNIK - ein neuer Markt für das Handwerk. Landesprogramm Arbeit und Technik des Senators für Arbeit und Frauen der Freien Hansestadt Bremen, Bremen 1993

GREINERT, W.-D.: Hat das duale System der Berufsausbildung seine Zukunft bereits hinter sich? In: Berufsbildung 46 (1992), Heft 2, S. 69-72

GREINERT, W.-D.: Über den notwendigen Umbau des dualen Systems der Berufsausbildung. Vom ordnungspolitischen Instrument des 19. zum "praxisbezogenen Qualifikationsmodell" des 21. Jahrhunderts. In: berufsbildung, Heft 37, 1996, S. 3-7

HEIDEGGER, G./RAUNER, F.: Berufe 2000. Berufliche Bildung für die industrielle Produktion der Zukunft. Bremen 1989

HOCH, H.-D./SCHLOTTAU, W.: Die neuen industriellen Metallberufe. Bundesinstitut für Berufsbildung, Der Generalsekretär. Berlin 1988

HOPPE, M. (Hrsg.): Versorgungstechnik und Berufsausbildung. Entwicklungen. Herausgegeben vom Bundesinstitut für Berufsbildung, Berlin/Bonn 1992

HOPPE, M./JACOBS, O.: Umweltgerechte Modernisierung von Werkzeugmaschinen. In: Pahl, J.-P.: Lernbereich Instandhaltung - Beiträge aus Berufswissenschaft, Beruflicher Didaktik und Fachmethodik, Hamburg-Dresden 1996, S. 91-102

HOPPE, M./JACOBS, O.: Instandhaltung, Modernisierung, Erneuerung - Zum Verständnis und zur Einordnung der Gegenstandsbereiche. In: Hoppe, M./Pahl. J.-P.(Hrsg.): Instandhaltung. Bewahren - Wiederherstellen - Verbessern. Bremen 1994, S. 27-38

INFORMATION für die Beratungs- und Vermittlungsdienste der Bundesanstalt für Arbeit. Nr. 43/95. Nürnberg 1995, S. 3673-3677

KELLERMANN, E.: Das Schmiedehandwerk. Praktisches Hand- und Lehrbuch für Schmiede und verwandte Berufe. Leipzig 1926

Kfz-Handwerk (1995): Europäischer Bericht. Berlin 1995

LEMKE, E./EICHLER, CH.: Integrierte Instandhaltung. Handbuch für die betriebliche Praxis/Technik-Management-Wirtschaftlichkeit, Kapitel III - 6/Integrierte Instandhaltung und Umwelt, Landsberg am Lech 1995, S. 1-22

LUTZ, B.: Gesucht: Ein neuer Typ industrieller Arbeitskraft. In: Süddeutsche Zeitung Nr. 92/1996, S. 57

MALEK, R.: Didaktische Aspekte der Arbeits- und Ausbildungsorganisation - untersucht und dargestellt am Beispiel der Lehrplaneinheit "Hydraulische Steuerungen". In: Pahl, J.-P. (Hrsg.): Fachtagung Metall- und Maschinentechnik. Arbeitsorganisation im Wandel - Berufliches Lernen wie bisher? Neusäß 1995, S. 124-135

MALEK, R.: Entwicklungsstand und Ansätze einer Gesamtkonzeption des Lern- und Aufgabensystems für die Instandhaltungsausbildung. In: Pahl, J.-P./Malek, R. (Hrsg.): Instandhaltungsaufgaben analysieren - Lern- und Arbeitsaufgaben gestalten, Hamburg-Dresden 1996, S. 23-44

MEYER-DOHM, P.: 2. Bildungsarbeit im lernenden Unternehmen. In: Meyer-Dohm, P./ Schneider, P. (Hrsg.): Berufliche Bildung im lernenden Unternehmen - Neue Wege zur beruflichen Qualifizierung. Stuttgart/Dresden 1991, S.19-31

MIDDENDORF, H./VON AHLEN, H.-D.: Zur Neuordnung industrieller und handwerklicher Metallberufe und ihre Bedeutung für verändertes Lernen. In: Pahl, J.-P.; Schulz, H.-D. (Hrsg.): Lernen nach der Neuordnung, Jungarbeiterinitiative an der Werner-von-Siemens-Schule (Berufliche Bildung, Band 9) Wetzlar 1989, S. 13-39

NEUE INDUSTRIELLE BERUFE IN DER METALLTECHNIK, Hrsg. vom Bundesinstitut für Berufsbildung, Berlin 1989

OERTEL, M./REITH, M./WASILIEWSKI, R. : Welche Perspektiven hat der qualifizierte Facharbeiter? In: informationen für die Beratungs- und Vermittlungsdienste der Bundesanstalt für Arbeit. Nr. 43/95. Nürnberg 1995, S. 3683-3687

ORTNER, G.: Lean Performance: REFA bezieht Position. In: Lean Management - Potentiale und Erfolge. Deutsches IE-Jahrbuch 1993 mit den Referaten zur 19. Deutschen Industrial-Engineering-Fachtagung, Darmstadt 1993

PAHL, J-P./SCHULZ, H.-D.: Vorwort. In: Pahl, J.-P.; Schulz, H.-D.: Ein Lernen nach der Neuordnung, Jungarbeiterinitiative an der Werner-von-Siemens-Schule (Berufliche Bildung, Band 9) Wetzlar 1989, S. 7-9

RAUNER, F./ZEYMER, H.: Auto und Beruf. Bremen 1991

SÄCHSISCHES GESETZ- UND VERORDNUNGSBLATT vom 11. Mai 1992, Verordnung des Sächsischen Staatsministeriums für Kultus über die Erste Staatsprüfung für Lehrämter an Schulen im Freistaat Sachsen (Lehramtsprüfungsordnung I - LAPO I) vom 26. März 1992

SCHNEIDER, D.: Impulse für eine zukunftsorientierte Gestaltung der Arbeitszeit. In: Lean Management - Potentiale und Erfolge. Deutsches IE-Jahrbuch 1993 mit den Referaten zur 19. Deutschen Industrial-Engineering-Fachtagung, Darmstadt 1993

SCHULZ, H.-D.: Handlungslernen - ein didaktisches Konzept in der Berufsbildung. In: Pahl, J.-P./Schulz, H.-D. (Hrsg.): Lernen nach der Neuordnung, Jungarbeiterinitiative an der Werner-von-Siemens-Schule (Berufliche Bildung, Band 9) Wetzlar 1989, S. 81-104

SPÖTTL, G.: Arbeitsorganisation und "Job-Design" im Kfz-Reparatursektor. In: Pahl, J.-P. (Hrsg.): Fachtagung Metall- und Maschinentechnik. Arbeitsorganisation im Wandel - Berufliches Lernen wie bisher? Neusäß 1995, S.58-67

SPÖTTL, G./RAUNER, F.: Der Kfz-Mechatroniker. Die Extraseiten für Kfz-Ausbildung, Beruf und Spezialwissen. In: mot AUTOS TEST TECHNIK, Nr. 2/1996, Stuttgart 1996a, S. 1-2

SPÖTTL, G./RAUNER, F.: Mit Computerhilfe arbeiten und lernen. Die Extraseiten für Kfz-Ausbildung, Beruf und Spezialwissen. In: mot AUTOS TEST TECHNIK, Nr. 11/1996, Stuttgart 1996b, S. 1-3

THOMAS, P.: Wandel der Arbeits- und Qualifikationsanforderungen in der Versorgungstechnik. In: Hoppe, M. (Hrsg.): Versorgungstechnik und Berufsausbildung - Entwicklungen. Bundesinstitut für Berufsbildung Berlin, Bonn 1992, S. 39-66

TILCH, H.: Automatisierungstechnik - Integration von Technik, Organisation und Qualifikation. In: lernen & lehren, Heft 22/1991, S. 23-32

VDI 2243. VDI-Richtlinien Konstruieren recyclinggerechter technischer Produkte. Grundlagen und Gestaltungsregeln, Düsseldorf Oktober 1993

VERORDNUNG über die Berufsausbildung in den industriellen Metallberufen. Bielefeld 1987

WARNECKE, : Produktion 2000. Vortrag auf dem Dresdner Produktionstechnik-Kolloquium, Dresden 1996

WEIKELMANN, G.: Industrielle Metallberufe - 8 Jahre nach der Neuordnung. In: informationen für die Beratungs- und Vermittlungsdienste der Bundesanstalt für Arbeit. Nr. 43/95. Nürnberg 1995, S. 3673-3677

WERTH-PAPE/TSUMURA/HERBERMANN: Reorganisation eines Deutschen Maschinenbauunternehmens mit japanischen Impulsen. In: ZWF-Zeitschrift für wirtschaftliche Fertigung, Münschen 1-2/1995

WITTHAUS, U.: Duales System zwischen Auflösung und Verankerung. In: berufsbildung, Heft 33(1995) S. 25-27

WITTWER, W.: Abschied von Gestern. Neuorientierung in der beruflichen Bildung. In: berufsbildung, Heft 33 (1995), S. 3-7

ZUKUNFT HANDWERK. Handwerks-Tagung 18.-20. 1. 1995 in Bremen, Programm

Jörn Hass

Die Lernfabrik als Gegenstand für komplexe Lehr- und Lernsituationen - Ein Beitrag zur Erstausbildung im Lernbereich Produktionstechnik

1 Vorbemerkung

Es wird ein Konzept "Lernfabrik" als ganzheitlicher Ausbildungsansatz beschrieben, in dem die systemischen Zusammenhänge eines Produktionsprozesses zum Lerngegenstand werden. Wie aber lassen sich Lernprozesse in komplexen Systemen organisieren? Arbeiten und Lernen in vernetzten Strukturen erfordern didaktische Ansätze, die besonders auf Subjektivität und Selbstkompetenz gerichtet sind. Im Zentrum steht der Lernende als lebendes soziales System, der individuell und verantwortungsbewußt eine umfassende berufliche Handlungsfähigkeit entwickeln soll. Mit lernzielorientierten und vom Lehrer durchorganisierten Unterrichtsarrangements kann sicherlich für die berufliche Erstausbildung keine didaktisch plausible Antwort auf die veränderten Bedingungen der berufsförmigen Facharbeit gefunden werden. Eine Möglichkeit, Planungsfähigkeit, Systemdenken und Problemlösungsverhalten bereits durch die gewerblich-technische Erstausbildung zu fördern, wird darin gesehen, wenn die betriebliche Realität in die Berufsschule geholt und dort in Form einer Lernfabrik simuliert wird.

2 Was ist eine Lernfabrik? - Einordnung des Begriffes

Der Begriff *Lernfabrik* ist erklärungsbedürftig, zumal die fast gleich klingende Bezeichnung *Lernfirma* in der Berufs- und Wirtschaftspädagogik schon seit längerem bekannt ist. In eine ähnliche Richtung zielen die Bezeichnungen *Lernbetrieb, Übungsfirma* oder *Lernbüro*, die jedoch vom Begriff *Lernfabrik* abzugrenzen sind. Gemeinsam daran ist, daß es sich um ganzheitliche und handlungsorientierte Organisationsformen beruflichen Lernens handelt, in denen möglichst realistische Betriebsbedingungen dargestellt sind. Ein Pendant zu den wirtschaftspädagogischen Betriebsmodellen stellen im gewerblich-technischen Bereich die Produktionsschulen dar. Sie können ebenfalls auf eine weit zurückreichende Entwicklungsgeschichte verweisen. Wirft man einen Blick auf die sich im Laufe der Zeit herausgebildeten Produktionsschultypen und deren Organisationsformen, können je nach Art der Organisation und des Verhältnisses von Ausbildung und Produktion drei Typen von Produktionsschulen unterschieden werden (Greinert/Wiemann 1992):

- Bei dem *einfachen,* vorzugsweise in Europa vorkommenden Produktionsschultyp, sind Ausbildung und Produktion in einer Institution zusammengefaßt. Hinsichtlich Verwaltung und Personalstruktur entspricht dieser Typ überwiegend schulischen Maßstäben.

- Beim *entwickelten* oder auch *arbeitsteiligen* Produktionsschultyp handelt es sich um eine Kooperation von weitgehend autonomen Abteilungen: Eine produzierende Ausbildungswerkstatt existiert neben einer eigenständigen, betriebsförmig organisierten Produktionsabteilung. Bei dieser Form der Kombination wird der schulische

Teil durch die Produktion finanziell abgesichert. Die Produktionsabteilung vergibt z. B. Aufträge an die Lehrwerkstatt. Dieser Typ Produktionsschule ist ausschließlich in Ländern der Dritten Welt verbreitet.

- Wird ein moderner Produktions- oder Dienstleistungsbetrieb simuliert, bei dem auch die strukturelle betriebliche Realität zu Ausbildungszwecken institutionalisiert wird, handelt es sich um eine *komplexe* Produktionsschule. Dieser Typ kann auch als *Lernfabrik* bezeichnet werden. In jüngster Zeit findet er im Zusammenhang mit Qualifikationskonzepten im Bereich der rechnerintegrierten Produktion zunehmende Aufmerksamkeit.

Was für die berufliche Erstausbildung im kaufmännischen Bereich mit möglichst realistisch nachgebildeten Betriebsbedingungen erreicht werden soll, findet im gewerblich-technischen Bereich seine Entsprechung in der Nachbildung von Produktionsabläufen. Eine Lernfabrik zeichnet sich demnach durch die höchstmögliche Abbildung des betrieblichen Realitätsniveaus aus, denn sie soll eine dynamische Simulation eines modernen produzierenden Betriebes darstellen.

Lernfabriken sind in verschiedenen Organisationsvarianten denkbar, und zwar

- als Simulationslabor:
 Der Produktionsprozeß eines Betriebes wird in dem Fall mit Hilfe von Modellen und Kleingeräten symbolisch dargestellt oder auch als Software-Simulationsmodell.
- als modulare Lernfabrik:
 Eine realistische Abbildung eines vollständigen Betriebes mit allen seinen Subsystemen und Funktionen ist schwierig zu verwirklichen. Dieses Problem läßt sich mit einer Ausschnittbildung wenigstens ansatzweise umgehen und zwar durch Bildung von Modulen, in denen wesentliche Betriebsfunktionen auf möglichst praxis- und produktionsnahen Geräten, Maschinen und Funktionsmodellen dargestellt werden. Eine modulare Konzeption ist ein relativ offenes System aus Lerninseln, die sich zu einem Lernortverbund zusammenfügen lassen. Damit ist vor allem die Möglichkeit gegeben, eine Kooperation von wirklichen Betrieben und der Institution, an der die Lernfabrik installiert ist, zu betreiben.
- als vollständiger Produktionsbetrieb:
 Diese dritte Variante setzt eine möglichst vollständige, praxis- und produktionsnahe Ausstattung voraus. Wird das gesamte System "Betrieb" sozusagen unter einem Dach abgebildet, stellt die Lernfabrik damit nach wie vor die Simulation eines echten Betriebes dar. Auch die Tatsache, wenn sich die Lernfabrik auf dem Markt mit einem Produkt im Wettbewerb behaupten müßte, würde nichts daran ändern. Die Grundidee einer Lernfabrik, nämlich Lehr- und Lernsituationen in fabrikähnlichen Strukturen zu gestalten, ist damit nicht aufgehoben.

Welche berufsqualifizierenden Perspektiven bietet das Konzept einer Lernfabrik? Welches wären die herausragenden fachdidaktischen und berufswissenschaftlichen Potentiale, die mit diesem Ansatz für die berufliche Erstausbildung genutzt werden könnten? Antworten auf derartige Fragen ermöglicht ein Blick auf die veränderten industriellen Arbeitsanforderungen an die Facharbeit. Das Bild eines modernen Fertigungsbetriebes wird vor allem geprägt durch vernetzte Strukturen von Informations-, Material- und Energieflüssen. Die rechnergestützte Produktionstechnik hat in den Betrieben zu einem grundsätzlichen Strukturwandel mit veränderten Arbeitskonzepten und zu höheren Qualifikationsanforderungen geführt. Berufsförmige Facharbeit stellt sich heutzutage anders dar. Angesichts dieser Herausforderungen ist zu klären, welchen Stellenwert ein ganzheitlich orientiertes Konzept "Lernfabrik" in der gewerblich-technischen Erstausbildung haben kann.

3 Die veränderte Facharbeit im Produktionsprozeß und daraus zu folgernde Lehr- und Lernsituationen

3.1 Berufliche Facharbeit

Der Wandel der beruflichen Facharbeit hat gezeigt, daß die Anforderungen an die Beschäftigten steigen. Betriebliche Ziele heißen heute: Qualitätsmanagement und Kundenorientierung im globalen Wettbewerb. Großbetriebe sind dazu übergegangen, die Funktionsprofile der Facharbeiter zu erweitern und den betrieblichen Anforderungen anzupassen. Facharbeiter müssen sich heutzutage und künftig mit wesentlich komplexeren Aufgaben und Tätigkeiten befassen und das in anderen Arbeitsorganisationsformen (s. Abb. 1).

Facharbeiter: Die neuen Anforderungen

Früher	Jetzt und künftig
Starre Arbeitszeiten	Flexible Arbeitszeiten, Absprache im Team
Detailliert vorgegebene Arbeitspläne	Selbständige Planung der Arbeitsaufgaben
Aufgabenverteilung durch den Meister	Arbeitsaufteilung im Team
Störfallentscheidung durch den Meister	Selbständige Störungsanalyse und Reaktion
Material- und Werkzeugkompetenz beim Meister	Verantwortliche Stoff- und Werkzeugdisposition
Qualitätsverantwortung bei speziellen Kontrolleuren	Verantwortliche Qualitätssicherung
Terminkontrolle durch Terminverfolgung	Terminverantwortung
Kostenverantwortung beim Meister	Beteiligung am Kostenmanagement
Ausführung vorgegebener Planungen nach Anweisung	Selbständig planen, durchführen und kontrollieren

Abb. 1: Neue Anforderungen an Facharbeiter (Wirtschaft und Unterricht 1996)

Doch wo und wie lernen angehende Facharbeiter Fähigkeiten, die eine Planungs- und Arbeitsorganisationskompetenz ausmachen? Es sind Fähigkeiten, die das krasse Gegenteil dessen bedeuten, was bislang durch Arbeitsteilung praktiziert wurde. Die Auswirkungen von Taylorismus und Fordismus sind nur allzugut bekannt. Das Prinzip der Aufteilung und Differenzierung bis hin zur "Atomisierung" von Arbeitsschritten finden wir auch in Lehr- und Ausbildungsplänen und auch schulorganisatorisch wieder. An den Berufsschulen haben sich ebenso seit Jahrzehnten Lehr- und Lernsituationen verfestigt, die genau diesem Bild entsprechen. Mit Recht ist sogar vom didaktischen Taylorismus gesprochen worden. Dennoch hat es immer Gegenbewegungen gegeben. Zu erinnern sei nur an die ganzheitlichen Arbeitsschulkonzepte und an das erste konsequent durchdachte und wirklich berufsorientierte Konzept der Berufsbildung, die *Frankfurter Methodik*. Die darauf folgende *Experimentelle Werkkunde* war bereits ein handlungsorientiertes Unterrichtsverfahren, welches die berufliche Facharbeit zum Zentrum aller didaktischen Entscheidungen machte.

Man sollte sich aber auch bewußt machen, daß der beruflichen Erstausbildung durch die Neuordnung der Metall- und Elektroberufe Instrumente an die Hand gegeben sind, mit denen sie sich den veränderten Verhältnissen stellen kann. Allerdings haben die betriebliche Aus- und Weiterbildung wesentlich schneller auf die Veränderungen mit Konzepten reagiert, wie z. B. Leittextmethode, Qualitätszirkel, Lernstatt, Lerninseln, PETRA-Methode usw. In der Berufsschule kann trotz vieler erfolgreicher Modellversuche und sich langsam verbreitender handlungsorientierter Unterrichtsverfahren noch nicht von einem generellen Umdenken gesprochen werden. Wie sollen auch die Anspüche einer umfassenden beruflichen Handlungsfähigkeit eingelöst werden, wenn sich die Organisationsstrukturen bei dem vorhandenen Beharrungsvermögen nur zaghaft ändern? "Schule neu denken", wie Hartmut v. Hentig fordert, heißt doch auch, daß die in diesem System arbeitenden Menschen, also auch die Lehrenden, bereits während ihrer Ausbildung ein anderes Bild von ihrer zukünftigen Berufstätigkeit bekommen müssen. Hier ist die berufswissenschaftliche Gewerbelehrerausbildung in beiden Phasen gefordert, sie muß sich an der berufsförmigen Facharbeit orientieren.

3.2 Facharbeit in veränderten Fabrikstrukturen, Beispiel Gruppenarbeit

Die industrielle Gruppenarbeit prägt wie kaum ein anderes Konzept die heutige Debatte um moderne Arbeitsorganisation. Die Diskussion um Gruppenarbeit ist nicht neu, Grundsätze dieser Arbeitsform sind nahezu so alt wie ihr Taylor'sches Gegenstück. Die Ursachen für neue Arbeitskonzepte können im Managementbereich in der Veränderung von Verkäufer- zu Käufermärkten gesehen werden. Was die MIT-Studie 1991 ausgelöst hat, ist inzwischen allgemein bekannt. Bislang verbreitete bürokratische Organisationsformen erweisen sich als zu starr, weil auf Kundenwünsche (Variantenvielfalt) nicht mehr flexibel reagiert werden kann. Um die Prozeßketten möglichst komplett zu erfassen, sind verstärkt dezentrale Organisationskonzepte eingeführt worden. Ob in Gruppenarbeit oder in Einzelarbeit bessere Leistungen erzielt werden, hängt in erster Linie von der Arbeitsaufgabe ab. Arbeitstätigkeiten können nur dann als produktiv bezeichnet werden, wenn sie zyklisch und hierarchisch vollständig sind. Da das in vielen Fällen individueller Tätigkeiten nicht immer zu erreichen ist, kann Gruppenarbeit oft weiterhelfen (Hacker 1994, S. 75).

Die typische Charakterisierung industrieller Gruppenarbeit spiegelt sich in dem folgenden Merkmalkatalog wider (Hurtz 1994, S. 89):

- Die Fertigung von Einzelteilen bzw. die Montage von Maschinen oder Baugruppen erfolgt in möglichst geschlossenen Wertschöpfungsketten.

Lernbereich Produktionstechnik

- Die Gruppen arbeiten teilautonom, d. h., sie erhalten Freiräume bei der Planung und Steuerung der Produktion und kontrollieren die hergestellten Produkte selbst.
- Die Gruppen erhalten Verantwortung und entsprechende Kompetenzen, um die Arbeitsabläufe selbständig einzuteilen und zu optimieren.
- Jede Gruppe ist verpflichtet, Qualität zu optimieren und kontinuierlich zu verbessern.

Dieses sind deutliche Hinweise auf eine Abkehr von der technozentrischen Arbeitsgestaltung und der Annäherung zu einer mehr anthropozentrischen Sichtweise (Brödner 1986). Dementsprechend haben sich auch die Formen der Arbeitsorganisation gewandelt, nämlich von der Ablauf- zur Aufbauorganisation (s. Abb. 2).

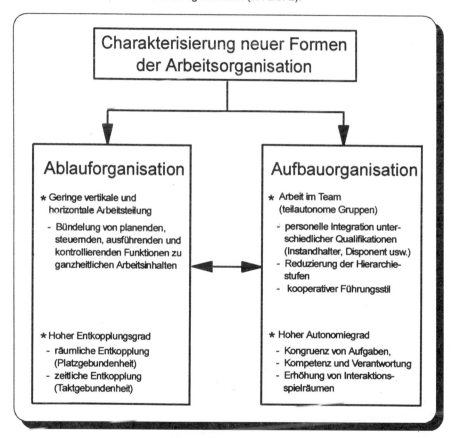

Abb. 2: *Charakterisierung neuer Arbeitsorganisationen (Bullinger/Betzl 1991, S. 28)*

Erstaunlich an diesem Wandel ist die Tasache, daß nach jahrzehntelangem Technisierungs- und Optimierungsstreben jetzt unternehmerische Strategien auf Kundennähe zielen. Die Flexibilitätsbereitschaft in der Produktionstechnik führt damit *"zu Tendenzen der*

Organisationsentwicklung und Personalentwicklung, die den Ansprüchen des Individuums auf Persönlichkeitsentfaltung entgegenkommt" (Reetz 1994, S. 4). Ein Glücksfall für die Berufspädagogik: Betriebliche Qualifikationsansprüche und Bildungsinteressen des Individuums treffen an diesem Schnittpunkt zusammen. Die Betriebe schaffen sich ihr Mitarbeiterpotential überwiegend durch besondere Qualifizierungsmaßnahmen im Erst- und Weiterbildungsbereich. In der betrieblichen Weiterbildung muß sozusagen etwas nachgerüstet werden, was im Grunde von vornherein ein Bestandteil der beruflichen Erstausbildung zwischen Berufsschule und Betrieb sein müßte. Gemeint sind damit arbeits- und prozeßorientierte Ausbildungs- und Lernsituationen, in denen hohe Selbständigkeit, Planungs- und Entscheidungssituationen keine Besonderheit, sondern die Normalität darstellen.

4 Auseinandersetzung mit komplexen Systemen

4.1 Vernetzte Strukturen

Das komplexe System eines Fertigungsbetriebes ist in seiner Gesamtheit mit den vielschichtigen Zwischenbeziehungen nur schwer zu erfassen. Die gegenseitigen Beziehungen der miteinander wirkenden Elemente sind oftmals gar nicht erkennbar. Aufgrund unserer gewohnten Denkweise werden Ereignisse und Ursachen überwiegend in kausalen und linearen Zusammenhängen betrachtet. Ein typisches Beispiel stellt die Visualisierung eines komplex strukturierten Betriebes durch Organigramme dar. Diese übersichtlichen, nach Hierarchien gegliederten Zusammenhänge verleiten zu einer reduzierten Top-Down-Sichtweise. Ältere Organisationsformen sind streng hierarchisch geordnet. Ein typisches Organigramm ist in Form eines Stammbaumes gegliedert. Neuere Organisationsformen zeigen dieselben Funktionsbereiche in ihrem gegenseitigen Beziehungsgeflecht. Die zwei Arten der Darstellung haben somit jeweils unterschiedliche Aussagekraft (s. Abb. 3).

Das Hauptmerkmal einer Betriebsstruktur als System ist die Vernetztheit aller Abteilungen und Bereiche. In diesem Zusammenhang wird auch von Subsystemen gesprochen. Diese Vernetztheit bringt ein Problem der Nebenwirkungen mit sich. Wenn nur einzelne Elemente isoliert betrachtet werden, hat dies mit Sicherheit eine Ausblendung vielfältiger Wechselwirkungen zur Folge und diese wiederum führen möglicherweise zu Beeinflussungen oder Nebenwirkungen. Eingriffe in das System strahlen in das Netzwerk nach allen Richtungen aus. Dabei erzeugen sie an unvermuteten Stellen Effekte, die vielleicht nicht wünschenswert sind. Das tägliche Leben liefert hierfür genügend Beispiele. Dörner hat diese menschliche Schwäche in seinem Buch "Die Logik des Mißlingens" eindrucksvoll beschrieben (Dörner 1992). Darin wird deutlich, daß Systeme als formale Modelle angesehen werden müssen. Systemisches Denken bedeutet Denken im Kontext und das bedeutet grundsätzlich Entfernung vom Konzept der Kausalität.

> "Linear-kausales Denken wird durch zirkuläres Denken abgelöst. Die systemische Denkweise betrachtet einzelne Teile eines kontextuellen Systems nicht für sich, in den Blickpunkt rückt vielmehr die Gesamtheit der interagierenden Komponenten einer Einheit." (Böse/Schiepek 1989, S. 94 zitiert nach Krüssel 1995, S. 125)

Zugegebenermaßen ist es auch mühsam, das Zusammenwirken der beteiligten Elemente zu erkennen. Jede einzelne Beziehung scheint zwar klar, jedoch ist es schwierig, z. B. in einem Fertigungsbetrieb die dynamischen Beziehungen zwischen der Veränderung einer

Konstruktion, geändertem Produkt, Auswirkungen auf die Arbeit und die schließlich daraus folgenden Umwelteinflüssen zu ermitteln. Daran kann deutlich werden, daß die Beziehungen nicht nur aufeinander wirken, sondern darüber hinaus auch kreisförmig auf sich selbst zurück. Diese Selbstbezüglichkeit ist typisch für Systeme. Die Komplexität eines Systems kann einem Beobachter, z. B. einem Lerner, erhebliche Schwierigkeiten bereiten, wenn es darum geht, das System als Ganzes zu erfassen und darin Lernprozesse zu entwickeln. Eine systemische Betrachtung meint den Umgang mit Pluralität, Komplexität und Wissen; sie erfordert daher ein Denken in neuen flexiblen Strategien. Dieser Weg führt zu konstruktivistischen Ansätzen der Lernpsychologie, mit denen möglicherweise auf die genannten Anforderungen angemessen reagiert werden kann.

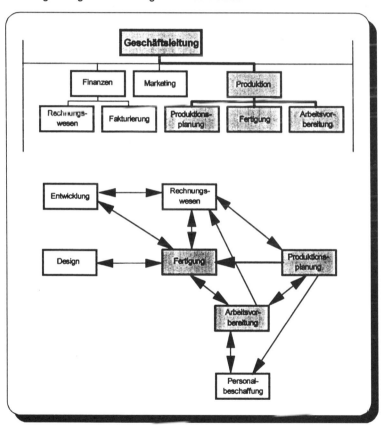

Abb 3: Zwei Arten der Darstellung: Organigramm und Netzwerk

4.2 Konstruktivistische Perspektiven

Die Schlüsselqualifikationsdebatte hat aus lernpsychologischer Sicht eine sehr wichtige Erkenntnis ans Licht gebracht: Entsprechend einer mechanistischen Denkweise basieren die vielen Qualifikationsbezeichnungen (Basisqualifikationen, Horizontalqualifikationen usw.) auf der Annahme, daß der Mensch nach kausal-linearen Gesetzen von außen her steuerbar und determinierbar sei (Kösel 1991, S. 162). Das Studium lebender Systeme hat nach Auffassungen von Systemtheoretikern (Luhmann, Wilke, Maturana/Varela) und Vertretern des radikalen Konstruktivismus' (Foerster, Glasersfeld, Watzlawick) zu anderen Erkenntnissen geführt. Danach geht der Mensch an die vermeintlich objektiv bestehende Wirklichkeit immer mit gewissen Grundannahmen heran. Wirklichkeitsauffassungen eines Beobachters sind somit kein Abbild der Wirklichkeit, sondern sie sind das Ergebnis konstruktiver Prozesse durch den Beobachter. Im Konstruktivismus geht es aber nicht primär um das Postulat der Nicht-Erkennbarkeit, sondern vielmehr um die internen organismischen und sozial-konsensuellen Vorgänge, mit deren Hilfe Wirklichkeit konstruiert wird (Wyrwa 1995, S. 17). Ein derartiges Erkenntnismodell hat für kognitive Lebewesen ethische Konsequenzen, denn konstruktivistisches Denken führt dazu, daß das Individuum grundsätzlich allein für sein Denken und Handeln verantwortlich ist. Darin liegt der eigentliche Schlüssel, weil der Mensch sich nicht als hilfloses Opfer von schicksalhaften Ereignissen erlebt, sondern ein vom Grunde her handelndes und kreatives Wesen ist (Kösel 1991, S. 164).

Daraus folgt:

- Ein Lerner ist als autonomes, sich selbst organisierendes Individuum zu betrachten.
- Der Lehr- und Lernprozeß soll im lernenden Individuum Verstehen hervorbringen und darum müssen Begriffsstrukturen aufgebaut werden (Glaserfeld 1995, S. 8).
- Begriffe und Begriffsverbindungen kann aber nur der Lerner selbst konstruieren. Dazu werden bestimmte Verarbeitungs- und Kommunikationsmuster, sogenannte Repräsentationssysteme, benutzt. Das sind z. B. aus Erfahrung entstandene "innere Landkarten", mit deren Hilfe Modelle der Realität geschaffen werden (Kösel 1995, S. 124).
- Lernprozesse finden demnach nur dann statt, wenn die Wahrnehmungsentwicklung beim Lerner in einer realen, also beruflichen Situation im rekursiven Prozeß entstanden ist.

Aus fachdidaktischer Sicht ist das erkenntnistheoretische Konzept des Konstruktivismus insofern von Bedeutung, als es sich mit den Prinzipien einer ganzheitlichen Berufsbildung verbinden läßt. Der sich als falsch erweisende Mythos von einer "Input-Output-Didaktik" (Kösel 1995, S. 222), nach dem der Mensch wie eine triviale Maschine lernt, muß gründlich revidiert werden. Von der Lehr-Lernforschung wird seit kurzem in diesem Sinne kräftig Schützenhilfe geleistet. So kritisieren Mandl/Gruber/Renkl z. B., daß das parzellierte Lernen lediglich übernommenes, abstraktes oder bloßes Faktenwissen erzeugt. Sie nennen es das träge Wissen und fordern daher ein subjektiv konstruiertes Wissen, welches durch ein problemlösendes Lernen in komplexen Situationen außerhalb der Schule entsteht. Dabei gelten folgende vier Prinzipien (Mandl 1993, S. 67):

1. Lernen an komplexen, authentischen Problemen:
Wissen wird nicht abstrakt, sondern von Anfang an unter Anwendungsgesichtspunkten erworben.

Lernbereich Produktionstechnik 265

2. Artikulation der intern ablaufenden Lern- und Problemlöseprozesse:
   Es werden Problemlösungsstrategien entwickelt und die Fähigkeit zur Selbstreflexion angestrebt.
3. Schaffung multipler Perspektiven:
   Darunter ist der Erwerb von Kenntnissen und Fertigkeiten in verschiedenen Kontexten und unter verschiedenen Zielsetzungen sowie die Verknüpfung mit vielen Anwendungsbedingungen zu verstehen.
4. Kooperatives Lernen und Arbeiten:
   Darunter ist insbesondere die Erlangung von Einsichten durch produktives Austragen von Konflikten in der Lerngruppe zu verstehen.

Eine Übereinstimmung mit den Grundpositionen des Handlungslernens wird hier deutlich. Aus lernpsychologischer Sicht ist es längst keine neue Erkenntnis mehr, daß sich parzellierte Wissenselemente nicht zu einer wirklich ganzheitlichen Qualifikation zusammenfügen lassen. In der beruflichen Bildungspraxis sind in dieser Hinsicht noch mancherlei Defizite zu beseitigen. Von einem Berufsschüler wird erwartet, daß er die aus einer Gesamtheit stammenden, ihm aber getrennt vermittelten Wissenselemente wieder zu einem Ganzen zusammenfügt. Aus berufspädagogischer Sicht sind in diesem Zusammenhang die veränderten industriellen Arbeitsorganisationskonzepte und das Arbeiten in komplexen und vernetzten Systemen von grundlegender Bedeutung. Wenn in der Berufsschule der Produktionsprozeß selbst zum Lerngegenstand wird, kommt es vor allem darauf an, daß nicht funktions-, sondern prozeßorientiert gelernt wird. Innerhalb eines Produktionsprozesses sind zusammenhängende Lerneinheiten und ihre Gesamtbeziehungen zu organisieren. Damit wird auch deutlich, daß komplexe Aufgaben kaum von einzelnen Personen, sondern eher innerhalb einer Gruppe bearbeitet werden können.

5 Qualifizierung für Gruppenarbeit

Wenn industrielle Arbeitsgruppen teilautonom organisiert sind, wird ihnen ein beträchtliches Maß an unternehmerischer Verantwortung übertragen. Sie stellen gewissermaßen geschlossene Wertschöpfungsbereiche mit möglichst wenigen Schnittstellen zu anderen Betriebsbereichen dar. Organisatorische, personelle und technische Veränderungen erweitern die Aufgabenbereiche der Mitarbeiter. Die Bewältigung dispositiver Arbeitsinhalte, also die Integration von technischer und personeller Planung, drückt eine neue Qualität der Arbeitsreform aus. Sie bietet einerseits die Chance, neue Produktionsstrukturen als Gestaltungsaufgabe zu begreifen. Andererseits müssen für das Planen von Arbeitsabläufen und die Realisierung betrieblicher Problemlösungsprozesse die Mitarbeiter qualifiziert werden; dabei sind sie außerdem in die Entwicklungsprozesse der Arbeitsgruppengestaltung mit einzubeziehen.

Die veränderte Führungsrolle des Meisters

Betriebe sehen sich daher bei der Einführung von teilautonomer Gruppenarbeit mit nicht zu unterschätzenden qualifikatorischen Mitarbeiterproblemen konfrontiert. Die veränderte Führungsrolle des Meisters ist hierfür ein typisches Beispiel, denn sie hat sich vom Anweiser zum Entwickler der Gruppen gewandelt. Der Meister führt nicht mehr Einzelpersonen fachlich im Produktionsablauf, sondern er hat situativ Rahmenbedingungen zu schaffen, in denen die Gruppen ihre Aufgaben erfüllen können. Seine neuen Funktionen konzentrieren sich u. a. auf

- Zielorientierte Führung und Koordination der Gruppen,
- Erarbeitung von Zielvereinbarungen und Rahmenbedingungen für die Gruppenarbeit,
- Weiterentwicklung des soziotechnischen Systems,
- Mitarbeit bei Innovationen von Produkt, Technik und Arbeitsorganisation sowie
- Personalführung (Antoni 1994, S. 125).

Diese Tätigkeiten verdeutlichen, daß sich die bisherige Rolle des Meisters als fachlicher Experte, der von Ausbildung und Herkunft sich eher am konkreten Produktionsproblem orientiert, zu der eines Trainers, Personalentwicklers und Organisators gewandelt hat. Seine zentrale Aufgabe ist es vor allem, die Kompetenz der Mitarbeiter vor Ort zu aktivieren. Dieses Beispiel der Meisterposition ist ein Hinweis darauf, daß Kooperationsfähigkeit in den neuerdings flacher gestalteten Hierarchiestrukturen grundsätzlich auf allen Führungsebenen gelten muß.

Qualifikationsprobleme bei Mitarbeitern
Auf der Gruppenarbeitsebene ist die Realisierbarkeit des Konzeptes eindeutig durch Fähigkeiten der Mitarbeiter selbst determiniert. Gruppenarbeit funktioniert nur, wenn die Mitglieder in der Lage sind, ihr eigenes Handeln zu gestalten, wie z. B.:

- Ziele formulieren und umsetzen,
- Informationen beschaffen und auswerten,
- Probleme und Schwachstellen erkennen,
- Ursachen aufspüren,
- Lösungsalternativen erarbeiten,
- Entscheidung für die optimale Lösung treffen und umsetzen sowie
- Erfolg überprüfen und bewerten.

Diese Merkmale zeigen, was den Mitarbeitern abverlangt wird: Alle Gruppenmitglieder müssen sich für alle Vorgänge in der Gruppe gesamtheitlich verantwortlich fühlen und auch danach handeln. Es sind Aufgaben, die bislang beim Meister gelegen haben (s. Abb. 1). Die selbstregulierende Arbeitsweise von teilautonomen Gruppen erfordert also ein hohes Maß an Schlüsselqualifikationen, wie es in unserem Bildungs- und Beschäftigungssystem in dem Maße bislang nicht selbstverständlich ist. In unserer Leistungsgesellschaft wird überwiegend zu Einzelkämpfern und nicht zur Teamarbeit erzogen. Wenig überraschend ist daher die Feststellung, daß eine generelle Team- bzw. Kooperationsbereitschaft und -fähigkeit nicht vorhanden ist (Seyfried 1994, S. 25).

Aufgrund der Tatsache, daß die Einführung industrieller Gruppenarbeit in erster Linie eine unternehmensstrategische Maßnahme ist, kann davon ausgegangen werden, daß sich die Mitarbeiter nicht grundsätzlich freiwillig in den Dienst der Gruppe stellen. Es ist eher anzunehmen, daß sie sich dem Druck der Verhältnisse anpassen, um ihren Arbeitsplatz nicht zu gefährden. Unter solchen Bedingungen haben Arbeitsgruppen durchaus den Charakter zwanghafter Kohäsion (Seyfried 1994, S. 25). Zu bedenken ist, daß auf dieser Basis die vielgelobten emanzipatorischen Ziele in dem Spannungsfeld zwischen Arbeit, Bildung und Technik verwirklicht werden sollen. Nicht verwunderlich sind daher Vorbehalte von älteren Mitarbeitern, die sich mit den bislang üblichen hierarchischen, weisungsgebundenen Organisationsstrukturen arrangiert haben und darin vor allem auch eine Orientierungshilfe sehen. Subjektive Barrieren führen bei einzelnen zur Ablehnung des

Lernbereich Produktionstechnik

Gruppenarbeitskonzeptes, weil es ihnen nicht recht ist, ständig zu rotieren und, einem fortwährenden Gruppendruck ausgesetzt, sich immer weiter qualifizieren zu müssen. Sie haben sich sozusagen eingerichtet und sind zufrieden. Darüber hinaus fehlt es auch an Bereitschaft, Konflikte zwischen jungen und alten Gruppenmitgliedern zu riskieren, auszutragen und zu lösen. Vor dem Hintergrund ist es auch verständlich, wenn Betriebe bei der Implementierung von Gruppenarbeit auf die "junge Karte" setzen. Im neuen Mercedes-Werk in Rastatt konnte der Personalchef unter vielen jungen und motivierten Bewerbern auswählen, deren Durchschnittsalter bei 30 Jahren liegt (Bläske 1992).
Unabhängig vom Alter der Mitarbeiter haben es die Betriebe dennoch mit einem Dilemma zu tun: Mitarbeiter mit den höchsten Qualifikationen lassen sich auch leichter weiterbilden. Dagegen besteht der größte Qualifikationsbedarf gerade bei denjenigen, die die einfachsten Tätigkeiten ausführen, wohl wissend, daß sie die geringsten Chancen haben. Eine große Rolle spielen dabei auch die eher negativen Erfahrungen mit der eigenen Schulbildung. Außerdem erleben die Mitarbeiter zu wenig, daß ihr Erfahrungswissen wirklich geschätzt wird.
Als Synonym für die vielschichtige Qualifikationsproblematik kann die Teamfähigkeit angesehen werden. Der Erwerb von Teamfähigkeit ist stark abhängig von der Lernbiographie des einzelnen, von Bedürfnissen, Erfahrungen und Verhaltensweisen. Darum ist auch die Vorstellung illusionär, Teamfähigkeit könne man lernen, wie eine Fremdsprache (Seyfried 1994, S. 27). Auf jeden Fall ist es wichtig, *"das Repertoire der Betroffenen dahingehend zu erweitern, daß es ihnen gelingt, sich situationsgerecht zwischen den Polen Konkurrenz und Kooperation zu bewegen. Erforderlich ist somit nicht die maximale Ausprägung einer geforderten Verhaltensweise Teamfähigkeit, sondern eine ausreichende Variabilität in Abhängigkeit von der konkreten Arbeitssituation"* (ebd.).

Aus der betrieblichen Sicht ist damit klar geworden, daß Qualifizierungsmaßnahmen für Gruppenarbeit unmittelbar im Produktionsbereich stattfinden müssen. Standardisierte Programme helfen hier wenig, gefragt sind situationsbezogene konkrete Umsetzungen nach entsprechenden Bedarfsanalysen vor Ort. In der betrieblichen Erstausbildung wird hier mit den schon erwähnten arbeitsorientierten Ausbildungskonzepten angesetzt.

In der Berufsschule stellt sich die Situation freilich etwas anders dar. Ihr Auftrag im Dualen System wird immer noch überwiegend als der "Theorielieferant" gesehen - was im Prinzip auch nicht falsch ist, aber zunehmend problematisch wird. Die Frage ist nur, wie die Berufsschule mit den veränderten Bedingungen der beruflichen Facharbeit umgehen sollte. Anpassung an den vermeintlich technischen Fortschritt kann nicht als Lösung gesehen werden (wie denn auch?), denn in dem Fall würde die Schule stets der technischen Entwicklung chancenlos hinterherlaufen. Darum kann es auch gar nicht gehen. Die Berufsschule muß in der Erstausbildung einen Zusammenhang herstellen zwischen dem Anspruch einer umfassenden beruflichen Handlungsfähigkeit auf der einen Seite und einer Orientierung an den Strukturen der berufsförmigen Facharbeit auf der anderen Seite. Vor dem Hintergrund einer anzustrebenden Befähigung zur Mitgestaltung von Arbeit und Technik (Rauner 1985, S. 110) sind die wesentlichen Strukturelemente benannt worden: Teamfähigkeit als Schlüsseldisposition und Arbeitsorganisation als fachliche Komponente. Aus der Sicht der betrieblichen Anforderungen ist leicht auszumachen, daß hier beträchtliche Defizite vorliegen. Ausbildung für industrielle Facharbeit verlangt heute auch seitens der Berufsschule eine Integration von beruflichem Arbeiten und Lernen in vernetzten betrieblichen Zusammenhängen. Mit neuen methodischen Ansätzen (z. B. Projektmanagement) und neuen Lehr- und Lernstrategien (z. B. kreative Problemlösetechniken) kann sich die Schule ein Profil mit einem ganz anderen Gewicht im Dualen System verschaffen, als es von der derzeitigen Diskussion gekennzeichnet wird.

6 Berufsbildung als Aufgabe der betrieblichen und schulischen Organisationsentwicklung

Seit Anfang der neunziger Jahre werden die mit der industriellen Arbeitsorganisation zusammenhängenden Fragestellungen und Probleme auch im Kontext zur beruflichen Bildung gesehen. Ebensowenig wie die Betriebe bis dahin die Organisation der Arbeit als Gegenstand der Berufsausbildung erkannt haben, sind auch die Berufspädagogik und die Berufsbildungsforschung nur zögerlich darauf eingegangen. Diese Themen sind letztlich, durch den technischen und wirtschaftlichen Wandel der Betriebe bedingt, von außen an die berufliche Bildung herangetragen worden (Dybowski 1993, S. 139). Heutzutage zählt das Thema Organisations- und Personalentwicklung sogar im gesamten Schulwesen zu den aktuellsten Diskussionspunkten. Die in den Betrieben praktizierten neuen Arbeitskonzepte sind Ausdruck eines Entwicklungsprozesses, der Organisations- und Personalfragen gleichermaßen mit einschließt. In Groß-, Mittel- und Kleinbetrieben gibt es hierüber kein einheitliches Erscheinungsbild, denn jedes Unternehmen kann nur an einer für sich selbst angepaßten Lösung interessiert sein. Im Kern geht es aber immer um dezentrale und werkstattorientierte Organisationsformen. Die geschilderten Beispiele zur industriellen Gruppenarbeit zeigten deutlich, welchen Stellenwert das Arbeitslernen in einer dynamischen Betriebsumwelt hat. Berufliches Lernen im Betrieb steht immer auch als prospektive Bedarfsgröße zur Diskussion, selbst wenn aktuelle arbeitsprozeßbezogene Qualifikationen kurzfristige Lösungen erfordern. Die Betriebe haben das Potential der Berufsbildung längst als strategische Größe erkannt und visionäre Modelle einer Lernkultur im Unternehmen entwickelt. Der Begriff vom "Lernenden Unternehmen" steht beispielhaft für diese Entwicklung (Meyer-Dohm/Schneider 1991). Entsprechend der berufspädagogischen Leitidee, daß Technik und Arbeitsorganisation grundsätzlich gestaltbar sind, müssen sich die Betriebe sehr genau überlegen, wie ihre Mitarbeiter als Humanressourcen optimal zum Einsatz kommen. Nach einem dezentralen Verständnis der betrieblichen Bildungsarbeit ist Arbeitslernen so organisiert, daß die Mitarbeiter selbständig im Produktionszusammenhang ihre Erfahrungen einbringen können. Der Prozeß des Sammelns von Erfahrungen muß ständig praktiziert, sozusagen gepflegt werden, denn nur aus reflektierten Erfahrungen lassen sich wiederum neue Erfahrungen gewinnen. Lernen am Arbeitsplatz setzt besondere Lernarrangements und Methoden voraus. In der Modellversuchsreihe "Dezentrales Lernen" wurde mit verschiedenen arbeitsplatzbezogenen Lernkonzepten experimentiert (Dehnbostel/Holz/Novak 1992). Lerninseln, Lernstatt, Werkstattzirkel und Lernortkooperationsformen sind ein typischer Ausdruck betrieblicher Organisations- und Personalentwicklung. Diese qualitativ anspruchsvollen Ansätze sind allesamt in der betrieblichen Praxis entwickelt und erprobt worden.

Welche Konsequenzen ergeben sich aus den betrieblichen Entwicklungen für den schulischen Teil der Berufsbildung? Veränderte Arbeitsorganisationen, neu zugeschnittene Aufgaben in der Facharbeit und ein anderes Rollenverständnis der Ausbilder legen den Schluß nahe, daß die nach dem Dualen System vereinbarte Arbeitsteilung zwischen Betrieb und Berufsschule auf den Prüfstand gehört. Die Berufsschule wird sich mit Fragen der Organisations- und Personalentwicklung auseinandersetzen müssen, sie wird sich dem nicht entziehen können, ihren Beitrag im Dualen System neu zu definieren. Mit

Lernbereich Produktionstechnik 269

Sicherheit haben die betrieblichen Entwicklungen in den Schulen eine verstärkte Bereitschaft zum Umdenken hervorgerufen. Der anfangs bereits erwähnte Begriff vom didaktischen Taylorismus ist ja geradezu ein Symbol für die fest verankerten Organisationsformen von Lehrerarbeit in den Berufsschulen. Lehrereinsatz nach dem Fächerprinzip (Spezialisten lassen höchst ungern weniger spezialisierte Kollegen in ihre Labore) oder Lehrereinsatz nach dem Klassenlehrerprinzip (Generalisten werden oft dafür verantwortlich gemacht, daß die Geräte wieder nicht richtig funktionieren) sind die gängigsten Alternativen. Offene Unterrichtsformen im Fachunterricht kommen selten vor und Kooperationen der Lehrer untereinander bzw. mit den Ausbildern gründen sich eher auf individueller Initiative, als daß sie fest vereinbarter Bestandteil des Systems sind.

Als Fazit läßt sich festhalten, daß die dargelegten Sachverhalte moderner industrieller Facharbeit im krassen Widerspruch zur traditionellen Organisation der Lehrerarbeit stehen. Eine Berücksichtigung der Arbeitsorganisation in der Berufsschule kann nur bedeuten, daß Lernen und Arbeiten mehr miteinander verschränkt werden müssen, so daß Arbeits- und Technikgestaltung nicht den Betrieben allein überlassen bleiben. Vorstellbar wäre die Funktion des Lehrers als Lernberater, der in enger Abstimmung mit dem Betrieb z. B. fächer- und berufsfeldübergreifende Lernarrangements entwickelt (Fischer 1995, S. 403). Das traditionelle Fachlehrerprinzip wäre hiermit allerdings nicht vereinbar. Erforderlich ist eine neue Akzentuierung vom Berufsschullehrer zum polyvalenten, professionellen Berufspädagogen. Dafür werden erweiterte schulorganisatorische Handlungsspielräume benötigt, die so zu gestalten sind, daß die Berufschule ihr inhaltliches Profil als ihre unverwechselbare Identität selbst definieren kann. Profilierung bedeutet, daß die Schule für die Erstausbildung und Weiterbildung ein didaktisch-methodisches Lernangebot schafft, in dem die Anforderungen aus der berufsförmigen Facharbeit als Bezugspunkte genommen werden.

7 Lernfabrik als arbeitsorganisatorisches Lernfeld

7.1 Festlegung der Kriterien

Als ein schulorganisatorisch innovatives Beispiel soll die Arbeitsorganisation in der Produktionstechnik mit einer modularisierten Variante der Lernfabrik beschrieben werden. Obwohl die vernetzten Strukturen eines Betriebes mit seinen Subsystemen zum Lerngegenstand gemacht werden, handelt es sich hierbei nicht um einen sogenannten "abbildungsdidaktischen" Ansatz. Kernpunkt der Innovation ist, daß in diesen Strukturen fächerübergreifende und auch berufsfeldübergreifende Lernsituationen ermöglicht werden. Betriebliche Auftragsdurchläufe werden von planerischen und steuernden Eingriffen beeinflußt, die sowohl in betriebswirtschaftlicher wie auch in fertigungstechnischer Hinsicht ausbildungsrelevant sind. Diese Mehrdimensionalität schafft Grundlagen für das Lernen und Arbeiten in komplexen Systemen.

Für den konzeptionellen Aufbau einer Lernfabrik ist es unumgänglich, die Komplexität nach lernsubjekt- und lernobjektbezogenen Kriterien aufzuschlüsseln. Durch systematisches Überprüfen der einzelnen Punkte (s. Abb. 4) werden Hinweise über das zu erreichende Qualifikationsprofil und über die Ausbildungsstruktur gewonnen. Ferner sind organisatorische Fragen in Bezug auf Standortbedingungen und Außenbeziehungen zu Betrieben zu klären und vor allem die Art der betrieblichen Prozesse und betriebswirtschaftlichen Abläufe.

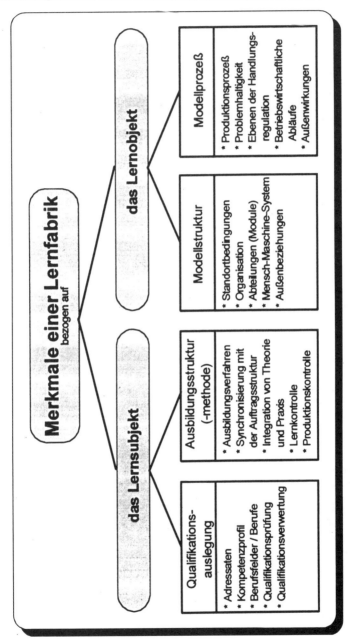

Abb. 4: Merkmale einer Lernfabrik (in Anlehnung an Reetz 1986, S. 357)

Lernbereich Produktionstechnik 271

Zwei Aspekte stehen dabei im Vordergrund.

1. Für die Ausbildungsstruktur ergeben sich aus den in den Abschnitten 4.2 und 5 dargestellten Befunden folgende fachdidaktischen Voraussetzungen:

   - Problemorientierte Lehr- und Lernprozesse gestalten sich aus konkreten beruflichen Situationen des Produktionsprozesses.
   - Problemlösungsfähigkeit muß in erfahrungsgeleiteten Arbeitssituationen entwickelt werden können.
   - Arbeitsorganisation und Umgang mit Planungsstrategien werden zum Lernprinzip.
   - Selbstorganisation und selbstverantwortliches Gruppenlernen bilden den Kerngedanken einer handlungsorientierten Lernumgebung, die Entscheidungs- und Reflexionsfähigkeit zum Ziel hat.
   - Didaktisch-methodische Varianten der Mediengestaltung erlauben die Schaffung einer flexiblen und offenen Lernumgebung.

2. Auf das Lernobjekt bezogen sind folgende technisch-prozessualen Kriterien zu erfüllen:

   - Der Realitätsgrad einer Lernfabrik wird dargestellt durch das Vorhandensein oder den Mangel an bestimmten Maschinen, Anlagen und Geräten. Unter diesen Voraussetzungen muß eine Vermittlung von Fachkenntissen nach dem aktuellen Stand der Technik möglich sein und die eingesetzten Produktionssysteme (damit sind die Subsysteme gemeint) müssen Offenheit und Kompatibilität gewährleisten. Anderenfalls wären Austausch, Ergänzung und Anpassung nicht realisierbar.
   - Die Ermöglichung unterschiedlicher Arbeitsorganisationsformen setzt eine variable Verknüpfungsstruktur der Produktionssysteme voraus. Unterschiedliche Kombinationen von Produktionsplanungen im Sinne von betrieblichen Fallbeispielen könnten dargestellt werden.
   - Analyse und Bewertung von Technik und Arbeitsorganisation sind unter der Voraussetzung möglich, daß unterschiedliche Produkte mit unterschiedlichen Herstellungsverfahren und in unterschiedlichen Arbeitsorganisationen hergestellt werden.
   - Selbständige Gestaltung von Arbeit und Technik lassen sich nur erreichen, wenn Alternativen im Bezugsfeld Mensch-Arbeit-Technik erkennbar sind. D. h., die Systeme müssen Lösungsvarianten für eine Reduzierung der Fertigungsschritte erlauben. Fertigungstechnische Prozesse sind in ihrer Komplexität stufenreich und stufenarm gegenüberzustellen und zu bewerten.

7.2 Orientierung an vorhandenen Konzepten

Lernfabriken sind seit Anfang der neunziger Jahre in verschiedenen Varianten realisiert worden. Die Ansätze lassen sich hinsichtlich ihrer Modulstrukturen nur annähernd miteinander vergleichen. Gemeinsamkeiten ergeben sich allenfalls in der Darstellung der betrieblichen Funktionsbereiche, denn dort zeigt sich, daß sich die Modelle je nach Zielsetzung und vorhandenen Möglichkeiten mehr oder weniger stark an den Strukturen mittlerer Unternehmen orientieren (s. Abb. 5).

Um eine Lernfabrik in überschaubaren Dimensionen zu halten, wird eine Betriebsgröße von etwa 50-80 Mitarbeitern angenommen. In Betrieben dieser Größenordnung sind durchaus verschiedene Produktionsprogrammformen anzutreffen, damit sie auf Anforderungen des Marktes flexibel reagieren können. Eine kundenspezifische Fertigung hat in der Regel geringe Stückzahlen zur Folge, eine kundenanonyme Fertigung dagegen hohe Stückzahlen. Wird die Lernfabrik in ähnlicher Weise konzipiert, so entstehen daraus differenziertere Simulationsmöglichkeiten.

Am Organisationsplan eines Betriebes wird sofort deutlich, daß ein so hochdifferenziertes System in seiner Gesamtheit nur schwer an einer Berufsschule darzustellen ist. Aus diesem Grunde ist es sinnvoll, die verschiedenen Lern- und Arbeitsbereiche nach einer Modulstruktur zu konfigurieren. Ein derartiger Ansatz ermöglicht vor allem auch das Zusammenwirken von Modulen auf der Basis von Lernortkooperationen. Dank effizienter Datennetztechnologien werden Kooperationen zwischen kaufmännischen und technischen Berufsschulen auf der einen und Betrieben auf der anderen Seite wesentlich erleichtert. Die Einbeziehung von Betrieben hätte auch eine regionale Entwicklungs- und Beratungsfunktion, da die Berufsschulen in der Lage wären, nachfrageorientierte Weiterbildung anzubieten.

Betriebliche Funktionsbereiche bzw. Lernfabrik-Module	Beispiele von Lernfabriken				
	BZT	ÜAZ	MES	OSZ-V	TRAIBE
Betriebswirtschaft	*	*	*		*
Produktionsorganisation (PPS)		*	*	*	*
Prozeßleittechnik				*	*
Werkstoffbereitstellung, Vorrichtungsbau	*	*			*
Konstruktion, CAD/CAM	*	*	*	*	*
CNC-Fertigung: Fräsen, Drehen	*	*	*		*
Flexible Fertigung, Robotik, Montage	*	*		*	*
Qualitätssicherung, Prüftechnik	*	*	*	*	*
Lager				*	*

Legende:
BZT: Bildungszentrum Turmgasse, Villingen-Schwenningen
ÜAZ: Überbetriebliches Ausbildungszentrum, Elmshorn
MES: Max-Eyth-Schule, Kassel
OSZ-V: Oberstufenzentrum Hennigsdorf (Velten)
TRAIBE: Modellversuch "Trainieren der Betriebspraxis", Schwerin

Abb. 5: Betriebliche Funktionsbereiche in verschiedenen Lernfabriken

7.3 Der fachdidaktische Ansatz

Wenn auch die Lernfabrik nur eine Simulation eines echten Betriebes darstellt, so werden dennoch konkrete Prozesse, Materialien und Ergebnisse (Entscheidungen, Planungen, Programme, Zeichnungen, Produkte) erarbeitet. Neben dem Erwerb technischer Fertigkeiten und Fähigkeiten ist die Reflexion der Handlungsvollzüge im Lehr- und Lernprozeß entscheidend. Die Vielzahl der Module und die damit zusammenhängenden Regelkreise

Lernbereich Produktionstechnik

repräsentieren in ihrer Gesamtheit auf jeder Lernebene und in jedem Ausschnitt das komplexe Gesamtsystem eines Betriebes. Ein Modulkonzept hat in gewisser Weise immer einen Modellcharakter. Dieser darf nicht zum Selbstzweck der Theorie werden, sondern auch darin muß die berufsförmige Facharbeit zum alles bestimmenden Maßstab werden. Mit den folgenden fünf wichtigsten Kriterien wird der Leistungsumfang eines Modulkonzeptes umschrieben:

- Die vier wichtigsten betrieblichen Funktionsbereiche Entwickeln, Fertigen, Vertreiben und Verwalten sollten verwirklicht werden. Mit diesen Arbeits- und Lernfeldern lassen sich die Vernetzungen in einem überschaubaren Maß darstellen.
- Anwendung von CAx-Technologien, wie CAD, CAP, CAD/CAM, CAQ ermöglichen eine rechnergestützte betriebliche Datenerfassung und -verarbeitung.
- Die Produktgestaltung erfolgt ökonomisch günstig und ökologisch sinnvoll. Eine Realisierung von alternativen technischen Lösungen muß sichergestellt sein (siehe Punkt 7.1).
- Flexibilisierung in Entwicklung, Produktionsabläufen, betriebswirtschaftlichen Prozessen und Arbeitsorganisation ist durch Rechnerunterstützung möglich.
- Aufgabenstellungen: Technische und betriebswirtschaftliche Prozesse stellen eine Ganzheit dar. Entscheidungen über Produkte entstehen aus Bedürfnissen für den Eigenbedarf oder aus Kooperationen mit Betrieben.

7.4 Arbeiten und Lernen in Modulen

Die Lernfabrik soll zwei betriebliche Funktionsbereiche repräsentieren und zwar einerseits kaufmännische Verwaltung/Organisation und andererseits Entwicklung/Fertigung. Diese Funktionsbereiche dienen als Organisationsrahmen für die Zuordnung einzelner Lern-Module und sind folgendermaßen aufgeteilt:

- **Verwaltung und Organisation**
  Verwaltung, Vertrieb und Auftragsbearbeitung, Material- und Kapazitätswirtschaft, Lager, Versand.
- **Entwicklung und Fertigung**
  Produktionsplanung, Konstruktion, Arbeitsvorbereitung, Qualitätswesen, Werkstoff- und Werkzeugverwaltung sowie die aus drei Teilbereichen bestehende Fertigung.

Diese Konfiguration repräsentiert die wichtigsten Betriebsfunktionen für eine komplette Auftragsbearbeitung, die unter schulischen Bedingungen durchführbar ist. Das System ist so gedacht, daß nicht alle Bereiche an einem Ort vorhanden sein müssen. Es ist letztlich eine Frage der räumlichen und technischen Voraussetzungen (vor allem der Vernetzungstechnik), ob der kaufmännische Teil in derselben Schule nur einige Räume weiter untergebracht oder von außerhalb zugeschaltet wird (Kooperation mit kaufmännischer Berufsschule). Dasselbe gilt für den technischen Bereich, wenn an eine Kooperation mit Betrieben gedacht wird. Es bestehen logistische Verknüpfungen zwischen den einzelnen Modulen. Außerdem gibt es mit einem Auftrag verbundene Informations- und Materialflüsse (s. Abb. 6). Da es sich hier um eine Prinzipskizze der Vernetzung handelt, sind die für eine korrekte Auftragsabwicklung erforderlichen Feinstrukturen ausgeblendet worden. Der aus drei Teilbereichen bestehende Fertigungsmodul ist das produktionstechnische Kernstück der Lernfabrik. Hier entsteht das Produkt real; im Verlauf der Auftragsabwicklung wird die Prozeßkette an dieser Stelle sinnlich erfaßbar.

Die Abbildung enthält nur solche Lernmodule, die als Funktionsbereiche unmittelbar zum Betriebsgeschehen gehören. Eine vollständige Lernumgebung umfaßt selbstverständlich weitere Inhalte, die aber nicht in die betriebsorientierte Modulstruktur integriert werden können. Es handelt sich um fachspezifische Grundlagen, die zum Betreiben der Gesamtanlage erforderlich sind, wie z. B. Steuerungstechnik (SPS, Pneumatik, Hydraulik) und Programmierung.

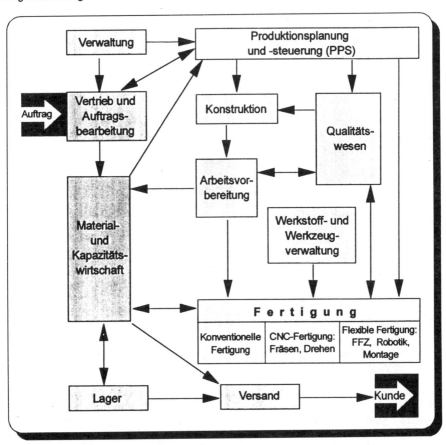

Abb. 6: Module als Lern- und Arbeitsbereiche und ihre logistischen Verknüpfungen

Ausgangspunkt war in der Lernfabrik das Arbeiten und Lernen im vernetzten Gesamtsystem. Um den systemischen Charakter zu erfassen, müssen in den Modulen vollständige Handlungsstrukturen aufgebaut werden. Diese Vollständigkeit bezieht sich nach Hacker (1986, S. 11) einerseits auf Vorbereitung, Organisation und Kontrolle der Tätigkeiten und andererseits auf verschiedene Anforderungen und Ebenen der Tätigkeitsregulation. Je nach Intensität, mit der in diesem Sinne auch die Querbeziehungen zwischen den Modulen erarbeitet werden, ergibt sich ein Indikator für das intendierte Lernen in vernetzten Struktu-

Lernbereich Produktionstechnik

ren. In jedem Modul werden nacheinander die *Handlungselemente* Planen, Entscheiden, Ausführen, Kontrollieren, Berichten und Abrechnen durchlaufen. Aus der Schrittfolge dieser sechs Handlungselemente wird eine zyklische *Handlungseinheit* mit hierarchischem Charakter gebildet. In Abbildung 7 ist eine Handlungseinheit am Beispiel des Moduls FERTIGUNG als senkrechter Bereich hervorgehoben. In einer nächst höheren Handlungsebene kommt es auf die Beziehungen zu gleichen Handlungselementen in allen Betriebsfunktionen an. Wenn z. B. die für eine Fertigung erforderlichen Planungen auch auf die anderen Module bezogen werden, entsteht in der Matrix in der Zeile "Planen" ein *Handlungsfeld* (waagerecht hervorgehobener Bereich). Die Breite dieses übergreifenden Handlungsfeldes ist ein Maß für die Vollkommenheit der Handlung im Gesamtsystem.

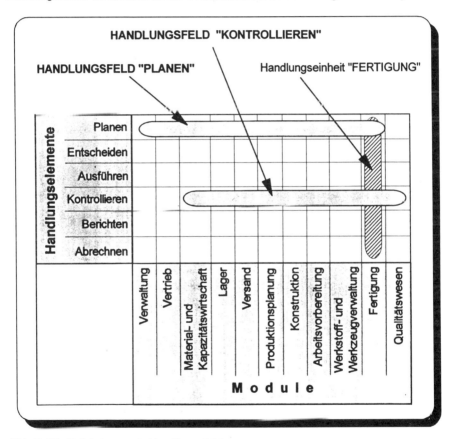

Abb. 7: Die Entstehung von Handlungsfeldern

7.5 Inhaltliche Gestaltung der Module

Aus betrieblichen Erfahrungen mit der Einführung von CIM-Konzepten ist bekannt, daß es bis auf wesentliche Grundfunktionen keine standardisierten Konfigurationen gibt. In rechnerintegrierten Produktionssystemen sind z. B. Planungs- und Datenerfassungsstrukturen entscheidend von der Architektur und der Leistungsfähigkeit des Leitsystems abhängig. In Betrieben haben sich konfektionierte Systeme für die Rechnerintegration nicht bewährt, was mit den "CIM-Ruinen" eindrucksvoll belegt worden ist. Stattdessen versucht man individuell zugeschnittene Lösungen zu finden.

Im Fall der Lernfabrik ist es nicht anders, dort geht es nicht in erster Linie um ein vollständig rechnerintegriertes System, sondern um eine Mischform von konventionellen, rechnergestützten und rechnerintegrierten Technologieanwendungen. Entscheidend ist, daß die prinzipiellen Informations-, Material- und Energieprozesse dargestellt und zum Lerngegenstand gemacht werden. Der Aufbau einer Lernfabrik findet normalerweise auch nicht in einer leerstehenden Halle statt. Auf die Gestaltung üben in der Regel die an einer Schule vorfindbaren Bedingungen einen entscheidenden Einfluß aus. Es ist immer zu prüfen, inwieweit die vorhandene Infrastruktur migrationsfähig ist, d. h., ob Anlagen, Maschinen und Geräte sinnvoll in das Gesamtkonzept Lernfabrik integriert werden können. In den meisten Fällen sind davon konventionelle und rechnergestützte Konstruktionsmittel, Fertigungsmaschinen und Prüfmittel betroffen. Die Durchführung einer betrieblichen Auftragsabwicklung determiniert die inhaltliche Gestaltung der in Abbildung 6 dargestellten Module. Diese wiederum richten sich nach betriebstypischen Strukturierungsgrundsätzen.

Nachfolgend werden im Überblick funktionale Differenzierungen der Module angegeben:

- **Produktionsorganisation und Produktionsplanung:**
  Stammdatenerfassung, Auftragsbearbeitung, Bestellwesen, Lagerhaltung, Disposition, Leitstand, PPS-System;
- **Arbeitsvorbereitung:**
  Zeitermittlung, Arbeitsplanung, Fertigungssteuerung, Betriebsdatenerfassung, NC-Programmierung;
- **Konstruktion:**
  Produktentwicklung, Produktdesign, Zeichnungen, Stücklisten, Planen;
- **Werkstoff- und Werkzeugverwaltung:**
  Zuschnitt, Werkzeugbau, Betriebsmittel;
- **Fertigung:**
  a) konventionell: Trenn- und Verbindungstechniken,
  b) rechnergestützt: CNC-Drehen, CNC-Fräsen, Maschinen einrichten und rüsten, Werkzeugvoreinstellung,
  c) rechnerintegriert: Flexibles Fertigungszentrum (FFZ), CAD/CAM, Robotik, Montage;
- **Qualitätswesen:**
  Qualitätsplanung, -sicherung und -prüfung, konventionelle Fertigungsmeßtechnik und CNC-Meßtechnik, Oberflächenprüfung;
- **Verwaltung:**
  Personalwesen, Statistik, Finanzbuchhaltung, Kostenkalkulation;
- **Vertrieb, Auftragsbearbeitung:**
  Angebote, Auftragsbearbeitung, Verkauf, Absatzplanung;

- **Material- und Kapazitätswirtschaft:**
  Einkauf, Beschaffung, Material- und Werkzeugbestellung;
- **Lager:**
  Fertigteillager, Zulieferungen, Lagerbestand;
- **Versand:**
  Versand, Kundenaufträge.

7.6 Einbeziehung der Lernfabrik in den Verlauf der Erstausbildung

Für eine Lernfabrik gibt es keinen Lehrplan. Die Inhalte werden durch die Arbeitsorganisation für den Produktionsprozeß bestimmt. Bisher vorliegende Erfahrungen mit verschiedenen Lernfabrik-Konzeptionen (s. Abb. 5) haben gezeigt, daß eine Modulstruktur in der hier beschriebenen Art oder in einer ähnlichen Form mit den Vorgaben der KMK-Rahmenlehrpläne für Industriemechaniker und Zerspanungsmechaniker kompatibel ist. Die zu den jeweiligen Lerngebieten (Fertigungs- und Prüftechnik, Werkstofftechnik, Maschinen- und Gerätetechnik, Elektrotechnik, Steuerungstechnik, Technische Kommunikation) angegebenen Lerninhalte finden sich alle im Laufe eines Produktionsprozesses wieder. Die Komplexität einer Lernfabrik erfordert allerdings aus schulorganisatorischer Perspektive eine umfassende und ganzheitliche Denkweise. Lerninhalte und Zeitbedarf ergeben sich aus den betrieblichen Erfordernissen - und die sind, wie im Abschnitt 6 beschrieben, mit Fächer- und Lehrgangsstrukturen nicht vereinbar. Eine lerngebietsübergreifende und ganzheitliche Unterrichtsorganisation hat planerische Konsequenzen zur Folge. Das aus der betrieblichen Realität gebildete Ensemble von Modulen muß in eine fachbezogene und fächerübergreifende didaktische Form eingebettet sein. Stundentafeln sind auf der Grundlage von Kurssystemen und Unterrichtsblockungen neu zu gestalten. Da die Lernfabrik berufsfeldübergreifende Verknüpfungen ermöglichen soll, ergibt sich auch die Notwendigkeit, die Stundentafeln von Metalltechnik und Elektrotechnik gegenseitig anzupassen. Das Flexible Fertigungszentrum wäre der geeignete Ort, an dem der Produktionsprozeß sowohl material- als auch signalflußorientiert erarbeitet werden kann (Oberstufenzentrum Hennigsdorf 1995). Eine Erweiterung um wirtschaftspädagogische Lerngebiete ist notwendig, weil sonst die betriebswirtschaftlichen Module nicht bearbeitet werden können.

Weitere wesentliche Aspekte bei Lernprozessen in systemischen Unterrichtsstrukturen sind die Rollen der daran beteiligten Lehrpersonen und das Problem der Bewertung der erzielten Lernergebnisse. Da die Organisation des Produktionsprozesses von den Lernern selbst betrieben werden soll, sind sie auch verantwortlich für die Erreichung der Planungsziele. Die dadurch gegebene Offenheit der Lernprozesse schließt aus, daß sich ein Lehrer an den von ihm geplanten Unterrichtsinhalten orientiert. Seine Rolle ist überwiegend die eines Lernberaters, der Lernprozesse anregt, Situationen vorbereitet und arrangiert, Verbindungen im Vorfeld knüpft: Kurzum: Es sind Tätigkeiten, die im weitesten Sinne mit Lernprozeßmanagement beschrieben werden können.

Vor dem Hintergrund der selbstorganisierten Lernschritte bekommen Beurteilungen eine andere Bedeutung. Herkömmliche Leistungsbeurteilung durch Klassenarbeiten oder andere Testverfahren scheiden aus oder sind zumindest sehr schwierig zu realisieren. Stattdessen werden Beobachtungen während des Arbeitens in der Lernfabrik außerordentlich wichtig. Da sich die Beschreibungen von Entwicklungsprozessen nicht in ein Notensystem einfügen lassen, muß der Schwerpunkt der Beurteilungen auf Berichten liegen (was im übrigen auch eher der betrieblichen Wirklichkeit entspricht). Alternative Leistungsbeurteilungen lassen sich während der Ausbildung leider nur für eine begrenzte Zwischenzeit aufrecht erhalten. Spätestens bei der Lehrabschlußprüfung wird man wieder mit der Notenstufung von 1 bis 6 konfrontiert. Trotz der seit langem bekannten Schwächen des Notensystems, hat sich diesbezüglich nichts geändert. Für die Arbeits- und Lernprozesse in der Lernfabrik gibt es kaum andere Möglichkeiten, als z. B. die Beurteilungen von mündlicher Beteiligung in den Arbeitsgruppen, Anlegen von Mappen, Anfertigen von Protokollen, Ausarbeiten von Referaten für eine Leistungsbeurteilung heranzuziehen. Dennoch ist es für die Lehrpersonen außerordentlich schwierig, Leistungsmessungen zu objektivieren. Selbst wenn Eigenbeurteilungen der Schüler mit denen der Lehrer kombiniert werden, kann es zu unüberwindbaren Schwierigkeiten kommen. In diesem Zusammenhang sei auf die Erfahrungen verwiesen, die von der Projektgruppe des Modellversuches "WELA" in Lübeck und Neumünster gesammelt worden sind (Halfpap/Marwede 1994, S. 83 f.).

8 Ausblick

Eine Lernfabrik stellt vom Ansatz her ein konsequentes Beispiel für ganzheitliches und handlungsorientiertes Lernen während der gewerblich-technischen Erstausbildung dar. Der besondere Vorzug eines derartigen Konzeptes besteht in der Möglichkeit, berufliche Arbeits- und Lernprozesse in ihrem vernetzten Kontext zu organisieren und darzustellen. Neue Arbeitsorganisationskonzepte in der Produktionstechnik verlangen nach Fachkräften, die in der Lage sind, in komplexen Systemen prozeßorientiert zu denken und zu handeln. Die einem realen betrieblichen Produktionsablauf innewohnenden didaktischen Lern- und Handlungspotentiale lassen sich durch das Hereinholen von beruflicher Praxis in die Berufsschule wesentlich besser nutzen, als dies je ein nach Fachsystematiken strukturierter Technologieunterricht leisten kann. Die Trennung der Berufsausbildung in Fachtheorie und Fachpraxis kann durch das Konzept Lernfabrik ansatzweise aufgehoben werden.

Literatur

ANTONI, C. H.: Betriebliche Führungsstruktur im Wandel. Zur Rolle und Funktion von Meistern und Gruppensprechern im Rahmen von Gruppenarbeit. In: Antoni, C. H. (Hrsg.): Gruppenarbeit in Unternehmen. Konzepte, Erfahrungen, Perspektiven. Weinheim 1994, S. 115-135

BLÄSKE, G.: In der neuen Autofabrik löst Handarbeit die Roboter ab. In: Süddeutsche Zeitung, Nr. 183, 10.8.92, S. 21

BRÖDNER, P.: Fabrik 2000. Alternative Entwicklungspfade in die Zukunft der Fabrik. 3. Aufl., Berlin 1986

BULLINGER, H.-J./BETZL, K. (Hrsg.): CIM - Erst Organisation dann Technik. Qualifizierung für die betriebliche Kommunikation. Köln 1991

Lernbereich Produktionstechnik

DEHNBOSTEL, P./HOLZ, H./NOVAK, H. (Hrsg.): Lernen für die Zukunft durch verstärktes Lernen am Arbeitsplatz - Dezentrale Aus- und Weiterbildungskonzepte in der Praxis (Berichte zur beruflichen Bildung, Band 149). Berlin/Bonn 1992

DÖRNER, D.: Die Logik des Mißlingens. Strategisches Denken in komplexen Situationen. Reinbek 1992

DYBOWSKI, G. u. a.: Betriebliche Organisationsentwicklung und berufliche Bildung - Anregungen für die Berufsbildungsforschung. In: Dybowski, G./Haase, P./Rauner, F. (Hrsg.): Berufliche Bildung und Betriebliche Organisationsentwicklung. Bremen 1993, S. 139-155

GLASERFELD, E. von: Aspekte einer konstruktivistischen Didaktik. In: Landesinstitut für Schule und Weiterbildung (Hrsg.): Lehren und Lernen als konstruktive Tätigkeit - Beiträge zu einer konstruktivistischen Theorie des Unterrichts. Bönen 1995, S. 7-14

GREINERT, W.-D./WIEMANN, G. (Hrsg.): Produktionsschulprinzip und Berufsbildungshilfe - Analyse und Beschreibungen. Baden-Baden 1992

HACKER, W.: Nutzerzentrierte Systemgestaltung: Das Gestalten geistiger Aufgaben. In: rechentechnik/datenverarbeitung, 23 (1986), Heft 10, S. 10-12

HACKER, W.: Arbeitsanalyse zur prospektiven Gestaltung von Gruppenarbeit. In: Antoni, C. H. (Hrsg.): Gruppenarbeit in Unternehmen. Konzepte, Erfahrungen, Perspektiven. Weinheim 1994, S. 49-80

HALFPAP, K./MARWEDE, M. (Hrsg.): Werkstattlabor; Bd. 2: Abschlußbericht über den Modellversuch "Neue Informationstechnologien und die Vermittlung von Schlüsselqualifikationen im Berufsfeld Metalltechnik - Verbindung von berufspraktischer und theoretischer Ausbildung im Werkstattlabor". Schwerte 1994

HENTIG, H. von: Die Schule neu denken. München/Wien 1993

HURTZ, A.: Qualifizierung für Gruppenarbeit. Theoretische Konzepte und ihre Umsetzung in der betrieblichen Praxis. In: Antoni, C. H. (Hrsg.): Gruppenarbeit in Unternehmen. Konzepte, Erfahrungen, Perspektiven. Weinheim 1994, S. 81-99

KÖSEL, E.: Arbeitsplatzbezogenes, dezentrales Lernen und neue Lernortkombinationen. Wie können wir Schlüsselqualifikationen vermitteln? In: Dehnbostel, P./Peters, S. (Hrsg.): Dezentrales und erfahrungsorientiertes Lernen im Betrieb. Alsbach 1991, S. 161-180

KÖSEL, E.: Die Modellierung von Lernwelten. Ein Handbuch zur Subjektiven Didaktik. 2. Aufl., Elztal-Dallau 1995

KRÜSSEL, H.: Die konstruktivistische Betrachtungsweise in der Didaktik. In: Landesinstitut für Schule und Weiterbildung (Hrsg.): Lehren und Lernen als konstruktive Tätigkeit - Beiträge zu einer konstruktivistischen Theorie des Unterrichts. Bönen 1995, S. 116-142

MANDL, H./GRUBER, H./RENKL, A.: Das träge Wissen. In: Psychologie Heute, 20 (1993), Heft 9, S. 64-69

MEYER-DOHM, P./SCHNEIDER, P. (Hrsg.): Berufliche Bildung im lernenden Unternehmen. Neue Wege zur beruflichen Qualifizierung. Stuttgart 1991

OBERSTUFENZENTUM Hennigsdorf (Hrsg.): Ziel und Stand des Projektes "Lernfabrik", 3. Zwischenbericht (Auszug). Velten 1995

RAUNER, F.: Technik und Bildung. In: diskurs, Heft 10, Bremen 1985, S. 110 ff.

REETZ, L.: Konzeptionen der Lernfirma. Ein Beitrag zur Theorie einer Organisationsform wirtschaftsberuflichen Lernens im Betriebsmodell. In: Wirtschaft und Erziehung 11(1986), S. 351-365

REETZ, L.: Persönlichkeitsentwicklung und Organisationsgestaltung. Zur Rolle von Schlüsselqualifikationen. In: berufsbildung, 48 (1994), Heft 28, S. 3-7

SEYFRIED, B.: Team und Teamfähigkeit. In: BWP 23 (1994), Heft 3, S. 23-28

WIRTSCHAFT UND UNTERRICHT: Beilage zum Informationsdienst des Instituts der deutschen Wirtschaft. Köln, iwd 13/1996

WYRWA, H.: Konstruktivismus und Schulpädagogik - Eine Allianz für die Zukunft? In: Landesinstitut für Schule und Weiterbildung (Hrsg.): Lehren und Lernen als konstruktive Tätigkeit - Beiträge zu einer konstruktivistischen Theorie des Unterrichts. Bönen 1995, S. 15-45

III. Erstausbildung, Allgemeinbildung und Weiterbildung

Josef Rützel

Jugendliche als Subjekt und Adressaten beruflicher Erstausbildung

Horst Biermann

Das Subsystem der Benachteiligtenförderung

Jörg-Peter Pahl

Erweiterung der Allgemeinbildung durch berufliche Erstausbildung - eine Perspektive

Walter Tenfelde

Berufsbildung, Allgemeinbildung und das Problem einer Verallgemeinerung beruflicher Bildung

Gerald Heidegger

Doppelqualifizierung als eine Zielperspektive beruflicher Erstausbildung

Andrä Wolter

Berufliche Erstausbildung, Weiterbildung und Studierfähigkeit - Was leistet die Öffnung des Hochschulzugangs für die Gleichwertigkeit der beruflichen Bildung

Hans-Dieter Höpfner

Zur Integration von beruflicher Erstausbildung und Weiterbildung

Gisela Wiesner/Heidi Häßler/Andreas Franke

Weiterbildung als permanente Aufgabe nach der Erstausbildung - Ausbilder auch als Weiterbildner?

Josef Rützel

Jugendliche als Subjekte und Adressaten beruflicher Erstausbildung

1 Problemstellung

Die Auseinandersetzung mit der Lebenssituation, den Verarbeitungs- und Bewältigungsstrategien und den Perspektiven Jugendlicher und deren systematische Erforschung gehört zu den weniger beachteten Themen der Berufspädagogik, und dies, obwohl die Jugendlichen (noch) deren Hauptklientel sind. Für Jugendliche bestehen heute vielfältige außerberufliche Lebens- und Erfahrungsräume, die jeweils für sich ein Leben mit eigener Sinngebung, eigener Verantwortung, mit eigenen Kommunikations- und Lebensformen ermöglichen. Von den Jugendlichen werden diese Möglichkeiten zunehmend genutzt. Die dabei gewonnenen Erfahrungen wirken sich auf die Bedeutung von Ausbildung, die Interessen, die Motivation und das Lernverhalten aus. Lehrerinnen und Lehrer, Ausbilderinnen und Ausbilder erfahren täglich die Konsequenzen des Bedeutungszuwachses außerberuflicher Erfahrungsfelder.

Sowohl in schultheoretischen als auch in berufspädagogischen Überlegungen hat sich dies aber bisher nur marginal niedergeschlagen. Die Zweiteilung in schulische bzw. berufliche Lebens- und Erfahrungsräume einerseits und außerschulische, außerberufliche andererseits findet sich auch in den Erziehungswissenschaften und der Berufspädagogik. Nicht nur die Schul- und Jugendforschung hat wenig Berührungspunkte, wie Hornstein (1990, S. 10) konstatiert, sondern auch die Berufspädagogik und die Jugendforschung. Erst in jüngster Zeit wird die Veränderung der Klientel der Berufspädagogik thematisiert. Im Mittelpunkt steht dabei dessen Ausdifferenzierung und als problematisch empfundene Entwicklungen in den Voraussetzungen. Kaum beachtet werden die Bedingungen jugendlichen Aufwachsens heute und die sich daraus ergebenden neuen Anforderungen an die Jugendlichen und die Berufspädagogik. Von ihr werden sie allenfalls unter dem Etikett 'Wertewandel' thematisiert. Die Wirkungen des Strukturwandels der Jugendphase auf alle Lebensbereiche lassen sich damit aber nicht hinreichend erfassen; die relative Abschottung zwischen Berufspädagogik und Jugendforschung ist angesichts des beruflichen und gesellschaftlichen Strukturwandels überholt.[1]

Diese Abschottung zu überwinden bedeutet einerseits, die Ergebnisse der Jugendforschung und die Auswirkungen des Wandels in den Lebensformen, -stilen, Wertvorstellungen, Interessen, Verarbeitungs- und Bewältigungsstrategien Jugendlicher auf die berufliche Bildung in die berufspädagogische Diskussion und Theoriebildung einzubrin-

---

[1] Darauf hinzuweisen ist, daß diese Abschottung im Verlauf der Zeit nicht immer bestanden hat oder gleich stark ausgeprägt war. Beispielsweise hat in den zwanziger Jahren einer der Klassiker der Berufspädagogik, Eduard Spranger, mit seiner 1924 erschienenen Veröffentlichung "Psychologie des Jugendalters" die Jugendforschung wesentlich mit geprägt. In den siebziger Jahren hatte durch die Lehrlingsstudien und im Anschluß daran durch eine Reihe von theoretischen und empirischen Studien zur beruflichen Sozialisation das Thema Jugend ebenfalls einen hohen Stellenwert in der Berufspädagogikdiskussion. Im Zentrum stand dabei die Frage, wie die Auszubildenden mit der betrieblichen Ausbildung zurechtkommen und welches gesellschaftliche Bewußtsein sie entwickeln. (vgl. u. a. Kärntner u. a. 1983, Kruse u. a. 1981, Mayer/ Schumm 1981).

gen.[2] Andererseits sind die veränderten Bedingungen beruflicher Sozialisation differenzierter als bisher zu untersuchen und für die Jugendforschung fruchtbar zu machen. Dies gilt vor allem für die Folgen der systemischen Rationalisierung, den Strukturwandel des Dualen Systems und die neue Ausbildungskrise im Hinblick auf die Strukturbedingungen von Jugend sowie deren Verarbeitungs- und Bewältigungsstrategien. Die Herausarbeitung von Bezügen zwischen geänderten Ansprüchen Jugendlicher und moderner Konzepte von Berufsausbildung (Pätzold 1993, Rützel 1993) oder standardisierte empirische Untersuchungen zum Image der Dualen Berufsausbildung, zur Berufseinmündung oder zum Berufsverlauf, wie sie vor allem im Bundesinstitut für Berufsbildung und vom Institut für Arbeitsmarkt- und Berufsforschung durchgeführt werden, sind zwar hilfreich, aber nicht hinreichend.

In meinem Beitrag geht es darum, wichtige Faktoren der veränderten Bedingungen jugendlichen Aufwachsens sowie den Wandel der Orientierungen, Verhaltensweisen und Lebensentwürfe in ihrer Bedeutung für die berufliche Erstausbildung sichtbar zu machen, indem wichtige Ergebnisse der Jugendforschung in den Kontext des Strukturwandels der beruflichen Bildung gestellt werden. Dabei werden auch in der (berufspädagogischen) Jugendforschung zu klärende Fragen herausgearbeitet. Die Realisierung dieser Absicht trifft auf mehrere Schwierigkeiten, denn es gibt weder *die* Jugendforschung noch *die* Jugend. Über die Jugend wird unter einer Vielzahl von Fragestellungen und Aspekten geforscht. Jugendforschung hat sich inzwischen zu einem eigenen Gebiet entwickelt, das aus vielen verschiedenen Disziplinen, theoretischen Ansätzen und Forschungsmethoden gespeist wird (Krüger 1993).

Vertreten sind alle Ansätze und Forschungsmethoden, die es in den Bezugswissenschaften gibt. Hinzu kommt, daß ein Hauptcharakteristikum heutiger Jugend die Vielfalt und Widersprüchlichkeit ihrer Lebensentwürfe und -stile, ihrer Wertvorstellungen und Interessen ist. Ebenso vielfältig sind die an die Jugendlichen gestellten Anforderungen und die ihnen zur Verfügung stehenden Ressourcen. Männliche Jugendliche haben andere Bedingungen als weibliche, deutsche andere als ausländische, die in den alten andere als die in den neuen Bundesländern,[3] regionale und soziale Unterschiede bestehen fort, innerhalb der einzelnen Gruppen finden Ausdifferenzierungen statt. Gleichwohl gibt es gesellschaftliche Wandlungsprozesse, die für alle Jugendlichen bedeutsam sind.

Charakteristisch für die aktuellen gesellschaftlichen Entwicklungen ist eine Gleichzeitigkeit von Internationalisierung und Individualisierung. Die Internationalisierung bezieht sich auf die Ökonomie, Märkte, Konkurrenz und Ökologie, die Lebens- und Sozialsphären, sowie die Lern- und Ausbildungsformen. Zugleich findet eine Individualisierung, Vervielfältigung und Pluralisierung der Produktionsformen, Herstellungsprozesse, Arbeitsformen, Dienst-

---

[2] Bei der praktischen Anwendung von Ergebnissen der Jugendforschung auf die Berufspädagogik ist ein grundsätzliches Problem zu beachten. Wegen der zeitlichen Differenz von oft mehreren Jahren zwischen den Erhebungen zur Jugendsituation und der Veröffentlichung der Ergebnisse schildern diese eher die Erfahrungen von gestern als die gegenwärtige Situation. Dies kann dazu führen, daß veraltete Typologien der Jugendforschung den realen Jugendlichen übergestülpt werden. Das gleiche Problem entsteht, wenn es sich um repräsentative Studien handelt oder wenn in Feinanalysen erhobene Teilaspekte zu sehr verallgemeinert werden (Paul-Kohlhoff 1989, S. 213).

[3] Wegen der Komplexität der Thematik kann im Rahmen dieses Beitrages nicht auf Besonderheiten in den neuen Bundesländern eingegangen werden.

Jugendliche als Subjekte und Adressaten beruflicher Erstausbildung 285

leistungen, Techniken, Bildungs- und Berufswege, Lebensstile usw. statt. Hauptmerkmale dieser sich gleichzeitig vollziehenden Entwicklungen sind deren hohe Komplexität, die zunehmende Beschleunigung und ihre Widersprüchlichkeit.

Vor dem Hintergrund dieser Charakteristika werde ich zunächst auf zentrale Veränderungen der Jugendphase eingehen, um auf diejenigen Handlungsanforderungen, Belastungs- und Risikokonstellationen aufmerksam zu machen, die für Jugendliche generell vorliegen. Bezug nehmend auf die Debatte zum Wertewandel setze ich mich danach mit der Bedeutung von Arbeit in den Lebenskonzepten sowie in den Verarbeitungs- und Bewältigungsstrategien von Jugendlichen auseinander. Abschließend werden einige Perspektiven für eine berufspädagogisch motivierte Jugendforschung aufgezeigt. Durchgängig versuche ich, soweit wie möglich die Komplexität, die Widersprüchlichkeit und Beschleunigungstendenzen zu berücksichtigen, und nach wesentlichen Merkmalen wie Geschlecht, Nation, Region, soziale Lage zu differenzieren.

2 Individualisierung und Strukturwandel der Jugendphase

Im Zuge gesellschaftlicher Rationalisierungs- und Individualisierungsprozesse ist auch die Jugendphase einem tiefgreifenden Wandel unterworfen. Für die Jugendforschung hatte und hat vor allem die Individualisierungsthese große Bedeutung. Beck (1986, S. 205) sieht in der Individualisierung einen neuen Modus der Vergesellschaftung. Durch die Herauslösung des Individuums aus historisch vorgegebenen Sozialformen, sozialen Bindungen und sozialen Milieus wird die eigene Biographie offen und entscheidungsabhängig. Sie wird als Aufgabe in das Handeln des Einzelnen gelegt. Nicht mehr Tradition, Herkommen, und kollektiv geteilte Verhaltensnormen bestimmen den Lebensweg des Individuums, sondern der Einzelne muß selbst entscheiden, wie er sein Leben gestalten und führen will. Dadurch wird das Individuum einerseits von veralteten gesellschaftlichen Zwängen und kulturellen Fesseln befreit, es eröffnen sich vielfältige neue Möglichkeiten für eigene Entwürfe, Ziele, Werte und Wege. Andererseits gehen der in diesen Traditionen, Erwartungen und Verpflichtungen enthaltene Schutz und die Sicherheit verloren. Statt dessen gibt es einen **Zwang** zur Selbstgestaltung. Vom einzelnen wird unerbittlich gefordert, seine Lebensperspektive selbständig zu entwerfen und möglichst keine sich bietende Möglichkeit ungenutzt zu lassen. Jeder einzelne ist sein eigenes Handlungszentrum, sein eigenes Planungsbüro in bezug auf seinen Lebenslauf, seine Fähigkeiten, Berufschancen, Partnerschaften, seine Gesundheit und sein Lebensglück. Aus der Normalbiographie wird die Wahl- bzw. Bastelbiographie.

Jugend ist kein "psycho-soziales Moratorium" mehr, das auf die Verinnerlichung von Wertvorstellungen und lebenslang wirksamer moralischer Überzeugungen angelegt ist (Erikson 1973). Das psycho-soziale Moratorium hat sich zum **"sozio-kulturellen Laboratorium"** gewandelt (Stange 1994, S. 128). In diesem wird weitgehend ohne Sicherheitsbestimmungen an der eigenen Biographie gebastelt und mit dem Erwachsensein experimentiert. Die Regeln in diesem Laboratorium sind nicht Gebote und Verbote, sondern eine fast unbegrenzte Offenheit, man darf fast alles tun. Man muß aber auch (fast) alles tun, was man darf, weil man sonst seine Möglichkeiten nicht ausschöpft. Damit stehen viele Jugendliche und Erwachsene vor der Rechtfertigung, daß sie zu wenig erreicht, zu wenig aus sich gemacht haben, daß sie immer noch nicht so leben und so sind, wie sie sein könnten (Ziehe 1985, S. 202). Chancen können so zur Verpflichtung und Freiheit zum

Zwang werden. Gleichzeitig sind damit hohe Risiken des Scheiterns verbunden, denn auch gesellschaftliche Probleme müssen individuell bearbeitet werden, sie werden in die individuelle Verantwortung verlagert. Der Zwang zu individuell zurechenbaren Entscheidungen hat zugenommen. "Die Suche wird permanent, das Ergebnis hochgradig instabil. Es gibt also eine neue stabile Handlungsstruktur (Such- und Reflexionsbewegungen), aber mit instabilen Handlungsresultaten" (Kohli 1989, S. 268).

Historisch gesehen ist Jugend das Ergebnis der gesellschaftlichen Interpretation eines Lebensabschnittes, des Jugendalters. Dieser pädagogisch, psychologisch und soziokulturell konzeptualisierte Lebensabschnitt *Jugend* wurde gesellschaftlich durchgesetzt. Zentrale Inhalte dieses normativen Konzepts, das als Maßstab für alle Jugendlichen galt, faktisch aber nur von männlichen und privilegierten Jugendlichen realisiert werden konnte, sind: "Jugend als pädagogische Provinz", "Jugend als Moratorium", "Jugend als Entwicklung und produktive Lebenskrise" und "Jugend als gesellschaftlicher Wert" (Zinnecker 1986).

Zudem wird die Lebensphase *Jugend* als Produkt eines Vergesellschaftungsmodus gesehen, in welchem es im Prinzip keine formalen Zugangsschranken zu ökonomischen, politischen, sozialen und gesellschaftlichen Institutionen gibt. Daraus ist ein neuer Integrationsmodus der Gesellschaftsmitglieder in der Weise entstanden, daß "jedes Individuum in der modernen Gesellschaft im Verlaufe seines Lebens eine Sequenz von Lebensaltern durchläuft, die jeweils spezifische Verhaltensanforderungen bzw. -zumutungen und Handlungschancen einschließen, und für deren 'kompetente' Bewältigung jeweils unterschiedliche, altersphasenabhängige Wissensbestände erforderlich und mobilisierbar sind" (Olk 1986, S. 46).

Seit den 50er Jahren hat sich eine Entstrukturierung der Jugendphase vollzogen. Darunter versteht Olk (1986) die "Zerfaserung" der objektiven Problemlage Jugend sowie die damit verbundene Aufweichung und Relativierung von klassen- und subkulturellen überlieferten Deutungsmustern. Von Trotha (1982, S. 269 ff.) spricht vom Ende von Jugend und vom Verwischen der Jugend als eigenständiger Organisationsform und führt als Beleg eine Vielzahl von Beispielen an.[4]

Noch in den 50er und 60er Jahren war Jugend als fest strukturierte kollektive Statuspassage von der Kindheit in die Erwachsenenwelt gekennzeichnet. Die Jugendlichen wurden aus der Erwachsenenwelt ausgegrenzt, Erwachsenenrollen wurden ihnen vorenthalten. Jugend war Vorbereitungs- und Lernzeit, seltener auch Zeit, mit eigenen altersspezifischen Vorstellungen zu experimentieren. Es gab einen je nach "Laufbahn" unterschiedlichen, aber relativ verpflichtenden Bildungskanon.

Die Autorität der Erwachsenen war prinzipiell nicht in Frage gestellt. Jugendliche waren ökonomisch, sozial und kulturell unselbständig. Ihre Bedürfnisse nach Eigenständigkeit sollten sie nicht ausleben, sondern auf das Erwachsenenalter verschieben - "Lehrjahre sind keine Herrenjahre". Sie hatten jedoch das gesellschaftliche Versprechen, nach einer überschaubaren Lernzeit ökonomisch, sozial und kulturell selbständig zu werden. Dieses

---

[4] Pointiert beschreibt diesen Sachverhalt Aldo Legnaro (1992) in einem Beitrag für die Frankfurter Rundschau mit dem Titel: "Im Grunde sind alle jung, nur manche sind jünger. Vom Verschwinden des Unterschiedes zwischen Jugendlichen und Erwachsenen." Frankfurter Rundschau vom 22. August 1992, S. 14.

Jugendliche als Subjekte und Adressaten beruflicher Erstausbildung

Versprechen konnte in den meisten Fällen auch eingelöst werden. Eine abgeschlossene Berufsausbildung führte in der Regel zu einem qualifizierten Arbeitsplatz, zu sicheren Beschäftigungsverhältnissen und häufig auch zu beruflichem Aufstieg.

Jugendliche durchliefen die Lebenslaufereignisse in einer wohlgeordneten Abfolge. Mehr als die Hälfte der Jugendlichen erreichte mit 14 Jahren den ersten Schulabschluß, schloß mit 18 Jahren eine Ausbildung ab und machte in diesem Alter die ersten sexuellen Erfahrungen; mit 22 zogen sie aus dem Elternhaus aus und heirateten mit 23.

Im Vergleich dazu besuchten die Jugendlichen in den 80er Jahren die Schule 2-3 Jahre länger, ihre ersten sexuellen Erfahrungen machen sie zwei Jahre früher, die Berufsausbildung schließen sie etwa drei Jahre später ab, ziehen ein Jahr früher aus dem Elternhaus aus und heiraten drei Jahre später als in den 50er Jahren. Der Übergang ins Erwachsenenalter hat sich tendenziell in eine zusammenhanglose Abfolge von Teilübergängen ausdifferenziert. Jeder dieser Teilübergänge hat eigene Zeitstrukturen, eigene Erscheinungsformen und stellt spezifische Anforderungen. Der Übergang in die Berufs- und Arbeitswelt, der Umgang mit Gleichaltrigen, die soziale und kulturelle Selbständigkeit, der Auszug aus dem Elternhaus haben ihre eigenen zeitlichen Abläufe und Anforderungsprofile.

Viele Abläufe und Anforderungen beginnen früher und enden später. Außerdem beschleunigen und verlangsamen sie sich gleichermaßen. In vielen Bereichen wird schon Kindern Selbständigkeit gewährt. Jugend als Übergangsphase, als Vorbereitungszeit wird überlagert durch Formen und Möglichkeiten großer Eigenständigkeit, eines Lebens aus eigener Hand. Jugendliche verhalten sich in vielen Lebensbereichen wie Erwachsene bzw. werden von den Erwachsenen nicht auf den Jugendstatus verpflichtet. Der früheren soziokulturellen Eigenständigkeit steht jedoch die längere ökonomische Abhängigkeit gegenüber. Auch hier verschärft sich der Widerspruch zwischen Selbständigkeit und Abhängigkeit.

Baethge u. a. (1989, S. 37 ff.) gehen davon aus, daß sich mit dem längeren Verbleib in schulischen Bildungsgängen, dem Wandel der beruflichen Erstausbildung und der Individualisierung der Lebenslagen, bedeutsame strukturelle Veränderungen in den Erfahrungen der Jugendlichen verbunden sind. Verzögert wird die Erfahrung der eigenen gesellschaftlichen Nützlichkeit im Sinne eines produktiven materiellen Beitrages zur gesellschaftlichen Reproduktion. Erfahrungen mit Arbeits- bzw. Handlungsprozessen, die vorweisbare Resultate haben und deren Gelingen oder Mißlingen sich auf andere, nicht nur auf sich selbst auswirken, werden nicht mit 14 oder 15 Jahren, sondern mit über 20 Jahren gemacht. Dies gilt ebenso für die Konfrontation mit betrieblichen Normen. Im Vordergrund der Erfahrung stehen rezeptive und reflexive Akte vor allem des Lernens. Arbeiten und Lernen werden entkoppelt, es vollzieht sich eine innere Verselbständigung des Lernens. Das Lernen ist überwiegend ein individueller Akt, der individuelle Identitätsbildungsmuster und eine individuelle Leistungsmoral begünstigt. Kollektive Erfahrungen und die Herausbildung kollektiver Muster werden verdrängt. Diesem Verlust an kollektiven Erfahrungen und der Tendenz zur Vereinzelung steht der bereits erwähnte Zuwachs individueller Entfaltungsmöglichkeiten gegenüber.[5]

---

[5] Hinzuweisen ist hierbei auf die Diskussion zu sogenannten mediatisierten Erfahrungen sowie Erfahrungen aus zweiter und dritter Hand.

Die Jugendlichen beginnen aber nicht nur ihre Ausbildung später oder treten später ins Erwerbsleben ein, es gibt auch viel mehr Wege dorthin. Darunter sind auch Umwege, Holzwege und Schleichwege. In Ausbildung und Beschäftigung gibt es vielfältige, gestufte Übergänge. Jeder Übergang ist mit einem hohen Risiko des Scheiterns verbunden, der Lohn für Anstrengungen wird ungewisser. Viele Jugendliche gehen länger zur Schule, um eine bessere Ausbildung machen zu können. Andere durchlaufen oft mehrere Maßnahmen der Berufsvorbereitung und Berufseingliederung.

Die Integration der Jugend hat sich auf die Sicherung der Kontinuität ihrer Lebensführung verlagert. Bedroht ist diese Kontinuität vor allem an den Übergängen zwischen Lebensabschnitten (Heinz 1989, S. 50). Sie stellt sich heute schon beim Übergang von der Grundschule in eine weiterführende Schule und ist besonders risikobehaftet beim Übergang in das Ausbildungssystem. Zwischen dem Ausbildungs- und Beschäftigungsstatus, zwischen Erwerbstätigkeit und Familienstatus sind strukturelle Diskontinuitäten enthalten, die von den Jugendlichen selbst überbrückt werden müssen.

Für einen erheblichen Teil der Jugendlichen ist die Berufseinmündung immer noch mit krisenhaften Erfahrungen verbunden, doch auch die Jugendlichen, die relativ problemlos in Ausbildung gelangen, sind sich des Risikos bewußt, daß der eingeschlagene Weg nicht weiterführen könnte. Neue Risiken entstehen beim Übergang von Ausbildung in Beschäftigung. Dort entscheidet sich, wieviel eine Ausbildung wert ist (Kühnlein/Paul-Kohlhoff 1989, Schöngen/Westhoff 1992), denn berufliche Erstausbildung ist immer mehr zur Berufsvorbereitung geworden. Die eigentliche fachliche Qualifizierung findet am Arbeitsplatz oder in der beruflichen Weiterbildung statt. Aber auch bei gelungener Integration in Beschäftigung ist der erreichte Status immer wieder bedroht. Beschleunigter technologischer Wandel, arbeitsorganisatorische Veränderungen und Verschiebungen auf dem Markt führen zum Zerfall von Qualifikationen, zu unvorhersehbaren Bruchstellen in der Erwerbsbiographie und zu erhöhten Risiken in der Lebensplanung.

Durch die längere Aufenthaltsdauer der Jugendlichen im Bildungs- und Berufsbildungssystem und dessen Ausdifferenzierung ist eine Vielzahl von Bildungswegen, -abschlüssen und Quereinstiegen entstanden, die neue Möglichkeiten eröffnen, die eigene Bildungskarriere zu gestalten. Der Erwerb von Bildungsabschlüssen ist wichtiger geworden, gleichzeitig findet eine Entwertung der Abschlüsse statt. Um den gleichen Status zu erreichen, müssen Jugendliche heute meistens einen höheren Bildungsabschluß vorweisen als ihre Eltern. Die von heutigen Jugendlichen zu erbringenden Lernanstrengungen sind sehr viel höher, ohne die Garantie, einen adäquaten Ausbildungs- oder Arbeitsplatz zu erhalten. Der Ertrag, der mit den Anstrengungen verbunden ist, ist nicht kalkulierbar, dies gilt für alle Abschlußniveaus.

Mit der Ausdifferenzierung des Bildungs- und Berufsbildungssystems ging dessen didaktisch-methodische Durchrationalisierung einher. Im Vordergrund steht die effiziente, methodisch kontrollierte Vermittlung abstrakter, kognitiver Kompetenzen. Probleme der Identitätsfindung und psychosozialer Folgeschäden von Schule werden außerschulischen Instanzen oder besonderen "zielgruppenspezifischen Bildungs- bzw. Ausbildungsgängen" übertragen. Schule und Ausbildung sind eine der Hauptquellen vom Streß. Die durch die Schul- oder Berufssituation entstehenden psycho-sozialen Belastungen sind deutlich höher als die durch die familiären und freizeitbezogenen Lebensbedingungen (Mansel/Hurrelmann 1991, S. 109 ff.). Die Vermeidung von durch Leistungsdruck bedingtem Streß ist für viele Jugendliche ein großer Wert, und dürfte auch auf ihr biographisches Kalkül eingehen (Zinnecker 1994, S. 229).

Jugendliche als Subjekte und Adressaten beruflicher Erstausbildung

Auf erhöhte Verhaltens- und Entscheidungsanforderungen treffen die Jugendlichen jedoch nicht nur im Bildungs- und Ausbildungssystem, sondern in allen Lebensbereichen. Auch im Freizeit- und Konsumbereich, einschließlich der Mediennutzung und der Sexualität, stehen den gewachsenen Möglichkeiten höhere Verhaltensanforderungen gegenüber. Der jugendliche Freizeit- und Konsumbereich hat sich erheblich ausgeweitet und ausdifferenziert. Dadurch sind eigene kulturelle Lebensformen, Jugendszenen und Jugendkulturen entstanden, die ihre eigenen Umgangsformen, Stile und Moden entwickelt haben.[6] Um mithalten zu können, müssen die Jugendlichen Expertinnen und Experten in Sachen Stil, Kleidung, Sprache, Musik, Freizeitangeboten, jugendkulturellen Trends sein. Sie müssen sich im Rahmen der ausdifferenzierten "feinen Unterschiede" orientieren und verorten können. Dazu sind großes Wissen, hohe Aufmerksamkeit, Informiertheit und die straffe zeitliche Organisation der Freizeit erforderlich.

Die als Entstrukturierung bezeichnete Ausdifferenzierung und höhere Komplexität der einzelnen Lebensbereiche, hat nicht nur zu erhöhten Anforderungen geführt. Zusätzliche Anforderungen stellt die sehr viel schwerer gewordene Synthetisierungsarbeit zwischen den einzelnen ausdifferenzierten Lebensbereichen. Für viele Jugendliche ist es sehr belastend, die teilweise gegensätzlichen Anforderungen miteinander in Einklang zu bringen. Hohe Belastungen in einem Bereich können die zur Verfügung stehenden personalen und sozialen Ressourcen aufzehren, so daß Handlungsanforderungen in anderen Bereichen nicht oder nur unzulänglich bewältigt werden können.[7]

Die Entstrukturierung der Jugendphase, der Widerspruch zwischen ökonomischer Unselbständigkeit und sozio-kultureller Selbständigkeit, die Individualisierung der Lebenslagen korrespondieren mit einer Zunahme der Risikokonstellationen in der Lebensphase Jugend. Gesundheitliche Beeinträchtigungen, psychosomatische Störungen, psycho-soziale Auffälligkeiten, Verhaltensauffälligkeiten wie aggressives und straffälliges Verhalten, der Konsum von Drogen aller Art können als Anzeichen dafür angesehen werden, daß die zunehmend komplexer und schwieriger gewordenen Anforderungen an die Jugendlichen, deren Bewältigung große Flexibilität und Handlungskapazität verlangt, die individuell verfügbaren Ressourcen übersteigen können (Hurrelmann 1988, Nordlohe 1992).

3 Jugend und Arbeit

Das Verhältnis der Jugend zur Arbeit wurde im Gefolge der Wertewandeldebatte verstärkt diskutiert und untersucht. Der amerikanische Soziologe Inglehart (1979) konstatierte in seinen Untersuchungen eine Verlagerung der Orientierungen von materiellen zu postmateriellen Orientierungen. Im Anschluß daran und im Gefolge der Ausbildungskrise wurde in der Bundesrepublik die Frage gestellt, ob sich in den 70er Jahren eine Werteverlagerung von traditionellen Pflicht- und Akzeptanzwerten zu Selbstverwirklichungswerten vollzogen habe (Klages 1984). Null-Bock-Mentalität und Hedonismus waren die Schlagworte. An die Stelle von Selbstverleugnung sei die Selbstverwirklichung als Maßstab des Handelns getreten. Tendenziell würde Arbeit als Pflicht abgelehnt, sie solle Spaß machen und zur

---

[6] Eine Übersicht über Jugendkultur geben Baacke/Ferchoff (1993).

[7] Hohe, andersgeartete Anforderungen der Clique können die Bewältigung schulischer oder betrieblicher Anforderungen erschweren oder sogar unmöglich machen.

eigenen Entfaltung beitragen. Die Jugendlichen bezögen sich nicht auf die Arbeit, sondern die Arbeit auf sich. Bindung, Unterordnung und Verpflichtung würden ebenfalls in Frage gestellt. Dagegen würde der eigene Lebengenuß betont und die Gleichberechtigung der Geschlechter bejaht. Die Ansprüche in bezug auf die eigene Selbstverwirklichungschancen würden erhöht. Hoch geschätzt würde auch die eigene Gesundheit und die Bewahrung der natürlichen Umwelt. Die gesellschaftlichen Individualisierungsprozesse begünstigen eine "autozentristische Mentalität". Denken, Fühlen, Werten und Handeln seien mehr oder weniger weitgehend "entnormiert". Viele fühlten sich grundsätzlich dazu berechtigt, das zu tun, was sie aufgrund eigener Einsicht für richtig hielten, was Möglichkeiten zur Selbstverwirklichung bietet, was Spaß macht und Befriedigung verschafft.

Vor allem konservative Meinungsforscher kommen aus ihrer Sicht zu alarmierenden Ergebnissen, die ihnen zu Befürchtungen Anlaß geben, unsere Gesellschaft, unsere Kultur, vor allem aber die Wettbewerbsfähigkeit der Bundesrepublik könnten Schaden nehmen. "Im materiellen Bereich verbürgerlichen die Arbeiter, ein bürgerlicher Lebensstandard in bezug auf Sicherheit und Besitz ist praktisch erreicht, im geistigen Bereich der Einstellungen, Wertvorstellungen vollzieht sich umgekehrt eine Anpassung an Unterschichtmentalität, den bürglichen Werten entgegengesetzte Haltungen: Arbeitsunlust, Ausweichen vor Anstrengungen, auch der Anstrengung des Risikos, statt langfristiger Zielspannung unmittelbare Befriedigung, Egalitätsstreben, Zweifel an der Gerechtigkeit der Belohnungen, Statusfatalismus, das heißt Zweifel an der Möglichkeit, durch Anstrengung den eigenen Status zu verbessern" (Noelle-Neumann 1977). Im Gegensatz dazu sehen die Autoren der Shellstudien (1981 und 1985), die explizit die Thesen von Inglehart aufgreifen, in den veränderten Orientierungen der Jugendlichen die Hoffnung auf einen kreativen und humanen Umbau der Gesellschaft. Dazu besonders befähigt seien Jugendliche, die eine längere Jugendphase durchlaufen hätten.

Vor allem die sich Anfang der achtziger Jahre verstärkende arbeitsbezogene Jugendforschung setzte sich mit dieser Thematik auseinander. Im Gegensatz zu den repräsentativen Jugendstudien stützten sich diese Forschungen auf biographische und Feinanalysen.[8] Dadurch werden differenzierte Aussagen darüber möglich, wie Jugendliche und junge Erwachsene ihren Lebenslauf interpretieren, gestalten und bewältigen. Dabei orientieren sich die Untersuchungen an unterschiedlichen theoretischen Ansätzen. Baethge u.a. (1989) untersuchen die Bedeutung von Arbeit in den Lebenskonzepten der Jugendlichen. Dabei wird auch die Auswirkung krisenhafter Erfahrungen auf die Arbeitsorientierung untersucht. Die im Sonderforschungsbereich 333 der Universität München und vom Institut für Praxisforschung und Projektberatung München durchgeführten Untersuchungen zur berufsbezogenen Jugendhilfe in Bayern orientieren sich am Identitätsmodell von Marcia. In dem vom Deutschen Jugendinstitut durchgeführten Projekt "Jugend und Arbeit" werden die Bewältigungsstrategien der Jugendlichen an den Übergängen in Ausbildung und Beschäftigung unter Berücksichtigung des Regionalbezugs biographisch in einer Längsschnittuntersuchung rekonstruiert (Brock u. a. 1991, Preis 1995). Sie untersuchen den Prozeß jugendlicher Identitätsarbeit (Strauß/Höfer 1995).

Aus den empirischen Daten zur Berufseinmündung und Berufseingliederung, die die Sicht der Akteure wiedergeben, wurde im Sonderforschungsbereich 186 der Universität Bremen

---

[8] Diese Methoden erhielten auch in der kulturbezogenen Jugendforschung größeren Raum.

Jugendliche als Subjekte und Adressaten beruflicher Erstausbildung

die Theorie der Selbstsozialisation[9] und das theoretische Konzept bzw. die heuristische Typologie der biographischen Gestaltungsprinzipien entwickelt (Mönnich/Witzel 1994). Bedeutsam ist dabei das Zusammenspiel von Ausbildungsberuf, Geschlecht, regionalem Arbeitsmarkt und Bildungsressourcen.

Ein gemeinsames zentrales Ergebnis der theoretisch und methodisch sehr unterschiedlich angelegten arbeits- und berufsbezogenen Jugendstudien ist, daß Arbeit in hohem Maße Orientierungsgröße für die Jugendlichen bleibt. Nicht nur beim Übergang in die Ausbildung, sondern auch an der zweiten Schwelle versuchen die Jugendlichen trotz zum Teil schwieriger Bedingungen Kontinuität in ihrer Berufsbiographie zu sichern (Witzel/Mönnich 1995). Nach den Ergebnissen der Untersuchung von Baethge u. a. (1989, S. 181 ff.) zentrieren 30 % der Jugendlichen ihren Lebensentwurf auf die Berufsarbeit, weitere 30 % versuchen in ihrem Lebenskonzept Arbeit und Privatleben auszubalancieren, ungefähr ein Viertel der Jugendlichen verfolgen ein familienzentriertes Lebenskonzept und lediglich 16 % sind freizeitorientiert. Ein Viertel der Jugendlichen möchte beruflich vorwärts kommen, etwa ein Fünftel findet die eigene berufliche Situation unbefriedigend und möchte diese ändern, ein Drittel richtet sich in den gegebenen Bedingungen ein, ungefähr 17 % der Jugendlichen zeigen Resignationstendenzen und 5 % leiden unter ihrer Lebenssituation (Baethge u. a. 1989, S. 160 ff.).

Die Lebensentwürfe erfahren sehr unterschiedliche individuelle Ausprägungen. Besonderes Gewicht in der Auseinandersetzung mit der jeweiligen Lebenslage haben (Krisen-)Erfahrungen im Ausbildungs- und Berufsverlauf. Je nach Ausbildungs- und Arbeitsmarktsituation, sozialem Status, Bildungsstand, Geschlecht und Nationalität können die Verarbeitungsformen sehr verschieden sein. Gleichzeitig werden in diesen Untersuchungen aber auch tiefgreifende Veränderungen in der Arbeitsorientierung der Jugendlichen festgestellt. Danach formulieren Jugendliche hohe Ansprüche an Erwerbsarbeit. Wichtig ist ihnen, ihre eigenen Bedürfnisse und Fähigkeiten in die Arbeit einbringen zu können, die Arbeit soll interessant und sinnvoll sein, sie soll soziale Beziehungen und Kommunikation ermöglichen. Das Betriebsklima muß stimmen. Gefühlsmäßige Dimensionen, soziale Beziehungen sind für Jugendliche und junge Erwachsene außerordentlich wichtig. Gegenüber sachlichen, objektbezogenen Anforderungen haben sie an Gewicht zugenommen (Hornstein 1992, S. 10). Der überwiegende Anteil der Jugendlichen, fast drei Viertel, hat eine sinnhafte-subjektbezogene Arbeitsorientierung, in der Arbeitsinhalte, kommunikative und soziale Aspekte im Vordergrund stehen, im Gegensatz zu einer materiell-reproduktionsbezogenen Arbeitsorientierung, die sich primär auf die materielle Sicherheit und günstige Arbeitsplatzregelungen bezieht. Zwischen verschiedenen Abschlußniveaus sowie diskontinuierlich und kontinuierlich verlaufenden Übergangsprozessen bestehen aber erhebliche Unterschiede. Etwa die Hälfte derjenigen ohne Abschluß oder mit Hauptschulabschluß, aber mehr als 80 Prozent derjenigen mit Realschulabschluß

---

[9] Das Konzept der Selbstsozialisation stellt nach (Heinz 1989) eine neuartige subjektive Verarbeitungsform gesellschaftlicher Anforderungen und individueller Ansprüche dar, in der Strategien der Lebensbewältigung und individueller Selbstverwirklichung in unterschiedlicher Weise kombinierbar sind. Dabei werden Fähigkeiten zur flexiblen Wahrnehmung von Chancen entwickelt und eine *Eigenverantwortung* für die Lebensführung verankert. Dies geschieht vor dem Hintergrund steigender Ansprüche der Jugendlichen an Autonomie und Selbstverwirklichung. Diese Form der flexiblen Identitätsbildung ist aber stets gefährdet, sie muß immer wieder neu ausbalanciert werden. Dies kann bedeuten, daß spezifische, inhaltliche und emotionale Interessen an einer Sache, an Personen, z. B. auch an Berufstätigkeit, nur auf Zeit entwickelt werden und eine affektive Distanz z. B. zur Arbeit und zum Betrieb entwickelt wird.

hat eine sinnhaft-subjektbezogene Arbeitsorientierung. Ähnlich sind die Werte bei denjenigen mit diskontinuierlichem (58 %) und kontinuierlichem (85 %) Einmündungsprozeß (Baethge 1990).

Demnach sind - trotz der scheinbaren Offenheit aller Bildungs- und Berufswege für alle und den prinzipiell unbegrenzten Möglichkeiten für jeden einzelnen - die sozialen und geschlechtsspezifischen Benachteiligungen nicht aufgehoben. Sich einrichten und abfinden auch mit Bedingungen, die als unbefriedigend empfunden werden, kommt bei Jugendlichen, die krisenhafte Erfahrungen gemacht haben, sehr viel häufiger vor. Diese Erfahrungen machen die Jugendlichen aus unteren sozialen Schichten deutlich öfter, als die aus mittleren und oberen Schichten. Doch auch bei den benachteiligten Jugendlichen überwiegen subjektiv-sinnhafte Ansprüche an Arbeit. Diese Jugendlichen wollen innerlich an der Arbeit beteiligt sein, sie wollen die Bestätigung der eigenen Kompetenz erfahren, ihre Arbeit sollte sie herausfordern, aber nicht überfordern. Sie wollen Arbeitskollegen und Arbeitskolleginnen, von denen sie als Person anerkannt werden oder, wie diese Jugendliche es ausdrücken, sie wollen nicht "Spaß statt Arbeit, sondern Spaß an und in der Arbeit haben" (Strauß/Höfer 1995, S. 224).

Unter den Befragten machen junge Frauen häufiger krisenhafte Erfahrungen als die jungen Männer. Sie setzen zwar auf die Berufstätigkeit als Basis für materielle Unabhängigkeit und soziale Autonomie, doch ist es für sie noch sehr viel schwieriger, für die Zeit nach der Erstausbildung zu planen. Sie sind deshalb weniger als die jungen Männer bestrebt beruflich vorwärts zu kommen, sondern richten sich eher in der vorhandenen Situation ein oder leiden darunter, ohne die Möglichkeit zu sehen, etwas zu deren Veränderung beitragen zu können. Auch die Lebenskonzepte der jungen Frauen unterscheiden sich von denen der jungen Männer. Für ein Viertel der jungen Frauen, aber 37 % der Männer sind Arbeit und Beruf zentral für das Lebenskonzept. Dagegen haben 34 % der Frauen und nur 13 % der Männer ein familienorientiertes Lebenskonzept. Doch auch in diesem Konzept hat die Arbeit hohe Bedeutung. Das freizeitorientierte Lebenskonzept, mit relativ hoher Distanz zur Arbeit kommt bei den jungen Männern mit 22 % doppelt so häufig vor wie bei den jungen Frauen mit 11 %.[10]

Folgt man den genannten Untersuchungen, in denen der Wandel der Bedeutung von Arbeit in den Lebensentwürfen und den Verarbeitungs- und Bewältigungsstrategien der Jugendlichen untersucht wird, dann hat Arbeit keineswegs an Bedeutung verloren. Angesichts des im gesellschaftlichen Modernisierungsprozeß zu verzeichnenden Bedeutungsverlustes anderer gesellschaftlicher Instanzen kann Arbeit an deren Stelle rücken und einen Bedeutungsgewinn erfahren. Vor allem für junge Frauen und Marginalisierte hat Arbeit an Bedeutung gewonnen. Sie begreifen qualifizierte Arbeit als eine Voraussetzung der eigenen Autonomie, als Chance zur Entfaltung eines Stückes eigenen Lebens. Dies gilt auch für Benachteiligte und Behinderte, für die eine Berufsausbildung und eine qualifizierte Tätigkeit eine wichtige Voraussetzung für ihre gesellschaftliche und soziale Integration und eine eigenständige Lebensführung sind (Rützel 1996a).

Dagegen nimmt für die männlichen Jugendlichen die Bedeutung von Lohnarbeit tendenziell ab, weil sie mehr als Zwang und Einschränkung der eigenen Lebensentfaltung gesehen wird. Herget/Stockmann (1994, S. 162 f.) kommen in ihrer Untersuchung zu dem

---

[10] Vergleiche hierzu auch Keddi/Sardei 1991.

Jugendliche als Subjekte und Adressaten beruflicher Erstausbildung

Ergebnis, daß jeweils gut 80 Prozent der jungen Frauen und Männer Beruf und Privates miteinander verbinden möchten. Diese Orientierung festigt sich noch, wenn sie mit einer Partnerin, einem Partner zusammenleben oder wenn sie Mütter bzw. Väter sind. Demnach erfolgt eine Annäherung in der Berufsorientierung und den Lebensentwürfen und teilweise auch in der realen Lebenssituation junger Frauen und Männer. Unter den realen Bedingungen und im Kontext biographischer Perspektiven bleiben aber gravierende Differenzen bestehen. Immer noch sind die Berufseinmündungsbedingungen für junge Frauen sehr viel schwieriger als für die jungen Männer. Vor allem aber die Antizipation des Kinderwunsches, dessen Realisierung oft zeitlich verschoben wird und das Muttersein, bringen viele Frauen bei der Verfolgung des doppelten Lebensentwurfs in ein kaum lösbares Dilemma (Oechsle 1990, S. 162, Hantsche 1990, S. 71). Umgekehrt entspricht es zwar den Orientierungen junger Männer, Beruf und Familie bzw. Privates gleichberechtigt zu verbinden, real wird diese Orientierung aber wegen bestehender Arbeitszeitmodelle und den zusätzlichen Belastungen kaum gelebt (Herget/Stockmann 1994, S. 264 ff.).

Die Angleichung in der Arbeitsorientierung junger Frauen und Männer geht mit den aufgezeigten neuen Ansprüchen an Erwerbsarbeit einher. Weitgehende Interpretationen sprechen von einem neuen kulturellen Modell, das die gesamte Lebensführung einschließt, wobei in allen Lebensbereichen - auch in der Arbeit - Selbstverwirklichung vor Selbstverleugnung steht (Oechsle 1990, S. 157 ff., Zoll u. a. 1989). Dennoch orientieren sich trotz aller Veränderungen in den Lebenskonzepten die deutschen Jugendlichen am Modell der dauerhaften, durch unbefristeten Arbeitsvertrag ausgeübten Beschäftigung. Dies gilt auch zunehmend für ausländische Jugendliche, obwohl sie oft aus Ländern kommen, für die Berufskonzepte nicht selbstverständlich sind. Je nach Lebenslage, Status, Bildungsvoraussetzung wird jedoch eine spezifische Migrantenkultur entwickelt, die sich auch auf die Arbeitsorientierung auswirkt (Bendit 1995, Rützel 1989). Zumindest bei diesen dürfte aber das "neue kulturelle Modell" nicht greifen.

Wie sich die realen Veränderungen der Berufsausbildung auf die Erfahrungen der Jugendlichen auswirken, wird kaum untersucht. Um die Lebenskonzepte und Bewältigungs- und Verarbeitungsstrategien zu rekonstruieren, hat in den dargestellten Untersuchungen eine Verlagerung von der Analyse von Berufsverläufen auf die Erforschung der Übergänge stattgefunden. Dabei wurden die Schwellen des Dualen Systems, die Berufsstartproblematik und die Arbeitslosigkeit untersucht sowie nach geschlechtsspezifischen, sozialen und regionalen Kriterien sowie Berufen differenziert. Die für die Schule konstatierte didaktisch-methodische Durchrationalisierung trifft aber auch auf die berufliche Bildung zu. Bedeutsam ist dabei der Funktionswandel der beruflichen Erstausbildung, von der Berufsausbildung zur Berufsvorbereitung, der sich u. a. in deren Verallgemeinerung und Entspezialisierung zeigt. Berufliche Erstausbildung ist primär an der Vermittlung von Schlüsselqualifikationen und nicht am Erwerb spezifischer Qualifikationen orientiert. Hinzu kommen neue, abstraktere Inhalte und die didaktisch-methodische Durchstrukturierung der (groß)betrieblichen Ausbildung. Diese nähert sich in vielen Bereichen schulischem Lernen an. Sie ist verbunden mit einer Flexibilisierung und Individualisierung der Ausbildungsabläufe, die nicht nur die Lernmöglichkeiten erhöht, sondern auch den Selektions-, Leistungs- und Konkurrenzdruck objektiv wie subjektiv verschärft. Neu ist, daß durch die neuen Produktionskonzepte Effizienz und methodische Kontrolle auch bei der Vermittlung von persönlichkeitsbezogenen und sozialen Qualifikationen im Vordergrund stehen. Es geht um die Herausbildung von verwertbaren Persönlichkeitsqualifikationen in intentionalen Lernprozessen (Eckert/Rützel 1996, Rützel 1996b).

Dem stehen aber gegenläufige Tendenzen gegenüber. Viele Jugendliche verrichten Ferienarbeiten, Aushilfsarbeiten, Nebenjobs, Hobby-Arbeit auf eigene Rechnung, so daß ein großer Teil der Jugendlichen "vorberufliche" Erfahrungen haben, die den Einstieg in die Erwerbsarbeit beeinflussen (Zinnecker 1994, S. 224 ff.). Im schulischen und beruflichen Lernen werden zunehmend neue, offenere und selbstbestimmte Lernformen praktiziert, die auch Erfahrungen mit konkreter Tätigkeit und die Arbeit in Gruppen einschließen. Außerdem werden neue Formen des arbeitsplatznahen Lernens und eine Wiederentdeckung des informellen Lernens bzw. der Verbindung von Lernen und Arbeiten propagiert. Durch die zunehmende Individualisierung der Gesellschaft scheint es notwendig zu werden, mehrere Aktivitäten, z. B. Lernen und Arbeiten parallel auszuführen sowie das intentionale und institutionalisierte Lernen erfahrungsbasierter und kollektiv zu gestalten.

4 Resümee und Ausblick

Wie gezeigt, verlaufen die Prozesse der Individualisierung und des Strukturwandels der Jugendphase widersprüchlich, ihre Auswirkungen sind ambivalent. Dies gilt auch für die in der Auseinandersetzung mit den realen Bedingungen entwickelten Lebensentwürfe und Arbeitsorientierungen. Die Widersprüche und Ambivalenzen finden sich sowohl in den gesellschaftlichen Entwicklungen als auch in den subjektiven Verarbeitungs- und Bewältigungsstrategien. Neuen Möglichkeiten der Entfaltung und Selbstbestimmung steht eine Vielzahl von neuen Risiken und Eingrenzungen entgegen. Diese treffen einzelne Gruppen, Milieus oder Klassen sehr unterschiedlich. Die Ressourcen zur Nutzung der erweiterten Handlungsspielräume sind sehr unterschiedlich verteilt. Das den einzelnen Jugendlichen zur Verfügung stehende ökonomische, kulturelle und soziale Kapital (Bourdieu 1982), ist höchst unterschiedlich. Die daraus abgeleiteten jeweiligen Handlungsstrategien verfestigen sich zu einem klassenspezifischen Habitus und Lebensstil (Zinnecker 1986, S. 105). Daraus entwickeln sich auch unterschiedliche Zeitstrukturen, Modi und Konzepte von Jugend. Bei Unterschichtjugendlichen wäre dies nach Zinnecker (1986, S. 109 ff.) ein relativ unverbundenes Neben- und Gegeneinander von geplanten und ungeplanten Zielperspektiven, mit einem an den Gegebenheiten des Nahen und Unmittelbaren ausgerichteten Modus, der körper- und ortsgebundenen sowie situations- und gegenwartsbezogen verläuft. Die Konzepte kreisen um kommerzialisierte Lebensformen der Jugendkultur, der Fans von Sport-, Musik- oder Idolen der Motorisierung und um die Widerborstigkeit der dort angesiedelten Subkulturen. Wenn diese Einordnung zutreffend ist, dann liegt es auf der Hand, daß sich Begrenzungen in der Erfüllung der durch Individualisierung hervorgerufenen Handlungsanforderungen und der subjektiven Ausgestaltung vorhandener Handlungsmöglichkeiten ergeben.

Auf der Grundlage von kulturtheoretischen Überlegungen zum "Irritationsgehalt der Moderne" nennt Ziehe (1989) drei zwiespältige kulturelle Tendenzen: Reflexivität, Machbarkeit und Individuierung. Stange (1994, S. 142) hat aufgezeigt, welche neuen Anforderungen und Risiken sich für Jugendliche mit Lernbehinderungen aus diesen Tendenzen ergeben. Ähnlich dürften die Auswirkungen für andere benachteiligte Gruppen sein.

Diese, wie auch andere Ansätze und deren Ergebnisse werden in der berufsbezogenen Jugendforschung unzureichend berücksichtigt. Umgekehrt ist dies ebenso der Fall. Aus berufspädagogischer Sicht wäre es notwendig, diese unterschiedlichen Forschungsrichtungen besser aufeinander zu beziehen. Damit könnte genauer untersucht werden, wie

Jugendliche als Subjekte und Adressaten beruflicher Erstausbildung

sich unterschiedliche Kulturen und Ressourcen auf die Übergänge in Arbeit und Beruf auswirken und umgekehrt. Dadurch könnte die Fragestellung insofern erweitert werden als nicht nur die Übergänge, sondern auch mögliche Parallelitäten und Gleichzeitigkeiten von Lebensbereichen und Perspektiven berücksichtigt werden. Dazu wäre auch eine Erweiterung der Lebens- und Identitätskonzepte nötig.

Die berufsbezogenen Jugendstudien beziehen sich auf die Jugend der 80er Jahre. Gegenwärtig befinden sich Kernbranchen der deutschen Wirtschaft in einer Strukturkrise. In deren Gefolge ist eine sich gegenüber den 80er Jahren verschärfende Berufs- und Arbeitsmarktkrise entstanden, die sich auch zu einer neuen strukturellen Ausbildungskrise ausgeweitet hat. Der Rückgang der Ausbildungsplätze trifft Kernbereiche des dualen Systems (Werner 1996). Die massiv forcierte systemische Rationalisierung hat zur viel diskutierten Krise des dualen Systems und zur Erosion des Berufskonzeptes geführt. Viele halten beide Systeme für überholt (Geißler 1994, Lisop 1995, Wittwer 1995). Andere sehen keine realistische Alternative zu deren Modernisierung (Georg 1993, Kutscha 1992, Lempert 1995). Dem Brüchigwerden des Berufskonzepts in den Kernbereichen steht die Entwicklung neuer Berufe in neuen Aufgabenfeldern und von "Berufen für die zweite Lebenshälfte" bzw. von Weiterbildungsberufen gegenüber. Neben Entberuflichungs- und Deregulierungstendenzen, z. B. durch Modularisierung, entstehen neue Formen der Verberuflichung und Regulierung.

Wie die Jugendlichen diese neuen Bedingungen subjektiv verarbeiten und bewältigen, ist wenig bekannt. Durch die gebremste Wohlstandsentwicklung, die u. a. dazu führt, daß es den Kindern nicht mehr selbstverständlich besser geht als ihren Eltern, tritt die Entwicklung von Lebenskonzepten und die Gestaltung von Übergängen in eine neue Phase. Für viele Jugendliche fallen Sicherheitsaspekte weg, die das Experimentieren mit einem Konzept von Ganzheitlichkeit erleichtert haben. Werden dadurch Prozesse der Selbstsozialisation derart verstärkt, daß es primär um das Leben hier und jetzt und das Offenhalten von Perspektiven, um Anschlußfähigkeit geht, in denen auch klaglos materielle Verschlechterungen hingenommen werden, oder gibt es auch neue Verstetigungen in Richtung auf neue Phasenmodelle? Wer sind die Gewinner, wer die Verlierer der krisenhaften Wandlungsprozesse? Machen sich künftig die Polarisierungen an den Merkmalen Leistungsbereitschaft und Leistungsfähigkeit fest?

Unter dem Aspekt der beruflichen Sozialisation wären die Wandlungsprozesse einzubeziehen, die sich auf die neuen Inhalte und Formen der Berufstätigkeit (Rützel 1996b) und deren sozialisatorischen Wirkungen beziehen. Zu fragen wäre, ob die neuen technologiebasierten Arbeitskonzepte und mediadisierten Lernkonzepte die Erfahrungen aus zweiter und dritter Hand verstärken oder Gestaltungsmöglichkeiten und Orientierungen in neuer Qualität bieten. Zu differenzieren wäre dabei nach Berufen, Branchen, Regionen und personenbezogenen Merkmalen. Diese hier eher kursorisch aufgeworfenen Fragen wären mit veränderten Untersuchungsdesigns, die neben erweiterten Theorievarianten auch neue Merkmals- und Forschungsmethodenkombinationen enthalten, zu untersuchen.

Literatur

BAETHGE, M. u. a.: Jugend, Arbeit und Identität. Opladen 1989

BAETHGE, M.: Arbeit und Identität bei Jugendlichen. In: Psychosozial, 13 III 1990, S. 67-79

BECK, U.: Risikogesellschaft. Auf dem Weg in eine andere Moderne. Frankfurt a. M. 1986

BENDIT, R.: Jugendliche MigrantInnen im vereinten Deutschland: Vom "Ausländer" zum Minderheitsangehörigen. (DJI) München 1995

BORDIEU, P.: Die feinen Unterschiede. Frankfurt a. M. 1982

BROCK, D. u. a. (Hrsg.): Übergänge in den Beruf. Zwischenbilanz zum Forschungsstand. (DJI) München 1991

ECKERT, M./RÜTZEL, J.: Subjektorientierte Lernsituationen gestalten - den Gegensatz von objektiven Lernanforderungen und subjektiven Lebenswegen überwinden. In: DIES.: Didaktische Innovationen: Subjektorientierte Lernsituationen gestalten. Alsbach/Bergstraße 1996, S. 8-18

ERIKSON, E. H.: Identität und Lebens-Zyklus. Frankfurt a. M. 1973

FUCHS, W.: Jugendliche Statuspassage oder individualisierte Jugendbiographie? In: Soziale Welt, 34 Jg., 3, 1983, S. 341-371

GEIßLER, K. A.: Von der Meisterschaft zur Qualifikations-Collage. Drei Entwicklungen, die die industrielle Berufsausbildung gefährden. In: Liesering, S. u. a.(Hrsg.): Die Zukunft der dualen Berufsausbildung. Beitr. AB 186. Nürnberg 1994, S. 328-334

GEORG, W.: Von der Berufskultur zur Unternehmenskultur. Ein Paradigmenwechsel in der Berufs- und Wirtschaftspädagogik? In: Georg, W./Arnold, R. (Hrsg.): Von der Berufskultur zur Unternehmenskultur. Hagen 1993

HANTSCHE, B.: Veränderte Sozialisationsmuster in der Adoleszens - welchen Stellenwert hat Arbeit für die Identität von Jugendlichen. In: Bois-Reymond, M./Oechsle, M. (Hrsg.): Neue Jugendbiographie? Zum Strukturwandel der Jugendphase. Opladen 1990, S. 59-78

HEINZ, W.: Gesamtgesellschaftliche Individualisierungsschübe und veränderte Lebenslagen Jugendlicher. In: Zukunftsforum Jugend 2000. Ev. Akademie Bad Boll, Protokolldienst 28/1989, S. 49-59

HERGET, H./STOCKMANN, R.: Beruf Familie und Karriere - geht das? Die zwei Seiten der Integration junger Frauen und Männer in den ersten Berufsjahren. In: Schöngen, K. (Hrsg.): Berufseinstieg unter schwierigen Rahmenbedingungen. Bericht zur beruflichen Bildung 185. Bonn/Berlin 1994, S. 147-186

HORNSTEIN, W.: Aufwachsen mit Widersprüchen - Jugendsituation und Schule heute. Stuttgart 1990

HORNSTEIN, W.: Die neue Generation von Auszubildenden - Wie ist sie? Was will sie? Was kann sie? In: berufsbildung 10/92, S. 7-11

HURRELMANN, K.: Sozialisation und Gesundheit: Somatische, psychische und soziale Risikofaktoren im Lebenslauf. Weinheim/München 1992

INGLEHART, R.: The Silent Revolution. Princeton/New Jersey 1977

KÄRNTNER, G. u. a. (Hrsg.): Ausbildung und Arbeitsplatzrisiko Jugendlicher. München 1983

KEDDI, B./SARDEI, S.: Zum Wandel der Lebensentwürfe von Mädchen und jungen Frauen. Ausgewählte Ergebnisse empirischer Untersuchungen seit den sechziger Jahren. In: Brock, D. u. a. (Hrsg.): Übergänge in den Beruf. (DJI) München 1991, S. 180-197

KLAGES, H.: Wertorientierungen im Wandel: Rückblick, Gegenwartsanalysen, Prognosen. Frankfurt a. M. 1984

KOHLI, M.: Institutionalisierung und Individualisierung der Erwerbsbiographie. In: Brock, P. u. a. (Hrsg.): Subjektivität im gesellschaftlichen Wandel. (DJI) München 1989

KRÜGER, H.-H.: Geschichte und Perspektiven der Jugendforschung - historische Entwicklungslinien und Bezugspunkte für eine theoretische und methodische Neuorientierung. In: ders. (Hrsg.): Handbuch der Jugendforschung. Opladen, 1993, S. 17-30

KRUSE, W. u. a.: Facharbeiter werden - Facharbeiter bleiben? Frankfurt a. M./New York 1981

KÜHNLEIN, G./PAUL-KOHLHOFF, A.: Wandel der Berufsausbildung: Die Entstehung neuer sozialer Benachteiligungen. In: Brock, P. u. a. (Hrsg.): Subjektivität im gesellschaftlichen Wandel. (DJI) München 1989, S. 79-91

KUTSCHA, G.: Entberuflichung und neue Beruflichkeit. Thesen und Aspekte zur Modernisierung der Berufsbildung und ihrer Theorie. In: ZBW, 88. Jg. (1992), S. 535-548

LEGNARO, A.: Im Grunde sind alle jung, nur manche sind jünger. Vom Verschwinden des Unterschiedes zwischen Jugendlichen und Erwachsenen. Frankfurter Rundschau v. 22.8.1992, S. 14

LEMPERT, W.: Das Märchen vom unaufhaltsamen Niedergang des "dualen Systems". In: ZBW, 91. Jg. (1995), S. 225-231

LISOP, I.: Neue Beruflichkeit - berechtigte und unberechtigte Hoffnungen. In: Arnold, R. (Hrsg.): Betriebliche Weiterbildung zwischen Bildung und Qualifizierung. Frankfurt a. M. 1995, S. 29-48

MANSEL, J./HURRELMANN, K.: Alltagsstreß bei Jugendlichen. Eine Untersuchung über Lebenschancen, Lebensrisiken und psychosoziale Befindlichkeiten im Statusübergang. Weinheim/München 1991

MAYER, E./SCHUMM, W.: Betriebliche Ausbildung und gesellschaftliches Bewußtsein. Frankfurt a. M./New York 1981

MÖNNICH, I./WITZEL, A.: Arbeitsmarkt und Berufsverläufe junger Erwachsener. Ein Zwischenergebnis. In: Zeitschrift für Sozialisationsforschung und Erziehungssoziologie, 14. Jg. (1994), S. 262-277

NOELLE-NEUMANN, E.: Die stille Revolution. In: Allensbacher Jahrbuch für Demoskopie. Bd. 7, 1977

NORDLOHE, E.: Die Kosten jugendlicher Problembewältigung. Alkohol-, Zigaretten- und Arzneimittel im Jugendalter. Weinheim/München, 1992

OECHSLE, M.: Von der Selbstverleugnung zur Selbstverwirklichung - ein neues kulturelles Modell. In: Bois-Reymond, M./Oechsle, M. (Hrsg.): Neue Jugendbiographie? Zum Strukturwandel der Jugendphase. Opladen 1990, S. 155-173

OLK, Th.: Jugend und gesellschaftliche Differenzierung - Zur Entstrukturierung der Jugendphase. In: Zeitschrift für Pädagogik, 19. Beiheft, 1985, S. 290-301

OLK, Th.: Jugend und Gesellschaft. Entwurf für einen Perspektivenwechsel in der sozialwissenschaftlichen Jugendforschung. In: Heitmeyer, W. (Hrsg.): Interdisziplinäre Jugendforschung. Fragestellung, Problemlagen, Neuorientierungen. Weinheim/München 1986, S. 41-62

PÄTZOLD, G.: Wertewandel - Herausforderung für berufsbildende Schulen. In: BbSch, 45. Jg. (1993) Heft 2, S. 43-48

PAUL-KOHLHOFF, A.: Lebenswelten, Ansprüche und Interessen von Jugendlichen heute. In: Rützel, J. (Hrsg.): Gesellschaftlicher Wandel und Gewerbelehrerausbildung. Darmstädter Beiträge zur Berufspädagogik. Bd. 14. Alsbach/Bergstraße 1994, S. 213-219

PREIS, C.: Von Orientierungslosigkeit zu Handlungskompetenz. Ergebnisse beruflicher Sozialisationsprozesse bei Jugendlichen an der zweiten Schwelle. In: Westhoff, G. (Hrsg.): Übergänge von der Ausbildung in den Beruf. Die Situation an der zweiten Schwelle in der Mitte der neunziger Jahre. Bonn/Berlin 1995, S. 93-104

RÜTZEL, J.: Die Berufsausbildung ausländischer Jugendlicher. Alsbach/Bergstraße 1989

RÜTZEL, J.: Jugend heute. Lebenslagen - Interessen - Zukunftsperspektiven. In: berufsbildung, 47. Jg. (1993) Heft 22, S. 3

RÜTZEL, J.: Berufliche Bildung und Benachteiligte: Begründung, Konzepte, Perspektiven. In: Stark, W. u. a. (Hrsg.): Lernschwächere Jugendliche aus Haupt- und Sonderschulen sowie ohne Schulabschluß im Übergang zur beruflichen Bildung. Stuttgart 1996a

RÜTZEL, J.: Subjektorientierung in der beruflichen Bildung unter den Bedingungen der systemischen Rationalisierung - Näherungen aus Sicht der kritischen Bildungstheorie. In: Eckert, M./Rützel, J. (Hrsg.): Didaktische Innovationen: Subjektorientierte Lernsituationen gestalten. Alsbach/Bergstraße 1996b, S. 19-36

SCHÖNGEN, K./WESTHOFF, G.: Berufswege nach der Ausbildung - die ersten drei Jahre. Bundesinstitut für Berufsbildung. Berichte zur beruflichen Bildung 156. Berlin 1992

STANGE, H.: Die soziale Lebenslage von Kindern und Jugendlichen mit Lernbehinderungen. Hagen 1994

STRAUß, F./HÖFER, R.: Halbe Chancen und doppelte Risiken. Die veränderte Bedeutung von Erwerbsarbeit und Qualifizierungsprozessen für die Identitätsarbeit benachteiligter Jugendlicher. In: Westhoff, G. (Hrsg.): Übergänge von der Ausbildung in den Beruf. Die Situation an der zweiten Schwelle in der Mitte der neunziger Jahre. Bonn/Berlin 1995, S. 219-236

TROTHA, T. v.: Zur Entstehung von Jugend. In: Kölner Zeitschrift für Soziologie und Sozialpsychologie, 34. Jg. (1982) Heft 2, S. 254-275

WERNER, R.: Rückgang der Ausbildungsplätze betrifft Kernbereiche des dualen Systems - eine statistische Analyse. In: BWP, (1996) Heft 3, S. 14-20

WITTWER, W.: Abschied von Gestern - Neuorientierung in der beruflichen Bildung. In: berufsbildung, 49. Jg. (1995) Heft 33, S. 3-7

WITZEL, A./MÖNNICH, I.: Die Bewältigung des Übergangs in das Erwerbssystem. In: Westhoff, G. (Hrsg.): Übergänge von der Ausbildung in den Beruf. Die Situation an der zweiten Schwelle in der Mitte der neunziger Jahre. Bonn/Berlin 1995, S. 129-146

ZIEHE, T.: Vorwärts in die 50er Jahre? In: Baacke, D./Heitmeyer, W. (Hrsg.): Neue Widersprüche. Weinheim/München 1985, S. 199-216

ZIEHE, T.: Die unablässige Suche nach Nähe und Gewißheit - Kulturelle Modernisierung und subjektive Entzugserscheinungen. In: Ästhetik und Kommunikation, 18. Jg. (1989) Heft 70/71, S. 19-24

ZINNECKER, J.: Jugend im Raum gesellschaftlicher Klassen. Neue Überlegungen zu einem alten Thema. In: Heitmeyer, W. (Hrsg.): Interdisziplinäre Jugendforschung. Weinheim/ München 1986, S. 99-132

ZINNECKER, J.: Arbeit, Identität und Lebenslauf. Thesen zum Wandel der dualen Berufsausbildung aus der Perspektive der Jugendforschung. In: Liesering, S. u. a.(Hrsg.): Die Zukunft der dualen Berufsausbildung. Beitr. AB 186. Nürnberg 1994, S. 220-239

ZOLL, R. u. a.: Nicht so wie unsere Eltern. Opladen 1989

Horst Biermann

Das Subsystem der Benachteiligtenförderung

1 Vorbemerkungen

Rund fünfzig Jahre versuchten Lehrer, auch ungelernte Jugendliche in die Fortbildungs- und Berufsschulen zu zwingen und weitere fünfzig Jahre waren die betroffenen Jugendlichen bestrebt, diesen Schulbesuch zu umgehen. Die Gewerbeordnung des Norddeutschen Bundes von 1869 ermöglichte es, für Lehrlinge und jugendliche Arbeiter je nach örtlichen und sektoralen Regelungen arbeitsbegleitenden Unterricht vorzusehen. Aber nicht, um einem Bildungsauftrag zu entsprechen, sondern um ein massives Unterlaufen des Schulbesuchs der Lehrlinge zu unterbinden, wurde versucht, auch die Ungelernten schulisch zu erfassen. Zwar gelang es in einigen Großstädten, Klassen für Laufburschen, Fabrikarbeiter u. ä. einzurichten, aber die vielen Dienstboten waren nicht der Gewerbe-, sondern der Gesindeordnung unterworfen, so daß eine wirksame soziale Kontrolle oder eine erforderliche Qualifizierung in der Industrialisierungsphase für jugendliche Randgruppen nicht durch Fortbildungs- und Berufsschulen wahrgenommen wurde. Im ersten Weltkrieg galt es dann als "vaterländische Pflicht", als ungelernte junge Frau oder Berufsloser in die Rüstungswirtschaft zu gehen. Die Demobilmachungsverordnung von 1919 stellt darum die eigentliche „Gründungsurkunde" für die Ungelerntenbeschulung dar, weil sie die ungelernten Mädchen in die Hauswirtschaftsschulen und die männlichen Ungelernten in Abteilungen für Un- und Angelernte oder in Allgemeine Berufsschulen zwang. 1969 untersagte das Berufsbildungsgesetz (BBiG) faktisch alle Erstausbildungen *unterhalb* und außerhalb der anerkannten Ausbildungsberufe für berufsschulpflichtige Jugendliche. Formal lassen sich damit die Gruppe der Jugendlichen *mit* bzw. *ohne* Ausbildungsvertrag abgrenzen. Da das Gesetz, um das 50 Jahre gerungen wurde, lediglich für die betriebliche Ausbildung einen Ordnungsrahmen vorgibt, bleibt offen, was mit denen erfolgen soll, die ausbildungslos bleiben und vom Statistischen Bundesamt entsprechend ihrer Tätigkeit in „mithelfende Familienangehörige", „Jungarbeiter in fremden Betrieben" und „kaufmännische Büroboten" sowie „Erwerbslose" unterteilt werden (Biermann 1980).

Obwohl das Reichsschulpflichtgesetz von 1938 und die Schulgesetze der Länder den Schulbesuch aller Jugendlichen vorsehen, ist die reale Situation durch Fluktuation geprägt: Die Jugendlichen wechseln Betrieb und Branche, sind erwerbslos, melden sich als Reisende zur Binnenschiffahrt oder Schaustellerei ab. Bußgeldverfahren oder polizeiliche Vorführung werden zur Durchsetzung des Schulbesuchs für erforderlich gehalten (Strick/Wilk 1973, S. 192-199).

2 Die Institutionalisierung des Subsystems

2.1 Teilzeitbeschulung für Ungelernte - Jungarbeiter - Jugendliche ohne Ausbildungsvertrag

Eine auf Lehrberufe ausgerichtete Schule kann das Legitimationsproblem, auch Ungelernte zu unterrichten, nicht lösen. Schulpraktisch wurden unterschiedliche Konzepte und Legitimationsmuster entwickelt, u. a. (Kipp/Biermann 1989):

- Erwerbsbegleitende Beschulung
Sie setzt eine entsprechende Schülerkapazität voraus, erfordert z. T. Betriebsklassen und eine Erweiterung der Berufsfachlichkeit unterhalb und außerhalb handwerklich geprägter Lehrberufe. Angesichts der Wirtschaftsstruktur Magdeburgs ließ sich dieser Ansatz beispielsweise in der größten Berufsschule Deutschlands vor 1920 von Theodor Scharf umsetzen. Ein duales System auch für Berufslose, Un- und Angelernte zu institutionalisieren, beruht auf der Annahme tayloristischer Arbeitsorganisation. Es ist zu sehen, daß derartige Ansätze besonders bei einem sich veränderndem Arbeitsmarkt um die Jahrhundertwende, in den zwanziger und fünfziger Jahren und auch heute realisiert bzw. thematisiert werden. Das ideologische und fachliche Problem ist darin begründet, daß Pädagogen - ggf. mit Hilfe der Psychotechnik, Eignungsdiagnostik, Assessmentverfahren - versuchen, die Differenzierung und Statuszuweisung mit objektivierter Leistungsmessung vorzunehmen und dies nicht dem Arbeitsmarkt und den realen Anforderungen im Betrieb, den Tätigkeitsmerkmalen, der Arbeitsplatzbewertung und den Tarifvertragsparteien überlassen.

- Kompensatorische, allgemeinbildende, außerberufliche Konzepte
Bereits Oskar Pache gründete um 1870 in Leipzig nicht nur die ersten neueren Berufsschulen, sondern entwickelte zugleich seinen Lehrplan für Ungelernte mit dem Schwerpunkt Heimatkunde; in heutiger Terminologie würde dies mit Etiketten wie „Lebensweltansatz" und „Ökologie" gefaßt. Üblich geworden ist es, das Programm der allgemeinen Fortbildungsschule bis heute bei Jugendlichen ohne Ausbildungsvertrag fortzusetzen, nämlich Kulturtechniken, Volks-/Sonder- und Hauptschulstoff an Stelle beruflicher Qualifizierung treten zu lassen, ggf. ergänzt um lebenspraktische Beratung oder Belehrung Jugendlicher mit Themen von Rechtskunde über Hygiene bis Religion. Auch die geschlechtsspezifische Verstärkung tradierter Rollen, wie die hauswirtschaftliche Unterweisung für den privaten Bereich, nicht also für eine Erwerbstätigkeit in Ernährungs- und Kantinenberufen, die Hausväterpädagogik, die Siedler- oder Erlebnispädagogik, z. B. die für Berlin in der NS-Ära gedachte Segelflugschule, stellen außerberufliche Ansätze dar, die die eigentliche Erwerbschance dem (Teil)-Arbeitsmarkt für Jugendliche überlassen und hierfür nicht qualifizieren. Es erfolgt eine Trennung von Ausbildung, Arbeit, Bildung, und daher lassen sich diese Konzepte vor allem bei sich verändernden Arbeitsmärkten mit aktualisierten Begrifflichkeiten realisieren, und sie setzen in aller Regel keine fachspezifische Qualifikation der Lehrer voraus.

- Berufsvorbereitende Konzepte
Eine manuelle Grundschulung wird seit der Bewegung der „Knabenhandarbeit", der Technischen Grundbildung in den 60er Jahren, der Arbeitslehre und Berufsgrundbildung bis heute als das geeignete Konzept angesehen, Jugendliche für Ausbildung zu motivieren und (kognitive) Defizite zu kompensieren. Der berufspädagogische Ansatz wird somit nach vorne verlängert, allerdings nur für Problemjugendliche. Diese Diskussion ist typisch, wenn es um das „Gelenk", den Übergang von der allgemeinen zur beruflichen Bildung geht. Typische Beispiele sind die Verortung des 9. Schuljahres (Kerschensteiner 1928, S. 257-273) bzw. 10. Bildungsjahres in NRW (Einführung und Abschaffung des BVJ) (Kaiser/Kell 1984/ 1986).

Das Subsystem der Benachteiligtenförderung

Gerade die berufsvorbereitenden Programme dienen der Legitimation der Entberuflichung in Phasen technisch-ökonomischen Wandels. So wurde z. B. angesichts der Automatisierung in den 60er Jahren die Polyvalenzforderung erhoben und heute werden im Zuge der Neuordnung der Erstausbildung die Kompetenz- und Schlüsselqualifikationskonzepte diskutiert. Legitimiert wird damit in aller Regel auch die Notwendigkeit, arbeits- und ausbildungsmarktunabhängig in einem pädagogischen Schonraum Jugendliche in einer Vollzeitmaßnahme propädeutisch für künftige Anforderungen zu qualifizieren.

2.2 Vollzeitjahre für „Berufsunreife"

Die wenigen schulischen Modelle in den 70er Jahren - formal in der Regel Berufsfachschulen oder Sonderformen des Berufsgrundbildungsjahres - waren zunächst sehr erfolgreich in der Berufsvorbereitung, konnten die Jugendlichen finanziell nicht individuell fördern, so daß die Lehrgänge der Arbeitsverwaltung - auch an Berufsschulen - als „die" Lösung erschienen. Allerdings wurden damit auch die berufsgrundbildenden und berufsqualifizierenden Konzeptionen der schulischen Ansätze verdrängt (Biermann/Berlin 1976).

Berufsfachschulen eröffnen besonders im kaufmännischen und hauswirtschaftlichen Berufsfeld einen fachbezogenen schulischen Unterricht. Allerdings kann in der Regel keine tariffähige Qualifikation erworben werden, so daß es sich bei den Schülern faktisch um potentielle Ungelernte handelt.

Auf der Grundlage des Arbeitsförderungsgesetzes (AFG 1969) konnten die Arbeitsämter Träger mit der Durchführung von Maßnahmen beauftragen, mit denen Jugendliche durch Qualifizierung vor dem Risiko der Arbeitslosigkeit oder unterwertigen Beschäftigung bewahrt werden sollten. Einerseits konnte nicht in betriebliche Ausbildung nach dem Berufsbildungsgesetz, andererseits nicht in die schulische Kompetenz der Länder interveniert werden. Die Palette der Maßnahmen wurde daher auf berufsvorbereitende Lehrgänge konzentriert, mit flexibler Dauer, aber unterhalb anerkannter Ausbildung (in der Regel bis zu einem Jahr) und für verschiedene Problemgruppen, insbesondere aber für sogenannte „Berufsunreife", reserviert. Diese Kategorie, von Theodor Scharmann in den 60er Jahren gewählt, wird bis heute auch erweitert auf „Berufswahlreife", „Berufsfeldwahlreife" und „Arbeitsreife". Da diese Etiketten wissenschaftlich nicht bestätigt werden konnten, die Pädagogik der Berufsvorbereitung aber mit den Defiziten der Jugendlichen begründet wird, gilt ein additives Durchlaufen mehrerer Berufe, Berufsfelder und Berufsbereiche als angemessene inhaltliche Gestaltung der Maßnahmen.

Teilzeitberufsschulen können aus prinzipiellen Gründen einem berufsqualifizierenden Bildungsauftrag nicht nachkommen, sind aber andererseits für Freizeit-, Spiel- und Sozialpädagogik nicht ausgelegt (Conradsen 1955, S. 59-63). Das Problem des unzulänglichen Bildungsangebots wurde von Pädagogen an Politiker zurückzugeben, um die Rahmenbedingungen zu verändern. Die Zielsetzung war, einer „radikalen Lösung" der „permanenten Krise" den Vorrang zu geben (Wiemann 1970, S. 150-152). In einer Vollzeitbeschulung sollte der Einstieg in Ausbildung eröffnet werden. Bei einer Arbeitsaufnahme sollte das Vollzeitjahr die dreijährige Teilzeitbeschulung ersetzen, um so die Erwerbschancen und Vermittelbarkeit zu erhöhen (Wiemann 1975).

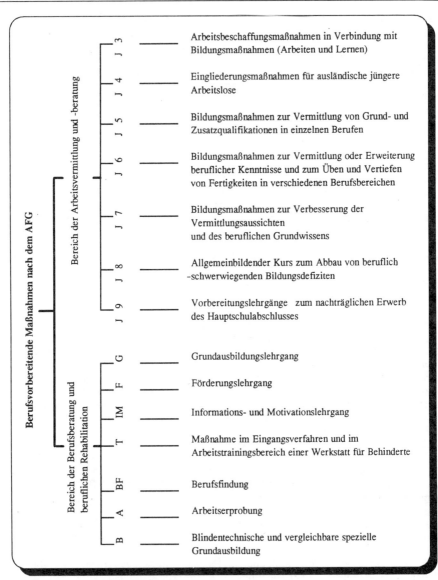

Abb.1: Maßnahmen nach AFG
(Amtliche Nachrichten der Bundesanstalt für Arbeit Nr. 6/1990 u. RdErl 2/88)

Eine gewisse Konkurrenz und unterschiedliche Akzentsetzung besteht zwischen den Lehrgangsangeboten der Arbeitsvermittlung und Arbeitsberatung sowie denen der Berufsberatung. Diskutiert wird in dem Entwurf der Durchführungsbestimmungen von 1995, die

Maßnahmen zusammenzufassen und die Zielgruppen nicht differenziert auszuweisen. Wesentliche Neuorientierungen in der pädagogischen Konzeption sind jedoch nicht zu erwarten (Bundesanstalt für Arbeit 1995).

Art des Lehrgangs		Alte Länder	Neue Länder
Grundausbildungslehrgang G		14.902	924
Förderungslehrgang F		22.815	14.226
Info.-Motivationslehrgang IM		1.535	628
Berufsvorber. Rehabilitation		10.077	1.741
Lehrgänge der Berufsberatung (insges.)		49.329	17.519
Vermittlung/Erweiterung berufl. Kenntnisse Lehrgänge J 4 - 7		11.481	610
Arbeiten und Lernen		6.037	545
Lehrgänge der Arbeitsvermittlung/ -beratung (insges.)		17.518	1.155
insgesamt	85.521	66.847	18.674

Abb. 2: *Berufsvorbereitende Maßnahmen der BA (1994)*
(Berufsbildungsbericht 1995, S. 78)

Aus der „Lückenbüßerfunktion" der Maßnahmen der Bundesanstalt für Arbeit ist in den letzten 25 Jahren ein Regelangebot geworden, das sich aber mit den berufsvorbereitenden Jahren der Länder überlagert. Sonderformen des Berufsgrundbildungsjahres (BGJ), einjährige berufsvorbereitende Berufsfachschulen und Berufsvorbereitungsjahre, Werkklassen, Berufsbefähigende Bildungsgänge (BB 10) wurden parallel zu den Arbeitsamtslehrgängen ausgebaut und je nach Landesschulentwicklung als 10. oder 11. Bildungsjahr vorgesehen, in der Regel um die bildungspolitisch gewollten Reformen wie BGJ, Kollegschulen oder Oberstufen zu "entlasten".

Im Zuge der Jugendarbeitslosigkeit seit Mitte der 70er Jahre entwickelten sich die sonderpädagogisch orientierten Angebote sowohl der Arbeitsämter als auch der Berufsschulen zu Auffangmaßnahmen für Jugendliche, die auf dem Lehrstellenmarkt verdrängt wurden.

Die Stundentafeln der verschiedenen Berufsvorbereitungsjahre weisen in der Regel drei Bereiche aus:

- berufsfeldübergreifender Lernbereich, also allgemeine Fächer,
- Berufsfeldtheorie und
- Berufsfeldpraxis.

Der Hauptschulabschluß kann meistens nicht aufgrund des Schulbesuchs erworben werden, auch ist eine Anrechnung auf anerkannte Ausbildung nicht gegeben. Oft endet lediglich die Schulbesuchspflicht, und es kann ein Berufsgrundbildungsjahr im Anschluß absolviert werden. Daher nennen einige Länder dieses Jahr konsequenterweise Vorklasse oder Eingangsstufe zum BGJ, das dadurch dann für diese Jugendlichen zweijährig wird.

Auch die berufsschulischen Berufsvorbereitungsjahre intendieren, ähnlich wie die Förderlehrgänge nach AFG, daß es sich um Jugendliche mit Lern- und Verhaltensdefiziten handelt und beanspruchen, diese ausbildungsverhindernden Mängel zu kompensieren. Die Projektmethode gilt dabei als die zielgruppengemäße Form, mit der Motivation, Ausbildungsorientierung, Praxis und Theorie vermittelt werden kann (Gerds 1982). Das BGJ ist als erstes Ausbildungsjahr nennenswert nur in Niedersachsen eingeführt, in den anderen Ländern absorbiert es - wie die einjährige Berufsfachschule - lediglich Jugendliche, die in Ermangelung einer betrieblichen Ausbildungsalternative diese Schulen besuchen. Jugendliche ohne Ausbildungsvertrag und potentielle Ungelernte (Schüler, Lehrgangsteilnehmer) sind nicht mehr trennscharf auszumachen und erst im Nachhinein mit etwa 25 Lebensjahren zu ermitteln. Berufsvorbereitung, so die Kritik, tritt oft an die Stelle einer Berufsausbildung (Stratmann 1981). Da die Konzeptionen der verschiedenen Formen vollzeitschulischer Angebote monokausal auf einer Kompensationspädagogik von Lern- und Verhaltensdefiziten der Jugendlichen beruhen und Ausbildungsmarktentwicklungen sowie technisch-ökonomischen Wandel in Betrieben ignorieren, sind - entgegen der ursprünglichen Intention - aus Ungelernten der Teilzeitform potentiell Behinderte geworden, allerdings ohne ihnen den Rechtsanspruch auf Rehabilitation zu gewähren (Biermann 1994).

2.3 Berufliche Rehabilitation für körperlich - geistig - seelisch Behinderte

Neben dem Bestreben, das Ungelerntenproblem durch Verschulung zu lösen, steht das Reformziel, auch Behinderte in die Ausbildung zu integrieren. Im Rahmen der Reformgesetze um 1970 und auf der Grundlage eines Aktionsplans gelang es dem Bundesminister für Arbeit und Sozialordnung, neben der schulischen und sozialen auch die berufliche Rehabilitation zu verankern. Individuell werden in einem Anerkennungsverfahren Art und Grad der Behinderung bestimmt, wobei ein prozentualer Grad der Behinderung (GdB) auch den Schwerbehindertenstatus festlegt, mit dem zusätzliche Ansprüche und Leistungen verbunden sind. Nur bei körperlich, geistig oder seelisch behinderten Jugendlichen besteht die Möglichkeit, von den anerkannten Ausbildungen abzuweichen, Modifikationen z. B. in der Ausbildungsdauer, den Prüfungen, Hilfsmitteln vorzusehen oder aber eigene Berufe zu schaffen (§§ 42 b HwO; 48 BBiG). Jugendlichen stehen in einem bundesweiten Netzwerk von Berufsbildungswerken (BBW) alle berufsvorbereitenden Lehrgänge nach AFG offen, ferner anerkannte Ausbildungen oder die sogenannten „48er Berufe". Bei erwachsenen Arbeitnehmern, die z. B. durch Unfall oder chronische Krankheiten behindert sind, kann von vornherein - abweichend von den Ordnungsmitteln der anerkannten Ausbildungen - umgeschult, weitergebildet, qualifiziert werden. Hierzu ist ebenfalls ein Netz von Berufsförderungswerken (BFW) institutionalisiert worden. Entstanden ist damit

Das Subsystem der Benachteiligtenförderung

ein erstes Subsystem der beruflichen Bildung, das über Ausbildungsgänge und ggf. bei dualer betrieblicher Ausbildung mit dem Regelsystem verbunden ist, das aber eigene Lernorte, Ausbildungsgänge, Personal, Finanzierungen, Fachzeitschriften, Tagungen und Legitimationsmuster hervorgebracht hat (Biermann 1994).

2.4 Berufsausbildung für Benachteiligte

Um das Motto „Berufsausbildung für alle" zu realisieren, legte der Bundesbildungsminister 1980 ein „Programm zur Förderung der Berufsausbildung benachteiligter Jugendlicher" auf (Engholm 1982, S. 14-22). Maßnahmekarrieren unterhalb der Ausbildung durch den Besuch verschiedener AFG-Lehrgänge, des Berufsvorbereitungsjahres, von BGJ oder Berufsfachschule sollten damit ein Ende finden und besonders Jugendliche ohne Hauptschulabschluß und ausländische Schulabgänger eine Chance erhalten. Mit rund 600 Auszubildenen, die vorher eine der vielen berufsvorbereitenden Maßnahmen absolvierten und dann ohne Erfolg sich um eine Lehrstelle bemühten, startete das Programm. Seit den Jahren 1982/83 wird die *Berufsausbildung in überbetrieblichen Einrichtungen* (BüE) ergänzt um das Instrument der *ausbildungsbegleitenden Hilfen* (abH). Insbesondere Betriebe, die die theoretischen und berufsschulischen Ausbildungsanforderungen als Belastung empfinden, sollten zur Ausbildung motiviert werden. Ausbildungsabbruch, so das Ziel, soll durch den Abbau von Bildungsdefiziten, die wiederholte Vermittlung von Ausbildungsinhalten und Hilfestellungen im sozialen Bereich verhindert werden.

	BüE	abH	Kosten
1980	578 Tn.		ca. 20 Mill.
1985	13.800 Tn.	4.900 Tn.	251 Mill.
1990	17.000 Tn.	49.400 Tn.	469 Mill.
1995	ca. 10.000 Tn.	ca. 50.000 Tn.	ca. 1,2 Mrd.

Abb. 3: Benachteiligtenförderung
    (BMBW: Berufsbildungsberichte 1980 - 1995 sowie BA: ANBA Jg. 1980 ff.)

Bilanziert man das Programm, so läßt es sich auf die Formel bringen: Je betriebsnäher ausgebildet wird, um so größer die Ausbildungs- sowie Übernahmechance und umgekehrt, je betriebsferner die Maßnahme, desto geringer die Chancen. Erfolgreich wurden vor allem männliche, ausländische Jugendliche in der Industrie qualifiziert, problematisch stellte sich die Situation für ausländische junge Frauen bei Freien Trägern dar. Erstaunlich ist, daß mit der Übernahme des Programms in die Regelfördermaßnahmen des AFG zum Januar 1988 eine Verlagerung sowohl bei den Lernorten als auch bei den Maßnahmen von Ausbildung in Betrieben (BüE) auf ausbildungsbegleitende Hilfen (abH) erfolgte und zugleich eine Monopolisierung dieser Benachteiligtenförderung bei Freien Trägern einsetzte. Gerechtfertigt wurde dieses mit der Kritik an Betrieben, die ihre reguläre Ausbildung abbauten und durch BüE-Plätze subventionierten. Mit dem Jahr 1995 läßt sich festhalten, daß in der Benachteiligtenförderung eine Hierarchie der Benachteiligtengruppen verfestigt wurde, daß junge Frauen dort unterrepräsentiert, bei den Ungelernten aber in gleicher Relation überrepräsentiert, daß Ausländer nicht entsprechend der Alters- und Wohnbevölkerung vertreten, daß regionale Ungleichgewichte entstanden sind.

Das Programm und auch die AFG-Förderung ist konzipiert für Jugendliche mit psychosozialen Problemen, mit Lern- und Verhaltensschwierigkeiten, für ausländische Jugendliche. Der Ansatz der sozialpädagogisch orientierten Berufsausbildung mit ausgeprägten sonderpädagogischen Aspekten wurde übergestülpt auf die Situation in den neuen Ländern durch die Erweiterung der Zielgruppen (§ 40 c AFG) auf marktbenachteiligte Jugendliche. Im Jahre 1991 konnten einmalig durch eine „Kopfprämie" des BMBW von 5.000 DM ca. 10.000 Plätze gewonnen werden, ca. 38.000 Auszubildende gelangten in BüE. 1992 reduzierte sich dieser Anteil auf etwa 20.000 Jugendliche, und 1993 wurde dann versucht, über EU-Mittel rund 10.000 Ausbildungsplätze zu finanzieren. Auch die Angebotskrisen 1994 und 1995 konnten durch Subventionen und BüE minimiert werden. Die angestrebten 600.000 Plätze wurden mit rund 450.000 in den alten Ländern und 123.000 in den neuen Bundesländern ausgeschöpft; hinzukommt ein Sonderprogramm Ost mit einer Kapazität von 20.000 Auszubildenden in der Benachteiligtenförderung (Kloas 1994, S. 44-49). Entstanden ist über das AFG neben dem „Reha-Netzwerk" ein weiteres Subsystem für Benachteiligte, das sich vor allem über den Ausbildungsgang, die Finanzierungsmodalitäten, Zielgruppenrekrutierung und Träger manifestiert, aber auch eigene Legitimationsmuster, Professionalisierungen, Publikationen hervorbringt. Charakteristisch ist, daß beim Zugang in das Subsystem der Marktmechanismus des Dualen Systems nicht mehr greift, sondern Verwaltungsregelungen und überbetriebliche Finanzierung über Ausbildungskapazitäten bestimmen. Die betriebliche Sozialisation fehlt im Schonraum der „pädagogischen Provinz" Freier Träger, produktive Arbeit, berufliches Handeln in Ernstsituationen wird simuliert, das soziale Lernen in heterogenen Arbeitsgruppen entfällt, der evtl. Übergang in Erwerbsarbeit ist mit einer Barriere verbunden.

2.5 Marginalisierung durch institutionelle Förderung

Bilanziert man das Motto „Berufsausbildung für alle", so ist festzuhalten, daß dies auch durch die Institutionalisierung von Fördermaßnahmen, die sich als ein Subsystem der Erstausbildung etablierten, nicht erreicht wird. Entstanden sind vielfältige Reformruinen. Dabei treten die Jugendlichen, die in der Phase der Erstausbildung nach Trägern und Maßnahmen sorgfältig differenziert und abgegrenzt werden, als junge Erwachsene auf einem spezifischen segmentierten Arbeitsmarkt in Konkurrenz mit anderen Randgruppen.

Auf 2 bis 3 % beabsichtigte die Bund-Länder-Kommission für Bildungsplanung in ihrem Bildungsgesamtplan 1973, den Anteil der Jugendlichen ohne Ausbildungsvertrag vor allem durch schulische Förderangebote zu senken. Im Jahre 1990 ermittelte EMNID im Auftrag des Bundesbildungsministeriums eine Ungelerntenquote von 14 % der 20- bis 24jährigen (EMNID 1991). Das BIBB errechnet für die neuen Ländern, einschließlich der Teilausbildungen, 9 % Nicht-Formal-Qualifizierte (NFQ). Dieser Widerspruch erwächst vor allem aus der Verästelung der Angebote. Durch die Zielgruppen-Maßnahmen mit äußerer Differenzierung entstehen zwangsläufig Anschlußprogramme oder ein Verdrängen in Maßnahmekarrieren und die „stille Reserve" statistisch nicht mehr Erfaßter. Dabei verschwinden Gruppen nicht einfach, sondern neue kommen hinzu, beispielsweise mit Installierung des BGJ auch die Gruppe derjenigen, die die Anrechnung auf die Ausbildung nicht schaffen oder mit Ausbau der BVJ's diejenigen, die nicht in Ausbildung übergehen können. Angesichts der unterschiedlichen Leistungsansprüche der Gruppen, der heterogenen Rechtsgrundlagen, der Träger- und Programmvielfalt ist zu bilanzieren, daß es im Zuge des enormen Ausbaus aller Bereiche der Benachteiligtenförderung nicht gelungen ist, die vorhandenen Ressourcen zugunsten der betroffenen Jugendlichen zu bündeln. Institutionelle Verästelung ist daher charakteristisch. Da berufliche Erstausbildung in der Bundesrepublik auf die Phase Jugend konzentriert ist, läßt sich erst bei den 25jährigen dann die Gruppe der gering oder nicht-formal Qualifizierten (NFQ) ausmachen. Diese Gruppe ist für spezielle Nachqualifizierungsprogramme benannt, u. a. wird damit der Benachteiligtensektor analog zum Behindertensubsystem über die Jugendphase hinaus ausgedehnt (BMBW 1994). Aber selbst wenn im Anschluß an eine der berufsvorbereitenden Maßnahmen eine anerkannte Ausbildung bei einem außerschulischen und außerbetrieblichen Träger erfolgreich abgeschlossen werden kann, ergibt sich die Übergangsbarriere an der 2. Schwelle zur tariflich geregelten Arbeit. Der Arbeitsmarkt segmentiert feiner als die Subsysteme vorberuflicher und beruflicher Bildung, beispielsweise bei einer formal gleichen Ausbildung nach dem Ausbildungsträger (Lernort). Im Intergenerationen-Vergleich sind die Bildungszyklen erheblich ausgeweitet, z. B. bei Malern, Bäckern, Maurern von 11 Bildungsjahren (8 Schule + 3 Lehre) auf bis zu 15 (10 Schule + 1 BVJ + 3,5 Ausbildung + 0,5 Nachbetreuung), ohne daß sich die Erwerbschancen der Betroffenen erhöht hätten. Im Gegenteil, die arbeitsorganisatorische Differenzierung in Kern- und Randbelegschaften trifft gerade diese Gruppen. Zudem verlieren sie Arbeitschancen durch den „Export" einfacher Arbeiten - beispielsweise Näherinnen durch Verlagerung der Bekleidungsfertigung in Länder der Dritten Welt - oder durch „Import" von Arbeitspotential durch Kontingentarbeiter oder Arbeitstouristen - beispielsweise in der Bauwirtschaft. Zentrales Problem ist nicht der Wandel der Tätigkeiten, sondern die Abkoppelung des Ausbildungs- vom Beschäftigungssystem bei Problemjugendlichen. Dabei hat sich in der Phase des Ausbaus der Förderinstrumente vor allem das Regelsystem verändert. Die allgemeine Vorbildung ist gestiegen. Berufsausbildung in einem als sinnvoll angesehenen Beruf gilt als Mindesterwartung von Jugendlichen.

Die hohen Ausbildungskosten und -risiken führen zu systematischer Personalplanung qualitativ anspruchsvoller Ausbildung und damit zu neuen Facharbeitereliten einerseits und potentiell marginalisierten Risikogruppen andererseits. Nach mehr als 100 Jahren ist die Balance des Regelausbildungsbereichs aus Berufsfachschulen und dualer, betrieblich dominierter Ausbildung durch die Subsysteme für Benachteiligte und für Behinderte ins Ungleichgewicht gebracht worden; die Marktmechanismen des Ausbildungssektors sind für rund 15 Prozent der Jugendlichen nur noch indirekt über spezielle Bildungsgänge bei besonderen Trägern wirksam.

3 Unterricht - Didaktik - Methodik

3.1 Spannbreite der Ansätze

Das „Erbe" der pädagogischen Bezugsdisziplinen zeigt für die Berufspädagogik, daß vom Gelegenheitsunterricht bis zu Anlernberufen alle Konzepte erprobt wurden. Die entscheidende Abgrenzung von gelernt und ungelernt ist allerdings nicht so sehr in den institutionellen Grenzen der Teilzeitschule zu sehen, sondern - wie die Berufsfachschulen mit ausbildungsvorbereitendem Charakter belegen - eher in den normativen Vorstellungen von Facharbeit. Selbst wenn praktisch gearbeitet wird, stehen motivationale Begründungen im Vordergrund (vgl. Barth/Bode/Erben 1928 u. Schanz/Schlosser/Zergiebel 1933). Die handwerkliche Akzentuierung im Selbstverständnis der Institution Berufsschule hat diese unterrichtskonzeptionelle Barriere für die Arbeit mit randständigen, berufslosen Jugendlichen gefördert. Hinzu kommt, daß Berufsschullehrer als soziale Aufsteiger bei diesen Jugendlichen auf sozial Diskreditierbare treffen (Grünwald 1979). Typisch für berufspädagogische Innovationsversuche sind die Ansätze wie:

- Bruno Conradsen organisierte in der Arbeiterberufsschule Essen Anfang der 30er Jahre den Lehrplan für Anlernlinge und die Werkstatt nach der Produktionslogik (Conradsen 1933).
- Heinrich Abel und Günter Wiemann entwickelten um 1960 die Technische, später die Berufliche Grundbildung. Manuelle Grundschulung, simulierter Vergleich von handwerklicher und industrieller Stufe werden erprobt und finden auch Eingang in die Arbeitslehrerdiskussion (Abel 1958 sowie Wiemann 1962). Wohl erstmals wurde damit auch für junge Frauen eine Alternative zur Hauswirtschaft thematisiert.
- Das Lehrplankonzept von Jürgen Wissing für NRW Mitte der 60er Jahre fußt auf der „Frankfurter Methodik". Werkstücke werden zum Vehikel, fachübergreifend Lernen und Handeln zu konzentrieren. Im Grunde stellt dieser Ansatz einen direkten Vorläufer von Leittext-Methode und der Idee der „vollständigen Handlung" dar (Lehrpläne für gewerblich-technische Berufsschulen 1965).

Die Reihe der unterrichtsmethodischen Ansätze läßt sich fortführen. Vereinfacht betrachtet, soll manuelle Grundschulung helfen, das künftige Leben besser (kostengünstiger) zu bewältigen oder aber zur verspäteten Aufnahme einer „richtigen" Lehre zu motivieren und hierfür einen Vorlauf zu vermitteln.

Der sonderpädagogische Einfluß findet sich vor allem in den „Teilausbildungen" der DDR wieder. Praktische Arbeit im Betrieb wird additiv gekoppelt mit einem reduzierten allgemeinen Lernprogramm (Biermann 1990). Kontrovers diskutiert werden bis heute die sogenannten 48er Berufe. Vor allem für die Gruppe der Absolventen der Lernbehinderten-/Förderschulen sollte das „Alles -oder- Nichts-Prinzip" der anerkannten Ausbildungsberufe damit modifiziert werden. Musterregelungen bestehen seit Jahrzehnten, wurden aber nur individuell vorgesehen und kaum nennenswert realisiert. Erst die neuen Länder greifen als Ersatz für die Ausbildung in Teilgebieten auf diese Berufsbilder für Behinderte zurück. Seit langem vorgeschlagen sind die Ausbildungen im Baukastensystem oder Modulqualifizierungen. Erfahrungen des Internationalen Arbeitsamtes (ILO) mit dieser Ausbildungsform werden nicht aufgegriffen. Vielmehr werden in Modellversuchen Module für schwer Lernbehinderte (Doerfert/Bleh 1993) und die Systematisierung der Handwerksausbildung erprobt (Stickling 1993/94).

Als institutionelle Lösung wird durch den BMBW (das heutige BMBF) seit 1991 die Differenzierung der Ausbildung gefordert. Begabten soll der Fachhochschulgang ermöglicht werden - verständlich angesichts des Wegbrechens der mittleren betrieblichen Meister- und Technikerebene, deren Potential so auf staatliche hochschulische Bildungsgänge umgelenkt wird - und Jugendlichen mit Lernproblemen sollen praktische, theoriegeminderte Ausbildungen offenstehen.

Das Subsystem der Benachteiligtenförderung

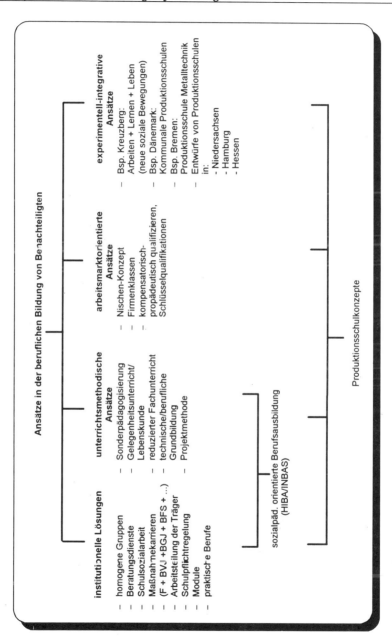

Abb. 4: Ansätze in der beruflichen Bildung von Benachteiligten

Traditionelle sonderpädagogische Ansätze, die Lerninhalte und Niveau reduzieren und vermeintlich homogene Lerngruppen fordern, sind problematisch, weil sie Arbeitsmarkt- und Tätigkeitsanforderungen negieren. Prognos/IAB ermitteln für die künftige Generation Minderqualifizierter einen drastischen Rückgang auf etwa 40 % des derzeitigen Potentials und davon wird rund die Hälfte erwerbslos bleiben, da der Bedarf der Betriebe lediglich bei etwa einem Viertel des jetzigen Umfangs liegen wird (PROGNOS 1989).

Arbeitsmarktorientierte Ansätze beruhen meistens auf der Polarisierung von Spezialisierung und Entspezialisierung. Ist regional und sektoral eine Tätigkeitsnische zu ermitteln, läßt sich hierfür begrenzt qualifizieren. Ausbildungen in anerkannten Berufen, auch wenn sie später nicht ausgeübt werden können, können bewußt als Vehikel genutzt werden, Schlüsselqualifikationen zu vermitteln, Transferwissen und Längs- und Querschnittsqualifikationen bereitzustellen, die auch in anderen, heute noch nicht absehbaren Tätigkeiten angewandt werden können (Kipp 1991).

Experimentell pragmatische Ansätze entstanden vor allem im Zuge der neuen sozialen Bewegungen und als Alternativen zur verschulten Ausbildung (auch in den "Lernfabriken" der Industrie). Arbeiten, lernen und leben - so Träger in der Jugendberufshilfe - sollten verbunden werden; ein normatives, reformpädagogisches Programm. Angesichts weitgehend fehlender betrieblicher Erfahrung, z. B. im BGJ, aber auch fehlender Produktionsarbeit in Lehrwerkstätten sollen Juniorfirmen, Lernbüros, Produktionsschulen an einem Lernort mit handlungsorientiertem Lernen und Arbeiten auch Theorie und Praxis verbinden. Die Vielfalt der Ansätze verschiedener Träger läßt sich - international betrachtet - auf die Pole „qualifizieren" versus „therapieren" reduzieren. Dänische reformpädagogische Produktionsschulen lassen sich häufig als kompensatorische Hilfe für Jugendliche sehen, die sich orientieren und für eine Zeit etwas anderes als Schule machen wollen, und die danach in die eigentliche Ausbildung übergehen bzw. auch studieren. Ein systemischer Ansatz ist meines Wissens nur in Bremen mit dem Modell der Produktionsschule verbunden. Ausbilden, Fördern, Stützen und Beraten sind die Funktionen (Wiemann 1975), die die Allgemeine Berufsschule und die Produktionsschule für Metalltechnik gemeinsam mit anderen Schulen, auch der Sek. I, und Einrichtungen von der Jugendhilfe bis zur Werkstatt für Behinderte realisieren (Hecking 1994, S. 12-17).

3.2 Die sozialpädagogisch orientierte Berufsausbildung

Eng mit dem Programm des Bundesbildungsministers und mit der Regelförderung nach dem AFG der Benachteiligtenförderung ist die konzeptionelle Gestaltung der beiden Instrumente ausbildungsbegleitende Hilfen und Berufsausbildung in überbetrieblichen Einrichtungen durch die sozialpädagogisch orientierte Berufsausbildung verbunden. Das Heidelberger Institut für Beruf und Arbeit (hiba) sowie das Institut für berufliche Bildung, Arbeitsmarkt- und Sozialpolitik (INBAS) entwickelten das Konzept, ein Fortbildungsprogramm und eine Schriftenreihe „Ausbildung für alle", die vom BMBF zu vielfältigen Themen herausgegeben wird (BMBF).

Die sogenannten drei Säulen der sozialpädagogisch orientierten Berufsausbildung sind:

- anerkannte Ausbildung,
- Stützunterricht und
- sozialpädagogische Betreuung.

Das Subsystem der Benachteiligtenförderung

Freie Träger bilden in kleinen Gruppen Lernbeeinträchtigte, psycho-sozial Gefährdete oder Ausländer in anerkannten Ausbildungen aus. Handlungsorientierte Methoden sind Kern der Methodik. Arbeiten und Lernen mit Projekten soll Sinn stiften, motivieren und abstrakte Sachverhalte veranschaulichen. Theorie und Praxis werden verbunden. Ziel ist es, Konzentration und soziales Verhalten sowie Selbstvertrauen und Selbstwertgefühl zu fördern. Ausbilder, Stützlehrer und Sozialpädagogen, die meistens die Leitung der Maßnahme übernehmen, sollen in einem Team zusammenwirken, indem sie das Konzept weiter entwickeln und sich zielgruppengerecht verhalten.

Nach dem AFG können bei der Berufsausbildung in überbetrieblichen Einrichtungen folgende Angebote finanziert werden:

- Bearbeitung der Inhalte des Unterrichts der Berufsschule,
- Stützunterricht in der Fachtheorie und in allgemeinbildenden Fächern,
- Prüfungsvorbereitung und Training von Bewerbungen,
- sozialpädagogische Betreuung und Beratung, Einzelfall- und Gruppenarbeit,
- Beratung bei Konflikten im Betrieb und beim Umgang mit Ämtern und Beratungsstellen,
- Organisation der Betriebspraktika,
- Freizeitbetreuung,
- Sprachförderung bei Aussiedlern oder Ausländern sowie
- Nachbetreuung im Anschluß an die Ausbildung.

Auch das Angebot der ausbildungsbegleitenden Hilfen soll über reine Nachhilfe hinaus sozialpädagogisch durchdrungen sein. Ziel ist nicht allein die fachliche Qualifizierung, sondern die Persönlichkeitsentwicklung insgesamt.

3.3 Anspruch und Realität von Zielgruppenpädagogik

Über die Umsetzung der pädagogischen Konzepte bei Freien Trägern liegen nur wenige empirische Arbeiten vor. Diskutiert wird dagegen neuerdings die Qualität des Lernortes Berufsschule, besonders die vermutete Heterogenität der Lerngruppen und die geringe Flexibilität (Davids 1995, S. 71-78). Desgleichen wird zwar einerseits die Qualitätsfrage an die Träger gestellt (Schlegel 1993, S. 101-105), aber andererseits gelingt es seit Jahren, die Maßnahmen und das Konzept als „die" erfolgreiche Innovation zur Qualifizierung Benachteiligter bzw. von Jugendlichen mit besonderem Förderbedarf in den Berufsbildungsberichten auszuweisen (BMBW/BMBF 1991). Die Ergebnisse der langjährigen auf Träger und Betriebe begrenzten sogenannten Wirtschaftsmodellversuche zur Benachteiligtenförderung liegen nur in einer Zusammenfassung vor, die weniger dokumentiert, als vielmehr zur Diskussion, z. B. der Modulausbildung, anregt (Pütz 1993).

Ein Kernproblem ist die Zielgruppenpädagogik. Auch wenn gesehen wird, daß die Teilnehmer von Maßnahmen durch heterogene Leistungen gekennzeichnet sind, wird als zielgruppenadäquat stets auf das pädagogische Konzept verwiesen, so auf Projektmethode, Leittexte, Handlungslernen oder auf die drei Säulen der sozialpädagogisch orientierten Berufsausbildung. Fachdidaktik wird damit marginalisiert. Es wird nicht belegt, warum anspruchsvolle, ganzheitliche pädagogische Methoden, die z. B. in der Lehrerausbildung kaum zu finden sind, gerade bei Jugendlichen mit Lern- und Verhaltensproblemen nachhaltig wirksam sind. Weitgehend ignoriert wird als empirische Basis für Curriculumentwicklung die Analyse der betrieblichen Arbeiten, z. B. mittels Tätigkeitsanalysen. Evaluationen der Arbeit der verschiedenen Lernorte, wie sie z. B. zur Vergabe von Geldern für Ausbildungsprojekte in der Berufsbildungshilfe bei Ländern der Dritten Welt vorgeschrieben sind, liegen nicht vor.

Eingeholt hat die Träger, Berufsschulen und Betriebe vor allem die Neuordnung der Berufe. Betriebe können sich durch Rekrutierungsanforderungen und Inanspruchnahme von ausbildungsbegleitenden Hilfen von potentiellen Problemjugendlichen entlasten. Schulen entwickelten zwar den modernisierten Berufen angemessene handlungsorientierte Lehrpläne, sie haben aber die Möglichkeit, Jugendliche in berufsvorbereitende Maßnahmen oder - so in Bayern - in Sonderberufsschulen zu selektieren. Berufsqualifizierende Berufsschulen mit Abschlüssen nach dem BBiG oder nach Landesrecht sind zwar bei Assistentenberufen, in Kollegschulen und bei Fachoberschulen durchaus ein Angebot, um den Hochschulzugang zu erleichtern, aber auf unterem Bedarfsniveau werden sie zur Gewährung einer Mindestausbildung nur in Ausnahmen angeboten. Dies würde methodische Konzepte berufsbezogener innerer Differenzierung, die Entwicklung von Freiarbeitsmaterialien und von Ausbildungshilfen erfordern, die individualisiertes Lernen ermöglichen. Auf die fehlende Lehrerbildung sei nur am Rande hingewiesen (Biermann 1995).

Die Freien Träger demonstrieren, daß die Gruppen der Benachteiligtenförderung auch nach den Anforderungen der Neuordnung qualifiziert werden können, wenngleich oft unter Modellversuchsbedingungen. Ob derartige Träger generell vom Personal und der Ausstattung in der Lage sein können, weiterem technischen und organisatorischen Wandel zu entsprechen, muß bezweifelt werden. Vor diesem Hintergrund ist auch deren Diskussion um Praxisberufe und Modulausbildung zu sehen. Realität ist die Konzentration der angebotenen Ausbildungen, die angesichts von Übernahmeproblemen nach der Ausbildung das Problem der Benachteiligung von der 1. Schwelle: Schule - Ausbildung auf die 2. Schwelle: Ausbildung - Arbeit verschieben.

Konzentration der Ausbildungen in der Berufsausbildung in überbetrieblichen Einrichtungen (BüE)

• Metallberufe	33,0 %
• Bauberufe	20,0 %
• Berufe in Hauswirtschaft, Reinigung, Körperpflege	16,5 %
• Büroberufe	9,0 %
• Textil-, Bekleidungsberufe	9,0 %

Abb. 5: Konzentration der Ausbildungen in der Berufsausbildung in überbetrieblichen Einrichtungen (BüE) (Zahlen 1994, gerundete Werte)
(Bundesanstalt für Arbeit: Berufsberatungsstatistik 1994)

Das Subsystem der Benachteiligtenförderung

4 Markt - Intervention - Deregulierung

4.1 Entwicklungslinien

Betrachtet man die Entwicklung der speziellen Maßnahmen für Benachteiligte über einen längeren Zeitraum, so ist es zu erheblichen Verlagerungen zwischen den Lernorten Betrieb, Schule, Freie Träger gekommen. Seit 1945 nimmt die Quote der berufsschulpflichtigen ungelernten Arbeitnehmer kontinuierlich ab, wobei sich diese Gruppe seit den 70er Jahren mit den Schülern in Vollzeitformen überlagert und statistisch nicht mehr eindeutig zu bestimmen ist. Die Entwicklung der Freien Träger verläuft dagegen in Wellenlinien: Nach der langjährigen Phase der Jugendarbeitslosigkeit, in der die Jugendaufbauwerke und Träger beruflich qualifizieren, übernehmen die Betriebe wieder zunehmend die Ausbildung. Der Marktmechanismus des dualen Systems von Ausbildungsstellenangebot und -nachfrage reguliert auch das Angebot der Lernorte. So widmen sich Freie Träger zunehmend der Jugendberufshilfe, der beruflichen Rehabilitation und seit dem AFG (1969) auch berufsvorbereitenden Maßnahmen mit einer bundesweiten Kapazität in allen Lehrgangsformen von lediglich 1.200 Teilnehmern. Diese Palette berufsvorbereitender Angebote für „Berufsunreife" sollte einerseits die Lücke zwischen anerkannter Ausbildung und Rehabilitation schließen, andererseits sind sie als eine Vorleistung der Bundesanstalt für Arbeit zugunsten gering qualifizierter Jugendlicher anzusehen, bis die Länder entsprechende Vollzeitberufsschuljahre institutionalisiert haben. Im Zuge der Jugendarbeitslosigkeit seit Mitte der 70er Jahre expandierten alle Angebote: die betrieblichen Ausbildungskapazitäten, die Lehrgänge bei Freien Trägern, die Berufsschulmaßnahmen. Die berufsschulischen Vollzeitjahre (BVJ, BFS, BGJ) folgen der demographischen Entwicklung und stellen in den 90er Jahren faktisch nur noch das Pflichtangebot für die „unversorgten" Jugendlichen dar, die bei Freien Trägern, in der Rehabilitation oder von Betrieben nicht genommen werden. Die Entwicklung der von den Arbeitsämtern geförderten Trägern verläuft dagegen antizyklisch: Obwohl die Zahl der betrieblichen Ausbildungsangebote steigt, die Jugendarbeitslosigkeit sinkt, die Jahrgangsstärke der Schulentlassenen abnimmt, weiten in dem gleichen Zeitraum die Freien Träger berufsvorbereitende Lehrgänge und Maßnahmen der Benachteiligtenförderung aus.

Ein besonderes Problem sind die „Maßnahmekarrieren". Da berufliche Schulen und Freie Träger für Benachteiligte in der Regel berufsvorbereitende und keine direkt berufsqualifizierenden Vollzeitjahre und Lehrgänge anbieten, addiert sich der Besuch zu Maßnahmekarrieren. Wenn z. B. nach einem AFG-Förderlehrgang bei einem Freien Träger ein schulisches Berufsvorbereitungsjahr und dann ein Berufsgrundbildungsjahr besucht wird, ergeben sich drei Bildungsjahre, ohne eine anerkannte Erstausbildung zu erlangen. Aus der Kritik an dieser Situation erwuchs 1980 das Modellprogramm der Benachteiligtenförderung. Besonders erfolgreich wurden bei betrieblichen Trägern in der Industrie männliche ausländische Jugendliche ausgebildet. Die Übernahmequote war um so geringer, je betriebsferner qualifiziert wurde. Es verwundert daher, daß mit der Übernahme des Programms in das AFG eine Monopolisierung bei der Freien Trägerschaft und eine Verlagerung der Schwerpunkte von Ausbildung auf ausbildungsbegleitende Hilfen erfolgte. Seit 1990 ist aufgrund des Vereinigungsprozesses die Entwicklungslinie nicht linear fortzuführen. Es zeigt sich hier die Tendenz der Subventionierung von Ausbildung und der Trend, die Ausbildung in außerschulische wie außerbetriebliche Einrichtungen zu verlagern. Der Marktmechanismus des Dualen Systems ist offensichtlich gebrochen. Benachteiligte Jugendliche gelangen nicht mehr direkt in die Ausbildung. Sie werden rekrutiert durch ein neues Subsystem beruflicher Bildung, der Benachteiligtenförderung.

Die Ausbildungssituation folgt nicht mehr unmittelbaren Marktmechanismen. Die Krise des Ausbildungssystems führte 1994 zu einem „Bildungsgipfel" beim Bundeskanzler. Die Bund-Länder-Kommission für Bildungsplanung und Forschungsförderung, die Sozialpartner, eine interministerielle Arbeitsgruppe thematisieren seitdem besonders mit Blick auf die zu erwartende Qualifikationsentwicklung die Qualifizierung von Benachteiligten. Dies bezieht sich auf den Bereich der Arbeitslehre, die Erstausbildung und die Nachqualifizierung.

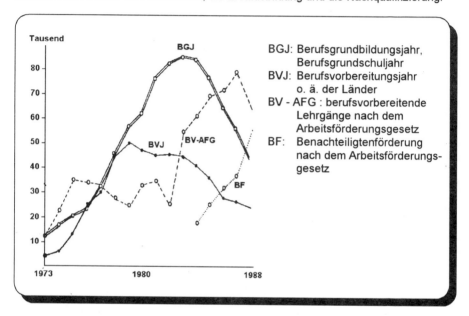

Abb. 6: Teilnehmer an berufsvorbereitenden Maßnahmen 1973/74 bis 1989/90
(Berufsbildungsberichte; ANBA der Bundesanstalt für Arbeit; BIBB)

4.2 Bildungspolitische und verwaltungstechnische Strategien

- Legitimation der Marktmechanismen des Dualen Systems

Während die Verfassung der DDR mit dem Recht auf Ausbildung auch die Pflicht dazu verband (Art. 25,4), garantiert Artikel 12 des Grundgesetzes die freie Wahl der Ausbildungsstätte, was oft unzulänglich mit Berufswahlfreiheit charakterisiert wird. Im Zuge der Restauration auch des Bildungssystems war es Ende der 50er Jahre folgerichtig, die vom Handwerk als unlautere Konkurrenz auf dem Lehrstellenmarkt empfundenen Lehrgänge der Freien Träger auszuschalten, u. a. indem die Maßnahmen finanziell ausgetrocknet und Teilnehmer von Kammerprüfungen von vornherein ausgeschlossen wurden. Ungelernte galten quasi als Kehrseite und Preis des Ausbildungsstellenmarktes. Bildungswerbung und Ausbau allgemeiner Schulen, der zweite Bildungsweg ließen Reformen des Lehrlingswesens als unangebracht erscheinen - so Bundeskanzler Erhard (1963, S. 242). Während eine

Das Subsystem der Benachteiligtenförderung

ganze Generation bildungsmäßig sozial aufstieg, erfolgte zugleich eine soziale Unterpufferung der Gesellschaft durch massive Anwerbung ausländischer Arbeiter.

- Intervention des Staates: Reformpolitik

Die sozialliberale Regierung zielte darauf ab, die Gesellschaft durch eine Bildungsreform zu demokratisieren. Das Ungelerntenproblem sollte gelöst werden (Brand 1973, S. 243). Der Verschulung der Ausbildung und den damit einhergehenden Standards, z. B. Ausbildung der Ausbilder, setzten die Verbände der Wirtschaft ihre Drohung eines Ausbildungsboykotts entgegen. Das Scheitern des Gesetzentwurfes zur Qualitätsverbesserung der Ausbildung (sog. Markierungspunkte) ist nicht nur begleitet vom Ministerwechsel (Dohnanyi - Rohde), sondern kennzeichnet auch das Scheitern der Berufsbildungsreform (Offe 1975). Es ist weder gelungen, die Sekundarstufe I (bis Klasse 10) noch die berufliche Oberstufe, Sek. II, Kollegschule bundesweit zu etablieren und zu koordinieren. Der Rückzug der Politiker, sich mit Bildungsreformideen zu profilieren, setzte rasch nach der Auflösung des Deutschen Bildungsrates ein.

- Intervention des Staates: Verwaltungsmanagement

Im Zuge der Jugendarbeitslosigkeit gewann Verwaltungshandeln als Krisenmanagement die Oberhand. Vorhandene Reformruinen wurden ausgebaut, um Sofortprogramme ergänzt, Parlamente räumten Freiräume ein, sogar neue Bildungsgänge auf dem Erlaß- und Verordnungswege einzuführen. Die Länder glaubten, vor allem durch Lehrpläne (Handreichungen), Stundentafeln, Lehreraus- und Fortbildung, Schulformbezeichnungen die Grauzone der Ungelerntenbeschulung nun in ihrer vollständigen Verfügungsgewalt mit BVJ's u. ä. regeln und ordnen zu können. Da eine strukturelle Krise des Ausbildungssystems geleugnet wurde, blieb auch eine Modernisierung und eine Konsensbildung über die Systementwicklung aus (Vgl. z. B. Greinert u. a. 1984). Das Urteil des Bundesverfassungsgerichts von 1980 über die gesetzliche Regelung u. a. einer Ausbildungsabgabe bei nicht hinreichendem Angebot an Ausbildungsplätzen (+ 12,5 %) markiert den Umgang mit einem Relikt der Interventionsphase und Betonung der privaten Verfügung auch über Ausbildung.

- Deregulierung

Gerade im Marktsektor der Benachteiligten ist die Bundesanstalt für Arbeit - selber von einer Privatisierung der Arbeitsvermittlung bedroht - Ende der 80er Jahre dominant geworden. Obwohl als Bundesanstalt für Arbeit für den Bereich originär nicht zuständig, überließen die Länder diesen Bereich zunehmend der Dominanz der Träger, da sie die Bereitschaft der betrieblichen Träger für den Regelausbildungsbereich nicht durch berufsqualifizierende Berufsfachschulen für ausbildungslose Jugendliche gefährden wollten. Die Kooperation der traditionellen Träger der Jugendsozialarbeit mit neuen Organisationsformen der alternativen sozialen Bewegung und deregulierten Ausbildungsabteilungen der Industrie, Bildungswerken der Gewerkschaften und der Wirtschaft konnte nicht nur gelingen wegen der Aufteilung des Marktes - z. B. nach Zielgruppen: Aussiedler, Lernbehinderte, Wiedereinsteiger in den Beruf -, der Expansionschancen in den neuen Ländern u. a. mit erheblichen Immobiliengewinnen, der Abschöpfung neuer Finanzierungstöpfe, u. a. EU-Fonds, sondern auch durch eine öffentlichkeitswirksame Selbstdarstellung: Projekt Eurotrain, Videos, Schriftenreihen, Workshops, Artikel in überregionalen Zeitungen, Fernsehbeiträge, Festtagungen mit Spitzenpolitikern.

5 Fazit

Betrachtet man die Deregulierungstendenzen nach formalen Kriterien von Bildungsgängen, wie Organisation von Lernen, Curriculum, Lehrer, Abschlüsse, Etat, so ist institutionell eine erhebliche Verästelung der Maßnahmen und Träger für den Benachteiligtensektor auszumachen. Die Chancen für die Jugendlichen bzw. jungen Erwachsenen weichen dabei erheblich voneinander ab, ebenso Finanzierung, Qualität der Lernorte, Qualifikation der Lehrkräfte. Im Gegensatz hierzu sieht die Bildungskommission NRW die Zukunft der Bildung angesichts der aktuellen globalen Trends noch in einer Intervention des Staates bei Schwachen und einer weitgehenden Öffnung von Bildungseinrichtungen:

"Das Konzept einer öffentlich verantworteten Bildung wird immer wichtiger, je weiter sich die Schere zwischen technologischer Perfektion und den Schwächen des Menschen als eines sozialen Wesens auftut, je komplexer und unüberschaubarer die Verhältnisse und Zusammenhänge in modernen Gesellschaften sind, die nach demokratischen Verfahren bewältigt werden müssen." (Bildungskommission NRW 1995)

Nach Verwaltungs- und Finanzierungskriterien entscheiden Arbeitsämter über ausgeschriebene Maßnahmen, setzen Träger in Konkurrenz, die angesichts der für Bildungsträger kurzen Laufzeiten kostenträchtige Infrastruktur (Gebäude, Werkstätten, Labors, Lehrmittel) nicht vorhalten und auch personell nur Zeitverträge eingehen können, so daß die Leitungsstruktur hierarchisch gestärkt wird. Dauerhafte bzw. mittelfristige Kooperationen mit dem schulischen wie betrieblichen Lernorten sind nur etablierten Trägern möglich. Kern- und Randbelegschaft entsteht auch bei dem pädagogischen Personal, wobei durch Verwaltungsregel festgeschrieben wird, daß diese Arbeitsteilung Ausbilder - Stützlehrer - Sozialpädagoge vorzusehen ist und somit Innovationen wie beim Konzept der offenen Schule, Community-Education finanziell sanktioniert werden.

Bilanziert man das pädagogische Konzept, so führt Verwaltungslogik von vornherein zu einer Grenze. Zwar kann ein Träger bei der Vergabe der Maßnahmen auch auf ein Konzept festgelegt werden, aber da dies nur formal bzw. in der Realität schematisch prüfbar ist (Gruppenunterricht, Projekte, Art des Personals, pädagogischer Jargon u. ä.), bleibt die sozialpädagogisch orientierte Berufsausbildung ein wirkungsvoll verbalisiertes Motto, und das Postulat wird vermutlich so verschieden umgesetzt, wie die heterogene Trägerschaft dies nahelegt. Pädagogische Innovationen, die wesentlich über die vor allem projektorientierten berufsvorbereitenden Ansätze der Kompensationspädagogik seit den 70er Jahren hinausgehen, sind auch trotz der umfassenden Modellversuchsprogramme ausgeblieben, obwohl die Rahmenbedingungen für Vollausbildung mit neuen Lernorten dies nahelegen. Bereits durch die Zielgruppenrekrutierung und Definition anerkannter Benachteiligter werden auch bei sinnvoller Ausbildung Stigmatisierungseffekte, Defizit- und Kompensationspädagogik nicht überwunden. Tautologie ist vorherrschend: Benachteiligt ist jemand, der als Teilnehmer in eine entsprechende Maßnahme für Benachteiligte eingefügt wird; gefährdet ist, wer Leistungen der Arbeitsämter erhält. Die Umdeutung der

Das Subsystem der Benachteiligtenförderung

Phasen/Strategien staatl. Handels	Markt (50er Jahre)	Intervention (70er Jahre)	Deregulierung (90er Jahre)
Institutionen	gewerbl. Berufsschulen abhängig von Betrieben, Freie Träger, Lückenbüßer	Dominanz Schulen S II Konkurrenz mit AFG Trägern	Freie Träger dominant, Schulen und Betriebe marginal
Curriculum	offen, lehrerabhängig	Kompensationspädagogik	sozialpädagogisch orientierte Berufsausbildung
Lehrer	je nach Angebot/Nachfrage der Fachrichtung der Gewerbelehrer/ Hauswirtschaftslehrerinnen (päd. Reserve)	Sonderpädagogisierung, KMK-Regelung; 2. Fach SO-Päd., Professialisierungsbestreben	Sozialpädagogisierung, päd. Kern- und Randpersonal
Finanzierung	Landesmittel	Landesmittel, Modellversuchsmittel (BLK + BMBW, Sonderprogramme)	Versichertenbeiträge AFG, Wirtschaftsmodellversuchsmittel, EU-Sozialfond u. ä.
Abschlüsse	Ende der Schulpflicht	Ende Schulpflicht, z. T. Hauptschulabschluß	anerkannte Ausbildung, Hauptschulabschluß
Zielgruppen	Jugendliche ohne Ausbildungsvertrag (1/3 mnl., 2/3 wbl.)	Berufsreife, Arbeitsunreife	Benachteiligte (40 % mnl., 60 % wbl.)
Lernort	kaum eigene Schulen o. Abtl., freie Raumkapazitäten/Werkstätten	Abtl., Zuweisung „Wahl" nach freien Kapazitäten von Schulen und Trägern	unterschl. Qualität der Ausstattung von Trägern
Arbeitsbezug	direkter Arbeitsmarkteinfluß, Schulbesuch behindert Erwerbschancen	indirekter Arbeitsmarkt-/ Ausbildungsstelleneinfluß, Maßnahmekarrieren	Abschottung von Ausbildung und Arbeitsmarkt, Praktika, Simulation von Produktionsarbeit, 2. Schwelle Randbelegschaft

Abb. 7: Strategien staatlichen Handelns

der Begriffe „Selektion/Auslese" in „Förderung" wird im pädagogischen Konzept nicht reflektiert. Bereits ein Blick auf den Milliardenetat für eine Minderheit der potentiell zu Fördernden zeigt, daß eine berufliche Erstausbildung aller Jugendlichen illusionär bleiben muß. Die Träger haben in sozialpädagogischer Tradition - analog zu nicht-direktiven Beratungsmethoden - die Strategie der *nicht-direktiven Ausbildung* kreiert. Exemplarisch wird lediglich eine kleine Elite der tatsächlich benachteiligten jungen Generation unversorgter Schulentlassener ausgebildet. Das Instrument der ausbildungsbegleitenden Hilfen erlaubt es dann, „nicht-direktiv" und ohne Verantwortung für das Ausbildungsverhältnis am schulischen wie betrieblichen Ausbildungserfolg zu partizipieren und dies der sozialpädagogischen Durchdringung des pädagogischen Konzepts zuzuschreiben. Es bleibt die Quadratur des Kreises, durch eine pädagogische Idee arbeitsmarktverursachte Probleme lösen zu wollen.

Literatur

ABEL, H.: Pädagogisch-didaktische Probleme bei verlängerter Vollschulpflicht. Ein Beitrag zur Diskussion um das 9. und 10. Schuljahr. In: Berufspäd. Beiträge der BPZ, H. 7, Braunschweig 1958

BARTH, A./BODE, G./ ERBEN, H. (Hrsg.): Beschulung der Ungelernten. Wittenberg 1928;

BIERMANN, H./BERLIN, B.: Maßnahmen zur Qualifizierung von (potentiellen) Jugendarbeitern in der BRD. Materialien, i. A. des BIBB, Hannover 1976

BIERMANN, H.: Genese der Sonderberufsschule. Zur administrativen und didaktischen Lösung der Jungarbeiterfrage. Diss. (phil.) Hannover 1980, 2 Bde.

BIERMANN, H.: Vom Jungarbeiter zum Behinderten. In: ZBW Jg. 76 (1980), S. 891-898

BIERMANN, H.: Berufsausbildung in der DDR zwischen Ausbildung und Auslese. Opladen 1990

BIERMANN, H.: Behinderte Auszubildende. In: Cramer/Schmidt/Wittwer (Hrsg.): Ausbilder - Handbuch. Loseblattwerk. Dt. Wirtschaftsdienst. Köln 1994 ff., Kap. 5.6.5

BIERMANN, H.: Zur Situation der sonder- und sozialpädagogischen Qualifizierung von Berufspädagogen. In: Bader, R./Pätzold, G. (Hrsg.): Lehrerbildung im Spannungsfeld von Wissenschaft und Beruf. Bochum 1995, S. 181-196

Bildungskommission NRW: Zukunft der Bildung - Schule der Zukunft. Neuwied u. a. O. 1995, S. X III

BMBF (Hrsg.): Ausbildung für Alle. Schriftenreihe des Projektvorhabens: Maßnahmen zur inhaltlichen Gestaltung der Berufsausbildung benachteiligter Jugendlicher. Bonn versch. Jahre

BMBW/BMBF (Hrsg.): Berufsbildungsbericht 1991. Bonn 1991 und Folgejahre

BONIFER-DÖRR, G. u. a.: Ausbildungsbegleitende Hilfen. Repräsentative Aussagen zu Problembereichen, innovativen Ansätzen und Umsetzungsmöglichkeiten. (Beitr. AB 156). Nürnberg 1991

BRAND, W.: Regierungserklärung v. 18.01.1973. In: Wiemann, G. (Hrsg.): Ansätze zur Lösung des Jungarbeiterproblems. Göttingen 1975, S. 243

Das Subsystem der Benachteiligtenförderung

Bund - Länder - Sozialparteien - Arbeitsgruppe „Berufliche Bildung". Statusbericht und Vorschläge zur Umsetzung des Maßnahmenkataloge. Bonn 10.2.1995; BMBW: Schritte zur Umsetzung der Vorschläge der im Bildungs- und Forschungspolitischen Grundsatzgespräch eingesetzten Arbeitsgruppe zur Stärkung der beruflichen Bildung. Bonn, 29.03.1994

BUNDESANSTALT FÜR ARBEIT: Berufsvorbereitende Bildungsmaßnahmen der BA, Entwurf RdErl. 20/88 i. d. F. v. 10.04.1995

CONRADSEN, B.:Die Berufserziehung in der Schule der Ungelernten. In: Die Deutsche Berufsschule, Jg. 41(1933), S. 673-690

CONRADSEN, B.: Kritisches zur Beschulung der Ungelernten. In: Luchtenberg, Paul (Hrsg.): Beiträge zur Frage der „Ungelernten". Bielefeld 1955, S. 59-63

DAVIDS, S.: Welche Rolle spielt die Berufsschule bei der Integration von Jugendlichen ohne Berufsausbildung? In: ZBW, Jg. 91 (1995), S. 71-78

DOERFERT, H./BLEH, C.: Berufliche Qualifizierung von schwerlernbehinderten Jugendlichen in den Berufsfeldern Metalltechnik und Ernährung und Hauswirtschaft/Gesundheit. BMWF, Bonn 1993 (Broschüre)

EMNID: Daten und Fakten über Jugendliche ohne abgeschlossene Berufsausbildung. Manuskript i. A. des BMBW (BMWF), Bonn 1991, 2 T.

ENGHOLM, B.: Das Benachteiligtenprogramm - ein Schritt zur Verwirklichung des Grundsatzes der „Berufsausbildung für alle". In: Biermann, H./Greinert, W.-D./Janisch, R. (Hrsg.): Berufsbildungsreform als politische und pädagogische Verpflichtung. Velber 1982, S. 14-22

ERHARD, L.: Regierungserklärung vom 19.10.1963. In: Wiemann, G. (Hrsg.): Ansätze zur Lösung des Jungarbeiterproblems. Göttingen 1975, S. 242

GERDS, P. u.a. (Hrsg.): Jugendliche ohne Ausbildungsvertrag. Frankfurt a. M. 1982

GREINERT, W.-D. u. Mitarb.: Das Berufsgrundbildungsjahr. Weiterentwicklung oder Ablösung des „dualen" Systems der Berufsausbildung? Frankfurt a. M. 1984

HECKING, R. u. a.: Berufsschule für Metalltechnik in Bremen: Rollstühle für Namibia. In: berufsbildung, Jg. 48 (1994), S. 12-17

INBAS: Umfrage der BLK zu Umsetzung von Maßnahmen zur Verbesserung der Situation von lern- und leistungsschwächeren Jugendlichen. Bonn 1995

INSTITUT FÜR FILM UND BILD IN WISSENSCHAFT UND UNTERRICHT: Jungarbeiter in der Berufsschule. Arbeitsheft zur Medien-Kombination Berufspädagogik. Grünwald 1979; dies.; In: Jugendarbeiterklassen muß jeder seinen Mann stehen - vier Lehrer berichten. Tonband 1979

KAISER, F.-J./KELL, A. (Ltg. d. WB): Abschlußbericht des Modellversuchs zur Verbindung des Berufvorbereitungsjahres mit dem Berufsschuljahr in beruflichen Schulen und Kollegschulen. (Landesinstitut f. Schule und Weiterbildung NRW, Curriculum H. 52 u. 53) Soest 1986, T. 1 u. 2; desgl.: Jugendliche ohne Hauptschulabschluß in der Berufsbildung. Soest 1984, 2 Bde. (Curriculum H. 34 f.); Schulstudie zur zweijährigen Berufsgrundschule. Soest 1986 (Curriculum H. 51)

KERSCHENSTEINER, G.: Das Problem der Erweiterung der allgemeinen Schulpflicht. In: Die Erziehung, Jg. 3 (1928), S. 257-273

KIPP, M. (Hrsg.): Schlüsselqualifikationen in der beruflichen Rehabilitation. Alsbach 1991 (Hochschule & Berufl. Bildung, Bd. 17)

KIPP, M./BIERMANN, H.: Quellen und Dokumente zur Beschulung der männlichen Ungelernten 1869-1969. Köln/Wien 1989, 2 Bde. (Quellen u. Dok. z. Geschichte d. Berufsbildung in Dt., C 2.1, C 2.2)

KLOAS, P.-W.: Benachteiligte Jugendliche und junge Erwachsene in der beruflichen Bildung - noch im Blickfeld der Förderpolitik? In: Gewerkschaftliche Bildungspolitik (1994), H. 2, S. 44-49

LEHPLÄNE für gewerblich-technische Berufsschulen, Teiln: Jungarbeiter und Hilfskräfte der Wirtschaft (Schule in NRW, H. 16). Ratingen 1965

OFFE, C.: Berufsbildungsreform. Eine Fallstudie über Reformpolitik. Frankfurt a. M. 1975

PROGNOS: Arbeitslandschaft bis 2010 nach Umfang und Tätigkeitsprofilen. Gutachten i. A. d. IAB. (BeitrA B 131.1) Nürnberg 1989

PÜTZ, H.: Integration der Schwachen = Stärke des dualen Systems. Förderung der Berufsausbildung von benachteiligten Jugendlichen - neue Strukturen und Konzeptionen. (Berichte z. berufl. Bildung 162) Berlin 1993

SCHANZ, A./SCHLOSSER, O./ZERGIEBEL, M.: Die Beschulung der Ungelernten. Langensalza 1933

SCHLEGEL, W.: Neue Entwicklungen in der Benachteiligtenförderung. In: BMBW/BIBB (Hrsg.): Differenzierte Wege zum anerkannten Berufsabschluß. Bonn 1993, S. 101-105

STICKLING, E.: Ausbilden im Handwerk mit Arbeitsprojekten. In: berufsbildung, Jg. 49 (1995), S. 15-20

STRATMANN, K. (Hrsg): Das Berufsvorbereitungsjahr - Anspruch und Realität. Hannover 1981

STRICK, T./WILK, E.: Fluktuation ungelernter Arbeitnehmerinnen an der Städtischen Gewerblichen Berufsschule V, Köln. In: ZBW, Jg. 69 (1973), H. 3, S. 192-199

WIEMANN, G. u. a.: Ansätze zur Lösung des Jungarbeiterproblems. Göttingen 1975 (Kommission f. wirt. u. sozialen Wandel, Bd. 68)

WIEMANN, G.: „Ungelernte" an Berufsschulen - Permanente Krise oder radikale Lösung. In: Berufliche Bildung, Jg. 21 (1970) H. 6, S. 150-152

WIEMANN, G.: Das Wolfenbütteler Modell der Jungarbeiter - Berufsschule. Braunschweig 1962 (Berufspäd. Beiträge d. BPZ, H. 16)

Jörg-Peter Pahl

Erweiterung der Allgemeinbildung durch berufliche Erstausbildung - eine Perspektive

1 Einleitung

Häufig werden die Begriffe "berufliche Erstausbildung" und "Berufsausbildung" synonym verwendet und als eine erste Stufe der Berufsbildung zugeordnet. Zudem erfolgt oft eine klare Trennung von allgemeinbildenden und berufsbildenden Phasen. So hat auch die Kultusministerkonferenz davon gesprochen, daß in der Bundesrepublik die "allgemeine und berufliche Bildung ihren jeweiligen Eigenwert und ihr Eigenprofil entwickelt" hätten (KMK 1995, S. 31), wobei beide Bildungsbereiche entsprechende Abschlußqualifikationen vermitteln und Befähigungsnachweise in den jeweiligen Bildungsgängen vergeben. Entsprechend kommt man sehr leicht zu der Schlußfolgerung, daß die Frage nach einem Verhältnis von allgemeiner und beruflicher Bildung im Rahmen der beruflichen Erstausbildung gar nicht relevant ist, da die berufliche Erstausbildung berufliche Qualifikationen vermittelt und die Allgemeinbildung einen deutlich abgetrennten, anderen Bereich umfaßt.

Demgegenüber hat die Diskussion um eine gleichwertige Anerkennung vordergründig der Abschlüsse, aber damit auch der beruflichen und allgemeinen Bildung insgesamt, vor allem im Zuge der sich verändernden Zugangsströme zu den Gymnasien und Hochschulen auf der einen und der dualen Berufsausbildung auf der anderen Seite, bereits einen beachtlichen Umfang angenommen, wobei es hier insbesondere um Probleme der Studierbefähigung von Absolventen der Berufsausbildung geht. Im Zuge dieser Diskussion werden in letzter Zeit auch immer wieder der verstärkte Auf- und Ausbau von speziellen beruflichen Qualifizierungsgängen, die gleichzeitig auch zum Abitur führen, angemahnt. Damit soll - wie Arnold (1994, S. 57) effektvoll formuliert - eine "Erblast", nämlich die "Privilegierung der Allgemeinbildung vor der Berufsbildung", abgebaut werden.

Weitaus seltener wurde jedoch bislang die Frage diskutiert, "ob es neben dem Beruf als einer historischen und gesellschaftlichen Form spezifizierter Arbeit nicht noch allgemeine, d. h. beruflich, historisch und gesellschaftlich übergreifende Bildungsinhalte gibt, deren Vermittlung sowohl aus anthropologischen als auch gesellschaftlichen Gründen im Rahmen der Berufsbildung geboten ist" (Weinbrenner 1995, S. 245). Weinbrenner verweist auf die "eigentümliche Dialektik", die einer solchen Fragestellung innewohnt: "Gesucht sind die Bildungsinhalte, die das Allgemeine der Berufs- und Arbeitswelt als einem höchst differenzierten und spezialisierten Gesellschaftsbereich beschreiben und erklären und damit für Lernprozesse verfügbar machen." Es geht also hierbei nicht nur darum, die seit jeher vorherrschende Privilegierung der Allgemeinbildung durch eine formale Gleichstellung der beruflichen Bildung zu thematisieren oder die oft angemahnte Integration beider - z. B. durch sogenannte doppeltqualifizierende Bildungsgänge - zu schaffen, sondern um die Wechselbeziehung berufs- und allgemeinbildender Inhalte im Rahmen der (konventionellen) gewerblich-technischen Erstausbildung.

2 Bildung und Beruf [1]

2.1 Von "Bildung versus Beruf" zu "Bildung durch den Beruf"

Bei der gegenwärtigen Diskussion um Perspektiven durch die berufliche Erstausbildung werden vorrangig Fragen nach den Ausbildungsplätzen und zukünftigen Beschäftigungs- sowie Karrierechancen aufgegriffen. Dagegen scheint die Frage der Erweiterung der Bildung durch die Erstausbildung als erste Form der beruflichen Bildung peripher. Will man diesen Problembereich betrachten, dürfte es notwendig sein, einen Blick zurück auf eine fast 200jährige Debatte zu werfen.

Wenn auch heute kaum noch darüber gestritten wird, daß eine berufliche Bildung sozusagen en passant auch die Allgemeinbildung fördert, zumindest ihr aber nicht "schaden" kann, und manche Ideen inzwischen sogar soweit gehen, daß allgemeine Bildung auch durch berufliche Bildung erfolgen muß, so mag es überraschen, daß 1809 Wilhelm von Humboldt die strikte Trennung von Bildung und Ausbildung postulierte. Auszugsweise steht dafür das folgende Zitat: "Was das Bedürfnis des Lebens oder eines einzelnen seiner Gewerbe erheischt, muss abgesondert, und nach vollendetem allgemeinen Unterricht erworben werden. Wird beides vermischt, so wird die Bildung unrein, und man erhält weder vollständige Menschen, noch vollständige Bürger einzelner Klassen." (von Humboldt 1964, S. 188)

Zwar leugnet von Humboldt keineswegs die Notwendigkeit einer Spezialbildung für die berufliche Tätigkeit, doch soll diese nach seiner Auffassung erst dann vermittelt werden, wenn der junge Mensch eine abgerundete allgemeine Bildung erworben hat. Eine derart umfassende Allgemeinbildung konnte in jener Zeit aber nicht jeder erwerben. Zu Beginn des 19. Jahrhunderts mußte sich die große Mehrheit mit einem relativ kurzen Schulbesuch begnügen. Nur ein prozentual sehr geringer Teil der Bevölkerung konnte es sich leisten, eine Universität zu besuchen.

Unter diesen Vorzeichen wird auch die in den ersten allgemeinen Vorschriften über die Einrichtung von Fortbildungsschulen vom 17. Juni 1874 enthaltene bemerkenswerte Paradoxie verständlich. Den Fortbildungsschulen wurde damals eine allgemeinbildende Aufgabe zugewiesen, die allerdings an eine berufliche Zielstellung gebunden wurde, galt es doch, "die Volksbildung ihrer Zöglinge zu festigen, zu ergänzen und mit der Richtung auf die Erhöhung ihrer Erwerbsfähigkeit und Erwerbstüchtigkeit zu erweitern". Die Fortbildung trug also zunächst einen allgemeinbildenden, auf die Kenntnisse aus der Volksschule aufbauenden Charakter, wobei die tiefgründigere Motivation auch berufs- bzw. arbeitsweltbezogen gewesen sein konnte. Erst im Laufe der Zeit setzten sich eindeutig berufliche Inhalte im Lehrprogramm der Fortbildungsschulen durch. Die Fortbildungsschulen wurden deshalb schließlich auch in Berufsschulen umbenannt. Der heute existierende Fortbildungsbegriff wird - im Gegensatz zu dem früheren - für Maßnahmen nach einer beruflichen Erstausbildung verwendet. Er verweist auf eine enge berufliche Bindung, wird doch heute Fortbildung zumeist als eine Form beruflicher - und nicht allgemeiner - Weiterbildung angesehen.

Die durch von Humboldt begründete erzieherische Distanz zu den wirtschaftlichen und gesellschaftlichen Realitäten brachte damit nicht nur das "Reinhalten der Bildung", son-

---

[1] Dieses Kapitel enthält wesentliche Gedanken des Aufsatzes von Pahl/Uhe (1994, S. 12-23).

Allgemeinbildung durch berufliche Erstausbildung

dern zugleich eine normative Festlegung und "Ideologisierung des Bildungsdenkens" (Blankertz 1968, S. 262), die große Teile der Bevölkerung von solcher Bildung ausschloß und damit von der Vorstellung und Perspektive einer Verbesserung der Bildungs- und Lebenschancen weit entfernt war.

Damit passen wesentliche Elemente des Bezugssystems nicht mehr in die heutige Zeit. Humboldt ging es um den "universalgebildeten" Menschen. Dieser sollte "soviel Welt als möglich" ergreifen. Den alten Sprachen wurde eine Präferenz eingeräumt. Seit dem Neuhumanismus, begründet auf dem Gedankengut des klassischen Altertums, war allgemeine Bildung daher eine vorwiegend sprachlich-literarisch orientierte, zweckfreie Bildung, die sich auf die subjektive Entfaltung des Individuums bezog. In diesem Sinne wird auch heute noch oft im täglichen Sprachgebrauch der Terminus "Allgemeinbildung" benutzt. Demgegenüber wird unter "Beruflicher Bildung" allzu oft noch die bloße Aneignung von manuellen Fähigkeiten und Fertigkeiten sowie der Erwerb der damit direkt zusammenhängenden einfacheren berufstheoretischen Kenntnisse verstanden.

In den ersten Jahrzehnten dieses Jahrhunderts gab es zahlreiche Bemühungen, die Berufsbildung gegenüber der Allgemeinbildung aufzuwerten. Wesentliche Impulse hierfür sind von Georg Kerschensteiner und Eduard Spranger ausgegangen. Deren Gedanken wurden von Alois Fischer und dessen Forderung zur "Humanisierung der Berufsschule" weitergeführt. Insbesondere nach dem Zweiten Weltkrieg hat sich Theodor Litt Fragen der Aufwertung beruflicher Bildung in einer sich verändernden Welt zugewandt. Schon in den Schriften dieser vier "Klassiker" der Berufsbildungstheorie ist angelegt, daß Allgemeinbildung und Berufsbildung keinen Gegensatz mehr darstellen, sondern sich verschränken und gegenseitig bedingen. Dies hat schließlich auch in der Formel "Bildung durch Beruf" (Blättner 1958, S. 75) seinen Niederschlag gefunden. Wenn aber Bildung durch den Beruf erfolgt, dann kann Bildung auch während der beruflichen Tätigkeit gefördert werden.

2.2 Wertschätzung der Allgemeinbildung auch bei der Erstausbildung

Die in der Folgezeit zu diesem Thema erschienene Literatur zeigt immer deutlicher, daß sich der traditionelle Gegensatz auflöst. Bereits seit zwei Jahrzehnten werden Ziele für eine berufliche Erstausbildung mit einem sehr weitgehenden und hohen Anspruch formuliert, der vergleichbar ist mit dem Anspruch allgemeiner Bildung. So findet man in Lernzielkatalogen beruflicher Erstausbildung "Allgemeine Lernziele" (Behörde für Schule, Jugend und Berufsbildung 1976) vorangestellt, die auch für die allgemeinbildenden Schulen verbindlich sind. Ein weiteres Indiz ist die Debatte über die "Schlüsselqualifikationen" gegen Ende der achtziger Jahre. Auch die über mehr als zwanzig Jahre heftig geführte Diskussion über den Kollegschulversuch in Nordrhein-Westfalen (1972), in dem mit der Realisierung der Integration beruflicher und allgemeiner Bildung ernst gemacht wird, belegt diesen Anspruch.

Unstrittig scheint, daß in dem Spezifischen der Berufe das Allgemeine der Bildung enthalten ist. Gruschka (1987) hat diese Auffassung auf den Punkt gebracht, wenn er von "Bildung im Medium des Berufes" spricht. Unter Berücksichtigung dieser Entwicklung ist es erstaunlich, mit welcher Zähigkeit sich noch heute das vermeintliche Ideal der sogenannten allgemeinen Bildung hält und daß dabei gleichzeitig Berufsbildung immer noch als etwas weniger Wertvolles gilt.

Auch in der Gegenwart wird ein Besuch des herkömmlichen Gymnasiums als der "Königsweg" zu einer guten Position im Beschäftigungssystem angesehen. Die Einstellungspraxis in vielen deutschen Industrieunternehmen scheint den Meinungsbildnern sogar recht zu geben. Das Berufswahlverhalten der Jugendlichen und der Elternschaft hat sich dieser Einstellungspraxis angepaßt. Es deutet sich ein Trend in die Richtung an, wie in verschiedenen hochentwickelten Industrieländern (z. B. Japan) ohnehin auf das Beschäftigungssystem vorbereitet wird. Dort ist kein Duales System angelegt. Dieser Trend zum Gymnasium und zur Hochschule wird dadurch begünstigt, daß nach bildungsbürgerlichen Vorstellungen in Deutschland eine nichtakademische Ausbildung ohnehin keine besondere gesellschaftliche Anerkennung genießt.

Will man aber berufliche Erstausbildung als einen wichtigen Faktor für den Wirtschaftsstandort Deutschland fördern und "Alternativen zum Abitur" (Bremer u. a. 1993) aufzeigen, so ist zu fragen, ob die in weiten Teilen der Bevölkerung vorhandene Wertschätzung der Allgemeinbildung für die Berufsbildung genutzt werden kann. Dazu müssen die Bildungsmöglichkeiten durch den Beruf deutlicher aufgezeigt werden.

Daß die Allgemeinbildung durch Arbeiten und berufliches Lernen gefestigt und erweitert werden kann, sollte auch für den außenstehenden Betrachter klarer als bisher zu erkennen sein. Das kann insbesondere geschehen, wenn entweder berufliche Erstausbildung mit einem allgemeinbildenden Abschluß (Doppelqualifikation) verbunden ist oder allgemeinbildende Unterrichtsfächer aufweist und den allgemeinbildenden Wert des Beruflichen hervorhebt sowie deutlicher artikuliert.

Die mit der beruflichen Erstausbildung gewonnene Erweiterung der Allgemeinbildung sollte - nicht nur bei den doppeltqualifizierenden Formen - durch eine entsprechende Zertifizierung eine angemessene Wertschätzung erfahren. Dieses könnte zusätzlich geschehen, ohne die Qualität der beruflichen Handlungskompetenz zu beeinträchtigen. Eine solche Erstausbildung erhielte zudem ihren besonderen Stellenwert, weil sie eine Basis für den späteren Erwerb von beruflichen Zusatzqualifikationen und darüber hinaus vielleicht sogar zur Kompetenzentwicklung in der gegensatzfreien Einheit von Fachbildung und Menschenbildung (Litt 1958, S. 87) werden könnte.

3 Allgemeinbildende Elemente als Bestandteile der beruflichen Erstausbildung - Entwicklungen und Perspektiven

3.1 Berufsbildende und allgemeinbildende Fächer - schulorganisatorische Trennung oder Integration?

Obwohl z. B. bereits Kerschensteiner zu Beginn dieses Jahrhunderts für einen sozialkundlichen Unterricht an den Berufsschulen eintrat, blieben berufliche Schulen lange Zeit strikt auf berufstheoretische Unterrichtsfächer begrenzt. Es bereitete Ende der 60er und zu Beginn der 70er Jahre einige Mühen, allgemeinbildende Unterrichtsfächer an beruflichen Schulen zu installieren, so wie es 1964 der Deutsche Ausschuß für das Erziehungs- und Bildungswesen gefordert und z. B. der Deutsche Bildungsrat in seinen Empfehlungen der Bildungskommission vom 13./14. Februar 1974 (S. 89, S. 127) begrüßt hatte. Von manchen Berufspädagogen ist die Kennzeichnung von "Deutschunterricht" und "Politikunterricht" als "berufsunabhängige Pflichtfächer" als "ein Verrat am Berufsschulgedanken und an der Berufsbildungsidee" empfunden worden, betont z. B. Münch (1971, S. 158). Der Einzug allgemeinbildender Unterrichtsfächer an Berufsschulen wurde teilweise auch von den Lehrkräften abgelehnt. War damit nicht gleichzeitig eine Trennung in einen berufstheoretischen und einen allgemeinbildenden Teil der schulischen Ausbildung verbunden?

Dagegen hat das Berufsbildungsgesetz (BBiG) auch in seiner aktuellen Fassung mit der Rahmensetzung für den betrieblichen Teil einer dualen Berufsausbildung jedwede Formulierung über einen auch allgemeinbildenden Auftrag beruflicher Erstausbildung vermieden, was einer Anerkennung der Gleichwertigkeit der beruflichen mit der allgemeinen Bildung nicht unbedingt förderlich ist. So hat eine Berufsausbildung nach Paragraph 1 (2) des BBiG dem Auszubildenden eine "breit angelegte berufliche Grundbildung und die für die Ausübung einer qualifizierten beruflichen Tätigkeit notwendigen fachlichen Fertigkeiten und Kenntnisse" zu vermitteln sowie "den Erwerb der erforderlichen Berufserfahrung zu ermöglichen".

Bereits ein Blick auf die neuentstandenen Stundentafeln an berufsbildenden Schulen genügt, um festzustellen, daß im schulischen Bereich der Berufsausbildung heute in erheblichem Umfang auch allgemeinbildende Inhalte vermittelt werden. Formal wird dadurch Allgemeinbildung in die berufliche Bildung integriert. Mit dieser Tatsache wird einer zweiten, ebenso wichtigen Aufgabe der Berufsschule entsprochen, wonach sie nicht nur eine berufliche Grund- und Fachbildung vermitteln, sondern auch "die vorher erworbene allgemeine Bildung" erweitern soll (Rahmenvereinbarung über die Berufsschule 1991), um Jugendliche in ihrer persönlichen Entwicklung zu fördern. Hierbei sollte nicht nur daran gedacht werden, daß es immer wieder Versuche gibt, sogenannte doppeltqualifizierende Bildungsgänge, die zu einem beruflichen Abschluß und gleichzeitig zum Abitur führen sollen, an den Schulen zu installieren (vgl. z. B. Bremer 1996).

Die Stundentafeln des Berufsschulunterrichts offenbaren, daß dort neben 'Technologie' und 'Technisches Zeichnen' auch 'Deutsch', 'Mathematik' und 'Politik', also allgemeinbildende Fächer, unterrichtet werden. Allgemeinbildender Unterricht an Berufsschulen hatte dabei im Prozeß stärkerer Demokratisierung und Bildungsreformbemühungen der späten sechziger und frühen siebziger Jahre auch eine wichtige Funktion im Zusammenhang mit der Diskussion um das Bürgerrecht auf Bildung und der Integration benachteiligter Gruppen in die Gesellschaft. In einer ersten Bewertung zeigt sich, daß durch die Aufnahme der allgemeinbildenden Fächer zunächst einmal eine formale Integration von Allgemeinbildung in die Berufsbildung erfolgt.

Gerade die Berufsschule ist zusätzlich dafür prädestiniert, eine wichtige inhaltliche Integrationsfunktion beider Bildungsbereiche zu übernehmen. Die Kultusministerkonferenz hat dazu eindeutig festgelegt, daß die Berufsschule "den Schülerinnen und Schülern allgemeine *und* berufliche Lerninhalte unter besonderer Berücksichtigung der Anforderungen der Berufsbildung zu vermitteln" habe (Rahmenvereinbarung über die Berufsschule 1991). Erst aufgrund eines solchen Doppelanspruches kann sie "zur Erfüllung der Aufgaben im Beruf sowie zur Mitgestaltung der Arbeitswelt und Gesellschaft in sozialer und ökologischer Verantwortung befähigen" (ebd.). Auch wenn also einerseits eine Integration zu vermuten ist, stellt sich im Zusammenhang mit den bestehenden Fächertrennungen jedoch zugleich die kritische Frage, ob eine strikte Funktionsteilung in allgemeinbildende und berufsbildende Bereiche innerhalb des Rahmens einer beruflichen Erstausbildung überhaupt sinnvoll und möglich ist. Führen die Zuweisungen der in der Arbeitswelt ganzheitlichen Handlungsbezüge auf Fächer nicht zu unnötigen Trennungen, die aus lernpsychologischen Gründen nicht vertretbar sind? Ist es hingegen nicht sogar sehr von Vorteil, daß die Grenzen verschwimmen und organisatorische Trennungen verschwinden, und sollte daher nicht sogar ein übergreifender Unterricht aus berufs- und allgemeinbildenden Fächern bewußt unterstützt werden?

3.2 Eindringen von Beruflichkeit auch in allgemeinbildende Inhalte und Fächer der Berufsschule

Die Installation von allgemeinbildenden Unterrichtsfächern in die beruflichen Schulen war mit dem Anspruch und der Hoffnung verbunden, den jungen Menschen auch im Anschluß an den mehrjährigen obligatorischen Schulbesuch die Möglichkeit zu geben, ihre Allgemeinbildung zu festigen und zu erweitern und damit letztlich dazu beizutragen, daß die unterschiedliche Wertschätzung von allgemeiner und beruflicher Bildung abgebaut wird. Es wurde auch davon ausgegangen, daß mit dieser Neuerung des schulischen Teiles der Ausbildung die durch das dreigliedrige Schulsystem Benachteiligten an höherer Bildung und Kultur sowie am politischen Geschehen fundierter partizipieren könnten. Zugleich bestand nicht zu Unrecht die Aussicht, dadurch die Voraussetzungen beim Vermitteln beruflicher Inhalte verbessern zu können. Berufliches Handeln und Lernen dürfte insbesondere vom sprachlichen und mathematisch-naturwissenschaftlichen, aber auch vom wirtschaftskundlichen Unterricht nur profitieren. Vor allem scheinen allgemeinbildende Inhalte sinnvoll, damit sich Auszubildende die oft geforderte soziale Kompetenz, aber auch die berufliche Fach- und Methodenkompetenz aneignen können.

Andererseits erhöhte sich mit dem Einzug allgemeinbildender Fächer in die Lehrpläne der Berufsschulen für die berufliche Erstausbildung die Gefahr einer weiteren Trennung von Allgemein- und Berufsbildung. Die formale Integration durch die Aufnahme allgemeinbildender Fächer in den schulischen Teil der Berufsausbildung schuf noch keine wirkliche Verbindung der zwei so entstehenden Säulen, sondern segmentierte lediglich die beruflichen Schulen in einen allgemeinbildenden und einen berufstheoretischen Bereich. Damit wuchs auch die Gefahr, daß eine sich auf Technikfeindlichkeit berufende Allgemeinbildung und eine dem utilitaristischen Zugriff wirtschaftlicher Interessen ausgelieferte Berufsbildung die Gegensätze eher verschärfen würden. Als Ergebnis ständen Abbilddidaktiken, die zum einen ein verkleinertes Wissenschaftsmodell und zum anderen ein verkleinertes Berufsmodell nebeneinander vermitteln, was eine Integration undenkbar werden ließe, schlußfolgert z. B. Horn (1996, S. 9). Um dieser Gefahr entgegenzuwirken, mußten Möglichkeiten der Integration von beruflicher und allgemeiner Bildung gefunden werden. Dabei kann sich Horn - bei Fortbestehen der von ihm zu Recht kritisierten übergeordneten Zweckzuweisungen - allenfalls eine additive Verbindung vorstellen, nach der z. B. im Anschluß an einen allgemeinen Bildungsgang eine spezialisierte berufliche Ausbildung folgt, "die vielleicht sogar schneller und erfolgreicher durchlaufen werden kann, weil ein Training in den 'Sandkastenspielen' der Allgemeinbildung immerhin bewirkt hat, sich den Erfordernissen der beruflichen Ausbildung schneller und unreflektiert widerstandslos anzupassen" (Horn 1996, S. 9). Da aber die technische Realität im Wesen unverstanden und daher alles beim alten bliebe, verwirft Horn (ebd.) dieses Gedankenspiel. Beinahe schon zwingend ergibt sich somit die Notwendigkeit, ein getrenntes Nebeneinander von Allgemein- und Berufsbildung zu vermeiden und im Sinne eines Diffusats integrierend zu wirken. Eine Möglichkeit derartig verschränkender Integration besteht in der berufs- oder berufsfeldbezogenen Anwendung allgemeinbildender Inhalte.

Die allgemeinbildenden Fächer mit ihren Bezeichnungen 'Deutsch' oder 'Mathematik' suggerieren auf den ersten Blick hohe Identität mit dem, was in den allgemeinbildenden Schulen vermittelt wird. Berufspädagogische Überlegungen haben in den letzten zwanzig Jahren dazu geführt, Berufsbezüge nicht allein aus motivationalen Gründen in solche Unterrichtsfächer zu integrieren. Das vorhandene Angebot an allgemeinbildenden Unterrichtsfächern in berufsbildenden Schulen mit den Fächern 'Deutsch', 'Mathematik/Naturwissenschaft' oder 'Politik' erhält auch aus zweckrationalen Gründen zunehmend eine

berufs- oder wenigstens berufsfeldbezogene Ausrichtung. So wird z. B. die Lehrkraft im Mathematik- oder Physikunterricht einer Industriemechanikerklasse nach beruflichen Anwendungsbeispielen suchen. Sie wird bei gleichen Rahmenbedingungen wie Schwierigkeitsgrad oder Zeitaufwand jene Übungsaufgabe favorisieren, die einen näheren Bezug zum Ausbildungsberuf aufweist. Im Deutschunterricht werden Gebrauchsanweisungen für technische Geräte, Funktionsbeschreibungen von Maschinen etc. als Unterrichtsbeispiele verwendet. Wurden diese allgemeinbildenden Fächer anfänglich noch relativ isoliert vom eigentlich beruflichen Fächerspektrum angeboten, so daß sie quasi einen eigenständigen Sockel des theoretischen Teiles der Ausbildung darstellten, so schlug sich die berufliche Anwendungsbezogenheit später auch in den Fächerbezeichnungen nieder. Aus dem allgemeinbildenden Fach 'Mathematik' wurde das Fach 'Technische Mathematik' oder 'Mathematik/Berechnungen', aus 'Naturwissenschaften' das Fach 'Technische Naturwissenschaften' oder 'Fachbezogene Naturwissenschaften'.
Eine besondere Rolle scheint dabei der für den gewerblich-technischen Bereich immer öfter geforderte Fremdsprachenunterricht einzunehmen, der häufig schon für bestimmte Berufsgruppen (z. B. Flugtriebwerkmechaniker) differenziert angeboten wird.

3.3 Anreichern der beruflichen Erstausbildung mit allgemeinbildenden Momenten

Berufs- bzw. berufsfeldbezogene Lerninhalte haben auch eine allgemeinbildende Komponente. So wird der angehende Industriemechaniker, der beispielsweise im Technologieunterricht Berechnungen an einem tragenden Bauteil durchführen soll, auch seine Allgemeinbildung festigen oder sogar erweitern. Für diese Behauptung könnten zumindest zwei Argumentationslinien verfolgt werden: Einerseits muß er auf allgemeine mathematische und physikalische Gesetzmäßigkeiten zurückgreifen, die er - angemessen transferiert - auch in anderen Berufs- und Lebensbereichen anwenden kann. Andererseits kann durch die Lösung des beruflichen Problems eine für den Schüler neue mathematische Erkenntnis gewonnen werden. An diesem Beispiel kommen zwei grundlegende Beziehungsmöglichkeiten von allgemeiner und beruflicher Bildung zum Ausdruck. Während die Allgemeinbildung als Basis für jede berufliche (Spezial-)Bildung angesehen werden kann, scheint es umgekehrt auch möglich, die berufliche Bildung als einen Bestandteil der allgemeinen Bildung zu betrachten. Beide Seiten dieser Wechselbeziehung bedürfen einer näheren Erläuterung.

● **Allgemeinbildung als Basis für berufliche Bildung**
Es scheint unstrittig, daß Grundlage einer spezialisierten beruflichen Bildung eine allgemeine Bildung ist. Diese Tatsache hat der Deutsche Bildungsrat (1974, S. 44) in seinen Empfehlungen der Bildungskommission bereits vor über 20 Jahren herausgestellt und darüber hinaus präzisiert, daß die Bildungsgänge der Sekundarstufe II - und dazu gehört auch die Berufsschule - grundsätzlich auf dem Sekundarabschluß I auf bauen. In anderen Ländern wird nicht in dieser Weise auf eine berufliche Tätigkeit vorbereitet, in Japan wird berufliches Lernen sogar überhaupt nicht institutionalisiert. Es erfolgt nur eine breite Allgemeinbildung durch die Schule.
Ein äußeres Kennzeichen des Basischarakters der Allgemeinbildung ist bereits die Tatsache, daß bei der Entscheidung für den Abschluß eines Ausbildungsverhältnisses nicht zuletzt auch der erreichte allgemeinbildende Kenntnisstand des Bewerbers mitentscheidet. Die Kulturtechniken wie Schreiben, Lesen und Rechnen sowie eine Sprach-, Sozial- und Methodenkompetenz werden vorausgesetzt.

- **Berufliche Bildung als Bestandteil der allgemeinen Bildung**
Wenn davon ausgegangen wird, daß Bildung nicht abstrakt sein kann, sondern immer an bestimmte Inhalte gebunden ist, dann muß berufliche Bildung auch als aktualisierte und thematisierte Bildung in spezifischen - nämlich beruflichen - gesellschaftlichen Handlungsfeldern verstanden werden. Aufgrund des exemplarischen Charakters, der auch immer über das spezifisch Berufliche hinausgeht, lassen sich die in der Berufswelt und beim beruflichen Lernen erworbenen Erfahrungen und Erkenntnisse auch verallgemeinern. Wichtige berufliche Fähigkeiten, wie die Fähigkeit zur methodischen Analyse, zu kritischer Beurteilung und begründeter Entscheidung, können also in realen oder simulierten beruflichen Handlungssituationen erworben worden sein, sie sind aber ebenso für nichtberufliches Handeln wichtig und können daher auch als allgemein bedeutsam angesehen werden. Mit Hilfe eines gesicherten beruflichen Wissens und einer Reflexion im Verlaufe der beruflichen Tätigkeit erschließt sich für Auszubildende die Arbeits- und auch die Lebenswelt.
Während demnach das Bewähren in einer beruflichen Handlungssituation ein primäres Ziel beruflichen Lernens ist, geht die allgemeine Bildung über die berufsspezifische Bindung hinaus. Mit anderen Worten: Aufgabe der Allgemeinbildung ist es, eine Orientierung zu leisten, damit der einzelne das gesellschaftliche Leben in Beruf *und* Freizeit verstehen, beurteilen und bewältigen sowie eigene Entscheidungen treffen und verantworten kann. Wenn hier ausdrücklich der Beruf mit eingeschlossen ist, dann deshalb, weil er ein wichtiger Bestandteil der Sozialisation des einzelnen ist und in wesentlichem Maße das Leben des Menschen bestimmt. Auch insofern ist berufliche Bildung ein Bestandteil der allgemeinen Bildung. Dieses kann aber im Regelfall nicht heißen, daß eine allgemeine Bildung ohne berufliche Qualifikation für das Berufs- und Arbeitsleben ausreichend ist.

Die beiden dargelegten Argumentationsfolgen können zu einer zusammengefügt werden. Wenn allgemeine Bildung als eine formale Seite der beruflichen Bildung angesehen werden kann, indem sie mit speziellen - eben auch beruflichen - Inhalten vollzogen wird, so ist die Allgemeinbildung die Basis, auf der berufliche Bildungsprozesse aufbauen. Umgekehrt hat die materiale Seite der beruflichen Bildung allgemeine Momente - auch wenn manchmal sehr verborgen. Eine solche berufliche Bildung ist aber nichts anderes als allgemeine Bildung mit speziellen Inhalten; also eine besondere Facette der Allgemeinbildung.

3.4 Berufsausbildung als Lebensschule - Das Allgemeine der gewerblich-technischen Erstausbildung

Für den tatsächlich vorhandenen und nicht nur begrifflich-theoretisierten allgemeinbildenden Charakter der beruflichen Bildung spricht indes ein Indiz, das bislang zu wenig beachtet worden ist: Im Vergleich zu Studenten, die den direkten "Königsweg" vom Gymnasium zur Hochschule wählen, weisen diejenigen, die vor dem Studium einen Berufsabschluß vorweisen konnten und dann den Hochschulzugang erlangten, zumindest keine niedrigere Studienabbrecherquote auf.
Eine Ursache dürfte dabei in der Tatsache liegen, daß die berufliche Erstausbildung auch den Erwerb von Fähigkeiten, Fertigkeiten und Kenntnissen ermöglicht, "die für das Leben des Menschen in Familie, Beruf, Freizeit, Gesellschaft und Staat von Bedeutung sind", so wie es 1974 der Deutsche Bildungsrat (S. 30) von der beruflichen Bildung gefordert hatte,

Allgemeinbildung durch berufliche Erstausbildung 331

als es hieß, "die berufliche Bildung zu einer vollgültigen Gestalt fachlicher, gesellschaftlich-politischer und humaner Bildung werden zu lassen". Schon damals hatte der Deutsche Bildungsrat (1974, S. 49) angemahnt, daß die mit den berufsspezifischen Kompetenzen verbundenen humanen und gesellschaftlich-politischen Kompetenzen sinnvoll in die Lernprozesse integriert werden müßten.
Daß der beruflichen Erstausbildung solche Kompetenzen nicht in jedem Falle bereits immanent sind, kann bereits daran ersehen werden, daß es in den 60er und 70er Jahren keineswegs zwingend notwendig schien, für alle Berufe auch allgemeinbildende Inhalte festzuschreiben. Bestimmte Berufe würden "für den Erwerb der nur berufsspezifischen Qualifikationen und für die erfolgreiche Berufsausbildung eine längere vorausgehende Phase allgemeiner Bildung erfordern als andere", wobei es allerdings aus gesellschaftspolitischen Erwägungen ungerechtfertigt sei, "wenn lediglich ein Teil der Lernenden in der Sekundarstufe II in den Genuß solcher allgemeiner Bildungselemente kommt, die für die später angestrebten Berufe nicht erforderlich sind, aber Lebensvorteile anderer Art bringen" (Deutscher Bildungsrat 1970, S. 165).
Eine berufliche Erstausbildung im Vorfeld eines akademischen Studienganges ist heute nicht nur eine für den jungen Menschen immer bedeutender werdende Art "persönlicher Berufsrückversicherung". Das Lernfeld der beruflichen Bildung bringt eben aufgrund seiner allgemeinbildenden Anteile auch den Vorteil einer besonderen Erfahrungswelt, vermittelt doch die berufliche Erstausbildung, unabhängig von den spezifischen Inhalten beruflicher Lernprozesse, wegen der Art ihrer Gestaltung - "Lernen an verschiedenen Lernorten", "selbständiges Planen, Durchführen und Kontrollieren", "Übernahme von Eigenverantwortung durch den Auszubildenden" - eine Reihe von wertvollen Fähigkeiten und extrafunktionalen Qualifikationen wie Mobilität, Flexibilität und Organisationsfähigkeit. Im Zusammenhang mit dem selbständigen Organisieren seines Berufshandelns kommt der Auszubildende gar nicht umhin, Entscheidungen zu treffen und Verantwortung zu übernehmen. Auf die Auszubildenden kommt es an, ob die Aufgabe gelingt. Sie sind für die Sache, für sich und für die Arbeitskollegen verantwortlich. Auszubildende des Zimmererberufes, die beim Richten eines Dachstuhls eingesetzt werden und Kraftfahrzeugmechanikerlehrlinge, die eine Lenkung instandsetzen, wissen, daß Leib und Leben der Kollegen und anderer Menschen von ihrem Handeln abhängen. In anderen, nicht gar so folgenschweren Fällen kann durch ihr Schaffen immerhin noch der wirtschaftliche Erfolg bis hin zur Existenzfrage des Unternehmens beeinflußt werden. Solche Ernstsituationen sind auch beim besten Projektunterricht, beim Plan- oder Rollenspiel im allgemeinbildenden Schulwesen nur bedingt simulierbar.
Selbst durch das Erleben fachlicher und sozialer Hierarchien im Beschäftigungssystem werden durch den Auszubildenden wertvolle Erfahrungen gesammelt, die über das enge Berufliche hinausgehen und allgemeinen Charakter haben. Die Auszubildenden erlernen sehr schnell, an welcher Stelle sie welche Forderungen voraussichtlich erfolgreich durchsetzen können. Dies bedeutet keineswegs Verzicht auf Kritik und unreflektierte Anpassung an Gegebenheiten. Erst das Wissen um real existierende Barrieren befähigt dazu, Grenzen einzuschätzen und gegebenenfalls Hindernisse zu überwinden.
Auch die Fähigkeit zur Zusammenarbeit wird in der Berufsausbildung vermittelt und erworben. Kommunikations- und Kooperationsfähigkeit bleiben nicht isoliert und theoretisch, sondern werden handelnd erprobt und gefördert.
Alles in allem verlangt die von den Auszubildenden zu erwerbende berufliche Handlungskompetenz also nicht nur fachliche Fähigkeiten und Kenntnisse, sondern in starkem Maße auch soziale und methodische - mithin allgemeine - Befähigungen. Zwar werden auch weiterhin fachspezifische Fähigkeiten und Kenntnisse eine wesentliche Rolle bei der

Berufsausübung spielen, doch allgemeine Kompetenzen gewinnen auch nach dem Abebben einer in den 80er Jahren geradezu euphorischen Verwendung des schillernden Begriffes "Schlüsselqualifikationen" an Bedeutung. Zu den Schlüssequalifikationen zählen fach- und berufsübergreifende, außerfachliche Fähigkeiten sowie soziale Qualifikationen, wobei drei Typen von Fähigkeiten und Kenntnissen erkennbar sind:

1.) grundlegende fachbezogene Kenntnisse und Fähigkeiten, die in verschiedenen Berufen und Arbeitsbereichen benötigt werden wie Kenntnisse der Steuer- und Regelungstechnik,
2.) arbeitsmethodische und technikbezogene Fähigkeiten und Kenntnisse, um z. B. Arbeitsprozesse planen und organisieren zu können, und
3.) persönlichkeitsbezogene, d. h. soziale, intellektuelle und motivationale Fähigkeiten wie die Fähigkeit zur Kooperation, zur Selbständigkeit, zur Kreativität oder die Bereitschaft zum ständigen Weiterlernen (BMBW 1994, S. 8 f.).

Diese Befähigungen, die oftmals in den Katalogen über Schlüsselqualifikationen noch detaillierter beschrieben sind (z. B. Kratzsch 1991, S. 82-85; Reetz 1990, S. 30), entsprechen in hohem Maße den zusammengestellten Verzeichnissen über allgemeine Lernziele für die verschiedensten Schularten, die bereits wesentlich früher formuliert worden sind (vgl. z. B. Behörde für Schule, Jugend und Berufsbildung 1976). Gegenüber den fachlichen Lernzielen haben die allgemeinen Lernziele dabei einen Vorrang, da Haltungen und Einstellungen sowie allgemeine Kenntnisse und Fähigkeiten für das Bestehen in der Gesellschaft von grundlegender Bedeutung sind.

3.5 Annäherung berufs- und allgemeinbildender Arbeits- und Lernprozesse

Es lassen sich also zwei Tendenzen feststellen: einerseits die zunehmende berufs- oder wenigstens berufsfeldbezogene Anwendung allgemeinbildender Unterrichtsinhalte und andererseits der Trend zur Herausarbeitung des allgemeinbildenden Charakters beruflicher Inhalte der Ausbildung. Bei Annahme einer tendenziell andauernden Verstärkung dieser Entwicklung erscheint die These einer Konvergenz beruflicher und allgemeinbildender Inhalte im Rahmen der beruflichen Erstausbildung bedenkenswert. Auch unter diesem Aspekt werden die Zweifel von Münch (1971, S. 158) verständlich, der sich "nur noch mit großen Vorbehalten" der Begriffe allgemeine und berufliche Bildung bedienen will und grundsätzlich in Frage stellt, ob es möglich ist, "mit überzeugenden Gründen" eine Unterscheidung überhaupt noch aufrechtzuerhalten.
Schon der Deutsche Bildungsrat (1974, S. 54) hat in seinen Empfehlungen der Bildungskommission unterstrichen, daß Allgemeinbildung und Berufsbildung "nicht mehr gegeneinander abgrenzbar sind", wobei dies damit erklärt wurde, daß jeder Unterricht der Sekundarstufe II eine fachliche und eine berufsvorbereitende Funktion hätte. Dies gelte also auch für gymnasiale Bildungsgänge, die der "Vorbereitung und Hinführung zu Ausbildungsgängen im Hochschulbereich" dienen würden.

Für den Bereich der gewerblich-technischen Erstausbildung hat Tröger bereits vor fast 30 Jahren die Konvergenzthese vertreten und dabei folgende vier Punkte einer Annäherung von "(technischer) Berufsausbildung und allgemeiner Menschenbildung" benannt:

1.) Die Berufsbildung drängt über die Vermittlung von Spezialkenntnissen hinaus zu allgemeineren Einsichten in naturwissenschaftliche Gesetze.

Allgemeinbildung durch berufliche Erstausbildung

2.) Durch das allgemeine Interesse am Menschen erweitert die Berufsbildung ihre Bildungsziele.
3.) Die Technik hat die Ausdehnung und Lebensbedeutung der Freizeit erheblich verstärkt.
4.) Die Techniker sind ebenso wie die Gesamtgesellschaft aufgefordert, den Dienst am Menschen, an der Bewahrung seines Daseins und seiner Freiheit als Aufgabe zu erkennen, d. h., die zerstörende Macht der Technik zu bannen, um ihre dankenden Möglichkeiten auszunützen. (Tröger 1967, S. 202)

Auch wenn damit wichtige Punkte aufgegriffen worden sind, so kann die These einer Konvergenz damit noch nicht ausreichend bestätigt werden, zumal die Aussagen qualitativ offen und vage bleiben. Vielmehr wäre die Annäherung auch empirisch zu überprüfen. Es stellt sich aber auch die Frage, inwieweit eine derartige Konvergenz tatsächlich auch wünschenswert ist.

Für eine Annäherung scheint es dabei einige Indizien zu geben. Betrachtet man die Bemühungen zur Neuordnung gewerblich-technischer Berufe, so ist insgesamt der Trend feststellbar, daß die Anzahl der Berufe und damit auch der Grad der Spezialisierung geringer wird. Die Forderung nach einer verstärkten Ausbildung von übergreifenden Kompetenzen hat ebenfalls zur Folge, daß sich das Allgemeine immer mehr mit dem Beruflichen verschränken muß. Hinzu kommt die Tatsache, daß die Auszubildenden - z. B. aufgrund des zunehmenden Dranges von Abiturienten und damit von Abgängern einer 13klassigen Schulbildung in das duale Berufsbildungssystem - älter und reifer werden und schon mehr Erfahrungen aufweisen, als dies noch vor 25 Jahren im allgemeinen der Fall war. Mit dem Steigen des Vorbildungsniveaus wird es auch eher möglich, das berufliche durch das allgemeine Wissen zu untermauern, also zum Beispiel berufliche Problemlösungen mit Hilfe allgemeiner Kenntnisse aus dem Bereich der Naturwissenschaften zu erklären und zu verstehen. Auszubildende, die solchen Ansprüchen folgen, werden ihre Studierbefähigung dadurch weiter verbessern können. Eine Annäherung beruflicher und allgemeiner Inhalte liegt also in ihrem Interesse.

Andererseits darf eine solche Tendenz nicht dazu führen, das Besondere, Kennzeichnende und Spezielle - die berufliche Bildung - gänzlich zu vernachlässigen. Allerdings entspricht ein nur mit engen beruflichen Inhalten angelegter Bildungsansatz auch nicht dem gesamtgesellschaftlichen Interesse. Es kann sich niemand mit allem gründlich beschäftigen, weshalb es gerade eine Aufgabe der Berufsbildung sein könnte, sich exemplarisch auf Weniges sehr gründlich einzulassen, "um der Oberflächlichkeit und der 'Halbbildung' wirksam zu begegnen" (Becker u. a. 1993, S. 40). Zudem ist zu überdenken, ob die Überlegung, berufliche Probleme nicht nur anwendungsbezogen zu lösen, sondern auch z. B. mit Hilfe naturwissenschaftlicher Gesetzmäßigkeiten im Sinne einer quasi-gymnasialen Ausbildung zu erklären, zu wenig das Anforderungsniveau der eigentlichen Zielgruppe der beruflichen Erstausbildung berücksichtigt. Berufswissen konstituiert sich im besonderen nicht vorrangig aus gymnasialem und akademischem Wissen. Baustellenwissen ist etwas anderes als Architektenwissen.

Derartige Einwände scheinen berechtigt. Eine tendenzielle Annäherung von Berufs- und Allgemeinbildung würde jedoch keineswegs bedeuten, daß irgendwann eine völlige Übereinstimmung erreicht werden würde bzw. daß diese erstrebenswert wäre. Einerseits steht dem der historische Trennungsprozeß von Lernen und Arbeiten gegenüber, andererseits würde keine Offenheit mehr für Entwicklungen bei Arbeit und Technik bestehen und berufliches Lernen wäre gegenstandslos.

4 Entspezialisierung der beruflichen Erstausbildung - eine Perspektive?

4.1 "Berufliche Allgemeinbildung" als Vorbereitung auf die Erwerbstätigkeit

Schon seit längerem wird aus den sich wandelnden Bedingungen der Technik und des Beschäftigungssystems der Schluß gezogen, daß eine zu enge berufliche Spezialisierung unter Vernachlässigung des Allgemeinen vermieden werden muß. Wenn nämlich die Berufsbildung den Jugendlichen auf einen unaufhörlichen Wechsel der Tätigkeiten vorbereiten will, muß diese ihm etwas mitgeben, "was im ständigen Überholt-Werden der Einzelerkenntnisse bleibt, also etwas Allgemeines" (Tröger 1967, S. 194). Die Technik würde immer stärker einen Zug zum Allgemeinen verlangen, "von der materialen wie von der formalen und organisatorischen Seite her", weshalb sie "in gewissem Sinn der wissenschaftlichen Bildung immer ähnlicher" werde, geht es ihr doch um die grundlegenden Zusammenhänge und Einsichten (ebd., S. 195). Als pädagogische Konsequenz fordert Tröger (1967, S. 194) für die berufliche Bildung u. a. eine Hinwendung zu

- allgemeinen Einsichten, z. B. in die physikalischen und chemischen Gesetzmäßigkeiten, die hinter dem Wandel der technischen Verfahren stehen und diesen verständlich und dadurch beherrschbar machen würden sowie
- allgemeinen Fähigkeiten und Eigenschaften, "die eine tragfähige Grundlage für den Wechsel der Einzelgeschicklichkeiten abgeben" würden, "also rasche Auffassung, geistige und soziale Beweglichkeit, gepaart mit Ausdauer und Standfestigkeit".

Derartige pädagogische Positionen sind grundsätzlich nicht neu und werden in anderen Ländern wie Japan auch praktiziert, sie haben aber in jüngerer und jüngster Vergangenheit auch in der Bundesrepublik an Kraft gewonnen. So sind unter diesem Aspekt auch die Forderungen nach einer verstärkten Zuwendung zu Sozial- und insbesondere Methodenkompetenzen ebenso zu sehen wie die Anmahnungen zum "lebenslangen Lernen". Letzteres geht mit dem Anspruch einher, "(selbständiges) Lernen zu lernen". Es kommt als Facharbeiter nicht mehr vordergründig darauf an, hochspezialisiertes Wissen zu besitzen, um einige wenige Verrichtungen ausführen zu können. Der Trend geht vielmehr dahin, daß der Facharbeiter sein erworbenes Wissen auf gleiche, ähnliche oder neue konkrete Situationen übertragen und dadurch dieses Wissen erneuern und ergänzen kann. Es wird also von der Wirtschaft mehr die Universalfachkraft nachgefragt, die ein größeres Aufgabengebiet fachgerecht abzudecken vermag. Für den Facharbeiter bedeutet dieses gleichzeitig, mobiler hinsichtlich des Aufgabenbereiches beim gleichen oder bei einem anderen Arbeitgeber zu sein. Seine individuellen Berufschancen erhöhen sich.

Es scheint daher notwendig, daß mit diesen Entwicklungen einer von der Arbeitswelt geforderten und aus humanethischen Gründen wünschenswerten Verallgemeinerung und Entspezialisierung ein Funktionswandel der beruflichen Erstausbildung verbunden sein muß. Sie wird künftig in weit stärkerem Maße als bisher eine Art berufliche Basisbildung und keine abgeschlossene Berufsausbildung sein können. Diese Art der Erstausbildung wird sich mehr an allgemeinen und weniger an spezifischen Qualifikationen orientieren. Angesichts der Wandlungen der Anforderungen an den Facharbeiter scheint es also durchaus sinnvoll, eine "Allgemeine Berufsbildung" einzuklagen, wobei diese Bezeichnung, die bereits Weinbrenner (1995, S. 246) in Fortführung seines Gedankens einer "Allgemeinen Berufsvorbildung" genutzt hat, im bewußten Kontrast zum Grundbildungsbegriff der Berufsbildung stehen soll. Warum, so fragt Weinbrenner (ebd.) zu Recht, soll

Allgemeinbildung durch berufliche Erstausbildung 335

der in der Sekundarstufe I angelegte didaktische Ansatz zwischen Beruf und Gesellschaft nach dem Eintritt der Jugendlichen in einer formalisierten Berufsbildung nicht weitergeführt werden? Anders formuliert: "Warum soll Berufsbildung nunmehr verkürzt werden auf die Vermittlung enger und isolierter Teilfunktionen, deren gesellschaftlich-politischer und historischer Gesamtzusammenhang verborgen bleibt?" (ebd.)

4.2 Offene, dynamische Basisberufe für die berufliche Erstausbildung

Die aufgestellte These einer Konvergenz von berufs- und allgemeinbildenden Momenten innerhalb der beruflichen Erstausbildung hat ihre Nahrung aus den veränderten beruflichen Anforderungen an den Facharbeiter und genuinen Bildungsansprüchen erhalten. Um diesen Wandlungen des Beschäftigungssystems, in deren Folge ebenso die Rationalisierungsgewinner von der Entwertung ihrer Qualifikationen bedroht sind (Rützel 1995, S. 115), auch dann gerecht werden zu können, wenn die Annäherungstendenzen innerhalb der gegenwärtig praktizierten Ausbildungsorganisation an Grenzen stoßen, könnte eine grundlegende Neuordnung der Berufsbilder angebracht sein. Sie müßte den skizzierten Entspezialisierungsvorgang und den dargelegten Funktionswandel für eine "Berufsvorbereitung" im Sinne einer "beruflichen Allgemeinbildung" und einer Lebensweltbefähigung enthalten.

Mit der Forderung nach einem universeller einsetzbaren Facharbeiter wird allerdings nicht die Notwendigkeit einer generellen Spezialisierung in der Ausbildung für das Bestehen in der heutigen Berufswelt geleugnet. Berufliches Fachwissen und berufliche Handlungskompetenz sind eine Conditio sine qua non. Der nur allgemein Gebildete kann - zumindest bei den in Deutschland bestehenden Strukturen - als Generalist in der Berufs- und Arbeitswelt nicht bestehen. Die erforderliche Spezialisierung bedeutet gleichzeitig, daß sich der mit vielen beruflichen Einzelheiten Vertraute mit anderen spezifisch Ausgebildeten verständigen können muß. Im Sinne "produktiver Einseitigkeit" ist der Spezialist auf fachübergreifende Qualifikationen wie Kommunikations-, Team- und Einordnungsfähigkeit etc. angewiesen. Auch solche Qualifikationen müssen in der heutigen Berufsbildung angestrebt werden, um beim Auszubildenden ganzheitliche Kompetenzen zu entwickeln. Die notwendige Differenzierung beruflicher Bildungswege muß also an übergeordnete Qualifikationen gekoppelt sein.

Dieser Trend der veränderten, breiter gefächerten Anforderungen an Facharbeiter hat in den vergangenen Jahren bereits zu Überlegungen geführt, die Berufsfelder neuzuordnen und neue Berufsbilder zu entwerfen. Schon mit der Neuordnung der Elektro- und Metallberufe wurde 1987 die Anzahl der Berufe in diesen Feldern deutlich reduziert und die Aufgabenprofile für jeden dieser Berufe wesentlich verbreitert. Eine vorangestellte berufsfeldbreite Grundbildung stellt gegenwärtig die Basis für die nachfolgende Fachbildung in den jeweiligen Ausbildungsberufen dar.

Dieser Weg des Zusammenführens von bisher getrennten Berufen bzw. einzelner Ausbildungsabschnitte von auch weiterhin separaten Berufen durfte auch zukünftig die Überlegungen der Bildungsplaner bestimmen. So wird erwartet, daß die bisher getrennten Berufsbilder Kfz-Mechanik und Kfz-Elektrik demnächst zusammengeführt werden. Dies entspricht der gegenwärtigen allgemeinen Annäherungstendenz der Berufsfelder Elektrotechnik und Metalltechnik, wie sie nach einer Zeit der Divergenz und Abgrenzung in den 50er bis 70er Jahren nun zu verzeichnen ist (vgl. Faber 1996, S. 167).

Unter dem gleichen Gesichtspunkt werden für informationstechnische Berufe breit angelegte, "offene" Basisberufe favorisiert, auf denen bedarfsorientierte Weiterbildungsberufe

aufbauen sollen. Die Berufsausbildung muß dafür umfassender ansetzen und nicht zuletzt dem "Auszubildenden die persönlichen Voraussetzungen dafür verschaffen, auch Angebote einer beruflichen Weiterbildung über die berufliche Erstausbildung hinaus" wahrnehmen zu können (Bremer u. a. 1993, S. 152). Tendenziell wird die berufliche Erstausbildung zur "Berufsvorbereitung", während die eigentliche "Berufsausbildung" in immer stärkerem Maße durch betriebliche Einarbeitung und berufliche Weiterbildung stattfindet (Rützel 1995, S. 115).
Insgesamt darf vermutet werden, daß der Trend zu einer beruflichen Basisbildung auch in anderen beruflichen Fachrichtungen gehen wird. Eine solche allgemeinere berufliche Bildungsform - deren Anliegen noch näher an die Bezeichnung "berufliche Erstausbildung" rücken würde - ließe einen weiteren Ausbau des beruflichen Weiterbildungssystems notwendig werden. Mit einer die Allgemeinbildung fördernden Erstausbildung, die offen und dynamisch für technische und gesellschaftliche Veränderungen angelegt ist (Heidegger/Rauner 1989, S. 128 ff.), ergeben sich auch bessere Anschluß- und Weiterbildungsmöglichkeiten nicht zuletzt durch eine gegensatzfreie Einheit von Fachbildung und Menschenbildung.

5 Schlußbetrachtung

Neben dem allgemeinbildenden wird es - soweit absehbar - auch weiterhin ein berufliches Schulsystem geben. Beide Systeme werden sich sehr wohl vom Aufgaben- und Angebotsspektrum her unterscheiden müssen.
Auch künftig werden an berufsbildenden Schulen besondere, eben vordergründig berufliche Inhalte vermittelt werden. Im Mittelpunkt sollten dabei neben konkreten Qualifikationen und Fachwissen weiterreichende Kompetenzen stehen, durch die berufliches Können erst möglich wird. Bei alledem stellt sich nicht die Frage, ob in der Erstausbildung eines gewerblich-technischen Berufes künftig logisches Denken durch Latein statt an Konstruktionslehre (und am Gymnasium wohlmöglich umgekehrt) gelernt werden soll. Sowohl über die berufs- als auch über die allgemeinbildenden Fächer vermittelt berufliche Erstausbildung am Lernort "Schule" nicht nur enges Berufswissen, sondern auch allgemeinbildende Inhalte.
Aber welche Berechtigung und welche Folgen hätte ein solches institutionalisiertes berufliches Lernen, wenn Bildung und Wissen gar nicht derart algorithmisch aufgenommen werden, so wie bisher vorausgesetzt und immer angenommen wurde? Der skeptische Einwand von Alisch (1995, S. 5) ist durchaus zu beachten und ernst zu nehmen. Dennoch soll hier - bei Warnung vor übersteigertem Optimismus - von einer hoffnungsvolleren Annahme ausgegangen werden.
Die berufliche Erstausbildung stellt die erste Phase lebenslangen beruflichen Lernens mit allgemeinem und tätigkeitsbezogenem Erfahrungsgewinn dar. Sie ist demzufolge perspektivgebend und baut nicht nur auf Allgemeinbildung auf, sondern sie wird auch gleichzeitig zur Allgemeinbildung, denn die während der Lehre gewonnenen hochwertigen extrafunktionalen Qualifikationen tragen zur allgemeinen Bildung bei. Die für die berufliche Ausbildung erforderlichen spezifischen Inhalte weisen fundamentale und exemplarische Strukturen auf und sind daher verallgemeinerungs- und transferfähig. Tendenziell zeichnet sich zudem eine Entwicklung zum Ausbau weiterreichender Kompetenzen für berufsübergreifende Befähigungen ab. Die Allgemeinbildung kann also durch die berufliche Erstausbildung erweitert werden. Neben schulischen Elementen betrifft dieses - insbesondere durch den Ernstcharakter der betrieblichen Ausbildung - auch das Wissen über Segmente

des Beschäftigungssystems und das handelnde Erfahren von Beruflichkeit. Solche Art der Allgemeinbildung bzw. der "beruflichen Allgemeinbildung" könnte in einer breiteren basisgebenden Form als einer ersten beruflichen Bildung besser auf die Erwerbstätigkeit vorbereiten. Die so erweiterte berufliche Allgemeinbildung kann auch einen Beitrag dazu leisten, daß für die nachfolgende berufliche Fort- und Weiterbildung der Erwerb beruflicher Spezialqualifikationen problemloser ermöglicht wird und darüber hinaus sicherere Orientierungen sowie Perspektiven für das Bestehen in der immer komplexeren Berufs- und Lebenswelt gegeben werden.

Literatur

ALISCH, L.-M.: Pädagogische Wissenschaftslehre. Zum Verhältnis von Ethik, Psychologie und Erziehung. Münster/New York 1995

ARNOLD, R.: Berufsbildung. Annäherung an eine Evolutionäre Berufspädagogik. Hohengehren 1994

BECKER, G./HAGENUTH-WERNER, E./SEYDEL, O.: Zusammenfassung der Arbeitsgruppenergebnisse. In: Becker, G./Seydel, O. (Hrsg.): Neues Lernen. Die wechselseitigen Erwartungen von Schule und Wirtschaft. Frankfurt a. M./New York 1993, S. 39-65

BEHÖRDE FÜR SCHULE, JUGEND UND BERUFSBILDUNG in Zusammenarbeit mit der Staatlichen Pressestelle (Hrsg.): Allgemeine Lernziele. Grundlagen für die Lehrplanarbeit in Hamburg. Hamburg 1976

BERUFSBILDUNGSGESETZ (BBiG) vom 14. August 1969 (BGBl. S. 1112), zuletzt geändert durch Artikel 55 des Pflegeversicherungsgesetzes vom 26. Mai 1994 (BGBl. 1014)

BLANKERTZ, H.: Bildung und Beruf in der technischen Zivilisation. Vorbemerkungen zu einer Bildungstheorie in unserer Zeit. In: Hamburger Lehrerzeitung, Heft 8, 25. Mai 1968, S. 257-264

BLÄTTNER, F.: Pädagogik der Berufsschule. Heidelberg 1958

BMBW Bundesministerium für Bildung und Wissenschaft (Hrsg.): Abgeschlossene Berufsausbildung für alle Jugendlichen. Schriftenreihe Grundlagen und Perspektiven für Bildung und Wissenschaft, Heft 38, Bonn 1994

BREMER, R.: Modellversuche zu Doppelqualifikationen im schulischen Bereich von 1975-1995. Bildungstheoretische Begründungen und Erfahrungen. In: Bundesinstitut für Berufsbildung (Hrsg.): Doppelqualifikation und Integration beruflicher und allgemeiner Bildung. Anhang IV, Buchmanuskript zur Veröffentlichung im Zwischenbericht Modellversuch "Schwarze Pumpe", Bremen 1996, S. 98-108

BREMER, R./HEIDEGGER, G./SCHENK, B./TENFELDE, W./UHE, E.: Alternativen zum Abitur. Frankfurt a. M. 1993

DEUTSCHER BILDUNGSRAT: Empfehlungen der Bildungskommission. Strukturplan für das Bildungswesen. Stuttgart 1970

DEUTSCHER BILDUNGSRAT: Empfehlungen der Bildungskommission. Zur Neuordnung der Sekundarstufe II. Konzept für eine Verbindung von allgemeinem und beruflichem Lernen. Bonn 1974

FABER, G.: Systemdidaktik. Bausteine einer Didaktik für das Berufsfeld Elektrotechnik. In: Lipsmeier, A./Rauner, F. (Hrsg.): Beiträge zur Fachdidaktik Elektrotechnik. Stuttgart 1996 (= Beiträge zur Pädagogik für Schule und Betrieb, bzp 16), S. 161-179

GRUSCHKA, A.: Von Humboldts Idee der Allgemeinbildung zur allgemeinen "Bildung im Medium des Berufs". In: Die Deutsche Schule, 79. Jg.(1987), Heft 2, S. 156-173

HEIDEGGER, G./RAUNER, F.: Berufe 2000. Berufliche Bildung für die industrielle Produktion der Zukunft. Düsseldorf 1989

HORN, W.: Lehre der Elektrotechnik - Entwicklungslinie einer Fachdidaktik. In: Lipsmeier, A./Rauner, F. (Hrsg.): Beiträge zur Fachdidaktik Elektrotechnik. Stuttgart 1996 (= Beiträge zur Pädagogik für Schule und Betrieb, bzp 16), S. 7-21

HUMBOLDT, W. von: Schriften zur Politik und zum Bildungswesen. Werke in fünf Bänden, herausgegeben von Flitner, A. und Giel, K., Band IV, Stuttgart 1964

KMK zur Gleichwertigkeit. In: Die berufsbildende Schule, 47. Jg.(1995), Heft 1, S. 31 f.

KRATZSCH, K.: Schlüsselqualifikationen in der betrieblichen Ausbildung. In: Scheilke, C./Schubert, C. (Red.): Bildung durch Schlüsselqualifikationen. Zum Verhältnis von Bildung und Beruf. Münster/Westf. 1991, S. 65-92

LITT, T.: Berufsbildung, Fachbildung, Menschenbildung. Bonn 1958

MÜNCH, J.: Berufsbildung und Berufsbildungsreform in der Bundesrepublik Deutschland. Bielefeld 1971

PAHL, J.-P./UHE, E.: Berufsbildung wird Allgemeinbildung - Studierbefähigung durch den Beruf. In: Drechsel, K./Ihbe, W./Pahl, J.-P. (Hrsg.): Gleichwertigkeit von beruflicher und allgemeiner Bildung. Hamburg/Dresden 1994, S. 12-23

RAHMENVEREINBARUNG ÜBER DIE BERUFSSCHULE der KMK vom 14./15.3.1991, Bonn 1991

REETZ, L.: Zur Bedeutung der Schlüsselqualifikationen in der Berufsausbildung. In: Reetz, L./Reitmann, T. (Hrsg.): Schlüsselqualifikationen. Hamburg 1990, S. 16-35

RÜTZEL, J.: Randgruppen in der beruflichen Bildung. In: Arnold, R./Lipsmeier, A. (Hrsg.): Handbuch der Berufsbildung. Opladen 1995, S. 109-120

TRÖGER, W.: Das Verhältnis von Allgemeinbildung und Berufsbildung im Hinblick auf die Entwicklung der Technik. In: Bildung und Erziehung, 20. Jg.(1967), Heft 3, S. 189-204

WEINBRENNER, P.: Allgemeinbildende Inhalte in der beruflichen Bildung. In: Arnold, R./Lipsmeier, A. (Hrsg.): Handbuch der Berufsbildung. Opladen 1995, S. 245-253

Walter Tenfelde

Berufsbildung, Allgemeinbildung und das Problem einer Verallgemeinerung beruflicher Bildung

1 Zum Problem einer Verallgemeinerung beruflicher Bildung

Bestimmte Begriffe der Berufs- und Wirtschaftspädagogik scheinen besonders geeignet zu sein, praktische Probleme dieser Disziplin zu beschreiben, theoretische Konstruktionen für die bisherige Problembearbeitung zu vergleichen und Möglichkeiten für pädagogische Reformen zu analysieren. "Berufsbildung" und "Allgemeinbildung" gehören sicherlich dazu. Mit diesen Begriffen lassen sich bildungspolitische Kontroversen der Vergangenheit rekonstruieren oder auch wiederbeleben (s. Heid/Herrlitz 1987). Im Spannungsfeld einer begrifflichen Unterscheidung von Berufsbildung und Allgemeinbildung läßt sich aber auch aufzeigen, wie fortlaufend versucht wurde, den "partikularen Interessen von Amt und Stand" (Tenorth 1986) an einer Umdeutung der Berufsbildung in eine "Spezialbildung" und der folgenreichen Abwertung beruflicher Bildungsgänge vor allem gegenüber einer "höheren" gymnasialen Bildung gegenzusteuern (Tenorth 1986, S. 7 ff.). Beispielhaft zu nennen sind die zahlreichen Versuche einer Verbindung von beruflicher und allgemeiner Bildung in den drei Modellkonstruktionen einer *Ergänzung der Allgemeinbildung* durch berufliche Grundbildung, einer *Annäherung und Verzahnung beruflicher und allgemeiner Bildung* und schließlich der *Integration beruflicher und allgemeiner Bildung* (siehe im Überblick ITB-Arbeitspapiere, Universität Bremen 1995).

Unabhängig von der Präferenz einer spezifischen Modellkonstruktion für die Verbindung von beruflichem mit allgemeinem Lernen dürfen die aktuellen Anstrengungen zur Beförderung von Sprache und Kommunikation als ein Kristallisationspunkt gegenwärtiger Verallgemeinerung beruflicher Bildung gelten. Begünstigt durch die Erkenntnis, daß "...wir heute und morgen direkte Kommunikation, kurze Berichtswege und den hierarchiefreien Dialog im Unternehmen vertikal, aber vor allen Dingen horizontal, d. h. über die Grenzen der Geschäftsbereiche hinweg brauchen" (Posth 1991, S. 14), wird der Beförderung von Kommunikation und Sprache in der beruflichen Bildung durchweg ein hoher Stellenwert beigemessen.

In den folgenden Ausführungen zum Problem einer Verallgemeinerung beruflicher Bildung sollen deshalb ausgewählte theoretische Konstruktionen für eine wissenschaftliche Bearbeitung dieses Problems vorgestellt und die darin einzubettende Aufgabe einer Beförderung von Sprache und Kommunikation in verschiedenen Sichtweisen und an Beispielen der beruflichen Ausbildung umrissen werden.

2 Verallgemeinerung beruflicher Bildung als Kanonisierung von Inhalten

2.1 Vorbemerkung

Die Unterscheidung von Berufs- und Allgemeinbildung als Separierung von Bildungsinhalten mit unterschiedlichen Bildungsgehalten war - geschichtlich betrachtet - konstitutiv für eine Etablierung der Berufs- und Wirtschaftspädagogik. Nicht selten wird diese Ansicht auch heute noch vertreten. So formulierte beispielsweise Albers für die Bundesfachgruppe Ökonomische Bildung die Thesen, daß es letzlich die Bildungs*inhalte* sind, die das Ergebnis von Bildungsprozessen bestimmen und daß deren Relevanz auch im Hinblick auf die Lebenssphären des privaten, gesellschaftlichen und beruflichen Bereichs unterschieden werden können. (Albers 1993, S. 251 ff.)

Daraus folgert er sodann, daß die Bildungsinhalte des privaten und gesellschaftlichen Bereichs für die Allgemeinheit annähernd gleich bedeutsam sind und deshalb Gegenstand der Allgemeinbildung sein sollten. Den besonderen Situationen und Anforderungen der beruflichen Lebenssphäre sollte dagegen mit (individuell) bedeutsamen beruflichen Bildungsinhalten im Sinne einer Spezialbildung entsprochen werden.

Ebenso könnten aber auch nicht separierbare Überschneidungsbereiche beschrieben und beispielsweise als Grundbildung ausgelegt werden. - In dieser Sichtweise wären Probleme einer Verallgemeinerung beruflicher Bildung dann zunächst einmal als Aufgaben einer inhaltlichen Gestaltung eines Aufgabenbereichs zu bearbeiten, hier als Kanonisierung einer ökonomischen Grundbildung (Weinbrenner 1995, S. 245 ff.).

2.2 Die Relevanz von Inhalten für eine Verallgemeinerung beruflicher Bildung

In konsequenter Anwendung einer schulpädagogisch-inhaltlichen Argumentationsfigur kann das Problem einer Verallgemeinerung beruflicher Bildung mittels Sprache und Kommunikation als Problem der *Stoff*auswahl beschrieben werden: Diejenigen Inhalte sind als Bausteine für (semiotische) Systeme von Bedeutung, die in Lernprozessen angeeignet wurden und in Wissensstrukturen repräsentiert sind oder sein sollten, damit sich Kommunikation und Sprache darin entfalten können. In dieser Sichtweise auf Sprache und Kommunikation wird den Inhalten die Funktion eines neutralen Vermittlers festgelegter Bedeutungen und Bedeutungssystemen zugewiesen.

Diese Sichtweise auf Kommunikation und Sprache als zwar nicht immer zuverlässiger, aber doch neutraler Vermittler von Bedeutungen ist eine traditionelle. Auch Dubs hat sie in sein Konzept einer wissenschaftlichen Grundbildung für den Anfängerunterricht aufgenommen (Dubs 1989, S. 634 ff.; Dubs 1995, S. 171 ff.). Dieses Konzept baut auf einem - wie Dubs versichert - sorgsam ausgearbeiteten Inventar an Begriffen und Begriffssystemen auf. Die Entwicklung deklarativen Wissens ist in diesem Konzept die Grundlage für Problemdurchdringung und Problemlösung, der erst im darauffolgenden Schritt die detaillierte Problembearbeitung in sozial-kommunikativen Kontexten folgen sollte. Damit keine Störungen in der Übermittlung von Bedeutungen, die den ausgewählten Zeichen zukommen sollen, eintreten oder Störungen zumindest auf ein möglichst geringes Maß zurückgeführt werden, empfiehlt Dubs für den ersten didaktischen Schritt einer Erarbeitung deklarativen Wissens ausdrücklich auch tradierte Lehrformen einer Instruktionsdidaktik.

Die Sichtweise auf Kommunikation und Sprache als Vermittler von Bedeutungen betont also einen hohen Stellenwert, den Inhalten auch für die Beförderung sprachkompetenten beruflichen Handelns zukommt oder doch zumindest zukommen sollte. Ihr liegt die Annahme zugrunde, daß Zeichensysteme, bestehend aus materiellen Zeichenträgern und der Bedeutungsfunktion, ein *angebbares* Verhalten erzeugen, vorausgesetzt natürlich, der Benutzer des Zeichensystems relationiert in der gleichen Weise wie der Konstrukteur des Zeichensystems. Kommunikation und Sprache lösen das *angegebene* Verhalten aus, das zumindest prinzipiell einer a priori festgelegten Bedeutung der verwendeten Zeichen entspricht. Wenn dieser Prozeß einmal nicht funktioniert, was eigentlich recht häufig

Verallgemeinerung beruflicher Bildung 341

vorkommt, dann liegt eine Störung in der *Übermittlung* von Bedeutungen vor. Jedenfalls ist in dieser Sichtweise ein beruflich effektives Handeln auch als kompetentes sprachliches und kommunikatives Handeln immer an die Voraussetzung sorgfältig strukturierter und elaborierter Inhalte gebunden. Die Ansicht, auch sprachkompetentes berufliches Handeln gründe in einer soliden Wissensbasis, in einem semiotischen System aus deklarativem Wissen (Fachwissen) und Verfahrenswissen (Anwendungswissen), kann sicher sein, viel Zuspruch zu erfahren.

2.3 Probleme einer Beförderung von Sprache und Kommunikation bei Verwendung festgelegter Bedeutungen

Ich teile diese Ansicht jedoch nicht uneingeschränkt. Sie ist schon dadurch in Zweifel zu ziehen, daß überhaupt nicht geklärt ist, ob und ggf. wie und vor allem aus welchen fachwissenschaftlich ausgearbeiteten semiotischen Systemen die für berufliches Handeln relevanten Inhalte extrahiert werden können und was davon schließlich als Grundlagenwissen anzuerkennen ist (Kaiser/Kaminski 1994, S. 22 ff.). Die inhaltliche Kennzeichnung von Grundlagenwissen ist nach wie vor das Ergebnis relativ beliebiger Setzungen.

Doch auch dann, wenn beispielsweise wirtschaftliches Grundlagenwissen - wie auch immer - sorgfältig erarbeitet wurde, ist es kein Garant für effektives sprachliches und kommunikatives Handeln, wie folgendes Beispiel aus einem Modellversuch "Unternehmensprojekte im Einzelhandel" zeigt.

Als eine Alternative zu Simulationen z. B. im Lernbüro sind Unternehmensprojekte gedacht. In der Berufsausbildung werden sie beispielsweise im Rahmen von Modellversuchen zur Beförderung von leistungsschwächeren Auszubildenden erprobt. Dabei handelt es sich um zeitlich begrenzte Projekte der Vorbereitung, Gründung, Einrichtung, des Betreibens und Wiederauflösens einer realen Unternehmung. Im Rahmen eines solchen Unternehmensprojektes mit Auszubildenden für den neugeordneten Beruf "Einzelhandelskaufmann/-frau" wurden zur Vorbereitung der Auszubildenden für die später auch tatsächlich durchzuführenden Verkaufsgespräche Simulationen durchgeführt. Der Simulation vorausgegangen war eine sorgfältige Erarbeitung von Sachwissen und Fachkenntnissen im Berufsschulunterricht. Dieses war der schulische Teil am Vorhaben einer Simulation von Verkaufsgesprächen. Eine Klassenarbeit fiel denn auch im Urteil der Lehrer/-innen "erstaunlich gut" aus und wurde als Beleg dafür gewertet, daß die Schüler/-innen nunmehr über hinreichendes Sach- und Fachwissen für die Bewältigung der Simulation verfügten. Dennoch zeigte sich im Verkaufsgespräch, daß die Schüler/-innen Schwierigkeiten hatten, ihre Kenntnisse, die sie in der Klassenarbeit ja unter Beweis gestellt hatten, in ein Beratungs- und Verkaufsgespräch umzusetzen. Sofern sie überhaupt Fachbegriffe benutzten, wurden diese "völlig falsch" verwendet oder so in alltagssprachliche Konstruktionen eingewoben, daß "Mißverständnisse durch neue Wortschöpfungen entstanden". Das Engagement der Schüler/ innen und Schüler wurde als "gering" bezeichnet, das Verkaufsgespräch insgesamt hatte "wenig Überzeugungskraft". Die enttäuschten Lehrer/-innen attestierten den Schüler/-innen schließlich ein "insgesamt niedriges kognitives Gesamtniveau" und kritisierten, daß die Schüler/-innen das zuvor vermittelte Fachwissen "nicht verinnerlicht" hatten. - Gleichwohl vermerkte der Protokollant, daß sich zwischen den realen Kunden und den Auszubildenden eine lebhafte sprachliche und nichtsprachliche Kommunikation entwickelte!

An diesem Beispiel läßt sich generalisierend auch für den gewerblich-technischen Bereich folgendes aufzeigen: Mit Hilfe von Kommunikation und Sprache beschreiben wir unsere *eigenen* Bedeutungssysteme (Wissensstrukturen). Wir können diesen Prozeß solange fortsetzen, bis wir die Beschreibung eines anderen im Rahmen *unserer eigenen,* ggf. zu modifizierenden Bedeutungssysteme sinnvoll interpretieren können. - Dann verstehen wir! Und wenn wir den anderen verstehen, dann - und nur dann - können wir auch aufeinander bezogen handeln. Das war noch im Klassenraum der Fall, im realen Unternehmen jedoch nicht mehr, weil für den "realen" Kunden das zuvor inhaltlich erarbeitete semiotische System noch nicht sinnvoll interpretierbar war. Doch deutet der Evaluationsbericht auch an, daß sich die Auszubildenden wiederum sprachlich und kommunikativ neu zu orientieren begannen.

Wir können das Problem der Vermittlung von Bedeutungen *als effektivem Wissen* drehen und wenden, wie wir wollen. Wir haben es immer mit konkreten Individuen zu tun, die Wissen in ihren vergangenen Handlungen, zu denen auch sprachliche und kommunikative zählen, *erzeugt* haben. Und wir müssen erkennen, daß sich dieses Wissen in zukünftigen Handlungen immer wieder als effektiv erweisen muß. Eine Sichtweise auf Sprache und Kommunikation als neutralem Vermittler von Bedeutungen ist dagegen irreführend, wenn "Bedeutung" mit Eigenschaften von Inhalten gleichgesetzt wird, die diesen gleichsam anhaften. Sie verstellt nur den Blick auf das Problem einer Verallgemeinerung beruflicher Bildung mittels Sprache und Kommunikation und begrenzt die Möglichkeiten berufspädagogischer Theoriebildung letztlich auf die Erklärung und Gestaltung von Spezialfällen beruflichen Handelns.

Ich will damit aber keineswegs bestreiten, daß die Sichtweise auf eine Verallgemeinerung beruflicher Bildung mittels Inhaltsauswahl nicht dennoch sehr *praktisch* für berufliches Handeln, und d. h. auch für sprachliches und kommunikatives Handeln, sein kann, wenn es nämlich um die Bearbeitung sogenannter gutstrukturierter und wohldefinierter Probleme und Aufgaben geht. Das sind Probleme und Aufgaben, für die Bedeutungen bereits im sozialen Handeln oder sprachlich als Definition festgelegt wurden. Der Erfolg des Handelns bei dieser Art der Problembearbeitung wird ja gerade auch daran gemessen, daß diese sozialen und definitorischen Festlegungen exakt eingehalten werden. Ich bestreite auch nicht, daß effektives berufliches Handeln nach wie vor mit der Bearbeitung solcher Probleme und Aufgaben angefordert wird.
Dennoch kann daraus keine *allgemeine* Hypothese über die Verallgemeinerung beruflicher Bildung mittels Sprache und Kommunikation abgeleitet werden, weil in der Sichtweise auf eine Verallgemeinerung beruflicher Bildung mittels Inhaltsauswahl nur etwas über den Spezialfall beruflichen Handelns ausgesagt werden kann, in dem - pointiert formuliert - standardisierte Schüler/-innen sich in einer standardisierten Sprache über standardisierte Probleme unterhalten.

3 Verallgemeinerung beruflicher Bildung im Konzept der Persönlichkeitsentwicklung

3.1 Vorbemerkung

Es war besonders Blankertz, der sich gegen alle Versuche einer Verallgemeinerung beruflicher Bildung im Konzept einer Kanonisierung von Bildungsinhalten wandte. Allgemeinbildung, so lautete sein Argument, müsse vielmehr als ein pädagogisches Regulativ verstanden werden, das Bildung schlechthin - und vor allem auch die Berufsausbildung - an die Aufgabe der Entwicklung der Persönlichkeit bindet (Klafki/Lohmann/Meyer/Schenk 1994, S. 87 ff.).

In einem Gutachten für die Enquetekommission "Bildung 2000" des Deutschen Bundestages entfalteten Bojanowski, Brater und Dedering dieses Argument von Blankertz im Konzept einer beruflichen Qualifizierung als Persönlichkeitsentwicklung (Bojanowski/Brater/Dedering 1991). Zwar wird - wie schon bei Blankertz - auch hier durchaus gesehen, daß Persönlichkeitsentwicklung schulpädagogisch nicht in einem inhaltsentleerten Raum zu bewerkstelligen ist, jedoch werden das Fachliche insgesamt und die fachlich oder gar fachwissenschaftlich geordneten Inhalte in ihrer Bedeutung für eine Verallgemeinerung beruflicher Bildung im Konzept der Persönlichkeitsentwicklung relativiert. Inhalte als verhaltensauslösende oder handlungsanleitende Bedeutungen sind regelhaft "unvollständig", denn "...wie das fachliche Wissen ... zu mobilisieren ist, welche Schlüsse gezogen, welche weiteren Wege gewählt, welche Entscheidungen getroffen werden - alles das ist weder in der Fachfertigkeit enthalten oder durch sie eindeutig vorgegeben noch sonstwie systematisch zu regeln, zu normieren und damit antizipierend zu lehren" (Bojanowski/Brater/Dedering 1991, S. 83).

Als Prototyp einer inhaltlich offenen Handlungssituation, in der Bedeutungen aus dem Prozeß selbst und den perzipierten Entwicklungsmöglichkeiten hervorgehen und gefunden werden können, benennen sie die Integration künstlerischer Betätigungen und Leistungen in die berufliche Bildung. Obwohl auch sie schon beruflich angefordert werden (Brater/Büchele/Selka 1989), kämen sie über ein a priori festgelegtes und inhaltlich begründetes semiotisches System deklarativen und prozeduralen Wissens wohl gar nicht erst in den Blick, denn immer sind auch kreative Prozesse und Ergebnisse künstlerischer Betätigung als Kommunikationsangebote erfahrbar. Wer solche Angebote annimmt, macht nicht selten die Erfahrung, wie sich Bedeutungen von Kunst und ein Kunstverständnis erst in einer wechselseitigen Orientierung mittels Kommunikation und Sprache einstellen. In diesen Prozeß der Bedeutungsgebung ist selbstverständlich auch der Künstler involviert! Zu Recht wird deshalb auch immer wieder auf den *reflexiven* Zusammenhang von Ästhetik, Kommunikation und Sprache verwiesen, der keine angebbare Schrittfolge der Erkenntnisgewinnung aufweist, jedenfalls keine, die sich verallgemeinern ließe.

3.2 Kommunikation und Sprache als eigenständiger Bereich für Kompetenzentwicklung

In der Sichtweise auf eine Verallgemeinerung beruflicher Bildung im Konzept der Persönlichkeitsentwicklung erscheinen Sprache und Kommunikation als Prozesse, die vom Individuum aus- und auf das Individuum zurückgehen. Darin haben Sprache und Kommunikation die Funktion, selbstreflexive Prozesse zu stützen und insofern eine Mittlerfunktion im Prozeß der Erkenntnis einzunehmen. Gemäß der dogmatischen Fassung des sogenannten "linguistischen Relativitätsprinzips", nach dem Wahrnehmung und Denken allein von den verfügbaren Sprachmitteln abhängen, werden erst in der Sprache Subjekt und Objekt miteinander verbunden. Sprache bekommt in dieser Sichtweise den "Status einer Art Zwischenwelt eigenen Rechts" zugewiesen (Köck 1990, S. 366). Da dieses prinzipiell für alle Menschen gilt, ist Allgemeinbildung nicht zuletzt eine Funktion von Sprach*aus*bildung. Sprache und Sprachausbildung sind dann der Schlüssel zur Welt. Eine

Berufsausbildung, die sprachliche und kommunikative Fähigkeiten befördern hilft, wäre in diesem Sinne wohl auch als Beitrag zur Persönlichkeitsentwicklung anzuerkennen. Tatsächlich wird eine Beförderung vor allem sprachlicher Fähigkeiten und Fertigkeiten auch in der beruflichen Bildung bewußt angestrebt: In der betrieblichen und beruflichen Weiterbildung haben beispielsweise (sprachliches) Kommunikationstraining und Rhetorikkurse immer noch Konjunktur. Für die berufliche Erstausbildung wird eine erweiterte mutter- und fremdsprachliche Ausbildung angefordert und in beruflichen Schulen und Betrieben teilweise auch angeboten. Dabei wird allerdings nicht selten Sprache zur Interaktionsform schlechthin stilisiert und in Humboldtscher Anschauung in den Rang eines Bildungsgutes gehoben, der ihr nicht zusteht. Wenn nämlich nur Benennbarem und sprachlich Formulierbarem der Rang von Wissen oder Erkenntnis zuerkannt wird, werden Zeichen ontologisiert und Persönlichkeitsentwicklung letzlich auf Sprachentwicklung reduziert. Zu Recht verweist deshalb Köck auch auf unsere Alltagserfahrung, daß über Bedeutungen kommuniziert werden kann, ohne daß überhaupt semiotische Systeme verwendet werden. Als Beispiele nennt er die (kompensatorischen) Kommunikationssysteme von Behinderten, die vielfältigen Ausdrucksformen von Sportlern, Handwerkern und Künstlern, deren Leistungen großenteils gar nicht einmal verbal kommunizierbar sind (Köck 1990, S. 366).

Ich lehne deshalb diese Sichtweise einer Verallgemeinerung beruflicher Bildung in einem eigenständigen Bereich der Entwicklung sprachlicher und kommunikativer Kompetenz ab, nicht zuletzt auch wegen der Konsequenzen, die diese Sichtweise für eine Berufspädagogik hat. Gerade Berufspädagogen ist stattdessen zu empfehlen, sich von dieser Sichtweise fernzuhalten. Berufliches Handeln weist sich ja gerade dadurch aus, daß es Sprache und Kommunikation in vielfältiger Form ermöglicht: in motorischen Leistungen am Arbeitsplatz, in Produkten gegenständlicher Gestaltungen, im symbolischen Gestalten, das ja gerade auch für Kaufleute besonders berufsrelevant ist. Viele berufliche Leistungen kämen als Bildungsgut gar nicht erst in den Blick, wenn sie sich nicht in sprachlichen Zeichensystemen ausdrücken ließen.

3.3 Kommunikation und Sprache im Prozeß des Konstruierens von Bedeutungen

In meiner Kritik an den zuvor vorgestellten Sichtweisen habe ich schon implizit eine eigene Sichtweise dargelegt. Ich definiere deshalb: Mit Hilfe von Kommunikation und Sprache beschreiben wir individuell gültige Bedeutungssysteme, die wir in Handlungen erzeugt haben. D. h. aber letzlich: Wir beschreiben uns selbst!
Wenn wir in diese Beschreibungen die Beschreibungen anderer einbeziehen, beschreiben wir damit unsere eigenen Möglichkeiten, mit anderen in Interaktionen eintreten zu können. So können wir in wechselseitigen Prozessen des sprachlichen und kommunikativen Orientierungsverhaltens Interaktionsstabilität erzeugen, die wir dann erreicht haben, wenn wir das Verhalten des anderen sinnvoll in unserem eigenen Bedeutungssystem interpretieren können.

Parallelisierung von Verhalten führt so zu Erweiterungen von Interaktionsbereichen. Sie kann als Beitrag zur Verallgemeinerung beruflicher Bildung mittels Sprache und Kommunikation gedeutet werden. Im beruflichen Handeln ist sie im Prozeß der Konstruktion von *vergleichbaren (aber keineswegs identischen!) Bedeutungsstrukturen* möglich und für effektives berufliches Handeln gegenwärtig und zukünftig auch notwendig. Allein schon deshalb sind Sprache und Kommunikation eine ernstzunehmende Herausforderung an die berufliche Bildung, wie abschließend am Beispiel kaufmännischer Berufe erläutert werden soll.

4 Zur Relevanz einer konstruktivistischen Sichtweise auf eine Verallgemeinerung beruflicher Bildung mittels Sprache und Kommunikation

4.1 Bewältigung zunehmender Anteile kommunikativer Tätigkeiten im Dienstleistungsbereich

In allen kaufmännischen Berufen wird der Anteil an sogenannten kommunikativen Dienstleistungen zunehmen, z. B. als Präsentation, Beratung, Betreuung, Verhandlung, Konfliktbearbeitung oder auch nur als Unterhaltung (Animation). Das geschieht nicht nur im kundennahen Bereich, sondern auch im Zuliefererbereich, im Umgang mit Behörden, Umweltorganisationen, Mitarbeitern und Vorgesetzten. Insgesamt, das sagen uns die Qualifikationsforscher bei aller sonst gebotenen Differenzierung zwischen Branchen und Betrieben voraus, werden die sprachlichen und kommunikativen Anforderungen nicht nur quantitativ, sondern auch qualitativ weiter steigen, um erweiterte Dienstleistungsangebote auch tatsächlich erbringen zu können.

4.2 Sicherung wirtschaftsberuflicher Handlungsfähigkeit in sozialen Systemen mit verschiedenen Sinnstrukturen

Besonders bedeutsam scheint aber eine qualitative Veränderung in der wirtschaftsberuflichen Kommunikation zu sein, die beschrieben werden kann als Sicherung wirtschaftsberuflicher Handlungsfähigkeit in sozialen Systemen mit verschiedenen Sinnstrukturen. Sie ist das Ergebnis zunehmender Vernetzung unterschiedlicher sozialer Systeme mit dem Wirtschaftssystem in sozialsystemübergreifenden Handlungssystemen. Wirtschaftliches Handeln richtet sich dabei an einem *spezifischen* Sinnsystem aus. Es lautet in etwa: Versorgung mit Gütern und Dienstleistungen (materiales Prinzip) nach dem Rationalprinzip (formales Prinzip). Für *berufliches* Handeln reichte dieses Sinnsystem jedoch noch nie aus; zukünftig weniger denn je.

Bisher mußten Kaufleute schon in mindesten zwei Sinnzusammenhängen verschiedener sozialer Systeme kommunizieren und handeln, nämlich im Wirtschaftssystem und im Rechtssystem. Zukünftig wird der Erfolg wirtschaftsberuflichen Handelns auch davon abhängen, ob und inwieweit es Kaufleuten gelingt, nicht nur ökonomisch und wirtschaftsrechtlich, sondern auch technisch und ökologisch, politisch und pädagogisch mitzudenken und zu handeln. Da sich aber Kooperation mit Menschen, die bisher vorwiegend in anderen Sinnsystemen kommuniziert und gehandelt haben, nur dann entfalten kann, wenn Kaufleute den Kooperationspartner sprachlich sinnvoll interpretieren können, muß die Fachsprache der Ökonomen auf diejenige von Technikern und Ökologen, von Pädagogen und Politikern abgestimmt sein.

Es gilt deshalb, wirtschaftsberufliche Sprache und Kommunikation *im Prozeß des Sprechens und Kommunizierens* zu verallgemeinern, d. h., gleichsam neu zu "erfinden". Für die

Auszubildenden sollten schon während der Ausbildung solche Situationen bereitgehalten werden, die sie wenig kommunikativ oder sprachlich festlegen und die stattdessen Kreativität im sprachlichen Bereich anfordern. Ich kann mir allerdings nicht vorstellen, daß es hierfür schon Muster oder gar Ideallösungen gibt oder jemals geben wird oder wie diese Aufgabe in den Rahmen einer traditionellen Spracherziehung eingefügt werden könnte. Es wird in der Tat eine Aufgabe sein, die Mut zum sprachlichen und kommunikativen Experiment erfordert.

4.3 Anforderungen an die Fähigkeit zum sinnvollen Abstrahieren

Kommunikation in sozialen Systemen mit verschiedenen Sinnstrukturen setzt voraus, daß Kaufleute auch sprachlich abstrahieren können. Anstatt eine Sprache - die Fachsprache der Ökonomen - gleichsam zur allgemeinverbindlichen Norm zu erheben, muß sich wirtschaftsberufliches Handeln zukünftig in einem semiotischen System entwickeln können, das keinen der Interaktionspartner von seinen spezifischen kommunikativen und sprachlichen Voraussetzungen abtrennt. Die Sprache der Ökonomen muß in *diesem* Sinne allgemeingültiger, d. h. abstrakter werden. Nur so entstehen denn auch empirisch gehaltvolle Abstraktionen im wörtlichen Sinne, nämlich als sprachliche Verallgemeinerungen, die möglichst vielen Menschen aus unterschiedlichen gesellschaftlichen Gruppen gestatten, wieder am Prozeß der gesellschaftlichen Kommunikation teilzuhaben (s. auch Lohmann 1986, S. 215 ff.). Jedenfalls halte ich die Fähigkeit zur sprachlichen Abstraktion bei einer sprachlichen und kommunikativen Vernetzung verschiedener sozialer Systeme und im Hinblick auf effektives berufliches Handeln in diesen vernetzten Systemen auch in der Zukunft für eminent wichtig. Die Beförderung sinnvoller sprachlicher Abstraktionen könnte einen bedeutenden Beitrag zur Verallgemeinerung beruflicher Bildung liefern. Dagegen scheint es widersinnig zu sein, z. B. Statistik und Mathematik als Hilfen zur Verallgemeinerung der ökonomischen Fachsprache anzubieten, wenn damit zugleich ein Großteil möglicher Kommunikationspartner vom aufeinander bezogenen Kommunizieren und Handeln ausgeschlossen wird. Die Forderung nach mehr formaler Bildung in Logik, Mathematik, EDV u. a. im wirtschaftsberuflichen Lernen sollte deshalb auch streng danach bewertet werden, ob und inwieweit sie tatsächlich eine Verallgemeinerung von Sprache und Kommunikation befördern oder aber nur neue und höhere sprachliche Barrieren errichten.

4.4 Handeln nach moralischen Normen und ethischen Imperativen

In einer systemvernetzenden Sprache orientieren sich schließlich auch Kaufleute in anderen als ökonomischen Normensystemen und an anderen ethischen Imperativen für wirtschaftsberufliches Handeln. So war es schon immer ein Problem, Vorstellungen von einem technisch perfekten Produkt bei Ingenieuren mit den ökonomischen Anforderungen an eine Vermarktung dieses Produktes zu verbinden. Heute treten z. B. Normen des Umweltschutzes als zusätzliche Regulative für ökonomisches Handeln hinzu.

Im effektiven beruflichen Handeln müssen diese sozial ausgearbeiteten Festlegungen dann noch zusätzlich mit individuellen neu verknüpft werden. Dabei können Eingrenzungen in Prozessen der Solidarisierung und in der Kritik, jedoch auch Ausgrenzungen vorgenommen werden. In diesen Prozessen erfolgt der Übergang zur Entwicklung moralischer Kompetenz. Wie wir aus empirischen Langzeitstudien über die Entwicklung moralischer Kompetenz wissen, wirken besonders diejenigen ethischen Imperative handlungsregulierend, die nachweislich in systemübergreifender Handlung und Kommunikation erzeugt wurden.

4.5 Kommunikation nicht nur mittels Sprache und Zeichen

Wenngleich gerade in der Berufstätigkeit von Kaufleuten Begriffssysteme und verbale Aussagen für die Koordination des beruflichen Handelns von großer Bedeutung sind, so sind auch nichtsprachliche Repräsentationen in diesem Berufsfeld relevant. Besonders zu erwähnen ist der Aufgabenbereich des symbolischen Organisierens von Handlungen oder das symbolische Gestalten von Artefakten. Die Gestaltung von nichtsprachlicher Kommunikation wird zukünftig noch stärker zum Aufgabenkreis nicht nur von Kaufleuten gehören. Sie ist schon in die Ausbildungsordnungen für die neugeordneten Berufe, besonders für die neuen bürowirtschaftlichen Berufe, eingeschrieben worden.

Darüber hinaus wird die Bedeutung von nichtsprachlicher Kommunikation gerade auch mit der Verbreitung von Multimedia-Systemen zunehmen. Darin liegt möglicherweise eine weitere beachtliche Chance in der Verallgemeinerung von Kommunikation und Sprache. Sie kann sich vielleicht darin erweisen, daß bisher wegen ihrer Schwächen in der verbalen Kommunikation als "lernschwach" bezeichnete Auszubildende nunmehr sprachlich und kommunikativ besser integriert werden können.

5 Zusammenfassung und Ausblick: Verallgemeinerung beruflicher Bildung in der Konstruktion von Lernarrangements für integriertes Lernen

Kommunikation und Sprache - so wie sie hier skizziert wurden - erzeugen oder befördern Prozesse des beruflichen Handelns (und Probehandelns in der Ausbildung!) von großer Komplexität und Kontingenz. Wir können diese Prozesse *im nachhinein* durchaus beschreiben mit Hilfe nahezu alle gängiger Verfahren der empirischen Forschung. Es lassen sich auch sprachlich Verallgemeinerungen treffen; z. B. nach dem Gesetz der großen Zahl. Aber bei hoher Komplexität und Kontingenz, das muß immer mitbedacht werden, ist eine *Prognose* der Effekte von Eingriffen in diese Prozesse riskant und immer mit dem Scheitern der Eingriffe bedroht. Denn Komplexität und Kontingenz sichern diese Prozesse ja gerade gegen Eingriffe von außen ab.

Wie ist dann aber Konstruktion von Unterricht und Ausbildung überhaupt möglich? Ich meine, daß didaktische Konstruktion in der konsequenten Gestaltung von Lehr- und Lernarrangements nach Modellen und Konzepten des *Integrierten* Lernens möglich ist. In diesen Konzepten scheinen die weitreichendsten Möglichkeiten einer Verallgemeinerung beruflicher Bildung angelegt zu sein, die immer auch mit sprachlicher und kommunikativer Handlungsorientierung einhergehen.
Im integrierten Lernen werden die Auszubildenden nämlich nicht *vorab* auf spezifische Bedeutungen von Lerngegenständen bzw. Lerninhalten oder Lernsituationen festgelegt. Konzepte eines integrierten Lernens belassen Spielräume für individuelle Interpretationen, für eine vergleichende Betrachtung unterschiedlicher Bedeutungen von Lerninhalten und

Lernsituationen und der gegenseitigen sprachlichen und kommunikativen Orientierung über unterschiedliche Sinngebungen. Dieses ist beispielsweise der Fall, wenn die Bedeutung technischer Artefakte nicht allein aus der Sicht ihres Konstrukteurs, des Technikers bzw. Ingenieurs, sondern auch aus einer naturwissenschaftlichen und ökologischen Perspektive, von den Standpunkten eines Betriebswirts und Produktdesigners, eines Produzenten und Konsumenten, eines Arbeitgebers und Arbeitnehmers reflektiert und sprachlich kommuniziert wird. Besonders dann, wenn den Auszubildenden *Gestaltungs*aufgaben übertragen werden, die über eine Anwendung von Fach- und Verfahrenswissen hinausgehen, wenn Auszubildende eigene Vorstellungen in die Gestaltung von Artefakten einbringen, sind sie auf Sprache und Kommunikation zur gegenseitigen Orientierung auf gemeinsames Handeln angewiesen. In diesen Prozessen der gegenseitigen Orientierung treffen dann aber auch verschiedene Fachsprachen mit Alltagssprachen aufeinander, die sich als effektiv erweisen, wenn sie das Handeln auch tatsächlich zu koordinieren vermögen. Die Erfahrung lehrt aber, daß Fachsprachen sich in diesen Prozessen gegenseitiger sprachlicher Orientierung vermischen. Die Lernenden entwickeln neue sprachliche Konstruktionen, die sowohl das Ergebnis gegenseitiger sprachlicher Orientierung als auch die Voraussetzung für die Sicherung weiteren koordinierten Handelns sind.

Die Erfahrung, daß Fachsprachen vermischt oder gar zurückgewiesen werden, stellt hohe Anforderungen an Einsicht und Toleranz der Lehrenden besonders in gewerblich-technischen Ausbildungsgängen, wenn sich dort der Gebrauch der spezifischen Fachsprache von Technikern und Ingenieuren vermeintlich bewährt hat oder sogar zwingend notwendig erscheint. Das ist beispielsweise bei der Bearbeitung von Aufgaben an einer CNC-Maschine der Fall. Denn diese Maschine wurde von ihrem Konstrukteur vorab auf eine "Fremdsprache" programmiert, und auch die Auszubildenden müssen, um ihre Aufgabe überhaupt im Mensch-Maschine-Dialog bewältigen zu können, vorab auf diese Fachsprache festgelegt werden. Kommunikative und sprachliche Orientierung werden in diesem Fall praktisch nicht angefordert.

Aber wie verhält es sich, wenn Auszubildende einen optimalen Büroarbeitsplatz gestalten sollen, wie es ausdrücklich in den Ausbildungsordnungen für die neugeordneten Büroberufe verlangt wird? Diese Aufgabe läßt sich kaum als ein gutstrukturiertes Problem beschreiben, weil sie ergonomische, informationstechnische und -technologische, ablauforganisatorische u. a. Überlegungen zur Problembearbeitung in *einem* Gestaltungsvorschlag zusammenführt. Zur problemangemessenen Bearbeitung dieser Aufgabe sind beträchtliche Anstrengungen der Auszubildenden zur sprachlichen und kommunikativen Handlungsorientierung notwendig.

Die Erfahrungen, daß Auszubildende dabei auch eine eigene Sprache konstruieren, sollten Lehrende verstehen und akzeptieren lernen als Prozesse der Entwicklung von Sprach*kompetenz*, die sich kaum in den tradierten Bahnen einer Vermittlung von Sprach*kenntnissen* befördern lassen. Sprachkompetenz ist nur sehr eingeschränkt lehrbar, denn sie entwickelt sich im kommunikativen *Gebrauch* von Sprache zur gegenseitigen Orientierung auf gemeinsames Handeln.

Prozesse der gegenseitigen sprachlichen und kommunikativen Orientierung auf gemeinsames Handeln und Gestalten werden besonders dann angeregt, wenn Auszubildende verschiedener Ausbildungsgänge fach- und berufs(feld)übergreifend im gemeinsamen Lernen zusammengeführt werden. Erfahrungen in Großbetrieben mit entsprechenden

Lernarrangements, in denen beispielsweise Auszubildende in technischen, ökonomischen und naturwissenschaftlichen Ausbildungsgängen an Gestaltungsaufgaben gemeinsam lernten, belegen, daß sprachliche und kommunikative Anteile am Lernprozeß beträchtlich zunehmen, ohne daß sie ausdrücklich angefordert werden müssen.
Klarerweise sollte sich schließlich auch die Evaluation der Ergebnisse gemeinsamer Lernanstrengungen nicht allein an vorgefertigten technischen und technologischen Standards und Normen orientieren. Gütekriterien, die den Erfolg einer wechselseitigen Handlungsorientierung in der Lerngruppe angemessen repräsentieren, sollten ebenfalls in die Evaluation einbezogen werden.

Die hier skizzierten Ansätze zur Verallgemeinerung beruflicher Bildung in der Beförderung von sprachlicher und kommunikativer Kompetenz sind sicherlich keine Alternative zum tradierten fachlichen Lernen in der Ausbildung. Nach wie vor wird sich der Erfolg beruflichen Lernens auch in der erfolgreichen Bearbeitung der sogenannten gutstrukturierten Aufgaben erweisen müssen. Jedoch sind Lernangebote zur gegenseitigen sprachlichen und kommunikativen Handlungsorientierung bei schlechtstrukturierten Problemen mindestens ebenso notwendig für die Bewältigung und Gestaltung zukünftiger Berufsarbeit; in gewerblich-technischen Berufen ebenso wie in der kaufmännischen Verwaltung.
Außerdem werden Lernende durch verschiedene Lernangebote angeregt, Unterscheidungen zwischen Lernprozessen zu treffen und bisherige Lernerfahrungen vergleichend zu bewerten. Auch dieses Ziel, Auszubildende anzuregen, Unterscheidungen zu treffen und darin begründbare Ansprüche an die Gestaltung beruflicher Ausbildung vorzutragen, sollte die Berufspädagogik neben ihrem Qualifizierungsauftrag immer im Blick behalten.

Literatur

ALBERS, H.-J.: Bildung und Weiterbildung - technischer Fortschritt und Qualifikation. In: May, H. (Hrsg.): Handbuch der ökonomischen Bildung. München/Wien 1993, 2. Aufl., S. 249-264, insb. S. 251 ff.

BOJANOWSKI, A./BRATER, M./DEDERING, H.: Qualifikationsbedarf des Beschäftigungssystems und individuelle Bildungsansprüche aus berufspädagogischer Sicht, insbesondere im Hinblick auf das Verhältnis von Berufsbildung und Allgemeinbildung im Kontext technischer und soziokultureller Entwicklung und Veränderung. Gutachten für die Enquete-Kommission "Zukünftige Bildungspolitik - Bildung 2000" des 11. Deutschen Bundestages, April 1989, in Buchform veröffentlicht unter dem Titel "Qualifizierung als Persönlichkeitsbildung". Frankfurt a. M. 1991

BRATER, M./BÜCHELE, U./SELKA, M.: Kreative Aufgaben zur Förderung der Motivation und Selbständigkeit. In: Bundesinstitut für Berufsbildung (Hrsg.): Seminarkonzept zur Ausbilderförderung. Berlin 1989

BREMER, R./HEIDEGGER, G./SCHENK, B./TENFELDE, W./UHE, E.: Untersuchung über studienrelevante Qualifikationen in ausgewählten beruflichen Bildungsgängen des dualen Systems unter Berücksichtigung der besonderen Fragestellung nach einer möglichen Studierfähigkeit von Absolventen dieser Bildungsgänge. Gutachten für den Minister für Bildung und Wissenschaft, Dezember 1992, in Buchform veröffentlicht unter dem Titel "Alternativen zum Abitur". Frankfurt a. M. 1993

DUBS, R.: Der Stellenwert des Wissens im Unterricht der Wirtschaftsfächer. In: Zeitschrift für Berufs- und Wirtschaftspädagogik, 85. Jg. (1989), S. 634 ff.

DUBS, R.: Entwicklung von Schlüsselqualifikationen in der Berufsschule. In: Arnold, R./Lipsmeier, A. (Hrsg.): Handbuch der Berufsbildung. Opladen 1995, S. 171-182

HEID, H./HERRLITZ, H.-G. (Hrsg.): Allgemeinbildung. Zeitschrift für Pädagogik, Beiheft 21. Weinheim/Basel 1987

HEIDEGGER, G./JACOBS, J./MARTIN, W./MIZDALSKI, R./RAUNER, F.: Berufsbilder 2000. Soziale Gestaltung von Arbeit, Technik und Bildung. Opladen 1991

KAISER, F.-J./KAMINSKI, H.: Methodik des Ökonomieunterrichts. Bad Heilbrunn 1994, insb. S. 22 ff.

KLAFKI, W./LOHMANN, I./MEYER, H./SCHENK, B.: "Allgemeine Bildung oder produktive Einseitigkeit?" - Überarbeitete Fassung eines Gesprächs über die bildungstheoretisch-didaktische Position Herwig Blankertz. 1994

KÖCK, W. K.: Kognition - Semantik - Kommunikation. In: Schmidt, S. J. (Hrsg.): Der Diskurs des Radikalen Konstruktivismus. Frankfurt a. M. 1990, S. 340-373

KUTSCHA, G. (Hrsg.): Bildung unter dem Anspruch von Aufklärung. Zur Pädagogik von Herwig Blankertz. Weinheim/Basel 1989

LOHMANN, I.: Allgemeinbildung - Metawissen - Urteilskraft. In: Tenorth, H.-E. (Hrsg.): Allgemeine Bildung, Analysen zu ihrer Wirklichkeit. Versuche über ihre Zukunft. Weinheim/München 1986, S. 215-230

NIETHAMMER, A. (Hrsg.): Berufsbildung und Allgemeinbildung. Neuburgweiler/Karlsruhe 1973

POSTH, M.: Betriebliche Bildung im Wandel. In: Meyer-Dohm, P./Schneider P. (Hrsg.): Berufliche Bildung im lernenden Unternehmen. Neue Wege zur beruflichen Qualifizierung. Stuttgart/Dresden 1991, S. 13-18

SPRANGER, E.: Grundlegende Bildung, Berufsbildung, Allgemeinbildung. Heidelberg 1965

TENORTH, H.-E.: Bildung, allgemeine Bildung, Allgemeinbildung. In: Tenorth, H.-E. (Hrsg.): Allgemeine Bildung, Analysen zu ihrer Wirklichkeit. Versuche über ihre Zukunft. Weinheim/München 1986, S. 7-31

UNIVERSITÄT Bremen, Institut Technik und Bildung (Hrsg.): Synoptische Darstellung der Modellversuche zur Integration Beruflicher und Allgemeiner Bildung (1975-1995). Bremen 1995 (ITB-Arbeitspapiere)

WEINBRENNER, P: Allgemeinbildende Inhalte in der beruflichen Bildung. In: Arnold, R./Lipsmeier, A. (Hrsg.): Handbuch der Berufsbildung. Opladen 1995, S. 245-253

Gerald Heidegger

Doppelqualifikation als eine Zielperspektive beruflicher Erstausbildung

1   Einleitung

Angebote einer Doppelqualifikation, also dafür, mit dem Abschluß der beruflichen Erstausbildung zugleich eine Berechtigung für eine weitere schulisch orientierte Laufbahn zu erwerben, stellten in der bildungspolitischen Reformära der 70er Jahre ein wichtiges Ziel dar. Zentrales Anliegen war es, der Chancengleichheit für die Kinder aus den "unteren Schichten" näher zu kommen und ihnen einen Weg zur Hochschule zu öffnen, der eher ihrem sozialen Herkunftsmilieu entspricht. Doch wohl vor allem des politischen Gegenwindes wegen konnte sich die Programmatik nur sehr beschränkt in der Realität verwirklichen. Verbunden war mit jener immer auch der Anspruch auf Integration beruflicher mit "allgemeiner" Bildung, deren Kern in einer "Wissenschaftsorientierung allen Lernens" (Planungskommission 1972) gesehen wurde. Beide Aspekte blieben dann mehr als zehn Jahre bis in die jüngere Zeit hinein aus der bildungspolitischen Diskussion ausgeklammert, so wie überhaupt Bildungspolitik nicht en vogue war. Die Auseinandersetzung der Kultusministerkonferenz über die Anerkennung der nordrhein-westfälischen Kollegschulabschlüsse wirkte eher wie ein Nachhut-Gefecht. Jetzt aber scheint Bildungspolitik wieder hoffähig zu werden, wie schon die Einberufung der Bundestags-Enquete-Kommission "Bildung 2000" zeigte (Enquete-Kommission 1990). Neuerdings wird im europäischen Rahmen der Gleichwertigkeit der Berufsbildung - über das Forschungs- und Entwicklungsprogramm "Leonardo da Vinci" - großes Gewicht beigemessen. Ähnliche Entwicklungen lassen sich in den USA beobachten. In Deutschland hat die verbreitete Neuordnung der Berufe - begonnen mit derjenigen der Metall- und Elektroberufe - bei allen Mängeln einen Markstein gesetzt, hinter den die Entwicklung der beruflichen Bildung auch in der Realität nicht zurückfallen darf, soll sie ihren Status im Bildungswesen behalten. Doch sollte man zumindest programmatisch darüber hinausgehen und die Integration beruflicher und allgemeiner Bildung als Ziel wieder in Erinnerung rufen. Denn die grundlegende Forderung nach Angleichung der Lebensmöglichkeiten für alle kann allen (neu-)"konservativen Revolutionen" zum Trotz nicht aufgegeben werden.
Es kann allerdings nicht genügen, auf die ursprüngliche Programmatik in unveränderter Form zurückzugreifen. Dafür hat sich zu viel in den ökonomisch-technischen und den sozialen Bedingungen, einschließlich der "kollektiven Mentalitäten", verändert. Zunehmend wurde als Ausgangspunkt für die Integration die berufliche Bildung in den Vordergrund gestellt (AWG 1989, GEW 1986, Gruschka 1987). Sie soll *aus sich heraus* so erweitert werden, daß sie mehr und mehr den Anspruch erheben kann, tatsächlich - und das heißt allgemein - bildend zu sein. Die organisatorische Zusammenführung der gymnasialen und beruflichen Bildungsgänge im Sekundarbereich II tritt demgegenüber zunächst zurück. Diese soll natürlich auf die Dauer nicht aufgegeben werden, sollte aber dann die - entsprechend umgestaltete - betriebliche Ausbildung mit einschließen. In den neuen Bundesländern sind Ansätze erkennbar, das frühere System zur Integration beruflicher und allgemeiner Bildung ("Berufsausbildung mit Abitur") mit einigen Modellversuchen - allerdings in deutlich veränderter Form - fortzuführen. Damit ergeben sich weitere Anknüpfungspunkte für die praktische Verwirklichung der hier vorgeschlagenen Orientierungen.

Gerade neuerdings muß das Vorhaben vor dem Hintergrund der "Krise des Dualen Systems" der Berufsbildung neu begründet und spezifisch orientiert werden. Dazu wird hier die "Gestaltungsorientierung" der Berufsbildung vorgeschlagen.

2 Krisentendenzen im Dualen System der Erstausbildung

Am stärksten hat der zunehmende Lehrstellenmangel das Duale System ins Gerede gebracht. Das trifft nicht nur zu für die neuen Bundesländer, wo entsprechende Strukturen zu einem großen Teil immer noch erst aufgebaut werden müssen. Auch in Westdeutschland läßt sich ein Gleichgewicht zwischen Angebot und Nachfrage schon rein quantitativ nur noch mit besonderen Anstrengungen und Maßnahmen herstellen. Darüber ist - neben weiteren gravierenden Defiziten - eine andere Schwierigkeit in den Hintergrund getreten: die *qualitative* Auszehrung des Dualen Systems durch den "Zug zum Gymnasium".

Seit Beginn der Bildungsexpansion vor ungefähr 30 Jahren hat sich die Zahl derjenigen, die auf dem "allgemeinbildenden" Weg eine Studienberechtigung erwerben, bundesweit im Durchschnitt auf ungefähr ein Drittel eines Altersjahrgangs erhöht. Insgesamt ist das Phänomen nur mäßig abhängig von der Schulpolitik der einzelnen Bundesländer, mehr allerdings vom Stadt-Land-Gefälle. (In den neuen Bundesländern ist das Tempo des Trends - von niedrigerem Ausgangsniveau aus - besonders hoch, weil das berufliche Bildungswesen noch relativ wenig ausgebaut ist.) Es handelt sich um eine europaweite Tendenz, in der englischsprachigen Diskussion "academic drift" genannt. In den USA und vor allem in Japan ist der nichtberufliche Bildungsgang sogar der überwiegende oder, mehr noch, der fast ausschließliche, weil das berufliche Bildungswesen auf der Sekundarstufe II überhaupt nicht systematisch entwickelt ist. Die High School mit ihrer Gesamtschulidee, die wesentlich von den demokratischen und reformpädagogischen Gedanken John Deweys geprägt ist, bestimmt das bildungspolitische Denken. Doch kann das selbstverständlich wenig daran ändern, daß die stark hierarchisierte Struktur des Arbeitslebens auch dort im Bildungswesen seinen je spezifischen Niederschlag findet. Die "Meritokratisierung" der Gesellschaft, also deren Organisierung ganz überwiegend nach Maßgabe des aktuellen beruflichen Erfolges, führt im Bildungswesen dann zu einer andauernden Konkurrenz, welche die Jugendlichen schon in der Schule um die begehrten Positionen in den oberen Etagen der Gesellschaft auszutragen haben. Demgegenüber ist Deutschland gegenwärtig wegen der Existenz des Dualen Systems von der "academic drift" noch weniger betroffen, auch weniger als viele andere europäische Nationen. Trotz der immer noch hohen Studienneigung - gegebenenfalls nach einer Ausbildungsphase im Dualen System - führen die extrem großen 'Drop-out'-Quoten an den Universitäten (ungefähr 50 Prozent, wenn auch von Studienfach zu Studienfach äußerst unterschiedlich) dazu, daß gegenwärtig etwa 20 Prozent eines Altersjahrgangs ein Studium an einer Fachhochschule oder Universität abschließen. Deshalb gibt es zur Zeit noch eine Übereinstimmung mit dem zu erwartenden Aufbau der Beschäftigungs-Pyramide, wonach knapp 20 Prozent, nach anderen Einschätzungen bis zu 30 Prozent der Beschäftigten als Hochschulabsolventen eingesetzt werden, dann natürlich nicht mehr mit den früheren Privilegien.

Genau hier setzen aber auch die Probleme dieser Entwicklung ein. In einem Szenario der gespaltenen Beruflichkeit (Heidegger u. a. 1991, vgl. zur "dichotomisierten Reprofessionalisierung" Lutz 1988) scheint es möglich, daß in Zukunft insbesondere in Großbetrieben die

Doppelqualifikation als Zielperspektive

höherwertigen Facharbeiter- und Fachangestellten-Tätigkeiten von Beschäftigten wahrgenommen werden, die keine Berufsausbildung auf der Sekundarstufe II (vor allem im Dualen System) durchlaufen haben. Sie rekrutieren sich vielmehr aus den Absolventen eher praxisorientierter Fachhochschulstudiengänge, die in einem "trickle-down"-Prozeß dieses Tätigkeitsniveau mehr und mehr besetzen. Oder sie wären "Semi-Akademiker", die in speziell eingerichteten, besonders praxisnahen Einrichtungen wie etwa an Berufsakademien mehr und mehr ausgebildet werden sollen. Den "einfachen" Facharbeitern und Fachangestellten wären damit sowohl die Aufstiegsmöglichkeiten genommen als auch die Gelegenheit, in Arbeitsgruppen mit abgeflachter Hierarchie anspruchsvollere Aufgaben zu übernehmen. Damit aber droht in diesem Bereich eine Spaltung der Belegschaften nach dem Kriterium "mit oder ohne Abitur". Die bisher wirksame Trennung nach dem Kriterium "mit oder ohne Ausbildung" verlöre demgegenüber eher etwas an Einfluß, weil für die Ausgebildeten immer auch der Abstieg in Angelernten-Tätigkeiten drohen würde. Durch das Anwachsen des durchschnittlichen schulischen Abschlußniveaus der Beschäftigten würde also die berufliche Chancengleichheit nicht erhöht, sondern lediglich eine neue Spaltungslinie eingezogen. Das Motivationspotential der Facharbeiter und Fachangestellten, das in der Perspektive der Betriebe eine wichtige Humanressource für die neuen Arbeitsorganisationskonzepte darstellt, wäre damit gefährdet. Aber gerade auch aus Sicht der Betroffenen selbst muß das als gravierende Einschränkung ihrer Arbeitszufriedenheit wirken.

Zwar sind die Kleinbetriebe weniger betroffen, aber der Leitfunktion der größeren Betriebe wegen würde das Ansehen des Dualen Systems insgesamt Schaden erleiden. Ergebnis wäre eine *qualitative* Auszehrung des Dualen Systems durch das Wahlverhalten der Jugendlichen. Der berufliche Bildungsweg würde endgültig zur zweiten Wahl, selbst für diejenigen, deren aktueller *Stil* des Lernens - was nichts mit dem Gesamt-Niveau der Lernprozesse zu tun haben muß - diesem eigentlich viel mehr entspräche. Dem Dualen System würden die - in diesem Lebensalter - "tüchtigen" Jugendlichen weitgehend verloren gehen. Daß das bisher nicht der Fall war, macht gerade die Stärke des deutschen Berufsbildungswesens aus. Es konnte bis jetzt auch leistungsstarken Jugendlichen eine hinreichend erscheinende Perspektive auf eine relativ angesehene und angemessen entlohnte Berufstätigkeit eröffnen, da die vertikale Mobilität noch immer durch Einflüsse des sozialen Umfelds begrenzt blieb. Weil aber der Wille zum sozialen Aufstieg in breiten Schichten der Bevölkerung zugenommen hat, gewinnen die Qualität der Ausbildung und der Zukunftsaussichten erheblich an Bedeutung. Wenn diese nicht auf breiter Front gesteigert und auch die *Durchlässigkeit* zwischen den verschiedenen Bildungswegen nicht erhöht wird, dürfte sich die "academic drift" der tüchtigen Jugendlichen fortsetzen.

Selbstverständlich darf niemandem - der dieses wünscht - der akademische Bildungsgang auch nur indirekt durch eine "Umleitung von Schülerströmen" versperrt werden. Aber andererseits kann es auch nicht im Interesse vieler eher praktisch orientierter Jugendlicher liegen, wenn sie um guter Zukunftsperspektiven willen einen ihnen nicht so angemessenen akademischen Bildungsgang zu durchlaufen haben, um dann eventuell feststellen zu müssen, daß sie doch keinen adäquaten Arbeitsplatz finden. Umgekehrt liegt es gerade auch im Interesse der Klein- und Mittelbetriebe, sich auf gut ausgebildetes und leistungsstarkes Personal stützen zu können. Nur so werden diese das Innovations- und Flexibilitätspotential, das ihnen gerade aufgrund ihrer unbürokratischen Struktur geeignet erscheint, auch ausschöpfen können, um sich künftig am Markt zu behaupten. So steht beispielsweise das Sanitär-Heizungs-Klima-Handwerk in Konkurrenz zu den Service-Abteilungen der Lieferfirmen der entsprechenden Hausgeräte und -einrichtungen, die zunehmend Techniker, später vielleicht auch "Semi-Akademiker" einsetzen. Würde diese Konkurrenz endgültig zugunsten der letztgenannten entschieden, blieben für das Handwerk nur einfache Tätigkeiten mit entsprechend geringer Entlohnung übrig. Im Ergebnis ergäbe sich längerfristig eine Spaltung der gesamten Erwerbsgesellschaft ähnlich dem oben erwähnten Prozeß in den Großbetrieben. Eine Reform des Berufsbildungssystems muß sich gegen diese Vertiefung der Chancenungleichheit richten.

3 Durchlässigkeit zwischen gymnasialen und beruflichen Bildungswegen

Dieser Spaltung ist nicht nur aus sozialpolitischen Gründen entgegenzuwirken, sondern auch aus ökonomischen: Der relative - auch soziale - Wettbewerbsvorteil, der sich aus dem deutschen Dualen System ergibt, wäre dahin. Zwingende Folgerung ist, die Attraktivität der Berufsbildung gerade für "tüchtige" Jugendliche wieder zu stärken.

Hierfür scheint ein Bündel von vier kombinierten Maßnahmen geeignet; sie beziehen sich auf die Veränderung der künftigen Arbeitsplätze der Absolventen, auf eine Reform der Weiterbildungsstruktur und der Struktur sowie der Inhalte der Kompetenzentwicklung in der Erstausbildung:

- Verbesserung der betrieblichen Arbeitsumstände (nach der Ausbildung) in bezug auf Inhalte, Organisationsformen und äußere Bedingungen;
- Aufbau eines regulierten Weiterbildungssystems mit ähnlichen Charakteristiken wie das dual organisierte System der Erstausbildung;
- Reform der Struktur der Erstausbildung mit dem Ziel einer *Doppelqualifikation als Regelfall* sowie
- Veränderung des leitenden Kompetenzmodells für das gesamte Bildungswesen mit dem Ziel der *Integration beruflicher und allgemeiner Bildung*, worauf im nächsten Abschnitt eingegangen wird.

Eine Veränderung der betrieblichen Arbeitsstrukturen hin zu erweiterten Aufgabenfeldern (bestes Beispiel: Gruppenarbeit bei abgeflachter Hierarchie) ist immerhin ansatzweise bereits im Gange, so daß sich der Gegensatz zwischen ökonomischer Effizienz und menschlicher Entfaltung am Arbeitsplatz abschwächen könnte. (Das gravierende Problem wachsender Arbeitslosigkeit sei hier nicht behandelt, weil es vor allem eines der allgemeinen Wirtschaftspolitik ist.) Es scheint zunehmend notwendig zu werden, auf die menschliche Kreativität im Arbeitshandeln unmittelbar vor Ort zu setzen, da sich gerade auch die computerisierten Arbeitssysteme als unflexibel erwiesen haben, wenn unvorhergesehene Störungen auftreten. Zugleich gibt es bei den Beschäftigten einen Wertewandel, der einem sozialen Wandel hin zu weniger Hierarchie entspricht. Die Betriebe sehen sich tendenziell gezwungen, darauf einzugehen, wenn sie die Fähigkeiten der Arbeitenden nutzen wollen. Das heißt, ein Umbau der betrieblichen Arbeitsstrukturen, der die Attraktivität der beruflichen Arbeit auch auf den unteren Hierarchieebenen stärkt, dient immerhin partiell zugleich der Steigerung der Arbeitsproduktivität. Die Unternehmen müssen dieses Kompromißfeld entschlossen nutzen, wenn die Attraktivität des beruflichen

Doppelqualifikation als Zielperspektive

Karriereweges erhöht werden soll. Selbstverständlich ist das nicht überall gleich einfach. Noch auf nicht absehbare Zeit werden weiterhin inhaltsarme, belastende Tätigkeiten eine bedeutende Rolle spielen.

Auch bei abgeflachten Hierarchien wird selbstredend langfristig eine Abstufung der Berufe nach Arbeitsinhalten, Selbständigkeit, Entlohnung und Sozialprestige bestehen bleiben. Die höheren Positionen sind heute in der Regel nur über ein Hochschulstudium zu erreichen. Dies ist der Kern der Attraktivität des Studiums und des Bildungsweges, der direkt dorthin führt, also des gymnasialen. Will man der genannten neuen Spaltung der Erwerbsbevölkerung entgegenwirken, müssen diese Verhältnisse verändert werden. Die deutschen Arbeitgeberverbände haben dazu im Januar 1992 vielbeachtete Vorschläge unter dem Titel "Differenzierung, Durchlässigkeit, Leistung" veröffentlicht.

Zum einen wird gefordert, die Hochschulen auch für Absolventen des Dualen Systems zu öffnen, wenn auch unter Zusatzvoraussetzungen, die von mehrjähriger Berufserfahrung über Meister-Prüfungen bis hin zu Hochschuleingangsprüfungen reichen. Soweit angesichts dieses dornenreichen Weges überhaupt quantitativ relevante Effekte zu erwarten sein sollten, bedeutete das allerdings vermutlich nur, daß erneut leistungsbereite junge Erwachsene von der direkt berufsbezogenen Laufbahn weichen würden. Das scheinen auch die Arbeitgeberverbände weitgehend so zu sehen. Demgemäß haben sie als weiteren Vorschlag ein Modell in die Diskussion gebracht, das die duale Berufsausbildung mit einem Fachhochschulstudium verzahnt, das zugleich mit direkter beruflicher Fortbildung verbunden sein kann. Zwar wird durch die vorgesehene Betriebsbindung auch während der Studienphasen ein leichter Wiedereinstieg in das Beschäftigungssystem avisiert. Aber andererseits wird durch diese "Dualisierung" des Studiums nun der Arbeitgeber-Einfluß auf das öffentliche (Fach-)Hochschulwesen gefordert. Bei den mittlerweile eingerichteten Modellvorhaben für Abiturienten ist dieses bereits ein Stück weit realisiert. In Anlehnung an das existierende Duale System auf der Sekundarstufe II stellt sich dann fast naturgemäß die Frage, warum den Gewerkschaften nicht ein äquivalenter Einfluß zustehen soll. Hier haben Überlegungen anzusetzen, welche die Arbeitgeber-Vorschläge zugleich aufgreifen und weitertreiben.

In diesem Sinne ist ein System von "Fortbildungsberufen" einzurichten, wie sie in Modellversuchen bereits erprobt wurden, etwa der "Betriebswirt des Handwerks" oder der "Betriebsassistent" (Hardenacke 1993). Auf diesem Gebiet aber hat die Wirtschaft real und in der Breite bisher sehr wenig getan; deshalb muß sie die "academic drift" zu einem guten Teil sich selbst zuschreiben. Entscheidend sind zwei Aspekte: Zum einen muß die *Durchlässigkeit* zu den Hochschulstudiengängen sichergestellt werden, weil nur so der Anschluß an die bisher prestigeträchtigen Berufe gehalten werden kann. Diese Durchlässigkeit ist mit dem Arbeitgebermodell zum kombinierten Fachhochschulstudium immerhin avisiert. Zum anderen muß ein solches System von Weiterbildungsberufen zu einem "Dualen System der Weiterbildung" ausgebaut werden, das sich vor allem auch dadurch auszeichnet, daß es tendenziell allen in nachprüfbarer Weise offensteht und nicht nur wenigen (nach unbekannten Kriterien) Auserwählten vorbehalten bleibt.

Gerade der letztgenannte Gesichtspunkt wäre für viele Jugendliche und Eltern das ausschlaggebende Argument, sich für einen beruflichen Bildungsweg zu entscheiden.

Der logische Unterbau für ein solches dual organisiertes Weiterbildungssystem ist auf der Sekundarstufe II eine Struktur, welche die Doppelqualifikation als Regelfall vorsieht, denn es soll ja künftig der berufliche Bildungsweg mit der Perspektive eines Weiterbildungsberufes gleichwertig sein zum gymnasialen Bildungsweg mit der Perspektive eines Hochschulabschlusses. Gerade dann spricht alles für eine möglichst große Durchlässigkeit. Wenn es sie nicht gibt, wird immer der Verdacht bestehen bleiben, daß die Gleichwertigkeit nur postuliert wird, sich aber weder in den Qualifikationsanforderungen materialisiert noch in einem gleichwertigen Sozialprestige manifestiert. Entsprechend ist die Durchlässigkeit zwischen den beiden Pfaden nicht nur im tertiären Sektor, sondern auch schon auf der Sekundarstufe II so weit wie irgend möglich zu erhöhen. Das verweist auf integrierte Bildungsgänge, die im Regelfall eine Doppelqualifikation vermitteln.

Die von Arbeitgeberseite (z. B. Raddatz 1991) immer wieder vorgetragenen Gegenargumente vermögen nicht zu überzeugen - zumal man einer erhöhten Durchlässigkeit im tertiären Sektor, wie gesagt, durchaus nicht negativ gegenübersteht. Wenn die künftig einmal zu erreichende (bis jetzt ja keinesfalls existierende) reale Gleichwertigkeit sozusagen rein logisch eine Doppelqualifikation überflüssig machen sollte - denn man hätte dann ja einen wirklich in allen Belangen gleichwertigen Abschluß -, dann bliebe nach wie vor das Ziel der Durchlässigkeit. Und es gäbe keinen Grund, diese dann nicht auch in der Form einer Doppelqualifikation zu zertifizieren.

Mit dem System der Doppelqualifikation als Regelfall wäre die Gleichwertigkeit auch inhaltlich glaubhaft zu machen, so daß sie sich im Bildungswahlverhalten real auswirken könnte. Denn das alteuropäische Bildungsideal hat nach wie vor eine beträchtliche normative Kraft. Es fußt insbesondere auf der Platonischen Lehre von den Ideen als dem Wesen der Welt; entsprechend werden die abstrakt-geistigen Leistungen als höchste Ausformung der Idee des Menschen gesehen. Auch wenn man das ablehnt, muß man sich mit dessen Legitimationsfunktion auseinandersetzen, wie sie das Gymnasium (nicht nur in Deutschland) für sich nutzbar machen konnte und immer noch in gewissem Umfang kann. Außerdem scheint es auch pädagogisch gar nicht sinnvoll, die bildende Kraft vor allem von Mathematisierung - als Abstraktionsleistung - und von einer Spiegelung der eigenen Sprache - als wesentliches Medium des Denkens - in einer Fremdsprache nun einfach abzuleugnen. Eine Aufwertung der beruflichen Bildung - die übrigens auch in sich durch Mathematisierung und Fremdsprachenerwerb nur profitieren kann - braucht nicht zu bedeuten, daß man die gymnasialen Leistungen nun einfach negiert. Das trifft insbesondere auch für den Unterricht in Gesellschaftswissenschaften einerseits und in Literatur, Musik und bildender Kunst andererseits zu. Ein vorschneller Verzicht darauf entzieht den beruflich Auszubildenden wichtige Möglichkeiten der Entwicklung sozialer und personaler Kompetenzen; dabei sind die letztgenannten vor allem auch für eine Persönlichkeitsentfaltung außerhalb des Berufes - mit einer Erweiterung sinnvoll nutzbarer Freiheitsspielräume - von Belang.

Natürlich stellt sich die Frage, welche Chancen die Leistungsschwächeren in einem integrierten System haben, das einen doppelqualifizierenden Regelabschluß vorsieht, nämlich Berufsausbildung mit Fachhochschulreife, oder auch mit Abitur. Hier ist - in Anlehnung an Argumente aus der Sonderpädagogik - auf eine Binnendifferenzierung der Leistungsansprüche zu setzen, solange dieses für die Betroffenen zumutbar ist. Die Schwierigkeiten einer solchen Binnendifferenzierung sollen dabei nicht geleugnet, sondern als pädagogischer Ansporn gewertet werden.

Doppelqualifikation als Zielperspektive

Es wäre nur konsequent, wenn die durch die Doppelqualifikation gegebene Durchlässigkeit dann auch für das Gymnasium angestrebt würde. Auch hier müßten die Bildungsgänge im Regelfall zumindest zu beruflichen Teilqualifikationen führen. Unter veränderten betrieblichen Bedingungen, wie sie zuvor skizziert wurden, könnten so dem beruflichen Bildungs- und Weiterbildungswesen zusätzliche Bewerber zugeführt werden, die nunmehr - mit einem regulierten Weiterbildungssystem - in einer nicht-akademischen Berufslaufbahn eine echte Alternative zu den bisherigen Studien-Aspirationen sehen könnten. Unter pädagogischen Gesichtspunkten gäbe das entsprechend orientierten Jugendlichen die Gelegenheit, den Streß einer inadäquaten, kognitiv überfrachteten Bildungssituation hinter sich zu lassen und sich mit neuer Motivation auf ein ihnen angemesseneres Terrain zu begeben. Überhaupt heißt erhöhte *wechselseitige* Durchlässigkeit, daß alle sich gerade in der fragilen Situation der Postadoleszenz länger verschiedene Optionen offenhalten können und damit die Chance haben, das ihnen Gemäße besser herauszufinden. Das ist auch aus der funktionalistischen Sicht des Beschäftigungssystems letztlich die optimale Lösung. Denn in einem solchen System hoher Durchlässigkeit auf allen Ebenen könnten Aspiranten für Positionen im mittleren Management, aber auch künftige Betriebsinhaber etwa im Handwerk nach und nach den ihnen gemäßen Weg finden. Der Pfad über die letztlich doch theorie-orientierten "reinen" Fachhochschul-Studiengänge bliebe nicht der einzig mögliche, ebenso wie die oft für eine Betriebsgründung zu enge Meisterausbildung erweitert werden würde.

4 Die bildende Kraft beruflichen Lernens

Voraussetzung für ein solches Modell einer wirklichen und wirksamen Gleichwertigkeit beruflicher und allgemeiner Bildung - mit der durch Doppelqualifikationen repräsentierten wechselseitigen Durchlässigkeit - ist es, daß die berufliche Ausbildung ihre bildende Kraft voll entfaltet. Auf der Ebene der Bildungstheorie stellt sich damit die Frage, worin denn jene liegt, woraus also die "echte" Gleichwertigkeit erwachsen könne. Denn nicht nur in der deutschen Tradition wird, wie erwähnt, der Bildungsbegriff noch immer mit - vor allem in der Tiefe - umfangreichem Wissen, das heutzutage auf die Wissenschaften verweist, in Verbindung gebracht, was nicht im Zentrum beruflicher Bildungsgänge liegt. Dies hat auch noch im Planungskonzept (Planungskommission 1972, S. 19 ff.) für die Kollegstufe Nordrhein-Westfalen deutliche Spuren hinterlassen; demjenigen Vorhaben zur Integration beruflicher und allgemeiner Bildung und damit zur Vermittlung von Doppelqualifikationen, das von der Konzeption und vom Umfang der Verwirklichung her die größte Bedeutung hat. Zunächst greift die Planungskommission "das in der europäischen Bildungstradition überlieferte Prinzip allgemeiner Menschenbildung auf" und "hält (an ihm) fest und unterstreicht es nachdrücklich". Dies realisiert sich in der Konstatierung allgemeiner Lernziele, die "gegenüber den fachlichen Lernzielen eine kritische Funktion (vertreten)"; sie sind "Haltungen, Einstellungen, Kenntnisse und Fähigkeiten, die pädagogisch mit Vorrang erstrebt werden, weil sie die gesellschaftliche Funktionstüchtigkeit im Interesse des Subjekts überschreiten".

Die Planungskommission sieht unter diesen Prämissen im wesentlichen zwei Momente, die die Aspekte materialer und formaler Bildung in sich zu vereinigen und wichtige Anknüpfungspunkte für die Bestimmung studienrelevanter Kompetenzen - um die es bei der Begründung einer Doppelqualifikation von der Berufsbildung her gehen muß - darzustellen:

"Das erste Moment ist bedingt durch die Lebenssituation in der technischen Zivilisation; es drückt sich didaktisch aus in der Wissenschaftsorientiertheit des Lernens, d. h., daß alle Bildungsinhalte in ihrer Bedingtheit und Bestimmtheit durch die Wissenschaften erkannt und entsprechend vermittelt werden." "Das zweite Moment ist bedingt durch die seit der Aufklärung freigesetzte Tendenz zur Mündigkeit des Menschen...; es drückt sich aus im Prinzip der Kritik, d. h. alle Inhalte der fachlichen Lernziele sind mit Voraussetzungen, Implikationen und Konsequenzen zu lehren, so daß dem Lernenden die Möglichkeit des Widerspruchs gegen die ihm zugemutete Intentionalität offen bleibt". Möglichkeitsbedingung hierfür ist die "Einsicht in die Abhängigkeit der inhaltlichen Aufgaben der Schule von den gesellschaftlichen Anforderungen", so daß "die politische Kritik von Wissenschaft und Technologie auch als Instrumente gesellschaftlicher Herrschaft" vom Unterricht in der Kollegstufe zu thematisieren ist. (Planungskommission 1972, S. 22-24)

Da "ein im Gegensatz zu berufsbezogenem Unterricht als 'bildend' ausgewiesener Inhaltskanon ... nicht länger behauptet werden" könne, sei es erlaubt, daß "die Lehrgänge der gymnasialen Oberstufe nunmehr mit ihrer berufsqualifizierenden Funktion, der Bezogenheit auf Universitäts- und Hochschulstudien, bezeichnet werden" (ebd.). "Mit anderen Worten: Im integrierten System erfolgt die Vorbereitung auf wissenschaftliche Studien im Medium spezieller Berufsausbildung, und die Berufsausbildung erfolgt unter dem Anspruch der allgemeinen Kriterien von Wissenschaftspropädeutik" (Blankertz 1975, S. 202). Generell gilt, daß die "gegenwärtige ... Wissenschaftslage ... durch Spezialisierung und durch technologische Verwertung der spezialisierten Disziplinen gekennzeichnet (ist). Eine Propädeutik auf wissenschaftliche Studien unter diesen Bedingungen muß Spezialisierung und Verwertung thematisieren". Das aber "setzt die Einübung in solche Spezialisierung voraus. Thematisierung heißt freilich nicht nur Einübung, sondern auch Überwindung ... Den verengenden Folgen eines streng durchgehaltenen Spezialistentums kann didaktisch nur sinnvoll entgegengewirkt werden durch den Aufweis allgemeiner Strukturen im Spezialisierungsprozeß selber" (ebd., S. 202 f.). So wird begründet, daß es "keine studienbezogenen oder berufsqualifizierenden Schwerpunktprofile ohne Anteile an wissenschaftspropädeutischem Unterricht geben dürfen" sollte (Planungskommission 1972, S. 27).

Damit tritt ein gravierendes Problem ans Licht, wenn man nach der Studienrelevanz von Kompetenzen fragt, die im Laufe der Berufsausbildung selbst angeregt werden oder immerhin werden könnten, also nach Möglichkeiten einer Doppelqualifikation, welche die Berufsbildung als Zentrum aufrecht erhält (Bremer u. a. 1993). Denn in eigentümlicher Spannung zu der (in Anlehnung an Hegel) angeführten Behauptung von Blankertz, die Arbeit sei der Königsweg der Bildung, wird nun doch den Wissenschaften die zentrale Rolle bei der Studienvorbereitung zugesprochen. So wurde als eine der fünf entscheidenden "Konstruktionsorientierungen" für die didaktisch-curricularen Arbeiten im Kollegschulversuch (KoSek II 1976) definiert: "Wissenschaftspropädeutik und Berufspragmatik". Zwar müssen unterschiedliche Sichtweisen des Begriffs "Berufspragmatik" berücksichtigt werden (vgl. Borowka/Schenk 1978). Doch für die überwiegende Zahl beruflicher Bildungsgänge im Dualen System bleibt auch für die neueren richtungsweisenden Publikationen (etwa AWG 1989) zu konstatieren: Der Einführung in die berufliche Arbeit als solcher, also insbesondere dem "berufspragmatischen" Moment - in seiner Entgegensetzung zu demjenigen der Wissenschaftspropädeutik -, wird kaum ein Beitrag zur Anregung studienrelevanter Kompetenzen zugetraut. Es soll nicht bestritten werden, daß in vielen Einzelaktivitäten diese Dichotomie zu überwinden versucht wurde (vgl. dazu insbesondere

Doppelqualifikation als Zielperspektive

Schenk 1984 a, 1984 b). Auch zeichnet sich, wie gesagt, seit längerer Zeit ein Wandel ab (GEW 1986, Gruschka 1987). Gleichwohl scheint die These gerechtfertigt, daß die Kollegstufenkonzeption wie auch überwiegend die nachfolgende Weiterentwicklung für die konkrete Kollegschulplanung eine bildungstheoretische Vereinseitigung aufweist: Dies ist die mangelnde explizite Repräsentanz des bildenden - und damit verbunden des studienvorbereitenden - Momentes einer qualifizierten Berufsarbeit selbst, und vor allem einer beruflichen Bildung, die eben auf jene zielt, ohne schon von vornherein sich dem Kriterium der Wissenschaftspropädeutik zu verpflichten.

Hier setzen die Überlegungen an, die im Rahmen der hessischen Modellversuche zur Verbindung von beruflichem und allgemeinem Lernen (Hessischer Kultusminister 1979) angestellt wurden (Bojanowski/Dedering/Heidegger 1982). Um zu einem erweiterten Bildungsbegriff zu kommen, wird hier dem Konzept der Wissenschaftspropädeutik dasjenige der *Berufspropädeutik* als gleichberechtigtes gegenübergestellt. Zwar findet sich dieser Begriff auch in manchen neueren Publikationen zur Kollegschule (insbesondere bei Schenk 1984 a, 1984 b; vgl. dazu Blankertz 1986). Doch wird er dort nun gewöhnlich der "Studienpropädeutik" gegenübergestellt, was auf die erwähnte Auffassung verweist, das Lehrprogramm der gymnasialen Oberstufe solle - im Anschluß an das erwähnte Hegel-Argument - überwiegend die Bedeutung der Studienvorbereitung haben, also vor allem eine indirekte berufsqualifizierende Funktion. Damit aber ist das eigenständige Moment der Förderung des Weltverständnisses (so auch noch Robinsohn 1972) in den Hintergrund gedrängt. Umgekehrt wird pragmatischem Handeln kaum ein direkt aus diesem selbst erwachsender Beitrag zur Kompetenzentwicklung zugemessen, sondern nur - da allerdings durchaus - ein indirekter, der aus dem Wissen erwächst, was man in Handlungssituationen erwirbt. Ohne nun künstliche Abgrenzungen betonen zu wollen, bedeutet der Ansatz bei Bojanowski/Dedering/Heidegger (1982) doch einen neuen Zugriff. Wichtig ist dieses hier vor allem deshalb, weil damit die direkt handlungsbezogene Komponente studienrelevanter Kompetenzen, wie sie sich in der Berufsausbildung entwickeln können, systematisch verortet wird. Ausgangspunkt ist der dialektische Gegensatz von Handeln und "Vorstellung" (ebd., S. 118 ff.), wobei das letztgenannte mit dem aktiven Begriff des "sich etwas Vorstellens" zu assoziieren ist (genauer dazu Heidegger 1987).

Schon dadurch wird das *tätige* Moment auch im Denken selbst hervorgehoben, mehr noch, in Anlehnung an Piaget (1976) und Aebli (1980) wird betont, daß das eigenständige Denken selbst aus einer "Monade" von Denken und Handeln hervorgegangen ist und ohne diese Wurzel nicht verstanden werden kann, sondern (zumindest teilweise) als "geistiges Handeln" aufzufassen ist. Umgekehrt aber gewinnt das Handeln in komplexen Situationen in dieser Sicht seine eigene "Würde". Es erweist sich nämlich, daß keineswegs derjenige, der über den größten Schatz an abstraktem Wissen verfügt, praktisch auch am erfolgreichsten sein muß. Dies liegt für handwerkliches Geschick auf der Hand, ebenso, wenn man ein Musikinstrument spielen will. Notwendig dafür sind vielmehr Übung und kluge Verarbeitung von vielen Erfahrungen, wobei mit "klug" gerade nicht die Anwendung von Theorien gemeint ist, sondern eine eher intuitive, handlungsnahe Fähigkeit, aus Erfahrung etwas zu lernen. Das gilt auch für Aktivitäten, wo die Handarbeit im engen Sinne nur noch einen Teilaspekt ausmacht, wie bei vielen gewerblich-technischen Berufen. Wenn es darum geht, etwa in einer flexiblen Fertigungszelle den computergestützten Produktionsablauf zu optimieren, kommt es darauf an, mit einer Vielzahl - teilweise entgegengesetzter - Anforderungen unter Zeitdruck ebenfalls "geschickt" und "klug" umzugehen, besonders wenn Störungen auftreten. Darauf war oben schon hingewiesen und dieses damit begründet worden, daß menschliche Kreativität in solchen Situationen mehr und mehr als wichtig erkannt wird. Gerade auch hier, wo es um *"Schlüsselkompetenzen"* (statt nur Schlüsselqualifikationen, vgl. Heidegger 1996) geht, helfen Theorien nur begrenzt weiter. Das ist auch der Grund dafür, weshalb das Intuitive der Handlungserfahrungen notwendig ist; denn stringente Wenn-Dann-Beziehungen ließen sich ja in der Software abbilden. Noch mehr trifft dies alles auf zwischenmenschliche Situationen zu, weil hier der Kommunikationspartner seinen eigenen Willen hat, was über die (Selbst-) Reflexivität nach Luhmann (1984) sogar "doppelte Kontingenz" erzeugt: "Beide wissen, daß beide wissen, daß man auch anders handeln kann."

Damit aber ist jeder *vollständigen rationalen* Dekomposition der Situation der Boden entzogen. Daß gemeinsames Handeln hier dennoch oft erfolgreich sein kann, ist neben der emotional-assoziativen Empathie insbesondere auch der handlungsnahen Intuition zu verdanken. Diese spezifisch menschlichen Leistungen sind zwar im Alltagsleben in beträchtlichem Maße anerkannt, machen sie doch den Kern der Kompetenz des "Managers" - in wohl allen Lebensbereichen - aus. Aber sie bleiben aus dem bisher gültigen, auch dem kritischen Bildungsbegriff ausgeklammert. Noch zu wenig erkannt ist außerdem, daß diese "Handlungsklugheit" auch für die "niedrigeren" Berufe in aller Regel von hoher Bedeutung ist, sei es für einen Reparaturhandwerker oder eine Kundenberaterin. Natürlich werden diese Berufstätigen durch hierarchiebedingte arbeitsorganisatorische Einschränkungen ihres Aufgabenbereichs zumeist noch gehindert, ihre hier schlummernden Fähigkeiten zu verwirklichen. Diese zur Entfaltung zu bringen ist die Aufgabe einer Berufsbildung, die tatsächlich *Bildung* verkörpert. Diese kann auch "allgemein" genannt werden, weil sie den ganzen Menschen in seiner komplexen Arbeits-, aber dann auch der gesamten Lebenssituation umfaßt. Damit zielt die veränderte theoretische Begründung für die Möglichkeit von Doppelqualifikationen darauf, die "allgemeinen" Fähigkeiten in der beruflichen Bildung in besonderem Maße zu fördern. Das soll aber, wie schon gesagt, nicht heißen, daß - zumindest mittelfristig - auf die Horizonterweiterung verzichtet werden soll, die der Unterricht des Gymnasiums in seinen gelungenen Varianten bieten kann.

5 Die Neuordnung der Berufe als Ansatzpunkt für Doppelqualifikationen

Die Chancen, eine derartige Form einer "allgemeinen beruflichen Bildung" zu verwirklichen und Doppelqualifikationen zu zertifizieren, sind mit der Neuordnung der Berufe erheblich gestiegen. Als wegweisendes Beispiel werden die Berufsfelder Metall- und Elektrotechnik herausgegriffen - auch um zu zeigen, daß selbst in einem fortgeschrittenen Bereich nach wie vor gravierende Defizite zu konstatieren sind.

Die Innovationen der Neuordnung lassen sich folgendermaßen zusammenfassen (vgl. auch IG Metall 1983, S. 194-206):

- Ersetzung der Ziele "Kenntnisse und Fertigkeiten" durch dasjenige der notwendigen *"Qualifikationen"*;
- Reduktion der Zahl der Ausbildungsberufe; damit eine Verbreiterung des jeweils angestrebten Qualifikationsspektrums;

Doppelqualifikation als Zielperspektive

- Einführung oder Intensivierung einer berufsfeldbreiten Grundbildung sowie einer Fachbildung, die erst in ihrer zweiten Phase eine Aufspaltung in verschiedene Fachrichtungen erforderlich macht; damit Erhöhung der beruflichen Flexibilität und Mobilität sowie
- durchgreifende Modernisierung der Inhalte der Ausbildung.

Da die Neuordnung jeweils eine Abstimmung der betrieblichen Rahmenpläne mit den von der KMK zu erlassenden Rahmenlehrplänen erforderlich macht, kommt deren Neuerung hinzu (vgl. KMK 1987).
Sie richtet sich auf ähnliche Ziele, ferner insbesondere auf die

- Erweiterung des Urteilsvermögens und der Handlungsfähigkeit und -bereitschaft in beruflichen und außerberuflichen Bereichen sowie die
- Erkenntnis von Möglichkeiten und Grenzen der persönlichen Entwicklung sowie von betrieblichen, rechtlichen, wirtschaftlichen, sozialen und politischen Zusammenhängen.

Die KMK-Rahmenlehrpläne wurden länderspezifisch ausdifferenziert. Die entscheidende Innovation etwa in den Richtlinien und Lehrplänen des Landes Nordrhein-Westfalen besteht zentral in der Einführung eines neuartigen Kompetenzmodells.

Die Erfahrungen aus Modellversuchen haben gezeigt, daß für die teilzeitschulischen Bildungsgänge des Dualen Systems die Berufsschule zumindest gegenwärtig schon rein zeitlich-quantitativ eine zu schwache Stellung hat, als daß man bei der Vermittlung studienrelevanter Kompetenzen - oder auch für eine Verbesserung der Berufsbildung insgesamt - *vor allem* auf sie setzen dürfte. Vielmehr ist hier der bildenden Kraft beruflichen *Handelns* wegen auch ganz besonders die betriebliche Ausbildungskomponente gefordert. Deshalb würde es fehlleiten, wollte man die Gesamt-Situation vorwiegend von dem doch recht zukunftsweisenden Kompetenzmodell der Berufsschule etwa für Nordrhein-Westfalen her beurteilen, wie es in der Diskussion um die Neuordnung oft geschieht. Freilich muß man auch beachten, daß zwischen Rahmenplänen und konkreten Aktivitäten in Ausbildung und Unterricht beträchtliche Differenzen bestehen können - und zwar in positiver wie negativer Hinsicht. So gibt es Betriebe aus dem fortgeschrittenen Sektor, welche die Grundlagen der Rahmenpläne pädagogisch weit überholt haben, während in anderen selbst die offiziell verordneten Verbesserungen noch kaum ihren Niederschlag finden. Umgekehrt weist vielerorts der Berufsschulunterricht ein Beharrungsvermögen auf, das die Innovationen der Rahmenlehrpläne ins Leere laufen läßt; freilich gibt es engagierte Berufsschullehrer, welche die Intentionen der Lehrpläne deutlich überbieten.

Unter *"Qualifikation"* wird "die individuelle Handlungsfähigkeit zu Tätigkeiten verstanden, die selbständiges Planen, Durchführen und Kontrollieren voraussetzt" (Borch 1984). Dieses selbständige Planen, Durchführen und Kontrollieren ist pädagogisch der Kern der Neuerungen, in dem weitreichende Hoffnungen auf eine verbesserte Berufsbildung wie auch auf Möglichkeiten einer Studienvorbereitung wurzeln. Die zitierte Formulierung legt darüber hinaus nahe, daß Qualifikationen dort doch eher im Sinne von Kompetenzen in einem Begriff zu interpretieren sind, wie er hier bisher durchgängig verwendet wurde. Zweifellos ist die Trias "Selbständiges Planen, Durchführen und Kontrollieren", die auch explizit in die Details der Rahmenpläne aufgenommen wurde, ein unschätzbares Moment für die Legitimation von Lehrprozessen, die tatsächlich auf Selbständigkeit, Planungsfähigkeit und Eigenverantwortung zielen.

Tatsächlich aber zeigt die genauere Analyse, daß die neuen Ausbildungsordnungen *insgesamt* keinen Kompetenzbegriff repräsentieren und sogar den Qualifikationsbegriff faktisch häufig eng interpretieren. Insoweit lassen sich von hier studienrelevante Kompetenzen nur ausschnitthaft begründen. Die Möglichkeiten auch nur einer eng fachbezogenen Grundbildung werden nicht genutzt. Vorwiegend auf der Fachstufe werden aber auch anspruchsvolle, komplexe Tätigkeiten benannt, die durchaus auch in die Zukunft der Arbeit weisen. Diese können studienrelevante Kompetenzen in beträchtlichem Ausmaß fördern, falls sie in einem entsprechenden Lernmilieu Gegenstand der Lehre werden. Entscheidend ist damit die je konkrete Verwirklichung der Rahmenpläne in der betrieblichen Ausbildung (vgl. auch Sommer/Nickolaus 1992). Hier gibt es in der Tat mehr und mehr pädagogisch anspruchsvolle Ansätze, die auch eine auf Selbständigkeit und Kooperation setzende Grundbildung umfassen, welche auf komplexe Lernaufgaben und Ausbildungsprojekte orientiert ist (Arnold 1996). Dieses Konzept der "Arbeits- und Lernaufgaben" wird im BIBB entsprechend in verschiedenen Modellprojekten weiterentwickelt und konkretisiert (im Hinblick auf Doppelqualifikation siehe Dehnbostel 1992). Für die teilzeitschulischen Bildungsgänge der Kollegschule wurde es ebenfalls - in der Gestalt von "Entwicklungs- und Lernaufgaben" - adaptiert (AWG 1989, S. 29).

Für die Konsequenzen, die aus der Neuordnung für die Berufsschule gezogen wurden, seien die Richtlinien und Lehrpläne für die Berufsschule in Nordrhein-Westfalen in den Berufsfeldern Metalltechnik und Elektrotechnik ausgewählt. Im Gegensatz zum Berufsbildungsgesetz, das - wohlgemerkt! - trotz seines Namens keinen Bildungsauftrag enthält, beruft man sich hier zur Begründung des Bildungsauftrages nun speziell der Berufsschule - gemäß dem Grundgesetz - auf die Grundrechte auf freie Entfaltung der Persönlichkeit sowie auf freie Berufswahl (Kultusministerium NRW 1991, S. 9). Angesichts der Kulturhoheit der Länder, unter der die Berufsschule steht, tritt die Verfassung für das Land Nordrhein-Westfalen hinzu, deren allgemeine Erziehungsziele für die Berufsschule in einer Verordnung so konkretisiert werden: "Die Berufsschule vermittelt in unterschiedlichen Bildungsgängen berufliche Kenntnisse und eine berufliche Grund- und Fachbildung in Verbindung mit einer erweiterten allgemeinen Bildung. Die Schüler und Schülerinnen ... sollen befähigt werden, Arbeitswelt und Gesellschaft mitzugestalten." Weiter heißt es: "Im Rahmen ihrer Zielvorgaben umfaßt der Bildungsauftrag der Berufsschule auch die individuelle Förderung der Schülerinnen und Schüler durch eine flexible und durchlässige Bildungsgangstruktur..." (ebd., S. 10). Dem wird ansatzweise dadurch Rechnung getragen, daß der Berufsschulabschluß als solcher "bei Erfüllung entsprechender Bedingungen ... gleichwertig mit der Zuerkennung allgemeinbildender Abschlüsse der Sekundarstufe I (ist)" (ebd., S. 11).

Aus den Zielbestimmungen der genannten Verordnung "ergeben sich - auch in Verbindung mit den Vorgaben der KMK-Rahmenlehrpläne - für die Didaktik der Berufsschule folgende Orientierungspunkte:

- berufliche (Grund- und Fach-)Bildung mit der Befähigung zur Weiterbildung,
- erweiterte allgemeine Bildung (auch in bezug auf außerberufliche Situationen) und
- Urteils-, Handlungs- und Gestaltungsfähigkeit.

Doppelqualifikation als Zielperspektive

Diese Orientierungspunkte werden integriert im didaktischen Leitbegriff: Entwicklung von Handlungskompetenz" (ebd.).

Damit wird auf der Ebene didaktischer Planung in der Tat ein enormer Fortschritt gegenüber aller bisherigen Berufsschuldidaktik erzielt. Das vorgeschlagene Konzept der Handlungskompetenz, also eine pädagogisch gerechtfertigte und ausgeformte Handlungsorientierung des Berufsschulunterrichts (vgl. auch schon Projektgruppe Handlungslernen 1984) kann ohne Zweifel einen sehr gewichtigen Beitrag zur Vermittlung studienrelevanter Kompetenzen im Dualen System - und damit für Doppelqualifikationen - leisten. Sie verkörpert den Pol Handeln durchaus im dialektischen Sinne, da sie *Reflexion vom Handeln aus stimulieren und für das Handeln* fruchtbar machen will: "Theorie (wird) als wissenschaftlich angeleitete Aufklärung von Praxis und für Praxis verstanden" (Kultusministerium NRW 1991, S. 18).

6 Gestaltung von Arbeit und Technik: "allgemeine berufliche Bildung"

Um die bildende Kraft beruflichen Lernens voll zur Entfaltung kommen zu lassen, sollte in einem *Verbund der Lernorte* Betrieb und Berufsschule eine "allgemeine berufliche Bildung" angestrebt werden. Damit ließe sich dann eine Doppelqualifikation für Beruf und Studium vollständig rechtfertigen. Dazu gilt es einerseits, das erwähnte Konzept der Handlungskompetenz für die Berufsschule unter einem allgemeinen Bildungsanspruch weiterzuentwickeln, andererseits muß über die bisher aufgeführten Tendenzen zu mehr Selbständigkeit in der betrieblichen Berufsausbildung hinausgegangen werden. Denn eine Analyse insbesondere der Rahmenpläne für die betriebliche Ausbildung zeigt, daß auch nach der Neuordnung für die Berufsbildung in den betrachteten Berufsfeldern insgesamt ein *Anpassungsansatz* immer noch dominant ist; das heißt, daß versucht wird, die Inhalte der Ausbildung von Anforderungen der Produktion (einschließlich der sekundären Prozeßbereiche) *abzuleiten*. Diese Anforderungen sind in Teilen zwangsläufig veraltet, nämlich soweit dem nicht durch tentative Prognosen von Sachverständigen entgegengewirkt wurde. In gleichem Maße orientieren sich diese Anforderungen vorwiegend an herkömmlichen, hierarchischen Formen der Arbeitsorganisation.

Dem stellen wir einen expliziten *Gestaltungsansatz* als damit dialektisch verschränktes Pendant an die Seite (Rauner 1986, 1987, Heidegger u. a. 1991); Vorarbeiten dazu finden sich bei Heidegger (1978). Den Gestaltungsansatz in den Mittelpunkt der Überlegungen zu stellen wird um so dringlicher, als man sich klar macht, daß die Zukunft prinzipiell offen ist. Das gilt für die zukünftigen Bedingungen und Orientierungen des sozialen Zusammenlebens im privaten Bereich wie in der Erwerbsarbeit, es gilt ebenso für die technischen Entwicklungen, auch wenn bisweilen behauptet wird, diese ließen sich aus der Gegenwart extrapolieren.

Es kommt also darauf an, die Zukunft zu *gestalten*, natürlich im Rahmen der vorhersehbaren Bedingungen. Es war schon gesagt worden, daß die Kreativität der Arbeitenden für den Betriebserfolg zunehmend wichtig wird. Dies gilt nicht nur für die "Neuen Produktions- und Dienstleistungskonzepte" (Kern/Schumann 1984, Baethge/Baethge-Kinsky 1995), sondern auch für effektive und flexible Arbeit in kleinen Unternehmen. Damit eröffnet sich eine Perspektive, die der bisherigen Berufsbildung sowie deren Planung fremd war: Es gibt ein erweitertes Feld von *Kompromissen* zwischen dem *Bildungsanspruch* der individuellen Subjekte und dem (ökonomischen) *Effektivitätskalkül* des gesellschaftlichen Systemprozessierens. Das heißt konkret: Ein integriertes Modell von Gestaltungsaktivitäten und Weiterbildung hätte eine wechselseitige Förderung von Qualifikation der Beschäftigten und Innovation des Produktionssystems zur Folge. Wenn die *Gestaltung von Arbeit und Technik* mehr und mehr als eine Leitidee von beruflicher (Weiter-)Bildung und Berufsarbeit verstanden würde, könnten eine Qualifizierung, die im Sinne der Bildungsidee die Autonomie der Persönlichkeit befördert, und human orientierte Innovationen im Produktionssystem zusammenwirken. Selbstverständlich ist das nicht so zu verstehen, daß damit eine konfliktfreie Koevolution ins Haus steht. Die genannte Leitidee soll die Betroffenen vielmehr konfliktfähiger machen, indem Kompromißfelder aufgezeigt werden, in denen verschiedene Interessen ein Stück weit gemeinsam real vorangetrieben werden können. So kann verhindert werden, daß Konflikte lediglich in Abwehr erstarren.

Dafür wäre eine zukunftsorientierte Berufsbildungs- und Weiterbildungsplanung als eine explizit prospektive ins Werk zu setzen: Sie würde nicht mehr den technischen Veränderungen hinterherhinken oder bestenfalls sich ihnen anpassen; sie würde sich vielmehr die relative Autonomie des Bildungswesens zunutze machen und eigenständig die Zukunft mitgestalten. Die Bildungspolitik könnte für eine solche prospektive Berufsbildungs- und Weiterbildungsplanung in der Verbindung mit der allgemeinen Bildungsplanung vorteilhafte Rahmenbedingungen setzen. Aufgabe der Akteure im Bildungswesen selbst ist es, Modelle dafür auszuarbeiten, so daß von dieser Seite her Tendenzen hin zu einem menschenorientierten Entwicklungspfad - im Gegensatz zu einem "technozentrischen" (Brödner 1986) - konkret verstärkt werden.

Die hier vorgestellten Konzepte zielen also darauf, die Erneuerungen der Bildung mit einer Weiterentwicklung der Formen von Arbeit und Technik in Produktion und Verwaltung zu verbinden. Diese sind in neue Parameter der industriellen Beziehungen und darüber hinaus in fortschreitende und neu zu gestaltende sachliche und soziale Strukturen der "Industriekultur" einzubetten. Das Bildungswesen kann derart seine bisher als unumgänglich unterstellte tendenzielle Ausweglosigkeit vermeiden: entweder dem Bildungsgedanken zu folgen und damit die bisher kraß einschränkenden Bedingungen einer bildungsfeindlichen Arbeitswelt zu ignorieren; oder eine enge Qualifizierung für erwartete Anforderungen zu betreiben und damit die Idee der Bildung aller Menschen zu autonomen und solidarischen Subjekten aufzugeben. Vielmehr bedeutet Gestaltung von Arbeit und Technik als Leitidee von beruflich orientierter Bildung, die beiden Pole zwar nicht zu versöhnen, aber in eine Beziehung zu setzen, wo Selbstentwicklung und das Erfüllen von (veränderbaren) Anforderungen - trotz der Gegensätzlichkeit - eben durch aktives Gestalten einander vorantreiben. Damit ergibt sich ein Anschluß an Initiativen zur Humanisierung des Arbeitslebens. Durch die Programmatik der Gewerkschaften zur Verwirklichung einer sozialverträglichen Gestaltung von Arbeit und Technik erhält ein solches Vorhaben zusätzliche Schubkraft. Nachdem Landesregierungen wie die von Nordrhein-Westfalen und Bremen in die gleiche Richtung aktiv geworden sind, eröffnet sich die Chance, eine breite Basis für die Verwirklichung der skizzierten Vorstellungen zu gewinnen, so daß alle relevanten Akteure einbezogen sind.

Damit erweist es sich zumindest mittelfristig als *realistisch*, einer beruflichen Bildung, die Elemente des Allgemeinen als eigenständige integriert, also einer "allgemeinen beruflichen

Doppelqualifikation als Zielperspektive

Bildung", eine neuartige bildungstheoretische Begründung zu geben. In Weiterführung der Argumentation in Abschnitt 4 ist festzustellen: Jede Theorie der Bildung, hier gefaßt als eine Theorie integrierter beruflicher und allgemeiner Bildung, bedarf *regulativer Ideen*, um dem Anspruch einer *pädagogischen* Theorie gerecht zu werden. In der Tradition äußerte sich das als der Versuch, Bildung als normgeleiteten Prozeß zu verstehen. So sollte für Humboldt das Ideal des Menschlichen aus der griechischen Kulturüberlieferung erwachsen. Auch wenn die Frage nach dem Sollen damit gestellt und zugleich aufgesprengt wird, weil die griechische Kultur in ihrer umfassenden Vielfalt sich gegen das simple Setzen positiver Normen sperrt, hat Blankertz im Zusammenhang mit der Wissenschaftsorientierung als zentralem Konzept allen Lernens dieser höchst differenzierten Positivität das Prinzip der Kritik entgegengesetzt (Blankertz 1975).

Was ist zu tun, wenn man den Vorstellungen das Handeln als gleichberechtigtes Moment an die Seite stellt, auf der konkreteren Ebene also ein Integrationsprogramm verfolgt, das sich auf Wissenschafts- und Berufspropädeutik in gleichem Maße stützen soll? Der Wissenschaftsorientierung kann man die "Handlungsheuristik" als zweites Konzept - im Sinne einer in sich widersprüchlichen Einheit - gegenüberstellen. Dann kommt es darauf an, für die Handlungsheuristik das regulative Prinzip zu finden. Eben dazu haben wir - ausgehend von erneuerten gewerkschaftlichen Vorstellungen über betriebsnahe Arbeits- und Technik-Politik (Rosenbrock 1984) - die "Gestaltung von Arbeit und Technik" als Leitidee beruflicher Bildung vorgeschlagen. Im Rahmen bildungstheoretischer Überlegungen liegt es nahe, *Gestaltung* in einem verallgemeinerten Begriff als organisierendes Prinzip für die Handlungsheuristik zu definieren. Mehr noch: Man kann sie als regulative Idee für den Bereich des Handelns dialektisch derjenigen der *Kritik* für das Reich der Vorstellungen entgegen- und zugleich an die Seite stellen. Damit wird in den Horizont einer Grundlegung der Integration beruflicher und allgemeiner Bildung ein *Paar* dialektisch vermittelter Leitideen hereingeholt; zugleich werden der Verwirklichung dieser bildungspolitischen Innovation *zwei* Zielrichtungen vorgezeichnet, die in ihrer Widersprüchlichkeit produktiv zu machen sind.

Auf diese Weise kann es insbesondere gelingen, auch dem betrieblichen Teil der Ausbildung Ziele vorzugeben, an denen sich pädagogisch engagierte Modelle orientieren können, wie sie in manchen Großbetrieben schon seit längerem erfolgreich entwickelt wurden. Dies ist ungemein wichtig, wenn man die bildende Kraft der betrieblichen Ausbildung als unverzichtbar für den Bildungsanspruch des Dualen Systems betrachtet. Gleichermaßen ist es - in der Linie der bisherigen Argumentation - von kaum zu unterschätzender Bedeutung, wenn die *mögliche* Relevanz beruflicher Bildung für die Anregung studienrelevanter Kompetenzen und damit für Doppelqualifikationen abgeschätzt werden soll.

Auch für die Berufsschule wird damit eine Weiterentwicklung gegenüber dem pädagogisch schon weit fortgeschrittenen Konzept der Handlungskompetenz möglich. Denn auf einer abstrakten Ebene, die derjenigen des Verhältnisses von Wissenschaftspropädeutik und Kritik entspricht, ergibt sich genau das Problem, worin die regulative Idee für das Handeln bestehen kann. Auf der konkreten Ebene des Alltags stellt sich ganz direkt die Frage: Handeln wozu? Diese Frage wird in dem Konzept der Handlungskompetenz nur vage beantwortet. Mit der Gestaltungsorientierung ergeben sich andere Gewichtungen der einzelnen Momente dieses Konzeptes und eine veränderte Struktur ihrer Beziehungen.

Insbesondere wird nun - an den Vorschlag des Bildungsrates für eine Neuordnung der Sekundarstufe II (Deutscher Bildungsrat 1974) anknüpfend - der "Humankompetenz" wieder ein eigenständiger Stellenwert zugemessen: Personale Selbständigkeit muß - verknüpft mit Solidarität - als ein zentraler Faktor erscheinen, und die Fähigkeit und Bereitschaft zur wissenschaftsgeleiteten wie auch ästhetisch-expressiven Weltdeutung gewinnt einen höheren Stellenwert. Denn sie trägt entscheidend dazu bei, gemeinsam mit anderen einen sinnhaften Zielhorizont für die Gestaltung zu gewinnen, der nicht nur unter Kriterien der Zweckrationalität "abgeleitet" werden kann. Das Konzept Handlungskompetenz erhält in seiner Transformation zur Gestaltungskompetenz somit eine verstärkte pädagogische Potenz, indem es *aus der Sicht der sich Bildenden* die Frage nach dem "wozu" explizit und differenziert in sich aufnimmt. Dies geschieht auf eine Weise, die sich zumindest realutopisch auf eine mögliche künftige Arbeits- und Lebenswirklichkeit bezieht, welche überdies gerade durch eine so ausgerichtete berufliche Bildung mit herbeigeführt werden kann.

Die hier vorgestellten Überlegungen sind mittlerweile schon ansatzweise in die Vereinbarung der Kultusministerkonferenz zur Berufsschule (KMK 1991) sowie in die zitierten Richtlinien des Landes Nordrhein-Westfalen eingeflossen (vgl. Kultusministerium NRW 1991, S. 22 ff.). Doch hat dies noch nicht zur Folge gehabt, zusammen mit den Zielen "Berufliche Flexibilität" und "Befähigung zur Weiterbildung" ein Gesamtkonzept zu formulieren, das dasjenige der Handlungskompetenz in der *Gestaltungskompetenz* transzendiert, wie es von uns seit längerem vorgeschlagen wird.

Weil in diesem Aufsatz die bildungstheoretische Begründung und die bildungspolitische Programmatik im Vordergrund steht, ist es hier leider nicht möglich darzustellen, was das im einzelnen für die konkrete berufliche Didaktik bedeutet. Sofern es um einen gestaltungsorientierten Berufsschulunterricht - noch ohne formalen Anspruch auf Doppelqualifikation - geht, ist aber bereits ein Modellversuch abgeschlossen worden. Seine Ergebnisse sind einerseits als Handreichungen für Lehrer (Autorengruppe vom Berufsschulzentrum Krefeld-Uerdingen und des ITB, 1995) mit dem Ziel einer Verbreitung dieser Innovation herausgegeben worden. Andererseits wurde eine theoretisch orientierte Schrift zu deren Begründung sowie zur Ausformulierung einer gestaltungsorientierten Innovations- und Evaluationsstrategie erarbeitet (Heidegger u. a. 1996). Aber auch für eine gestaltungsorientierte Doppelqualifizierung liegen schon Erfahrungen aus einem Modellversuch vor, der gegenwärtig durchgeführt wird [1].

---

[1] Ein Modellversuch, der den vorgestellten Orientierungen so weit wie möglich zu folgen versucht, wird seit drei Jahren im Land Brandenburg durchgeführt. Der Modellversuch "Berufsausbildung nach BBiG mit Fachhochschulreife", der vom BMBF und vom Land Brandenburg gefördert wird, führt in seinem Kern die betriebliche Ausbildung in der Lausitzer Bergwerks-AG (Laubag) und die Berufsschulbildung in der zugehörigen Abteilung des Oberstufenzentrums Spremberg zusammen. Beide Lernorte sind aus der Betriebsberufsschule des früheren Kombinats "Schwarze Pumpe" hervorgegangen.
Der Betriebsteil und die ehemalige theoretische Abteilung der Betriebsberufsschule haben eine ca. 20jährige Erfahrung in der "Berufsausbildung mit Abitur" (BmA) der früheren DDR. Darauf aufbauend wurde der Modellversuch "Berufsausbildung nach BBiG mit Fachhochschulreife" ins Leben gerufen. In der normalen dreieinhalbjährigen Ausbildungszeit können die Abschlüsse Industriemechaniker/in (Betriebstechnik) und Energieelektroniker/in (Betriebstechnik) zusammen mit der Fachhochschulreife erworben werden, wie es im Zwischenbericht (Modellversuch Schwarze Pumpe 1996) ausführlich beschrieben ist.

7 Schlußbemerkung

Bei doppelqualifizierenden Ansätzen geht es insbesondere darum, die bildende Kraft beruflichen Lernens in der Wechselwirkung von betrieblicher und schulischer Ausbildung dadurch zur Geltung kommen zu lassen, daß sich über die Gestaltungsorientierung des Lernens eine "allgemeine berufliche Bildung" verwirklichen kann.

Im Betrieb stehen "Lern- und Arbeitsaufgaben" im Vordergrund. Entscheidend ist zunächst, daß es sich um relativ umfassende, "echte Aufgaben" handelt. Die Arbeitsaufgaben müssen so angelegt sein, daß sie ausdrücklich Lernen herausfordern (dezentrales Lernen, vgl. Dehnbostel 1995). Dabei sind immer - in Gruppenarbeit - Gestaltungsalternativen zu entwerfen und wo möglich auszuprobieren, um den handlungsbezogenen Aspekt der Mündigkeit zu fördern.

In der Schule wird problemorientierter Unterricht geplant und teilweise durchgeführt. Die Probleme, im Idealfall von Lehrern und Schülern gemeinsam formuliert, orientieren sich an der "Fachpraxis" im Betrieb. Angestrebt ist, die betrieblich zumindest implizit gegebenen Gestaltungsprobleme zu theoretisieren: einerseits in bezug auf ihre fachlichen Grundlagen, andererseits im Hinblick auf eine Kritik der vorfindlichen Praxis; damit treten hier die theoretischen Hintergründe gestaltenden Handelns ins Licht des kritischen Denkens. Beides verweist auf die Förderung von Kreativität bei der Gestaltung der Zukunft - betrieblich wie gesellschaftlich -, was intuitive Akte von kreativem Handeln im Betriebs-Alltag kognitiv bewußt machen kann.

Offenkundig wird diese didaktische Konstruktion durch den Lernortverbund begünstigt: Durch die Abstimmung der beiden Lernorte kann die Schule "echte" Probleme aus den Aufgaben aufgreifen, die sich im Betrieb stellen; durch die Anregung zu deren Reflexion ergibt sich das kognitive Moment einer erhöhten Flexibilität im Umgang mit unvorhergesehenen betrieblichen Schwierigkeiten. Überlegt werden auch Prüfungen im Lernortverbund.

Die kombinierte wissenschaftliche Begleitung durch das Institut Technik und Bildung der Universität Bremen (unter Leitung des Autors) soll dazu verhelfen, eine gemeinsame selbstgesteuerte Fortbildung von Lehrern und Ausbildern zu moderieren und natürlich auch externen Sachverstand einzuspeisen. Das ist besonders gut möglich durch den von vornherein einkonstruierten Lernortverbund. Hier wird ein entscheidender Vorteil eines solchen Verbundes offenbar: Durch ihn können Lehrer und Ausbilder eng zusammenarbeiten. Den angemessenen Weg für diese selbstgesteuerte Ausbilder- und Lehrerfortbildung stellt eine "induktive Curriculumentwicklung" dar. Für sie steht - im Gegensatz zum üblichen "top-down"-Konzept - ein "bottom-up"-Modell im Vordergrund, wo die Ausbilder und Lehrer - möglichst gemeinsam - im Rahmen der vorgegebenen Pläne eine neue Interpretation erarbeiten und, darauf aufbauend, die Curriculum-Bausteine weitgehend selbständig konstruieren. Die wissenschaftliche Begleitung gibt dazu Anregungen und hilft bei der Ausformulierung.

Bei der optimistischen Darstellung des Modellversuchs "Schwarze Pumpe" treten zumindest zwei wesentliche Probleme in den Hintergrund, die für den angestrebten Transfer bedeutsam sind. Zum einen ist die Gefahr zu benennen, daß der Bezug auf spezifische Arbeitsformen in einem Großbetrieb den künftig (leider) - aufgrund der Personallage - weitgehend unumgänglichen Betriebswechsel erschweren könnte.

Zum anderen entstehen Probleme durch die Ausbildung in Kleinbetrieben. Zwar ist es gerade hier besonders gut möglich, die Auszubildenden in die flexible Bewältigung der ganzen Palette alltäglicher Schwierigkeiten - von Krisen der Kundenkommunikation über finanzielle Probleme mit den Banken bis hin zu technischen Defekten - einzubinden. Faktisch aber geschieht das selten, Randtätigkeiten stehen immer noch oft im Vordergrund. Hier können Lernortverbünde weiterhelfen, wo in Kooperation zwischen den verschiedenen Betrieben deren jeweilige Stärken den Auszubildenden in einem Rotationsverfahren zugänglich gemacht werden, wie es gegenwärtig in einem Modellversuch in Wilhelmshaven erprobt wird. Der Berufsschule kommt dann neben der inhaltlichen Organisation des Verbundes die Funktion zu, im Unterricht exemplarisch geeignete Probleme aus den Aufgaben der unterschiedlichen Betriebe aufzugreifen, so daß sich auch unter diesen Bedingungen die bildende Kraft beruflicher Handlungsanforderungen entfalten kann.

Auf diese Weise ließe sich das hier begründete und skizzierte Modell einer Doppelqualifikation, die sich wesentlich auf eine Kombination schulischen und betrieblichen Lernens stützt, im Grundsatz auf alle Berufsbereiche übertragen. Wenn die Berufsschullehrer und -lehrerinnen von sich aus aktiv enge Kontakte zu den Ausbildungsbetrieben aufnehmen, ist das Konzept sogar auf Fälle transferierbar, wo ein Lernortverbund noch nicht offiziell ins Leben gerufen ist. Schließlich sollte man im Auge behalten: Das Modell gestaltungsorientierter Berufsbildung bedeutet auch ohne die formelle Zuerkennung einer Doppelqualifikation schon einen wesentlichen Reformimpuls. Dies gilt selbst dort, wo es vorläufig nur in Ansätzen verwirklicht werden und damit den Ansprüchen einer "allgemeinen beruflichen Bildung" noch nicht voll genügen kann.

Literatur

AEBLI, H.: Denken: Das Ordnen des Tuns. Kognitive Aspekte der Handlungstheorie, Bd. 1. Stuttgart 1980

ARNOLD, R.: Von der Skepsis zur Nutzung von Gestaltungschancen - eine berufspädagogische Antikritik zur Kritik der Schlüsselqualifikationen. In: Gonon, P. (Hrsg.): Schlüsselqualifikationen kontrovers. Aarau 1996, S. 129-135

AUTORENGRUPPE vom Berufsschulzentrum Krefeld-Uerdingen und von der Universität Bremen, ITB: Die Lehrwerkstatt gestalten. Handreichungen für Lehrerinnen und Lehrer. (Hrsg. vom Landesinstitut für Schule und Weiterbildung). Soest 1995

AWG (Assoziierte Wissenschaftlergruppe Berufs- und Wirtschaftspädagogik des Kollegschulversuchs Nordrhein-Westfalen): Berufsqualifizierung und Studienvorbereitung in der Kollegschule. Zur Weiterentwicklung des didaktisch-curricularen Konzeptes aus berufs- und wirtschaftspädagogischer Sicht (Hrsg. vom Landesinstitut für Schule und Weiterbildung). Soest 1989

BAETHGE, M./BAETHGE-KINSKY, V.: Ökonomie, Technik, Organisation: Zur Entwicklung von Qualifikationsstruktur und qualitativem Arbeitsvermögen. In: Arnold,R./Lipsmeyer, A. (Hrsg.): Handbuch Berufsbildung. Opladen 1995, S. 142-156

BLANKERTZ, H.: Theorien und Modelle der Didaktik. München 1975 (9. Aufl.)

BLANKERTZ, H. (Hrsg.): Lernen und Kompetenzentwicklung in der Sekundarstufe II. Abschlußbericht der Wissenschaftlichen Begleitung Kollegstufe NW. Teil 1 und 2 (Hrsg. vom Landesinstitut für Schule und Weiterbildung). Soest 1986

BOJANOWSKI, A./DEDERING, H./HEIDEGGER, G.: Innovationen im Spannungsfeld beruflichen und allgemeinen Lernens. Vorstudien. Frankfurt a. M. 1982

BORCH, H.: Industrielle Elektroberufe. Katalog der strukturierten Inhalte. Berufsbeschreibungen. Berlin 1984

BOROWKA, K./SCHENK, B.: Naturwissenschaftliche Grundbildung: Theorie und Praxis der Laborarbeit. In: Schenk, B./Kell, A. (Hrsg.): Grundbildung: Schwerpunktbezogene Vorbereitung auf Studium und Beruf in der Kollegschule. Königstein/Ts. 1978, S. 90-117

BREMER, R./HEIDEGGER, G./SCHENK, B./TENFELDE, W./UHE, E.: Alternativen zum Abitur. Frankfurt a. M. 1993

BRÖDNER, P.: Fabrik 2000. Alternative Entwicklungspfade in die Zukunft der Fabrik. Berlin 1986

DEHNBOSTEL, P.: Doppeltqualifizierende Bildungsgänge in den neuen Bundesländern? In: Seyfried, B./Wordelmann, P. (Hrsg.): Neue Länder - neue Berufsausbildung? (Bundesinstitut für Berufsbildung). Berlin 1992

DEHNBOSTEL, P.: Lernen im Betrieb und in dezentralen betrieblichen Lernorten. In: Pätzold, G./Walden, G. (Hrsg.): Lernorte im dualen System der Berufsbildung. Berichte zur beruflichen Bildung, Heft 177 (Hrsg. vom Bundesinstitut für Berufsbildung). Bielefeld 1995, S. 257-274

DEUTSCHE Arbeitgeberverbände: Differenzierung, Durchlässigkeit, Leistung. Bonn 1992

DEUTSCHER Bildungsrat: Empfehlungen der Bildungskommission: Zur Neuordnung der Sekundarstufe II. Konzept für eine Verbindung von allgemeinem und beruflichem Lernen. Bonn 1974

ENQUETE-Kommission: Schlußbericht "Zukünftige Bildungspolitik - Bildung 2000". Deutscher Bundestag, Drucksache 11/7820 vom 05.09.1990. Bonn 1990

GEW, Gewerkschaft Erziehung und Wissenschaft (Hrsg.): Welche Bildung für Beruf und Studium? Integration von beruflicher und allgemeiner Bildung in der Sekundarstufe II. O.O. Frankfurt a. M. 1986 (GEW-Script 9)

GRUSCHKA, A.: Welche Bildung für Beruf und Studium? Antworten auf Kritiken an dem Script 9 der GEW, Manuskript 1987

HARDENACKE, A.: Rede anläßlich der 2. BMBW-Fachtagung "Gleichwertigkeit beruflicher und allgemeiner Bildung" am 29. September 1993 in Dortmund. Unveröffentlichtes Manuskript, 1993

HEIDEGGER, G.: "Kompetenzen zu verändernder Praxis" als Strukturierungsansatz für technologisch-naturwissenschaftlichen Unterricht. In: Tagungsbericht der DPG, Didaktik der Physik. Gießen 1978

HEIDEGGER, G.: Dialektik und Bildung. Widersprüchliche Strukturierungen in Kognition und Emotion. Weinheim 1987

HEIDEGGER, G./JACOBS, J./MARTIN, W./MIZDALSKI, R./RAUNER, F.: Berufsbilder 2000. Soziale Gestaltung von Arbeit, Technik und Bildung. Opladen 1991

HEIDEGGER, G.: Von Schlüsselqualifikationen zu Schlüsselkompetenzen. In: Gonon, P. (Hrsg.): Schlüsselqualifikationen kontrovers. Aarau 1996, S. 101-106

HEIDEGGER, G./ADOLPH, G./LASKE, G./RAUNER, F.: Gestaltungsorientierte Innovation in der Berufsschule. Begründungen und Erfahrungen zur Leitidee der Gestaltung in der beruflichen Bildung. Zur Veröffentlichung: Bremen 1996

HESSISCHER Kultusminister, Projektgruppe Sekundarstufe II, in Verbindung mit der Wissenschaftlichen Begleitung "Modellversuche Sekundarstufe II" (Hrsg.): Verbindung von allgemeinem und beruflichem Lernen. Modellversuche zur Entwicklung doppelqualifizierender Bildungsgänge in der Sekundarstufe II in Hessen. Frankfurt a. M. 1979

IG METALL, Vorstand (Hrsg.): Stellungnahmen zu Grundsatzfragen der Berufsbildung III. Schriftenreihe der IG Metall, Bd. 101. Frankfurt a. M. 1983

KERN, H./SCHUMANN, M.: Das Ende der Arbeitsteilung? Rationalisierung in der industriellen Produktion: Bestandsaufnahme, Trendbestimmungen. München 1984

KMK (Ständige Konferenz der Kultusminister und -senatoren der Länder in der Bundesrepublik Deutschland): Beschlüsse über die mit den Ausbildungsordnungen abgestimmten Rahmenlehrpläne (industrielle Berufe der Berufsfelder Elektrotechnik und Metalltechnik, handwerkliche Berufe des Berufsfeldes Elektrotechnik). Bonn 1987

KMK (Ständige Konferenz der Kultusminister und -senatoren der Länder in der Bundesrepublik Deutschland): Vereinbarung über die Weiterentwicklung der Berufsschule. Bonn 1991

KOSEK II (Koordinierungsstelle Sekundarstufe II beim Landesinstitut für schulpädagogische Bildung): Gestalt und Anwendung eines Konzepts zur praxisnahen Curriculumentwicklung im Kollegschulversuch, KoSek-Info V. Düsseldorf 1976

KULTUSMINISTERIUM des Landes Nordrhein-Westfalen (Hrsg.): Richtlinien und Lehrpläne industrieller Metallberufe, Berufsschule (Zitate aus: "Grundbildung industrielle Metallberufe"). Frechen 1991

LUHMANN, N.: Soziale Systeme. Grundriß einer allgemeinen Theorie. Frankfurt a. M 1984

LUTZ, B.: Zum Verhältnis von Analyse und Gestaltung in der sozialwissenschaftlichen Technikforschung. In: Rauner, F. (Hrsg.): "Gestalten" - eine neue gesellschaftliche Praxis. Bonn 1988, S. 15-23

MODELLVERSUCH Schwarze Pumpe (LAUBAG, OSZ Spremberg, ITB Bremen): Zwischenbericht zum Modellversuch. Bremen/Spremberg 1996

PIAGET, J.: Die Äquilibration der kognitiven Strukturen. Stuttgart 1976

PLANUNGSKOMMISSION (für die Kollegstufe NW): Empfehlungen der Planungskommission. In: Kollegstufe NRW (Hrsg. vom Kultusministerium NRW): Strukturförderung im Bildungswesen des Landes Nordrhein-Westfalen, Heft 17, Teil I. Ratingen/Kastellaun /Düsseldorf 1972, S. 11-79

PROJEKTGRUPPE Handlungslernen (Hrsg.): Handlungslernen in der beruflichen Bildung. Wetzlar 1984

RADDATZ, R.: Doppelqualifikation und Gleichwertigkeit - zwei Seiten einer Medaille? In: Wirtschaft und Erziehung, 43. Jg., Heft 6, 1991, S. 203-206

RAUNER, F.: Elektrotechnik Grundbildung. Überlegungen zur Techniklehre im Schwerpunkt Elektronik der Kollegschule. Soest 1986

RAUNER, F.: Zur Konstitution einer neuen Bildungsidee: "Befähigung zur Technikgestaltung". In: Drechsel, R./Gerds, P./Körber, K./Twisselmann, J. (Hrsg.): Ende der Aufklärung? Zur Aktualität einer Theorie der Bildung. Bremen 1987

ROBINSOHN, S. B.: Bildungsreform als Revision des Curriculum und Ein Strukturkonzept für Curriculumentwicklung. Berlin 1972 (3. Aufl., ursprünglich 1967)

ROSENBROCK, H. H.: Technikentwicklung: Gestaltung ist machbar. 9. Arbeitsheft der IG Metall zur Humanisierung des Arbeitslebens (Hrsg. von der IG Metall). Frankfurt a. M. 1984

SCHENK, B.: Bericht 2 der Physikstudie: Die Lösungen der vier Evaluationsaufgaben: Bereiche und Dimensionen physikalischer Kompetenz. Münster 1984 a

SCHENK, B.: Bericht 3 der Physikstudie: Die Entwicklung physikalischer Kompetenz: Lernerbiographien. Münster 1984 b

SOMMER, K.-H./NICKOLAUS, R.: Anforderungsänderungen und betriebliches Ausbildungspersonal - ausgewählte Ergebnisse des IBW-Projekts "Lehrende in der Berufsbildung (LIB)". In: Bannwitz, A./Sommer, K.-H. (Hrsg.): Anforderungsänderungen und ihre Konsequenzen für Tätigkeit und Ausbildung von betrieblichen und schulischen Berufspädagogen. Esslingen 1992, S. 258-270

Andrä Wolter

Berufliche Erstausbildung, Weiterbildung und Studierfähigkeit - Was leistet die Öffnung des Hochschulzugangs für die Gleichwertigkeit der beruflichen Bildung?

1 Krise der beruflichen Bildung?

In den letzten 30 Jahren ist das duale System der Berufsausbildung wiederholt kontroversen Einschätzungen und politischen Auseinandersetzungen ausgesetzt gewesen. Am Ausgang der achtziger Jahre war der Eindruck verbreitet, das duale System habe die mit der demographischen Entwicklung verbundenen Engpässe auf dem Ausbildungsstellenmarkt ebenso erfolgreich bewältigt wie die Herausforderungen, die mit der angesichts des tiefgreifenden wirtschaftlichen und technologischen Wandels notwendigen Modernisierung und Neuordnung der Berufsbildung in zahlreichen Berufsfeldern, beginnend mit den Elektro- und Metallberufen, verbunden waren. Das duale System erfreute sich einer ungebrochenen nationalen und internationalen Anerkennung. Seit einigen Jahren ist jedoch eine neue Debatte über die Zukunft des dualen Systems aufgebrochen, in der sich die Stimmen mehren, die auf tiefgreifende "Erosions-" oder "Krisen"erscheinungen des dualen Systems hinweisen (Liesering/Schober/Tessaring 1994). Die dafür angeführten Symptome sind vielschichtig und nicht immer frei von widersprüchlichen Beschreibungen. Auch sind solche Krisendiagnosen nicht unwidersprochen geblieben (Arnold 1993, S. 20-27 und Lempert 1995, S. 225-231), sie scheinen jedoch zur Zeit die Debatte zu bestimmen. Von den gravierenden Problemen der Berufsbildung in den neuen Bundesländern abgesehen, die hauptsächlich eine Folge des Zusammenbruchs und des Strukturwandels der Wirtschaft und des Beschäftigungssystems sind, werden im wesentlichen immer wieder vier zentrale Problemfelder in der aktuellen Entwicklung der beruflichen Bildung in Deutschland benannt.

- *Das Nachfrageproblem:* Seit Mitte der achtziger Jahre ist die Zahl der Auszubildenden stark rückläufig. Dieser Rückgang ist - zum einen - eine Folge der demographischen Entwicklung, insbesondere des Eintritts der geburtenschwachen Jahrgänge in die Berufsbildung, zum anderen von Verschiebungen in der Verteilung der Bildungsnachfrage. Seit Ende der fünfziger Jahre hat der Anteil der Studienberechtigten am entsprechenden Altersjahrgang mit nur punktuellen Unterbrechungen fast kontinuierlich zugenommen. Die Expansion des Gymnasiums - und z. T. auch der Fachoberschulen und der Berufsfachschulen - hat sich auch auf die Nachfrage nach betrieblicher Bildung ausgewirkt und ihr einen Teil ihres früheren Nachwuchspotentials entzogen. Dennoch ist die duale Berufsausbildung immer noch die weitaus wichtigste Institution für die berufliche Qualifizierung der nachwachsenden Generationen. Die relative Ausbildungsbeteiligung der Jugendlichen hat sogar deutlich zugenommen und mit einer jahrgangsbezogenen Beteiligungsquote von ca. 65 % in der zweiten Hälfte der achtziger Jahre eine Rekordmarke erreicht (Althoff 1994, S. 21-26). In dem Maße, in dem der Anteil der Haupt- und Realschüler unter den Schulabgängern abnimmt, verschärft sich jedoch die Attraktivitätskonkurrenz zwischen beruflicher Bildung und weiterführendem Schulbesuch.

Zahlreiche Anzeichen deuten daraufhin, daß diese Verlagerung der Bildungsströme noch keineswegs abgeschlossen ist; vielmehr ist zu erwarten, daß eine weitere Expansion höherer Bildung mittelfristig den relativen Anteil der betrieblichen Ausbildung wieder verringern wird. Es wäre jedoch ein Fehlschluß, die Expansion des gymnasialen Bildungsweges mit einem automatischen Attraktivitätsverlust beruflicher Bildung gleichzusetzen. In dem Maße, in dem seit den siebziger Jahren die arbeitsmarktpolitischen Probleme auch für Hochschulabsolventen zugenommen haben, ist ein steigendes Interesse von Studienberechtigten an beruflichen Bildungsgängen zu beobachten - und dies keineswegs nur im Sinne einer kumulativen Bildungs- oder arbeitsmarktpolitischen Versicherungsstrategie als Durchgangsstation zu einem Hochschulstudium (Wolter/Lenz/Wagner 1996). Auch betrifft der Nachfragerückgang in der beruflichen Bildung keineswegs alle Berufe in gleicher Weise; er schlägt sich bei den Fertigungsberufen deutlich stärker als bei den Dienstleistungsberufen nieder.

- *Das Angebotsproblem:* In den letzten Jahren sind die Ausbildungsbereitschaft der Betriebe und das Angebot an Ausbildungsplätzen - mit regionalen und berufsfachlichen Unterschieden - stark gesunken, so daß überhaupt nur mit erheblichen zusätzlichen Anstrengungen die vorhandene Nachfrage versorgt werden konnte und die Gefahr einer unausgeglichenen Lehrstellenbilanz wieder zunimmt. Offenkundig gehen immer mehr Betriebe dazu über, die berufliche Bildung aus Kostenerwägungen in betriebliche Rationalisierungsstrategien einzubeziehen und ihre Ausbildungskapazitäten abzubauen. Zum Teil hängt dieses mit konjunkturellen Entwicklungen zusammen, zum Teil spiegelt dieses aber grundsätzliche strukturelle Veränderungen in der betrieblichen Organisationsentwicklung und Arbeitspolitik, die zu einer Verminderung des Arbeitskräfte- und damit auch des Nachwuchsbedarfs führen, wieder. Mit steigender Beschäftigtenzahl nimmt die Bereitschaft der Betriebe offenbar zu, ihr Ausbildungsangebot einzuschränken. Sollte sich die Tendenz fortsetzen, Ausbildungskosten primär als unternehmerisches Rationalisierungspotential zu betrachten, dürfte sich mittelfristig nicht nur ein verschärfter Ausbildungsplatzmangel abzeichnen, sondern auch eine einseitige Verlagerung von Ausbildungsleistungen in mittelständische und kleinbetriebliche Strukturen. Auch haben sich in den letzten Jahren die Übergangs- und Beschäftigungsprobleme an der sogenannten zweiten Schwelle, beim Übergang von der Berufsbildung in die Beschäftigung, erheblich verschärft, was dem weit verbreiteten Bild eines Facharbeitermangels in der Bundesrepublik widerspricht.

- *Das Karriereproblem:* Werden Absolventen beruflicher Bildung immer häufiger schon an der Übergangsstelle zwischen Ausbildung und Beschäftigung mit der harten Realität ihrer zukünftigen Beschäftigungsperspektiven konfrontiert, so zeigen sich noch deutlicher in der weiteren beruflichen Laufbahn die engen Grenzen beruflich-betrieblicher Karriereverläufe, die durch eine duale Ausbildung eröffnet werden (Tessaring 1993, S. 131-175). Das gilt zum Beispiel für ihre Fort- und Weiterbildungsmöglichkeiten, ihre beruflichen Aufstiegschancen ("Aufstiegsstau"), für ihre Beschäftigungssituation und nicht zuletzt für die über den Beruf vermittelten generellen sozialen Lebenschancen. Es fehlen weithin klar erkennbare und realisierbare Karrieremuster für Absolventen beruflicher Bildung und Weiterbildung. Das Risiko des Arbeitsplatzverlustes und der Beschäftigungslosigkeit, aber auch der Beschäftigung unterhalb des erreichten beruflichen Qualifikationsniveaus ist bei Facharbeitern und Fachangestellten erheblich höher als bei Hochschulabsolventen. Der Nachfragerückgang ist u. a. auch auf diese eher begrenzten Entwicklungsmöglichkeiten, die mit beruflicher Facharbeit verbunden sind, zurückzuführen. "Ursache der sinkenden Nachfrage nach (bestimmten) Ausbildungsplätzen ist ja nicht eine Unattraktivität der dualen Ausbildung, sondern die mangelnde Attraktivität der sich daran anschließenden Berufsverlaufsmuster" (Drexel 1994, S. 184-188).

- *Der Wandel der Facharbeit:* Sozialhistorisch hat sich das duale System der Berufsausbildung mit einer berufsfachlich organisierten Form handwerklicher, industrieller und kaufmännischer Berufsarbeit entwickelt, die angesichts des technischen und arbeitsorganisatorischen Wandels starkem Veränderungsdruck ausgesetzt ist. Zwischen der berufsfachlich orientierten Struktur der dualen Ausbildung und den veränderten Anforderungen des betrieblichen Arbeitskräftebedarfs und -einsatzes entsteht mehr und mehr ein Spannungsverhältnis, das sich sowohl auf die heute vorhandenen Formen beruflicher Facharbeit als auch auf das duale System erstreckt. Die frühere Tendenz zu einer immer tieferen fachlichen, hierarchischen und funktionalen Arbeitsteilung und beruflichen Spezialisierung scheint sich - nicht in allen, aber doch einer großen Zahl oder sogar der Mehrheit der Tätigkeitsfelder - durch Neuschneidung und Zusammenfassung beruflicher Anforderungen und Fähigkeiten zugunsten breiterer und flexiblerer Tätigkeitsprofile umzukehren. Jenseits heutiger Berufsgrenzen steigen nicht nur die technischen und arbeitsorganisatorischen Qualifikationsanforderungen, sondern auch die Anforderungen an personale und soziale Kompetenzen im Arbeitsprozeß.
Bereits heute ist erkennbar, daß entgegen manchen früheren Prognosen zur Entwicklung der Qualifikationsstruktur in vielen Produktions- und Dienstleistungsbereichen zukünftig eher ein posttayloristisches, ganzheitliches Konzept beruflicher Arbeit und beruflicher Qualifikation gefragt ist (Baethge/Baethge-Kinsky 1995, S. 142-156). Die neue Figur der "beruflichen Polyspezialisten" (Burkhart) stellt die duale Berufsausbildung zwar nicht grundsätzlich in Frage, aber doch vor weitreichende neue Herausforderungen. Zum einen löst sich die traditionelle feste Zuordnung von beruflichen Anforderungen, Qualifikationen und betrieblichen bzw. beruflichen Lernprozessen auf; berufliche Bildung gewinnt eine immer stärkere antizipatorische Funktion. Zum anderen wird die herkömmliche Differenzierung zwischen beruflicher und allgemeiner Bildung brüchig, weil sich die neuen Anforderungs- und Qualifikationsprofile immer weniger dieser historisch etablierten Unterscheidung fügen. Der Wandel beruflicher Facharbeit und insbesondere der ständig zunehmende Innovationsdruck machen es schließlich auch unumgänglich, das Verhältnis zwischen Erstausbildung und Weiterbildung im Sinne der Konzepte von "lifelong learning" oder "recurrent education" grundlegend neu zu definieren; Konzepte, die an sich zwar schon älter sind, aber an Aktualität eher gewonnen haben (Schütze 1995).

Über weite Strecken richtete sich die öffentliche Aufmerksamkeit in der berufsbildungspolitischen Diskussion primär auf die Nachfrageentwicklung. So ist vor allem von der Wirtschaft immer wieder der Eindruck erweckt und durch die Berichterstattung und Kommentierung in den konservativen Medien bekräftigt worden, in der Bundesrepublik sei die gesamte Bildungsentwicklung angesichts der veränderten Verteilung der Bildungs- und Nachfrageströme durch eine tiefgreifende Fehlsteuerung der Bildungsnachfrage gekennzeichnet. Die Kopflastigkeit der Bildungspyramide nehme durch die scheinbar unaufhaltsame Expansion höherer Bildung immer mehr zu, gleichzeitig verschärfe sich der Facharbeitermangel zu einer für die Zukunft des Wirtschaftsstandorts Deutschland bedrohlichen Nachwuchslücke. Die eine Zeitlang durch die Medien und zum Teil sogar durch die Fachdiskussion geisternde Parole, in der Bundesrepublik gäbe es inzwischen "mehr Studierende als Auszubildende", sollte diese Fehlentwicklung wohl plakativ auf den Punkt bringen, obgleich sie nur ein statistisches Artefakt darstellt und die tatsächlichen Verteilungsprozesse zwischen Berufsausbildung und Hochschulstudium erheblich verzerrt (Köhler 1995, S. 33-39 und Wolter 1995). Immer noch betragen Zahl und Anteil der Neueintritte und der Abschlüsse in der beruflichen Bildung gut das Doppelte derjenigen im Hochschulbereich.

Die Fokussierung auf das Nachfrageproblem verwundert nicht nur deshalb, weil hier die Veränderung der Nachfrageströme in ihren Dimensionen überschätzt wird, sondern weil Bestand und Qualität der Berufsausbildung weitaus stärker von den anderen drei Problemfeldern abhängen und langfristig hiervon viel eher bedroht sind. Überdies ist ein beträchtlicher Teil des Nachfrageproblems auf das "Karriereproblem" zurückzuführen. Denn die wichtigste Ursache für die beklagten Veränderungen in den Bildungsströmen ist wohl weniger in der fehlenden Attraktivität der dualen Berufsausbildung als vielmehr in der geringen Akzeptanz der anschließenden Berufsarbeit und Karriereperspektiven zu suchen. Eine weitere Erklärung für die beobachtbaren Verschiebungen in der Bildungsnachfrage liegt allerdings in der unterschiedlichen Berechtigungsbreite, die durch die Abschlüsse einerseits des Gymnasiums und andererseits der Berufsausbildung eröffnet wird. In der Tat zeigen empirische Untersuchungen über die Bildungsmotivation von Abiturienten (Wolter/ Lenz/Wagner 1996), daß die Attraktivität des Abiturs heute weniger in seiner traditionellen Funktion als Studienberechtigung liegt als in erster Linie darin, möglichst viele Optionen für nachschulische Bildungs- und Berufswege, die den Zugang zur beruflichen Bildung, insbesondere zu den "gehobenen" Ausbildungsberufen, ebenso wie den zum Hochschulstudium einschließen, zu eröffnen und möglichst wenige Alternativen zu versperren.

2 Probleme und Stellung der beruflichen Bildung

2.1 Gleichwertigkeit beruflicher Bildung und die Rolle des Hochschulzugangs

Es steht außer Frage, daß der Abschluß des Gymnasiums einen strukturellen Vorsprung vor den Abschlüssen der beruflichen Bildung hat. Das Abitur hält nicht nur formal alle Alternativen - duale Berufsausbildung, Berufsfachschule, Berufsakademie, Fachhoch- oder Universitätsstudium - offen, es vermittelt auch die unter verschärften arbeitsmarktpolitischen Konkurrenzbedingungen immer noch besten Chancen auf eine Ausbildungsstelle und anschließende Beschäftigung. Offenkundig hat die bildungs- und gesellschaftspolitische Bewertung von Bildungsabschlüssen - gleich welcher Art - erhebliche Rückwirkungen auf die Bildungsnachfrage und das Bildungsverhalten. Eine berufsbildungspolitisch folgerichtige Antwort auf diese Entwicklung besteht in der etwa seit Anfang der neunziger Jahre aufgebrochenen Debatte über die Gleichwertigkeit von beruflicher und allgemeiner Bildung. Zwar reichen die Anfänge der Gleichwertigkeitsdiskussion historisch viel weiter zurück und wurden in einem wesentlich umfassenderen bildungstheoretischen Kontext geführt, doch scheint erst die befürchtete oder schon eingetretene Akzeptanzkrise

Öffnung des Hochschulzugangs

der dualen Berufsausbildung das Thema in das Zentrum der berufsbildungspolitischen Diskussion gerückt zu haben.

Soweit die Gleichwertigkeit oder die Attraktivität der beruflichen Bildung als ein bildungspolitisches - und nicht als ein beschäftigungspolitisches - Problem definiert wurde, war zwar von Anfang an das Bemühen unverkennbar, die berufliche Bildung mit einem breiten, keineswegs auf die Frage des Hochschulzugangs reduzierten Handlungsansatz zu stärken und aufzuwerten. Die Palette der hier diskutierten Maßnahmen und Instrumente reichte von der Sicherstellung eines hinreichenden Angebots an Ausbildungsplätzen über die Modernisierung der Anforderungen und Inhalte betrieblicher und schulischer Berufsausbildung, berufliche Begabtenförderung und Qualifizierung des Ausbildungspersonals bis hin zur Förderung der beruflichen Weiterbildung und des beruflichen Aufstiegs. Die Grenze zwischen bildungspolitischen und beschäftigungspolitischen Maßnahmen, etwa solchen der Tarifpolitik oder der betrieblichen Personalentwicklung, ist fließend. Trotz eines solchen breiten Ansatzes erfuhr die Forderung nach Gleichwertigkeit zwischen beruflicher und allgemeiner Bildung jedoch von vornherein eine Zuspitzung in der Frage der Hochschulreife und des Hochschulzugangs. Angesichts der bildungsgeschichtlichen und bildungstheoretischen Erbschaft, die das Verhältnis von allgemeiner und beruflicher Bildung zu einer bildungspolitischen Schlusselfrage von hoher symbolischer Bedeutung macht, erweist sich ja gerade die Schwelle des Hochschulzugangs als eigentlicher Prüfstein für die Ernsthaftigkeit der Forderung nach Gleichwertigkeit zwischen beruflicher und allgemeiner Bildung.

Da die abnehmende Attraktivität der Berufsbildung und der Zugewinn des Gymnasiums nicht zu Unrecht auch auf die unterschiedliche Berechtigungswirkung der Abschlüsse zurückgeführt werden, sollen genau hier der Hebel angesetzt und die Berechtigungsfunktionen beruflicher Bildungswege erweitert werden. Mit einer verbesserten Durchlässigkeit innerhalb des Bildungssystems, insbesondere an den zentralen Übergangsstellen zwischen Schule, Beruf und Hochschule, ist der berufliche Bildungsweg vom Stigma einer Sackgasse zu befreien. Gleichwertigkeit kann dabei zwar, entsprechend der hierarchischen Stufung unseres Berechtigungswesens, auf verschiedenen Ebenen gesucht und hergestellt werden. Aber auch hier ist es letztlich nicht die Gleichstellung des Berufsabschlusses etwa mit dem mittleren Schulabschluß, sondern die Frage der Hochschulreife und des Hochschulzugangs, in der sich die tatsächliche gesellschaftliche Anerkennung der Bildungsabschlüsse und damit auch die der beruflichen Bildung niederschlägt. So wird zwar immer wieder und zu Recht davor gewarnt, das Postulat der Gleichwertigkeit vorschnell auf die Frage des Hochschulzugangs zu reduzieren. Gleichzeitig hat diese Frage jedoch eine Eigenbedeutung gewonnen, die nur historisch aus der gesellschaftlich verfestigten tiefensymbolischen Funktion höherer Bildung und der Rolle des Abiturs als einer sozialen oder symbolischen Scheidelinie in unserem Bildungswesen heraus zu erklären ist (Wolter 1990, S. 49-115).

Es ist daher gewiß kein Zufall, daß sich seit etwa 1990 die Zahl der bildungspolitischen Erklärungen auffällig vermehrt hat, in denen in verschiedenen Varianten eine Öffnung des Hochschulzugangs für Absolventen beruflicher Bildung gefordert wird. Die Initiative ging dabei hauptsächlich von den Spitzenverbänden der deutschen Wirtschaft aus. Der Deutsche Industrie- und Handelstag ging mit seinen "Elf Thesen für eine größere Durchlässigkeit der Bildungsebenen" unter der Überschrift "Hochschulzugang für Absolventen des Dualen Systems" voran. Es folgten verschiedene befürwortende Einzelerklärungen, unter anderem vom Zentralverband des Deutschen Handwerks, sowie schließlich das gemeinsame bildungspolitische Positionspapier der Spitzenverbände der deutschen Wirtschaft mit dem Titel "Differenzierung - Durchlässigkeit - Leistung", in dem an zentraler Stelle auch die Forderung nach einem Hochschulzugangsweg für Absolventen beruflicher Bildung enthalten ist (BIBB 1995). Bundesregierung - u. a. mit einer Konferenzreihe des Bundesministers für Bildung und Wissenschaft -, Länderregierungen, Kultus- und Wirtschaftsministerkonferenz schlossen sich nicht nur mit allgemeinen Proklamationen, sondern zum Teil auch mit konkreten Maßnahmen - angesichts des kulturföderalen Prinzips primär auf Länderebene - an. Das Konzept "Öffnung der Hochschulen für Absolventen beruflicher Bildung", lange Zeit fast allein im gewerkschaftlichen Umfeld verankert, erfreute sich einer wachsenden Zustimmung bis in diejenigen Kreise hinein, die bis vor kurzem noch das hohe Lied auf das Abitur als der unumgänglichen Voraussetzung für die Aufnahme eines Hochschulstudiums sangen.

Der Konsens geht soweit, daß sich selbst die Hochschulen, die sich gegenwärtig einer verschärften Überfüllungs- und Unterfinanzierungskrise ausgesetzt sehen, von einer Neuregelung des Hochschulzugangs eine gewisse Entlastung vom Nachfrageüberdruck versprechen (BIBB 1995, S. 141 ff.). Dies ist insofern bemerkenswert, als das Konzept der Öffnung des Hochschulzugangs von den Hochschulen früher eher als Gefahr eines neuen Massenansturms mit der unvermeidbaren Begleiterscheinung einer weiteren Leistungsnivellierung im Studium verpönt wurde. Bei einer so weitreichenden Übereinstimmung fällt es kaum auf, daß weder auf der Seite der Wirtschaft noch auf der Seite der Hochschulen die Paradoxie der Strategie thematisiert wird, formal den Hochschulzugang für Absolventen beruflicher Bildung zu öffnen und damit das entgegengesetzte Ziel zu verfolgen, nämlich die Studiennachfrage wirksam zu drosseln und die Nachfrageströme in die betriebliche Berufsausbildung umzuleiten - in der stillschweigenden Hoffnung, daß diese dann eines Tages nicht doch wieder auf die Hochschulen zukommen.

Trotz der lebhaften aktuellen Diskussion ist bislang noch kein bildungspolitisch konsensfähiges Modell zur Neuregelung des Hochschulzugangs für Absolventen beruflicher Bildung zu erkennen. Im Gegenteil zeichnet sich der gegenwärtige Stand durch eine große Uneinheitlichkeit der in den Bundesländern zur Zeit vorhandenen oder der geplanten Regelungen aus, wie die Dokumentation der Kultusministerkonferenz (KMK) anschaulich belegt (KMK 1995). Eine stärkere Abstimmung ist zur Zeit angesichts der Passivität des Bundes in dieser Frage, die grundsätzlich in die Rahmenkompetenz des Bundes für das Hochschulwesen fällt, und der internen Unstimmigkeiten innerhalb der KMK nicht zu erwarten. Auf Länderebene findet sich eine Vielzahl unterschiedlicher Regelungen, zum Teil sogar innerhalb eines Bundeslandes[1]: Neben der traditionellen Form der "Hochbegabtenprüfung", geregelt durch KMK-Vereinbarung, der Einstufungsprüfung nach dem Hochschulrahmengesetz und der bundesweit am gründlichsten erforschten und bildungspolitisch weithin anerkannten niedersächsischen "Prüfung für den Erwerb der fachbezogenen Hochschulzugangsberechtigung" (vulgo Z-Prüfung genannt) stehen das Probestudium (in verschiedenen Varianten) sowie zahlreiche Sonderregelungen für einzelne Hochschultypen (Fachhochschulen, Pädagogische Hochschulen) oder

---

[1] Die schulischen, weitgehend gymnasialisierten Wege für Absolventen beruflicher Bildung zum nachträglichen Erwerb einer Studienberechtigung bleiben hier unberücksichtigt, da sie offenkundig nicht das Ziel verfolgen, eine Gleichwertigkeit zwischen beruflicher und allgemeiner Bildung herzustellen, sondern lediglich das gymnasiale Hochschulreifemonopol festschreiben.

einzelne Berufsgruppen (z. B. für Meister). Zulassungsvoraussetzungen, Prüfungsanforderungen und Prüfungsdurchführung sind in den Ländern ebenso unterschiedlich geregelt wie die Art der Studienberechtigung, die am Ende erworben wird.

Diese Heterogenität setzt sich fort bei den im bildungspolitischen Raum zur Zeit diskutierten Neuregelungsmodellen für den Hochschulzugang von Absolventen beruflicher Bildung. Hier lassen sich idealtypisch drei Ansätze unterscheiden (Wolter 1994):

- *Gleichstellungsmodelle:* Am weitesten geht die von einzelnen Gewerkschaften erhobene Forderung, allen erfolgreichen Absolventen beruflicher Ausbildungswege automatisch die Hochschulreife zuzuerkennen, also die Abschlüsse des berufsbildenden Systems mit dem Abitur generell gleichzustellen. Gemäßigtere Modelle zielen darauf ab, eine automatische Studienberechtigung lediglich mit bestimmten Fortbildungsprüfungen bzw. -abschlüssen (z. B. für Meister oder Techniker) zu verleihen. Im Falle einer solchen Gleichstellung entfiele mithin das Problem eines speziellen Zugangs für Absolventen beruflicher Bildung.

- *Prüfungsgesteuerte Zugangsmodelle:* Sie sehen mit im einzelnen unterschiedlichen Modalitäten Hochschuleingangsprüfungen entweder für alle Studienbewerber - gleich ob mit oder ohne Abitur bzw. Berufsabschluß - vor, wie dies vor allem von den Wirtschaftsverbänden gefordert wird, oder lediglich für Absolventen beruflicher Bildung, soweit sie noch nicht über eine Studienberechtigung verfügen, wie dieses die Hochschulrektorenkonferenz mit ihrer Empfehlung, die niedersächsische Regelung zu übernehmen, vorschlägt. Die Vorstellungen über Anforderungen und Inhalte einer solchen Eingangsprüfung und über die Art der Studienberechtigung gehen zum Teil weit auseinander.

- *Prüfungsfreie Zugangsmodelle:* Hier ist vor allem auf das Konzept des Probestudiums zu verweisen, das bereits in verschiedenen Ländern eingeführt worden ist. Das Probestudium (d. h. eine zeitlich begrenzte Studienzulassung bis zum Nachweis der Studienbefähigung im Studium selbst) gibt es in zwei Varianten, entweder generell für alle Berufstätigen mit abgeschlossener Berufsausbildung und einer bestimmten Dauer der praktischen Berufsausübung oder nur für Berufstätige, die zusätzlich berufliche Fortbildungsprüfungen bzw. -abschlüsse nachweisen. Das Modell des Probestudiums verzichtet zwar auf eine Prüfung beim Hochschulzugang, allerdings nicht unbedingt auf zusätzliche, teilweise sogar um so schärfere Leistungskontrollprüfungen im Studienverlauf.

Gleichwertigkeit zwischen beruflicher und allgemeiner Bildung wird in diesen drei Zugangsmodellen in unterschiedlichem Umfang hergestellt. Am weitesten geht das Gleichstellungsmodell, das im Sinne der von Hegelheimer (1986, S. 32 ff.) entwickelten Systematik von Gleichwertigkeitsmodellen einem formal-rechtlichen Äquivalenzmodell entspricht, indem Berufsbildungsabschlüsse ohne weitere Bedingungen oder Einschränkungen Schulabschlüssen - in diesem Falle dem Abitur - gleichgestellt werden. Allerdings ist unter den gegenwärtigen politischen Kräfteverhältnissen die Realisierung eines so weitgehenden Modells weder auf Bundes- noch auf Länderebene zu erwarten. Darüber hinaus setzt sich ein generelles Gleichstellungsmodell auch über die beträchtlichen Unterschiede hinweg, die zwischen den ca. 370 - z. T. neugeordneten, z. T. noch ganz traditionellen - Ausbildungsberufen im Anspruchsniveau, im Anforderungsprofil, im Grad der Spezialisierung und in den Ausbildungsinhalten bestehen und die hinsichtlich des studien- und wissenschaftspropädeutischen Gehaltes beruflicher Bildung eine differenzierte Beurteilung erfordern. Die beiden anderen Modelle folgen dem sehr viel realistischeren sogenannten Zertifikatsmodell (Hegelheimer 1986), das die Gleichwertigkeit von zusätzlichen inhaltlichen Anforderungen oder formalen Auflagen abhängig macht, in diesem Falle von einer zusätzlichen Prüfung entweder beim Hochschulzugang oder im Studienverlauf. Ein Vergleich zwischen den Anforderungen der traditionellen Begabtenprüfung gemäß der KMK-Vereinbarung aus dem Jahr 1982 (i. d. F. von 1995) und den niedersächsischen Regelungen zeigt dabei die große Spannweite, die hier für die konkrete Ausgestaltung der Zulassungsvoraussetzungen und Prüfungsanforderungen besteht.

Mit dem Gleichwertigkeitskonzept deutet sich ein signifikanter Funktionswandel des Hochschulzugangs für Absolventen beruflicher Bildung oder jedenfalls eine Art "Paradigmenwechsel" in der Konzeption eines solchen Zugangsweges an. Historisch verlaufen die bildungspolitische Diskussion und die praktische Institutionalisierung solcher Zugangswege in vier Etappen. Zunächst herrschte seit den ersten Anfängen eines schmalen Seiteneinstiegs für Erwachsene aus dem Beruf in die Hochschule in den zwanziger Jahren eine bildungs- und begabungstheoretische Vorstellung vor, wonach solche Zulassungsmöglichkeiten exklusiv für solche Personen reserviert sind, die trotz herausragender intellektueller Leistungsfähigkeit und mehr oder weniger charismatischer Persönlichkeitseigenschaften aus persönlich nicht zu verantwortenden Gründen die Hochschulreife nicht auf dem "normalen" Weg erwerben konnten *(Modell einer "Hochbegabten"prüfung)*. In den fünfziger und sechziger Jahren ist dann, an ältere berufspädagogische Ideen über den bildenden Wert beruflicher Arbeit anknüpfend, das *Konzept eines berufsbezogenen Weges zur Hochschulreife* formuliert worden, der ein eigenständiges komplementäres Angebot und nicht bloß eine Nachholform des "normalen" gymnasialen Bildungsweges darstellen sollte. Im Kontext der Bildungsreformdebatte ist dieser Ansatz dann von der Idee überlagert worden, die Durchlässigkeit der Bildungswege und der Übergangsstellen innerhalb des Bildungssystems zu erhöhen und dadurch die soziale Ungleichheit in der Verteilung der Bildungschancen zwischen den verschiedenen Bevölkerungsgruppen zu verringern *(Konzept der sozialen Öffnung des Hochschulzugangs)*.

Aber auch diese neuen "Paradigmen" änderten wenig daran, daß berufliche Wege des Hochschulzugangs weiterhin ein Stiefkind der Bildungspolitik blieben und über den Status eines Sonderweges oder Seiteneinstiegs nie hinauskamen. Die Vision einer offenen Hochschule ist gegenwärtig angesichts des anhaltenden expansiven Nachfragedrucks auf die Hochschulen eher unzeitgemäß. Zum Leitmotiv der aktuellen Debatte ist *das Konzept der Gleichwertigkeit* zwischen beruflicher und allgemeiner Bildung geworden. Es bleibt abzuwarten, ob es das Schicksal der anderen Paradigmen teilt oder ob mit neuen bildungspolitischen Koalitionen jetzt erstmals eine Chance gegeben ist, berufsbezogene Wege nicht bloß als Sonderform, sondern neben dem Abitur als zweiten Pfeiler des Hochschulzugangs zu institutionalisieren. Der Streit über den Hochschulzugang für Absolventen beruflicher Bildung ist in ein plurales Kräftefeld eingebunden, in dem die unterschiedlichen Interessen von Berufsbildungspolitik, Gymnasialentwicklung und Hochschulpolitik miteinander konkurrieren und austariert werden müssen. Von den wechselnden Konstellationen in diesem Kräftefeld hängt es hauptsächlich ab, welche zukünftigen Realisierungschancen eine weitergehende Öffnung des Hochschulzugangs für Absolventen beruflicher Bildung hat.

2.2 Der Hochschulzugang von Absolventen beruflicher Bildung im Spiegel der empirischen Forschung

In den folgenden Ausführungen soll der Frage nachgegangen werden, ob oder in welchen Aspekten eine weitergehende Öffnung des Hochschulzugangs für Absolventen beruflicher Bildung tatsächlich geeignet ist, eine Gleichwertigkeit zwischen allgemeiner und beruflicher Bildung wenn schon nicht herzustellen, so doch wenigstens zu befördern. Dazu sollen zunächst die Erfahrungen, die bislang mit den vorhandenen Zugangswegen zur Hochschule für Absolventen beruflicher Bildung gewonnen wurden, unter dem Gesichtspunkt resümiert werden, wieweit die gegenwärtige Situation dieses Zugangsweges den berufsbildungspolitischen Erwartungen entspricht und welche Bedeutung der Hochschulzugang überhaupt im Rahmen des Gleichwertigkeitskonzepts hat. Die folgende Bestandsaufnahme stützt sich im wesentlichen auf die drei von der Stichprobengröße und der Breite des Erhebungsprogramms her gesehen umfangreichsten empirischen Untersuchungen, die es zur Zeit über den Hochschulzugang und das Hochschulstudium von Absolventen beruflicher Bildung gibt. Bei diesen drei Untersuchungen handelt es sich um

- die im Auftrag des Bundesministers für Bildung und Wissenschaft (BMBW) durchgeführte Studie "Beruf und Studium" (Schulenberg/Scholz/Wolter u. a. 1986), in der für die Hochschulen des Landes Niedersachsen die Studienvoraussetzungen und die Studienbewährung von drei Studierendengruppen - Absolventen der Normalform des Gymnasiums, solche einer schulischen Einrichtung des Zweiten Bildungswegs (Abendgymnasien, Kollegs) und solche der Zulassungsprüfung zum Hochschulstudium ohne Reifezeugnis - auf der Basis einer Stichprobe von 2.100 Personen, darunter 700 Studierende ohne Abitur, im Gruppenvergleich untersucht wurden (im folgenden als BMBW-Studie zitiert),

- die für die Hans-Böckler-Stiftung durchgeführte Studie "Berufliche Qualifikation und Hochschulzugang" (Wolter/Reibstein 1991, S. 35-97), in der fünf aufeinanderfolgende Jahrgänge der niedersächsischen Zulassungsprüfung zum Hochschulstudium ohne Reifezeugnis mit einer Gesamtstichprobe von 1.800 Befragten zu einem Zeitpunkt kurz nach Ablegen der Prüfung, aber noch vor der Studienaufnahme befragt wurden (im folgenden als HBS-Studie zitiert) sowie

- die von der Hochschul-Informations-System GmbH für das Bundesinstitut für Berufsbildung in sechs Bundesländern durchgeführte Studie "Studierende ohne schulische Hochschulzugangsberechtigung" (Isserstedt 1994) mit einer Stichprobe von 1.600 Personen, von denen wiederum 58 % aus Niedersachsen kamen (im folgenden als HIS-/BIBB-Studie zitiert).

Trotz der Unterschiede in der methodischen Anlage der drei Untersuchungen, in der Zusammensetzung der Stichproben und im Zeitpunkt der Erhebungen gibt es eine für die Praxis empirischer Sozialforschung ungewöhnlich große Konvergenz in den Ergebnissen, so daß diese drei Studien ein insgesamt weitgehend übereinstimmendes Bild zur Entwicklung des Hochschulzugangs aus dem Beruf zwischen dem Anfang der achtziger und der Mitte der neunziger Jahre liefern. Die wichtigsten Ergebnisse sollen in acht Punkten zusammengefaßt werden, von denen sich der erste nicht auf diese Studien, sondern auf die amtliche Statistik stützt.

1. Nachfrageentwicklung: Die bisherige quantitative Inanspruchnahme berufsbezogener Wege zur Hochschule bewegt sich in Größenordnungen, die eher einem schmalen Rinnsal als einem breiten Strom zur Hochschule gleichen und nicht annähernd den von den Hochschulen immer wieder geäußerten Befürchtungen über einen Massenansturm entsprechen. In den meisten Ländern sind es trotz verschiedener in den letzten Jahren eingeleiteter Öffnungsmaßnahmen weit weniger als 100 Personen im Jahr, die auf einem dieser Wege zur Hochschule kommen. Auch für das scheinbar so offene Probestudium werden Größenordnungen von unter 50 (Schleswig-Holstein) oder ca. 100 (Berlin) Immatrikulationen pro Jahr berichtet; höhere Werte weist lediglich die private Fachhochschule der AKAD in Rendsburg mit ihrem berufsbegleitenden Fernstudienangebot auf. Außer Nordrhein-Westfalen, hier absolvieren jährlich ca. 150 Personen die Einstufungsprüfung an Fachhochschulen und weitere ca. 30 Personen die an Universitäten, fällt nur ein Land aus dem Rahmen: Niedersachsen, das seit mehr als 20 Jahren das Land mit den mit Abstand höchsten Absolventenzahlen ist. Zur Zeit absolvieren in Niedersachsen ca. 600-700 Personen im Jahr die Zulassungsprüfungen - dies sind mehr als in allen anderen Bundesländern zusammen. Seit Anfang der siebziger Jahre haben insgesamt ca. 18.000 Personen diesen Zugangsweg absolviert. Wegen der bundesweit extrem niedrigen Absolventenzahlen und der im Universitätsbereich mit mehr als 90 % aller Studienanfänger/-innen immer noch ungebrochenen Dominanz des Abiturs als "Königsweg" des Hochschulzugangs liegt der Anteil der Nicht-Abiturienten an der Gesamtzahl der Studienanfänger/-innen im Bundesgebiet weit unter 1 %; selbst in Niedersachsen beträgt er nur ca. 1,5 %. Angesichts dieser Größenordnungen kann jedenfalls keine Rede davon sein, daß solche Zugangswege die Überfüllung der Hochschulen verstärken und dem Beschäftigungssystem ein größeres, dort dringend benötigtes Arbeitskräftepotential entziehen.

2. Demographische Zusammensetzung: Während der Anteil der Frauen in der BMBW-Studie bei 52 % lag, betrug er in der HBS-Studie durchschnittlich bereits 60 % und liegt in der HIS-/BIBB-Studie mit erheblichen Unterschieden zwischen den einzelnen Bundesländern bereits bei durchschnittlich 65 %. Hier zeigt sich eine deutliche Tendenz zur Feminisierung dieses Zugangsweges. Gegenwärtig erreichen Frauen auf keinem Zugangsweg zur Hochschule einen so hohen Anteilswert, auch nicht über die Einrichtungen des Zweiten Bildungsweges wie den Abendgymnasien und Kollegs. Bei den verschiedenen Indikatoren für die soziale Herkunft der Studierenden bzw. der Studienbewerber/-innen - wie dem Schulabschluß oder der beruflichen Stellung der Eltern - zeigen die drei Studien eine hohe Übereinstimmung. Der Anteil der Arbeiterkinder unter den befragten Personen liegt danach konstant bei etwa einem Drittel aller Absolventen und Absolventinnen dieses Zugangsweges und ist damit gut doppelt so hoch wie der Arbeiterkinderanteil unter allen Studierenden. Die große Mehrzahl der Absolventen - gut zwei Drittel - weist jedoch auch hier eher ein mittelschichtspezifisches Herkunftsprofil auf. Neben den Frauen sind die Arbeiterkinder aber immerhin die zweite Gruppe, die auf diesem Weg eine überdurchschnittliche Studierchance hat. Trotz dieser relativen Offenheit geht hiervon jedoch keine erkennbare soziale Öffnung des Hochschulzugangs insgesamt aus; dafür ist dieser Weg im Gesamtspektrum des Hochschulzugangs viel zu unbedeutend.

3. Schulische und berufliche Vorbildung: Die drei Studien zeigen übereinstimmend eine deutliche Dominanz des mittleren Schulabschlusses als schulische Vorbildung. Der Anteil der Personen mit mittlerer Schulbildung beträgt 65 % in der BMBW-Studie, in der HBS-Studie für die verschiedenen Erhebungswellen zwischen 62 % und 73 % und in der

HIS-/BIBB-Studie sogar 81 %; dieser Anteil fällt hier noch höher aus, weil er auch diejenigen Personen umfaßt, die nach ihrer Schulzeit (z. B. mit einem berufsbildenden Abschluß) einen mittleren Abschluß erworben haben. Umgekehrt ergibt sich hieraus ebenfalls übereinstimmend, daß dieser Zugangsweg kaum Bewerber/-innen mit einem Hauptschulabschluß anspricht, die durch die Prüfungsbestimmungen keineswegs grundsätzlich ausgeschlossen sind. Entgegen manchen Stereotypen ist dieser Zugangsweg kein Auffangbecken für gescheiterte oder abgebrochene Gymnasiasten.

Auch die Ergebnisse zur beruflichen Ausbildung fallen sehr ähnlich aus. Eine abgeschlossene Berufsausbildung ist in der Regel eine obligatorische Voraussetzung. Ein ungewöhnlich hoher Anteil, der zwischen 26 % (BMBW), 28 % bis 35 % (HBS) und 29 % (HIS/BIBB) schwankt, hat sogar mehrere Berufsausbildungen abgeschlossen. Bemerkenswert ist in allen drei Untersuchungen der hohe Anteil an vollzeitschulischen Ausbildungsgängen (Berufsfachschulen, Schulen des Gesundheitswesens, Fachschulen u. ä.). Ungefähr jeder zweite Bewerber hat eine schulische Berufsausbildung als Erst- oder Zweitausbildung abgeschlossen - ein im Verhältnis zur erwerbstätigen Bevölkerung eindeutig überdurchschnittlicher Anteil. Die Ergebnisse zur Weiterbildungsteilnahme vor Studienbeginn bzw. vor der Entscheidung, sich um einen nachträglichen Erwerb der Hochschulreife zu bemühen (also ohne Anrechnung der Studienvorbereitung), fallen ebenfalls sehr ähnlich aus. Der Anteil derjenigen Personen, die an Weiterbildungsmaßnahmen oder -veranstaltungen teilgenommen haben, liegt zwischen 70 % und 74 % (HBS) bzw. bei 74 % (BMBW) und 79 % (HIS/BIBB). Dies weist die Gruppe der Zulassungsbewerber/-innen bzw. der Studierenden aus dem Beruf bereits vor der Studienaufnahme als eine ausgesprochen weiterbildungsaktive Gruppe aus.

4. Berufstätigkeiten und Berufsverläufe: Auch hinsichtlich der zuletzt ausgeübten Berufstätigkeit (Berufsgruppe, Branche) zeigt sich ein hohes Maß an Übereinstimmung. In allen drei Studien ergibt sich bei den vorher ausgeübten Berufen eine deutliche Konzentration der Studierenden bzw. der Zulassungsbewerber/-innen auf

- Verwaltungs- und Büroberufe (ca. 20 - 30 %),
- kaufmännische Berufe (ca. 10 - 20 %),
- sozialpädagogisch-erzieherische Berufe (ca. 10 - 20 %) sowie
- Gesundheitsberufe (ca. 10 - 15 %).

Personen aus technischen, handwerklichen und industriellen Berufen sind deutlich unterrepräsentiert. Ihr Anteil schwankt in den drei Studien zwischen ca. 12 % und 20 %. Zum Zeitpunkt der Berufsausbildung liegt der Anteil "manueller" Berufe noch erheblich höher. Bereits vor der Zulassungsprüfung bzw. der Studienaufnahme haben in größerem Umfang berufliche Umorientierungsprozesse stattgefunden. Die berufliche Mobilität führt dazu, daß sich zwischen Berufsausbildung und der letzten Etappe der Berufsausübung die berufsfachlichen Schwerpunkte weg von gewerblichen Berufen bzw. Facharbeiterberufen hin zu Dienstleistungsberufen verschoben haben. Die Dauer der Berufstätigkeit vom Beginn der Berufsausbildung bis zur Zulassungsprüfung bzw. Studienaufnahme beträgt in der HIS-/BIBB-Studie durchschnittlich 14 (bei den Männern) bzw. 17 Jahre (bei den Frauen), in der BMBW-Studie etwa 10 und in der HBS-Studie etwa 12 Jahre. Dieser recht lange Berufsverbleib läßt darauf schließen, daß die Berufstätigkeit hier mehr als nur ein biographischer Umweg, eher so etwas wie ein solides Fundament an Berufserfahrungen und -qualifikationen für spätere Weiterbildungsaktivitäten darstellt.

5. Studienmotivation: Bereits in den vorangegangenen Ausführungen ist deutlich geworden, daß Berufstätige, die diesen Zugangsweg zur Hochschule eingeschlagen haben, über ein spezifisches, herausgehobenes schulisches und berufliches Vorbildungs- und Qualifikationsprofil verfügen, das sie von der Mehrzahl bzw. vom Durchschnitt der Bevölkerung in unserer Gesellschaft deutlich unterscheidet. Für das Studieninteresse spielen neben den besonderen Bildungs- und Berufsbiographien zusätzlich bestimmte normative Orientierungen eine zentrale Rolle. Dazu zählen ein positives Leistungsselbstbild, stark arbeitsinhaltlich geprägte berufliche Wertorientierungen, eine hohe Weiterbildungsbereitschaft und eine erkennbar produktivere Studienmotivation, als das bei vielen Abiturienten der Fall ist. Wie insbesondere die BMBW-Studie, die einen direkten Vergleich mit den Abiturienten zuläßt, zeigt, enthält die Studien- und Berufsmotivation der Bewerber bzw. Studierenden aus dem Beruf sehr viel deutlicher als bei Abiturienten eine ausgeprägte personale Komponente, die sich in der großen Bedeutung von Selbstentfaltungswerten, inhaltlichen Arbeitsansprüchen und dem Wunsch nach größerer Ich-Beteiligung niederschlägt. Die Bereitschaft, den erlernten oder den ausgeübten Beruf aufzugeben und statt dessen ein Studium aufzunehmen, erklärt sich in erster Linie aus einem hohen Maß an persönlicher Unzufriedenheit, die sich aus biographischen Defizit-, Diskrepanz- und Restriktivitätserfahrungen, aus der Spannung zwischen stark "post-materialistischen" Wertorientierungen und Erwartungshaltungen gegenüber Bildung und Arbeit auf der einen Seite und den Grenzerfahrungen mit der vorhandenen Berufs-, Bildungs- und Lebenssituation auf der anderen Seite ergibt und die einen starken Veränderungswunsch zur Überwindung dieser Dissonanz erzeugt.

6. Beziehungen zwischen Beruf und Studium: Auch hinsichtlich der gewählten oder angestrebten Studienfächer gibt es nur geringfügige Unterschiede zwischen den drei Untersuchungen. Es dominieren die Fächer(-gruppen) Pädagogik, Psychologie, Sozialwissenschaften, Sprach- und Kulturwissenschaften, während die Fächergruppen Mathematik/Naturwissenschaften und Ingenieurwissenschaften nur eine untergeordnete Rolle spielen. Der insgesamt in allen drei Untersuchungen hervorstechende und vom Fachwahlverhalten der Abiturienten abweichende hohe Anteil der Reflexions- und Humanwissenschaften findet seine Erklärung nicht zuletzt in der Struktur der Studienmotivation. Die Fachentscheidung wird auch durch den früheren Berufsbereich mitbeeinflußt, d. h., das gewählte Studienfach korrespondiert mit dem Vorbildungsberuf. Die Zusammenhänge sind hier in den drei Studien wieder sehr ähnlich. In der Interpretation dieser Beziehungen deuten sich jedoch Unterschiede zwischen den drei Studien an.

Die HIS-/BIBB-Studie interpretiert die vorgefundenen Zusammenhänge als Belege dafür, daß "überwiegend ein enger Bezug zwischen beruflicher Qualifikation und Studienrichtung" gegeben ist (Isserstedt 1994, S. 15). Abgesehen davon, daß dies nur für einen Teil der Befragten zutrifft, führt diese These mitten hinein in die aktuelle Diskussion über geeignete Organisationsmodelle für den Hochschulzugang aus dem Beruf. Von verschiedenen Seiten werden Zugangsmodelle propagiert, die von einer direkten fachlichen Koppelung, einer "Affinität" (Schwiedrzik 1994, S. 17) zwischen Herkunftsberuf und Studienfach ausgehen. Vor allem im Umfeld der Wirtschaftsverbände sind solche Vorstellungen sehr populär, aber auch das Konzept des Probestudiums baut darauf auf. Solche Vorstellungen werden als "Konsekutivmodell" bezeichnet, wonach das Studium primär einer berufskohärenten Höherqualifizierung (etwa der Weg vom Elektriker über den Elektromeister zum Diplom-Ingenieur für Elektrotechnik oder vom Industriekaufmann über den Industriefachwirt zum Diplom-Kaufmann) dienen soll.

Die BMBW- und die HBS-Studie sind den festgestellten Zusammenhängen zwischen dem Berufsbereich der früheren Berufstätigkeit und dem gewählten Studienfach auch aus der subjektiven Perspektive der Studierenden bzw. Zulassungsbewerber und -innen nachgegangen. Bei einer genaueren Betrachtung zeigt sich nämlich, daß die Beziehungen zwischen Herkunftsberuf und Studienfach weitaus offener und unbestimmter sind, als dies das sogenannte Konsekutivmodell unterstellt (Schulenberg/Scholz/Wolter 1986, S. 74 ff.). Lediglich für etwa ein Viertel der in der BMBW-Studie befragten Personen trifft das Muster beruflicher Kontinuität zu. Eine mit 40 % bis 45 % viel größere Gruppe strebt mit dem Studium einen Berufswechsel mit einem neuen Berufsziel an. Eine weitere Gruppe (ca. 30 %) verbindet mit dem Studium zunächst keine direkt berufsbezogenen Motive; das Studium wird hier eher aus persönlichen Bildungs- und Weiterbildungsinteressen oder aus Selbstentfaltungsmotiven heraus angestrebt. Resümiert man auch andere vorliegende empirische Untersuchungen über Absolventen und Absolventinnen des Zweiten und Dritten Bildungsweges unter diesem Gesichtspunkt, dann widerspricht die empirische Evidenz dem Konsekutivmodell eindeutig (Wolter 1994, S. 43 ff.).

7. Studienbewährung und Studienerfolg: Die vorliegenden Untersuchungsergebnisse - insbesondere aus der BMBW-Studie - bestätigen nicht die gegen eine weitere Öffnung des Hochschulzugangs stereotyp angeführte *Defizitthese*, wonach Absolventen beruflicher Bildung (ohne Abitur) im Studium erhebliche Vorbildungs- und Studierfähigkeitsdefizite aufweisen und diese dann im Studium mit erhöhtem Problemdruck und häufigerem Scheitern bezahlen müssen. Versucht man 'Studierfähigkeit' nicht über einen fixierten Bildungskanon, sondern über die tatsächlichen Anforderungen der Realsituation 'Hochschulstudium' zu definieren, dann läßt sich im empirisch beobachtbaren Studienverlauf und Studienerfolg durchaus so etwas wie eine funktionale Äquivalenz zwischen gymnasialer Schulbildung und beruflicher Qualifizierung belegen. Die genaue Prüfung aller Indikatoren des Studienverlaufes und ihrer Bilanz im Vergleich unterschiedlicher Studierendengruppen (mit oder ohne Abitur) zeigt keine funktionalen Defizite der Nicht-Abiturienten im Studium, wohl aber eine Reihe von Unterschieden im Studierverhalten (*Differenzthese*).

Studierende aus dem Beruf haben insgesamt im Studium keine größeren Schwierigkeiten und keine geringeren nachprüfbaren Studienerfolge als ihre Kommilitonen mit Abitur. Weder wechseln sie häufiger das Studienfach oder tendieren häufiger zum Studienabbruch, noch überschreiten sie häufiger die vorgesehenen Studienzeiten oder schneiden in den am häufigsten gewählten Studienfächern schlechter bei Zwischen- oder Abschlußprüfungen ab. Insgesamt werden Studierverhalten und Studienerfolg deutlich stärker von der jeweiligen Studienfachzugehörigkeit und dem damit verbundenen Fachklima bestimmt als von der Art der Studienberechtigung (*Sozialisationsthese*). Selbstverständlich zeigen sich auch Unterschiede zwischen Abiturienten und Nicht-Abiturienten im Studium. So leiden Nicht-Abiturienten häufiger als Abiturienten unter fachlichen Lernschwierigkeiten im Studium. Das gilt sowohl für die Techniken wissenschaftlichen Arbeitens als auch für die fremdsprachlichen und mathematisch-naturwissenschaftlichen Studienvoraussetzungen.

Solchen Mängeln stehen jedoch - erstens - stärkere Lern- und Studienprobleme der Abiturienten in anderen Bereichen gegenüber (z. B. bei Arbeitsstörungen im Studium wie Konzentrations- und Motivationsprobleme; bei der Arbeitsorganisation und der Zeitökonomie im Studium). Häufiger als Nicht-Abiturienten nennen Abiturienten auch Probleme mit der Aneignung und Verarbeitung des Lernstoffs, worin sich wieder das ausgeprägtere "Neugierverhalten" der ehemaligen Berufstätigen spiegelt. Zweitens verfügen Berufstätige über eih aktiveres Problemlösungsverhalten im Studium, mit dem sie auftretende Schwierigkeiten überwinden. Hierzu zählen u. a. größerer Arbeits- und Zeitaufwand, intensivere Kooperation, zielgerichtete Arbeitsplanung, Besuch zusätzlicher Kurse in Defizitbereichen und ähnliches. Dieses aktivere Problemlösungsverhalten im Studium stützt sich auf frühere Erfahrungen mit der Bewältigung beruflicher Anforderungen, Probleme und Konflikte. Und drittens zeigen die vorfindbaren Unterschiede im Studienverhalten und in den Problemlagen keine nachweisbaren überdauernden Auswirkungen auf den weiteren Studienverlauf und den Studienerfolg. Vielmehr nimmt der Problemdruck mit der Studiendauer beträchtlich ab, eine weitere Bestätigung für die Sozialisationsthese.

8. Selbstselektion: Eine Erklärung für die nachgewiesene Studienbewährung und zugleich für die geringe Nachfrage nach diesem Zugangsweg findet sich in der demographischen Zusammensetzung und den lebensgeschichtlichen Voraussetzungen der Absolventen/Absolventinnen. Diese haben über verschiedene biographische Stationen kumulativ ein schulisches und berufliches Qualifikationsprofil aufgebaut, das sie von der Mehrzahl der Berufstätigen in unserer Gesellschaft deutlich unterscheidet. Zu den wichtigsten Merkmalen dieses Profils zählen - übereinstimmend zwischen den drei Studien:

- in der Regel eine mittlere Schulbildung als Schulabschluß,
- mindestens eine, in rund einem Drittel der Fälle sogar mehr als eine abgeschlossene Berufsausbildung, die in beinahe der Hälfte der Fälle eine vollzeitschulische Berufsausbildung umfaßt,
- eine bemerkenswert hohe Weiterbildungsbeteiligung, unabhängig von der Studienaufnahme und der vorangehenden Studienvorbereitung,
- eine eindeutige Dominanz qualifizierter Dienstleistungsberufe, deren Anteil sich mit den Berufsverläufen gegenüber der Berufsausbildung noch verstärkt,
- ein zeitlich längerer Berufsverbleib mit umfangreichen Berufs- und Arbeitserfahrungen,
- wobei zu diesen mehr objektiven Merkmalen zusätzlich ein charakteristisches Muster subjektiver normativer Orientierungen hinzukommt, insbesondere eine aktive, stark inhaltlich-personal bestimmte Studien- und Berufsmotivation.

Mit diesen positiven Bedingungen sind umgekehrt jedoch starke Ausgrenzungseffekte gegenüber denjenigen Personen und Gruppen verbunden, die nicht in der gleichen Weise über solche günstigen Voraussetzungen verfügen. Dies trifft vor allem auf ehemalige Volks- bzw. Hauptschüler/-innen zu, die eine handwerkliche oder industrielle Berufsausbildung absolviert und danach als Gesellen, Facharbeiter oder ähnliches berufstätig waren. Diese Gruppe ist statistisch kaum vertreten. Der Weg zur Hochschule ist also keineswegs so offen, wie das in einigen Fällen gesellschaftspolitisch erhofft und in anderen Fällen befürchtet wird. Offenkundig ist der Zugang zur Hochschule im Vorfeld der Studienaufnahme mit starken Selektionsprozessen verbunden, die allerdings mehr über die informelle Selbstselektion der Teilnehmer/-innen als über den institutionellen Selektionsdruck der Zugangsmodalitäten gesteuert werden. Selbstselektion meint, daß die Selektion im Vorfeld des Hochschulzugangs weniger über die formellen Barrieren des Zulassungsverfahrens erfolgt als über biographische Entwicklungen, subjektive Einschätzungen, Motivationen und vor allem über die eigene Aktivierung. Dies ist auch der wichtigste Grund, warum sich eine noch so weitgehende Öffnung des Hochschulzugangs wohl nur in bescheidenen Größenordnungen bewegen wird und das von den Universitäten immer wieder entworfene Überfüllungsszenario die tatsächlich zu erwartenden Quantitäten

Öffnung des Hochschulzugangs

völlig überzeichnet. Die Öffnung des Hochschulzugangs wird wohl auch in Zukunft eher von qualitativer als von quantitativer Bedeutung sein.

Als Zwischenergebnis läßt sich festhalten, daß sich auf der Grundlage der vorliegenden Erfahrungen die Bedeutung des Hochschulzugangs für die Gleichwertigkeit zwischen beruflicher und allgemeiner Bildung eher zwiespältig darstellt. Auf der einen Seite lassen sich in der empirisch nachgewiesenen Studierfähigkeit und Studienbewährung durchaus Anhaltspunkte für eine funktionale Gleichwertigkeit erkennen. Diese finden ihre Voraussetzungen allerdings weniger in einer materialen Gleichwertigkeit der Inhalte und Qualifikationen, die durch gymnasiale oder berufliche Bildung vermittelt werden, als vielmehr in subjektiven Dispositionen und Handlungskompetenzen, die sich nicht eindeutig der beruflichen Bildung und beruflichen Qualifikation zurechnen lassen, sondern die eher ein Ergebnis spezifischer biographischer und personaler Konstellationen (Selbstselektion) sind. So ist auf der anderen Seite die Realität solcher Zugangswege von Erfahrungen geprägt, die vom Anspruch auf Gleichwertigkeit weit entfernt sind: Nachfrage und Interesse sind verschwindend gering, die Zusammensetzung der Absolventen ist im Verhältnis zur erwerbstätigen Bevölkerung extrem selektiv, und die vorherrschende Studienmotivation richtet sich eher auf einen beruflichen Neuanfang und eine Distanzierung als auf eine Fortsetzung der Berufsbiographie auf einer höheren Qualifikationsstufe. Es ist primär eine individuelle, den Beruf einschließende lebensgeschichtliche Dynamik, die hier als charakteristischer Zug hervortritt, und nicht eine kollektive Dynamik, die unmittelbar durch berufliche Bildung und Arbeit hervorgebracht wird.

2.3 Die vernachlässigte Bedeutung der beruflichen Weiterbildung für die Gleichwertigkeit der beruflichen Bildung

Eine Autorengruppe aus dem Bundesinstitut für Berufsbildung (BIBB) hat einen weiterführenden Vorschlag für "ein eigenständiges und gleichwertiges Berufsbildungssystem" unterbreitet, der das Ziel der Gleichwertigkeit nicht primär auf der Ebene der beruflichen Erstausbildung und ihrer Abschlüsse thematisiert, sondern die Verzahnung zwischen Erstausbildung und Weiterbildung in den Mittelpunkt stellt (Dybowski/Pütz/Sauter/Schmidt 1994, S. 3-13). In den meisten Konzepten zur Förderung der Gleichwertigkeit, auch in denjenigen, die die Bedeutung des Hochschulzugangs so hervorheben, spielt die berufliche Weiterbildung gar keine oder nur eine randständige Bedeutung. Neben der beruflichen Erstausbildung kann jedoch auch die berufliche Weiterbildung einen entscheidenden und bislang zu wenig beachteten Beitrag zur Gleichwertigkeit beruflicher Bildung leisten. Der Kern des von den Autoren vorgeschlagenen Modells besteht darin, daß ein eigenständiger beruflicher Bildungsweg im Rahmen eines Erstausbildung und Weiterbildung integrierenden Berufsbildungssystems über eine Erstausbildung (erste Stufe) und über berufliche Weiterbildung (zweite Stufe) zu Fortbildungsabschlüssen auf der Ebene Meister, Fachwirt oder Techniker führt, die dann neben betrieblich-beruflichen Karrieren grundsätzlich, d. h. ohne zusätzliche Bedingungen, auch den Hochschulzugang eröffnen (dritte Stufe). Folgende Grundsätze sollen dabei Berücksichtigung finden:

- Gleichwertigkeit soll nicht allein und nicht einmal vorrangig über den Hochschulzugang hergestellt werden, sondern über beide Optionen; die der betrieblichen Karriere und die des Hochschulzugangs. Kriterium für Gleichwertigkeit soll also nicht nur der potentielle "Durchstieg" zur Hochschule, sondern mehr noch der berufliche Aufstieg durch Fortbildung sein.

- Alle drei Qualifikationsebenen - nicht nur die Erstausbildung, sondern ausdrücklich auch die Weiterbildung und das Hochschulstudium - sollen nach den Prinzipien dualer oder integrativer Ausbildungs- und Studienmodelle organisiert werden, die berufspraktisches und theoretisches Lernen in verschiedenen Arrangements vertikal und horizontal miteinander verbinden.
- Berufliche Weiterbildung muß zum "integralen, konstitutiven Bestandteil des Berufsbildungssystems" (Dybowski/Pütz/Sauter/Schmidt 1994, S. 11) werden und einen direkten Anschluß an das Hochschulsystem bekommen. Hierzu muß vor allem das Angebot an Fortbildungsprüfungen beträchtlich erweitert werden, deren Abschluß dann zugleich die Hochschulreife vermittelt.

Das BIBB-Konzept enthält einen m. E. berufsbildungspolitisch plausiblen Vorschlag, wie eine Anbindung des Hochschulzugangs an die berufliche Bildung aussehen könnte. Das BIBB-Konzept problematisiert dabei zu Recht die historisch etablierten Schnitt- und Übergangsstellen in unserem Bildungssystem, wonach es zwar einen direkten Anschluß des Hochschulzugangs an das Schulsystem, nicht aber an das System der beruflichen Aus- und Weiterbildung gibt. Das BIBB-Konzept kritisiert ebenfalls zu Recht die vorhandenen Regelungen und die bisherige Praxis des Hochschulzugangs für berufserfahrene Erwachsene. Obwohl inzwischen in fast allen Bundesländern Möglichkeiten des Zugangs aus dem Beruf geschaffen worden sind, zeichnen sich die gegenwärtigen Regelungen nicht nur durch eine große Uneinheitlichkeit aus, sondern sind auch zumeist weit von dem Anspruch auf Gleichwertigkeit von beruflicher und allgemeiner Bildung entfernt.

Das vorgeschlagene Konzept beschränkt sich nicht, wie viele andere Modelle, auf die berufliche Erstausbildung, sondern verzahnt Berufsausbildung und Weiterbildung in einem Stufenmodell und trägt damit voll der Diskussion über das veränderte Verhältnis von Ausbildung und Weiterbildung ("lebenslanges Lernen") Rechnung und sieht Weiterbildung bis hin zum Hochschulzugang als ein integrales Element des Bildungssystems. Schließlich wird der Grundgedanke einer neuen Schneidung und stärkeren Vernetzung von Bildungsgängen, jenseits der traditionellen institutionellen Strukturen und der damit vorgezeichneten Bildungswege, konsequent auch auf der Hochschulebene fortgeführt, indem das Prinzip der dualen Organisation nicht nur für die Aus- und Weiterbildung, sondern auch für die Studienorganisation geltend gemacht wird. So überzeugend sich das Konzept aus berufsbildungspolitischer Sicht darstellt, so bleiben aus gesellschafts- und hochschulpolitischer Perspektive doch offene Fragen.

Nach dem BIBB-Konzept soll die vielzitierte Gleichwertigkeit über mehrere Optionen gewährleistet werden, die ausdrücklich neben dem Studium auch betriebliche Entwicklungsmöglichkeiten einschließen. Innerhalb des Gesamtkonzepts bleibt diese Alternative jedoch recht unscharf. Wenn betriebliche Karriere und Hochschulstudium angesichts der strukturell ungleichen gesellschaftlichen Bewertung, die sich in den Einkommenschancen ebenso wie in der sozialen Anerkennung oder den generellen Teilhabe- und Lebenschancen spiegelt, langfristig tatsächlich "gleichwertig" (oder auch nur "gleichwertiger") sein sollen, dann müssen diese beruflichen Optionen (ohne Studium) wesentlich präziser ausgearbeitet werden. Dies gilt in erster Linie für die Konsequenzen, die eine solche Strategie für die betriebliche Arbeits-, Sozial- und Tarifpolitik oder für betriebliche Aufstiegs- oder Entscheidungsprozesse hat. Dies wird der Prüfstein sein, ob das Postulat der Gleichwertigkeit nur bildungspolitische Rhetorik bleibt, gleichsam ein Lockangebot zur Umlenkung der Bildungsströme, oder zu einem überzeugenden gesellschaftspolitischen Konzept wird.

In einer Gesellschaft, in der sozialstrukturelle Verteilungsprozesse auch durch formale Bildung und entsprechende Zertifikate und bislang eben auch durch die ungleiche Bewertung allgemeiner und beruflicher Bildung gesteuert werden, hat das Konzept der Gleichwertigkeit Implikationen, die weit über die berufliche Aus- und Weiterbildung und betriebliche Karrieremöglichkeiten hinausgehen und die potentiell die gesellschaftliche Verteilung von Lebenschancen und die Legitimation sozialer Ungleichheit insgesamt zur Disposition stellen. Diese gesellschaftspolitischen Konsequenzen des Gleichwertigkeitskonzeptes sind in der berufsbildungspolitischen Diskussion bislang weitgehend verdrängt worden, weil hier die formale und materiale Gleichrangigkeit von Berechtigungen und Qualifikationen im Vordergrund stehen. Es könnte jedoch sein, daß eine konsequente Realisierung dieses Postulates sich genau an diesen gesellschaftspolitischen Implikationen bricht und am Ende doch wieder nur die Frage des Hochschulzugangs als eine Art Ersatzlösung übrigbleibt.

Neben diesem mehr gesellschaftspolitischen Aspekt präsentiert das BIBB-Konzept auch unter hochschulpolitischen Gesichtspunkten zwar eine Teillösung, aber noch kein befriedigendes Gesamtkonzept für eine Neuregelung des Hochschulzugangs zugunsten der beruflichen Bildung. Das Konzept sieht vor, die Studienberechtigung an eine abgeschlossene Fortbildungsprüfung zu binden und auf diese Weise einen direkten Zugangsweg zur Hochschule über Berufsausbildung und anschließende berufliche Fortbildung zu etablieren. Nach den vorliegenden empirischen Untersuchungen würde dieses Kriterium gegenwärtig lediglich von etwa einem Drittel der hier erfaßten Nutzer und Nutzerinnen (so nach den Ergebnissen der HIS-/BIBB-Studie) erfüllt. Nach der HBS- und der BMBW-Studie wären es sogar nur etwa 25 % gewesen, die diese Voraussetzungen erfüllt hätten. Das BIBB-Konzept würde also dazu führen, daß die große Mehrzahl der bisherigen Nutzer und Nutzerinnen in Zukunft vom Hochschulstudium ausgeschlossen wäre, es sei denn, sie würden auf dem Weg zum Studium mit einer Fortbildungsprüfung eine zusätzliche Etappe einlegen.

Eine Erweiterung des Spektrums der Fortbildungsangebote, wie von den Autoren vorgeschlagen, würde nur teilweise weiterhelfen, da auch in Zukunft ein erheblicher Teil, wenn nicht sogar die Mehrheit der Interessenten an solchen Zugangswegen keine Fortbildungsprüfung abgelegt haben wird. So plausibel unter berufsbildungspolitischem Aspekt der Vorschlag ist, den Hochschulzugang für Absolventen beruflicher Fortbildungsprüfungen ohne zusätzliche Hürden zu öffnen, so wenig plausibel ist unter hochschulpolitischem Aspekt die Umkehrung, daß der Weg in die Hochschule für Berufstätige nur über eine Fortbildungsprüfung führen soll. Das BIBB-Konzept enthält keine Aussage über die Art der Studienberechtigung, die über den beruflichen Bildungsweg nach einer Fortbildungsprüfung erworben werden soll. Der ganzen Argumentationslinie nach baut das Konzept aber auf dem Konsekutivmodell des Hochschulzugangs auf, wonach zwischen der beruflichen Fachrichtung und dem gewählten Studienfach bzw. Studiengang eine "affine" Beziehung (Schwiedrzik 1994, S. 14-21) bestehen soll.

Eine solche Konstruktion ist jedoch wegen der fehlenden Kongruenz zwischen dem Spektrum der Ausbildungsberufe und Fortbildungsabschlüsse einerseits und der Fächerstruktur und dem Studienangebot der Hochschulen andererseits kaum möglich, allenfalls um den Preis einer starken Einschränkung der Wahlmöglichkeiten. Erstens gibt es für viele berufliche Bildungsgänge keine analogen Studienfächer. Zweitens lassen sich umgekehrt viele Studienfächer keinen beruflichen Bildungsgängen zuordnen. Und drittens schließlich geht eine solche restriktive Zuordnung von beruflicher Vorbildung und Studienfach auch an der Studienmotivation der Mehrzahl der Absolventen vorbei. Danach gründet sich das Interesse, vom Beruf in die Hochschule zu wechseln, auf wesentlich heterogeneren Motiven, als dies das Konsekutivmodell mit seiner Kontinuitätsannahme unterstellt. Nach den vorliegenden Untersuchungen begreift die Mehrzahl ihre Studienentscheidung (und damit auch ihre Fachentscheidung) eher als einen Bruch mit der früheren Berufstätigkeit, als Möglichkeit einer beruflichen Um- und Neuorientierung, als Wendepunkt oder Zäsur im Lebenslauf, verbunden mit der Chance zur Korrektur früherer Entscheidungen und Weichenstellungen. Das BIBB-Konzept wird dieser individuellen Vielfalt und Differenziertheit der Studienmotivation nicht gerecht, sondern honoriert lediglich einen speziellen Motivationstyp.

3 Schlußbemerkung: Gleichwertigkeit beruflicher Bildung als bildungs- und beschäftigungspolitisches Problem

Wie läßt sich der Hochschulzugang aus dem Beruf so organisieren, daß er einen institutionellen Anschluß des Ausbildungs- und Weiterbildungssystems im Sinne des BIBB-Konzeptes herstellt und zugleich für die Pluralität und Heterogenität der Studien- und Berufswahlmotive und der individuellen biographischen Erfahrungen und Voraussetzungen offen ist? Die empirische Nutzerforschung, wie sie mit den drei oben ausgewerteten Untersuchungen dokumentiert wird, und die bildungspolitische Modelldiskussion führen zu der *Idee einer doppelten Institutionalisierung des Hochschulzugangs für Absolventen beruflicher Bildung.*

- Wie im BIBB-Konzept vorgeschlagen, sollte eine erfolgreich abgeschlossene berufliche Fortbildungsprüfung zu einer Studienberechtigung führen, die ohne zusätzliche Leistungen und Anforderungen den Hochschulzugang ermöglicht. Fakultativ wird eine Studienvorbereitung im Rahmen der Erwachsenenbildung angeboten. Zielgruppe sind Studienbewerber/-innen, die für das gewählte Studienfach eine einschlägige fachliche Vorbildung mitbringen.

- Für Studienbewerber/-innen mit anderen Vorbildungsvoraussetzungen und Studieninteressen wird eine offen konzipierte Zulassungsprüfung, etwa in Anlehnung an die niedersächsischen Regelungen, eingeführt. Das Prüfungsverfahren sieht eine "abschichtende" Anerkennung von Vorleistungen aus Schule, Berufsausbildung, Berufsausübung und Weiterbildung vor, so daß die individuelle Vorqualifikation gleichsam mit den Anforderungen der Zulassungsprüfung "verrechnet" werden kann. Auch hier wird eine Studien- und Prüfungsvorbereitung durch die Einrichtungen der Erwachsenenbildung angeboten.

Ohne Zweifel wäre die Öffnung des Hochschulzugangs für Absolventen beruflicher Bildung ein wesentlicher Beitrag zur Gleichwertigkeit von allgemeiner und beruflicher Bildung. Sie wäre ein wichtiges bildungspolitisches Signal für die Anerkennung der beruflichen Bildung in unserer Gesellschaft und würde die Durchlässigkeit des Bildungssystems mit einem institutionellen Anschluß des Hochschulsystems an die berufliche Ausbildung und Weiterbildung wesentlich erhöhen. Vor allem würde eine solche Maßnahme für die Hochschulen ein zwar quantitativ begrenztes, aber qualitativ wichtiges Potential mit einem Qualifikationsprofil erschließen, das keine zweite Studierendengruppe

Öffnung des Hochschulzugangs

aufweist. Gleichwohl sollte die Bedeutung einer Neuregelung des Hochschulzugangs für die Steuerung von Nachfrageströmen im Bildungssystem nicht überschätzt werden. Eine Öffnung des Hochschulzugangs wird die sich gleichsam eigendynamisch fortsetzende expansive Entwicklung höherer Bildung und der Studienbeteiligung (Wolter 1995) kaum aufhalten oder gar umkehren.

Eine solche Maßnahme kann im übrigen nur ein Teilelement einer bildungs- und beschäftigungspolitischen Strategie sein, um mit der Gleichrangigkeit der beruflichen Bildung im Berechtigungswesen die Attraktivität der betrieblichen Berufsausbildung zu verbessern und einem drohenden Fachkräfte- bzw. Facharbeitermangel entgegenzuwirken (wenn er denn überhaupt droht). Die zukünftige Bedeutung und Akzeptanz der beruflichen Bildung wird weit mehr als von der Frage des Hochschulzugangs von der Angebotsentwicklung und der Reaktion des dualen Systems auf den Wandel der Facharbeit und der Qualifikationsstruktur abhängen. Letztlich sind die beruflich-betrieblichen Karriereperspektiven für die Attraktivität der beruflichen Bildung und die Verteilung der Nachfrageströme von größerer Bedeutung als die Option des Hochschulzugangs. Die starke Konzentration der berufsbildungspolitischen Diskussion, nicht zuletzt auf Seiten der Wirtschaft, die an einer ernsthaften Öffnung ja gar nicht interessiert ist, soll wohl auch davon ablenken, daß die notwendigen Reformen in erster Linie am Beschäftigungssystem ansetzen müssen.

Hier ist nicht nur die Bildungspolitik, sondern mehr noch die betriebliche Tarif-, Arbeits- und Personalpolitik gefordert, der viel beschworenen Gleichwertigkeit sichtbar Nachdruck zu verleihen. Noch so weitreichende bildungspolitische Maßnahmen können beschäftigungspolitische Defizite nicht ausgleichen. Gleichwertigkeit beruflicher Bildung muß im beruflichen Alltag "erfahrbar" sein. Solange das Beschäftigungssystem in seiner Praxis die Gleichwertigkeit beruflicher Bildung selbst dementiert und einen höheren Bildungsstatus eher prämiiert als berufliche Handlungskompetenz, wird die Ungleichwertigkeit zwischen höherer Schulbildung und beruflicher Bildung immer wieder von neuem fortgeschrieben. So sind es vor allem die Signale, die das Beschäftigungssystem beständig aussendet, die über die Zukunft der beruflichen Bildung entscheiden. Der Schlüssel zur Gleichwertigkeit liegt im Beschäftigungssystem, in der Anerkennung und Bewertung beruflicher Bildung durch die Wirtschaft und nur am Rande in der Organisation des Hochschulzugangs. Nur im Rahmen eines solchen Gesamtkonzeptes wirkt es im übrigen nicht paradox, die Öffnung des Hochschulzugangs für Absolventen beruflicher Bildung ausgerechnet mit dem Nachwuchs- und Fachkräftebedarf im Bereich der nicht-akademischen Berufe zu begründen.

Literatur

ALTHOFF, H.: Die Ausbildungsbeteiligung der Jugendlichen - Argumente wider die behauptete Krise des dualen Systems. In: Berufsbildung in Wissenschaft und Praxis, 23 (1994) Heft 6, S. 21-26

ARNOLD, R.: Das duale System der Berufsausbildung hat eine Zukunft. In: Berufsbildung in Wissenschaft und Praxis, 22 (1993) Heft 1, S. 20-27

BAETHGE, M./BAETHGE-KINSKY, V.: Ökonomie, Technik, Organisation - Zur Entwicklung von Qualifikationsstruktur und qualitativem Arbeitsvermögen. In: Arnold, R./Lipsmeier, A. (Hrsg.): Handbuch der Berufsbildung, Opladen 1995, S. 142-156

BIBB, Bundesinstitut für Berufsbildung: Gleichwertigkeit beruflicher und allgemeiner Bildung. Hochschulzugang für Berufserfahrene - Stellungnahmen und Vorschläge. Berlin Januar 1995

DREXEL, I.: Karrieren für Facharbeiter, der mittlere Qualifikationsbereich in der Zange und die Zukunft des dualen Systems. In: Liesering, S./Schober, K./Tessaring, M. (Hrsg.): Die Zukunft der dualen Berufsausbildung, Beiträge zur Arbeitsmarkt- und Berufsforschung. Band 186 (Hrsg. vom Institut für Arbeitsmarkt- und Berufsforschung der Bundesanstalt für Arbeit). Nürnberg 1994, S. 184-188

DYBOWSKI, G./PÜTZ, H./SAUTER, E./SCHMIDT, H.: Ein Weg aus der Sackgasse - Plädoyer für ein eigenständiges und gleichwertiges Berufsbildungssystem. In: Berufsbildung in Wissenschaft und Praxis, 23 (1994) Heft 6, S. 3-13

GREINERT, W.-D.: Berufsbildung und sozio-ökonomischer Wandel. Ursachen der "Krise des dualen Systems" der Berufsbildung. In: Zeitschrift für Pädagogik, 40 (1994), S. 357-372

HEGELHEIMER, A.: Gleichwertigkeit von allgemeiner und beruflicher Bildung, Studien zu Bildung und Wissenschaft. Band 40 (Hrsg. vom Bundesminister für Bildung und Wissenschaft). Bonn 1986

ISSERSTEDT, W.: Studieren ohne schulische Hochschulzugangsberechtigung - Ergebnisse einer Befragung von Zulassungsbewerbern. HIS-Kurzinformation A 10/94, Oktober 1994

KMK, Sekretariat der Ständigen Konferenz der Kultusminister der Länder in der Bundesrepublik Deutschland: Synoptische Darstellung der in den Ländern bestehenden Möglichkeiten des Hochschulzugangs für beruflich qualifizierte Bewerber ohne schulische Hochschulzugangsberechtigung auf der Grundlage hochschulrechtlicher Regelungen. Bonn November 1995

KÖHLER, H.: Graphik als Argument? Die Geschichte einer unzulässigen Vereinfachung. In: Das Hochschulwesen, 43 (1995), S. 33-39

LEMPERT, W.: Das Märchen vom unaufhaltsamen Niedergang des "dualen Systems". In: Zeitschrift für Berufs- und Wirtschaftspädagogik, 91 (1995), S. 225-231

LIESERING, S./SCHOBER, K./TESSARING, M. (Hrsg.): Die Zukunft der dualen Berufsausbildung, Beiträge zur Arbeitsmarkt- und Berufsforschung. Band 186 (Hrsg. vom Institut für Arbeitsmarkt- und Berufsforschung der Bundesanstalt für Arbeit). Nürnberg 1994

PÜTZ, H.: Veränderte Ausbildungslandschaften - Welche Zukunft hat das Duale System? In: Berufsbildung in Wissenschaft und Praxis, 25 (1996) Heft 1, S. 3-8

SCHULENBERG, W./SCHOLZ, W.-D./WOLTER, A. u. a.: Beruf und Studium (Hrsg. vom Bundesminister für Bildung und Wissenschaft). Bonn 1986 (Studien Bildung Wissenschaft, Band 23)

SCHÜTZE, H. G.: Weiterbildung im bildungspolitischen Konzept der OECD. In: Bartz, R./Bungenstab, K.-E. u. a. (Hrsg.): Grundlagen der Weiterbildung - Praxishilfen (1.20.30), Neuwied 1995

SCHWIEDRZIK, B.: Hochschulzugang Berufserfahrener ohne Abitur - eine Etappe auf dem Wege von der Bildungs- zur Ausbildungsgesellschaft. In: Berufsbildung in Wissenschaft und Praxis, 23 (1994) Heft 6, S. 14-21

TESSARING, M.: Das duale System der Berufsausbildung in Deutschland - Attraktivität und Beschäftigungsperspektiven. In: Mitteilungen aus der Arbeitsmarkt- und Berufsforschung, 26 (1993), S. 131-175

WOLTER, A.: Die symbolische Macht höherer Bildung. In: Kluge, N./Scholz, W.-D./Wolter, A. (Hrsg.): Vom Lehrling zum Akademiker - Neue Wege des Hochschulzugangs für berufserfahrene Erwachsene. Oldenburg 1990, S. 49-115

WOLTER, A.: Hochschulzugang im Umbruch? Die bildungspolitische Entwicklung des Hochschulzugangs für Berufstätige. Oldenburg 1994

WOLTER, A.: Die Entwicklung der Studiennachfrage in der Bundesrepublik Deutschland. Materialien des Instituts für Entwicklungsplanung und Strukturforschung, Band 161, Hannover 1995

WOLTER, A./LENZ, K./WAGNER, B.: Die Studien- und Berufswahl von Studienberechtigten des Abschlußjahrgangs 1996 in Sachsen. Forschungsbericht für den Sächsischen Staatsminister für Kultus, Dresden 1996

WOLTER, A./REIBSTEIN, E.: Studierfähig durch Beruf und Weiterbildung? Eine empirische Studie anhand der Bildungs- und Berufsbiographien von Erwachsenen. In: Wolter, A. (Hrsg.): Die Öffnung des Hochschulzugangs für Berufstätige - Eine bildungspolitische Herausforderung. Oldenburg 1991, S. 35-97

Hans-Dieter Höpfner

Zur Integration von beruflicher Erstausbildung und Weiterbildung

1 Einleitung

Wir Berufspädagogen können, falls wir enge Beziehungen zur Praxis der beruflichen Erstausbildung pflegen, heute miterleben, wie immer mehr Unternehmen mit einer großen oder größeren Berufsausbildung diese verringern, auslagern oder sogar schließen. Dieses geschieht, obwohl von Berufsbildungstheoretikern und von verantwortlicher politischer Seite die Berufsausbildung in Deutschland als "Standortvorteil" propagiert wird. Die Unternehmen verabschieden sich aber nicht von beruflicher Bildung insgesamt. Sie investieren erhebliche Summen in die berufliche Weiterbildung ihres Personals und in die - diese umfassende - Personalentwicklung. Für diese Erscheinung gibt es eine Reihe von Gründen, die von den Unternehmen implizit und auch explizit angeführt werden, wenn es um tiefere Erklärungen (also nicht das oberflächliche "Berufsausbildung ist zu teuer") dazu geht. Genannt werden u. a.:

- Berufliche Erstausbildung ist mit fachlichen Inhalten überfrachtet, die zwar nach aktuellen deutschen Berufsbildungstheorien (dazu zählen insbesondere die Fachdidaktiken) begründbar sind, aber nicht aus der Entwicklung der Unternehmen und ihrer Strategien abgeleitet werden können.

- Berufliche Weiterbildung und berufliche Erstausbildung sind zu wenig ineinander verzahnt. Die inhaltliche Gestaltung der Berufsausbildung ist zu wenig auf zertifizierte und nicht zertifizierte Weiterbildung von Weiterbildungsträgern (auch bundesweiter Träger) abgestimmt.

- Erstausbildung hat sich in den Betrieben verselbständigt. Betriebliche Aus- und Weiterbildungsabteilungen haben sich immer mehr vom rasant verlaufenden Personalentwicklungsprozeß entfernt.

Zum Problem der Berufsschule - sie ist zu einem bedeutenden Problem für das Duale System geworden - sollen im folgenden allerdings keine umfassenden Ausführungen gemacht werden. (Ich vertraue da auf meine Mitautoren in diesem Band.) Neben der langatmigen Entwicklung und Verabschiedung neuer Ausbildungsverordnungen hält sie den Hauptanteil an der oben genannten ersten Begründung der Unternehmen. Im folgenden werden insbesondere die zweite und dritte Begründung aufgegriffen, um aus berufspädagogischer Sicht die Bedeutung der Integration beruflicher Erstausbildung und Weiterbildung zu erläutern und Beispiele für Wege zu einer solchen Integration darzustellen.

2 Vorbereitung auf betriebliche Karrieren durch Erstausbildung

Die Reformierung der Unternehmen zu modernen Fabriken besteht im Kern in veränderten Binnen- und Außenstrukturen, in denen die Facharbeiter immer mehr in die Planungs- und Logistik-Prozesse auf allen Ebenen der Wertschöpfung einbezogen werden. Die "Werkzeuge" mit denen sie es dabei zu tun haben, sind integrierte Fertigungs-, Anlagen- und

Informationssysteme mit direkten Zuliefer- und Kundenbezügen. Zunehmend werden "overhead-Entscheidungen" traditioneller Abteilungs- bzw. Meisterbereichsverflechtungen in der Geschäftsführung durch direkte Teilhabe von "Fertigern" und "Bedienern" an Marketing, Einkaufsstrategien, Qualitätssicherung, Technologie-, Produkt- und Leistungsinnovation ersetzt. Die Rollen der Führungskräfte und Mitarbeiter verändern sich:

a) Kontroll- und Entscheidungshierarchien werden in allen Bereichen zugunsten von Teamorganisation verändert. Das heißt u. a.,
- Bildung von Produktzentren, Einführung von Gruppenarbeit;
- Bildung dynamischer Gruppen, die bei fortschreitender Auftragsabwicklung unterschiedlich zusammengesetzt werden, um den terminlichen, kapazitiven und qualitätsgerechten Produktionsdurchlauf abzusichern;
- Zunahme von vorbereitenden und planenden Tätigkeiten für komplexe Bauteile und Baugruppen; beispielsweise muß der Facharbeiter an einer Werkzeugmaschine neben seinen Standardaufgaben die Prüfung und die direkte Buchung des Rohmaterials von Großbauteilen wahrnehmen oder die Entscheidung für eine externe Qualitätsprüfung fällen.

b) Traditionelle Arbeitsfunktionen werden aufgeteilt und mit Entscheidungsebenen neu verbunden.
- Betroffen sind hiervon vor allem das Produktmanagement und die Arbeitsvorbereitung sowie ihr Wirken an der Schnittstelle "Konstruktion-Produktion". Isolierte Entscheidungen verschwinden.
- Der Datenzugriff und die Entscheidungskompetenz der Mitarbeiter erweitern sich. Ihnen obliegt die Beurteilung und Bearbeitungsweise von Kundenaufträgen, von der Annahme zu den Fertigungsabläufen über die Auslieferung bis zum Service und der Sicherung des Know-hows.

Daraus folgt u. a.:

a) Der heutigen Ausbildung in gewerblich-technischen Berufen fehlen trotz flexibler Anwendung der Rahmenpläne die Entwicklung von Qualifikationen für die neuen EDV-gestützten Fertigungsabläufe und der zugehörigen Planungs- und Steuerungskompetenzen. Die Ausbildung bereitet unzureichend auf die neuen zahlreichen Qualifikationsschnittstellen im Beruf sowie der Berufe, d.h. auf die tatsächlichen Tätigkeitsprofile vor.

b) Das traditionelle Weiterbildungsprofil und die Einsatzgebiete des mittleren Managements, z. B. des "Industriemeisters - IHK" durchlaufen einen Anspruchs- und Funktionswandel (ausstehende Reformierung nach dem Konzept Industriemeister 2000). Die Transformation von Kunden-, Produkt- und Fertigungsdaten auf die Mitarbeiterebene stellt zunehmend die gängigen Rollen von Führungskräften in der unmittelbaren Produktion in Frage.

Wie kann dieser Entwicklung Rechnung getragen werden?
Gegenwärtig existiert kein durchgängiges auf die Abwicklung moderner Geschäftsprozesse eingestelltes System der Nachwuchssicherung und -förderung. Es gilt ein Konzept der Personalentwicklung durchzusetzen, nach dem der Mitarbeiter von der Ausbildung an im Unternehmen "wächst" und durch das dem Beschäftigten nach der Berufsausbildung

Integration von beruflicher Erstausbildung und Weiterbildung

weitere Bildungswege und Optionen, auch auf Führungsfunktionen, eröffnet werden. Schwerpunkte dieses Konzepts könnten sein:

1. Insbesondere leistungsstarke (Real-)Schulabsolventen erhalten durch die Erweiterung der bisherigen Ausbildungsinhalte betrieblich geforderte Zusatzqualifikationen. Die Zusatzqualifikationen erfüllen den Anspruch der Zertifizierbarkeit durch die IHK.

2. Die Zusatzqualifikationen werden an simulierten und realen Geschäftsprozessen erworben. In der Simulation erworbene Qualifikationen werden in authentischen Arbeitszusammenhängen (Lern- und Arbeitsaufgabensysteme für den Lernort Arbeitsplatz, Lerninseln, Lernstationen) weiter vervollkommnet. Um die Geschäftsprozesse lagert sich auch die Ausbildung traditioneller, allgemeiner und unternehmensspezifischer beruflicher Kompetenzen.

3. Der Erwerb der Zusatzqualifikationen erfolgt im Verbund mit innerbetrieblichen Weiterbildungsmaßnahmen.

4. Die in der Berufsausbildung angeeigneten Zusatzqualifikationen finden ihre logische Ergänzung und Erweiterung in den sich anschließenden Zusatzqualifikationen in der Fortbildung der künftigen Facharbeiter.

5. Über die Zusatzqualifikationen hinaus kann die Fachhochschulreife in integrierter Form (integriert mit der Berufsausbildung) erworben werden (siehe dazu Kapitel 4).

6. Das Facharbeiterprüfungswesen und Zertifizierungswesen von Zusatzqualifikationen der IHK wird im Verhältnis von notwendigen Kenntnisprüfungen und Arbeitsproben integriert gestaltet. Falls die Fachhochschulreife zusätzlich erworben wird, ist die Prüfung integriert mit der der Berufsausbildung zu gestalten.

Dybowski u .a. (1994) fordern, daß im Berufsbildungssystem "die berufliche Weiterbildung das wesentliche Element ist". Dem kann nach den oben gemachten Ausführungen nicht zugestimmt werden. Im Berufsbildungssystem müssen Erstausbildung und Weiterbildung eine Einheit bilden.

Außerdem beziehen die Autoren ihre Vorschläge insgesamt zu sehr auf den Hochschulzugang. Die Bemühungen um die Gleichwertigkeit allgemeiner und beruflicher Bildung sollten nicht primär auf den Hochschulzugang gerichtet sein, sondern auf die Ermöglichung von (betrieblichen) Karrieren. Den Unternehmen würde eine Entscheidung für das Duale System und seine Absolventen leichter gemacht werden, wenn in der Erstausbildung auf die betrieblichen innovativen Prozesse vorbereitet würde und wenn Weiterbildungen, in denen Arbeiten und Lernen verknüpft sind, auf die berufliche Ausbildung aufbauend, zu Qualifikationen führen, die Spezialistentätigkeiten (HORIZONTALE KARRIEREN) und Managementfunktionen (VERTIKALE KARRIEREN) zulassen. Dabei sollten anerkannte Fortbildungsberufe und ihre inhaltliche Weiterentwicklung eine bedeutende Rolle spielen.

3 Die Einheit von Lernen und Arbeiten als durchgängiges Grundprinzip von Aus- und Weiterbildung

Für ein geschlossenes System von Aus- und Weiterbildung muß als durchgängiges Prinzip die Dualität von Arbeit und Lernen gelten. Erläutert wurde bereits, daß der Statuswandel von Funktionen und ein neues Image von Facharbeit in modernen Fabrikstrukturen hauptsächlich die Folge des Wandels von Arbeitsinhalten, von Arbeitsaufgaben sind. Lernen in einem System von Aus- und Weiterbildung muß nicht nur auf das Arbeiten gerichtet sein. (Da gibt es in der Berufsbildung eine Reihe von Mißverständnissen, wenn es um diese Ausrichtung geht - siehe weiter unten.) Lernen muß in diesem System eng mit Arbeiten verbunden werden. Dieses bedeutet nicht, daß es Lernsequenzen, die außerhalb des Arbeitsplatzes angesiedelt sind, nicht geben darf. Aber dieses Lernen muß sich am Arbeitsplatz, in der Kooperation mit anderen, im Betrieb und auch in der Auseinandersetzung mit den Sozialpartnern beweisen. Am Arbeitsplatz wird darauf aufbauend weitergelernt. Lernen außerhalb des Arbeitsplatzes und am Arbeitsplatz verbinden sich zu einem sinnvollen Ganzen. Dieses sind nicht nur Forderungen der Unternehmen, die die Praxisferne eines großen Teiles der Berufsausbildung, aber auch der angebotenen Weiterbildungsmöglichkeiten, beklagen. (Allerdings tun sie meist auch selbst zu wenig, um effizientes Lernen im Betrieb zu ermöglichen.) Wenn Bildung die pädagogischen Bemühungen um Selbst-Bewußtsein, Autonomie und Emanzipation der zu bildenden Persönlichkeiten kennzeichnet, dann verweist dieses auf die reale Welt, die es zu begreifen und zu gestalten gilt (Rauner 1995, S. 332).

Wie ist es in der Erstausbildung darum bestellt? Wo werden moderne Arbeitsformen, aktuelle betriebliche Innovationen an Technik und Technologie und die Aufgaben der Facharbeiter im Berufsschulunterricht berücksichtigt?

Die gegenwärtigen beruflichen Fachdidaktiken bewirken für die Erstausbildung vereinfachte naturwissenschaftlich-technologische Fachsystematiken, die konkrete Arbeitstätigkeiten und konkrete Technik nicht im Blick haben. Ihre Anlage läßt es nicht zu, das Lernen und Arbeiten in der modernen betrieblichen Ausbildungspraxis theoretisch zu begleiten.

Für den Facharbeiter stehen das Arbeiten mit Technik, das Einarbeiten in neue Technik und das Mitgestalten seiner (auch technischen) Arbeitsumwelt im Mittelpunkt seines Tuns. Die Trennung "in zweckfreie Inhalte in den berufsbezogenen und in zweckbehaftete Inhalte in den gesellschaftsbezogenen Fächern der Berufsschule steht einer Bildung entgegen, deren Ziel es ist, Arbeit und Technik in ihrer ... Gestaltbarkeit zu begreifen und zu erfahren und die Auszubildenden zu befähigen, ihre Arbeitswelt mitzugestalten"(Rauner 1996, S. 6). Der Facharbeiter kann auf die Entwicklung von Technik Einfluß nehmen, dies aber aus seiner Stellung zur Technik heraus. Deshalb sollte in den berufsbezogenen Fächern, von den gegenwärtigen und künftigen Arbeitsaufgaben ausgehend, naturwissenschaftliches, technisches und technologisches Wissen angeeignet werden können. Liegt den Fächern eine solche Systematik zugrunde, dann ginge dieses nicht mehr fern vom Lernen und Arbeiten im Betrieb. Lehrer sind dann durch die Systematik ihres Faches dazu gezwungen, mit Ausbildern und Auszubildenden gemeinsam das Lernen und Arbeiten ZU PLANEN, DURCHZUFÜHREN UND ZU BEWERTEN.
Aus didaktischer Sicht hilfreich sind hierbei integrierende Lern- und Arbeitsaufgaben (Höpfner 1995).

Integration von beruflicher Erstausbildung und Weiterbildung

Integrierende Lern- und Arbeitsaufgaben zielen auf berufliche sowie berufsübergreifende Kompetenzen und auf die Befähigung zur kritischen Mitgestaltung von Arbeit und Technik und die dazu notwendigen Einsichten. Dazu müssen die Prozesse der Bildung und der Qualifikation, der betrieblichen und der schulischen Ausbildung verbunden werden. Um dieses zu verwirklichen, muß es zu einer Integration der Inhalte der Fächer, Lehrgänge, Versetzungsstellen und Übungsstrecken, aber auch zu einer methodischen Integration in Betrieb und Schule kommen. Es müssen Lehrer und Ausbilder zusammenarbeiten. Die Integration und Zusammenarbeit kann nicht verordnet werden, sie entsteht auch nicht von selbst. Es bedarf besonderer Anregungen oder Mittel als Bausteine einer entsprechenden Entwicklung. Solche Entwicklungsbausteine stellen integrierende Lern- und Arbeitsaufgaben dar.

Unter dem Dach dieser Aufgaben wird eine enge Verbindung der Lernorte der betrieblichen und schulischen Ausbildung hergestellt. Sowohl an den betrieblichen Lernorten als auch in der Berufsschule wird bei der Lösung der integrierenden Lern- und Arbeitsaufgaben handlungsorientiert gelernt.

Ausbilder und Lehrer entwickeln die Aufgaben gemeinsam. Sie organisieren, moderieren und beraten das handlungsorientierte Lernen der Auszubildenden bei deren Lösung, und sie werten gemeinsam mit den Auszubildenden das Lernen an den Aufgaben aus, um diese zu vervollkommnen. Dabei bilden sich nützliche Organisationsstrukturen heraus: Es entstehen Aufgaben-/Projekt-Gruppen für eine konkrete integrierende Lern- und Arbeitsaufgabe in der Schule und im Betrieb. Die Gruppen kooperieren bei der Aufgabenentwicklung, aber auch bei der Begleitung und Auswertung des Lernprozesses. Die Arbeit der Gruppen wird in die Tätigkeit ständiger Einrichtungen, wie Lehrerkonferenz, Ausbildergruppensitzungen, Ausbildertreffen u. ä. eingebunden. Aus den Aufgabengruppen kommen wichtige Impulse für die Veränderung der gesamten Ausbildung. Ausbildungsorganisation wird so zur Sache jedes einzelnen Mitwirkenden.

Dieses Konzept der integrierenden Lern- und Arbeitsaufgaben ist auch für die Weiterbildung ein tragbarer Ansatz. Zu seiner Verwirklichung müßten:

1. Weiterbildungsanbieter engere Beziehungen zum Arbeitsplatz der Teilnehmer aufbauen und Ihr Angebot mit dem Personalentwicklungskonzept vor Ort verbinden. Dabei sollten integrierende Lern- und Arbeitsaufgaben insbesondere für betriebliche Knotenpunkte/Schnittstellen entwickelt werden.

2. Weiterbildner gemeinsam mit den Teilnehmern Aufgaben entwickeln, deren Lösung am Arbeitsplatz und außerhalb dessen verwirklicht wird.

3. bei der inhaltlichen Gestaltung der Aufgaben zur Weiterbildung auch Bildungsinhalte berücksichtigt werden (kritische Auseinandersetzung mit Technik, Mitgestaltung der Arbeitsaufgaben usw.).

Auf diese Weise können in der Aus- und Weiterbildung "additive Formen des Lernens und Arbeitens durch integrative Lösungen ersetzt werden" (Dybowski u. a. 1994, S. 4).

4 Entstehung neuer Beziehungen zwischen Betrieben, Schulen, Weiterbildungsträgern und Hochschulen

Das Ermöglichen betrieblicher Karrieren durch die Integration von Aus- und Weiterbildung und die dabei notwendig werdende Einheit von Lernen und Arbeiten verlangen neue Beziehungen inhaltlicher und organisatorischer Art zwischen Betrieben, Schulen, Weiterbildungsträgern und Hochschulen.

- **Gefordert sind Verbundlösungen**

    Ausbildungsverbünde existieren in einer Reihe von Formen in der Erstausbildung. Vor dem Hintergrund neuer Organisations- und Managementkonzepte in den Unternehmen und der Orientierung auf das Lernen und Arbeiten an Geschäftsprozessen werden sie zu einer unbedingten Voraussetzung für die Erstausbildung, aber auch für die betriebliche Weiterbildung. So können sich eine Reihe von Betrieben um einen "Kernbetrieb" für die Aus- und Weiterbildung an Geschäftsprozessen gruppieren, ein außerbetrieblicher Ausbildungsträger oder ein Weiterbildungsträger können der Kern des Verbundes sein, oder es können "gleichberechtigte" Betriebe den Verbund bilden.
    Für diese Verbünde sind finanzielle, organisatorische, rechtliche Lösungen gefragt (ein Beispiel zeigt Hübel (1995) auf), die von allen an der Aus- und Weiterbildung Beteiligten unterstützt werden müssen.

- **Gefordert ist eine Abstimmung von Erstausbildung, Weiterbildung und Hochschulbildung**

    Eine wie in Kapitel 2 geforderte Verbindung von Erstausbildungs- und Weiterbildungsinhalten führt zu Qualifikationen, auf die sich auch die Hochschulen einstellen müssen. Die wissenschaftliche und theoretisch-praktische Ausbildung der (Fach-)Hochschulen muß nahe genug an die personellen und fertigungstechnischen Optimierungsprozesse der Unternehmen herangeführt werden. Aus der Sicht der neuen Facharbeitergeneration und der Absolventen einer entsprechenden Fortbildung sind die Studienprofile zu schärfen und zu verändern. Die Studienorganisation und die hochschulpädagogischen Lehr- und Lernformen sind den spezifischen beruflichen Kompetenzen nach auszurichten. Um auch hier mehr Gleichwertigkeit einzulösen, müssen die Grenzen zwischen Erstausbildung, Weiterbildung (IHK-Aufstiegsfortbildungssystem) und Studium fließender und durchlässiger gestaltet werden. Insbesondere die Fachhochschulen müßten sich auf einen neuen Typ "Student aus der Arbeitswelt" mit spezifischen Lernvoraussetzungen einstellen.

- **Gefordert sind integrative Formen der Doppelqualifikation**

    Bildungsgänge zur Doppelqualifikation gibt und gab es bereits eine ganze Reihe. Prinzipiell werden dabei ein berufsqualifizierender und ein studienqualifizierender Abschluß entweder gleichzeitig oder aufeinanderfolgend erworben. Man unterscheidet die "partielle Doppelqualifikation" und die "volle Doppelqualifikation". Von "partieller Doppelqualifikation" wird gesprochen, wenn einer der beiden Abschlüsse ein Teilabschluß ist.
    In Ansätzen zur Doppelqualifikation mit einem beruflichen Abschluß nach BBiG war bisher die betriebliche Seite zu wenig in den integrativen Prozeß von beruflicher und allgemeiner Bildung eingebunden. Der Einheit von Lernen und Arbeiten folgend, muß die Vorbereitung auf ein Studium nicht nur im Unterricht der Berufsschule und der

Integration von beruflicher Erstausbildung und Weiterbildung

Fachoberschule, sondern auch in der betrieblichen Ausbildung geleistet werden. Dabei beschränkt sich die Integration nicht nur auf die jeweiligen fachlichen Inhalte, sie erstreckt sich vielmehr auch auf die methodisch-didaktische Ebene von Ausbildung und Unterricht. Für ein solches Vorgehen spricht unter anderem, daß eine materiale Studierfähigkeit den Erwerb von Fähigkeiten wie Selbständigkeit, Orientierungsfestigkeit und Kommunikationsfähigkeit zur Bedingung hat. Diese sind inzwischen selbstverständliche Ziele der beruflichen Ausbildung geworden. Durch die Verknüpfung von Fachoberschulinhalten auch mit Inhalten in der betrieblichen Ausbildung, gerade im Bereich der Dispositions- und Schnittstellenqualifikation, wäre dem oben gekennzeichneten Karrieremodell ausgezeichnet Rechnung getragen. Mit der integrativen Doppelqualifikation wird im dualen System ein attraktiver Bildungsgang angeboten, der gleichzeitig den aktuellen Forderungen der Wirtschaft gerecht werdende berufliche Qualifikationen schafft und Karrieren eröffnet, die den Wünschen der Jugendlichen entsprechen.

Für die gegenwärtige Diskussion um die Gleichwertigkeit allgemeiner und beruflicher Bildung liefert der doppeltqualifizierende integrierte Bildungsgang Argumente, das duale System als Quelle umfassender Bildung zu verstehen. Der Bildungsgang ist in der Lage, betriebliche Karrieren zu eröffnen, die in einer aufbauenden Weiterbildung realisiert werden können. Er ist auch in der Lage, eine Studierfähigkeit zu entwickeln, die alle damit verbundenen Optionen möglich macht.

5 Einbindung betrieblicher Aus- und Weiterbildungseinrichtungen in den Personalentwicklungsprozeß

Daß Unternehmen ihre Ausbildungseinrichtungen bzw. Aus- und Weiterbildungseinrichtungen (sie bilden häufig eine Unternehmenseinheit) "abstoßen", daran sind diese nicht selten selbst schuld. Es haben sich bürokratische Einheiten gebildet, die sehr viel Energie darauf verwenden, sich selbst zu organisieren und sich den Luxus leisten, auszubilden und etwas für die Weiterbildung zu tun. Ihr Beitrag zur strategischen Unternehmensentwicklung ist gering. Um einen angemessenen Beitrag zu leisten, müßten sie eine Reihe von Aufgaben übernehmen und entsprechende Veränderungen erfahren.

● **Unterstützung des Prozesses der Personalentwicklung durch betriebliche Weiterbildung**

Die betriebliche Weiterbildungsabteilung ist eine wesentliche Innovationsstätte eines lernenden Unternehmens. Sie muß ein wichtiger Motor für betriebliches Lernen sein, in dem sie Lernprozesse begründet, induziert, kontrolliert, unterstützt und auch neu entwickelt. Sie sorgt auf der Basis einer soliden Analyse des gegenwärtigen und künftigen Qualifizierungs- und Bildungsbedarfes der Unternehmensabteilungen für die Weiterbildung der Fachkräfte. Führungskräfte werden befähigt, solche Analysen auszuführen oder zumindest den Analysen optimal zuzuarbeiten zu können. Mitarbeiter werden für ihre Weiterbildung verantwortlich gemacht und beteiligen sich aktiv an der Wahl ihrer Weiterbildungsmaßnahme.
Die Weiterbildungsabteilung beschränkt Weiterbildung in Kursen und Seminaren auf ein Mindestmaß und baut die Weiterbildung am Arbeitsplatz kontinuierlich aus (Qualitätszirkel, Gestaltungszirkel u. ä.).

Sie bezieht die Berufsausbildung in die betriebliche Weiterbildung ein, und zwar als Dienstleister und auch als Nutzer (Auszubildende nehmen an der Weiterbildung am Arbeitsplatz teil).
Sie unterstützt die Berufsausbildung dabei, den künftigen Bedarf an Fachkräften (Welche Berufe? Welche spezifischen Qualifikationen?) und an Ausbildungsinhalten für das Unternehmen zu planen und zu realisieren.

- **Die Ausbildungseinrichtung als "lernende Organisation"**

In der "lernenden Organisation" sind ganzheitliche, vernetzte, dezentrale, systemische Problemlösungsmethoden und Denkweisen das Grundprinzip der Entwicklung. Dies kommt in fünf Hauptdisziplinen wie folgt zum Ausdruck:

- Systemdenken,
- kontinuierliches Lernen des Einzelnen und der Organisation,
- gemeinsame Planung,
- gemeinsame Weiterentwicklung der Organisationskultur und
- professionelle Teamarbeit.

Für die Ausbildungseinrichtung ergeben sich damit eine Fülle von Aufgaben.
"Systemdenken" bedeutet als erstes, daß die Auszubildenden im Zentrum der Bemühungen des gesamtem Systems der Einrichtung stehen. Ihre Lern- und Verhaltensbesonderheiten sind vom gesamten System zu berücksichtigen. Der Lernprozeß der Auszubildenden ist deren Lernprozeß, und sie müssen Verantwortung für ihn übernehmen.

Daraus ergeben sich bedeutende Fragen für das System der Einrichtung:

- Wie muß Lehren aussehen, so daß die Lernenden Verantwortung für ihr Lernen übernehmen?
- Ist die Organisation des Lernens der zentralen Stellung der Auszubildenden entsprechend gestaltet?
- Entspricht die Organisationsstruktur der Einrichtung der zentralen Stellung der Auszubildenden?

Für diese Schlüsselfragen können nur Antworten gefunden werden, wenn alle Mitglieder der Organisation ihr Tun in Frage stellen können und somit die wesentlichste Grundlage für ein "kontinuierliches Lernen" erfüllen. Alle müssen für ein selbständiges verantwortungsvolles Lernen der Auszubildenden eine neue Rolle des Lehrenden einnehmen. Sie müssen insbesondere aus dem Lernen der Auszubildenden für diese Rolle lernen. Die Gestaltung der gesamten Ausbildung und aller damit zusammenhängenden organisatorischen und materiellen Bedingungen ist Sache jedes einzelnen in der Ausbildungseinrichtung - auch die der Ausbilder und insbesondere die der Auszubildenden. Daraus folgt, daß jeder einzelne Ausbilder und Leiter Verantwortung für das Gesamtsystem der Ausbildung trägt und diese fordert. Daraus folgt weiter, daß die Auszubildenden in die Gestaltung ihrer Ausbildung aktiv einbezogen werden.

"Gemeinsame Planung" in der Organisationsentwicklung, die im Falle der Ausbildungseinrichtung einer gemeinsamen Planung der Veränderung der Ausbildung entspricht, ist nur durch eine duale Entscheidungsstruktur in der Organisation möglich. Sie setzt sich aus

Integration von beruflicher Erstausbildung und Weiterbildung

einer permanenten (relativ festen) vertikalen Organisationsstruktur zusammen, die aus der bestehenden Hierarchie heraus entwickelt werden kann, und einer dynamischen, horizontalen Struktur. Letztere besteht aus Ausbilderteams, Koordinatorengruppen und Projektteams. Zur Entwicklung der besten Problemlösungen und Entscheidungen für die Veränderung wird intensive Kommunikation zwischen diesen Strukturen betrieben.

In diesem Zusammenhang bedeutet "systemisch" handelndes Management nicht, eine Folge dirigistischer Eingriffe für durchzuführende Änderungen vorzunehmen, sondern die Strukturierung von Subsystemen (Ausbilderteams, Projektgruppen) zu betreiben, die zu zielgerichtetem, selbstorganisiertem Handeln befähigt sind.

Die "gemeinsame Weiterentwicklung der Organisationskultur" bezieht sich in der Ausbildungsstätte auf den Abbau von Abteilungsegoismen, auf den produktiven Umgang mit Konflikten, transparente (durchsichtige und einsichtige) Entscheidungen und die enge kooperative Zusammenarbeit der Ausbilderteams und -projektgruppen mit den Mitarbeitern auf den Führungsebenen.

"Professionelle Teamarbeit" in der Ausbildungsstätte beginnt damit, daß die Auszubildenden im Team arbeiten. Teamarbeit bei den Auszubildenden muß ihr Lernen verbessern, sich auf ihr Verhalten auswirken, muß sie selbstbewußt an der Gestaltung der Ausbildung teilhaben lassen.

"Professionelle Teamarbeit" läßt sich daran messen, wie die zuvor genannten Ausbilderteams und Projektgruppen installiert wurden, welche Aufgaben und Befugnisse sie erhalten. Dazu müssen folgende Fragen beantwortet werden:

1. Wie können Ausbilderteams gegründet werden,

   - die Ausgangsbasis für eine kontinuierliche Weiterbildung sind,
   - in denen die Ausbilder gemeinsam Lehr- und Lernmittel erarbeiten sowie
   - die Verantwortung für einen größeren Ausbildungsabschnitt tragen und die mit anderen Teams zusammenarbeiten?

2. Müssen über die Teams hinaus übergreifende Projektgruppen entstehen, die besondere Aufgaben in der Entwicklung der Ausbildungseinrichtung haben? Welches sind diese besonderen Aufgaben?

3. Wie unterstützt das Management die Installation solcher Teams und Gruppen? In welcher Weise arbeitet es mit ihnen zusammen?

Betriebliche Weiterbildner können die Entwicklung der "lernenden Organisation" als Organisationsentwicklungsberater begleiten, indem sie

- die Reflexion laufender Entwicklungs- und Lernprozesse fördern,
- den Austausch der Realitätswahrnehmung der einzelnen Organisationsmitglieder auf den verschiedenen Ebenen der Organiation unterstützen,
- die Kompetenz der Organisationsmitglieder und der Organisation zur Problemlösung erhöhen,
- nicht direkt Problemlösungen für die Organisation entwickeln sowie
- die Organisationsmitglieder bei der systemischen Sicht der Organisationsentwicklung unterstützen.

6 Schluß

Hardenacke (1994, S. 4) fordert, "Systeme aufeinander aufbauender, abschlußbezogener Fortbildung zu entwickeln". Mit diesen sollen der Hochschulzugang eröffnet und auch Qualifikationen für vertikale (Führungspositionen auf verschiedenen, insbesondere mittleren Ebenen) und horizontale (Spezialisten) Karrieren erworben werden. Noch wirkungsvoller - also auch ökonomischer - für den einzelnen und die Gesellschaft wäre eine aufeinander abgestimmte, eine integrierte Aus- und Weiterbildung. Die Integration muß

- die Vorbereitung auf betriebliche horizontale und vertikale Karrieren schon in der Erstausbildung und eine darauf aufbauende Weiterbildung ermöglichen,
- die Durchsetzung der Einheit von Lernen und Arbeiten als didaktisches Grundprinzip von Aus- und Weiterbildung fordern,
- neue integrative Beziehungen zwischen Betrieben, Schulen, Weiterbildungsträgern und Hochschulen umfassen und
- die Einbindung der betrieblichen Aus- und Weiterbildung in den Personalentwicklungsprozeß der Unternehmen verwirklichen.

Literatur

DYBOWSKI, G. u. a.: Ein Weg aus der Sackgasse - Plädoyer für ein eigenständiges und gleichwertiges Berufsbildungssystem. In: Berufsbildung in Wissenschaft und Praxis, 23. Jg. (1994) Heft 6, S. 3-13

HARDENACKE, A.: Gleichwertigkeit beruflicher und allgemeiner Bildung. In: BMBW (Hrsg.): Gleichwertigkeit beruflicher und allgemeiner Bildung. Dokumentation der 2. BMBW-Fachtagung am 29.9.1993. Dortmund/Bonn 1994

HÖPFNER, H.-D.: Integrierende Lern- und Arbeitsaufgaben. Berlin 1995

HÜBEL, W.: Aufgaben, Struktur und Organisationsform des Ausbildungsverbundes Sachsen für Chemieberufe. In: Drechsel, K./Storz, P./Wiesner, G. (Hrsg.): Qualifikatorische und organisatorische Perspektiven der chemiebezogenen Produktions- und Laborarbeit im Freistaat Sachsen. Hamburg/Dresden 1995, S. 171-181

RAUNER, F.: Elektrotechnik-Grundbildung zu einer arbeitsorientierten Gestaltung von Lehrplänen im Berufsfeld Elektrotechnik. In: Lipsmeier, A./Rauner, F. (Hrsg.): Beiträge zur Fachdidaktik Elektrotechnik (bzp Bd. 16). Stuttgart 1996, S. 86-102

RAUNER, F.: Didaktik beruflicher Bildung. In: Dehnbostel, P./Walter-Lezius, H.-J. (Hrsg.): Didaktik moderner Berufsbildung. Berichte zur beruflichen Bildung 186, BIBB. Bielefeld 1995, S. 331-357

Gisela Wiesner/Heidi Häßler/Andreas Franke

Weiterbildung als permanente Aufgabe nach der Erstausbildung - Ausbilder auch als Weiterbildner?

"Ich habe gemerkt, daß ich mehr aus meinem Leben machen möchte, daß ich mich als Person weiterentwickeln will. Und so habe ich gegen alle meine Ängste an dieser Umschulung teilgenommen, diese erfolgreich bewältigt, und nun beginne ich meine neue berufliche Tätigkeit."

(eine Weiterbildungsteilnehmerin)

1 Lebenslanges Lernen - Selbststeuerung als Möglichkeit oder Vision?

Sich ständig verändernde Anforderungen in allen Lebensbereichen, insbesondere im Berufs- und Arbeitsfeld, bedingen Lernprozesse, ohne die eine erfolgreiche Aufgaben- und Problembearbeitung auf Dauer undenkbar wäre. Anforderungssituationen werden dem einzelnen unterschiedlich bewußt sowie verschieden erlebt und gedeutet. Die Spannweite der Deutungen reicht dabei von existentieller Bedrohung über technisch-technologisch bzw. arbeitsorganisatorisch begründete Zwänge bis hin zur Chance für berufliche und persönliche Entfaltung. Den Anforderungen rechtzeitig zu begegnen, Anforderungssituationen vorausschauend als Lernbedarf zu erkennen, erfordert zunehmend selbstinitiiertes und -organisiertes Lernen in allen Lebensweltbereichen. Dieses fällt dem erwachsenen Lernenden um so leichter, je besser sich sein Denken und Tun in schulischen und beruflichen Erstausbildungsprozessen in diese Richtung bewegt hat.

Selbstorganisation des Lernens wird hier als Prozeß der Verbindung von Können und Wollen verstanden, der auf das selbstinitiierte und -gesteuerte Bewältigen gegenwärtiger und künftiger Anforderungen gerichtet ist. Individuelle Selbstorganisation sowie das Lernen in sozialen Gruppen sind letztlich Voraussetzung dafür, daß auch bei betrieblichen Bildungsprozessen die Qualität des "lernenden Unternehmens" überhaupt erreichbar ist. Daraus ergibt sich als vorrangige Aufgabe einer an den Voraussetzungen beruflicher Erstausbildung anknüpfenden Weiterbildung, selbstinitiiertes Lernen anzuregen, zur Selbstorganisation zu befähigen und die Selbststeuerung des Lernens durch projektive und reflektive Prozesse zu unterstützen. Erpenbeck und Weinberg (1996, S. 9) heben diesbezüglich hervor: "Je deutlicher Arbeitende und Unternehmen als selbstorganisierende Systeme aufgefaßt werden können, eine desto größere Rolle spielen folglich Werte, Wertgefüge und Kompetenzen für ihre Arbeit.". Dafür ist es notwendig, entsprechende Lernbedingungen zu schaffen - z. B. durch einen hohen Lerngehalt der Arbeit -, um damit Bildungsprozesse mittels einer "Ermöglichungsdidaktik" oder "Animationsdidaktik" (Siebert 1995, S. 190) zuzulassen.

Damit Lernen ermöglicht - und nicht nur verordnet - wird, sind zwei Akteure zu betrachten: Zum einen bedarf es beim lernenden Erwachsenen insbesondere Einsichten und Fähigkeiten zur Selbstorganisation von (arbeitsprozeßbegleitenden oder gesonderten) Lernprozessen. Zum anderen ist es erforderlich, daß es Personengruppen mit Aus- und Weiterbildungsverantwortung in den Unternehmen verstehen, Mitarbeiter in Prozesse der Bedarfsermittlung einzubeziehen, sie zur Gestaltung und Wertung ihrer Bildungsprozesse zu ermutigen, selbstorganisiertes Lernen zu ermöglichen und anzuerkennen. Damit sollen

Probleme der erwachsenenbildnerischen Professionalität all derer ins Blickfeld rücken, die für Weiterbildungsentscheidungen im Unternehmen Verantwortung tragen, ohne berufs- oder erwachsenenpädagogisch dafür qualifiziert zu sein. Damit wird nicht die generelle Forderung nach einer solchen, in der Regel sehr umfangreichen Weiterbildung für eben dieses Personal erhoben. In Abhängigkeit vom Anteil und Umfang der Aufgaben, die Weiterbildungsentscheidungen betreffen, ist stärker theoriebegründete, für "Praktiker" nachvollziehbare Handlungsorientierung zu geben, um so die Möglichkeit zu schaffen, in der Praxis Handlungsgrundlagen auf jeweilige Anwendungsfelder zu transferieren und die selbständige Entwicklung adäquater Handlungsanleitung zu unterstützen.

Als hilfreich für solche Handlungsorientierungen werden vorrangig die folgenden pädagogischen Theorieansätze angesehen:

- *das Konzept handlungs(theorie-)orientierten Lernens,*
  weil vom Lernenden vollständiges Handeln durchlaufen wird, d. h. von der Zielsetzung über Orientierung, Handlungsentwurf und Entscheidung bis zum selbständigen Durchführen, Kontrollieren und Bewerten. Somit kann der Lernende sein Lernen weitgehend selbständig planen und steuern. Nach Kutscha (1990, S. 4) ermöglicht handlungsorientiertes Lernen die "Entfaltung subjektiver Handlungspotentiale". Zugleich erfolgt dieses Lernen ganzheitlich.

- *der Deutungsmusteransatz,*
  weil damit sehr differenziert der Tatsache Rechnung getragen wird, daß Erwachsene auf der Grundlage von Arbeits- und weiteren Lebenswelterfahrungen Sichtweisen entwickelt haben, die ihnen als Orientierung und Rechtfertigung in Beruf und Alltag - bewußt oder unbewußt - als Deutungsmuster latent zur Verfügung stehen. Nach Arnold (1985, S. 23) "bilden diese Deutungsmuster ein Orientierungs- und Rechtfertigungspotential von Alltagswissensbeständen in der Form grundlegender, eher latenter Situations-, Beziehungs- und Selbstdefinitionen, in denen das Individuum seine Identität präsentiert und seine Handlungsfähigkeit aufrecht erhält".
  In der pädagogischen Konsequenz ermöglicht das Erkennen solcher Deutungsmuster, daß der Lernende bez. seiner vorhandenen Deutungsmuster bestärkt wird, diese eventuell modifiziert oder aber die Bereitschaft entwickelt, aufgrund der Einsicht in die Begrenztheit seines gegenwärtigen Erfahrungshorizontes neue Sichtweisen zu entwerfen.

- *reflexives Lernen,*
  weil die Bewußtheit über Sinn und Zweckmäßigkeit des jeweiligen Handelns eine wesentliche Voraussetzung für eigenverantwortliches Handeln darstellt. Die Selbst- und Gruppenreflexion ist zugleich ein Mittel, sich handlungsrelevanter Deutungsmuster bewußt zu werden, um deren Bestärkung, Veränderung oder Verwerfung begründet vorzunehmen. Dörner (1982, S. 134 ff.) weist in empirischen Untersuchungen nach, daß durch Selbstreflexionstraining im Vergleich zum Strategietraining die Flexibilität in neuen Handlungssituationen erhöht werden kann.

Wenn nach Reetz (1992, S. 7) "autonome bzw. relativ autonome Lernfähigkeit" als Bestandteil von Bildungsfähigkeit "zum konstitutiven Element von beruflichen Qualifizierungsprozessen" wird, dann bedeutet dieses für das Personal mit Weiterbildungsverantwortung, entsprechende Kompetenzen für die Förderung einer solchen autonomen Lernfähigkeit bzw. für selbstorganisiertes Lernen zu erwerben und permanent weiter zu entwickeln.

Weiterbildung nach der Erstausbildung 407

Im folgenden soll gezeigt werden, wie Personal mit Aus- und Weiterbildungsaufgaben für die vielschichtigen Funktionen der beruflichen Weiterbildung sensibilisiert und befähigt werden kann. Zum Ableiten der inhaltlichen Schwerpunkte ist es erforderlich, die Aufgaben sowie die Rahmenbedingungen beruflicher Fortbildung und Umschulung zu analysieren. Die inhaltlichen und methodischen Konzepte berücksichtigen dabei insbesondere auch die Befähigung dieses Personals zur Initiierung und Begleitung solcher Selbstlernprozesse.

2 Rahmenbedingungen für und Einflußfaktoren auf Lernprozesse in Unternehmen und Institutionen

Unternehmen, die erfolgreich im Wettbewerb bestehen wollen, benötigen die Qualifikation, das Engagement sowie das innovative und kreative Denken und Handeln ihrer Mitarbeiter. In welchem Maße dieses "Mitarbeiterpotential" zur Wirkung kommt, hängt wesentlich von der Organisations- und Personalentwicklungsstrategie ab, die dieses Potential zur Entfaltung bringt. Dieser Prozeß wird dabei entscheidend von der Unternehmensphilosophie und den daraus abgeleiteten Führungsgrundsätzen beeinflußt. Lernprozesse in Unternehmen, also am Lernort Betrieb, finden in den letzten Jahren verstärkt unter dem Leitmotiv "Lernen im Prozeß der Arbeit" statt. Beispielhaft soll hier auf Lerninseln, Qualitätszirkel, Computer-Based-Training, Projektarbeit und anderes mehr verwiesen werden. Alle diese Lern- und Arbeitsformen initiieren eine Auseinandersetzung mit den bestehenden Arbeitsbeziehungen, gegenseitigen Erwartungen, Problemen und Zielvorstellungen der Beteiligten. Der Lernprozeß findet in der Regel durch eine begleitende Reflexion der Arbeit selbst statt. Fredecker (1991, S. 122) betont in diesem Kontext: "Die Verknüpfung von Inhalt und Prozeß erzeugt eine Handlungsorientierung bei den Beteiligten, die einen Transfer des Gelernten in den Arbeitsvollzug begünstigt."

Als Voraussetzungen bzw. permanent zu schaffende Bedingungen für Lernen im Prozeß der Arbeit lassen sich folgende drei Thesen formulieren:

- Das Lernen im Prozeß der Arbeit erfordert die Lernhaltigkeit der Arbeit.
- Prospektive Weiterbildung in Unternehmen und Institutionen setzt selbst bei gegebener Lernhaltigkeit der Arbeit auch Lernen außerhalb der Arbeit, zumindestens außerhalb des Arbeitsplatzes, voraus.
- Lernen am Arbeitsplatz und außerhalb bedingt die Fähigkeit zum reflexiven Lernen bezüglich der Effektivität des Lernens. Die Effektivitätssteigerung ist durch stärkeres Anregen und Befähigen zu selbstorganisiertem Lernen möglich. Dieses erfordert wiederum die Sensibilisierung und Befähigung des für Aus- und Weiterbildung verantwortlichen Personals, um diesen Prozeß des Einzel- und Gruppenlernens angemessen zu initiieren und zu unterstützen.

Diese Thesen werden u. a. durch Aussagen über Lehr- und Lernziele in Arbeitsprozessen nach Hacker/Skell (1993, S. 34) gestützt. Denn wenn sich diese Ziele auf "die Effektivität der Arbeitsprozesse, das Verringern bzw. Verhüten von Beeinträchtigungen und Gefährdungen durch Arbeitsprozesse, die Entwicklung von übergreifenden Fähigkeiten und Einstellungen (Persönlichkeitsentwicklung)" konzentrieren und zugleich über das Erreichen dieser Ziele durch den Lernenden reflektiert wird, dann sind notwendige Voraussetzungen und Bedingungen für effektives Lernen im Prozeß der Arbeit gegeben.

Die unterschiedlichen Ziele beruflicher Weiterbildung, die differenzierte Zusammensetzung der Zielgruppen und die vielseitigen beruflichen Lerninteressen bestimmen maßgebend Lernprozesse in Unternehmen und Institutionen. Im Mittelpunkt dieser Lernprozesse steht dabei die Kompetenzentwicklung des Menschen bzw. Mitarbeiters als Voraussetzung für die lernende Gruppe sowie das lernende Unternehmen. Heeg und Münch benennen in diesem Zusammenhang folgende Zielbereiche für berufliche Weiterbildung:

- "berufliches Wissen und Können zu erweitern, zu festigen, aufzufrischen oder neu zu strukturieren (Sicherung der fachlichen Kompetenz),
- die Kommunikations- und Kooperationsfähigkeit in der beruflichen Tätigkeit zu erlangen, zu erweitern oder zu festigen (Sicherung der sozialen Kompetenz) sowie
- innovative Methoden und Verfahren (im Bereich der Forschung und Entwicklung etwa) kennenzulernen, anzuwenden oder ggf. anzupassen (Sicherung der Methodenkompetenz)" (1993, S. 113-114).

Damit die oben genannten Ziele erreicht werden können, sollten die Rahmenbedingungen und Einflußfaktoren in der beruflichen Weiterbildung die notwendige Flexibilität und Variabilität zur Entwicklung, Planung, Gestaltung und Evaluation der Lernprozesse für den einzelnen und für das Unternehmen ermöglichen. Das wiederum setzt die Sensibilisierung und Befähigung zur Berücksichtigung bzw. zur Gestaltung dieser Rahmenbedingungen und Einflußfaktoren voraus. Im folgenden werden zunächst mögliche Rahmenbedingungen für Lernprozesse in der beruflichen Aus- und Weiterbildung skizziert. Zu diesen Rahmenbedingungen gehören:

- *gesellschaftliche Rahmenbedingungen*, z. B. Gesetze, Verfassung, Verordnungen, Wertewandel, öffentliche Meinung und Kritik,
- *betriebliche und institutionelle Rahmenbedingungen*, z. B. Marktposition, Arbeitsorganisation, Struktur, Kultur, Philosophie, Kommunikation, Information, Qualifikation der Mitarbeiter, Qualitätssicherung und
- *personelle Rahmenbedingungen*, z. B. soziales Umfeld, Motivation, Karriere, Entlohnung, Anerkennung, Zeitaufwand.

Diese Rahmenbedingungen sind nicht statisch aufzufassen, sondern sind permanenten Veränderungsprozessen unterworfen. So gilt es, technisch-technologische, personelle, organisatorische Innovationsprozesse, wie z. B. die Einführung von Gruppenarbeit, die Anwendung flexibler Arbeitszeitmodelle oder die Einführung neuer Ablauf- und Aufbauorganisationskonzepte, aktiv vorzubereiten und umzusetzen. Decker stellt in diesem Zusammenhang folgende zwei Anforderungen:

- "Weiterbildung ist in den Dienst von Entwicklung und Wandel der gesamten Unternehmung zu stellen. Deshalb muß die betriebliche Bildungspolitik Bestandteil der Unternehmenspolitik sein.
- Weiterbildung muß in einem Verbund mit anderen betrieblichen Bildungsmaßnahmen (z. B. Erstausbildung) stehen. Aber auch die unterschiedlichen Formen der Weiterbildung (z. B. Fortbildung, Umschulung) sind abzustimmen." (1985, S. 61).

Übergreifend flankieren bzw. beeinflussen organisatorische Rahmenbedingungen, wie z.B. Zeitumfang und Ort der Weiterbildungsmaßnahme, Inhalt und Gestaltung sowie Kosten oder mögliche Förderung die oben genannten Lernprozesse, insbesondere das Lernen am Arbeitsplatz.

Auf Lernprozesse in Unternehmen und Institutionen sowie auch außerhalb dieser Einrichtungen wirken unterschiedliche Interessen und Bedürfnisse als Einflußfaktoren (s. Abb. 1). Dabei stehen sich diese Interessen und Bedürfnisse der einzelnen Bereiche gegenüber und sind miteinander abzustimmen.

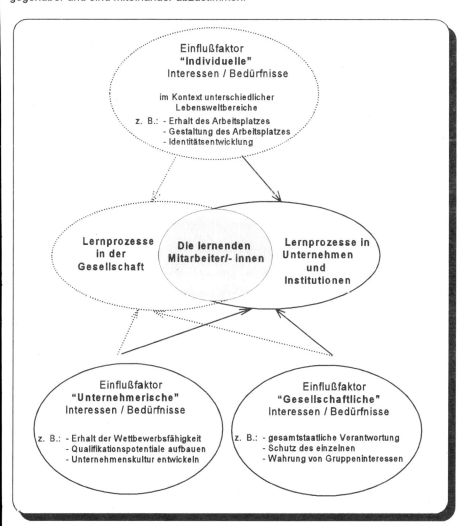

Abb. 1: Einflußfaktoren auf Lernprozesse in Unternehmen und Institutionen

An der Gestaltung, der Begleitung von Lernprozessen und der Beratung für Lernprozesse in Unternehmen und Institutionen sind unterschiedliche Personengruppen mit Aus- und Weiterbildungsverantwortung beteiligt. Je nach Aufgaben- bzw. Tätigkeitsbereich leiten sie andere Mitarbeiter an, steuern eigene und fremde Lernprozesse bzw. regen Bildungsprozesse an oder begleiten diese. Sie treffen in der Regel für die Lernorganisation auch Entscheidungen darüber, ob Lernen im Prozeß der Arbeit, in Bildungsmaßnahmen im Unternehmen oder außerhalb erfolgen soll; von ihren Weiterbildungskompetenzen und ihrem Engagement hängt es wesentlich ab, in welchem Umfang Weiterbildung als Bestandteil von Unternehmenskultur und -entwicklung gefördert wird.

Nachfolgend wird die Situation für Klein- und Mittelunternehmen (KMU) betrachtet, die - anders als die Großunternehmen - in der Regel nicht über hauptamtliches Aus- und Weiterbildungspersonal verfügen. Das Personal mit Aus- und Weiterbildungsverantwortung in KMU muß folglich auch Rahmenbedingungen für verschiedene Lernprozesse schaffen und beeinflussen sowie Einflußfaktoren auf diese Prozesse kennen und mitgestalten können. Nachfolgend werden die einzelnen Personengruppen mit Aus- und Weiterbildungsverantwortung in Unternehmen und Institutionen näher beschrieben, einschließlich entsprechender Tätigkeitskomplexe und Anforderungen.

3 Personengruppen mit Aus- und Weiterbildungsverantwortung in Unternehmen und Institutionen

Auf der Grundlage von Erfahrungen und Untersuchungen (vgl. Wiesner 1995a, S. 109) lassen sich mit dem Blick auf Anforderungen und spezifische Tätigkeiten mit Aus- und Weiterbildungsbezug folgende vier Gruppen von Personen mit Aus- und Weiterbildungsverantwortung in KMU bilden: Ausbilder, qualifizierte Fachkraft, Mitarbeiter im Personalbereich und Führungskraft. In der Abbildung 2 sollen diese Personengruppen bezüglich ähnlicher Aus- und Weiterbildungstätigkeiten näher gekennzeichnet werden.

Um den Anforderungen der Aus- und Weiterbildung im Unternehmen gerecht zu werden, bedarf es entsprechender Kompetenzen des Aus- und Weiterbildungspersonals sowie der permanenten Entwicklung dieser Kompetenzen. In unseren Untersuchungen gingen wir davon aus, daß

- sowohl eine "Grundbefähigung" für aus- und weiterbildnerische Tätigkeiten,
- als auch eine "Spezialbefähigung" für die vorrangigen Aufgaben der jeweiligen Personengruppe

zweckmäßig ist.

Personengruppen \ Aus- und Weiterbildungstätigkeiten	Erfahrungen	Anforderungen	Fragestellungen bezüglich der Aus- und Weiterbildungstätigkeit
Ausbilder (haupt- und nebenamtlich)	in der Erstausbildung von Jugendlichen mit differenzierten Voraussetzungen, z. B. Abiturienten, Haupt- und Realschüler, Lernbehinderte u. a. m.	Ausbilder sollen zunehmend auch im Bereich der beruflichen Fortbildung und Umschulung von Erwachsenen wirksam werden.	Was muß ich als Ausbilder in der Arbeit mit Erwachsenen gegenüber Jugendlichen anders machen? Was nutzen mir meine Erfahrungen aus der Ausbildung von Jugendlichen für die Arbeit in KMU?
Qualifizierte Fachkraft (Facharbeiter, Vorarbeiter, Techniker etc.)	in der Zusammenarbeit/im Umgang mit Kollegen	Diese Fachkräfte sollen Mitarbeiter, Praktikanten, Umschüler, Auszubildende anleiten, einarbeiten oder in ihrer Tätigkeit beraten.	Bin ich schon ein Lernberater, wie kann ich das werden? Wie spreche ich Mitarbeiter an?
Mitarbeiter im Personalbereich (Personalleiter, Personalentwickler, Sachbearbeiter etc.)	in der Personalarbeit, z. B. in der Personalentwicklung unterschiedlicher Beschäftigtengruppen, in der Begründung von Weiterbildungsentscheidungen	Diese Mitarbeiter sollen Aus- und Weiterbildungsveranstaltungen für die Mitarbeiter ihres Unternehmens planen, organisieren, kontrollieren und dafür beraten.	Wie erkenne ich, welche Aus- und Weiterbildung im Unternehmen notwendig und zweckmäßig ist? Wie können Kosten und Qualität einer Aus- oder Weiterbildungsmaßnahme in Einklang gebracht werden?
Führungskraft (Geschäftsführer, Abteilungsleiter, Meister etc.)	in der Führung von Mitarbeitern, häufig in einem abgegrenzten Bereich	Führungskräfte sollen die Mitarbeiter des Bereiches auf neue Anforderungen/Technologien oder eine effektive Arbeitsorganisation durch Weiterbildung vorbereiten.	Aus- und Weiterbildung kosten Zeit und Geld - unter welchen Bedingungen bringen sie den erhofften Effekt? Wie kann ich feststellen, welche Beschäftigtengruppen durch Aus- und Weiterbildung Aufgaben mittel- und langfristig besser lösen können?

Abb. 2: Personengruppen mit Aus- und Weiterbildungsverantwortung in KMU

Die *"Grundbefähigung"* ist dabei derjenige Kompetenzbereich, der als Orientierungsgrundlage für Aus- und Weiterbildungsentscheidungen unentbehrlich ist und zugleich für die Kommunikation unter den Personengruppen mit Aus- und Weiterbildungsverantwortung, aber auch für die Kommunikation mit weiteren Beschäftigten im Unternehmen bezüglich der erfolgreichen Planung, Durchsetzung, Begleitung, Evaluation und Initiierung von Aus- und Weiterbildung relevant ist (s. Abb. 3).

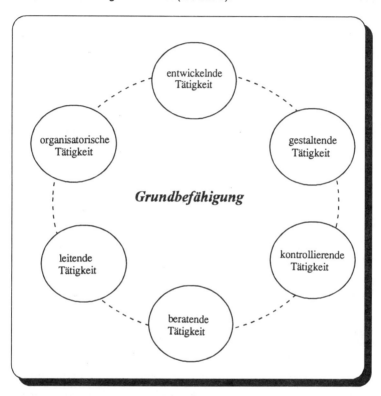

Abb. 3: Grundbefähigung für Aus- und Weiterbildungspersonal

In diese Grundbefähigung gehen Bestandteile mehrerer Tätigkeitskomplexe - je nach Schwerpunktsetzung der jeweiligen Personengruppe mit Aus- und Weiterbildungsverantwortung - ein (s. dazu Abb. 4).

Im folgenden wird auf die Anforderungen an das Personal mit Aus- und Weiterbildungsverantwortung näher eingegangen. Unter *"Anforderungen"* werden hier Qualifikationen, Kompetenzen, Verantwortungen, Kenntnisse und Erfahrungen zusammengefaßt, die für die Tätigkeit von Ausbildern und Weiterbildnern wichtig sind. Die Zielbereiche beruflicher Weiterbildung haben sich beträchtlich erweitert. Es müssen zunehmend berufs- und fachübergreifende Qualifikationen vermittelt werden. Solche Begriffe wie "Schlüsselqualifikationen", "ganzheitliches Lernen", "lernendes Unternehmen" oder "Training on the job" seien hier nur kurz erwähnt. Das bedeutet, daß die Ausbilder und Weiterbildner Kompetenzen entwickeln müssen, die es ihnen ermöglichen, solche Lernprozesse anzuregen und zu begleiten, bei denen der einzelne Teilnehmer und dessen Befähigung zu "selbstorganisiertem Lernen" im Mittelpunkt stehen. Allgemein ist festzustellen, daß sich die Anforderungen eines Mitarbeiters mit Aus- und Weiterbildungsverantwortung dahingehend geändert haben, daß neben der selbstverständlichen *"fachlichen"* Kompetenz stärker *"methodische, soziale und personale"* Kompetenzen gefordert sind. Schneider (1991, S. 60) spricht in diesem Zusammenhang von einem "ganzheitlichen Kompetenzmodell". An der Entwicklung insbesondere der letztgenannten Kompetenzen muß sich Weiterbildung für Personal mit Aus- und Weiterbildungsverantwortung hinsichtlich ihrer Qualität messen lassen.

Tätigkeitskomplexe	Beispiele für Tätigkeiten
Entwickeln	- Konzepte, Curricula entwickeln - Analysen durchführen - Studien anfertigen
Gestalten	- Gesprächsrunden moderieren - Trainingsmaßnahmen vorbereiten - Trainingsmaßnahmen durchführen
Kontrollieren	- über eigene Tätigkeit reflektieren - Befragungen der Mitarbeiter vorbereiten - Kosten-Nutzen der Weiterbildung prüfen
Beraten	- Konflikte im Arbeitsbereich bewältigen - zu Weiterbildungsmaßnahmen informieren - Entwicklungsmöglichkeiten aufzeigen
Leiten	- Mitarbeiter im Bereich motivieren - Weiterbildungsentscheidungen treffen - Kommunikationsmöglichkeiten schaffen
Organisieren	- Ort, Zeit, Zielgruppen für Weiterbildung festlegen - Praktika, Traineeprogramme planen - Kooperationspartner, Dozenten gewinnen

Abb. 4: Ausgewählte Tätigkeitskomplexe zur Lösung von Aufgaben mit Aus- und Weiterbildungsbezug in Unternehmen und Institutionen

Ausgangspunkt zur Diskussion um die Professionalität der Tätigkeit beruflicher Ausbilder und Weiterbildner sind die aktuellen Veränderungen in den Unternehmen der letzten Jahre wie Ausbau bzw. Umbau der Infrastrukur der Unternehmen, Einführung neuer Technologien und Geräte, Produktinnovationen, Ausweitung der Produktion, Expansion beim Absatz und gleichzeitiger Abbau von Personal, neue Organisations- und Personalstrukturen u. a. m.

Damit verbunden sind insbesondere folgende Problemfelder zu sehen:

- Auslastung
- Organisationsstruktur
- örtliche Mobilität
- Kommunikation

- Finanzierung
- Personalentwicklung/Weiterbildung
- zeitliche Flexibilität
- Kostendenken

- Führungsverhalten
- Motivation der Mitarbeiter
- Identifikation der Mitarbeiter
- Arbeitsorganisation

Diese Problemfelder müssen vom Personal mit Aus- und Weiterbildungsverantwortung erkannt und selbständig bearbeitet werden, indem geeignete Weiterbildungsmaßnahmen zu folgenden Schwerpunkten der Führungstätigkeit veranlaßt werden, z. B. Probleme erkennen und lösen, Mitarbeiter motivieren, finanzielle Mittel für Weiterbildung planen. Hiermit wird deutlich, welchen Stellenwert die betriebliche Weiterbildung in Unternehmen einnimmt bzw. einnehmen kann. Betriebliche Weiterbildungsprozesse sind immer im Zusammenhang mit Organisationsentwicklungs- und Personalentwicklungsprozessen zu sehen, und es lassen sich durch den betrieblichen Weiterbildner Konsequenzen begründet ableiten bzw. entsprechende Maßnahmen einleiten. Problembearbeitung (Erkennen und Lösen) hängt mit dem Weiterbildungsverhalten der Mitarbeiter sowie Organisationsentwicklungs- und Personalentwicklungsprozessen im Unternehmen zusammen, und diese Zusammenhänge gilt es aufzuzeigen.

4 Chancen und Grenzen für Ausbilder als Weiterbildner

Die Gruppe der Ausbilder ist von den oben genannten Personengruppen mit Weiterbildungsverantwortung (s. Abb. 2) diejenige, die in die Prozesse der Aus- *und* Weiterbildung am stärksten integriert ist. Dabei ist es zunächst nicht von Bedeutung, ob diese Personen hauptamtlich als Ausbilder beschäftigt sind, oder ob sie neben anderen beruflichen Aufgaben auch für die Aus- und Weiterbildung mit zuständig sind. Die meisten Ausbilder - vor allem in Unternehmen - sind bisher vorwiegend in der beruflichen Erstausbildung tätig gewesen und besitzen auf diesem Gebiet oft langjährige Erfahrungen. Die dafür notwendige Qualifikation haben sie in der Regel gemäß der "Ausbilder-Eignungsverordnung gewerbliche Wirtschaft" durch die Ausbildereignungsprüfung nachgewiesen, die mit den Gebieten "Grundfragen der Berufsbildung", "Planung und Durchführung der Ausbildung", "Der Jugendliche in der Ausbildung" sowie "Rechtsgrundlagen" vor allem auf die Tätigkeitsbereiche des Ausbilders in der beruflichen *Ausbildung* gerichtet ist. Die Ausbilder erwerben also mit dieser Qualifikation die Kompetenz, pädagogische, psychologische, organisatorische, administrative und auch unternehmerische Aufgaben vorrangig in der beruflichen Erstausbildung wahrzunehmen. Auch diejenigen Ausbilder, die den Abschluß als Ingenieur-, Ökonom- oder Agrarpädagoge nachweisen können, haben in diesen Studien vorwiegend berufspädagogische Kenntnisse und Fähigkeiten vor allem für Aufgaben auf dem Gebiet der *Berufsausbildung* erworben.

Das Aufgabengebiet vieler Ausbilder in Unternehmen hat sich jedoch in den letzten Jahren stark erweitert. Neben den herkömmlichen Aufgaben in der Berufsausbildung übernehmen Ausbilder zunehmend auch Aufgaben in der beruflichen Fortbildung bzw. Umschulung. So werden erfahrene Ausbilder in Unternehmen immer stärker mit für die Vorbereitung, Durchführung und Begleitung betrieblicher Fortbildungsmaßnahmen eingesetzt, weil sich aufgrund technisch-technologischer Innovationen und auch Veränderungen in der Aufbau-

Weiterbildung nach der Erstausbildung

und Ablauforganisation neue Aufgaben für die Mitarbeiter in Unternehmen ergeben, für die sie sich fortbilden müssen. Solche Fortbildungsmaßnahmen sind unter Einbeziehung von Führungskräften, Fachkräften oder auch erfahrenen Dozenten aus externen Bildungsrichtungen möglichst arbeitsplatznah und unter Beachtung der Lernbesonderheiten Erwachsener vorzubereiten und zu realisieren. Da der Ausbilder oftmals der einzige Mitarbeiter im Unternehmen ist, der eine pädagogische Qualifikation nachweisen kann, wird von ihm erwartet, daß er neben seinen bisherigen Aufgaben in der Berufsausbildung nun zusätzlich auch noch die Aufgaben in der betrieblichen Fortbildung und Umschulung übernimmt, für die er aber oftmals nicht die erforderliche Kompetenz besitzt. Dabei sind seine in der Ausbildung erworbenen Kompetenzen sicher sehr wertvoll und zum Teil umsetzbar. Aber es hat sich auch gezeigt, daß mit der Aufgabenfelderweiterung des Ausbilders nicht automatisch eine Kompetenzerweiterung für dieses neue Aufgabengebiet verbunden ist und daß selbst langjährige Erfahrungen im Umgang mit Jugendlichen nur bedingt auf die pädagogische Arbeit mit Erwachsenen übertragbar sind.

Diese Aussage soll anhand der Gegenüberstellung einiger wesentlicher Aufgabengebiete von Ausbildern in der beruflichen Aus- und Fortbildung verdeutlicht werden. Zwar unterscheiden sich die Anforderungen an Ausbilder in der Erstausbildung und Umschulung insbesondere aufgrund der psychischen und sozialen Besonderheiten der Klientel ebenfalls; anhand des Vergleichs zwischen Erstausbildung und Fortbildung werden die Unterschiede jedoch durch zusätzlich veränderte Rahmenbedingungen (in der Regel keine standardisierten Programme) noch deutlicher (s. dazu Abb. 5).

Die Gegenüberstellung führt zu zwei wesentlichen Erkenntnissen:

1. Trotz scheinbar inhaltlicher Ähnlichkeit von Teilaufgaben der Ausbilder besonders im gestaltenden Bereich bestehen aufgrund der unterschiedlichen Zielgruppen "Auszubildende" und "lernende Erwachsene" erhebliche Unterschiede, die auf sehr differenzierte Lernvoraussetzungen und -bedingungen, unterschiedliche Motive und verschiedene Bedingungen im Lernumfeld bei den Teilnehmern zurückzuführen sind. .
Folglich müssen z. B. bei der Konzipierung, Planung und didaktischen Umsetzung beruflicher Fortbildungsmaßnahmen die *Besonderheiten des Lernens Erwachsener* in starkem Maße berücksichtigt werden. Auf dieses Aufgabengebiet werden aber die Ausbilder im Rahmen der Ausbildereignungsverordnung nicht vorbereitet.

2. Der Entscheidungsspielraum für die Planung von komplexen Aufgaben sowie die relative Ungewißheit bei der Konzipierung und Realisierung von Fortbildungsmaßnahmen, die einem lang- oder zumindest mittelfristigen betrieblichen Bedarf entsprechen sollen, ist wesentlich größer als bei Maßnahmen, die nach standardisierten Programmen durchgeführt werden. Auch aus den damit verbundenen notwendigen analytischen und konzeptionellen Entwicklungsarbeiten ergeben sich veränderte Anforderungen an die Ausbilder, auf die sie sich ständig neu einzustellen haben.

Deshalb bedürfen die Ausbilder, die gegenwärtig oder auch zukünftig in der beruflichen Weiterbildung tätig sind bzw. sein werden, einer zielgerichteten Fortbildung, die sich bezüglich der Ziele und Inhalte, aber auch der zeitlichen und organisatorischen Gestaltung auf den konkreten Fortbildungsbedarf und die Rahmenbedingungen der Tätigkeit der Ausbilder einstellen sollte.

Aufgaben in der Erstausbildung	Aufgaben in der Fortbildung
Entwickelnde Aufgaben, z. B. - Ziele und Inhalte der Ausbildung ableiten und präzisieren - betriebliche Ausbildungs- und Unterweisungspläne erarbeiten (auf der Grundlage der *Ausbildungsordnungen* für die Ausbildungsberufe)	**Entwickelnde** Aufgaben, z. B. - Weiterbildungsbedarf erkennen und mitarbeiterbezogen ermitteln in Kooperation mit den verantwortlichen Experten und Führungskräften in Vorbereitung auf oder als Folge von Innovationen bzw. im Zusammenhang mit Organisationsentwicklungsmaßnahmen - Ziele und Inhalte der Weiterbildung ableiten und präzisieren auf der Grundlage des ermittelten betrieblichen Bedarfs - Fortbildungskonzepte erarbeiten (inhaltlich/methodisch)
Gestaltende Aufgaben, z. B. - an den Erfahrungen der Jugendlichen anknüpfend Unterweisungen inhaltlich und methodisch vorbereiten und durchführen - Unterrichtsmittel zweckmäßig einsetzen, gegebenenfalls selbständig entwickeln	**Gestaltende** Aufgaben, z. B. - an die sehr differenzierten Erfahrungen der Teilnehmer anknüpfend Fortbildungsmaßnahmen inhaltlich und methodisch erwachsenengerecht vorbereiten und realisieren - Unterrichtsmittel zweckmäßig einsetzen, oft selbständig entwickeln
Kontrollierende Aufgaben, z. B. - Verlauf und Ergebnisse von Lernprozessen von Auszubildenden/Lehrlingen kontrollieren - Lernerfolg bewerten	**Kontrollierende** Aufgaben, z. B. - Verlauf und Ergebnisse von Lernprozessen Erwachsener kontrollieren - Lernerfolg bewerten - Kosten-Nutzen-Berechnungen vornehmen

Abb. 5: Vergleich von Aufgaben des Ausbilders in der Aus- und Fortbildung

Weiterbildung nach der Erstausbildung

Am Beispiel von Fortbildungsmaßnahmen für Ausbilder und Weiterbildner, die an der TU Dresden realisiert werden, wird im folgenden gezeigt, wie solche Fortbildungskonzepte entwickelt und umgesetzt werden können, die sowohl auf die Ausbilder als auch auf die vorn genannten weiteren Personengruppen mit Aus- und Weiterbildungsverantwortung gerichtet sind.

5 Fortbildung des Personals mit Aus- und Weiterbildungsverantwortung - das Beispiel der TU Dresden

An der Technischen Universität Dresden wurden im Rahmen des Projektes mfu 1 ("Berufsbegleitende Weiterbildung von Multiplikatoren beruflicher Fortbildung und Umschulung" - Kurzbezeichnung mfu - ein vom Bundesminister für Bildung und Wissenschaft gefördertes Projekt) Untersuchungen zu Aufgaben und Anforderungsprofilen beruflicher Weiterbildner, einschließlich von als Weiterbildner tätigen Ausbildern, durchgeführt. Auf dieser Grundlage konnte mit dem Ziel der Kompetenzentwicklung von beruflichen Weiterbildnern ein Curriculum für ein viersemestriges berufsbegleitendes Ergänzungsstudium erarbeitet, mit ca. 30 Teilnehmern realisiert und maßnahmebegleitend evaluiert werden (vgl. Wiesner u. a. 1995b).

Dieses Ergänzungsstudium umfaßt hinsichtlich der ausbilderischen und weiterbildnerischen Grundbefähigung *alle* Tätigkeitsfelder beruflicher Weiterbildner (Entwickeln, Gestalten, Organisieren, Leiten, Kontrollieren und Beraten) und wendet sich somit vor allem an Personen, die hauptamtlich/hauptberuflich auf dem Gebiet der Aus- und Weiterbildung tätig sind und ihre Kompetenzen für Aufgaben der beruflichen Weiterbildung u m - f a s s e n d und systematisch erweitern bzw. vertiefen möchten.

Durch weiterführende Untersuchungen zur Kompetenzentwicklung *betrieblichen* Personals mit Aus- und Weiterbildungsverantwortung im Projekt mfu 2 ("Berufsbegleitende Fortbildung betrieblicher Ausbilder und Weiterbildner - Multiplikatorwirkung im Praxisfeld" - ein vom Bundesminister für Bildung, Wissenschaft, Forschung und Technologie gefördertes Projekt) wurden sukzessiv Möglichkeiten der Kompetenzentwicklung für betriebliche Bildungsentscheidungen weiterentwickelt. Damit konnten in dieses Ergänzungsstudium, das inzwischen als reguläres Studium angeboten wird, stärker wahlobligatorische Angebote für Studienteilnehmer aus Betrieben integriert werden.

Vor allem die Inhalte zum Komplex "Weiterbildungsmanagement" sind stark auf die differenzierten Aufgaben und Erfordernisse der Weiterbildung in Unternehmen zugeschnitten. Die curriculare Bearbeitung der Inhalte zum "Weiterbildungsmanagement" wurde wissenschaftlich durch Analysen im betrieblichen Umfeld sowie durch Expertendiskussionen unterstützt.

Aus der Abbildung 6 ist zu entnehmen, wie sich diese spezifischen wahlobligatorischen Inhalte in die curriculare Struktur des Ergänzungsstudiums einordnen. Die speziellen Inhalte für die betriebliche Weiterbildung werden in den wahlobligatorischen Vertiefungen weitergeführt, wobei in dieser Phase des Studiums vorwiegend projektähnliche Problemstellungen bearbeitet werden. Auch die Themen der wissenschaflichen Abschlußarbeit richten sich auf komplexe Problemstellungen der betrieblichen Weiterbildung.

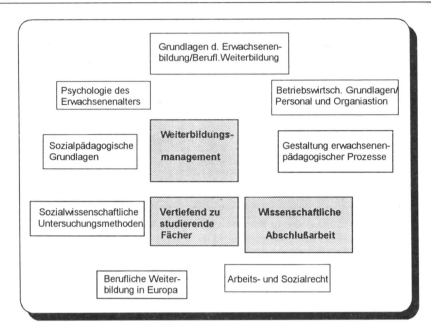

Abb. 6: Wahlobligatorische Inhalte (s. schraffierte Felder) für betriebliche Weiterbildner im Ergänzungsstudium "Berufliche Erwachsenenbildung"

Die Zusammenarbeit insbesondere mit der Gruppe der Ausbilder im Untersuchungszeitraum seit 1991 zeigt deutlich, daß neben einer solchen umfassenden Studienmöglichkeit gerade für Ausbilder die Möglichkeit gegeben sein muß, sich relativ kurzfristig entsprechend dem aktuellen und differenzierten Bedarf mittels thematischer Bausteine die notwendige Kompetenz für die Probleme der Weiterbildung anzueignen. Deshalb wird im Projekt mfu 2 zeitgleich untersucht, wie ein Bausteinprogramm "Betriebliche Weiterbildung" für die Personengruppen entwickelt und erprobt werden kann, die gewissermaßen neben anderen Aufgaben auch Weiterbildungsverantwortung im Unternehmen mit wahrzunehmen haben und sehr differenzierte Voraussetzungen für diese Aufgaben besitzen (s. Abb. 2). Das scheint insbesondere für Ausbilder relevant zu sein, die bereits mit einer Vielzahl von pädagogischen Aufgaben vertraut sind und entsprechend ihrer Erfahrungen selbst entscheiden wollen, welchen Bausteinen sie sich zuwenden. Ein Vergleich beider Fortbildungsvarianten (Ergänzungsstudium, Bausteinreihe) ist im Anhang aufgeführt.

Am Beispiel einer Fortbildungsreihe "Erwachsene lernen anders - Erwachsenenlernen", die im Rahmen dieses Bausteinprogramms für die Zielgruppe "Ausbilder" konzipiert und gemeinsam mit Ausbildern der IHK Dresden durchgeführt und erprobt wurde, soll exemplarisch dargestellt werden, wie es gelingen kann, daß die Ausbilder

- für die eigene Fortbildung zum Aufgabenbereich "Weiterbildung" sensibilisiert werden,

- an der inhaltlichen Konzipierung dieser Fortbildungsbausteine im Vorfeld der Weiterbildungsmaßnahmen aktiv beteiligt sind und
- bewußt auf eine stark handlungs- und erfahrungsorientierte Gestaltung orientiert werden können.

In diese Fortbildungsreihe waren Ausbilder einbezogen, die zum Zeitpunkt der Untersuchungen bereits Aufgaben in der beruflichen Fortbildung und Umschulung zu realisieren hatten bzw. in absehbarer Zeit übernehmen werden, d. h., daß ein gewisses Maß an Interesse und Motivation bereits vorausgesetzt werden konnte, sich zum Thema "Erwachsene lernen anders - Erwachsenenlernen" weiterzubilden.

Die Annahme, daß ein auf die besonderen Bedingungen und Bedürfnisse der potentiellen Teilnehmer orientiertes methodisches Konzept die Motivation und Sensibilisierung in hohem Maße weiter fördern kann, hat sich bestätigt.
Das methodische Konzept dieser Bausteinreihen wurde so gestaltet, daß

- handlungsorientierende Anteile stark überwiegen,
- durch die Teilnehmer selbst Fallbeispiele eingebracht und bearbeitet werden können,
- über gewonnene Erfahrungen theoretisch reflektiert wird und auf diese Weise theoretisch begründbare Erkenntnisse abgeleitet und auf die eigenen beruflichen Aufgaben übertragen werden.

Entscheidend für die Annahme des Konzeptes und dessen aktive Umsetzung war auch, daß mit den potentiellen Teilnehmern zu Beginn der jeweiligen Fortbildungsmaßnahme der Bildungsbedarf sehr detailliert abgeleitet wurde.
Anhand eines moderierten Gesprächs wurde gemeinsam mit den Teilnehmern eine differenzierte Analyse ihres tatsächlichen Weiterbildungsbedarfs erarbeitet. Damit konnten nicht nur die Inhalte sehr bedarfsorientiert bestimmt werden (Ergebnis s. Abb. 7), sondern die Teilnehmer lernten durch eigenes Erleben und Mitgestalten eine Methode der Bildungsbedarfsermittlung (moderiertes Gespräch mit Gruppenarbeit) gewissermaßen "hautnah" kennen. Bewußt wurde deshalb im Anschluß an diese Seminarsequenz über das methodische Vorgehen bei dieser Bedarfsermittlung reflektiert.

Bausteinreihe *"Erwachsene lernen anders"*
  Bausteine: (5 Bausteine á 4 Stunden)
  1. Lernbesonderheiten Erwachsener - eine Einführung
  2. Motivation in Lernprozessen Erwachsener
  3. Gestaltung und Bewertung schriftlicher Unterlagen für einen Lehrgang mit vorwiegend lernungewohnten Erwachsenen
  4. Gestaltung von Gruppenarbeit mit Erwachsenen
  5. Gruppenarbeit mit Erwachsenen - am Beispiel des Planspiels "ÖKO" (nach Grob 1993)

Abb. 7: Ergebnis des moderierten Gesprächs zur Bedarfsermittlung

Was wurde mit dieser Vorgehensweise erreicht?

Durch das Einbeziehen in die Themenfindung wurden die Teilnehmer für die Fortbildung sensibilisiert und motiviert, weil sie ihre Teilnahme mit der Erwartung verbinden konnten, daß in den Seminaren Antworten auf ihre konkreten Fragen und Probleme erarbeitet werden bzw. daß sie Anregungen erhalten, sich selbst Lösungen zu erarbeiten. Durch die stark handlungs- und erfahrungsorientierte Gestaltung des Einführungs-Bausteins ist ihnen zugleich deutlich geworden, daß die Bearbeitung der weiteren Themen eine hohe Aktivität erfordert und daß sich alle Teilnehmer mit ihren differenzierten Erfahrungen und unterschiedlichen Problemen einbringen müssen. Ein solches methodisches Vorgehen hat für die Teilnehmer ebenfalls eine motivierende Wirkung.

Dieses handlungsorientierte Vorgehen bei der Realisierung der Bausteine und die "Offenheit" des Bausteinkonzeptes haben sich auch deshalb bewährt, weil durch die Mitgestaltung der Beteiligten die heterogenen Bedürfnisse und Voraussetzungen besser berücksichtigt werden können. Dadurch konnte nicht nur die Motivation der Teilnehmer, sondern auch die Effizienz der Maßnahmen durch den unmittelbaren Praxisbezug und -transfer erhöht werden.

Weitere Untersuchungen und Fazit:

Auch für andere Personengruppen mit Aus- und Weiterbildungsverantwortung in Unternehmen wurden solche Bausteine erprobt. Die Ergebnisse (inhaltliche und methodische Konzepte) sollen vor allem außeruniversitären Einrichtungen zugänglich gemacht und gegebenenfalls unter Mitwirkung der entsprechenden Adressaten weiterentwickelt werden. Weitere Untersuchungen werden u. a. darauf gerichtet sein, wie

- Personengruppen mit Weiterbildungsverantwortung in KMU noch stärker dafür sensibilisiert und befähigt werden können, selbstgesteuerte Bildung im Kontext von Organisationsentwicklung und Personalentwicklung zu initiieren und fördernd zu begleiten und
- besonders in KMU solche Bedingungen geschaffen werden können, die arbeitsbezogenes und identitätsförderndes Lernen nach einer beruflichen Erstausbildung ermöglichen und unterstützen.

6 Schlußbemerkung

Abschließend sei noch einmal der Blick auf den engen Zusammenhang von beruflicher Weiterbildung und Erstausbildung gerichtet: Die Chancen permanenter lebenslanger Bildung hängen ganz entscheidend von den in der beruflichen Erstausbildung geschaffenen Voraussetzungen ab. Deshalb sollte gerade bei aller Intensivierung und Qualitätssicherung des Ausbildungsprozesses und -ergebnisses zugleich bedacht werden, welche Wertvorstellungen und Fähigkeiten bei Auszubildenden zu entwickeln sind, um lebenslanges Lernen nicht nur zu ermöglichen, sondern dem Auszubildenden auch zu helfen, dieses als notwendige und erstrebenswerte lebensbegleitende Aufgabe der Selbstorganisation eigener beruflicher Entwicklung zu begreifen. D. h., für den Erfolg beruflicher Weiterbildung ist es letztlich ausschlaggebend, wie der einzelne seine Kompetenzen aufgrund seiner beruflichen Erstausbildung und seiner praktischen beruflichen Erfahrungen nutzt und angebotene Weiterbildungsmöglichkeiten mit dem selbständigen Initiieren und Durchführen beruflichen Lernens zielgerichtet verbindet.

Literatur

ARNOLD, R.: Deutungsmuster und pädagogisches Handeln in der Erwachsenenbildung. Bad Heilbrunn/Obb. 1985, S. 23 ff.

DECKER, F.: Aus- und Weiterbildung am Arbeitsplatz: neue Ansätze und erprobte berufspädagogische Programme. München 1985, S. 61 ff.

DÖRNER, D.: Lernen des Wissens- und Kompetenzerwerbs. In: Treiber/Weinert (Hrsg.): Lehr-Lern-Forschung. München 1982, S. 134 ff.

ERPENBECK, J./WEINBERG, J. zit. bei Erpenbeck, J.: Kompetenz und kein Ende? In: Quem-Bulletin 1/1996, S. 9 ff.

FREDECKER, I.: Neue Arbeitseinsatzkonzepte und betriebliche Weiterbildung: Implikationen im personalstrategischen Zusammenhang. Frankfurt a. M./Bern/New York/Paris 1991, S. 122 ff.

GROB, H.-L.. ÖKO - ein Unternehmensplanspiel. Wiesbaden 1993

HACKER, W./SKELL, W. (Hrsg.): Lernen in der Arbeit. Berlin/Bonn 1993, S. 34 ff.

HEEG, F. J./MÜNCH, J. (Hrsg.): Handbuch der Personal- und Organisationsentwicklung. Stuttgart/Dresden 1993, S. 113 f.

KUTSCHA, P.: Berufsbildungsforschung unter dem Anspruch des Bildungsprinzips. In: BWP 1990/6, S. 4 ff.

REETZ, L.: Lernen lernen. In: berufsbildung 1992/16, S. 6-9

SCHNEIDER, P.: Neuorientierung der beruflichen Bildung. In: Meyer-Dohm, P./Schneider, P. (Hrsg.): Berufliche Bildung im lernenden Unternehmen. Stuttgart/Dresden 1991, S. 60 ff.

SIEBERT, H.: Abschied von der normativen Pädagogik. In: Erwachsenenbildung 1995/4, S. 190 ff.

VERORDNUNG über die berufs- und arbeitspädagogische Eignung für die Berufsausbildung in der gewerblichen Wirtschaft (Ausbilder-Eignungsverordnung gewerbliche Wirtschaft) vom 20. April 1972 (BGBl. I S.707), zuletzt geändert durch die Fünfte Verordnung zur Änderung der Ausbildereignungsverordnung gewerbliche Wirtschaft vom 12. November 1991 (BGBl. I S. 2110)

WIESNER, G. u. a.: Berufsbegleitende Weiterbildung von Multiplikatoren beruflicher Fortbildung und Umschulung. Sonderband: Personalqualifizierung in den neuen Bundesländern. (Hrsg.vom Bundesinstitut für Berufsbildung, Der Generalsekretär; Wiesner, G.). Bielefeld 1995a

WIESNER, G. u. a.: Qualität in der beruflichen Weiterbildung durch Professionalität des Personals. Bd. 5 der Reihe: Arbeit - Bildung - Beruf (Hrsg.: Drechsel, K./Storz, P./ Wiesner, G.). Hamburg/Dresden 1995b

Anhang: Vergleich der untersuchten Fortbildungsvarianten

	1. universitäres Ergänzungsstudium (Studienprojekt: Betriebliche Weiterbildung)	2. unternehmensspezifische Bausteine
Zielgruppe	Mitarbeiter, Führungskräfte, die sich in Unternehmen vorwiegend mit Weiterbildungs- und Personalentwicklungsaufgaben befassen	Ausbilder, Fachpersonal sowie Mitarbeiter und Führungskräfte, die sich für ausgewählte Weiterbildungs- und Personalentwicklungsaufgaben fortbilden wollen
Inhalt	auf Tätigkeitsbereiche der Planung, Leitung, Gestaltung und Kontrolle von und Beratung für betriebliche Weiterbildung gerichtete Inhalte in der Einheit von Theoriebegründung und Anwendungsbezug	für einen spezifischen Zielgruppenbedarf gewünschte Themeneinheiten, die unternehmensbezogen aufbereitet werden
Gestaltung	stark handlungsorientierte Erfahrungen der Teilnehmer einbeziehende Seminargestaltung; Phasen der Projektarbeit an der Universität und im Betrieb	stark handlungs- und erfahrungsorientierte Erarbeitung der Inhalte
Dauer	vier Semester berufsbegleitend	Bausteine können nach individuellem Bedarf zusammengestellt werden (Umfang: in der Regel 4 Stunden je Baustein)
Abschluß	Universitätszertifikat "Berufliche Erwachsenenbildung"	Teilnahmebestätigung für die Einzelbausteine (ggf. Zertifikat nach Absolvieren mehrerer Bausteine)

Sachwortverzeichnis
(Auswahl)

A

Abitur, 8; 10; 19; 37 f.; 46; 48; 60 f., 81; 142; 326 f.; 333; 351; 353; 355 f.; 366; 376 f.; 379; 382; 384 f.
Abschluß/Ausbildungsabschluß, 8; 10; 15; 18; 30; 38; 41; 46-49; 52; 75; 78-81; 97; 135; 142 f.; 148-150; 152; 166; 173; 288; 291; 351; 353; 362; 366; 376; 383; 389
Allgemeinbildung, 11; 18; 26; 35; 67; 80; 86; 96; 102; 151-155; 323-337; 339 f.; 343
Anforderungen
- an die Arbeit, 10 f.; 41; 66; 76; 81; 86; 110; 120; 141 f.; 145; 148-151; 154 f.; 159; *163-168*; 202; 216; 227; 231; *234-238*; 258; *259*; 269; 302 f.; 311; 334 f.; 340; 363 f.; 375; 386; 405; 412; 414
- an die Ausbildung, 8; 61 f.; 66; 78; 81; 85; 92; 96; 113; 144; 149; 153 f.; 185; 207; *234 f.*; 283; 307; 327; 345; 377; *396*; 412
- an die Wirtschaft und Gesellschaft, 19; 44; 53; 95; *234*; *252*; 291; 294; 358
Anlernarbeit, 10; 43; 45; 49-51; 152; 201; 309 f.
Anpassung, 81; 86-88; 94; 96; 98; 111; 150; 155 f.; 159; 167; 201; 207; 210; 214; 220; 290
Anpassungsdidaktik, 153; 155; 158; 160; 363
Arbeitsplatz, 27; 29-34; 41-43; 46; 49 f.; 52; 54; 68; 88; 90; 95 f.; 101 f.; 105; 113 f.; 119; 133; 148; 175; 180; 189; 193; 228; 287 f.; 302; 344; 353 f.; 374
Arbeitsprozeß, 15; 27 f.; 36; 111; 114; 132; 134; 142; 145; 152; 155; 158-160; 169; 179; 332; 375
Arbeitswelt/Berufswelt, 10 f.; 25-31; 34; 39; 63; 78; 80-82; 92; 110; 112; 114; 119; 135; 149 f.; 158; 193; 205; 212; 217; 227; 229 f.; 251; 258; 323; 327; 330; 334 f.; 362; 364; 366
Assistent/Assistentenberufe, 29 f.; 79
Aufgaben
- Arbeits- und Lernaufgaben/Arbeits- und Lerndimensionen, 19; *131 f.*; *215-217*; 219 f.; 241; 245; *274*; 362; 367; 397 f.; *399*
- im Beschäftigungssystem, 35; 50; 334
- in der Arbeit, 35-37; 45 f.; 49; 52 f.; 115; 131; 133; *165-169*; 171; *181-184*; 227; *232 f.*; *236*; *239-241*; *244*; 260; *266*; 367 f.; 398
- in der Ausbildung, 7; 9; 29; 36; 63; 76 f.; 79; 83; 87; 91-95; 97; 109 f.; 407; 415; *416*
- Lernaufgaben, 131; 147; 215; 415; 420

Aufstiegsmöglichkeiten/Berufsperspektiven, 33; 41; 43-50; 53; 55 f., 61; 75; 79; 82; 109; 135 f.; 170; 228; 237; 246; 258; 287; 293; 324; 353; *374*; 377; 384-387; 389; *396 f.*; 401; 412
Ausbilder/Ausbildungspersonal/Lehrkraft, 54; 76; 78; 83; 85-88; 91 f.; 94-96; 109; 112; 115 f.; 120; 133; 142 f.; 145; *148*; 150; 158; 171 f.; 268; 283; 313; 318; 326; 329; 367; 377; 399; 413-418
Ausbildung
- außerbetriebliche, 78; 82; 87; 96 f.; 101 f.; 105
- berufspraktische,94; 170; 172
- betriebliche, 46; 62; 68 f.; 72; 82; 96 f.; 99-105; 109; 111-114; 119 f.; 132 f.; 143; 146; 148; 185; 187 f.; 191; 195; 206; 208; 228; *235*; 283; 293; 301; 303; 309; 336; 351; 361-367; 373 f., 395; 398 f.; 401
- gewerblich-technische, 42; 50; 75; 78 f.; 81; 85; 87-96; 98-100; 105; 131; 141 f.; 145; 150 f.; 156; 158; 160; 199; 230; 258; 396
- schulische, 30; 75; 78; 96; 143; 145; 206; 208, 257 f.; 268; 327; 366 f.; 399
- überbetriebliche, 31; 39; 55; 66; 77; 83; 98; 104; 109; 113; 147 f.; 166 f.; 171; 175; 189; 191; 193 f.; 307; 312-314
Ausbildungsabschnitte, 45; 51; 77; 97; 142; 149; 335
Ausbildungsberuf, 8; 78; 80 f.; 85-87; 89; 93; 98 f.; 104; 143; 150 f.; 174; 291; 295; 301; 310; 329; 335; 360; 376
Ausbildungsdauer, 17; 31; 143; 149; 306; 366
Ausbildungseinrichtung/Berufsbildungseinrichtung/Ausbildungsstätte, 20 f.; 29; 93-95; 102; 105; 142; 148; 154; 167; 189; 316; 368; 401; *402*
Ausbildungsgänge/Ausbildungsgestaltung, 17 f.; 42; 46; 53-56; 66; 75 f.; 78-82; 95 f.; 100; 103; 109; 142 f.; 147-150; 156; 173; 188; 199; 208; 227; 235; 288; 305; 307-310; 317 f.; 323; 332; 339; 348 f.; 351; 358; 361 f.; 389; 402
Ausbildungsinhalte/Bildungsinhalt, 7; 9; 52; 62; 80; 93; 148-150; 171; 174; 176; 193; *206 f.*; *209 f.*; 215; *219 f.*; 220; 251; 307; 313; *323*; *327-333*; 336; 339 f.; 342 f.; 358; 361; 363; 380; 396, 402
Ausbildungsjahr, 7; 30; 96 f.; 118; 133; 141; 171; 188; 205; 251; 306
Ausbildungskonzepte/Ausbildungsprojekte, 16-18; 21; 36 f.; 59; 65; 68; 72; 88; 112; 132 f.; 167; 189; 201; 205; 209; *213-217*; 221; 230; *237 f.*; 245; *251*; 252; *258*; 267; *269-273*; *276 f.*; *302*; *399*; *407*
Ausbildungsmethoden, 72; 251

Erstausbildung

Ausbildungsordnung, 31; 36; 76; 81; 85; 95; 105; 112; 142-145; 150; 154 f.; 158 f.; 167; 170; 172 f.; 174; 189; 191; 199; 204 f.; 250; 347 f.; 362
Ausbildungsorganisation, 10; 19; 30; 54 f.; 93; 104; 169; 172 f.; 175; 186; 209; 215; 257 f.; 269; 277; 335; **399**
Ausbildungsplätze, 7-9; 27; 30-35; 37; 39; 41 f.; 48; 50 f.; 68; 76-79; 81; 87 f.; 91 f.; 96-106; 109; 113; 141; 191; 226; 228; 246; 288; 295; 308; 317; 324; 374 f.; 377
Ausbildungsrahmenpläne, 144 f.; 158; 171; 205; **206**; 209-212; 250; 260
Ausbildungs- und Unterrichtsverfahren, **147 f.**; 155; 228; 270
Ausbildungsverhältnis, 76; 78; 83; 143; 320; 329
Ausbildungsvertrag, 8; 30; 31-33; 41; 51; 75; 82; 96-98; 103; 143
Aus- und Weiterbildung, 12; 41 f.; 55; 63; 65; 100 f.; 112; 136; 166; 235; 260; 262; 389; **395-400**; 401; **404**; 407; **408**; 417

B

Benachteiligtenförderung, 31; 97; 120; **301-320**; 328
Berufe, 8; 15; 19; 28 f.; 34 f.; 56; 60; 64-67; 78; 81 f.; 87; 93; 97 f.; 103; 109; 112; 143 f.; 150; 152-159; 165-167; 181; 245; 293; 295; 303; 306; 310; 312; 314; 324-326; 330-333; 335; 345; 347; 351; 355 f.; 360; 374; 381; 384 f.; 387
-gewerblich-technische, 8; 42; 50; 75; 78 f.; 79; 81; 85; 87-100; 105; 141 f.; 145; 150 f.; **247f.**; 333; 336; 349; 359; 383
Beruflichkeit, 35; 55 f.; 120; 145; 152; 302; 352
Berufsausbildung,
- betriebliche, 7 f.; 31 f.; 36-38; 62; 69; 72; 82; 93-102; 106; 114 f.; 120; 143; 145 f.; 148; 363; 377 f.; 391; **395**
- schulische, 19; 28 f.; 30; 37; 268; 377
Berufs- bzw. Ausbildungssystem, 16-22; 27 f.; 35; 72; 75-77; 84; 93; 96; 102; 135; 174; 288 f.; 309; 317
Berufsbildende Schule/Berufsschule, 8 f.; 11; 17-21; 31; 36 f.; 53; 55; 61-63; 66, 69 f.; 72; 75-95; 101; 106; 112; 134; 143; 145-148; 151; 153 f.; 166, 168; 170 f.; 173; 188; 205-209; 228; 260; 267; 272; 278; 301-303; 305; 310; 312-315; 319; 324-329; 361-363; 365; 368
Berufsfeld, 19; 65; 87 f.; 90; 146; 151; 153 f.; 158; 160; 175; 303; 306; 329; 335; 347 f.; 361; 363; 373
- Bau-Holz, 98; **165-173**; 175; 200; 314;
- Chemie, 174; **179-189**; 192; 196; 248 f.

- Elektro, 35; 41 f.; 44 f.; 79; 89; 165; 175; **199 -211**; 213; **218**; 246; 277; 335; 360; 362; 373; 384
- Gesundheits- und Sozialwesen, 30; 78; 82; 165; 383
- Handel/kaufmännisch, 51; 87 f.; 93 f.; 99 f.; 165; 252; 258; 273; 303; 383 f.
- Hauswirtschaft, 78; 303; 310; 314
- Medizin, 78 f.
- Metall, 35; 41 f.; 44 f.; 79; 89; 93; 98; **131**; 165 f.; 200; **228-237**; **242-244**; 246-250; 277; 314; 335; 360; 362; 373
Berufsgrundbildungsjahr (BGJ), 15; 20; 33; 54; 87; 303; 305-308; 311 f.; 315 f.
Berufspädagogik, 7; 9; 16; 20; 36; 59; 61; 63; 66; 68; 93; 110; 112; 118; 131; 135; 141; 144; 146; 153; 156; 172; 174; 176; 251; 257; 262; 268; 283-285; 294; 302; 309 f.; 339; 342; 344; 349
Berufsschulpflicht/Berufsschulbesuch, 76; 78 f.; 82; 143; 251
Berufsschullehrer, 86-89; 91 f.; 95; 109; 143; 148-150; 230; 245; 260; 310; 361; 368
Berufsschulunterricht, 54; 76; 83; 149; 172; 327; 341; 361; 363; 366; 398; 400
Berufsvorbereitung/Berufsvorbereitungsjahr (BVJ), 15; 33; 54; 62; 69; 78; 87; 288; 293; 302-309; 311; 314-318; 335 f.
Berufswissen/Berufswissenschaft, 146 f.; 152; 156; 158; 160; 167; 212; 216; 333; 336
Betriebsorganisation/Arbeitsorganisation, 28 f.; 35; 37; 48 f.; 52 f.; 110 f.; **132-134**; 155 f.; 169; 176; 181; **184**; 212; 216; 228 f.; 235 f.; **241 f.**; **246 f.**; 248 f.; 252; 259 f.; **261**; 266-268; 277 f.; 302; 353; 360; ; **396**
Bildung
- allgemeine, 9; 15; 17-19; 28; 33; 39; 55; 62; 78; 80; 86; 96; 102; 144; 151-155; 171; 205; 302; 309; 323-325; **327-332**; 339; 351; 362; 365; 375; 377; 379; 387; 389
- berufliche, 7; 9 f.; 16; 26; 28-30; 33 f.; 36 f.; 55; 62-64; 66; 78; 80; 93 f.; 97; 102; 144; 152 f.; 155; 157; 160; 205 f.; 302; 323-334; 339 f.; 342-347; 349; 351; 354; 356; 359 f.; 362-368; 373-381; 387-390
- polytechnische, 62
- schulische, 18; 37; 80; 206; 287; 385
Bildungspolitik/Berufsbildungspolitik/Schulpolitik, 9; 33; 35; 51; 56; 59; 68; 77-79; 81; 83-92; 101 f.; 105; 143; 199; 252; 301; 305; **316-319**; 351 f.; 364-366; 375-380; **387-389**; 395
Bundesinstitut für Berufsbildung (BIBB) 9; 11; 99; 103; 106; 114 f.; 120; 144; 148; 204; 283; 362; 378; 382-384; 388-390

Sachwortverzeichnis (Auswahl) 425

C
Curriculum/Gesamtcurriculum, 29; 36; 118 f.;
134; 147; 156; 158-160; 199; *205-213*;
214-217; 220; 314; 319; 358; 367; 417

D
Didaktik/Berufliche Didaktik/Fachdidaktik, 36
f.; 53; 60; 80 f.; 93; 109 f.; 131; *134 f.*;
141 f.; 145-151; *153-160*; 165; 167; 172-
174; 176; 192 f.; 199; 201; *205-213*; 214
f.; *219*; 257; 260; 264; 269; 272; 309;
347; 358; 362 f.; 366
Doppelqualifikation, 8; 55; 323; 326 f.; 351;
354; *356-360*; 362 f.; 365-368; *400 f.*
Duale Berufsausbildung/Duales System der
Berufsausbildung, 7-10; 12; 20 f.; 27; 29-
31; 34-48; 50-53; 55; 59; 63; 68-70; 75-
79; 81 f.; 85; 93; 96 f.; 106; 109; 119; 123;
136; 142-144; 146; 160; 173; 185; 199;
207; 213; 225 f.; 250; 252; 267 f.; 284;
293; 295; 302; 307-309; 315 f.; 323; 326
f.; 352-356; 363; 365; 373-376; 395; 397

E
Erstausbildung,
- gewerblich-technische, 12; 39; 85; 91 f.; 141
f.; 145 f.; 150 f.; 156-160; 176; 257; 259;
278; 323; 330; 332
- schulische, 405
Erziehung, 16 f.; 20; 60; 62-64; 66; 68; 71 f.;
79; 83; 88; 148; 157

F
Facharbeit/Facharbeiter/Facharbeiterausbil-
dung, 7-12; 18; 27 f.; 35 f.; 38 f.; 41-56;
69 f.; 88; 112; 133; 146; 148-150; 152;
156; 160; 165; 167-169; 172-175; 183-
185; 201-203; 209; 212; 215-218; 221;
228 f.; 232; 239; 242 f.; 247; 252; 259 f.;
309; 334 f.; 353; 374-376; 391
Fachbildung, 15; 20; 53; 71; 144; 152; 204-
212; 215; 217; *219*; 220; 235; 326 f.; 335
f.; 361 f.; 398
Fachkräfte, 30; 37-39; 43; 47-52; 78; 97; 100;
102; 131; 228; 252; 391; 402; 415
Fachwissen/Fachwissenschaft, 36; 153 f.;
156; 158-160; 207; 211 f.; 216; 235; 305
f.; 341; 343; 348
Flexibilität/Flexibilisierung, 29; 31; 39; 41; 55;
87-91; 110; *150 f.*; 155; 167 f.; 170; 172;
229; 237; 250 f.; 261; 313; 331; 353 f.;
359; 361; 363; 366-368; 375; 408

G
Ganzheitlichkeit/ganzheitliche Bildung, 70; 110
f.; 113-115; 119; 154; 156; 205; 208; 210;
227; 243; 264; 327; 375
Geselle, 15; 17; 64; 112 f.; 115 f.; 118; 149;
165; 168 f.; 174; 201; 218; 232; 243

Gleichwertigkeit/Gleichstellung der Bildungswege, 37; 55; 69; 75 f.; 79 f.; 91; 142; 144
f.; 323; 327; 351; *356*; 357; 373; 376; *377-
381*; *387 f.*; 390 f.; 397; 401
Grundberufe, 18; 65; 81; 171 f.; 226 f.; *245*
Grundbildung, 15; 20; 36; 53; 62 f.; 65; 71 f.;
144; 152; 173; 188; 203; *205-212*.; 215;
217; *219 f.*; 229; 235; *237*; 302; 310 f.;
327; 334 f.; 339 f.; 361 f.
Grundstufe, 174
Gruppenarbeit, 111; 120; 125; 131; 133 f.;
182; 241 f.; 248; 250; *260 f.*; *265-267*;
268; 313; 354; 367; 408

H
Handlung, 85; 92; 110 f.; 229; *275*; 289; 310;
330; 341-344; 359-363; 365; 367
- berufliches Handeln, 114; 146; 152; 205;
209; 274 f.; 308; 310; 328; 331; 340-342;
344-348; 354; 368
- Handlungslernen, 36; 114; 119; 192 f.; *229*;
313; 363; 406
- Handlungsorientierung, 156-159; 167; 215;
219 f.; 260; 312-314; 347-349; 363; 367
Handwerksausbildung, 12; 31; 49; 67 f.; 94 f.;
97 f.; 109-112; *114-116*; *119 f.*; 150; 173;
201-204; 207; 211; *237*; 250; 310; 375
Hochschulzugangsberechtigung/Hochschul-
reife,17 f.; 30; 80; 314; 323; 352; *355 f.*;
373 f.; *376-399*

I
Integration
- im Arbeitsprozeß, 52; 131
- von allgemeiner und beruflicher Bildung, 37;
154; 325; *327 f.*; 339; 351; 354; 357 f.;
365
- von Erstausbildung und Weiterbildung, 387;
395-400; *404*; 420
- von Lernen und Arbeiten, 20 f.; 145; 155 f.;
160; 397; 400

J
Jugendarbeitslosigkeit, 27 f.; 34; 305; 315;
317
Jugendliche
- allgemein, *283-295*
- Ausbildungsaussichten, 41; 55; 68 f.; 78; 80;
82; 86; 96; 98; 101; *124*; 126; 226 f.; 301;
303; 300 f.; 401
- im Ausbildungsprozeß, 8; 17; 30 f.; 34; 48;
63 f.; 66 f.; 69; 75; 77; 80; 112; 118; 127;
288; 290; 318; 327; 334 f.; 373
- im Übergang von der Schule zum Beruf; 7; 9;
25; 27-30; 32 f.; 35; 39; 48; 65; 78; 97;
142; *287-291*; 294 f.; 301-306; 308 f.;
314; 326; 352 f.; 355; 357; 374

- mit Ausbildungsproblemen, 8; 54; 68, 70; 76; 87 f.; 97; 294; 302; 306-310; 313-315; 317; 319

K

Kompetenz, 29; 35; 37; 39; 52; 110; 125; 127; 152; 165 f.; 168 f.; 171; 174; 176 f.; 183; 187; 257; 259; 292; 303; 326; 331-333; 336; 341; 343 f.; 347-349; 354; *356-363*; 365 f.; 396 f.; 405; 407; 413; 415; 417
- Fachkompetenz (Sachkompetenz), 110; 154; 159; 176; 288; 328
- Handlungskompetenz, 31; 49; 53 f.; 80; 82; 86 f.; 94; 110; 113; 119; 152; 174; 193-195; 205; 208-212; 215; 229; 326; 331; 335; 363; 365; *366*; 387; 391
- Humankompetenz, 110; 366
- Methodenkompetenz, 110; 235; 328 f.; 334
- Sozialkompetenz, 31; 41, 110; 154; 159; 166; 328 f.; 334; 375

Kooperation/Koordinierung, 9; 19 f.; 37; 54 f.; 62 f.; 79; 82 f.; 88; 91; 94 f.; 109-111; 144-147; 150; 158; 166; 181; 183; 189; 191 f.; 196; 227-231; 236; 241; 251 f.; 257, 266 f.; 273; 345; 362; 368; 398; 400

L

Lehrberuf, 69 f.; 301 f.
Lehre, 17; 52; 64; 71; 109; 148; 336
Lehrgang, 20; 71; 109-113; 147; 154; 172; 303 f.; *305*; 307; 315; 358
Lehrplan, 76; 143-145; 149; 158; 172; 250; 260; 277; 302; 310; 314; 317; 328; 361 f.
Lehrstelle, 8; 68; 104 f.; 141; 307; 316; 352; 374; 376
Lehrwerkstatt, 20; 94; 96-98; 105; 111; 113; 119; 128 f.; 222; 312
Lernen, 7; 30; 36; 42; 54-56; 67; 70; 80 f.; 86; 110-115; 118; 123; 127; 132; *134 f.*; 142; 145-147; 151; 157-159; 184; 212; 227; 242; 251; 263; *264 f.*; 267; 277; 287; 293 f.; 308; 310; 314; 339; 353; 358 f.; *398*; 402; 405; *408 f.*
- arbeitsplatzorientiertes, 109; 112-114; 119; *126-128*; 131 f.; *193 f.*; 235; 242; 245; 267 f.; 294; 398; 401; *407*
- auftragsbezogenes, 109; *113-118*
- berufliches, 142; 146-148; 151; 153 f.; 156-160; 262; 268; 294; 326; 329 f.; 333; 336; 339; 349; 357; 359; 363; 367
- erkundendes, *114*; *118 f.*
- Gruppenlernen, 123; 127; 132; *196*; 265; 349;405; 407 f.
- projektorientiertes, 114; 196
- selbstorganisiertes, *405*; 407

Lernkonzept/Lernformen, 17; 54; 110; 112-115; *127*; 151; 154; 193-196; 284; 294; 310; 365

Lernorganisation, *131-135*; 147; 154 f.; 158; 188; 199, 250; 257; *258*; 410
Lernort, 8 f.; 20; 31; 36; 53-55; 66; 76 f.; 87; 94; 96; 113 f.; 119; *124*; 128; *129-135*; 142; 144; 146-149; 151; 154; 158 f.; 173 f.; 188 f.; 195; 199; 242; 250 f.; 307; 312-315; 318 f.; 331; 363; 367 f.; 397; *407*
Lernortkooperation, 53; 55; 109; 119; 126; 128; *129 f.*; 134; 150; 188 f.; 213; 215; 251; 272 f.; 399

M

Meister, 15-17; 45-48; 62; 67; 112; 116; 170; 246; *265 f.*; 310; 379; 384; *396*
Meisterausbildung, 34; 45-47; 83; 111; 152; 166; 201; 357
Methode/Methodik, 47; 53; 61 f.; 65; 70-72; 111 f.; 131 f.; 148; 154 f.; 158 f.; 194; 207; 210; 215; 220; 260; 267; 309-311; 313 f.; 419
- Leittextmethode, 110-112; 114; *115*; 118-120; 148; 260; 310; 313
- Projektmethode, 111; 120; 306; 311; 313; 318; 331
- Rollenspiel, 119; 331
- Vier-Stufen-Methode, 112; 147

Modulausbildung/Modularisierung, 39; 55

N

Neuordnung, 8 f.; 52; 81; 85; 112; 126; 144-148; 150 f.; 154 f.; 157; 174; 200 f.; 225 f.; 229; 237; 242-245; 248-250; 260; 303; 314; 333; 335; 341; 347 f.; 351; *360-363*; 366; 373

O

Organisation/Organisationskonzepte, 15; 26; 29; 45 f.; 52; 86; 88; 93-96; 103 f.; 106; 124 f.; *127*; 131; 159; 204; 242; *257 f.*; 260; 262; 268 f.; 273; 286; 331; 354
Ordnungsmittel, 81; 142; 144 f.; 151; 159; 160; 204; 250; 301; 306; 384; 399; *402 f.*; 407; 415

P

Praxis/Fachpraxis, 7-9; 31; 36 f.; 46; 53-55; 66; 75-78; 88; 91; 94; *146-149*; 153 f.; 158; 167; 172-174; 213; 278; 306; 310; 312 f.; 363; 367; 379; 385; 388; 398
Produktionskonzepte/Produktionsmethoden, 35; 146; 150
Prüfung, 70; 80; 101; 103; 106; 109; 111; 113; 119; 143; 171; 173 f.; 201; 205; 306; 313; 367;379-383; 388 f.; 397

Q

Qualifikation
- Berufsqualifikationen, 8; 10 f.; 15-22; 25 f.; 26; 33; 47; 52; 75; 77; 110; 120; 152; 203; 251; 384-387; 412

Sachwortverzeichnis (Auswahl)

- Schlüsselqualifikation, 52; 54; 67; 110; 213; 226; 264; 266; 293; 303; 311 f.; 325; 332
Qualifikationsanforderungen, 27; 52; 92; 101; 201 f.; 232; 258; 356; 360; 375; 384; 412
Qualifikationsbedarf/Qualifikationsnachfrage; 27; 35; 55; 110; 134; 262; 267
Qualifizierung, 10-12; 15; 19 f.; 22; 25-27; 30; 34; 37 f.; 46; 56; 63; 86 f.; 89; 91; 102; 113; 116; 119; 127; 131; 204; 218; 235; 262; 288; 301; 309; 313; 316; 343; 349; 364
- gestufte (berufliche), 15
- nicht-regulierte, 34
- zertifikats- und berufsbezogene, 34; 152; 314; 323; 373 f.; 397

R

Rahmenlehrplan, 95; 142; 144 f.; 158 f.;174 f.; 205; **206**; 207; 209 f.; 212; 217; 241; 250; 361
Reform der beruflichen Bildung, 8; 11; 37; 70; 77; 88; 90 f., 115, 110; 226; 306; 317; 327; 351; 354; 368; 380

S

Schulabgänger, 34; 47 f.; 96; 99; 320; 373
Schulabschluß, 10; 18; 25; 28, 30; 79-81; 98 f.; 306 f.; 319; 333; 362; 377
Schulart/Schulform, 33; 75; 80 f.; 332
Schulaufsichtsbehörde (Administration), 76; 81; 89; 91
Schule
- allgemeinbildende, 8 f.; 11; 17; 19; 25 f.; 31; 63; 86; 96; 151; 153; 171; 325; 328
- Berufliches Gymnasium, 82 f.
- Berufsfachschule, 78-81; 96; 105; 303; 305-307; 309; 311; 317; 373; 376; 383
- berufsvorbereitende, 33; 172
- Betriebsberufsschule, 63; 72; 94 f.; 172; 366
- Fachoberschule, 82
- Fortbildungsschule, 11, 79; 147; 301 f.; 324
- Produktionsschule, 63; 69 f.; 88; 146; **257 f.**; 311 f.
- Teilzeitberufsschule, 85; 87; 303; 309; 361 f.
- Vollzeitschule, 70; 75; 82 f.; 105 f.; 146; 306; 315
Schüler, 62; 67; 76; 81-83; 86; 88; 90; 109; 149; 154; 327; 329; 341 f.; 362; 367; 386
Schulmodelle, 19
Schulsystem, 27; 60; 80 f.; 336
Schulwesen, 9; 22; 71; 75-77; 81 f.; 331
schulische Bildung, 18; 28-30; 37; 291
Sozialisation, 11; 16; 22; 31; 56; 63; 67; 110 f.; 291; 295; 306; 308; 330; 385 f.
Stufenausbildung, 62; 98; **172-174**; **201 f.**

T

Team/Teamarbeit, 52 f.; 110 f.; 118 f.; 132 f.; 155; 166; 172; 235; 246; 266 f.; 403
Techniker/Technikerausbildung, 34; 45-47; 54; 246; 310; 333 f.; 345; 348; 354; 363;379; 387
Theorie/Fachtheorie, 9; 36; 46; 54 f.; 59-61; 63; 66; 75-77; 94; **146-148**; 152-154; 156-158; 212 f.; 278; 306; 312 f.; 325 f.; 328 f.; 359 f.; 363; 365-367

U

überbetriebliche Berufsbildungsstätte, 20; 31; 66; 77 f.; 83; 98; 102; 104; 109; 113; 129; 147 f.; 167 f.; 173 f.; 177; 188, 191
Umschulung, 34; 38; 86; 89; 150; 407; 415-419
Un- bzw. Angelernte, 43; 45; 49-51; 53; 101; 201; 301-303; 306-308; 315-317; 353
Unterricht/Unterrichtsfach, 54; 62 f.; 67; 69-71;76, 82 f.; 87 f.; 94; 146-151; 153 f.; 150; 205; 207; 212; 215; 257, 200, 208; 277; 301; 303; 306; 309-311; 318; 324; 326-329; 336; 347; 356; 360 f.; 367 f.
Unterweisung, 109; 111; 113; 147

V

Verbundausbildung, 9; 91; 98; 103-106; 109; 120; 184; **187-192**; 194; 258; 363; 367 f.

W

Weiterbildung/Fortbildung, 10 f.; 15; 20; 32; 34; 38 f.; 45; 47; 54 f.; 62 f.; 65 f.; 71; 75; 81-87; 103; 111 f.; 123; 131; 136; 150; 152; 160; 166; 200; 227; 230; 235; 262; 288; 295; 312; 324; 336 f.; 344; 355; 362; 364; 366 f.; 373-375; 387-390; 397; 400; 407; 414-420
Weiterbildungsmaßnahmen/Weiterbildungsaufgaben, 27; 34; 42; 54; 91; 335 f.; 354-357; 364; 397; 401 f.; 406; **408- 419**

Z

Zertifikat/Zertifizierbarkeit/Zertifizierung, 28; 34; 55; 83; 119 f.; 326; 360; 380; 389; 397
Ziele
- der Allgemeinbildung, 68; 153
- der Erstausbildung, 61 f.; 76 f.; 83; 94; 142; 144 f.; 150; 153; 159; **163**; 205; 235; **351**
- der beruflichen Ausbildung, 20; 37; 64; 77; 110; 133; 172; **203**; 205; **206**; 209 f.; 215; 251; 365; **398**
- der Weiterbildung, 21; 45; **408**
- Wirtschaft/Gesellschaft, 125; **241**
Zusatzqualifikation/Zusatzmaßnahmen, 68; 83; 236; 252; 326; **397**

Autoren-/Autorinnenverzeichnis

Biber, Jörg, Dr.
Technische Universität Dresden, Institut für Berufliche Fachrichtungen,
Berufliche Fachrichtung Metall- und Maschinentechnik
Weberplatz 5, 01217 Dresden

Biermann, Horst, Prof. Dr.
Universität Dortmund, Berufspädagogik für Behinderte und Benachteiligte
im Fachbereich 13
Emil-Figge-Straße 50, 44221 Dortmund

Bloy, Werner, Prof. Dr.
Technische Universität Dresden, Institut für Berufliche Fachrichtungen,
Berufliche Fachrichtung Bau,- Holz- und Gestaltungstechnik
Weberplatz 5, 01217 Dresden

Clement, Ute, M.A.
Universität Karlsruhe, Fakultät für Geistes- und Sozialwissenschaften,
Abteilung Berufspädagogik
Postfach 6980, 76128 Karlsruhe

Degen, Ulrich
Bundesinstitut für Berufsbildung,
Fehrbelliner Platz 3, 10707 Berlin

Dehnbostel, Peter, Dr.
Bundesinstitut für Berufsbildung
Fehrbelliner Platz 3, 10707 Berlin

Eichler, Susanne, Soziologin, M.A.
sfs Sozialforschungsstelle Dortmund, Landesinstitut
Rheinlanddamm 199, 44139 Dortmund

Franke, Andreas
Technische Universität Dresden, Institut für Berufspädagogik,
Erwachsenenbildung/Berufliche Weiterbildung
Weberplatz 5, 01217 Dresden

Greinert, Wolf-Dietrich, Prof. Dr.
Technische Universität Berlin, Institut für berufliche Bildung, Hochschulbildung und
Weiterbildungsforschung
Franklinstraße 28/29, 10587 Berlin

Grimm, Helmut, Dr.
Berufliches Schulzentrum für Technik und Wirtschaft
Südstraße 16 c, 01705 Freital

Autoren und Autorinnen

Grottker, Dieter, Dr.
  Technische Universität Dresden, Institut für Berufspädagogik,
  Weberplatz 5, 01217 Dresden

Hahne, Klaus, Dr.
  Bundesinstitut für Berufsbildung
  Fehrbelliner Platz 3, 10707 Berlin

Hass, Jörn, Dr.
  Universität Hamburg, Institut für Berufs- und Wirtschaftspädagogik
  Sedanstraße 19, 20146 Hamburg

Häßler, Heidi, Dr.
  Technische Universität Dresden, Institut für Berufspädagogik,
  Erwachsenenbildung/Berufliche Weiterbildung
  Weberplatz 5, 01217 Dresden

Heidegger, Gerald, PD Dr.
  Universität Bremen, Institut Technik & Bildung
  Grazer Straße 2, 28359 Bremen

Höpfner, Hans-Dieter, PD Dr. Dr.
  Universität Bremen, Institut Technik & Bildung
  Grazer Straße 2, 28359 Bremen

Hübel, Wolfgang
  Sächsische Bildungsgesellschaft für Umweltschutz und Chemieberufe mbH
  Gutenbergstraße 6, 01307 Dresden

Kuklinski, Peter, Dr.
  Sächsisches Staatsministerium für Kultus, Abteilung Berufsbildende Schulen
  Carolaplatz 1, 01097 Dresden

Lipsmeier, Antonius, Prof. Dr.
  Universität Karlsruhe, Fakultät für Geistes- und Sozialwissenschaften,
  Abteilung Berufspädagogik
  Postfach 6980, 76128 Karlsruhe

Malek, Reinhard, PD Dr.
  Technische Universität Dresden, Institut für Berufliche Fachrichtungen,
  Berufliche Fachrichtung Metall- und Maschinentechnik
  Weberplatz 5, 01217 Dresden

Moyé, Joachim, Dr.
  Technische Universität Dresden, Institut für Berufliche Fachrichtungen,
  Berufliche Fachrichtung Metall- und Maschinentechnik
  Weberplatz 5, 01217 Dresden

Pahl, Jörg-Peter, Prof. Dr.
Technische Universität Dresden, Institut für Berufliche Fachrichtungen,
Berufliche Fachrichtung Metall- und Maschinentechnik
Weberplatz 5, 01217 Dresden

Petersen, Willi, Doz. Dr.
Universität Gesamthochschule Kassel, Fachgebiet Berufs- und Fachdidaktik
Wilhelmshöher Allee 73, 34121 Kassel

Rauner, Felix, Prof. Dr.
Universität Bremen, Institut Technik & Bildung
Abteilung Berufspädagogik/Elektrotechnik
Grazer Straße 2, 28359 Bremen

Rützel, Josef, Prof. Dr.
Technische Hochschule Darmstadt, Institut für Berufspädagogik
Hochschulstraße 1, 64289 Darmstadt

Storz, Peter, Prof. Dr.
Technische Universität Dresden, Institut für Berufliche Fachrichtungen,
Berufliche Fachrichtung Chemietechnik
Weberplatz 5, 01217 Dresden

Tenfelde, Walter, Prof. Dr.
Universität Hamburg, Institut für Berufs- und Wirtschaftspädagogik
Sedanstraße 19, 20146 Hamburg

Vermehr, Bernd
Studiendirektor Berufsbildende Schulen Hamburg
Achter Lüttmoor 28, 22559 Hamburg

Walden, Günter, Dr.
Bundesinstitut für Berufsbildung,
Friesdorfer Straße 151/153, 53175 Bonn

Wehrmeister, Frank, Dr.
Sächsisches Staatsministerium für Kultus, Abteilung Berufsbildende Schulen
Carolaplatz 1, 01097 Dresden

Wiesner, Gisela, Prof. Dr.
Technische Universität Dresden, Institut für Berufspädagogik,
Erwachsenenbildung/Berufliche Weiterbildung
Weberplatz 5, 01217 Dresden

Wolter, Andrä, Prof. Dr.
Technische Universität Dresden, Institut für Allgemeine Erziehungswissenschaft,
Bildungsforschung/Bildungsplanung
Weberplatz 5, 01217 Dresden